Beihilfekompass NRW 2010/2011

Der Ratgeber

Beihilfekompass NRW 2010/2011

Der Ratgeber

von

Horst Sabolewski

1. Auflage 2010

VERLAG
RECKINGER

Umschlaggestaltung: Huwer Grafik-Design, Köln
Titelbild: © Yuri Arcurs/Fotolia.de
Herstellung: Verlag W. Reckinger
Druck: Druckerei Engelhardt GmbH, Neunkirchen

ISBN 978-3-7922-0109-1
1. Auflage 2010
www.reckinger.de

Vorwort

Dieser Ratgeber will in mehr als 700 Stichwörtern dem Leser die Verordnung in Geburts-, Krankheits-, Pflege- und Todesfällen (Beihilfenverordnung NRW – BVO NRW), die Verwaltungsvorschriften zur BVO und weitere, die Beihilfeberechtigten des Landes und der Kommunen NRW betreffende Vorschriften und Regelungen in verständlicher Form verdeutlichen und ihm einen schnellen Überblick sowie Hilfestellung bei der Klärung von Zweifelsfragen hinsichtlich beihilferechtlicher Ansprüche ermöglichen. Ergänzt wird der Ratgeber durch einen umfangreichen Anhang mit den wesentlichen, das Beihilferecht des Landes NRW bestimmenden Vorschriften sowie einem kompakten Stichwortverzeichnis mit Querverweisen.

Das Beihilferecht des Landes ist, wie auch in anderen Ländern und beim Bund, in den letzten Jahren einem erheblichen Wandel unterzogen worden. Dabei ist festzustellen, dass sich die Angleichung an Regelungen der Gesetzlichen Krankenversicherung bundesweit verstärkt.

Die Beihilfebestimmungen unterliegen wie die Regelungen für die Gesetzliche Krankenversicherung einem ständigen Kostendruck und sind daher den gleichen Zwängen ausgesetzt. Hinzu kommt, dass sich auch die Beihilfestellen der Forderung nach Personaleinsparungen im öffentlichen Dienst nicht entziehen konnten und damit zumindest zeitweise Schwierigkeiten bei den Bearbeitungszeiten der Beihilfeanträge und auch bei der Beratung und Hilfestellung in Zweifelsfragen der Beihilfeberechtigten eingetreten sind.

Durch einen verstärkten Einsatz von EDV-Technik sollen die Bearbeitungszeiten und auch die Bearbeitungsqualität von Beihilfeanträgen verbessert werden. Hier sind inzwischen Fortschritte festzustellen.

Das Beihilferecht ist zudem in den letzten Jahren verstärkt in den Fokus der Verwaltungsgerichtsbarkeit geraten, da sich immer mehr Beihilfeberechtigte gegen die Verschlechterungen der beihilferechtlichen Regelungen und damit auch ihrer finanziellen Situation wenden. Hier sei beispielhaft die jahrelange Auseinandersetzung um die Kostendämpfungspauschale genannt. Die Diskussionen um eine ausreichende Alimentation der Beamten und Versorgungsempfänger belastet zudem zunehmend das Beihilferecht. Allerdings muss hierzu festgestellt werden, dass das Beihilferecht sich nicht dazu eignet, Einsparungen bei Besoldung und Versorgung auszugleichen.

Die Auslegung der beihilfe- und gebührenrechtlichen Bestimmungen ist, wie auch die sich teilweise widersprechenden Urteile zu diesem Rechtsgebiet zeigen, vielfach umstritten. Dieser Ratgeber soll helfen, dem Ratsuchenden Informationen über den aktuellen Stand des Beihilferechts zu geben und damit ggf. Streitigkeiten mit der Beihilfestelle zu vermeiden.

Da das Beihilferecht, das ärztliche und zahnärztliche Gebührenrecht, das Arzneimittelrecht, die Rechtsprechung etc. aber einem stetigen Wandel unterzogen sind, kann dieser Ratgeber immer nur eine Momentaufnahme zum Zeitpunkt des Erscheinens der aktuellen Auflage sein.

Siegburg, im Dezember 2010 Horst Sabolewski

Inhaltsverzeichnis

Abkürzungsverzeichnis

Abs.	Absatz
AMG	Arzneimittelgesetz
AMR	Arzneimittel-Richtlinie
BeamtStG	Beamtenstatusgesetz
BeamtVG	Beamtenversorgungsgesetz
BBesG	Bundesbesoldungsgesetz
BBhV	Bundesbeihilfenverordnung
BKKG	Bundeskindergeldgesetz
BMG	Bundesministerium der Gesundheit
BSG	Bundessozialgericht
BVerwG	Bundesverwaltungsgericht
BVOAng	Verordnung über die Gewährung von Beihilfen in Krankheits-, Geburts- und Todesfällen an Angestellte, Arbeiter und Auszubildende
BVO NRW	Beihilfenverordnung in Geburts-, Krankheits-, Pflege- und Todesfällen
d. h.	das heißt
DÖD	Der Öffentliche Dienst (Zeitschrift)
EStG	Einkommensteuergesetz
EU	Europäische Union
GBA	Gemeinsamer Bundesausschuss
GKV	Gesetzliche Krankenversicherung
GOÄ	Gebührenordnung für Ärzte
GOZ	Gebührenordnung für Zahnärzte
GV.NRW	Gesetz- und Verordnungsblatt Nordrhein-Westfalen
INR-Wert	Quickwert/Prothrombinzeit
KHEntgG	Krankenhausentgeltgesetz
LBG	Landesbeamtengesetz
Nr(n).	Nummer/Nummern
NRW	Nordrhein-Westfalen
NVwZ	Neue Zeitschrift für Verwaltungsrecht
NWVBl	Nordrhein-Westfälische Verwaltungsblätter
o. g.	oben genannt
PKV	Private Krankenversicherung
RiA	Recht im Amt (Zeitschrift)
SGV.NRW	Sammlung Gesetz- und Verordnungsblatt NRW
sog.	sogenannt(e)
s. o.	siehe oben
s. u.	siehe unten
STIKO	Ständige Impfkommission am Robert Koch-Institut
VVzBVO	Verwaltungsvorschriften zur Beihilfenverordnung
ZBR	Zeitschrift für Beamtenrecht

I. Allgemeines

1. Grundsätzliches zum Beihilferecht

a) Beihilfen als Ausfluss der Fürsorgepflicht des Dienstherrn

Die Gewährung von Beihilfen in Geburts-, Krankheits-, Pflege- und Todesfällen gehört nach einem Beschluss des Bundesverfassungsgerichts vom 23. Juni 1981 – 2 BvR 1067/80 – nicht zu den hergebrachten Grundsätzen des Berufsbeamtentums. Die Beihilfegewährung beruht allein auf der Fürsorgepflicht des Dienstherrn. Während der Beamte mit Eintritt in das öffentlich-rechtliche Dienstverhältnis seine volle Arbeitskraft zur Verfügung stellt, übernimmt der Dienstherr die Verpflichtung, ihm und seiner Familie lebenslänglich einen angemessenen Lebensunterhalt zu gewähren. Dabei dienen die durch das Besoldungsgesetz festgelegten Dienstbezüge der Deckung des regelmäßigen Unterhalts; zur Bestreitung der Bedürfnisse, die den Normalbedarf übersteigen, dienen – von Gehaltsvorschüssen und Unterstützungen abgesehen – die Beihilfen. Das Bundesverwaltungsgericht hat hierzu in einem Urteil vom 7. Oktober 1965 – VIII C 63.63 – (ZBR 1966 S. 123) folgendes ausgeführt:

> „Die Dienst- und Versorgungsbezüge sind dazu bestimmt, in Erfüllung der Alimentationspflicht grundsätzlich den gesamten Lebensbedarf sicherzustellen. Da es indessen vom jeweiligen Lebensschicksal des Beamten und seiner Angehörigen abhängt, in welchem Zeitpunkt und in welchem Ausmaß zu den vom Dienstherrn sicherzustellenden Lebensbedürfnissen gehörende Aufwendungen aus Anlass von Krankheits-, Geburts- und Todesfällen erforderlich werden, können die Beamten- und Besoldungsgesetze diese nicht vorhersehbaren Aufwendungen in ihrer konkreten Höhe nicht in die Regelung der Dienst- und Versorgungsbezüge einbeziehen. Sie stellen aber den Beamten und Versorgungsberechtigten mit den laufenden Bezügen einen Durchschnittssatz der zu erwartenden Aufwendungen zur Verfügung. Sofern darüber hinaus Aufwendungen entstehen, muss der Dienstherr aufgrund der Fürsorgepflicht ergänzend eingreifen."

Das Eingreifen aufgrund der Fürsorgepflicht geschieht durch die Gewährung von Beihilfen nach den Beihilfebestimmungen. Diese sind die nach Auffassung des Dienstherrn angemessene Festlegung und Konkretisierung seiner Fürsorgepflicht. Bei der Erfüllung der Fürsorgepflicht hat der Dienstherr einen Spielraum, innerhalb dessen er sich im Interesse einer gleichmäßigen Handhabung durch diese Vorschriften bindet.

Die Beihilfebestimmungen legen an sich abschließend fest, welche Aufwendungen ihrer Art nach als notwendig und damit als beihilfefähig anzusehen sind. Das schließt jedoch nicht aus, dass solche generell als notwendig anzuerkennenden Aufwendungen im Einzelfall tatsächlich nicht notwendig waren und damit von der Beihilfefähigkeit auszunehmen sind. Andererseits können in Ausnahmefällen auch Aufwendungen, die in den Beihilfebestimmungen nicht aufgeführt sind, beihilfefähig sein, wenn der Dienstherr mit der vorgenommenen Abgrenzung gegen seine Verpflichtung zu einer angemessenen Fürsorge und Alimentation verstößt. Ein solcher Verstoß ist jedoch erst dann gegeben, wenn bei Anlegung eines strengen Maßstabes durch die Ablehnung der Beihilfe die Fürsorgepflicht in ihrem Wesenskern verletzt wird (Urteil des OVG Münster vom 9. März 1993 – 6 A 2534/91 –). Hiervon kann keine Rede sein, wenn es sich nicht um unmittelbare Aufwendungen in einem Krankheitsfall handelt, sondern nur um mittelbare Folgekosten, die zu dem ihrer Art nach den Bereich der allgemeinen Lebensführung berühren (Urteil des BVerwG vom 30. Juni 1983 – 2 C 36.81 – DVBl. 1984 S. 429 –). Eine Verletzung des Wesenskerns der Fürsorge ist nur dann anzunehmen, wenn die notwendigen Aufwendungen im Krankheitsfall die wirtschaftliche Lebensführung des Beamten und seiner Familie so einschränken, dass sie nicht mehr alimentationsgerecht ist (OVG NRW, Beschluss vom 16. November 2007 – 6 A 2171/05 – NVwZ 2008, S. 271). Im Übrigen müssen in gewissem Umfang Härten, die bei generalisierenden Regelungen nie auszuschließen sind, hingenommen werden. Aufwendungen, die im Grundsatz nicht beihilfefähig sind, können vom Dienstherrn nicht deshalb teilweise getragen werden, weil durch sie beihilfefähige Aufwendungen, die ansonsten angefallen wären, erspart worden sind. Der Gesichtspunkt der „ersparten Aufwendungen" kann keinen Beihilfeanspruch begründen (Urteile des OVG Münster vom 16. Juli 1987 – 6 A 481/85 – und vom 19. August 1988 – 6 A 2742/86 –).

b) Rechtsgrundlagen der Beihilfebestimmungen

Rechtsgrundlage für die Beihilfegewährung in Nordrhein-Westfalen ist:

1. § 77 des Landesbeamtengesetzes (LBG) vom 21. April 2009 (GV. NRW. S. 224).
2. Artikel III Abs. 4 des Neunten Gesetzes zur Änderung des Landesbesoldungsgesetzes (LBesÄndG) vom 18. März 1975 (GV. NRW. S. 240).
3. § 3 des Gesetzes über die Anwendung beamten- und besoldungsrechtlicher Vorschriften auf nichtbeamtete Angehörige des öffentlichen Dienstes (AbuBesVG) vom 6. Oktober 1987 (SGV. NRW. 20320).

Diese Vorschriften haben folgenden Wortlaut:

Zu 1.

§ 77 LBG

Beihilfen in Geburts-, Krankheits-, Pflege- und Todesfällen

(1) Beihilfeberechtigt sind

1. Beamte mit Anspruch auf Besoldung,

2. Versorgungsempfänger, versorgungsberechtigte Witwen oder Witwer und ihre versorgungsberechtigten Kinder sowie hinterbliebene eingetragene Lebenspartner,
3. frühere Beamte mit Anspruch auf einen Unterhaltsbeitrag oder Übergangsgeld nach dem Beamtenversorgungsgesetz,
4. frühere Beamte auf Zeit während des Anspruchs von Übergangsgeld nach dem Beamtenversorgungsgesetz.

(2) Beihilfeberechtigte nach Absatz 1 erhalten für sich, ihren nicht selbst beihilfeberechtigten Ehegatten oder eingetragenen Lebenspartner, wenn er nicht über ein zur wirtschaftlichen Selbstständigkeit führendes Einkommen verfügt, sowie ihre nicht selbst beihilfeberechtigten berücksichtigungsfähigen Kinder Beihilfen als Ergänzung zu der aus den laufenden Bezügen zu bestreitenden Eigenvorsorge. Soweit der selbst beihilfeberechtigte Ehegatte oder eingetragene Lebenspartner des Beamten als Tarifbeschäftigter mit weniger als der regelmäßigen wöchentlichen Arbeitszeit beschäftigt ist, erhält der Beihilfeberechtigte keinen Ausgleich für die aufgrund der Teilzeitbeschäftigung reduzierte Beihilfe des Ehegatten oder eingetragenen Lebenspartners.

(3) Beihilfeberechtigte erhalten Beihilfen zu der Höhe nach angemessenen Aufwendungen für medizinisch notwendige Maßnahmen, deren Wirksamkeit und therapeutischer Nutzen nachgewiesen sind

- zur Vorbeugung und Linderung von Erkrankungen oder Behinderungen, zur Erhaltung und Wiederherstellung der Gesundheit und Besserung des Gesundheitszustandes (einschließlich Rehabilitation),
- zur Früherkennung von Krankheiten,
- in Geburtsfällen,
- bei nicht rechtswidrigem Schwangerschaftsabbruch, bei nicht rechtswidriger Sterilisation sowie in Ausnahmefällen zur Empfängnisverhütung und bei künstlicher Befruchtung sowie
- in Pflegefällen.

(4) Beihilfen dürfen nur insoweit geleistet werden, als sie zusammen mit von dritter Seite zustehenden Erstattungen die dem Grunde nach beihilfefähigen Aufwendungen nicht überschreiten. Dabei sind insbesondere Ansprüche auf Heilfürsorge, auf Krankenpflege und auf sonstige Sachleistungen sowie Ansprüche auf Kostenerstattung aufgrund von Rechtsvorschriften und aufgrund arbeitsvertraglicher Vereinbarungen in der Höhe zu berücksichtigen, in der sie ohne Verzicht auf Leistungen oder Nichtinanspruchnahme von Leistungen zustehen; Leistungen von Versicherungen können berücksichtigt werden.

(5) Aufwendungen für die Inanspruchnahme von gesondert berechneter Unterkunft und Verpflegung sowie gesondert berechneten ärztlichen/zahnärztlichen Leistungen im Rahmen von stationären, teilstationären oder vor- und nachstationären Behandlungen sind jeweils nach Abzug folgender Eigenbeteiligungen beihilfefähig:

bei Inanspruchnahme

1. von gesondert berechneten ärztlichen/zahnärztlichen Leistungen 10 Euro täglich für höchstens 30 Tage im Kalenderjahr,
2. von gesondert berechneter Unterkunft und Verpflegung 15 Euro täglich für höchstens 30 Tage im Kalenderjahr.

Aufwendungen, die durch die Inanspruchnahme von Krankenanstalten ohne Versorgungsvertrag nach dem Fünften Buch Sozialgesetzbuch entstehen, sind nur in der Höhe beihilfefähig, wie sie in der dem Behandlungsort nächstgelegenen Klinik der Maximalversorgung entstehen würden. Hiervon sind als Eigenbeteiligung für den Beihilfeberechtigten und seine berücksichtigungsfähigen Angehörigen jeweils 25 Euro täglich für höchstens 30 Tage im Kalenderjahr in Abzug zu bringen.

(6) Beihilfeberechtigte können je Kalenderjahr, in dem Aufwendungen entstehen, zu einer vertretbaren - den Familienstand, die Anzahl der Kinder und die Besoldungsgruppe berücksichtigenden – pauschalen Selbstbeteiligung an den Aufwendungen (Kostendämpfungspauschale) herangezogen werden.

(7) Beihilfen werden als Vomhundertsatz der beihilfefähigen Aufwendungen (Bemessungssatz) oder als Pauschalen (Zuschuss) gezahlt. Der Bemessungssatz beträgt für Beihilfeberechtigte mindestens 50 v. H., für Ehegatten, eingetragene Lebenspartner sowie Versorgungsempfänger höchstens 70 v. H., für berücksichtigungsfähige Kinder und eigenständig beihilfeberechtigte Waisen höchstens 80 v. H. Sind zwei oder mehr Kinder berücksichtigungsfähig, beträgt der Bemessungssatz für den Beihilfeberechtigten 70 v. H., bei mehreren Beihilfeberechtigten jedoch nur bei einem von ihnen. In besonderen Härtefällen kann eine Erhöhung des Bemessungssatzes vorgesehen werden; dies gilt nicht, wenn der Beihilfeberechtigte für sich und seine berücksichtigungsfähigen Angehörigen für ambulante und stationäre Krankheits- und Pflegefälle keinen ausreichenden Versicherungsschutz nachweisen kann.

(8) Das Finanzministerium regelt das Nähere durch Rechtsverordnung. Darin können unabhängig von der Notwendigkeit und Angemessenheit der Aufwendungen unter Beachtung der Grundsätze beamtenrechtlicher Fürsorge Bestimmungen getroffen werden

1. hinsichtlich der Berücksichtigungsfähigkeit von Angehörigen des Beihilfeberechtigten im Sinne des Absatzes 2,

2. hinsichtlich des Inhalts und des Umfangs der Beihilfeleistungen
   a) durch die Einführung von Höchstgrenzen,
   b) durch die Beschränkung auf bestimmte Indikationen,
   c) durch die Beschränkung oder den Ausschluss von Aufwendungen für Untersuchungen und Behandlungen nach wissenschaftlich nicht allgemein anerkannten oder unwirtschaftlichen Methoden,
   d) durch die Beschränkung oder den Ausschluss von Aufwendungen für Behandlungen außerhalb des Wohnortes, Beförderungen, ärztliche und zahnärztliche (einschließlich implantologische) und kieferorthopädische sowie funktionsanalytische und funktionstherapeutische Leistungen, psychotherapeutische Leistungen, Heilpraktikerleistungen, die Beschäftigung von Pflege- und Hauspflegekräften, für stationäre Pflege, stationäre Rehabilitationsmaßnahmen, stationäre Müttergenesungskuren oder Mutter-/Vater-Kind-Kuren, ambulante Kur- und Rehabilitationsmaßnahmen, nicht verschreibungspflichtige oder verschreibungspflichtige Arzneimittel, unwirtschaftliche oder unwirksame Arzneimittel, Medizinprodukte sowie Heil- und Hilfsmittel,
   e) durch Regelungen zur Feststellung der wirtschaftlichen Selbstständigkeit des Ehegatten oder eingetragenen Lebenspartners,
   f) durch die Beschränkung oder den Ausschluss von Beihilfen zu Aufwendungen, die in Ländern außerhalb der Mitgliedstaaten der Europäischen Union entstanden sind,
   g) in Todesfällen,
3. über die Höhe der Kostendämpfungspauschale,
4. hinsichtlich des Verfahrens über die Verwendung einer elektronischen Gesundheitskarte, wobei der Zugriff der Beihilfestellen auf Daten über die in Anspruch genommenen Leistungen und deren Kosten zu beschränken ist.

(9) Kostendämpfungspauschale und Eigenbehalte nach Absatz 5 Satz 1 und 3 sowie Eigenbehalte, die durch die Begrenzung von zahntechnischen Leistungen entstehen, dürfen die Belastungsgrenze von 2 v. H. der Jahresdienstbezüge oder Jahresversorgungsbezüge nach beamtenrechtlichen Vorschriften oder Grundsätzen nicht übersteigen. Bei der Ermittlung der Jahresbezüge ist der Bruttobetrag maßgebend. Variable Bezügebestandteile, kinderbezogene Anteile im Familienzuschlag sowie Renten aus der gesetzlichen Rentenversicherung und einer zusätzlichen Alters- und Hinterbliebenenversorgung des Beihilfeberechtigten bleiben außer Ansatz.

Zu 2.

Artikel III Abs. 4 9. LBesÄndG

(4) Der Kreis der nach § 88 des Landesbeamtengesetzes berücksichtigungsfähigen Kinder ist in Anlehnung an die bisherigen Vorschriften über die Kinderzuschlagsberechtigung zu bestimmen.

Zu 3.

§ 3 AbuBesVG

(1) Arbeitnehmerinnen und Arbeitnehmer im Dienst des Landes, der Gemeinden, der Gemeindeverbände und der sonstigen der Aufsicht des Landes unterstehenden Körperschaften, Anstalten und Stiftungen des öffentlichen Rechts, deren Beschäftigungsverhältnis vor dem 1. Januar 1999 begründet wurde, haben Anspruch auf Beihilfen in Krankheits- und Geburtsfällen nach den für Beamtinnen und Beamte geltenden Grundsätzen unter Berücksichtigung der Besonderheiten ihres Beschäftigungsverhältnisses.

(2) In einer gesetzlichen Krankenversicherung versicherte Arbeitnehmerinnen und Arbeitnehmer und ihre berücksichtigungsfähigen Angehörigen sind ausschließlich auf die ihnen zustehenden Sach- und Dienstleistungen angewiesen. Aufwendungen, die dadurch entstehen, dass diese Leistungen nicht in Anspruch genommen werden, Kostenerstattungen gewählt werden oder die Krankenkasse die Kosten bis zur Höhe eines Festbetrages übernimmt, sind nicht beihilfefähig. Dies gilt entsprechend für Geldleistungen der gesetzlichen Krankenversicherungen, die an Stelle einer Sach- oder Dienstleistung gewährt werden. Soweit Ansprüche auf Zuschüsse seitens der gesetzlichen Krankenversicherungen bestehen, sind die beihilfefähigen Aufwendungen um diese zu kürzen.

(3) Arbeitnehmerinnen und Arbeitnehmer, die mit weniger als der regelmäßigen wöchentlichen Arbeitszeit beschäftigt sind, erhalten Beihilfen anteilig entsprechend ihrer arbeitsvertraglich vereinbarten durchschnittlichen wöchentlichen Arbeitszeit.

(4) Die näheren Bestimmungen trifft das Finanzministerium im Einvernehmen mit dem Innenministerium durch Rechtsverordnung; sie gelten vorbehaltlich einer tarifvertraglichen Regelung. An Krankenversicherungen, deren Mitglieder beihilfeberechtigt sind, dürfen Zuschüsse von öffentlich-rechtlichen Arbeitgebern nicht gewährt werden.

(5) § 91 des Landesbeamtengesetzes (LBG) und Abschnitt V des Beamtenversorgungsgesetzes (BeamtVG) gelten sinngemäß für die in einem öffentlich-rechtlichen Ausbildungsverhältnisses stehenden Verwaltungslehrlinge, Verwaltungspraktikantinnen und -praktikanten sowie Schulpraktikantinnen

und -praktikanten einer der in Absatz 1 genannten juristischen Personen des öffentlichen Rechts.

Die aufgrund der vorstehenden Ermächtigungen erlassenen Vorschriften sind:

1. Die Verordnung über die Gewährung von Beihilfen in Geburts-, Krankheits-, Pflege- und Todesfällen (Beihilfenverordnung NRW – BVO NRW –) vom 5. November 2009 (SGV. NRW. 20320),
2. Die Verordnung über die Gewährung von Beihilfen in Krankheits-, Geburts- und Todesfällen an Angestellte, Arbeiter und Auszubildende (BVO-Ang) vom 9. April 1965 (GV. NRW. S. 108/SGV. NRW. 2031).

Zur Erläuterung und Ergänzung dieser Bestimmungen hat das Finanzministerium die Verwaltungsvorschriften vom 22. April 2010 (MBl. NRW. S. 334/ SMBl. NRW. 203204) bekannt gegeben.

II. Beihilferecht NRW von A bis Z

(ergänzt um wichtige medizinische Fachausdrücke und Begriffe aus dem Recht der Gesetzlichen Krankenversicherung und der Sozialen Pflegeversicherung)

A

Abano Terme (Italien)

Der Ort ist beihilferechtlich als Kurort anerkannt (vgl. Anlage 5 VVzBVO, abgedruckt im Anhang, Nr. 2, S. 429 ff.).

Abdingung

Sofern der Patient mit dem Behandler eine Abdingung (Gebührenbemessung über den Höchstsätzen der Gebührenordnung GOÄ und GOZ) vereinbart, können die Gebühren beihilferechtlich grundsätzlich nur bis zum jeweiligen Schwellenwert als angemessen angesehen werden, es sei denn, dass eine Überschreitung des Schwellenwertes bis zum Höchstsatz einer Gebühr nach der angegebenen Begründung gerechtfertigt ist. Abdingungen über den Höchstsätzen der Gebührenordnungen werden im Grundsatz seitens der Beihilfestellen nicht akzeptiert (siehe auch unter *„Schwellenwert"* und *„Angemessene Aufwendungen"*).

Abduktionslagerungskeil

Die Aufwendungen für einen ärztlich verordneten Abduktionslagerungskeil sind grundsätzlich beihilfefähig. Eine vorherige Anerkennung durch die Beihilfestelle ist nicht erforderlich.

Abführmittel

Aufwendungen für Abführmittel sind bei Personen, die das 18. Lebensjahr vollendet haben, unabhängig von ihrer Verschreibungsart (rezeptpflichtig bzw. nicht rezeptpflichtig) grundsätzlich nicht beihilfefähig.

Soweit Abführmittel zur Behandlung von Erkrankungen im Zusammenhang mit Tumorleiden, Megacolon, Divertikulose, Divertikulitis, Mukoviszidose, neurogener Darmlähmung, vor diagnostischen Eingriffen, bei phosphatbindender Medikation, bei chronischer Niereninsuffizienz, bei der Opiat- sowie Opioidtherapie und in der Terminalphase verordnet werden, sind die Aufwendungen für diese Mittel allerdings beihilfefähig (vgl. Nr. 7 c der Anlage 2 BVO, abgedruckt im Anhang, Nr. 1 a, S. 367 ff.).

Abgewöhnung des Rauchens

Die Aufwendungen für Entwöhnungstherapien und -mittel sind dem Bereich der privaten Lebensführung zuzuordnen und daher unabhängig vom Alter des

Betroffenen nicht beihilfefähig (vgl. Nr. 8 b der Anlage 2 BVO und Nr. 4.1.7.5 VVzBVO, abgedruckt im Anhang, Nr. 1 a, S. 367 ff. und Nr. 2, S. 423 ff.).

Abmagerungsmittel und Appetitzügler

Aufwendungen für Abmagerungsmittel und Appetitzügler sind unabhängig vom Alter des Patienten auch bei ärztlicher Verordnung nicht beihilfefähig (vgl. Nr. 8 b der Anlage 2 zu § 4 Abs. 1 Nr. 7 BVO und Nr. 4.1.7.5 VVzBVO, abgedruckt im Anhang, Nr. 1 a, S. 367 ff. und Nr. 2, S. 423 ff.).

Abordnung (des Beihilfeberechtigten)

Nach § 14 Abs. 4 Satz 2 des Beamtenstatusgesetzes (BeamtStG) vom 17. Juni 2008 (BGBl. I S. 1010) ist bei Abordnungen der abgebende Dienstherr verpflichtet, weiterhin die Beihilfen zu zahlen, soweit zwischen den Dienstherren nichts anderes vereinbart wurde. Da es sich bei Abordnungen zu einem anderen Dienstherrn oftmals um vorübergehende Maßnahmen handelt, sollten jedoch möglichst keine abweichenden Vereinbarungen getroffen werden (mit Ausnahme von eventuellen Kostenerstattungsvereinbarungen zwischen den Dienstherren). Anderenfalls müsste der Beamte im Hinblick auf das z. B. unterschiedlich ausgestaltete Beihilferecht im Bund und in den Ländern seinen Krankenversicherungsschutz für den vorübergehenden Zeitraum anpassen. § 1 Abs. 4 Satz 2 BVO (abgedruckt im Anhang, Nr. 1 a, S. 367 ff.) trägt der bundesgesetzlichen Regelung des BeamtStG Rechnung.

Bei Abordnungen innerhalb des Zuständigkeitsbereichs der BVO (z. B. von einer nordrhein-westfälischen Kommune zum Land NRW) gilt wie bisher, dass der Dienstherr die Beihilfen zu den Aufwendungen zahlt, die während der Tätigkeit des Beamten bei ihm entstehen.

Nach der Nr. 1.4.1 der VVzBVO (abgedruckt im Anhang, Nr. 2, S. 423 ff.) kann es bei laufenden Abordnungen (Beginn vor dem 1. April 2009) bei der Regelung nach § 1 Abs. 4 BVO in der bis zum 31. März 2009 geltenden Fassung verbleiben, soweit keine anderen Vereinbarungen zwischen den Dienstherren getroffen werden bzw. der Beihilfeberechtigte nicht die Anwendung des § 14 Abs. 4 BeamtStG beantragt. Einzelfallbezogene Vereinbarungen der Dienstherren über die Erstattung der Beihilfekosten sollten im Rahmen der Vereinbarungen über die Erstattungen der Besoldung getroffen werden und sind seitens der Beihilfestellen zu beachten.

Absauggerät

Die Aufwendungen für ein ärztlich verordnetes Absauggerät (z. B. bei Kehlkopferkrankungen) sind beihilfefähig. Eine vorherige Anerkennung durch die Beihilfestelle ist bei Anschaffungskosten von nicht mehr als 1.000 Euro nicht erforderlich.

Abschlagszahlungen

Auf eine zu erwartende Beihilfe kann der Beihilfeberechtigte angemessene Abschlagszahlungen erhalten. Die Zahlungen dürfen die spätere Beihilfe nicht übersteigen. Es ist daher in der Regel erforderlich, dass mit dem Antrag auf Zahlung eines Abschlags auch Unterlagen über die Höhe der bereits entstandenen oder noch zu erwartenden Aufwendungen eingereicht werden. In Ausnahmefällen dürfte es genügen, wenn der Beihilfeberechtigte die Kosten glaubhaft macht. Für die Beantragung eines Abschlags bei einer stationären Krankenhausbehandlung und bei einer Betreuung durch eine Dialyse-Institution halten die Beihilfestellen Vordrucke vorrätig.

Falls man als Selbstzahler (d. h. nicht als Mitglied einer gesetzlichen Krankenversicherung auf Einweisungsschein) ein Krankenhaus aufsucht, wird in aller Regel vom Krankenhaus ein Vorschuss auf die erwarteten Kosten gefordert. Wegen der hohen Pflegesätze der Krankenhäuser kann der Beihilfeberechtigte durch die geforderten Vorauszahlungen in erhebliche finanzielle Bedrängnis geraten. Um dies zu vermeiden, räumen die Beihilfebestimmungen die Möglichkeit ein, bei der Beihilfestelle einen Abschlag auf die Beihilfe zu beantragen. Auf Antrag des Beihilfeberechtigten wird der Abschlag von der Beihilfestelle unmittelbar an das Krankenhaus überwiesen.

Auch bei dauernder Pflegebedürftigkeit können für einen Zeitraum von sechs Monaten Abschläge gezahlt werden. Danach ist die Beihilfe aufgrund eines Antrags (mit Vordruck) endgültig festzusetzen. Erst nach Eingang dieses Antrags bei der Beihilfestelle beginnt wieder ein neuer Sechsmonatszeitraum für die Zahlung von Abschlägen.

Ein Abschlag darf auch dann gewährt werden, wenn eine dem Grunde nach zustehende Beihilfe nicht festgesetzt werden kann, weil zunächst die Klärung eines etwaigen Schadensersatzanspruchs abgewartet werden muss; bei der Bemessung des Abschlages kann ein möglicher Ersatzanspruch außer Ansatz bleiben. Der Abschlag wird seitens der Beihilfestelle unverzüglich abgewickelt, sobald der Ersatzanspruch geklärt ist.

Abtretung von Beihilfeansprüchen an Krankenhäuser

Grundsätzlich sieht das Beihilferecht in Bund und Ländern keine Abtretung, sondern nur eine eingeschränkte Pfändung von Beihilfeansprüchen vor.

Krankenhäuser können allerdings bei stationärer Aufnahme eines Beihilfeberechtigten und während des stationären Aufenthalts Abschlagsrechnungen stellen, die regelmäßig von den Beihilfestellen akzeptiert werden.

Acetylsalicylsäurepräparate

Aufwendungen für nicht verschreibungspflichtige Acetylsalicylsäurepräparate (z. B. ASS) sind grundsätzlich nicht beihilfefähig.

Dies gilt nicht für Personen, die noch nicht das 18. Lebensjahr vollendet haben und nicht für Präparate (bis 300 mg/Dosiseinheit), wenn sie als Thrombozyten-Aggressionshemmer in der Nachsorge von Herzinfarkt und Schlaganfall sowie nach arteriellen Eingriffen verordnet werden und ferner nicht für Acetylsalicylsäure und Paracetamol zur Behandlung schwerer und schwerster Schmerzen in Co-Medikation mit Opioiden (vgl. Anlage I der AMR und Nr. 4.1.7.1 VVzBVO, abgedruckt im Anhang, Nr. 4, S. 549 ff. und Nr. 2, S. 423 ff.).

Acidosetherapeutika

Aufwendungen für nicht verschreibungspflichtige Acidosetherapeutika sind bei Personen, die das 18. Lebensjahr vollendet haben, nur zur Behandlung von dialysepflichtiger Nephropathie und chronischer Niereninsuffizienz sowie bei Neoblase beihilfefähig (vgl. Anlage I der AMR und Nr. 4.1.7.1 VVzBVO; abgedruckt im Anhang, Nr. 4, S. 549 ff. und Nr. 2, S. 423 ff.). Für Personen unter 18 Jahren bestehen keine Einschränkungen.

Acomplia Fertigarzneimittel (Abmagerungsmittel)

Gehört zu den sog. Lifestyle Arzneimitteln, die nach Nr. 8 b der Anlage 2 zu § 4 Abs. 1 Nr. 7 BVO (abgedruckt im Anhang, Nr. 1 a, S. 367 ff.) **nicht** beihilfefähig sind.

ACP-Therapie

Bei der ACP-Therapie handelt es sich um ein Therapieverfahren u. a. zur Heilung von Knorpelbeschwerden, Sehnen-, Bandscheibenverletzungen, mit autologen Wachstumsfaktoren, die aus Eigenblut gewonnen werden. Die Therapie ist wissenschaftlich nicht anerkannt; die Aufwendungen sind **nicht** beihilfefähig.

Actisite-Tetracyclinfäden

Actisite-Tetracyclinfäden sind derzeit wissenschaftlich noch nicht anerkannt im Rahmen der Behandlung von Parodentalerkrankungen. Die Aufwendungen sind nur im Ausnahmefall (Nr. 411 und 415 GOZ – analog – für das Legen und Entfernen der Fäden) beihilfefähig.

Adimed-Stabil Stiefel nach Dr. Spring

Dieser Stiefel – ein Produkt der Sportschuhfabrikation – dient nicht nur medizinischen Zwecken, sondern auch der Vorbeugung im Fuß- und Knöchelbereich, z. B. bei sportlicher Betätigung. Er ist wegen seiner über eine stark begrenzte medizinische Anwendung hinausgehenden allgemeinen Verwendbarkeit als Gegenstand der allgemeinen Lebensführung anzusehen. Die Rechtmäßigkeit des Beihilfeausschlusses ist durch die Urteile des BVerwG vom 15. November 1990 – BVerwG 2 C 12.88 und BVerwG 2 C 13.88 – (RiA 1992 S. 43) bestätigt worden. Dies gilt auch für den Fall, dass lediglich ein einzelner Schuh beschafft wurde (vgl. Urteil des VG Düsseldorf vom 18. Mai 1994 – 10 K 2278/93 –).

Adimed-Vario-Stabil-Achillessehnenschuh

Die Aufwendungen für ein Paar abzüglich eines Eigenanteils von 70 Euro – ärztliche Verordnung vorausgesetzt – sind grundsätzlich beihilfefähig. Einer vorherigen Anerkennung durch die Beihilfestelle bedarf es nicht.

Aerosol-Inhalations-Therapie

Die Therapie ist wissenschaftlich anerkannt (mit hochwirksamen Medikamenten, z. B. mit Aludrin). Die Aufwendungen sind beihilfefähig.

Ärztliche Verordnung

Die Versorgung mit Arzneimitteln, Verbandmittel und dergleichen setzt eine ärzt-/zahnärztliche oder Heilpraktiker-Verordnung voraus. Änderungen und Ergänzungen bedürfen der erneuten Unterschrift des Arztes/Zahnarztes/Heilpraktikers. Werden auf einem Rezept Heilmittel, Verbandmittel und dergleichen mehrmals beschafft, sind die Kosten für Wiederholungen nur insoweit beihilfefähig, als sie vom Arzt/Zahnarzt/Heilpraktiker besonders vermerkt worden sind. Ist die Zahl der Wiederholungen nicht angegeben (hat der Behandler also nur geschrieben „Rep" oder „Wiederholung"), sind nur die Kosten der einmaligen Wiederholung beihilfefähig.

Ahornsirupkrankheit

Die Ahornsiruperkrankung ist eine Stoffwechselerkrankung, deren Ursache eine verminderte Aktivität eines Enzyms ist. Enzyme sind Moleküle, die chemische Umsetzungen im Körper ermöglichen. Das bei der Ahornsirupkrankheit betroffene Enzym fördert den Abbau bestimmter Aminosäuren (Grundbaustein von Eiweißen). Dabei handelt es sich um die sog. verzweigkettigen Aminosäuren Leuzin, Isoleuzin und Valin. Als Folge des Enzymdefekts reichern sich diese Aminosäuren im Blut und Gewebe des Erkrankten stark an. Inzwischen werden fünf Erscheinungsformen der Erkrankung unterschieden. Sie verlaufen unterschiedlich schwer. Die Erkrankung ist auch bekannt unter den Bezeichnungen „MSUD (maple syrup urine disease)" und „Leuzinose".

AIDS-Test

Aufwendungen für einen AIDS-Test sind grundsätzlich beihilfefähig, sofern sie nicht Teil der allgemeinen Krankenhausleistung sind, vgl. auch *„HIV-Test"*.

Air-Flow-Behandlung

Siehe unter *„Professionelle Zahnreinigung"*.

AIX-les-Bains (Frankreich)

Es handelt sich um einen beihilferechtlich anerkannten Kurort in Frankreich (vgl. Teil 1 b der Anlage 5 VVzBVO, abgedruckt im Anhang, Nr. 2, S. 423 ff.).

Akalkulie

Aufwendungen für eine Behandlung der Akalkulie (Rechenschwäche) oder Legasthenie (Lese- und Schreibschwäche) sind grundsätzlich nicht beihilfefähig, da es sich hierbei im Regelfall nicht um eine Krankheit handelt. Sofern der Behandlung im Ausnahmefall eine Krankheit zugrunde liegt, ist sie im Rahmen der §§ 4 a bis 4 d BVO und der Anlage 1 zu § 4 Abs. 1 Nr. 1 Satz 5 BVO (abgedruckt im Anhang, Nr. 1 a, S. 367 ff.) beihilfefähig.

Akupressur

Es handelt sich um eine Behandlungsart der traditionellen chinesischen Medizin. Die Aufwendungen sind nicht beihilfefähig (vgl. Nr. 4.1.9.5 VVzBVO, abgedruckt im Anhang, Nr. 2, S. 423 ff.).

Akupunkt-Massage

Die Akupunkt-Massage ist der Nr. 18 des Leistungsverzeichnisses für ärztlich verordnete Heilbehandlungen nach § 4 Abs. 1 Nr. 9 BVO, Anlage 2 VVzBVO zuzuordnen (siehe auch *„Massagen"* und Nr. 2, S. 423 ff. im Anhang). Die Aufwendungen hierfür sind beihilfefähig.

Akupunkturbehandlung

Aufwendungen für eine Akupunkturbehandlung sind unter der Voraussetzung beihilfefähig, dass wissenschaftlich anerkannte Behandlungsmethoden ohne Erfolg angewendet worden sind. Wird eine Akupunkturbehandlung bei entsprechender ärztlicher Diagnose zur Behandlung von Schmerzen angewandt (Nr.n 269 und 269 a des Gebührenverzeichnisses der GOÄ, Nr. 21 GebüH), ist eine Prüfung, ob wissenschaftlich anerkannte Behandlungsmethoden ohne Erfolg geblieben sind, nicht erforderlich. Nach einem Urteil des OVG Münster vom 28. Januar 2000 – 6 A 1317/99 – ist eine Akupunkturbehandlung wegen einer Heuschnupfenallergie allerdings wissenschaftlich nicht anerkannt; die Aufwendungen daher nicht beihilfefähig. Das gleiche gilt nach einem Beschluss des OVG Münster vom 29. September 2003 – 6 A 1184/00 – hinsichtlich der Anwendung der Laserakupunktur bei allergischen Atemwegserkrankungen.

Allergenfreie Nahrung

Allergenfreie Nahrung gilt beihilferechtlich als Gut des täglichen Bedarfs; die Aufwendungen sind **nicht** beihilfefähig.

Allergie-Bettwäsche

Die Aufwendungen für ein ärztlich verordnetes Komplettset „Allergiebettbezüge" (sog. Encasings), bestehend aus Kopfkissen-, Oberbett- und Matratzenbezug sind bis zu einem Höchstbetrag von 120 Euro beihilfefähig.

Die Aufwendungen für eine Ersatzbeschaffung sind erst nach Ablauf einer Mindestnutzungsdauer von

- zwei Jahren, bei Kindern bis zum vollendeten 6. Lebensjahr,
- fünf Jahren bei Kindern bis zum vollendeten 16. Lebensjahr,
- acht Jahren, bei Personen ab dem 17. Lebensjahr

beihilfefähig (vgl. Nr. 4.1.10.12.3 VVzBVO, abgedruckt im Anhang, Nr. 2, S. 423 ff.).

Allergostop-Therapie

Die Behandlung ist wissenschaftlich nicht anerkannt (vgl. auch Urteil des VG Regensburg vom 24. Februar 1999 – RN 1 K 96.2345 –); die Aufwendungen sind daher **nicht** beihilfefähig.

Alkoholentziehungskur

Aufwendungen für eine ärztlich verordnete Alkoholentziehungskur dienen der Wiedererlangung der Gesundheit und sind somit beihilfefähig; das gilt auch für eine ambulante Entziehungskur, wenn zwischen der Betreibereinrichtung und einem Rentenversicherungsträger (das ist der Regelfall) eine schriftliche Vereinbarung besteht und dem Beihilfeberechtigten kein höherer Betrag als gesetzlich Versicherten in Rechnung gestellt wird.

Altenheime

Die Aufwendungen für die Unterbringung in einem Altenheim sind **nicht** beihilfefähig.

Beihilfefähig sind allerdings die Krankheitsaufwendungen

- bei vorübergehender Erkrankung (wie bei beihilfeberechtigten und berücksichtigungsfähigen Personen, die nicht in einem Altenheim untergebracht sind),
- bei vorübergehender Pflegebedürftigkeit; hier zusätzlich auch die Kosten für die Pflege in Höhe des Pflegekostenzuschlags zu den allgemeinen Unterbringungskosten (siehe unter *„Vorübergehende Pflege“*),
- bei dauernder Pflegebedürftigkeit; hier auch die Pflegekosten sowie ggf. die Aufwendungen für Unterkunft und Verpflegung sowie Investitionskosten (siehe unter *„Dauernde Pflegebedürftigkeit“*).

Alveolarfortsatz (Begriff)

Der am Kieferkörper verlaufende Knochenbogen, in dem die Zähne (Zahnfächer) sitzen

Alveolarkamm (Begriff)

Kante des zahnlosen Alveolarfortsatzes

Alveolarknochen (Begriff)

Zahntragender Knochen

Amalgam

Es handelt sich um ein silberhaltiges Metall-Quecksilbergemisch zum Füllen von Zahndefekten.

Amara (Begriff)

Bittermittel

Ambrisentan

Die Aufwendungen für dieses Arzneimittel sind nur beihilfefähig, wenn eine Abstimmung zwischen dem behandelndem Arzt und einem Arzt für besondere Arzneimitteltherapie erfolgt ist (vgl. Nr. 4.1.7.10.2.1 der VVzBVO, abgedruckt im Anhang, Nr. 2, S. 423 ff.).

Ambulante Chemotherapie

Siehe unter *„Komplextherapie"*.

Ambulante Entwöhnungskur

Siehe unter *„Komplextherapie"*.

Ambulante kardiologische Therapie

Siehe unter *„Komplextherapie"*.

Ambulante Kurmaßnahmen

A) Vorschriften

1. Text § 7 BVO

Beihilfefähige Aufwendungen für ambulante Kur- und Rehabilitationsmaßnahmen

(1) Zu den Kosten einer unter ärztlicher Leitung in einem Ort des vom Finanzministerium aufgestellten Kurorteverzeichnisses durchgeführten ambulanten Kur werden Beihilfen bis zu einer Dauer von 23 Kalendertagen einschließlich der Reisetage, bei einer ambulanten Rehabilitationsmaßnahme (Absatz 4) bis zu 20 Behandlungstagen sowie bei chronisch kranken Kindern bis zum vollendeten 14. Lebensjahr bis zu 30 Kalendertagen (einschließlich der Reisetage) gewährt.

(2) Voraussetzung für die Gewährung einer Beihilfe nach Absatz 1 ist, dass

a) vor der erstmaligen Antragstellung eine Wartezeit von insgesamt 3 Jahren Beihilfeberechtigung nach diesen oder entsprechenden Beihilfevorschriften erfüllt ist,

b) im laufenden Kalenderjahr oder in den drei vorangegangenen Kalenderjahren keine anerkannte Maßnahme nach Absatz 1 oder den §§ 6 oder 6 a durchgeführt wurde. Von der Einhaltung der Frist darf nur abgesehen werden, wenn nach dem Gutachten des zuständigen Amtsarztes aus zwingenden medizinischen Gründen (z. B. in schweren Fällen von Morbus Bechterew) eine Kurmaßnahme in einem kürzeren Zeitabstand notwendig ist,

c) ambulante ärztliche Behandlungen und Heilbehandlungen außerhalb von Maßnahmen nach Absatz 1 wegen erheblich beeinträchtigter Gesundheit nicht ausreichend sind,

d) die medizinische Notwendigkeit vor Beginn einer Maßnahme nach Absatz 1 durch begründete ärztliche Bescheinigungen nachgewiesen und durch ein Gutachten des zuständigen Amtsarztes bestätigt ist,

e) die Beihilfestelle die Beihilfefähigkeit vor Beginn der Maßnahme nach Absatz 1 anerkannt hat,

f) die Maßnahme nach Absatz 1 innerhalb von sechs Monaten nach Bekanntgabe des Anerkennungsbescheides oder innerhalb eines im Anerkennungsbescheid unter Beachtung der dienstlichen Belange zu bestimmenden Zeitraums begonnen wird,

g) die ordnungsgemäße Durchführung der Maßnahme nach Absatz 1 durch Vorlage eines Schlussberichtes oder in anderer geeigneter Weise nachgewiesen wird.

(3) Beihilfefähig sind bei ambulanten Kurmaßnahmen die Aufwendungen nach § 4 Absatz 1 Nummer 1, 7 und 9, für das amtsärztliche Gutachten sowie den ärztlichen Schlussbericht. Zu den Fahrkosten, den Aufwendungen für Kurtaxe sowie Unterkunft und Verpflegung wird ein Zuschuss von 30 Euro täglich einschließlich der Reisetage gewährt. Ist die Beihilfefähigkeit der Kurmaßnahme nach Absatz 1 nicht anerkannt worden, sind nur die Aufwendungen nach § 4 Absatz 1 Nummer 1, 7 und 9 beihilfefähig. Bei Menschen mit Behinderungen, bei denen die Voraussetzung für eine ständige Begleitperson behördlich festgestellt ist, und bei Kindern, bei denen der Amtsarzt bestätigt hat, dass für eine Erfolg versprechende Behandlung eine Begleitperson notwendig ist, wird zu den Kosten für Unterkunft und Verpflegung und Kurtaxe sowie Fahrkosten der Begleitperson ein Zuschuss von 20 Euro täglich gewährt.

(4) Aufwendungen für ambulante Rehabilitationsmaßnahmen in Einrichtungen, die mit einem Sozialversicherungsträger einen Versorgungsvertrag geschlossen haben, sind nach § 4 Absatz 1 Nummer 1, 7 und 9 beihilfefähig. Absatz 2 Buchstaben b bis g gelten sinngemäß. Wird die ambulante Rehabilitationsmaßnahme durch die Einrichtung pauschal abgerechnet, sind die Aufwendungen in Höhe der Preisvereinbarung beihilfefähig, die die Einrichtung mit dem Sozialversicherungsträger getroffen hat. Nebenkosten (z. B. Verpflegungs- und Unterbringungskosten [Ruheraum], Kurtaxe) sind – soweit in der Pauschalpreisvereinbarung nicht enthalten – bis zu einem Betrag von insgesamt 20 Euro täglich – beihilfefähig. Soweit die Einrichtung nicht über einen kostenlosen Fahrdienst verfügt, sind notwendige Fahrkosten bis zu einem Betrag von 40 Euro täglich beihilfefähig.

2. Text der Verwaltungsvorschriften

7 Zu § 7 Beihilfefähige Aufwendungen für ambulante Kur- und Rehabilitationsmaßnahmen

7.1 **Absatz 1**

7.1.1 Das Heilkurorteverzeichnis „Inland“ und „EU-Ausland“ ist als Anlage 5 zu dieser Verordnung beigefügt. Ambulante Rehabilitationsmaßnahmen (Nummer 7.4) können auch in einem Ort außerhalb des Kurorteverzeichnisses durchgeführt werden.

7.2 **Absatz 2**

7.2.1 Die Aufwendungen für eine Kur sind auch dann beihilfefähig, wenn die Kur nicht ordnungsgemäß durchgeführt worden ist, weil der Beihilfeberechtigte aus Gründen, die er nicht zu vertreten hat, daran gehindert wurde.

7.2.2 Als Wartezeit nach § 7 Absatz 2 Buchstabe a BVO gilt die Zeit ab erstmaligem Eintritt in den öffentlichen Dienst. Kuren von Kindern sowie Kuren, die nach dem Gutachten des zuständigen Amtsarztes aus zwingenden medizinischen Gründen (z. B. in schweren Fällen von Morbus Bechterew) durchgeführt werden müssen, können auch innerhalb der Wartezeit bewilligt werden.

7.3 **Absatz 3**

7.3.1 Ist die An- und/oder Abreise zum Kurort nur im Krankenwagen möglich, gilt § 4 Absatz 1 Nummer 11 Satz 3 BVO entsprechend.

7.4 **Absatz 4**

7.4.1 Eine Anschlussheilbehandlung kann auch im Rahmen einer ambulanten Rehabilitationsmaßnahme durchgeführt werden.

7.4.2 Die Aufwendungen für seitens der ambulanten Rehabilitationseinrichtung verordnete bzw. während der Rehabilitationsmaßnahme verabreichte

Arzneimittel sind grundsätzlich neben der mit einem Sozialversicherungsträger vereinbarten Pauschale (§ 7 Absatz 4 Satz 3 BVO) beihilfefähig. Bei den Nebenkosten nach § 7 Absatz 4 Satz 4 BVO kann grundsätzlich davon ausgegangen werden, dass mindestens Kosten in Höhe von 20 Euro täglich angefallen sind; ein Einzelnachweis ist daher nur in begründeten Ausnahmefällen notwendig.

7.4.3 Die Notwendigkeit weiterer – nicht in der Preisvereinbarung mit einem Sozialversicherungsträger enthaltener – Aufwendungen nach § 4 Absatz 1 Nummer 1, 7 und 9 BVO ist durch einen Amtsarzt zu bestätigen.

7.4.4 Ambulante Rehabilitationsmaßnahmen sind auch beihilfefähig, wenn sie von Einrichtungen durchgeführt werden, die der stationären Rehabilitation dienen.

7.4.5 Die ärztlich verordnete ambulante Rehabilitationsmaßnahme umfasst auch die mobile Rehabilitation. Die mobile Rehabilitation ist eine Sonderform der ambulanten Rehabilitation, bei der der Erkrankte zu Hause behandelt wird.

7.4.6 Ist zur Durchführung einer ambulanten Rehabilitationsmaßnahme eine Begleitperson aus zwingenden medizinischen Gründen erforderlich, gilt für die Aufwendungen der Begleitperson § 7 Absatz 4 Satz 4 BVO entsprechend.

7.4.7 Nach § 7 Absatz 1 BVO sind bei ambulanten Rehabilitationsmaßnahmen die Aufwendungen für 20 Behandlungstage beihilfefähig. Ist aus dringenden medizinischen Gründen in Zusammenhang mit neuropsychologischen Behandlungen (z. B. Schlaganfallpatient) eine Verlängerung der Behandlung geboten, kann die Beihilfestelle einer Verlängerung bis zu weiteren 20 Behandlungstagen zustimmen. Darüber hinaus sind weitere beihilferechtliche Verlängerungen nur in dem Umfang der Bewilligung der Krankenversicherung des Patienten möglich.

7.4.8 Aufwendungen für ärztlich verordneten Rehabilitationssport und Funktionstraining unter ärztlicher Betreuung und Überwachung sind grundsätzlich beihilfefähig. Beihilfefähig sind ausschließlich die in der Rahmenvereinbarung der Rehabilitationsträger über den Rehabilitationssport und das Funktionstraining vom 1. Oktober 2003 i. d. F. vom 1. Januar 2007 genannten Maßnahmen. Die Rahmenvereinbarung kann von einem gesetzlichen Rehabilitationsträger bezogen werden.

Beihilfefähig sind nur Gebühren, die der Veranstalter für gesetzlich versicherte Teilnehmer mit den Rehabilitationsträgern vereinbart hat. Nicht beihilfefähig sind Mitgliedsbeiträge, Aufwendungen für den Besuch eines Fitness-Studios oder für allgemeine Fitness-Übungen und -Geräte sowie für notwendige Sportbekleidung sowie die Fahrten zum Veranstaltungsort. Dies gilt auch für die Aufwendungen einer ggf. notwendigen Begleitperson.

B) Hinweise

Eine ambulante Kur ist eine auf vorwiegend natürliche Heilmittel gegründete, unter ärztlicher Leitung durchgeführte Heilbehandlung in einem der in dem Kurorteverzeichnis (vgl. Anlage 5 VVzBVO, abgedruckt im Anhang, Nr. 2, S. 423 ff.) aufgeführten Orte.

Die Vorschrift des § 7 BVO gilt nicht nur für „aktive" Beihilfeberechtigte, sondern auch für Versorgungsempfänger und für die berücksichtigungsfähigen Angehörigen von Beihilfeberechtigten. Anspruchsberechtigt sind auch Beihilfeberechtigte während der Zeit der Freistellung vom Dienst im sog. Sabbatjahr, bei Freistellung vom Dienst im Rahmen der Altersteilzeit, ferner aus familienpolitischen Gründen beurlaubte Beamte sowie Beamte in der Elternzeit.

Der Erkrankte, der eine ambulante Kur durchführt, muss im Kurort einen Arzt (Heilpraktiker) aufsuchen, der aufgrund seiner Untersuchung einen Kurplan aufstellt, nach dem sich der Kurende zu richten hat. Die Kosten des Kurplans sind beihilfefähig. Führt der Erkrankte eine ambulante Kur ohne ärztliche Leitung durch, d. h., werden die Heilanwendungen vom Kurarzt nicht überwacht, kann kein Zuschuss zu den Kosten für Unterkunft und Verpflegung, zu den Beförderungskosten und zur Kurtaxe gewährt werden.

Der Kurende muss nicht zwingend im Kurort wohnen. Eine Unterbringung in der Nähe des Kurortes (auch in einem Campingwagen) ist beihilferechtlich unschädlich.

Das Heilkurorteverzeichnis „Inland" und „EU-Ausland" ist den Verwaltungsvorschriften zur BVO als Anlage 5 beigefügt (abgedruckt im Anhang, Nr. 2, S. 423 ff.).

Beihilfen zu ambulanten Kurmaßnahmen werden bis zu 23 Kalendertage einschließlich der Reisetage gewährt. Eine Verlängerung ist nach der Beihilfenverordnung nicht möglich.

Zur Frage der Beurlaubung eines Beamten bei einer ambulanten Kur (nicht bei einer ambulanten Rehabilitationsmaßnahme) wird auf § 11 Abs. 3 der Sonderurlaubsverordnung i. d. F. der Bekanntmachung vom 14. September 1993 (SGV. NRW. 20303) hingewiesen.

Voraussetzung für die Gewährung einer Beihilfe zu einer ambulanten Kur- oder Rehabilitationsmaßnahme ist, dass

- vor der erstmaligen Antragstellung eine Wartezeit von insgesamt drei Jahren Beihilfeberechtigung nach der BVO NRW oder entsprechenden Beihilfevorschriften erfüllt ist,
- im laufenden Kalenderjahr oder in den drei vorangegangenen Kalenderjahren keine anerkannte ambulante Kur- oder Rehabilitationsmaßnahme (§ 7 BVO), keine anerkannte stationäre Rehabilitationsmaßnahme (§ 6 BVO) oder

keine anerkannte stationäre Müttergenesungskur oder Mutter-/Vater-Kind-Kur (§ 6 a BVO) durchgeführt wurde. Von der Einhaltung der Frist darf nur abgesehen werden, wenn nach dem Gutachten des zuständigen Amtsarztes aus zwingenden medizinischen Gründen (z. B. in schweren Fällen von Morbus Bechterew) eine Kurmaßnahme in einem kürzeren Zeitabstand notwendig ist,

- ambulante ärztliche Behandlungen und Heilbehandlungen außerhalb von ambulanten Kur- und Rehabilitationsmaßnahmen wegen erheblich beeinträchtigter Gesundheit nicht ausreichend sind,
- die medizinische Notwendigkeit vor Beginn der Kur durch begründete ärztliche Bescheinigungen nachgewiesen und durch ein Gutachten des zuständigen Amtsarztes bestätigt ist,
- die Beihilfestelle die Beihilfefähigkeit vor Beginn der Maßnahme anerkannt hat,
- die Maßnahme innerhalb von sechs Monaten nach Bekanntgabe des Anerkennungsbescheides oder innerhalb eines im Anerkennungsbescheid unter Beachtung der dienstlichen Belange zu bestimmenden Zeitraums begonnen wird,
- die ordnungsgemäße Durchführung der Maßnahme durch Vorlage eines Schlussberichtes oder in anderer geeigneter Weise nachgewiesen wird.

Neben den in § 7 Abs. 3 BVO aufgeführten Kosten für das amtsärztliche Gutachten, die Kurtaxe, den Schlussbericht des Kurarztes, für Unterkunft und Verpflegung und für die Beförderung entstehen bei ambulanten Kurmaßnahmen folgende Aufwendungen, zu denen Beihilfen gewährt werden können:

a) Kosten für ärztliche Untersuchung, Beratung und Verrichtung (§ 4 Abs. 1 Nr. 1 BVO),

b) Kosten für Arzneimittel (§ 4 Abs. 1 Nr. 7 BVO) und

c) Kosten für Heilbehandlungen, z. B. Bäder, Massagen, Krankengymnastik, Saunabäder, Aufenthalt in Mineral-, Thermal- oder Meerwasserbädern (§ 4 Abs. 1 Nr. 9 BVO). Wegen der beihilfefähigen Höchstbeträge wird auf Anlage 2 VVzBVO (abgedruckt im Anhang, Nr. 2, S. 423 ff.) hingewiesen.

Zu den Aufwendungen für Unterkunft und Verpflegung, Kurtaxe und Fahrkosten wird ein Zuschuss von 30 Euro täglich einschließlich der Reisetage (maximal 23 Tage) gezahlt.

Zu den Aufwendungen einer Heilkur kann ggf. eine Steuerermäßigung (Außergewöhnliche Belastung) beantragt werden.

Siehe auch unter *„Ambulante Rehabilitationsmaßnahme"*.

Ambulante Palliativversorgung

Palliativ-medizinische Behandlungen erfolgen i. d. R. in stationären oder teilstationären Einrichtungen; sie erfolgen neuerdings aber auch vermehrt ambulant in der häuslichen Umgebung des Erkrankten. Ziel ist hierbei, die Lebensqualität und die Selbstbestimmung schwerstkranker Menschen zu erhalten, zu fördern und zu verbessern und ihnen ein menschenwürdiges Leben bis zum Tod in ihrer vertrauten häuslichen Umgebung zu ermöglichen.

Voraussetzung für die Zahlung einer Beihilfe ist gem. der Nr. 4.1.2.2 VVzBVO (abgedruckt im Anhang, Nr. 2, S. 423 ff.), dass eine nicht heilbare, fortschreitende und weit fortgeschrittene Erkrankung bei einer zugleich begrenzten Lebenserwartung vorliegt, die eine besonders aufwändige Versorgung notwendig macht; die Höhe der beihilfefähigen Pflegekosten ist begrenzt auf die zwischen den gesetzlichen Krankenkassen und Leistungserbringern vereinbarte Vergütung.

Ambulante Psychotherapie

A) Vorschriften

1. Text der §§ 4 a bis 4 d und der Anlage 1 zu § 4 Abs. 1 Nr. 1 Satz 5 BVO

1.1 § 4 a Psychotherapeutische Leistungen

(1) Zu den psychotherapeutischen Leistungen gehören Aufwendungen für Leistungen der psychosomatischen Grundversorgung (§ 4 b), tiefenpsychologisch fundierten und analytischen Psychotherapien (§ 4 c) sowie Verhaltenstherapien (§ 4 d). Aufwendungen für tiefenpsychologisch fundierte und analytische Psychotherapien sowie Verhaltenstherapien sind nur beihilfefähig bei

1. affektiven Störungen (depressive Episoden, rezidivierende depressive Störungen, Dysthymie),
2. Angststörungen und Zwangsstörungen,
3. somatoformen Störungen und dissoziativen Störungen (Konversionsstörungen),
4. Reaktionen auf schwere Belastungen und Anpassungsstörungen,
5. Essstörungen,
6. nichtorganischen Schlafstörungen,
7. sexuellen Funktionsstörungen,
8. Persönlichkeits- und Verhaltensstörungen,
9. Verhaltens- und emotionalen Störungen mit Beginn in der Kindheit und Jugend.

Psychotherapie kann auch neben oder nach einer somatischen ärztlichen Behandlung von Krankheiten oder deren Auswirkungen angewandt werden, wenn psychische Faktoren einen wesentlichen pathogenetischen Anteil daran haben und sich ein Ansatz für die Anwendung von Psychotherapie bietet; Indikationen hierfür können nur sein:

1. Abhängigkeit von Alkohol, Drogen oder Medikamenten nach vorangegangener Entgiftungsbehandlung im Stadium der Entwöhnung unter Abstinenz,
2. seelische Krankheit aufgrund frühkindlicher emotionaler Mangelzustände oder tiefgreifender Entwicklungsstörungen; in Ausnahmefällen auch seelische Krankheiten, die im Zusammenhang mit frühkindlichen körperlichen Schädigungen oder Missbildungen stehen,
3. seelische Krankheit als Folge schwerer chronischer Krankheitsverläufe,
4. psychische Begleit-, Folge- oder Residualsymptomatik psychotischer Erkrankungen.

Die Leistungen müssen von einem Arzt oder einem Therapeuten nach Anlage 1 Nummer 2 bis 4 erbracht werden. Eine Sitzung der tiefenpsychologisch fundierten oder analytischen Psychotherapie oder Verhaltenstherapie umfasst eine Behandlungsdauer von mindestens 50 Minuten bei einer Einzelbehandlung und mindestens 100 Minuten bei einer Gruppenbehandlung.

(2) Aufwendungen für psychotherapeutische Behandlungen, die zu den wissenschaftlich anerkannten Verfahren gehören und nach den Abschnitten B und G des Gebührenverzeichnisses für ärztliche Leistungen der Gebührenordnung für Ärzte abgerechnet werden, sind beihilfefähig, wenn

1. sie der Feststellung, Heilung oder Linderung von seelischen Krankheiten nach Absatz 1 dienen, bei denen Psychotherapie indiziert ist,
2. nach einer biographischen Analyse oder Verhaltensanalyse und gegebenenfalls nach höchstens fünf, bei analytischer Psychotherapie bis zu acht probatorischen Sitzungen die Voraussetzungen für einen Behandlungserfolg gegeben sind und
3. die Festsetzungsstelle vor Beginn der Behandlung die Beihilfefähigkeit der Aufwendungen aufgrund eines ärztlichen Gutachtens der in den Verwaltungsvorschriften benannten Gutachter zur Notwendigkeit und zu Art und Umfang der Behandlung anerkannt hat.

(3) Für die psychosomatische Grundversorgung müssen die Voraussetzungen des Absatzes 2 Satz 1 Nummer 2 und 3 nicht erfüllt sein. Aufwendungen für Maßnahmen nach Absatz 2 Satz 1 Nummer 2 sind auch dann beihilfefähig, wenn sich eine psychotherapeutische Behandlung als nicht notwendig erwiesen hat.

(4) Aufwendungen für ein katathymes Bilderleben sind nur im Rahmen eines übergeordneten tiefenpsychologischen Therapiekonzeptes beihilfefähig.

(5) Aufwendungen für eine Rational Emotive Therapie sind nur im Rahmen eines umfassenden verhaltenstherapeutischen Behandlungskonzeptes beihilfefähig.

(6) Vor Behandlungen durch Psychologische Psychotherapeuten oder Kinder- und Jugendlichenpsychotherapeuten muss spätestens nach den probatorischen Sitzungen und vor Einleitung des Begutachtungsverfahrens eine somatische Abklärung erfolgen. Diese Abklärung muss ein Arzt vornehmen und in einem Konsiliarbericht schriftlich bestätigen.

(7) Aufwendungen für eine bis zu sechs Monate dauernde ambulante psychosomatische Nachsorge nach einer stationären psychosomatischen Behandlung sind in angemessener Höhe beihilfefähig.

(8) Nicht beihilfefähig sind Aufwendungen für

1. gleichzeitige Behandlungen nach den §§ 4 b bis 4 d,
2. die in Anlage 1 Nummer 1 aufgeführten Behandlungsverfahren.

1.2 § 4 b Psychosomatische Grundversorgung

(1) Die psychosomatische Grundversorgung umfasst

1. verbale Interventionen im Rahmen der Nummer 849 oder
2. übende und suggestive Interventionen (autogenes Training, Jacobson'sche Relaxationstherapie, Hypnose) nach den Nummern 845 bis 847 des Gebührenverzeichnisses für ärztliche Leistungen der Gebührenordnung für Ärzte (GOÄ).

(2) Aufwendungen sind je Krankheitsfall beihilfefähig für

1. verbale Intervention als Einzelbehandlung für bis zu 25 Sitzungen, sowohl über einen kürzeren Zeitraum als auch im Verlauf chronischer Erkrankungen über einen längeren Zeitraum in niederfrequenter Form,
2. autogenes Training und Jacobson'sche Relaxationstherapie als Einzel- oder Gruppenbehandlung für bis zu 12 Sitzungen; eine Kombination von Einzel- und Gruppenbehandlung ist hierbei möglich, sowie
3. Hypnose als Einzelbehandlung für bis zu 12 Sitzungen.

Leistungen nach Nummer 1 dürfen in derselben Sitzung nicht mit denen nach den Nummern 2 und 3 kombiniert werden.

Neben den Aufwendungen für eine verbale Intervention nach Nummer 849 GOÄ sind Aufwendungen für körperbezogene Leistungen des Arztes beihilfefähig.

1.3 § 4 c Tiefenpsychologisch fundierte und analytische Psychotherapie

(1) Aufwendungen für Behandlungen der tiefenpsychologisch fundierten und der analytischen Psychotherapie nach den Nummern 860 bis 865 GOÄ sind je Krankheitsfall nur in folgendem Umfang beihilfefähig:

1. tiefenpsychologisch fundierte Psychotherapie

	Einzelbehandlung	Gruppenbehandlung
Regelfall:	50 Sitzungen	40 Sitzungen
besondere Fälle:	weitere 30 Sitzungen	weitere 20 Sitzungen
wird das Behandlungsziel nicht innerhalb der genannten Sitzungen erreicht:	höchstens weitere 20 Sitzungen	höchstens weitere 20 Sitzungen

2. analytische Psychotherapie

	Einzelbehandlung	Gruppenbehandlung
Regelfall:	80 Sitzungen	40 Sitzungen
bei erneuter eingehender Begründung des Therapeuten:	weitere 80 Sitzungen	weitere 40 Sitzungen
in besonderen Ausnahmefällen:	nochmals weitere 80 Sitzungen	nochmals weitere 40 Sitzungen
wird das Behandlungsziel nicht innerhalb der genannten Sitzungen erreicht:	weitere begrenzte Behandlungsdauer von max. bis zu 60 Sitzungen	weitere begrenzte Behandlungsdauer von max. bis zu 30 Sitzungen

3. tiefenpsychologisch fundierte oder analytische Psychotherapie von Kindern

	Einzelbehandlung	Gruppenbehandlung
Regelfall:	70 Sitzungen	40 Sitzungen
bei erneuter eingehender Begründung des Therapeuten:	weitere 50 Sitzungen	weitere 20 Sitzungen
in besonderen Ausnahmefällen:	nochmals weitere 30 Sitzungen	nochmals weitere 15 Sitzungen

4. tiefenpsychologisch fundierte oder analytische Psychotherapie von Jugendlichen

	Einzelbehandlung	Gruppenbehandlung
Regelfall:	90 Sitzungen	40 Sitzungen
bei erneuter eingehender Begründung des Therapeuten:	weitere 50 Sitzungen	weitere 20 Sitzungen
in besonderen Ausnahmefällen:	nochmals weitere 40 Sitzungen	nochmals weitere 30 Sitzungen

In medizinisch besonders begründeten Einzelfällen kann die Beihilfefähigkeit von Aufwendungen für die durch Gutachten nach § 4 a belegte notwendige weitere Behandlung auch für eine über die in Nummer 3 und 4 zugelassenen höchste Zahl von Sitzungen hinaus im Einvernehmen mit dem Finanzministerium anerkannt werden.

(2) Der Beihilfefähigkeit steht nicht entgegen, wenn bei tiefenpsychologisch fundierter oder analytischer Psychotherapie von Kindern und Jugendlichen bis zur Vollendung des 18. Lebensjahres Bezugspersonen einbezogen werden.

(3) Im Rahmen psychoanalytisch begründeter Verfahren ist die simultane Kombination von Einzel- und Gruppentherapie grundsätzlich ausgeschlossen. Auf dem Gebiet der tiefenpsychologisch fundierten Psychotherapie kann eine solche Kombination nur bei niederfrequenten Therapien aufgrund eines dazu besonders begründeten Erstantrages durchgeführt werden.

1. 4 § 4 d Verhaltenstherapie

(1) Aufwendungen für Verhaltenstherapie nach den Nummern 870 und 871 GOÄ sind nur in folgendem Umfang beihilfefähig:

1. bei Erwachsenen

	Einzelbehandlung	Gruppenbehandlung
Regelfall:	45 Sitzungen	45 Sitzungen
wird das Behandlungsziel nicht innerhalb der genannten Sitzungen erreicht:	weitere 15 Sitzungen	höchstens weitere 20 Sitzungen
nur in besonders begründeten Ausnahmefällen:	weitere 20 Sitzungen	weitere 20 Sitzungen

2. bei Kindern und Jugendlichen einschließlich notwendiger begleitender Behandlung von Bezugspersonen

	Einzelbehandlung	Gruppenbehandlung
Regelfall:	45 Sitzungen	45 Sitzungen
wird das Behandlungsziel nicht innerhalb der genannten Sitzungen erreicht:	weitere 20 Sitzungen	weitere 20 Sitzungen
nur in besonders begründeten Ausnahmefällen:	weitere 20 Sitzungen	weitere 20 Sitzungen

(2) Von dem Anerkennungsverfahren nach § 4 a Absatz 2 Nummer 3 ist abzusehen, wenn der Festsetzungsstelle nach den probatorischen Sitzungen die Feststellung des Therapeuten nach Anlage 1 Nummer 2 bis 4 vorgelegt wird, dass die Behandlung bei Einzelbehandlung nicht mehr als zehn Sitzungen sowie bei Gruppenbehandlung nicht mehr als 20 Sitzungen erfordert. Muss in besonders begründeten Ausnahmefällen die Behandlung über die festgestellte Zahl dieser Sitzungen hinaus verlängert werden, ist die Festsetzungsstelle hiervon unverzüglich zu unterrichten. Aufwendungen für weitere Sitzungen sind nur nach vorheriger Anerkennung durch die Festsetzungsstelle beihilfefähig. Die Festsetzungsstelle hat hierzu ein Gutachten nach § 4 a Absatz 2 Nummer 3 zu Art und Umfang der notwendigen Behandlung einzuholen.

1.5 Anlage 1 (zu § 4 Abs. 1 Nr. 1 Satz 5) BVO Ambulant durchgeführte psychotherapeutische Behandlungen und Maßnahmen der psychosomatischen Grundversorgung

1. Psychotherapeutische Maßnahmen

1.1 Aufwendungen für folgende Behandlungsverfahren sind nicht beihilfefähig:

a) Familientherapie,

b) Funktionelle Entspannung nach Dr. Fuchs,

c) Gesprächspsychotherapie (z. B. nach Rogers),

d) Gestaltungstherapie,

e) Körperbezogene Therapie,

f) Konzentrative Bewegungstherapie,

g) Logotherapie,

h) Musiktherapie,

i) Heileurhythmie,

j) Psychodrama,

k) Respiratorisches Biofeedback,

l) Transaktionsanalyse.

1.2 Nicht zu den psychotherapeutischen Leistungen im Sinne der §§ 4 a bis 4 d gehören Behandlungen, die zur schulischen, beruflichen, sozialen Anpassung oder Förderung bestimmt sind. Entsprechendes gilt für Maßnahmen der Erziehungs-, Ehe-, Lebens- oder Sexualberatung, für heilpädagogische und ähnliche Maßnahmen sowie für psychologische Maßnahmen, die der Aufarbeitung und Überwindung sozialer Konflikte dienen.

2. Psychosomatische Grundversorgung

2.1 Aufwendungen für eine verbale Intervention sind nur beihilfefähig, wenn die Behandlung von Fachärzten für

- Allgemeinmedizin,
- Augenheilkunde,
- Frauenheilkunde und Geburtshilfe,
- Haut- und Geschlechtskrankheiten,
- Innere Medizin,
- Kinder- und Jugendmedizin,
- Kinder- und Jugendpsychiatrie und -psychotherapie,
- Neurologie,
- Phoniatrie und Pädaudiologie,
- Psychiatrie und Psychotherapie,
- Psychotherapeutische Medizin bzw. Psychosomatische Medizin und Psychotherapie

durchgeführt wird.

2.2 Aufwendungen für übende und suggestive Interventionen (autogenes Training, Jacobson'sche Relaxationstherapie, Hypnose) sind nur dann beihilfefähig, wenn die Behandlung von

- Ärzten,
- Psychologischen Psychotherapeuten,
- Kinder- und Jugendlichenpsychotherapeuten

durchgeführt wird und diese Personen über entsprechende Kenntnisse und Erfahrungen in der Anwendung solcher Interventionen verfügen.

3. Tiefenpsychologisch fundierte und analytische Psychotherapie

3.1 Wird die Behandlung durch ärztliche Psychotherapeuten durchgeführt, müssen diese Personen Fachärzte für einen der folgenden Fachbereiche sein:

- Psychotherapeutische Medizin bzw. Psychosomatische Medizin und Psychotherapie,
- Psychiatrie und Psychotherapie,
- Kinder- und Jugendpsychiatrie und -psychotherapie oder
- Ärzte mit der Bereichs- oder Zusatzbezeichnung „Psychotherapie" oder „Psychoanalyse".

Fachärzte für

- Psychotherapeutische Medizin bzw. Psychosomatische Medizin und Psychotherapie,
- Psychiatrie und Psychotherapie oder
- Kinder- und Jugendpsychiatrie und -psychotherapie

sowie

Ärzte mit der Berufsbezeichnung „Psychotherapie" können nur tiefenpsychologisch fundierte Psychotherapie (Nummern 860 bis 862 des Gebührenverzeichnisses der GOÄ) durchführen. Ärzte mit der Bereichs- oder Zusatzbezeichnung „Psychoanalyse" oder mit der vor dem 1. April 1984 verliehenen Zusatzbezeichnung „Psychoanalyse" können auch analytische Psychotherapie (Nummern 863, 864 des Gebührenverzeichnisses der GOÄ) erbringen.

3.2 Psychologische Psychotherapeuten mit einer Approbation nach § 2 des Psychotherapeutengesetzes (PsychThG) können Leistungen für diejenige anerkannte Psychotherapieform erbringen, für die sie eine vertiefte Ausbildung erfahren haben (tiefenpsychologisch fundierte oder analytische Psychotherapie).

3.3 Wird die Behandlung durch Psychologische Psychotherapeuten mit einer Approbation nach § 12 PsychThG durchgeführt, muss diese Person

- zur vertragsärztlichen Versorgung der gesetzlichen Krankenkassen zugelassen oder
- in das Arztregister eingetragen sein oder
- über eine abgeschlossene Ausbildung in tiefenpsychologisch fundierter und analytischer Psychotherapie an einem bis zum 31. Dezember 1998 von der Kassenärztlichen Bundesvereinigung anerkannten psychotherapeutischen Ausbildungsinstitut verfügen.

Psychologische Psychotherapeuten können nur Leistungen für diejenige Psychotherapie erbringen (tiefenpsychologisch fundierte oder analytische Psychotherapie), für die sie zur vertragsärztlichen Versorgung der gesetzlichen Krankenkassen zugelassen oder in das Arztregister eingetragen sind. Therapeuten, die über eine abgeschlossene Ausbildung an einem anerkannten psychotherapeutischen Ausbildungsinstitut verfügen, können tiefenpsychologisch fundierte und analytische Psychotherapie durchführen (Nummern 860, 861 und 863 GOÄ).

3.4 Kinder- und Jugendlichenpsychotherapeuten mit einer Approbation nach § 2 PsychThG können Leistungen für diejenige Psychotherapieform bei Kindern und Jugendlichen erbringen, für die sie eine vertiefte Ausbildung erfahren haben (tiefenpsychologisch fundierte oder analytische Psychotherapie).

3.5 Wird die Behandlung von Kindern und Jugendlichen von Kinder- und Jugendlichenpsychotherapeuten mit einer Approbation nach § 12 PsychThG durchgeführt, müssen sie

- zur vertragsärztlichen Versorgung der gesetzlichen Krankenkassen zugelassen sein,
- in das Arztregister eingetragen sein oder
- über eine abgeschlossene Ausbildung in tiefenpsychologisch fundierter und analytischer Psychotherapie an einem bis zum 31. Dezember 1998 von der Kassenärztlichen Bundesvereinigung anerkannten psychotherapeutischen Ausbildungsinstitut für Kinder- und Jugendlichenpsychotherapie verfügen.

3.6 Kinder- und Jugendlichenpsychotherapeuten können nur Leistungen für diejenige Psychotherapieform erbringen (tiefenpsychologisch fundierte oder analytische Psychotherapie), für die sie zur vertragsärztlichen Versorgung der gesetzlichen Krankenkassen zugelassen oder in das Arztregister eingetragen sind. Therapeuten, die über eine abgeschlossene Ausbildung an einem anerkannten psychotherapeutischen Ausbildungsinstitut für Kinder- und Jugendlichenpsychotherapie verfügen, können fundierte und analytische Psychotherapie durchführen (Nummern 860, 861 und 863 GOÄ).

3.7 Die fachliche Befähigung für die Behandlung von Kindern und Jugendlichen ist, sofern die Behandlung nicht durch Fachärzte für Kinder- und Jugendpsychiatrie und -psychotherapie oder Kinder- und Jugendlichenpsychotherapeuten erfolgt, neben der der Berechtigung nach den Nummern 3.1, 3.2 oder 3.3 durch eine entsprechende Berechtigung einer Kassenärztlichen Vereinigung nachzuweisen. Die fachliche Befähigung für Gruppenbehandlungen ist, sofern die Behandlung nicht durch Fachärzte für Psychotherapeutische Medizin erfolgt, neben der Berechtigung nach den Nummern 3.1,

3.2 oder 3.3 durch eine entsprechende Berechtigung einer kassenärztlichen Vereinigung nachzuweisen.

3.8 Voraussetzung für die Beihilfefähigkeit der Aufwendungen in besonderen Ausnahmefällen ist, dass vor Beginn der Behandlung eine erneute eingehende Begründung des Therapeuten vorgelegt und die Behandlung durch die Beihilfestelle im Vorfeld anerkannt wird. Zeigt sich bei der Therapie, dass das Behandlungsziel innerhalb der vorgesehenen Anzahl der Sitzungen nicht erreicht wird, kann in medizinisch besonders begründeten Einzelfällen eine weitere begrenzte Behandlungsdauer anerkannt werden. Voraussetzung für die Anerkennung ist das Vorliegen einer Indikation nach § 4 a Absatz 1, die nach ihrer besonderen Symptomatik und Struktur eine besondere tiefenpsychologisch fundierte oder analytische Bearbeitung erfordert und eine hinreichende Prognose über das Erreichen des Behandlungsziels erlaubt. Die Anerkennung darf erst im letzten Behandlungsabschnitt erfolgen.

4. Verhaltenstherapie

4.1 Wird die Behandlung durch ärztliche Psychotherapeuten durchgeführt, müssen diese Fachärzte für eines der folgenden Fachgebiete sein:

- Psychotherapeutische Medizin,
- Psychiatrie und Psychotherapie,
- Kinder- und Jugendpsychiatrie oder
- Ärzte der Bereichs- oder Zusatzbezeichnung „Psychotherapie".

Ärztliche Psychotherapeuten können die Behandlung durchführen, wenn sie den Nachweis erbringen, dass sie während der Weiterbildung schwerpunktmäßig Kenntnisse und Erfahrungen in Verhaltenstherapie erworben haben.

4.2 Psychologische Psychotherapeuten mit einer Approbation nach § 2 PsychThG können Verhaltenstherapie erbringen, wenn sie dafür eine vertiefte Ausbildung erfahren haben.

4.3 Wird die Behandlung durch Psychologische Psychotherapeuten oder Kinder- und Jugendlichenpsychotherapeuten mit einer Approbation nach § 12 PsychThG durchgeführt, müssen diese

- zur vertragsärztlichen Versorgung der gesetzlichen Krankenkassen zugelassen sein,
- in das Arztregister eingetragen sein oder
- über eine abgeschlossene Ausbildung in Verhaltenstherapie an einem bis zum 31. Dezember 1998 von der Kassenärztlichen Bundesvereinigung anerkannten verhaltenstherapeutischen Ausbildungsinstitut verfügen.

4.4 Die fachliche Befähigung für die Behandlung von Kindern und Jugendlichen ist, sofern die Behandlung nicht durch Fachärzte für Kinder- und Jugendpsychiatrie und -psychotherapie oder Kinder- und Jugendlichenpsychotherapeuten erfolgt, neben der Berechtigung nach den Nummern 4.1, 4.2 oder 4.3 durch eine entsprechende Berechtigung einer Kassenärztlichen Vereinigung nachzuweisen. Die fachliche Befähigung für Gruppenbehandlungen ist, sofern die Behandlung nicht durch Fachärzte für Psychotherapeutische Medizin erfolgt, neben der Berechtigung nach den Nummern 4.1, 4.2 und oder 4.3 durch eine entsprechende Berechtigung einer Kassenärztlichen Vereinigung nachzuweisen.

2. Text der Verwaltungsvorschriften

4 a **Zu § 4 a Psychotherapeutische Leistungen**

4 a.1 **Absatz 1** (bleibt frei)

4 a.2 **Absatz 2**

4 a.2.1 Geeignete Gutachter und Obergutachter für Psychotherapie sind der Anlage 3 zu dieser VV zu entnehmen.

4 a.2.2 Für probatorische Sitzungen gilt die Höchstgrenze je Leistungserbringer.

4 a.2.3 Der Gutachter erstellt im Auftrag der Beihilfestelle ein Gutachten zur Notwendigkeit und zu Art und Umfang der Behandlung und bewertet die Angaben des Arztes, des Psychologischen Psychotherapeuten oder des Kinder- und Jugendlichenpsychotherapeuten (nachstehend Therapeut genannt); dabei sind die Formblätter 1 und 2 in der Anlage 4 zu dieser Verordnung zu verwenden. Die Einreichung der Unterlagen an den Gutachter hat in anonymisierter Form zu erfolgen. Die Beihilfestelle vergibt an den Beihilfeberechtigten einen von ihr festgelegten Anonymisierungscode (z. B. Beihilfenummer). Bei Erst- und Folgegutachten ist derselbe Anonymisierungscode zu verwenden.

4 a.2.4 Die Durchführung eines beihilferechtlichen Voranerkennungsverfahrens ist nicht erforderlich, wenn eine gesetzliche oder private Krankenversicherung des Beihilfeberechtigten oder des berücksichtigungsfähigen Angehörigen bereits eine Leistungszusage aufgrund eines durchgeführten Gutachterverfahrens erteilt hat, aus der sich Art und Umfang der Behandlung und Qualifikation des Therapeuten ergibt.

4 a.2.5 Der Beihilfeberechtigte hat der Beihilfestelle das Formblatt 1 – s. o. – (Antrag auf Anerkennung der Beihilfefähigkeit der Psychotherapie) ausgefüllt vorzulegen. Außerdem hat der Beihilfeberechtigte oder der berücksichtigungsfähige Patient den behandelnden Therapeuten zu ersuchen, auf dem Formblatt 2 – s. o. – einen Bericht für den Gutachter zu erstellen.

4 a.2.6 Der Therapeut soll das ausgefüllte Formblatt 2 und gegebenenfalls das Formblatt 2 a der Anlage 4 zu dieser VV in einem verschlossenen, als ver-

trauliche Arztsache gekennzeichneten Umschlag der Beihilfestelle zur Weiterleitung an den Gutachter übermitteln.

4 a.2.7 Nach Erhalt aller Unterlagen beauftragt die Beihilfestelle mit dem Formblatt 3 der Anlage 4 zu dieser VV einen Gutachter aus dem Kreis der in Anlage 1 zu dieser VV aufgeführten Gutachter mit der Erstellung des Gutachtens nach dem Formblatt 4 der Anlage zu dieser VV und leitet ihm zugleich die folgenden Unterlagen zu:

a) den als vertrauliche Arztsache gekennzeichneten Umschlag des Therapeuten (ungeöffnet),
b) das ausgefüllte Formblatt 1 (als Kopie),
c) das Formblatt 4, in dreifacher Ausfertigung,
d) einen an die Beihilfestelle adressierten, als vertrauliche Arztsache gekennzeichneten Freiumschlag.

4 a.2.8 Der Gutachter übermittelt seine Stellungnahme nach dem Formblatt 4 (Psychotherapie-Gutachten) – in zweifacher Ausfertigung – in dem Freiumschlag der Beihilfestelle. Diese leitet eine Ausfertigung des „Psychotherapie-Gutachtens" an den Therapeuten weiter. Auf Grundlage dieser Stellungnahme erteilt die Beihilfestelle dem Beihilfeberechtigten einen rechtsmittelfähigen Bescheid über die Anerkennung der Beihilfefähigkeit der Aufwendungen für Psychotherapie nach dem Formblatt 5 der Anlage 4 zu dieser VV.

4 a.2.9 Legt der Beihilfeberechtigte gegen den Bescheid der Beihilfestelle Widerspruch ein, kann diese im Rahmen des Widerspruchsverfahrens ein Obergutachten einholen. Zu diesem Zweck hat der Beihilfeberechtigte oder der Patient den behandelnden Therapeuten zu ersuchen, den „Erstbericht" an den Gutachter auf dem Formblatt 2 der Anlage 4 zu dieser VV zu ergänzen, wobei insbesondere die Notwendigkeit der Behandlung erneut begründet und auf die Ablehnungsgründe der Beihilfestelle und des Gutachters eingegangen werden sollte. Der Therapeut soll den ergänzten Bericht in einem verschlossenen, als vertrauliche Arztsache gekennzeichneten Umschlag der Beihilfestelle zur Weiterleitung an den Obergutachter übermitteln.

4 a.2.10 Nach Erhalt der Unterlagen beauftragt die Beihilfestelle einen geeigneten Obergutachter mit der Erstellung eines Obergutachtens. In der Anlage 1 zu dieser VV sind geeignete Obergutachter aufgeführt. Die Beihilfestelle leitet dem Obergutachter zugleich folgende Unterlagen zu:

a) den als vertrauliche Arztsache gekennzeichneten Umschlag des Therapeuten (ungeöffnet),
b) Kopie des Psychotherapie-Gutachtens,
c) einen an die Beihilfestelle adressierten, als vertrauliche Arztsache gekennzeichneten Freiumschlag.

Ist der die psychotherapeutische Behandlung ablehnende Gutachter gleichzeitig Obergutachter, ist ein anderer Gutachter einzuschalten. Ein Obergutachten ist grundsätzlich nicht einzuholen, wenn die Psychotherapeutische Behandlung vom Gutachter abgelehnt wurde, weil der Therapeut die in Anlage 1 (zu § 4 Absatz 1 Nummer 1 Satz 5 BVO) aufgeführten Voraussetzungen nicht erfüllt.

4 a.2.11 Der Obergutachter übermittelt seine Stellungnahme in dem Freiumschlag der Beihilfestelle. Auf Grundlage dieser Stellungnahme erteilt die Beihilfestelle dem Beihilfeberechtigten ggf. einen Widerspruchsbescheid.

4 a.2.12 Bei einer Verlängerung der Behandlung oder Folgebehandlung leitet die Beihilfestelle den von dem Therapeuten begründeten Verlängerungsbericht (Bericht zum Fortführungsantrag nach Formblatt 2 der Anlage 4 zu dieser VV) mit einem Freiumschlag dem Gutachter zu, der das Erstgutachten erstellt hatte. Dabei ist das Formblatt 4 der Anlage 4 zu dieser VV um die zusätzlichen Angaben bei der Folgebegutachtung zu ergänzen. Im Übrigen gelten die Nummern 4 a.2.6 bis 4 a.2.9 entsprechend.

4 a.2.13 Um eine Konzentration auf einzelne Gutachter zu vermeiden, sind die Anträge zur Stellungnahme von der der Beihilfestelle den Gutachtern und Obergutachtern im Rotationsverfahren zuzuleiten.

4 a.2.14 Die Kosten des Gutachtens in Höhe von 41 Euro und des Obergutachtens in Höhe von 82 Euro zuzüglich der Umsatzsteuer (soweit in Rechnung gestellt) trägt die Beihilfestelle.

4 a.3 **Absatz 3** (bleibt frei)

4 a.4 **Absatz 4** (bleibt frei)

4 a.5 **Absatz 5** (bleibt frei)

4 a.6 **Absatz 6**

4 a.6.1 Psychologische Therapeuten und Kinder- und Jugendlichentherapeuten müssen zusätzlich zu dem Bericht an den Gutachter mit dem Formblatt 2 a der Anlage 4 zu dieser VV den erforderlichen Konsiliarbericht eines Arztes zur Abklärung einer somatischen (organischen) Krankheit (vgl. § 1 Absatz 3 Satz 2 PsychoThG, BGBl. I S. 1311) einholen.

4 a.7 **Absatz 7**

4 a.7.1 Bei dieser Behandlungsform handelt es sich nicht um eine ambulante psychotherapeutische Behandlung im Sinne der §§ 4 b bis 4 d BVO; die Durchführung des Gutachterverfahrens ist entbehrlich. Die Aufwendungen sind bis zur Höhe der Vergütung, die von den gesetzlichen Krankenkassen oder den Rentenversicherungsträgern zu tragen sind, angemessen.

4 a.8 **Absatz 8** (bleibt frei)

4 b **Zu § 4 b Psychosomatische Grundversorgung**

4 b.1 **Absatz 1** (bleibt frei)

4 b.2 **Absatz 2**

4 b.2.1 Ein „Krankheitsfall" umfasst die auf einer verbindenden Diagnose beruhende und im Wesentlichen einer einheitlichen Zielsetzung dienende Psychotherapie in einer akuten Krankheitsperiode.

4 b.3 **Absatz 3** (bleibt frei)

4 c **Zu § 4 c Tiefenpsychologisch fundierte und analytische Psychotherapie**

4 c.1 **Absatz 1**

4 c.1.1 Der Begriff des „Krankheitsfalles" ist identisch mit dem in Ziffer 4 b.2.1.

4 c.2 **Absatz 2** (bleibt frei)

4 c.3 **Absatz 3** (bleibt frei)

4 d **Zu § 4 d Verhaltenstherapie**

4 d.1 **Absatz 1**

4 d.1.1 Der Begriff des „Krankheitsfalles" ist identisch mit dem in Ziffer 4 b.2.1.

4 d. 2 **Absatz 2** (bleibt frei)

B) Hinweise

Voraussetzung für die Beihilfefähigkeit einer ambulanten psychotherapeutischen Behandlung ist, dass sie der Besserung oder Heilung einer Krankheit dient. Aufwendungen für Behandlungen, die zur schulischen, beruflichen oder sozialen Anpassung, z. B. zur Berufsförderung oder zur Erziehungs-, Ehe- und Lebensberatung bestimmt sind, sind nicht beihilfefähig.

Im Gegensatz zu stationären psychotherapeutischen Behandlungen bedürfen ambulant durchgeführte psychotherapeutische Behandlungen (tiefenpsychologisch fundierte und analytische Psychotherapie, Verhaltenstherapie) in der Regel der vorherigen Anerkennung durch die Beihilfestelle. Ausgenommen hiervon sind

- die Sitzungen, bei denen die Diagnose gestellt wird (fünf probatorische Sitzungen; acht Sitzungen bei analytischer Therapie)
- verhaltenstherapeutische Behandlungen, wenn der Beihilfestelle nach den probatorischen Sitzungen eine Bescheinigung des Behandlers vorgelegt wird, dass bei Einzelbehandlung die Behandlung bei je mindestens 50-minü-

tiger Dauer nicht mehr als zehn Sitzungen sowie bei Gruppenbehandlung bei je mindestens 100-minütiger Dauer die Behandlung nicht mehr als 20 Sitzungen erfordert.

Falls bei Behandlungen, bei denen eine vorherige Anerkennung erforderlich ist, die Krankenkasse aufgrund eines Fachgutachtens bereits eine Leistungszusage erteilt hat, aus der sich Art und Umfang der Behandlung ergeben, reicht dies für das Anerkennungsverfahren durch die Beihilfestelle in der Regel aus. Anderenfalls wird von der Beihilfestelle ein eigenes Anerkennungsverfahren durchgeführt. Hierzu hat der Beihilfeberechtigte ein Antragsformular, das von dem Patienten und dem Behandler (Arzt, Psychologischer Psychotherapeut, Kinder- und Jugendlichenpsychotherapeut) ausgefüllt werden muss, der Beihilfestelle einzureichen. Außerdem ist der Behandler zu veranlassen, in einem verschlossenen, deutlich erkennbar als vertrauliche Arztsache gekennzeichneten orangefarbenen Umschlag einen Bericht für den Gutachter (mit einem Konsiliarbericht eines Arztes zur Abklärung einer organischen Krankheit) der Beihilfestelle zu übersenden. Vgl. die Anlage 4 der VVzBVO im Anhang, Nr. 2, S. 423 ff. Die Beihilfestelle leitet den Umschlag ungeöffnet an den Gutachter weiter. Aufgrund der Stellungnahme des Gutachters, in der er auch zur notwendigen Anzahl der Sitzungen Stellung nimmt und dazu, ob der Therapeut beihilferechtlich anzuerkennen ist, erhält der Beihilfeberechtigte von der Beihilfestelle einen positiven oder negativen Bescheid. Das Vorgenannte gilt auch, wenn eine Behandlung über die genehmigte Zahl der Sitzungen hinaus verlängert werden soll.

Ist bei vorgeschriebener vorheriger Anerkennung mit der Behandlung (d. h. mit der Behandlung nach Ablauf der probatorischen Sitzungen) vor der Anerkennung begonnen worden, so kann zu den vorher entstandenen Aufwendungen auch bei positivem Ausgang des Gutachterverfahrens grundsätzlich keine Beihilfe gezahlt werden. Dies gilt jedoch nicht, wenn mit der Behandlung aus zwingenden medizinischen Gründen begonnen werden musste (z. B. wegen einer kritischen psychischen Situation des Erkrankten) oder wenn bei einer Verlängerung der Behandlung diese aus medizinischen Gründen nicht unterbrochen werden durfte.

Beihilfefähig sind auch Aufwendungen für eine **psychosomatische Grundversorgung** (ohne vorherige Anerkennung). Hierunter versteht man die Behandlung körperlicher Beschwerden, die – ohne dass organische Ursachen feststellbar sind – auf seelischen Belastungen beruhen. Die psychosomatische Grundversorgung umfasst

- eine verbale Intervention,
- Hypnose, autogenes Training und Jacobson'sche Relaxationstherapie (bis zu zwölf Sitzungen).

Für sämtliche ambulante psychotherapeutische Leistungen gilt als Liquidationsgrundlage bei Privatbehandlung – auch für Psychologische Psychotherapeuten und Kinder- und Jugendlichenpsychotherapeuten – die ärztliche Gebührenordnung.

Siehe auch unter *„Psychotherapeutische Leistungen“*, *„Psychosomatische Grundversorgung“*, *„Tiefenpsychologisch fundierte und analytische Psychotherapie“* und *„Verhaltenstherapie“*.

Ambulante Rehabilitationsmaßnahme

A) Vorschriften

1. Auszug Text § 7 BVO; hier: Absatz 4

(4) Aufwendungen für ambulante Rehabilitationsmaßnahmen in Einrichtungen, die mit einem Sozialversicherungsträger einen Versorgungsvertrag geschlossen haben, sind nach § 4 Absatz 1 Nummer 1, 7 und 9 beihilfefähig. Absatz 2 Buchstaben b bis g gelten sinngemäß. Wird die ambulante Rehabilitationsmaßnahme durch die Einrichtung pauschal abgerechnet, sind die Aufwendungen in Höhe der Preisvereinbarung beihilfefähig, die die Einrichtung mit dem Sozialversicherungsträger getroffen hat. Nebenkosten [z. B. Verpflegungs- und Unterbringungskosten (Ruheraum), Kurtaxe] sind – soweit in der Pauschalpreisvereinbarung nicht enthalten – bis zu einem Betrag von insgesamt 20 Euro täglich – beihilfefähig. Soweit die Einrichtung nicht über einen kostenlosen Fahrdienst verfügt, sind notwendige Fahrkosten bis zu einem Betrag von 40 Euro täglich beihilfefähig.

2. Text der Verwaltungsvorschriften zu § 7 Abs. 4 BVO

7.4 **Absatz 4**

7.4.1 Eine Anschlussheilbehandlung kann auch im Rahmen einer ambulanten Rehabilitationsmaßnahme durchgeführt werden.

7.4.2 Die Aufwendungen für seitens der ambulanten Rehabilitationseinrichtung verordneten bzw. während der Rehabilitationsmaßnahme verabreichten Arzneimittel sind grundsätzlich neben der mit einem Sozialversicherungsträger vereinbarten Pauschale (§ 7 Absatz 4 Satz 3 BVO) beihilfefähig. Bei den Nebenkosten nach § 7 Absatz 4 Satz 4 BVO kann grundsätzlich davon ausgegangen werden, dass mindestens Kosten in Höhe von 20 Euro täglich angefallen sind; ein Einzelnachweis ist daher nur in begründeten Ausnahmefällen notwendig.

7.4.3 Die Notwendigkeit weiterer – nicht in der Preisvereinbarung mit einem Sozialversicherungsträger enthaltener – Aufwendungen nach § 4 Absatz 1 Nummer 1, 7 und 9 BVO ist durch einen Amtsarzt zu bestätigen.

7.4.4 Ambulante Rehabilitationsmaßnahmen sind auch beihilfefähig, wenn sie von Einrichtungen durchgeführt werden, die der stationären Rehabilitation dienen.

7.4.5 Die ärztlich verordnete ambulante Rehabilitationsmaßnahme umfasst auch die mobile Rehabilitation. Die mobile Rehabilitation ist eine Sonderform der ambulanten Rehabilitation, bei der der Erkrankte zu Hause behandelt wird.

7.4.6 Ist zur Durchführung einer ambulanten Rehabilitationsmaßnahme eine Begleitperson aus zwingenden medizinischen Gründen erforderlich, gilt für die Aufwendungen der Begleitperson § 7 Absatz 4 Satz 4 BVO entsprechend.

7.4.7 Nach § 7 Absatz 1 BVO sind bei ambulanten Rehabilitationsmaßnahmen die Aufwendungen für 20 Behandlungstage beihilfefähig. Ist aus dringenden medizinischen Gründen in Zusammenhang mit neuropsychologischen Behandlungen (z. B. Schlaganfallpatient) eine Verlängerung der Behandlung geboten, kann die Beihilfestelle einer Verlängerung bis zu weiteren 20 Behandlungstagen zustimmen. Darüber hinaus sind weitere beihilferechtlichen Verlängerungen nur in dem Umfang der Bewilligung der Krankenversicherung des Patienten möglich.

7.4.8 Aufwendungen für ärztlich verordneten Rehabilitationssport und Funktionstraining unter ärztlicher Betreuung und Überwachung sind grundsätzlich beihilfefähig. Beihilfefähig sind ausschließlich die in der Rahmenvereinbarung der Rehabilitationsträger über den Rehabilitationssport und das Funktionstraining vom 1. Oktober 2003 i. d. F. vom 1. Januar 2007 genannten Maßnahmen. Die Rahmenvereinbarung kann von einem gesetzlichen Rehabilitationsträger bezogen werden.

Beihilfefähig sind nur Gebühren, die der Veranstalter für gesetzlich versicherte Teilnehmer mit den Rehabilitationsträgern vereinbart hat. Nicht beihilfefähig sind Mitgliedsbeiträge, Aufwendungen für den Besuch eines Fitness-Studios oder für allgemeine Fitness-Übungen und -Geräte sowie für notwendige Sportbekleidung sowie die Fahrten zum Veranstaltungsort. Dies gilt auch für die Aufwendungen einer ggf. notwendigen Begleitperson.

B) Hinweise

Für die Beihilfefähigkeit der Aufwendungen für eine ambulante Rehabilitationsmaßnahme ist wie bei einer stationären Maßnahme die vorherige Anerkennung durch die Beihilfestelle auf der Grundlage eines amtsärztlichen Gutachtens erforderlich. Voraussetzung für eine Beihilfegewährung ist ferner, dass die Einrichtung mit einem Sozialversicherungsträger (z. B. Gesetzliche Krankenkasse) einen Versorgungsvertrag geschlossen hat. Die Maßnahme ist auf 20 Behandlungstage, bei chronisch kranken Kindern auf eine Behandlungsdauer bis zu 30 Kalendertagen einschließlich der Reisetage begrenzt. Ist aus dringenden medizinischen Gründen im Zusammenhang mit einer neuropsychologischen Behandlung (z. B. nach Schlaganfall) eine Verlängerung der Behandlung über 20 Tage hinaus geboten, kann die Beihilfestelle einer Verlängerung bis zu weiteren 20

Behandlungstagen zustimmen. Darüber hinaus ist im Ausnahmefall eine nochmalige beihilferechtliche Verlängerung möglich, wenn die Krankenversicherung des Patienten ebenfalls zustimmt; der Umfang der weiteren Bewilligung durch die Beihilfestelle wird von der Entscheidung der Krankenversicherung abhängig gemacht.

Ist im laufenden oder in den drei vorangegangenen Kalenderjahren bereits eine beihilferechtlich anerkannte Rehabilitations- oder Kurmaßnahme durchgeführt worden, kann eine weitere ambulante Rehabilitationsmaßnahme nicht anerkannt werden.

In Einrichtungen der ambulanten Rehabilitation können auch sog. Anschlussheilbehandlungen (d. h. Behandlungen nach einem Krankenhausaufenthalt oder nach einer ambulant durchgeführten Chemo- oder Strahlentherapie) durchgeführt werden.

Rechnet die Rehabilitationseinrichtung ihre Leistungen pauschal ab, sind die Aufwendungen in Höhe der Preisvereinbarung beihilfefähig, die die Einrichtung mit einem Sozialversicherungsträger getroffen hat. Neben der Pauschale entstehende Kosten für verordnete und verabreichte Medikamente sind grundsätzlich zusätzlich beihilfefähig.

Nebenkosten, die nicht in der o. g. Pauschalpreisvereinbarung enthalten sind, können zusätzlich bis zu einem Betrag von insgesamt 20 Euro täglich als beihilfefähig anerkannt werden. Mit dieser Pauschale sind grundsätzlich auch ggf. anfallende Fahrkosten abgegolten. Bei Behandlungen in ambulanten Reha-Einrichtungen, die im Rahmen ihrer Behandlungspauschale keinen Fahrservice anbieten, sind die Patienten i. d. R. auf die Benutzung von Taxis angewiesen. Da in diesen Fällen die o. g. Nebenkostenpauschale nicht ausreichend ist, sind bei Aufwendungen ab 1. April 2009 die zusätzlichen Fahrkosten bis zu einem weiteren Betrag (neben der Pauschale von 20 Euro) von 40 Euro täglich beihilfefähig.

Nach der Nr. 7.4.5 VVzBVO (abgedruckt im Anhang, Nr. 2, S. 423 ff.) kann eine ärztlich verordnete ambulante Rehabilitationsmaßnahme auch als mobile Rehabilitation durchgeführt werden. Die mobile Rehabilitation ist eine Sonderform der ambulanten Rehabilitation, bei der der Erkrankte nicht innerhalb einer Einrichtung sondern zu Hause behandelt wird. Obwohl eine Beschränkung auf bestimmte Indikationen nicht vorgesehen ist, sind die mobilen Rehabilitationsdienste in der Regel fast ausschließlich auf geriatrische Patienten ausgerichtet.

Ambulante Tinnitustherapie

Die ambulante Tinnitustherapie gilt derzeit als wissenschaftlich **noch nicht** anerkannt. Die Beihilfestellen erkennen i. d. R. die Kosten bis zu der Höhe an, die von gesetzlichen Krankenkassen übernommen werden (siehe auch *„Komplextherapien“*).

Amelie-les-Bains (Frankreich)

Der Ort ist beihilferechtlich als Kurort anerkannt (vgl. Teil 1 b der Anlage 5 VVzBVO, abgedruckt im Anhang, Nr. 2, S. 423 ff.).

Aminosäuremischungen

Aufwendungen für ärztlich verordnete Aminosäuremischungen, Eiweißhydrolysate, Elementardiäten und Sondennahrung sind bei fehlender oder eingeschränkter Fähigkeit zur ausreichenden normalen Ernährung ausnahmsweise beihilfefähig, wenn eine Modifizierung der normalen Ernährung oder sonstige ärztliche, pflegerische oder ernährungstherapeutische Maßnahmen zur Verbesserung der Ernährungssituation nicht ausreichen. Solche Ausnahmefälle liegen insbesondere vor bei:

- Ahornsirupkrankheit,
- AIDS-assoziierten Diarrhöen,
- Colotis ulcerosa,
- Epilepsien, wenn trotz optimierter antikonvulsiver Therapie eine ausreichende Anfallskontrolle nicht gelingt,
- Kurzdarmsyndrom,
- Morbus Crohn,
- Mukoviszidose,
- Multiple Nahrungsmittelallergie,
- Niereninsuffizienz,
- Phenylketonurie,
- Tumortherapien (auch nach der Behandlung),
- postoperative Nachsorge,
- angeborene Defekte im Kohlenhydrat- und Fettstoffwechsel,
- angeborenen Enzymdefekte, die mit speziellen Aminosäuremischungen behandelt werden,
- erheblichen Störungen der Nahrungsaufnahme bei neurologischen Schluckbeschwerden oder Tumoren der oberen Schluckstraße, z. B. Mundboden- und Zungenkarzinom

(vgl. Nr. 8 a Anlage 2 BVO und Nr. 4.1.7.6 VVzBVO, abgedruckt im Anhang, Nr. 1 a, S. 367 ff. und Nr. 2, S. 423 ff.).

Aminosäuremischungen sind diätetische Lebensmittel für besondere medizinische Zwecke (bilanzierte Diäten im Sinne der Diätverordnung). Sie bestehen überwiegend aus qualitativ und quantitativ definierten Gemischen von Aminosäuren und sind nicht für die Verwendung als einzige Nahrungsquelle geeignet.

Entsprechend der Zweckbestimmung können gesetzlich vorgeschriebene Mineralstoffe, Vitamine, Spurenelemente sowie zugelassene Zusatz und Aromastoffe und Kohlenhydrate als Füll- oder Geschmacksstoffe enthalten sein. Soweit dies medizinisch notwendig ist, können Aminosäuremischungen auch Fette und Kohlenhydrate enthalten.

Ampuwa (für Spülzwecke)

Es handelt sich um ein grundsätzlich nicht beihilfefähiges Medizinprodukt. Die Aufwendungen sind ausnahmsweise beihilfefähig zur Anfeuchtung von Tamponaden und Verbänden, zur Atemluftbefeuchtung nur zur Anwendung in geschlossenen Systemen in medizinisch notwendigen Fällen; jeweils in Mengen, die ausschließlich für die einmalige Anwendung geeignet sind; (vgl. Anlage V der AMR, abgedruckt im Anhang, Nr. 6, S. 556 ff.).

Anabolika

Aufwendungen für Anabolika sind unabhängig vom Alter des Patienten nicht beihilfefähig [Ausnahme: neoplastische Erkrankungen]; (vgl. Nr. 4.1.7.5 VVzBVO, abgedruckt im Anhang, Nr. 2, S. 423 ff.). Es handelt sich hierbei um Substanzen, die den körperlichen Aufbau vorwiegend durch Steigerung des Proteinaufbaus fördern (anabole Wirkung haben). Zu den Substanzen mit anaboler Wirkung zählen insbesondere die anabolen Steroide und die Wachstumshormone.

Analgetikum (Begriff)

Ein Analgetikum ist ein Stoff, der schmerzstillend (analgetisch) wirkt. Im Idealfall unterdrückt er die Schmerzempfindung, ohne das Bewusstsein, die sensorische Wahrnehmung und andere wichtige Funktionen des Zentralnervensystems zu beeinflussen bzw. die Leitung von Aktionspotentialen in afferenten Nervenfasern zu unterdrücken. Analgetika werden wirkmechanistisch von anderen zur Schmerzausschaltung verwendeten Stoffen, wie Narkotika und Lokalanästhetika, abgegrenzt.

Anamnese (Begriff)

Vorgeschichte eines Kranken

Anatomischer Abdruck (Begriff)

Abdruck zur Darstellung der Zähne, Kiefer, Muskeln und Bänder

Angemessene Aufwendungen

A) Vorschriften

Siehe Text § 3 BVO unter *„Beihilfefähige Aufwendungen"*.

B) Hinweise

Über den angemessenen Umfang der Aufwendungen entscheidet die Beihilfestelle. In der Regel wird sie die in den jeweiligen Rechnungen aufgeführten Beträge als angemessen ansehen, es sei denn, dass die Beihilfefähigkeit durch besondere Regelungen begrenzt ist, z. B. hinsichtlich der Labor- und Materialkosten bei Zahnersatz und Zahnkronen oder der Pflegeklasse im Krankenhaus.

Die Angemessenheit der Kosten ärztlicher (zahnärztlicher) Behandlungen richtet sich nach der Gebührenordnung für Ärzte (siehe unter „GOÄ") und der Gebührenordnung für Zahnärzte (siehe unter „GOZ"), der Behandlungen durch Heilpraktiker nach dem Gebührenverzeichnis für Heilpraktiker (GebüH), abgedruckt im Anhang, Nr. 9, S. 584 ff. Sind die Rechnungsbeträge überhöht, werden nur die angemessenen Aufwendungen als beihilfefähig anerkannt.

Beihilfefähig sind die Kosten, die Ärzte, Zahnärzte und Heilpraktiker für Untersuchungen, Beratungen, Verrichtungen sowie zur Durchführung der nach den Beihilfebestimmungen erforderlichen Gutachten in Rechnung stellen. Es ist gleichgültig, wo die Bemühungen dieser Personen stattfinden, ob in der Praxis, bei einem Hausbesuch, am Urlaubsort oder im Zusammenhang mit einer stationären Unterbringung, z. B. in einem Krankenhaus, einer Rehabilitationseinrichtung oder einer Pflegeeinrichtung. Unter welchen Voraussetzungen und in welcher Höhe diese Kosten im Ausland beihilfefähig sind, ergibt sich aus § 10 BVO (siehe unter *„Ausland"*).

Der Arzt/Zahnarzt bestimmt die Gebühr für seine Leistungen anhand der Leistungsbeschreibungen des jeweiligen Gebührenverzeichnisses und hinsichtlich der Höhe der einzelnen Gebühr nach dem Umfang der Schwierigkeiten und des Zeitaufwandes der individuellen Behandlung des Patienten. In der Regel darf eine Gebühr nur zwischen dem 1,0fachen und 2,3fachen des Gebührenverzeichnisses (Schwellenwert) bemessen werden. Der Schwellenwert gilt nach höchstrichterlicher Rechtsprechung für die Mehrzahl der schwierigen und aufwendigen Behandlungsfälle. Von den Beihilfestellen werden Honorarforderungen bis zum Schwellenwert grundsätzlich ohne Begründung als angemessen und damit als beihilfefähig anerkannt.

Berechnet der Arzt/Zahnarzt eine Gebühr über dem Schwellenwert, so kann sie beihilferechtlich (gebührenrechtlich) nur dann als angemessen angesehen werden, wenn die Schwellenwertüberschreitung seitens des Arztes/Zahnarztes dahin gehend begründet wird, dass die erbrachte Leistung erheblich über das gewöhnliche Maß hinausgehende Umstände, die ausschließlich in der Person des Patienten liegen (patientenbezogene Bemessungskriterien), berücksichtigt. Derartige Umstände können regelmäßig nur dann gegeben sein, wenn die einzelne Leistung aus bestimmten Gründen besonders schwierig war oder einen außergewöhnlichen Zeitaufwand (genaue Angabe erforderlich) beanspruchte oder wegen anderer besonderer Umstände bei der Ausführung erheblich über das gewöhnliche Maß hinausging und diese Umstände nicht bereits Teil der Leistungsbeschreibung und -bewertung des Gebührenverzeichnisses darstellen.

Soweit sog. medizinisch-technische Leistungen (z. B. Röntgenaufnahmen) gem. § 5 GOÄ/§ 6 GOZ in Rechnung gestellt werden, beträgt der Schwellenwert das 1,8fache des Gebührensatzes. Der Höchstwert beträgt in diesen Fällen das 2,5fache des Gebührensatzes.

Sonderregelung bestehen für Personen, die im **„Basistarif (Standardtarif)"** versichert sind.

Gebührenbemessungen über dem 3,5fachen Gebührensatz im Rahmen einer zwischen Behandler und Patient getroffenen **„Abdingung"** können beihilferechtlich nicht berücksichtigt werden.

Im Hinblick auf die unterschiedlichen Rechtsverhältnisse

- Patient und Arzt/Zahnarzt einerseits, als zivilrechtliches Rechtsverhältnis, sowie
- Beihilfeberechtigter und Beihilfestelle andererseits, als öffentlich-rechtliches Rechtsverhältnis,

kann es vorkommen, dass die Beihilfestelle einzelne Gebührenziffern nicht oder nicht vollständig bei der Beihilfeberechnung berücksichtigen kann.

Angorawäsche

Die Aufwendungen für Angorawäsche sind den Kosten der privaten Lebensführung zuzurechnen und daher **nicht** beihilfefähig.

Angststörungen

Siehe unter *„Psychotherapeutische Leistungen"*.

Anidote (Begriff)

Gegengifte

Anschaffungskosten (von Hilfsmitteln)

Bei ärztlich verordneten und zugelassenen Hilfsmitteln (i. d. R. Hilfsmittelnummer der GKV erforderlich) sind die Anschaffungskosten und die Reparaturkosten (einschließlich Ersatzteile) beihilfefähig. Zu den Anschaffungskosten und den Reparaturkosten gehören auch die Umsatzsteuer (Mehrwertsteuer) und etwaige in Rechnung gestellte Versand- und Frachtkosten einschließlich Maut-Gebühr-Zuschlag für das Befahren der Autobahn. Auch Schulungskosten zur Benutzung des Hilfsmittels sind regelmäßig beihilfefähig. Aufwendungen für

Reparaturen verordneter Hilfsmittel sind ohne eine erneute Verordnung beihilfefähig. Bei Reparaturen bedarf es keiner vorherigen Anerkennung der Kosten durch die Beihilfestelle.

Anschlussheilbehandlung

Bei der Anschlussheilbehandlung handelt es sich um eine Maßnahme der medizinischen Rehabilitation, in deren Rahmen die während einer stationären Krankenhausbehandlung begonnenen Behandlungen fortgesetzt werden, um einen langfristigen Erfolg zu erreichen. In diesen Fällen kann eine stationäre Rehabilitationsmaßnahme ausnahmsweise durch die Beihilfestelle auch nachträglich anerkannt werden, wenn der Krankenhausarzt deren Notwendigkeit bescheinigt und die stationäre Rehabilitationsmaßnahme spätestens einen Monat nach Beendigung der stationären Krankenhausbehandlung beginnt. Bei einer zuvor ambulant durchgeführten Chemo- oder Strahlentherapie gilt eine anschließend notwendige stationäre Rehabilitationsmaßnahme ebenfalls als Anschlussheilbehandlung.

Anschriften (im Zusammenhang mit der Beihilfeantragstellung)

Zentrale Scanstelle Beihilfe, 32746 Detmold

Antiadipositum X – 112 T (Fertigarzneimittel – Abmagerungsmittel)

Gehört zu den sog. Lifestyle Arzneimitteln. Die Aufwendungen sind nach Ziffer 8 b der Anlage 2 zu § 4 Abs. 1 Nr. 7 BVO (abgedruckt im Anhang, Nr. 1 a, 367 ff.) **nicht** beihilfefähig.

Antiallergene Matratzen- und Kissenbezüge

Siehe unter *„Allergie-Bettwäsche"*.

Antibabypille

Siehe unter *„Empfängnisregelnde Mittel"*.

Antihistaminika

Aufwendungen für nicht verschreibungspflichtige Antihistaminikapräparate sind grundsätzlich bei Personen, die das 18. Lebensjahr vollendet haben, nicht beihilfefähig. Eine grundsätzliche Beihilfefähigkeit der Aufwendungen besteht allerdings:

- nur in Notfallsets zur Behandlung bei Bienen-, Wespen-, Hornissengift-Allergien,
- nur zur Behandlung schwerer rezidivierender Urticarien,
- nur bei schwerwiegendem, anhaltendem Pruitus,

– nur zur Behandlung bei schwerwiegender allergischer Rhinitis, bei der eine topisch nasale Behandlung mit Glukokortikoiden nicht ausreichend ist.

(Vgl. Anlage I AMR, abgedruckt im Anhang, Nr. 4, S. 549 ff.).

Antimykotika

Aufwendungen für nicht verschreibungspflichtige Antimykotikapräparate sind bei Personen, die das 18. Lebensjahr vollendet haben, nur zur Behandlung von Pilzinfektionen im Mund- und Rachenraum beihilfefähig; (vgl. Anlage I AMR, abgedruckt im Anhang, Nr. 4, S. 549 ff.).

Antiseptika

Aufwendungen für nicht verschreibungspflichtige Antiseptika (und Gleitmittel) sind bei Personen, die das 18. Lebensjahr vollendet haben, nur im Zusammenhang mit Katheterisierungen beihilfefähig; (vgl. Anlage I AMR, abgedruckt im Anhang, Nr. 4, S. 549 ff.).

Antrag

Siehe auch unter *„Antragsgrenze"* und *„Antragsfrist"*.

Beihilfen werden nur auf schriftlichen Antrag gewährt. Für die Antragstellung sind Formblätter vorgeschrieben (für Aufwendungen bei dauernder Pflegebedürftigkeit – §§ 5 bis 5 d BVO – gesonderte Anlage „Pflege" verwenden; vgl. Anlage, 6, 6 a, 7 und 8 VVzBVO, abgedruckt im Anhang, Nr. 2, S. 423 ff.), die in der Beihilfestelle in der jeweils aktuellen Fassung erhältlich sind.

Antragsgrenze

Die Vorschrift in § 13 Abs. 4 BVO dient der Entlastung der Beihilfestellen; es soll verhindert werden, dass bei jeder kleineren Rechnung ein Beihilfeantrag gestellt wird. Die Beihilfeberechtigten sollen innerhalb der Jahresfrist nach § 13 Abs. 3 BVO mit der Antragstellung warten, bis ihre Aufwendungen (maßgebend ist der Rechnungsbetrag) mehr als 200 Euro betragen. Die Grenze von 200 Euro bezieht sich auf die tatsächlichen Aufwendungen. Es ist also ohne Bedeutung, dass bei der Beihilfeberechnung Krankenkassenleistungen auf die Aufwendungen anzurechnen sind oder dass die Beihilfefähigkeit von Aufwendungen durch Höchstbeträge begrenzt ist.

Erreichen die Aufwendungen aus zehn Monaten – auszugehen ist vom Rechnungsdatum der ersten Rechnung – insgesamt nicht die Summe von 200 Euro, wird eine Beihilfe nach Ablauf der zehn Monate gewährt, wenn die Kosten höher als 15 Euro sind.

Die Grenze von 200 Euro gilt nicht, wenn der Beihilfeberechtigte aus dem Kreis der beihilfeberechtigten Personen ausscheidet oder den Dienstherrn wechselt (vgl. Nr. 13.4.1 VVzBVO, abgedruckt im Anhang, Nr. 2, S. 423 ff.). Ein Beihilfeantrag kann in diesem Fall auch dann gestellt werden, wenn Aufwendungen von weniger als 200 Euro, aber von mehr als 15 Euro entstanden sind.

Antragsfrist

Die beihilfefähigen Aufwendungen müssen innerhalb einer bestimmten Frist geltend gemacht werden. Die Beihilfefähigkeit erlischt ein Jahr nach Entstehen der Aufwendungen (d. h. ein Jahr nach dem Zeitpunkt der Behandlung durch den Arzt/Zahnarzt/Heilpraktiker des Einkaufs von Arzneien, der Lieferung eines Hilfsmittels etc.), spätestens jedoch ein Jahr nach der ersten Ausstellung der Rechnung. Bei mehreren Käufen auf einem Rezept ist für den Beginn der Frist der jeweilige Tag des Einkaufs maßgebend. Vgl. § 13 Abs. 3 BVO, abgedruckt im Anhang, Nr. 1 a, S. 367 ff.).

Beispiel:

Ein Arzt wird am 20. Januar aufgesucht. Die im April übersandte Rechnung trägt das Datum vom 10. April. Die Rechnung wird am 2. Mai bezahlt.

Die Aufwendungen sind am 20. Januar entstanden. Da das Rechnungsdatum (10. April) später liegt, ist dieses für die Berechnung der Frist maßgebend. Die Aufwendungen verlieren somit Ablauf des 10. April des nächsten Jahres ihre Beihilfefähigkeit. An diesem Tag muss spätestens der Antrag auf Gewährung einer Beihilfe bei der Festsetzungsstelle eingehen, wenn zu den Aufwendungen noch eine Beihilfe gezahlt werden soll.

Falls der letzte Tag der Jahresfrist auf einen Sonntag, einen staatlich anerkannten Feiertag oder einen Sonnabend fällt, endet die Frist mit dem Ablauf des nächsten Werktages.

In den Fällen, in denen eine pauschale Beihilfe gezahlt wird, beginnt die Jahresfrist zu folgenden Zeitpunkten:

- für die Geltendmachung des Zuschusses zu den Beförderungskosten bei einer stationären Rehabilitationsmaßnahme (§ 6 Abs. 1 Satz 7 BVO) sowie bei einer stationären Müttergenesungskur oder Mutter-/Vater-Kind-Kur (§ 6 a Abs. 2 Satz 2 BVO), zu den Kosten für Unterkunft und Verpflegung, für Kurtaxe und Beförderung bei einer ambulanten Kurmaßnahme – auch für eine Begleitperson – (§ 7 Abs. 3 Satz 2 und 4 BVO) sowie zu den Nebenkosten bei einer ambulanten Rehabilitationsmaßnahme (§ 7 Abs. 4 Satz 4 BVO) mit Beendigung der Behandlung,
- bei der pauschalen Beihilfe für die Pflege durch Angehörige, Freunde oder Nachbarn mit dem ersten Tag nach Ablauf des Monats, in dem die Pflege erbracht wurde,
- bei dem Zuschuss zur Säuglings- und Kleinkinderausstattung mit dem Tag der Geburt, der Annahme als Kind oder der Aufnahme in den Haushalt.

Aufwendungen, die infolge Zeitablaufs einmal ihre Beihilfefähigkeit verloren haben, scheiden im Regelfall für eine Beihilfegewährung aus, und zwar auch dann, wenn sie aufgrund einer zweiten Rechnung geltend gemacht werden, deren Datum noch innerhalb der Jahresfrist liegt. Für verspätet geltend gemachte Aufwendungen kann eine Beihilfe nur noch im Ausnahmefall gewährt werden, wenn das Versäumnis entschuldbar ist, z. B., wenn der Beihilfeberechtigte wegen einer schweren Erkrankung während der Zeit des Fristablaufs nicht in der Lage war, einen Antrag zu stellen. Eine verspätete Geltendmachung von Aufwendungen infolge Unkenntnis der hierüber bestehenden Vorschriften hat der Antragsteller in der Regel zu vertreten (Urteil des Bundesverwaltungsgerichts vom 3. Juni 1965 – VIII C 44.63 –). Das Gleiche gilt bei einer erheblichen Belastung des Antragstellers mit dienstlichen Aufgaben (Beschluss des OVG Münster vom 29. Januar 1986 – 6 A 1507/84 –).

Eine Beihilfe kann nur gewährt werden, wenn die mit dem Beihilfeantrag geltend gemachten Aufwendungen insgesamt mehr als 200 Euro betragen. Die Grenze von 200 Euro bezieht sich auf die tatsächlichen Aufwendungen, nicht also auf die beihilfefähigen Aufwendungen. Es ist also ohne Bedeutung, dass die Beihilfefähigkeit von Aufwendungen durch Höchstbeträge begrenzt ist.

Anus-praeter-Versorgungsartikel

Aufwendungen für ärztlich verordnete Anus-praeter-Versorgungsartikel sind beihilfefähig; eine vorherige Anerkennung durch die Beihilfestelle ist nicht erforderlich.

Anzieh-/Ausziehhilfen

Aufwendungen für ärztlich verordnete Anzieh-/Ausziehhilfen sind beihilfefähig; eine vorherige Anerkennung durch die Beihilfestelle ist nicht erforderlich.

Anzurechnende Krankenversicherungsleistungen

Bei der Ermittlung der auf die beihilfefähigen Aufwendungen anzurechnenden Krankenversicherungsleistungen nach § 3 Abs. 4 Satz 3 zweiter Halbsatz BVO (abgedruckt im Anhang, Nr. 1 a, S. 367 ff.) sind die Berechnungsgrundlagen auf volle Euro nach unten abzurunden.

Arbeitstherapeuten

Siehe unter *„Gesundheitsfachberufe"*.

Arbeitstherapie

Bei der Arbeitstherapie steht nicht die Heilbehandlung, sondern die Eingliederung in das Arbeitsleben im Vordergrund. Die Aufwendungen sind daher nicht beihilfefähig.

Arbeitsunfähigkeitsbescheinigung

Die ärztlichen Gebühren für eine sog. Arbeitsunfähigkeitsbescheinigung/Schulunfähigkeitsbescheinigung (sog. Krankmeldung) sind beihilfefähig.

Arteriosklerose (Begriff)

Unter Arteriosklerose versteht man eine Systemerkrankung der Schlagadern, die zu Ablagerungen von Blutfetten, Thromben, Bindegewebe und in geringen Mengen auch Kalk in den Gefäßwänden führt (Arterienverkalkung). Übersetzt heißt Arteriosklerose: bindegewebige Verhärtung der Schlagadern.

Artikulation (Begriff)

Gleitbewegungen der Zahnreihen zum Gegenkiefer mit Ineinanderfassen und Voneinanderrutschen der Zähne

Arzneimittel (allgemein)

Arzneimittel sind nach einer Definition im Arzneimittelgesetz (AMG) Stoffe oder Zubereitungen aus Stoffen,

1. die zur Anwendung im oder am menschlichen oder tierischen Körper bestimmt sind und als Mittel mit Eigenschaften zur Heilung oder Linderung oder zur Verhütung menschlicher oder tierischer Krankheiten oder krankhafter Beschwerden bestimmt sind oder
2. die im oder am menschlichen oder tierischen Körper angewendet oder einem Menschen oder einem Tier verabreicht werden können, um entweder
   a) die physiologischen Funktionen durch eine pharmakologische, immunologische oder metabolische Wirkung wiederherzustellen, zu korrigieren oder zu beeinflussen oder
   b) eine medizinische Diagnose zu erstellen.

Arzneimittel können z. B. auch Gegenstände sein, die ein Arzneimittel enthalten oder auf die ein solches Arzneimittel aufgebracht ist und die dazu bestimmt sind, dauernd oder vorübergehend mit dem menschlichen oder tierischen Körper in Berührung gebracht zu werden.

Fertigarzneimittel sind Arzneimittel, die im Voraus hergestellt sind und in einer zur Abgabe an den Patienten bestimmten Packung in den Verkehr gebracht werden. Dies gilt auch für Arzneimittel, die in sonstiger Weise industriell oder gewerblich hergestellt werden; für Apotheken besteht insoweit eine Ausnahme (§ 4 Abs. 1 AMG). So sind z. B. Rezepturen, die in Apotheken hergestellt werden, Arzneimittel, aber keine Fertigarzneimittel.

Fertigarzneimittel im Sinne des AMG dürfen nur in Verkehr gebracht werden, wenn sie eine deutsche oder europäische Arzneimittelzulassung bzw. Registrierung besitzen.

Anthroposophische Arzneimittel sind Arzneimittel, die nach der anthroposophischen Menschen- und Naturerkenntnis entwickelt wurden, nach einem im Europäischen Arzneibuch oder, in Ermangelung dessen, nach einem in den offiziell gebräuchlichen Pharmakopöen der Mitgliedstaaten der Europäischen Union beschriebenen homöopathischen Zubereitungsverfahren hergestellt worden sind und die bestimmt sind, entsprechend den Grundsätzen der anthroposophischen Menschen- und Naturerkenntnis angewendet zu werden.

Die Abgabe der Arzneimittel erfolgt in der Regel durch eine Apotheke. Verschreibungspflichtige Arzneimittel dürfen nur auf Rezept abgegeben werden. Welche Arzneimittel dies sind, regelt das Bundesministerium für Gesundheit in der Arzneimittelverschreibungsverordnung.

Nicht verschreibungspflichtige Arzneimittel sind frei verkäuflich (ohne Rezept). Die Aufwendungen sind im Ausnahmefall beihilfefähig; Voraussetzung ist aber auf jeden Fall, dass eine ärztliche Verordnung vorliegt (siehe unten).

Nicht jedes arzneimittelähnliche Mittel, das eingenommen bzw. angewendet wird, ist ein Arzneimittel im Sinne des AMG. Beispielsweise können Vitamine in niedriger Dosis Nahrungsergänzungsmittel oder Lösungen zum Ersatz von Tränenflüssigkeit Medizinprodukt sein.

Rezeptfreie Arzneimittel unterliegen nicht der Preisbindung. Das bedeutet, jede Apotheke entscheidet selbst, wie preiswert sie diese Produkte anbietet.

Arzneimittel (Beihilferegelungen)

A) Vorschriften

1. Auszug aus § 4 BVO; hier § 4 Abs. 1 Nr. 7 BVO

Die beihilfefähigen Aufwendungen umfassen die Kosten für:

7. Die von Behandlern nach Nummer 1 bei ihren Verrichtungen verbrauchten oder nach Art und Umfang schriftlich verordneten zugelassenen Arzneimittel, Verbandmittel und dergleichen.

Nicht beihilfefähig sind

a) Aufwendungen für verschreibungspflichtige Arzneimittel, die nach den Richtlinien des Gemeinsamen Bundesausschusses gem. § 91 SGB V über die Verordnung von Arzneimitteln in der vertragsärztlichen Versorgung (Arzneimittel-Richtlinien – AMR) von der Verordnung ausgeschlossen sind,

b) Arzneimittel, die nicht verschreibungspflichtig sind.

Satz 2 gilt nicht für Personen bis zum vollendeten 18. Lebensjahr.

Das Finanzministerium kann abweichend von Satz 2 in medizinisch begründeten Einzelfällen sowie allgemein in der Anlage 2 und ergänzend in den

Verwaltungsvorschriften zu dieser Verordnung bestimmen, zu welchen Arzneimitteln (verschreibungspflichtigen und nicht verschreibungspflichtigen), die bei der Behandlung schwerwiegender Erkrankungen als Therapiestandard gelten oder die sich in der klinischen Erprobung befinden, Beihilfen gewährt werden können. Das gilt auch für Arzneimittel der besonderen Therapierichtungen.

Das Finanzministerium kann weiterhin in Anlage 2 und ergänzend in den Verwaltungsvorschriften zu dieser Verordnung Arzneimittel von der Beihilfefähigkeit ausschließen, die ihrer Zweckbestimmung nach üblicherweise bei geringfügigen Gesundheitsstörungen verordnet werden, die für das Therapieziel oder zur Minderung von Risiken nicht erforderliche Bestandteile enthalten, deren Wirkungen wegen der Vielzahl der enthaltenen Wirkstoffe nicht mit ausreichender Sicherheit beurteilt werden können oder deren therapeutischer Nutzen nicht nachgewiesen ist. Nummer 1 Satz 3 und 4 gelten entsprechend.

2. Text der Anlage 2 zu § 4 Abs. 1 Nr. 7 BVO

1. Beihilfefähig sind die Aufwendungen für alle nach dem Gesetz über den Verkehr mit Arzneimitteln – Arzneimittelgesetz – in der Fassung der Bekanntmachung vom 12. Dezember 2005 (BGBl. I S. 3394), zuletzt geändert durch Gesetz vom 24. Oktober 2007 (BGBl. I S. 2510), zugelassenen Arzneimittel, sofern sie nicht nach § 4 Absatz 1 Nummer 7 Satz 2 oder im Rahmen dieser Anlage ausgeschlossen sind.

2. Aufwendungen für Arzneimittel, insbesondere für Spezialpräparate mit hohen Jahrestherapiekosten oder mit erheblichem Risikopotenzial, deren Anwendung aufgrund ihrer besonderen Wirkungsweise zur Verbesserung der Qualität ihrer Anwendung, insbesondere hinsichtlich der Patientensicherheit sowie des Therapieerfolges, besondere Fachkenntnisse erfordert, die über das Übliche hinausgehen (besondere Arzneimittel), sind nur beihilfefähig, wenn die Verordnung in Abstimmung mit einem Arzt für besondere Arzneimitteltherapie im Sinne des § 73 d Absatz 2 SGB V erfolgt. Die Wirkstoffe und Anwendungsgebiete nach Satz 1 bestimmen sich nach § 73 d Absatz 1 SGB V.

3. Beihilfefähig sind Aufwendungen für ärztlich verordnete hormonelle Mittel zur Kontrazeption nur bei Personen bis zur Vollendung des 20. Lebensjahres und bei Personen ab Vollendung des 48. Lebensjahres.

4. Beihilfefähig sind Aufwendungen für zugelassene nicht verschreibungspflichtige apothekenpflichtige Arzneimittel, die begleitend zu einer medikamentösen Haupttherapie mit verschreibungspflichtigen Arzneimitteln eingesetzt werden (Begleitmedikation), wenn das nicht verschreibungspflichtige Arzneimittel in der Fachinformation des Hauptarzneimittels als Begleitmedi-

kation zwingend vorgeschrieben ist oder wenn es zur Behandlung der beim bestimmungsgemäßen Gebrauch eines verschreibungspflichtigen Arzneimittels auftretenden schwerwiegenden, schädlichen, unbeabsichtigten Reaktionen eingesetzt wird (unerwünschte Arzneimittelwirkungen).

5. Beihilfefähig sind Aufwendungen für zugelassene nicht verschreibungspflichtige Arzneimittel, die in Form von Spritzen, Salben und Inhalationen im Rahmen einer ambulanten Behandlung durch den Arzt/Zahnarzt mit einer einmaligen Anwendung verbraucht werden.

6. Aufwendungen für Stoffe und Zubereitungen aus Stoffen, die als Medizinprodukte nach § 3 Nummer 1 oder 2 des Medizinproduktegesetzes (MPG) zur Anwendung am oder im menschlichen Körper bestimmt sind, sind indikationsbezogen beihilfefähig, wenn sie in der Anlage V der jeweils aktuellen Fassung der Arzneimittel-Richtlinie des Gemeinsamen Bundesausschusses aufgeführt sind.

7. Bei Personen, die das 18. Lebensjahr vollendet haben, sind – unabhängig von der Verschreibungspflicht – die Aufwendungen für folgende Arzneimittel nicht beihilfefähig:

a) Arzneimittel zur Anwendung bei Erkältungskrankheiten und grippalen Infekten einschließlich der bei diesen Krankheiten anzuwendenden Schnupfenmittel, Schmerzmittel, hustendämpfenden und hustenlösenden Mittel, sofern es sich nicht um schwerwiegende Gesundheitsstörungen handelt.

b) Mund- und Rachentherapeutika, ausgenommen bei Pilzinfektionen, geschwürigen Erkrankungen der Mundhöhle und nach chirurgischen Eingriffen im Hals-, Nasen- und Ohrenbereich,

c) Abführmittel außer zur Behandlung von Erkrankungen im Zusammenhang mit Tumorleiden, Megacolon, Divertikulose, Divertikulitis, Mukoviszidose, neurogener Darmlähmung, vor diagnostischen Eingriffen, bei phosphatbindender Medikamentation bei chronischer Niereninsuffizienz, bei der Opiat- sowie Opioidtherapie und in der Terminalphase,

d) Arzneimittel gegen Reisekrankheit (unberührt bleibt die Beihilfefähigkeit der Aufwendungen bei Erbrechen bei Tumortherapie und anderen schwerwiegenden Erkrankungen, z. B. Meniere'scher Symptomkomplex).

8. Nicht beihilfefähig sind (unabhängig vom Alter des Beihilfeberechtigten und der berücksichtigungsfähigen Person sowie der Verschreibungspflicht):

a) Aufwendungen für Mittel, die geeignet sind, Güter des täglichen Bedarfs zu ersetzen. Es sind dies z. B. Lebensmittel, Nahrungsergänzungsmittel, so genannte Krankenkost und diätetische Lebensmittel einschließlich Produkte für Säuglinge oder Kleinkinder. Abweichend von Satz 1 sind beihilfefähig Aufwendungen für Aminosäuremischungen, Eiweißhydrolysate, Elementardiäten und Sondennahrung im Zusammenhang mit Enteraler und Parentaler Ernährung im Rahmen der jeweils aktuellen Fassung des Abschnitts I der Arzneimittel-Richtlinien/AM-RL in der Fassung vom 18. Dezember 2008/22. Januar 2009 – veröffentlicht im BAnz. 2009, Nummer 49 a; zuletzt geändert am 18. Juni 2009 – veröffentlicht im BAnz. 2009, Nummer 119 S. 2786, sowie den Verwaltungsvorschriften zu dieser Verordnung.

b) Aufwendungen für Arzneimittel, bei deren Anwendung eine Erhöhung der Lebensqualität im Vordergrund steht. Dies sind Arzneimittel, deren Einsatz grundsätzlich durch die private Lebensführung bedingt ist oder die aufgrund ihrer Zweckbestimmung insbesondere

   - nicht oder nicht ausschließlich zur Behandlung von Krankheiten dienen,
   - zur individuellen Bedürfnisbefriedigung oder zur Aufwertung des Selbstwertgefühls dienen,
   - zur Behandlung von Befunden angewandt werden, die lediglich Folge natürlicher Alterungsprozesse sind und deren Behandlung medizinisch nicht notwendig ist,
   - zur Anwendung bei kosmetischen Befunden angewandt werden, deren Behandlung in der Regel nicht notwendig ist.

Hierzu gehören insbesondere Aufwendungen für Arzneimittel, die überwiegend zur Behandlung der erektilen Dysfunktion, der Anreizung und Steigerung der sexuellen Potenz, zur Raucherentwöhnung, zur Abmagerung oder zur Zügelung des Appetits, zur Regulierung des Körpergewichts oder zur Verbesserung des Haarwuchses dienen.

Das Finanzministerium kann in medizinisch begründeten Einzelfällen oder allgemein (u. a. für Aufwendungen für potenzsteigernde Mittel, wenn diese für andere Erkrankungen als der erektilen Dysfunktion erforderlich sind und es keine anderen zur Behandlung der Krankheit zugelassenen Arzneimittel gibt, sie im Einzelfall nicht verträglich sind oder sich als unwirksam erwiesen haben) in den Verwaltungsvorschriften zu dieser Verordnung Ausnahmen zulassen.

3. Auszug aus den Verwaltungsvorschriften (siehe auch Verwaltungsvorschriften zu „Beihilfefähige Aufwendungen in Krankheitsfällen" – § 4 BVO)

4.1.7 **Nummer 7 und Anlage 2**

4.1.7.1 Nach § 4 Absatz 1 Nummer 7 und der Anlage 2 BVO sind grundsätzlich nur Aufwendungen für verschreibungspflichtige Arzneimittel beihilfefähig, soweit sie nicht nach den Arzneimittelrichtlinien des Gemeinsamen Bundesausschusses gemäß § 92 Absatz 1 Satz 2 Nummer 6 SGB V von der Verordnung in der GKV ausgeschlossen sind, sowie Aufwendungen für apothekenpflichtige, nicht verschreibungspflichtige Arzneimittel, die bei der Behandlung schwerwiegender Erkrankungen als Therapiestandard gelten (für Personen bis zur Vollendung des 18. Lebensjahres gelten diese Einschränkungen nicht). Eine Krankheit ist schwerwiegend, wenn sie lebensbedrohlich ist oder wenn sie aufgrund der Schwere der durch sie verursachten Gesundheitsstörung die Lebensqualität auf Dauer nachhaltig beeinträchtigt. Als Therapiestandard gilt ein Arzneimittel, wenn der therapeutische Nutzen zur Behandlung der schwerwiegenden Erkrankung dem allgemein anerkannten Stand der medizinischen Erkenntnisse entspricht. Voraussetzung für eine Beihilfefähigkeit der Aufwendungen ist, dass die schwerwiegende Erkrankung und das für die Behandlung dieser Erkrankung verordnete Standardtherapeutikum in der Anlage I zum Abschnitt F der AMR in der jeweils aktuellen Fassung (www.g-ba.de/informationen/richtlinien) aufgeführt ist. Das Finanzministerium kann in begründeten Einzelfällen Ausnahmen zulassen (§ 4 Absatz 1 Nummer 7 Satz 4 1. Halbsatz BVO).

4.1.7.2 Bei den in der Anlage I zu den AMR aufgeführten Indikationsgebieten sind auch Aufwendungen für Arzneimittel der Anthroposophie und Homöopathie beihilfefähig, sofern die Anwendung dieser Arzneimittel für diese Indikationsgebiete als wissenschaftlich allgemein anerkannt gilt und der Arzt/Heilpraktiker dies mit der Verordnung bestätigt.

4.1.7.3 Aufwendungen für apothekenpflichtige, nicht verschreibungspflichtige Arzneimittel mit den in der Anlage I der AMR aufgeführten Wirkstoffen sind auch außerhalb der genannten Indikationen beihilfefähig, wenn die zur Behandlung der Erkrankung alternativ zur Verfügung stehenden verschreibungspflichtigen Arzneimittel teurer sind. Der Nachweis ist durch den Beihilfeberechtigten bzw. seinen Arzt zu führen.

4.1.7.4 Aufwendungen für Stoffe und Zubereitungen aus Stoffen, die als Medizinprodukt nach § 3 Nummer 1 oder Nummer 2 des Medizinproduktegesetzes zur Anwendung am oder im menschlichen Körper bestimmt und apothekenpflichtig sind, und die bei Anwendung der am 31. Dezember 1994 geltenden Fassung des § 2 Absatz 1 des Arzneimittelgesetzes Arzneimittel gewesen wären, sind beihilfefähig (vgl. § 31 Absatz 1 SGB V).

4.1.7.5 Aufwendungen für die folgenden Mittel (Anlage 2 Nummer 8 a und b BVO) sind – von den genannten Ausnahmen abgesehen – nicht beihilfefähig:

– Genussmittel, sämtliche Weine (auch medizinische Weine) und der Wirkung nach ähnliche, Ethylalkohol als einen wesentlichen Bestandteil (mind. 5 Volumenprozent) enthaltene Mittel (ausgenommen Tinkturen im Sinne des Deutschen Arzneibuches und tropfenweise einzunehmende ethylalkoholhaltige Arzneimittel) sowie Mittel, bei denen die Gefahr besteht, dass sie wegen ihrer wohlschmeckenden Zubereitung als Ersatz für Süßigkeiten genossen werden,

- Mineral-, Heil- oder andere Wässer,
- Mittel, die auch zur Reinigung und Pflege oder Färbung der Haut, des Haares, der Nägel, der Zähne, der Mundhöhle usw. dienen einschl. medizinische Haut- und Haarwaschmittel sowie medizinische Haarwässer und kosmetische Mittel. Ausgenommen und somit beihilfefähig sind Aufwendungen für als Arzneimittel zugelassene Basiscremes, Basissalben, Haut- und Kopfhautpflegemittel, auch Rezepturgrundlagen, soweit und solange sie Teil der arzneilichen Therapie (Intervall-Therapie bei Neurodermitis/endogenen Ekzem, Psoriasis, Akne-Schältherapie und Strahlentherapie) sind und nicht der Färbung der Haut und -anhangsgebilde sowie der Vermittlung von Geruchseindrücken dienen,
- Balneotherapeutika, ausgenommen und somit beihilfefähig sind Aufwendungen für als Arzneimittel zugelassene Balneotherapeutika bei Neurodermitis/endogenem Ekzem, Psoriasis und Erkrankungen des rheumatischen Formenkreises,
- Mittel, die der Veränderung der Körperform (z. B. Entfettungscreme, Busencreme) dienen sollen,
- Mittel zur Raucherentwöhnung,
- Saftzubereitungen für Erwachsene, von in der Person des Patienten begründeten Ausnahmen abgesehen,
- Würz- und Süßstoffe, Obstsäfte, Lebensmittel im Sinne des § 1 des Lebensmittel- und Bedarfsgegenständegesetzes, Krankenkost- und Diätpräparate,
- Abmagerungsmittel und Appetitzügler,
- Anabolika, außer bei neoplastischen Erkrankungen,
- Stimulantien (z. B. Psychoanaleptika, Psychoenergetika und Leistungsstimulantien), ausgenommen bei Narkolepsie und schwerer Zerebralsklerose sowie beim hyperkinetischen Syndrom und bei der so genannten minimalen zerebralen Dysfunktion vorpubertärer Schulkinder,
- so genannte Zellulartherapeutika und Organhydrolysate,
- so genannte Geriatrika und so genannte Arteriosklerosemittel,
- Roborantien, Tonika und appetitanregende Mittel,
- Insekten-Abschreckmittel,

- Fixe Kombinationen aus Vitaminen und anderen Stoffen, ausgenommen und somit beihilfefähig sind Vitamin D-Fluorid-Kombinationen zur Anwendung bei Kindern bis zum vollendeten 12. Lebensjahr und zur Osteoporoseprophylaxe,
- Arzneimittel, welche nach § 11 Absatz 3 des Gesetzes über den Verkehr mit Arzneimitteln (Arzneimittelgesetz – AMG) vom 12. Dezember 2005 (BGBl. I. S. 3394) zuletzt geändert durch Gesetz vom 14. August 2006 (BGBl. I S. 1869, 1870) nur mit einem oder mehreren der folgenden Hinweise:

  „Traditionell angewendet:

  a) zur Stärkung oder Kräftigung,
  b) zur Besserung des Befindens,
  c) zur Unterstützung der Organfunktion,
  d) zur Vorbeugung,
  e) als mild wirkendes Arzneimittel"

  in den Verkehr gebracht werden.

4.1.7.6 Aufwendungen für ärztlich verordnete Aminosäuremischungen, Eiweißhydrolysate, Elementardiäten und Sondennahrung sind bei fehlender oder eingeschränkter Fähigkeit zur ausreichenden normalen Ernährung ausnahmsweise beihilfefähig, wenn eine Modifizierung der normalen Ernährung oder sonstige ärztliche, pflegerische oder ernährungstherapeutische Maßnahmen zur Verbesserung der Ernährungssituation nicht ausreichen. Solche Ausnahmefälle liegen insbesondere vor bei:

- Ahornsirupkrankheit,
- AIDS-assoziierten Diarrhöen,
- Colitis ulcerosa,
- Epilepsien, wenn trotz optimierter antikonvulsiver Therapie eine ausreichende Anfallskontrolle nicht gelingt,
- Kurzdarmsyndrom,
- Morbus Crohn,
- Mukoviszidose,
- Multipler Nahrungsmittelallergie,
- Niereninsuffizienz,
- Phenylketonurie,
- Tumortherapien (auch nach der Behandlung),
- postoperative Nachsorge,

- angeborene Defekte im Kohlenhydrat- und Fettstoffwechsel,
- angeborenen Enzymdefekte, die mit speziellen Aminosäuremischungen behandelt werden,
- erheblichen Störungen der Nahrungsaufnahme bei neurologischen Schluckbeschwerden oder Tumoren der oberen Schluckstraße (z. B. Mundboden- und Zungenkarzinom).

4.1.7.7 Aufwendungen für Elementardiäten sind für Säuglinge (bis zur Vollendung des ersten Lebensjahres) und Kleinkinder (Zeit zwischen dem ersten und dritten Lebensjahr) mit Kuhmilcheiweißallergie beihilfefähig; dies gilt ferner für einen Zeitraum von sechs Monaten bei Säuglingen und Kleinkindern mit Neurodermitis, sofern Elementardiäten zu diagnostischen Zwecken eingesetzt werden.

4.1.7.8 Aufwendungen für Arzneimittel, die zur Verwendung in nicht zugelassenen Anwendungsgebieten verordnet werden, sind grundsätzlich nur beihilfefähig, wenn sie in der Anlage VI Teil A der AMR (in der jeweils aktuellen Fassung) aufgeführt sind. Wirkstoffe zur Anwendung in nicht zugelassenen Anwendungsgebieten, die nach Feststellung des Gemeinsamen Bundesausschusses im Bereich der gesetzlichen Krankenversicherung von einer Verordnung ausgeschlossen sind, sind im Teil B der in Satz 1 genannten Anlage aufgeführt; die Aufwendungen sind grundsätzlich nicht beihilfefähig. Anträge auf Zulassung einer beihilferechtlichen Ausnahme sind dem Finanzministerium zur Entscheidung vorzulegen.

4.1.7.9 Die Versorgung mit Arzneimitteln, Verbandmitteln und dergleichen setzt eine ärzt-/zahnärztliche oder Heilpraktiker-Verordnung voraus. Änderungen und Ergänzungen bedürfen der erneuten Unterschrift des Arztes/Zahnarztes/Heilpraktikers. Werden auf ein Rezept Heilmittel, Verbandmittel und dergleichen mehrmals beschafft, sind die Kosten für Wiederholungen nur insoweit beihilfefähig, als sie vom Arzt/Zahnarzt/Heilpraktiker besonders vermerkt worden sind. Ist die Zahl der Wiederholungen nicht angegeben, sind nur die Kosten der einmaligen Wiederholung beihilfefähig.

4.1.7.10 **(Anlage 2 BVO)**

4.1.7.10.1 **Nummer 1** (bleibt frei)

4.1.7.10.2 **Nummer 2**

4.1.7.10.2.1 Besondere Arzneimittel, insbesondere Präparate mit hohen Jahrestherapiekosten oder Arzneimittel mit erheblichem Risikopotenzial, sind die in Anlage XI der AMR (in der jeweils aktuellen Fassung) aufgeführten Arzneimittel, bei denen aufgrund ihrer besonderen Wirkungsweise zur Verbesserung der Qualität ihrer Anwendung, insbesondere hinsichtlich der Patientensicherheit und des Therapieerfolges besondere Fachkenntnisse erforderlich sind, die über das Übliche hinausgehen.

4.1.7.10.2.2 Die Aufwendungen für die in Anlage XI der AMR aufgeführten Arzneimittel sind nur beihilfefähig, wenn eine Abstimmung zwischen dem behandelnden Arzt und dem Arzt für besondere Arzneimitteltherapie erfolgt ist. Das Verfahren zur Einholung der Zweitmeinung sollte von dem behandelnden Arzt in Anlehnung der Feststellungen im Abschnitt N der AMR erfolgen; der Nachweis ist der Beihilfestelle vorzulegen.

4.1.7.10.2.3 Im Notfall ist die Beihilfefähigkeit der Aufwendungen ohne vorherige Abstimmung mit dem Arzt für besondere Arzneimitteltherapie möglich. Das Abstimmungsverfahren ist durch den behandelnden Arzt unverzüglich nachzuholen.

4.1.7.10.3 **Nummer 3**

4.1.7.10.3.1 Die Altersgrenzen sind ausnahmsweise unbeachtlich, wenn die Arzneimittel unabhängig von der arzneimittelrechtlichen Zulassung als Arzneimittel zur Behandlung einer Krankheit ärztlich verordnet werden und die Notwendigkeit durch einen Amtsarzt bestätigt wurde.

4.1.7.10.4 **Nummer 4** (bleibt frei)

4.1.7.10.5 **Nummer 5**

4.1.7.10.5.1 Die Regelung gilt nicht für von Heilpraktikern verbrauchte Stoffe und nicht für die Verabreichung von nichtbeihilfefähigen Medizinprodukten. Beihilfefähig sind ausschließlich Fertigarzneimittel, insbesondere die in Anlage I der AMR aufgeführten Wirkstoffe. Selbsthergestellte Mischungen – auch von Fertigarzneimitteln – sind wissenschaftlich nicht geprüft und daher grundsätzlich nicht beihilfefähig.

4.1.7.10.6 **Nummer 6** (bleibt frei)

4.1.7.10.7 **Nummer 7** (bleibt frei)

4.1.7.10.8 **Nummer 8**

4.1.7.10.8.1 Die nach Anlage 2 Nummer 8 Buchstabe b zu § 4 Absatz 1 Nummer 7 BVO ausgeschlossenen Fertigarzneimittel sind aus der Anlage II der AMR (in der jeweils aktuellen Fassung) ersichtlich.

B) Hinweise

Die von Ärzten, Zahnärzten und Heilpraktikern bei ihren Verrichtungen verbrauchten oder schriftlich verordneten Arzneimittel sind grundsätzlich beihilfefähig. Aufwendungen für nicht schriftlich verordnete Arzneimittel sind in keinem Fall beihilfefähig.

Die Beihilferegelungen unterscheiden seit 1. Januar 2007 im Wesentlichen zwischen verschreibungspflichtigen (rezeptpflichtigen) und nicht verschreibungspflichtigen (nicht rezeptpflichtigen) Arzneimitteln.

1) Verschreibungspflichtige Arzneimittel

Die Aufwendungen für von Ärzten/Zahnärzten verordnete verschreibungspflichtige Arzneimittel sind grundsätzlich beihilfefähig. Im Gegensatz zu den beihilferechtlichen Regelungen vor 2007 ist die Frage der wissenschaftlichen Anerkennung des Medikaments für die beihilferechtliche Anerkennung nicht mehr zwingend.

Beihilfefähig sind auch Aufwendungen für ärztlich verordnete hormonelle Mittel zur Kontrazeption bei Personen bis zur Vollendung des zwanzigsten Lebensjahres und bei Personen ab Vollendung des 48. Lebensjahres. Ausnahmen sind nur unter Beteiligung des zuständigen Amtsarztes möglich.

Aufwendungen für verschreibungspflichtige Arzneimittel, die nach den Richtlinien des Gemeinsamen Bundesausschusses der Ärzte und Krankenkassen (GBA) über die Verordnung von Arzneimitteln in der vertragsärztlichen Versorgung (Arzneimittelrichtlinien) von der Versorgung gesetzlich Krankenversicherter ausgeschlossen sind, sind bei Personen, die das 18. Lebensjahr vollendet haben, grundsätzlich nicht beihilfefähig. Es handelt sich hierbei um

- Arzneimittel zur Anwendung bei Erkältungskrankheiten und grippalen Infekten einschließlich der bei diesen Krankheiten anzuwendenden Schnupfenmittel, hustendämpfenden und hustenlösenden Mittel, sofern es sich nicht um schwerwiegende Gesundheitsstörungen handelt;
- Mund- und Rachentherapeutika, ausgenommen bei Pilzinfektionen, geschwürigen Erkrankungen der Mundhöhle und nach chirurgischen Eingriffen im Hals-, Nasen- und Ohrenbereich;
- Abführmittel; ausgenommen zur Behandlung von Erkrankungen im Zusammenhang mit Tumorleiden, Megacolon, Divertikulose, Divertikulitis, Mukoviszidose, neurogener Darmlähmung, vor diagnostischen Eingriffen, bei phosphat-bindender Medikation bei chronischer Niereninsuffizienz, bei der Opiat- sowie Opiodtherapie und in der Terminalphase;
- Arzneimittel gegen Reisekrankheit; ausgenommen bei Anwendung gegen Erbrechen in Zusammenhang mit einer Tumortherapie und anderen schwerwiegenden Erkrankungen, z. B. Meniere'scher Symptomkomplex.

Unabhängig vom Alter (s. o.) des Beihilfeberechtigten und der berücksichtigungsfähigen Person sind die Aufwendungen für Arzneimittel nicht beihilfefähig, bei deren Anwendung eine Erhöhung der Lebensqualität im Vordergrund steht. Hierzu gehören insbesondere Arzneimittel, die überwiegend zur Behandlung der erektilen Dysfunktion, der Anreizung und Steigerung der sexuellen Potenz, zur Raucherentwöhnung, zur Abmagerung oder Zügelung des Appetits, zur Regulierung des Körpergewichts oder zur Verbesserung des Haarwuchses dienen.

2) Nicht verschreibungspflichtige Arzneimittel

Aufwendungen für nicht verschreibungspflichtige Arzneimittel sind für Personen, die das 18. Lebensjahr vollendet haben, grundsätzlich nicht beihilfefähig. Ausnahmen sind:

- Arzneimittel, die begleitend zu einer medikamentösen Haupttherapie mit verschreibungspflichtigen Arzneimitteln (Begleitmedikation) eingesetzt werden, wenn das nicht verschreibungspflichtige Arzneimittel in der Fachinformation des Hauptarzneimittels als Begleitmedikation zwingend vorgeschrieben ist oder wenn es zur Behandlung der beim bestimmungsgemäßen Gebrauch eines verschreibungspflichtigen Arzneimittels auftretenden schwerwiegenden, schädlichen, unbeabsichtigten Reaktionen (unerwünschte Arzneimittelreaktionen) eingesetzt wird;
- Arzneimittel, die bei der Behandlung schwerwiegender Erkrankungen als Therapiestandard gelten. Die Therapiestandards sind abschließend in Anlage I der AMR aufgeführt (abgedruckt im Anhang, Nr. 4, S. 549 ff.);
- Aufwendungen für Spritzen, Salben und Inhalationen, die im Rahmen einer ambulanten Behandlung in der Praxis des Arztes/Zahnarztes mit einer einmaligen Anwendung verbraucht sind, sind beihilfefähig (vgl. Nr. 5 Anlage 2 BVO, abgedruckt im Anhang, Nr. 1 a, S. 367 ff.).

Homöopathische und anthroposophische Arzneimittel sind nur beihilfefähig, wenn sie für eines der in diesen Therapiestandards genannten Indikationsgebiete verordnet werden und sie für diese Indikationsgebiete als wissenschaftlich anerkannt gelten. (Dies ist allerdings regelmäßig nicht der Fall).

Der Dienstherr – für den Landesbereich das Finanzministerium – kann in extremen Ausnahmenfällen aus medizinischen oder aus Gründen der Fürsorge Ausnahmen zulassen.

Der Ausschluss nicht verschreibungspflichtiger Arzneimittel von der Beihilfefähigkeit ist vom Oberverwaltungsgericht Münster und vom Bundesverwaltungsgericht als rechtens bestätigt worden.

3) Sonstige Mittel

Nicht beihilfefähig sind (unabhängig vom Alter des Beihilfeberechtigten und der berücksichtigungsfähigen Person) Aufwendungen für Mittel, die geeignet sind, Güter des täglichen Bedarfs zu ersetzen. Es sind dies z. B. Lebensmittel, Nahrungsergänzungsmittel, so genannte Krankenkost und diätetische Lebensmittel einschließlich Produkte für Säuglinge oder Kleinkinder.

Beihilfefähig sind allerdings Aufwendungen für Aminosäuremischungen, Eiweißhydrolysate, Elementardiäten und Sondennahrung in Zusammenhang mit enteraler und parentaler Ernährung im Rahmen der §§ 6, 18 bis 26 der Arzneimittel-Richtlinien.

4) Rechtslage

Mit Gesetz vom 17. Februar 2009 wurden die Regelungen des § 4 Abs. 1 Nr. 7 und Anlage 2 der Verordnung über die Gewährung von Beihilfen in Krankheits-, Geburts- und Todesfällen vom 27. März 1975 (GV. NRW. S. 332) in der Fassung des Artikels I Nr. 3 Buchstabe a Doppelbuchstabe bb und Nr. 14 der Einundzwanzigsten Verordnung zur Änderung der Beihilfenverordnung vom 22. November 2006 (GV. NRW. S. 596) mit Wirkung vom 1. Januar 2007 in Gesetzesrang erhoben. Durch Artikel 23 des Gesetzes zur Änderung dienstrechtlicher Vorschriften vom 21. April 2009 (GV. NRW. S. 224) ist die Rangerhöhung mit Wirkung zum 1. April 2009 wieder außer Kraft getreten.

Ebenfalls mit Wirkung zum 1. April 2009 ist eine neue Ermächtigungsgrundlage zum Erlass von Beihilfevorschriften (§ 77 LBG) in Kraft getreten; die auf § 77 Abs. 8 LBG basierende Verordnung über Beihilfen in Geburts-, Krankheits-, Pflege- und Todesfällen (Beihilfenverordnung NRW – BVO) vom 5. November 2009 (GV. NRW. S. 602) ist ebenfalls mit Wirkung zum 1. April 2009 in Kraft gesetzt worden.

Das OVG Münster hat mehrfach, u. a. mit Urteilen vom 24. Juni 2009 – 3 A 1795/08 – und vom 8. Juni 2010 – 1 A 1328/08 –, entschieden, dass die Regelungen über den Ausschluss nicht verschreibungspflichtiger Arzneimittel von der Beihilfefähigkeit nicht gegen höherrangiges Recht verstoßen. Die Urteile sind rechtskräftig; das Bundesverwaltungsgericht hat mit Beschlüssen vom 19. August 2010 – 2 B 14.10 – und vom 20. August 2010 – 2 B 47.10 – Beschwerden gegen die Nichtzulassung der Revision zurückgewiesen. Das Bundesverwaltungsgericht hat zudem mit Urteil vom 5. Mai 2010 – BVerwG 2 C 12.10 – die vergleichbaren Regelungen des Bundesbeihilferechts im Grundsatz als zulässig bestätigt.

5) Medizinprodukte

Siehe unter „*Medizinprodukte*".

Arzneimittelrichtlinie (AMR)

Die AMR regelt gemäß § 92 Abs. 1 Satz 2 Nr. 6 SGB V die Verordnung von Arzneimitteln durch die an der vertragsärztlichen Versorgung teilnehmenden Ärztinnen und Ärzte und in ärztlichen Einrichtungen nach § 95 SGB V mit dem Ziel einer bedarfsgerechten und wirtschaftlichen Versorgung der Versicherten.

Die AMR konkretisiert den Inhalt und Umfang der im SGB V festgelegten Leistungspflicht der GKV auf der Grundlage des Wirtschaftlichkeitsgebots unter Berücksichtigung des allgemein anerkannten Standes der medizinischen Erkenntnisse und des Prinzips einer humanen Krankenbehandlung.

Die AMR

1. beschreibt allgemeine Regeln einer notwendigen, ausreichenden, zweckmäßigen und wirtschaftlichen Verordnungsweise,

2. stellt Leistungseinschränkungen und -ausschlüsse, soweit sie sich unmittelbar aus Gesetz und Rechtsverordnungen ergeben, zusammenfassend dar,
3. konkretisiert die Leistungseinschränkungen und -ausschlüsse für Arzneimittel, für die nach dem allgemein anerkannten Stand der medizinischen Erkenntnisse der therapeutische Nutzen, die medizinische Notwendigkeit oder die Wirtschaftlichkeit nicht nachgewiesen sind,
4. schafft mit indikations- und wirkstoffbezogenen Therapiehinweisen Entscheidungsgrundlagen für geeignete Behandlungsstrategien und eine therapeutisch zweckmäßige und wirtschaftliche Arzneimittelversorgung und
5. ermöglicht eine therapie- und preisgerechte Arzneimittelauswahl, auch unter Berücksichtigung der Festbeträge nach § 35 SGB V.

Die AMR einschließlich ihrer Anlagen ist für Ärztinnen und Ärzte sowie Einrichtungen nach § 1 AMR, Kassenärztliche Vereinigungen, Krankenkassen und deren Verbände sowie Versicherte, soweit sie gesetzlich versichert sind, verbindlich (vgl. §§ 1 bis 3 AMR):

Für Beihilfeberechtigte gelten die AMR, soweit die BVO dies ausdrücklich bestimmt.

Arzneimittelvertriebsformen

a) Verschreibungspflichtige Arzneimittel

Diese Arzneimittel dürfen nur durch Apotheken (auch Versandapotheken) und nach Vorlage einer Arzneimittelverordnung eines Arztes oder Zahnarztes (oder eines Veterinärs) abgegeben werden.

b) Apothekenpflichtige Arzneimittel

Diese Arzneimittel können vom Patienten selbst, d. h. ohne Verordnung, erworben werden. Die Abgabe erfolgt ausschließlich durch Apotheken; hierzu zählen auch Versandapotheken.

c) Frei verkäufliche Arzneimittel

Für diese Arzneimittel ist weder eine Verordnung noch der Vertrieb durch eine Apotheke vorgeschrieben. Sie werden beispielsweise auch durch Drogerien und Reformhäuser vertrieben.

Arzneistofffreie Injektions-/Infusions-, Träger- und Elektrolytlösungen

Aufwendungen für arzneistofffreie Injektions-/Infusions-, Träger- und Elektrolytlösungen sowie parenterale Osmodiuretika sind bei Personen, die das 18. Lebensjahr vollendet haben, nur bei Hirnödem (Mannitol, Sorbitol) beihilfefähig (vgl. Anlage 1 AMR, abgedruckt im Anhang, Nr. 4, S. 549 ff.).

Arzt (Begriff)

Der Begriff „Ärztin/Arzt" ist eine geschützte Berufsbezeichnung. Ärztin/Arzt ist, wer die Zulassung (Approbation) zur Ausübung des ärztlichen Heilberufs erhalten hat.

Voraussetzung dafür sind ein Medizinstudium (inklusive eines praktischen Jahres) und das Bestehen aller Prüfungen entsprechend der Bundesärzteordnung sowie der Approbationsordnung für Ärzte.

Bei Fachärztinnen/-ärzten handelt es sich um Personen, die in einem bestimmten Fachgebiet die dafür vorgeschriebene Weiterbildung absolviert haben und zur Führung einer Fachgebietsbezeichnung berechtigt sind (z. B. Facharzt für Innere Medizin). Innerhalb eines Fachgebietes kann die Ärztin/der Arzt durch Weiterbildung zu einer zusätzlichen Schwerpunktbezeichnung (z. B. für Kardiologie) berechtigt werden.

Weitere Weiterbildungen führen zur Berechtigung des Führens von Zusatzbezeichnungen wie: Balneologie und Medizinische Klimatologie, Homöopathie und Naturheilverfahren für den Bereich der alternativen Heilmethoden.

ASI-Therapie (Aktive Spezifische Immunstimulation)

Die Therapie ist grundsätzlich wissenschaftlich nicht anerkannt; sie ist aber als wissenschaftlich **noch nicht** anerkannt anzusehen, wenn sie nach den Qualitätskriterien des Deutschen Krebsforschungszentrums und der Universität Heidelberg durchgeführt wird. In diesem Fall wären die Aufwendungen beihilfefähig.

Asthmatikerschulungen

Siehe unter *„Diabetikerschulungen".*

Die Aufwendungen für Asthmaschulungen nach dem Lufti-Mobil-Modell oder dem Praxis-Luftikurs-Modell sind beihilfefähig. Die Gebühren sind in Höhe der Beträge beihilfefähig, die von der gesetzlichen Krankenversicherung gezahlt werden (vgl. auch unter *„Komplextherapie"*).

Atlastherapie

Die Atlastherapie gilt derzeit als wissenschaftlich noch nicht anerkannt. Im Falle einer Beihilfegewährung werden seitens der Beihilfestellen i. d. R. die Nr. 3306 GOÄ analog mit dem 2,3fachen Gebührensatz anerkannt. Diese Gebührennummer kann zusätzlich zu einem chirotherapeutischen Eingriff an der Wirbelsäule – Nr. 3306 GOÄ – am gleichen Tag abgerechnet werden.

Atemmonitor

Atemmonitore (Überwachungsmonitore für Säuglinge) dienen der Überwachung von Säuglingen, die an lebensbedrohlichen Atemstillständen leiden. Die

Aufwendungen sind – soweit ärztlich verordnet – beihilfefähig. Eine vorherige Genehmigung durch die Beihilfestelle ist nicht erforderlich.

Atemtherapiegerät

Die Aufwendungen für ein ärztlich verordnetes Atemtherapiegerät sind beihilfefähig. Eine vorherige Anerkennung durch die Beihilfestelle ist nicht erforderlich.

Atomiseur

Die Aufwendungen für einen ärztlich verordneten Atomiseur (zur Medikamentenaufsprühung) sind grundsätzlich beihilfefähig. Eine vorherige Anerkennung durch die Beihilfestelle ist nicht erforderlich.

Aufbewahrung (der Rechnungsbelege)

Die Rechnungsbelege sind von den Beihilfeberechtigten noch drei Jahre – gerechnet vom Zeitpunkt der Auszahlung der Beihilfe an – aufzubewahren und für eine Einforderung bereitzuhalten, falls die Beihilfe höher als 500 Euro, bei stationären Behandlungen oder ambulanten Kur- und Rehabilitationsmaßnahmen höher als 1.000 Euro ist und die Belege nicht bei einer Versicherung verbleiben. Die Notwendigkeit einer Einforderung kann sich ergeben, wenn der Landesrechnungshof oder ein Rechnungsprüfungsamt anlässlich einer Prüfung die Belege einzusehen wünscht. Die Verpflichtung zur Aufbewahrung der Belege für die Dauer von drei Jahren wird dem Beihilfeberechtigten in dem Bescheid über die Gewährung der Beihilfe mitgeteilt (vgl. § 13 Abs. 8 BVO, abgedruckt im Anhang, Nr. 1 a, S. 367 ff.).

Zum Zwecke der Beihilfefestsetzung dürfen durch die Beihilfestelle Belege und Schriftstücke auch in elektronischer Form abgebildet und gespeichert, die in ihnen enthaltenen Daten elektronisch ausgelesen und weiterverarbeitet werden (vgl. § 13 Abs. 11 Satz 1 BVO). Da in diesem Fall keine Originalbelege vorzulegen sind und die eingereichten Kopien durch die Beihilfestelle vernichtet werden, gelten die o. g. Regelungen in diesem Fall nicht (vgl. *„Elektronische Beihilfearbeitung".)*

Aufbissaufnahme (Begriff)

Röntgenaufnahme zur Diagnostik von Veränderungen an den Wurzelspitzen der Ober- und Unterkieferschneidezähne, dabei muss der Patient auf den Röntgenfilm beißen.

Auffahrrampe

Aufwendungen für eine Auffahrrampe (für Krankenfahrstühle) sind grundsätzlich nicht beihilfefähig (vgl. Nr. 4.1.10.6 VVzBVO, abgedruckt im Anhang, Nr. 2, S. 423 ff.).

Derartige Aufwendungen können aber in Pflegefällen ggf. beihilferechtliche Berücksichtigung im Rahmen der Pauschale für Wohnumfeldverbesserungen finden (vgl. § 5 Abs. 4 Satz 3 BVO, abgedruckt im Anhang, Nr. 1 a, S. 367 ff.).

Ausländische Kurorte

Als ausländische Kurorte (§ 10 Abs. 2 Satz 3 BVO) anerkannt sind die in der Anlage 5 Teil 1 b VVzBVO (abgedruckt im Anhang, Nr. 2, S. 423 ff.) aufgeführten Kurorte. Diesen sind Kurorte bzw. Kurbetriebe gleichgestellt, die nach Auskunft des europäischen Heilbäderverbandes (EHV) die für die Durchführung von Heilkuren in der Bundesrepublik Deutschland vorgeschriebenen Qualitätsstandards erfüllen. Als Nachweis reicht auch eine Bescheinigung des Kurortes aus, dass dieser nach jeweiligem Landesrecht als Kurort anerkannt ist.

Ausland

A) Vorschriften

1. Text § 10 BVO

Beihilfefähige Aufwendungen bei Behandlung im Ausland

(1) Aufwendungen für eine Krankenbehandlung oder Entbindung im Ausland sind bis zur Höhe der Aufwendungen beihilfefähig, die bei einer Behandlung oder Entbindung am inländischen Wohnort oder letzten früheren inländischen Dienstort des Beihilfeberechtigten oder in dem ihnen am nächsten gelegenen geeigneten inländischen Behandlungsort beihilfefähig wären. Bei in einem Mitgliedstaat der Europäischen Union oder in einem anderen Vertragsstaat des Abkommens über den Europäischen Wirtschaftsraum entstandenen Aufwendungen für ambulante Behandlungen und für stationäre Leistungen in öffentlichen Krankenhäusern ist regelmäßig ein Kostenvergleich nicht erforderlich, es sei denn, dass gebietsfremden Personen regelmäßig höhere Gebühren als ansässigen Personen berechnet werden. Beförderungskosten zum Behandlungsort sind abweichend von § 4 Absatz 1 Nummer 11 nicht beihilfefähig. Ist eine Behandlung nach Absatz 3 Nummer 2 nur außerhalb der Bundesrepublik Deutschland möglich, findet § 4 Absatz 1 Nummer 11 Satz 1 bis 3 Anwendung.

(2) Aufwendungen für stationäre Rehabilitationsmaßnahmen sowie ambulante Kur- und Rehabilitationsmaßnahmen in einem Mitgliedstaat der Europäischen Union oder in einem anderen Vertragsstaat des Abkommens über den Europäischen Wirtschaftsraum sind bis zur Höhe der Aufwendungen beihilfefähig, die bei einer Behandlung am inländischen Wohnort oder in dem ihm am nächsten gelegenen inländischen Behandlungsort beihilfefähig wären. § 6 und § 7 gelten sinngemäß. Bei ambulanten Kurmaßnahmen in den in Satz 1 genannten Staaten sind die Aufwendungen nur dann beihilfefähig, wenn der Nachweis erbracht werden kann, dass der Behandlungsort als Kurort anerkannt ist. Wird die Behandlung außerhalb der in Satz 1 genannten Staaten durchgeführt, sind die Aufwendungen nach Satz 1 nur dann beihilfefähig, wenn im Inland oder in den in Satz 1 genannten Staaten kein vergleichbarer Heilerfolg zu erwarten ist und die Behandlung vor Beginn vom Finanzminis-

terium aufgrund eines amtsärztlichen Gutachtens anerkannt worden ist. Hinsichtlich der Beförderungskosten gilt Absatz 1 Satz 3 und 4.

(3) Aufwendungen für eine Krankenbehandlung im Ausland sind ohne die Einschränkung des Absatzes 1 beihilfefähig,

1. wenn ein Beihilfeberechtigter auf einer Auslandsdienstreise erkrankt und die Krankenbehandlung nicht bis zur Rückkehr ins Inland aufgeschoben werden kann,
2. wenn durch ein amts- oder vertrauensärztliches Gutachten nachgewiesen wird, dass die Behandlung im Ausland dringend notwendig und im Inland kein vergleichbarer Heilerfolg zu erwarten ist; die Beihilfefähigkeit der Aufwendungen muss vor Beginn der Behandlung von der Festsetzungsstelle anerkannt worden sein,
3. wenn sie 1.000 Euro je Krankheitsfall nicht übersteigen.

(4) Bei Aufwendungen von im Ausland wohnenden Beihilfeberechtigten und im Ausland wohnenden berücksichtigungsfähigen Personen gelten die Absätze 1 und 2 entsprechend.

2. Text der Verwaltungsvorschriften

10 **Zu § 10 Beihilfefähige Aufwendungen bei Behandlungen im Ausland**

10.1 **Absatz 1**

10.1.1 Der Kostenvergleich nach § 10 Absatz 1 Satz 2 BVO kann entfallen, wenn eine Bescheinigung der ausländischen Krankenanstalt oder des ausländischen Arztes vorgelegt wird, nach der die berechneten Gebührensätze denen für Inländer entsprechen.

10.1.2 Rechnungsbeträge in ausländischer Währung (außerhalb des Euroraumes) sind mit dem am Tage der Festsetzung der Beihilfe maßgebenden amtlichen Devisen-Wechselkurs in Euro umzurechnen, sofern der auf die Aufwendungen entfallende Umrechnungskurs nicht nachgewiesen wird (z. B. durch Umtauschbestätigung der Bank). Den Belegen über die Aufwendungen ist eine Übersetzung beizufügen.

10.1.3 Nummer 3.2.3 gilt entsprechend.

10.1.4 Für Pflichtversicherte sowie für freiwillig in der gesetzlichen Krankenversicherung Versicherte, denen zu ihrem Krankenversicherungsbeitrag dem Grunde nach ein Zuschuss nach § 257 SGB V zusteht oder die beitragsfrei nach § 224 SGB V versichert sind, werden Beihilfen für eine Behandlung im Ausland nur gewährt, wenn im Ausland keine Sachleistung oder Kostenerstattung erlangt werden konnte und das Ausland nicht zum Zwecke der Behandlung aufgesucht wurde. § 3 Absatz 4 BVO bleibt unberührt.

10.2 **Absatz 2**

10.2.1 Ausländische Krankenanstalten und Einrichtungen können auch dann als stationäre Einrichtungen i. S. des § 6 BVO anerkannt werden, wenn wegen fehlender Regelungen eine Überwachung durch die zuständige Gesundheitsbehörde oder eine Konzessionierung nicht erfolgt.

10.2.2 Aufwendungen, die im Kleinen Walsertal (Österreich) und in der Hochgebirgsklinik Davos Wolfgang (Schweiz) entstehen, sind grundsätzlich wie im Inland entstandene Aufwendungen zu behandeln. Bezüglich der Hochgebirgsklinik Davos Wolfgang gilt Satz 1 ausschließlich für Behandlungen von Krankheiten, die nicht in Deutschland oder einem anderen Mitgliedstaat der Europäischen Union oder einem anderen Vertragsstaat des Abkommens über den Europäischen Wirtschaftsraum durchgeführt werden können (Behandlung unter Einfluss von Hochgebirgsklima ist zwingend medizinisch indiziert); die Beihilfefähigkeit der Aufwendungen richtet sich grundsätzlich nach § 6 BVO, sofern nicht im Einzelfall eine Krankenhausbehandlung nach § 4 Absatz 1 Nummer 2 BVO medizinisch indiziert ist. Da über die Art der Behandlung (Krankenhaus- oder stationäre Rehabilitationsbehandlung) regelmäßig erst der leitende Arzt nach der Eingangsuntersuchung entscheidet, ist im Interesse des Beihilfeberechtigten in jedem Fall ein Anerkennungsverfahren nach § 6 Absatz 1 Satz 1 BVO durchzuführen.

10.2.3 Als ausländische Kurorte (§ 10 Absatz 2 Satz 3 BVO) anerkannt sind die in der Anlage 5 Teil 1b zu dieser VV aufgeführten Orte. Diesen sind Kurorte bzw. Kurbetriebe gleichgestellt, die nach Auskunft des europäischen Heilbäderverbandes (EHV) die für die Durchführung von Heilkuren in der Bundesrepublik Deutschland vorgeschriebenen Qualitätsstandards erfüllen. Es wird gebeten, dem Finanzministerium von Stellungnahmen des EHV zu entsprechenden Anfragen jeweils eine Mehrausfertigung zu übersenden.

10.2.4 Als Nachweis nach § 10 Absatz 2 Satz 3 BVO reicht eine Bescheinigung des Kurortes aus, dass dieser nach jeweiligem Landesrecht als Kurort anerkannt ist. Eventuelle Übersetzungskosten trägt der Beihilfeberechtigte.

10.3 **Absatz 3**

10.3.1 In den Fällen des § 10 Absatz 3 Nummer 3 sind alle anlässlich des Krankheitsfalles entstandenen Aufwendungen (z. B. Arztkosten, Arzneimittel) zusammenzurechnen.

10.4 **Absatz 4** (bleibt frei)

B) Hinweise

§ 10 BVO regelt die Beihilfefähigkeit von Aufwendungen, die im Ausland entstanden sind. Unter Ausland ist das Gebiet außerhalb des Geltungsbereichs des

Grundgesetzes zu verstehen. Nur das zum deutschen Zoll- und Währungsgebiet gehörende Kleine Walsertal in Österreich ist nach der Nr. 10.2.2 VVzBVO (abgedruckt im Anhang, Nr. 2, S. 423 ff.) beihilferechtlich als Inland anzusehen.

Bei einer Krankenbehandlung im Ausland sind die im Ausland entstandenen Kosten grundsätzlich nur in dem Umfang beihilfefähig, wie sie bei einer entsprechenden Behandlung am inländischen Wohnort des Beihilfeberechtigten oder in dem ihm am nächsten gelegenen geeigneten inländischen Behandlungsort beihilfefähig wären.

Ohne diese Einschränkung sind die im Ausland entstandenen Kosten beihilfefähig:

a) bei einer ambulanten oder stationären Behandlung in einem öffentlichen Krankenhaus (keine Privatklinik) in einem Mitgliedstaat der Europäischen Union oder in einem anderen Vertragsstaat des Abkommens über den Europäischen Wirtschaftsraum (Belgien, Bulgarien, Dänemark, Estland, Finnland, Frankreich, Griechenland, Großbritannien, Irland, Island, Italien, Lettland, Liechtenstein, Litauen, Luxemburg, Malta, Niederlande, Norwegen, Österreich, Polen, Portugal, Rumänien, Schweden, Slowakei, Slowenien, Spanien, Tschechien, Ungarn und Zypern [griechischer Teil]), es sei denn, dass dort nicht ansässigen Personen regelmäßig höhere Gebühren berechnet werden,

b) wenn sie während einer Auslandsdienstreise unvermeidbar entstanden sind,

c) wenn das Ausland aufgesucht wurde, weil im Inland kein vergleichbarer Heilerfolg zu erwarten war,

d) wenn sie je Krankheitsfall 1.000 Euro nicht überstiegen haben,

e) wenn sie in der Hochgebirgsklinik Davos Wolfgang entstanden sind und die weiteren in den Verwaltungsvorschriften (s. o.) geforderten Voraussetzungen vorliegen.

Beförderungskosten anlässlich einer Auslandsbehandlung (Hin- und Rückfahrt, Rücktransport nach Hause, Fahrt zum Arzt oder Krankenhaus, Rettungsflüge zur Akutbehandlung) sind grundsätzlich nicht beihilfefähig. Es wird daher empfohlen, vor einer Auslandsreise eine Auslandskrankenversicherung, die regelmäßig preisgünstig zu erhalten ist, abzuschließen.

Aufwendungen einer Heilmaßnahme am Toten Meer sind nur bei besonders schweren Erscheinungsformen der Schuppenflechte beihilfefähig. Grundsätzlich ist eine Behandlung der Schuppenflechte in entsprechenden Zentren in Deutschland (Bad Rappenau, Bad Bentheim, Bad Salzschlirf, Bad Salzuflen und Bad Wiessee möglich. Vor Beginn einer Behandlung ist daher eine Genehmigung der Beihilfestelle einzuholen.

Auslandsrechnungen

Nach Nr. 13.2.3 VVzBVO (abgedruckt im Anhang, Nr. 2, S. 423 ff.) reicht die Vorlage von Kopien der Originalbelege. Dem Beihilfeantrag ist jedoch der Erstattungsvermerk der Krankenversicherung und ggf. einer Auslandskrankenversicherung beizufügen.

Aut-idem-Regelung (Begriff)

„Aut idem" ist lateinisch und bedeutet: „oder das Gleiche". Im Apothekenrecht wird damit die Möglichkeit des Apothekers beschrieben, statt eines vom Arzt verordneten Arzneimittels ein anderes, wirkstoffgleiches Präparat an den Patienten (gilt nur für gesetzlich versicherte Patienten) abzugeben. Durch die Abgabe preisgünstiger, wirkstoffgleicher Arzneimittel sollen Kosten eingespart werden.

Das Präparat muss in Wirkungsstärke und Packungsgröße mit dem verordneten Arzneimittel identisch und für das gleiche Krankheitsbild zugelassen sein sowie die gleiche oder eine austauschbare Darreichungsform haben (z.B. Tabletten/Dragees).

Die Apotheker sind zudem angehalten, nur die Arzneien abzugeben, für die die GKV des Patienten einen Rabattvertrag mit den Arzneimittelherstellern abgeschlossen hat. Dies gilt nur dann nicht, wenn der Arzt „aut idem" ausdrücklich auf dem Rezept ausschließt.

Autofahrerrückenstütze

Aufwendungen für eine ärztlich verordnete Autofahrerrückenstütze sind dem Bereich der privaten Lebensführung zuzurechnen und daher nicht beihilfefähig.

Autohomologe Immuntherapie nach Dr. Kief

Durch körpereigenes Serum, das aus dem Vollblut des Patienten gewonnen und wieder zurückinfundiert wird, soll eine Umstimmung bei bestimmten Erkrankungen, die mit einer Immunschwäche einhergehen, erreicht und der Krankheitsprozess zum Stillstand gebracht werden. Die Behandlung ist wissenschaftlich nicht anerkannt (vgl. Urteil des BVerwG vom 29. Juni 1995 und vom 18. Juni 1998 – 2 C 15.94 und 2 C 24.97 – und Urteil des BayVGH vom 22. Januar 1997 – 3 B 95.2911 –. Die Aufwendungen sind **nicht** beihilfefähig.

Autoimmunerkrankung (Begriff)

Autoimmunerkrankung ist in der Medizin ein Sammelbegriff für Krankheiten, deren Ursache eine überschießende Reaktion des Immunsystems gegen körpereigenes Gewebe ist. Irrtümlicherweise erkennt das Immunsystem körpereigenes Gewebe als zu bekämpfenden Fremdkörper. Dadurch kommt es zu schweren Entzündungsreaktionen, die zu Schäden an den betroffenen Organen führen.

Autokindersitz

Siehe unter *„Spastikerhilfen"*.

Autologe Chondrozytenimplantation (ACI)

Die Therapie gilt grundsätzlich als wissenschaftlich **anerkannt**; die Aufwendungen sind daher beihilfefähig. Wissenschaftlich **noch nicht** anerkannt und damit grundsätzlich **nicht** beihilfefähig bei der Anwendung im Schultergelenk und in den Fingergelenken.

Autologe Chondrozytentransplantation (ACT)

Die Therapie gilt grundsätzlich als wissenschaftlich **anerkannt**; die Aufwendungen sind daher beihilfefähig. Wissenschaftlich **noch nicht** anerkannt und damit nur im Ausnahmefall beihilfefähig ist die Anwendung im Schultergelenk und in den Fingergelenken.

Autologe (matrix-gekoppelte) Chondrozytentransplantation (MACT)

Die Therapie gilt grundsätzlich als wissenschaftlich **anerkannt**; die Aufwendungen sind daher beihilfefähig. Wissenschaftlich **noch nicht** anerkannt und damit nur im Ausnahmefall beihilfefähig ist die Therapie bei der Anwendung im Schultergelenk und in den Fingergelenken.

Autologe Knochenmarktransplantation

Es handelt sich um die Behandlung einer bösartigen Erkrankung des blutbildenden Systems; Knochenmark oder Blutstammzellen werden transplantiert.

Die Behandlung ist wissenschaftlich **anerkannt;** die Aufwendungen sind somit beihilfefähig.

Autologe periphere Stammzell-Transplantation

Die Therapie gilt als wissenschaftlich **anerkannt;** die Aufwendungen sind somit beihilfefähig.

Autologe-Target-Cytokine Therapie – ATC –

Nach dieser Methode sollen körpereigene Zellen gezielt gegen Tumorzellen gerichtete Cytokine (körpereigene Wirkstoffe) produzieren. Das Blut des Krebspatienten wird dabei nach einem speziellen Verfahren aufbereitet und dem Patienten eingespritzt. Gilt als wissenschaftlich nicht anerkannt; vgl. auch Urteil des VG Düsseldorf vom 21. September 1994 – 10 K 944/93 –. Die Aufwendungen sind **nicht** beihilfefähig.

Automatikschaltung beim PKW

Die Aufwendungen sind den Kosten der privaten Lebensführung zuzurechnen und daher **nicht** beihilfefähig.

Autositz (orthopädischer)

Die Aufwendungen sind dem Bereich der privaten Lebensführung zuzurechnen und daher **nicht** beihilfefähig.

Ayurvedische Therapie z. B. nach Maharishi

Ayurveda ist die Wissenschaft vom krankheitsfreien Leben, d. h. die Kunst, gesund zu leben und gesund zu bleiben mit dem Ziel eines erfüllten Daseins. Bei der Methode handelt es sich um eine Vermengung der altindischen ayurvedischen Medizin mit der transmedentalen Meditation unter Verabreichung von Ayur-Ved-Produkten. Die Methode gilt beihilferechtlich als wissenschaftlich nicht anerkannt. Vgl. auch Urteil des VG Schleswig-Holstein vom 11. Juni 1996 – 11 A 218/94 –. Die Aufwendungen sind **nicht** beihilfefähig.

B

Bad Belohrad/Lazne Belohrad (Tschechien)

Der Ort ist beihilferechtlich als Kurort anerkannt (vgl. Teil 1 b der Anlage 5 VVzBVO, abgedruckt im Anhang, Nr. 2, S. 423 ff.).

Bad Felix/Baile Felix (Rumänien)

Der Ort ist beihilferechtlich als Kurort anerkannt (vgl. Teil 1 b der Anlage 5 VVzBVO, abgedruckt im Anhang, Nr. 2, S. 423 ff.).

Bad Flinsberg/Swieradow-Zdroj (Polen)

Der Ort ist beihilferechtlich als Kurort anerkannt (vgl. Teil 1 b der Anlage 5 VVzBVO, abgedruckt im Anhang, Nr. 2, S. 423 ff.).

Bad-Hall in Tirol (Österreich)

Der Ort ist beihilferechtlich als Kurort anerkannt (vgl. Teil 1 b der Anlage 5 VVzBVO, abgedruckt im Anhang, Nr. 2, S. 423 ff.).

Bad Heviz (Ungarn)

Der Ort ist beihilferechtlich als Kurort anerkannt (vgl. Teil 1 b der Anlage 5 VVzBVO, abgedruckt im Anhang, Nr. 2, S. 423 ff.).

Bad Hofgastein (Österreich)

Der Ort ist beihilferechtlich als Kurort anerkannt (vgl. Teil 1 b der Anlage 5 VVzBVO, abgedruckt im Anhang, Nr. 2, S. 423 ff.).

Bad Joachimsthal/Jachymov (Tschechien)

Der Ort ist beihilferechtlich als Kurort anerkannt (vgl. Teil 1 b der Anlage 5 VVzBVO, abgedruckt im Anhang, Nr. 2, S. 423 ff.).

Bad Schönau (Österreich)

Der Ort ist beihilferechtlich als Kurort anerkannt (vgl. Teil 1 b der Anlage 5 VVzBVO, abgedruckt im Anhang, Nr. 2, S. 423 ff.).

Bad Teplitz/Lazne Teplice v Cechach (Tschechien)

Der Ort ist beihilferechtlich als Kurort anerkannt (vgl. Teil 1 b der Anlage 5 VVzBVO, abgedruckt im Anhang, Nr. 2, S. 423 ff.).

Bad Zalakaros (Ungarn)

Der Ort ist beihilferechtlich als Kurort anerkannt (vgl. Teil 1 b der Anlage 5 VVzBVO, abgedruckt im Anhang, Nr. 2, S. 423 ff.).

Bad- und Bettlifter

Die Aufwendungen für einen ärztlich verordneten Bad- und Bettlifter sind grundsätzlich beihilfefähig. Eine vorherige Anerkennung durch die Beihilfestelle ist nicht erforderlich.

Bade- oder Schwimmprothese

Die Aufwendungen für eine ärztlich verordnete Bade- oder Schwimmprothese sind grundsätzlich beihilfefähig. Eine vorherige Anerkennung durch die Beihilfestelle ist nicht erforderlich.

Badgastein (Österreich)

Der Ort ist beihilferechtlich als Kurort anerkannt (vgl. Teil 1 b der Anlage 5 VVzBVO, abgedruckt im Anhang Nr. 2, S. 423 ff.).

Bäder

Siehe unter *„Packungen“*.

Balneotherapeutika

Aufwendungen für Balneotherapeutika sind grundsätzlich nicht beihilfefähig. Ausgenommen und somit beihilfefähig (unabhängig vom Alter des Patienten) sind Aufwendungen für als Arzneimittel zugelassene Balneotherapeutika bei Neurodermitis/endogenem Ekzem, Psoriasis und Erkrankungen des rheumatischen Formenkreises (vgl. Nr. 4.1.7.5 VVzBVO, abgedruckt im Anhang, Nr. 2, S. 423 ff.).

Band (Begriff)

Am Zahn festsitzendes Metallband mit kleinem Bracket zur Befestigung von Drahtbögen-, Schlaufen, Gummizügen, Federn und dergl.

Bandscheibenmatratzen

Die Aufwendungen für eine ärztlich verordnete Bandscheibenmatratze sind den Kosten der privaten Lebensführung zuzurechnen und daher **nicht** beihilfefähig (vgl. auch unter *„Hilfsmittel"*).

Basistarif

Seit dem 1. Januar 2009 müssen die Unternehmen der privaten Krankenversicherung einen sog. Basistarif anbieten. Für den Basistarif gelten folgende Bedingungen:

1. Es besteht ein Kontrahierungszwang (Aufnahmezwang) für das Unternehmen, ungeachtet des Alters und der Vorerkrankungen des Antragstellers.
2. Der Leistungskatalog entspricht grundsätzlich dem der gesetzlichen Krankenversicherung; Abweichungen – siehe unten –.
3. Es gilt nicht das Sachleistungsprinzip der GKV sondern das Kostenerstattungsprinzip. Das bedeutet, dass eine vom Leistungserbringer (z. B. Arzt, Zahnarzt) erstellte Rechnung zunächst vom Versicherten beglichen werden muss. Erst dann kann eine Erstattung vom Versicherer gefordert werden, es sei denn, das Versicherungsunternehmen rechnet direkt mit dem Leistungserbringer ab.
4. Es können seitens des Versicherungsunternehmens keine Risikozuschläge wegen Vorerkrankungen oder wegen des Alters des Antragstellers erhoben werden.
5. Es besteht für die von den Kassenärztlichen Vereinigungen bestimmten Kassenärzte/-zahnärzte eine Behandlungspflicht.
6. Personen, die einen Versicherungswechsel vornehmen, können ihre Altersrückstellungen in Höhe des Beitrags im Basistarif zum neuen Versicherer mitnehmen.
7. Es besteht die Möglichkeit des Abschlusses von Zusatzversicherungen (z. B. für Wahlleistungen) und der Übertragung der Altersrückstellungen auf die Zusatzversicherung.
8. Ein Wechsel vom Basistarif in einen (höherwertigen) Vollkostentarif ist frühestens nach 18 Monaten Zugehörigkeit zum Basistarif möglich. Bei einem Wechsel dürfen Altersrückstellungen nur in Höhe des Basistarifes mitgenommen werden.

9. Die Aufwendungen von Beihilfeberechtigten, die im Basistarif versichert sind, sind grundsätzlich beihilfefähig. Das gilt auch für Aufwendungen, die im Basistarif nicht versichert sind (z. B. Wahlleistungen).

Der Leistungskatalog des Basistarifes muss nach § 12 Abs. 1 a der Versicherungsaufsichtsgesetzes (VAG) grundsätzlich dem des 3. Kapitels des Fünften Buches Sozilagesetzbuch (Gesetzliche Krankenversicherung – SGB V) entsprechen. Die näheren Einzelheiten hierzu können bei den einzelnen Versicherungsunternehmen erfragt werden.

In Teilbereichen ergeben sich trotz der grundsätzlichen Anbindung an das Kapitel 3 des SGB V Abweichungen zum Bereich der gesetzlichen Krankenversicherung. Dies betrifft im Wesentlichen den Bereich der stationären Krankenhausbehandlung, wo die Auswahl der geeigneten Kliniken, in denen eine Behandlung durchgeführt werden kann, eingeschränkt sein könnte. Weiterhin gilt dies für die Arzneimittelversorgung, wo die Inanspruchnahme der Aut-idem-Regelung (Ersatz des verordneten Mittels durch ein Mittel mit gleicher Zusammensetzung aber niedrigerem Preis) durch den Apotheker verbindlich vorgeschrieben ist.

Der Beitrag im Basistarif erfolgt grundsätzlich nach einer Kalkulation des persönlichen Erkrankungsrisikos und des Alters des Versicherten. Insofern ist künftig für die Versicherung im Basistarif das persönliche Versicherungsrisiko zwar nicht mehr für den Zugang zur Versicherung entscheidend, kann aber sehr wohl für die individuelle Beitragshöhe von Bedeutung sein. Der Beitrag ist allerdings nach oben gesetzlich auf den Höchstbeitrag der gesetzlichen Krankenversicherung begrenzt (vgl. § 12 Abs. 1 c VAG). Die Höhe der Begrenzung ergibt sich aus der Multiplikation des Beitragssatzes den die Bundesregierung jährlich für alle gesetzlichen Krankenkassen verbindlich festlegt mit der Beitragsbemessungsgrenze nach § 223 SGB V.

Bei den Verträgen für die Ehegatten/eingetragenen Lebenspartner und Kinder handelt es sich um selbstständige Versicherungsverträge. Anders als in der GKV, wo dieser Personenkreis beitragsfrei mitversichert ist, fällt in der privaten Krankenversicherung für jeden Angehörigen ein eigener Beitrag in voller Höhe an.

Die Versorgung der im Basistarif Versicherten mit den in diesem Tarif versicherten Leistungen ist durch die Kassenärztlichen Vereinigungen und die Kassenärztlichen Bundesvereinigungen sicherzustellen. Grundsätzlich werden diese Leistungen einschließlich der belegärztlichen Leistungen nach § 121 SGB V nach der Gebührenordnung für Ärzte (GOÄ) bzw. Gebührenordnung für Zahnärzte (GOZ) vergütet. Die Vergütung erfolgt maximal bis zum 1,8fachen des Gebührensatzes der GOÄ, abhängig von der durchgeführten Leistung, bzw. bis zum Zweifachen des Gebührensatzes der GOZ. Diese Vergütungsbestimmungen können jedoch in Verträgen zwischen dem Verband der privaten Krankenversicherung und den Kassenärztlichen Vereinigungen oder Kassenärztlichen Bundesvereinigungen ganz oder teilweise abweichend geregelt werden.

In § 75 Abs. 3 a Satz 2 SGB V ist die Höhe geregelt, mit der Leistungen für Basistarifversicherte zu vergüten sind. Abweichend davon kann nach § 75 Abs. 3 b SGB V die Vergütung für diese Leistungen in Verträgen zwischen den kassenärztlichen Vereinigungen, der kassenärztlichen Bundesvereinigung, dem Verband der privaten Krankenversicherung und im Einvernehmen mit den Trägern der Kosten in Krankheits-, Pflege- und Geburtsfällen nach beamtenrechtlichen Vorschriften geregelt werden.

Hiervon wurde inzwischen Gebrauch gemacht.

Mit der ab 1. April 2010 in Kraft getretenen Vereinbarung zwischen den o. g. Parteien bezüglich der Honorierung **ambulanter ärztlicher und belegärztlicher Leistungen** für im Basistarif Versicherte gelten ab diesem Zeitpunkt für ärztliche Leistungen folgende Vergütungssätze:

- Leistungen des Abschnittes M (Labor) sowie die Leistungen nach der Nummer 437 (Labor bei stationärer Intensivbehandlung) GOÄ werden mit dem 0,9fachen des Gebührensatzes vergütet.
- Leistungen der Abschnitte A (Gebühren in besonderen Fällen), E (physikalisch-medizinische Leistungen) und O (Strahlendiagnostik, Nuklearmedizin, Magnetresonanztherapie und Strahlentherapie) GOÄ werden mit dem 1,0fachen des Gebührensatzes vergütet.
- Die übrigen Leistungen werden mit dem 1,2fachen des Gebührensatzes der GOÄ vergütet.

Der Arzt ist verpflichtet, diese Gebührensätze bei Basistarifversicherten anzusetzen, es sei denn, er trifft mit dem Patienten eine gesonderte Gebührenvereinbarung (siehe *„Abdingung"*).

Für zahnärztliche Leistungen ist bislang keine Vereinbarung getroffen worden. Hier gilt grundsätzlich § 75 Abs. 3 a Satz 2 SGB V; nach Auffassung der PKV und der Beihilfeseite ist die o. g. Vereinbarung allerdings auch auf die Leistungen der Zahnärzte und der Psychotherapeuten (wenn sie keine Ärzte sind) zu übertragen, wenn sie Leistungen nach der GOÄ berechnen.

Batterieladegerät

Die Aufwendungen für ein ärztlich verordnetes Batterieladegerät für einen Elektrorollstuhl sind beihilfefähig.

Nicht beihilfefähig sind dagegen die Aufwendungen für ein Batterieladegerät für Hörhilfen bei Personen, die das 18. Lebensjahr vollendet haben.

Batterien

Aufwendungen für Batterien für Hörgeräte (auch Akkuzellen) einschließlich Ladegeräte sind bei Personen, die das 18. Lebensjahr vollendet haben, **nicht** beihilfefähig.

Nach Nr. 4.1.10.9 VVzBVO (abgedruckt im Anhang, Nr. 2, S. 423 ff.) sind Batterien für Cochlea-Implantate auch bei Personen, die das 18. Lebensjahr vollendet haben, beihilfefähig. § 4 Abs. 1 Nr. 10 Satz 2 BVO (abgedruckt im Anhang, Nr. 1 a, S. 367 ff.) gilt entsprechend.

Beamte auf Widerruf

Beamte auf Widerruf im Vorbereitungsdienst können im Grundsatz für sich und ihre berücksichtigungsfähigen Angehörigen zu folgenden zahnärztlichen Leistungen – einschließlich Laborleistungen – **keine** Beihilfen erhalten:

– für Zahnersatz	Nrn. 500 bis 534 GOZ
– für Inlays	Nrn. 214 bis 217 GOZ
– für Zahnkronen	Nrn. 220 bis 224 GOZ
– für funktionsanalytische und funktionstherapeutische Leistungen	Nrn. 800 bis 810 GOZ
– für implantologische Leistungen	Nrn. 900 bis 909 GOZ.

Sofern diese Aufwendungen während des Vorbereitungsdienstes entstanden sind, können hierfür auch später keine Beihilfen gezahlt werden.

Ausgenommen von der vorgenannten Einschränkung sind Beamte auf Widerruf im Vorbereitungsdienst, die

- unmittelbar vor ihrer Ernennung (d. h. Übergabe der Ernennungsurkunde) zum Beamten auf Widerruf im Vorbereitungsdienst mindestens drei Jahre ununterbrochen im öffentlichen Dienst beschäftigt waren,
- unmittelbar vor ihrer Ernennung zum Beamten auf Widerruf im Vorbereitungsdienst berücksichtigungsfähige Person (vgl. § 2 BVO) bei einem Beihilfeberechtigten waren,
- nach Abschluss des Vorbereitungsdienstes unmittelbar in ein Eingangsamt der Besoldungsgruppen A 1 bis A 8 (einfacher und mittlerer Dienst) eintreten,
- während der Zeit des Vorbereitungsdienstes einen Unfall hatten, durch den die zahnärztlichen Leistungen notwendig wurden.

Beamtenversorgungsgesetz

Wird ein Beamter durch einen Dienstunfall verletzt, wird ihm nach § 30 BeamtVG Unfallfürsorge gewährt. Zur Unfallfürsorge gehört ein Heilverfahren, das nach § 33 Abs. 1 BeamtVG die notwendige ärzt-/zahnärztliche Behandlung, notwendige Versorgung mit Arznei- und anderen Heilmitteln, Ausstattung mit Körperersatzstücken, orthopädischen und anderen Hilfsmitteln oder notwendige Pflege umfasst. Die Beihilfe ist in Fällen der Dienstunfallfürsorge nachrangig.

Beatmungsgeräte

Beatmungsgeräte (z. B. Sauerstoffkonzentrator) sind insbesondere bei Asthmaerkrankungen, Lungenfibrose und Bronchitis erforderlich. Die Aufwendungen sind – soweit ärztlich verordnet – grundsätzlich beihilfefähig. Einer vorherigen Anerkennung durch die Beihilfestelle bedarf es nicht.

Beförderungskosten

a) Behandlung am Wohn-, Behandlungs- oder Aufenthaltsort und in deren Nahbereich

Bei einer Behandlung an den vorgenannten Orten einschließlich deren Nahbereich, (bei einfachen Entfernungen bis 30 km von der Gemeindegrenze) sind die Kosten für die Benutzung regelmäßig verkehrender Beförderungsmittel (Straßenbahn, Bus, U-Bahn) nicht beihilfefähig. Den Beihilfeberechtigten wird es in diesen Fällen zugemutet, diese Kosten selbst zu tragen. Beförderungskosten am Wohn-, Behandlungs- und Aufenthaltsort des Erkrankten einschließlich deren Nahbereich sind nur dann beihilfefähig, wenn ein Krankenwagen oder ein Taxi benutzt werden musste, z. B. in Notfällen oder wenn wegen starker Gehbehinderung oder schwerer Erkrankung regelmäßig verkehrende Beförderungsmittel nicht in Frage kommen. In diesen Fällen kann beihilferechtlich auch ein privater Kraftwagen benutzt werden.

b) Fahrten im Rahmen einer Rehabilitationsmaßnahme und einer stationären Müttergenesungskur oder Mutter-/Vater-Kind-Kur

Der Zuschuss nach § 6 Abs. 1 Satz 7 BVO (abgedruckt im Anhang, Nr. 1 a, S. 367 ff.) in Höhe von 100 Euro kann gewährt werden, wenn bei Beihilfeberechtigten mit Wohnsitz in Nordrhein-Westfalen durch das amts- oder vertrauensärztliche Gutachten im Rahmen des Voranerkennungsverfahrens bestätigt wird, dass der gewünschte Heilerfolg nur durch eine stationäre Rehabilitationsmaßnahme in einer Einrichtung außerhalb NRWs erreicht werden kann. Ist dies nicht der Fall, wird unabhängig von dem Ort der gewählten Einrichtung ein Zuschuss von 50 Euro gewährt. Beihilfeberechtigten mit Wohnsitz außerhalb von NRW werden pauschal 100 Euro, höchstens aber die tatsächlichen Kosten erstattet.

Treten mehrere Personen (behandlungsbedürftige Person einschließlich Begleitpersonen) die Rehabilitationsmaßnahme gleichzeitig mit einem privaten Personenkraftwagen an, wird der Zuschuss für die erste Person zu 100 v. H. und für den/die Mitfahrer zu jeweils 50 v. H. gewährt. Ist die Hin- und Rückfahrt nur im Krankenwagen möglich, gilt § 4 Abs. 1 Nr. 11 Satz 3 BVO entsprechend.

Nach § 6 a Abs. 2 Satz 2 BVO (stationäre Müttergenesungskur oder Mutter-/Vater-Kind-Kur) gelten die Regelungen in § 6 Abs. 1 Satz 7 BVO entsprechend.

c) Rücktransport eines Erkrankten

Bei einer Erkrankung außerhalb des Wohnortes sind Beförderungsauslagen für den Rücktransport des Erkrankten an seinen Wohnort (z. B. mit Krankenwagen oder Flugzeug) nur dann beihilfefähig, wenn die medizinische Behandlung am Erkrankungsort oder in dessen Nähe nicht oder nicht in ausreichendem Maße sichergestellt ist. Auch für die Beförderungskosten gilt der Grundsatz des § 3 Abs. 1 BVO, dass die Aufwendungen der Wiedererlangung der Gesundheit, der Besserung oder Linderung von Leiden oder der Beseitigung oder dem Ausgleich angeborener oder erworbener Körperschäden dienen und notwendig sein müssen. Diese Voraussetzungen sind nicht gegeben, wenn der Rücktransport ausschließlich aus dem Grunde erfolgt, dass der Erkrankte aus persönlichen Gründen lieber an seinem Wohnort oder in dessen Nähe behandelt werden möchte. Wird der Rücktransport eines Erkrankten an seinen Wohnort als beihilfefähig anerkannt, dürften die Aufwendungen um die ersparten Reisekosten zu kürzen sein. Verpflegungskosten sowie etwaige Kosten für die Rückführung eines Personenkraftwagens durch eine andere Person sind nicht beihilfefähig. Rücktransportkosten aus dem Ausland sind nicht beihilfefähig.

Begleitperson (im Krankenhaus)

Zu den allgemeinen Krankenhausleistungen gehört gemäß § 2 Abs. 2 Satz 2 Nr. 3 KHEntgG auch die aus medizinischen Gründen notwendige Mitaufnahme einer Begleitperson des Patienten. Über die medizinische Notwendigkeit entscheidet der Krankenhausarzt. Für den Aufnahmetag und jeden weiteren Tag des vollstationären Krankenhausaufenthalts (Berechnungstage) können seitens des Krankenhauses 45 Euro für Unterkunft und Verpflegung abgerechnet werden. Entlassungs- und Verlegungstage, die nicht zugleich Aufnahmetag sind, können bei vollstationären Behandlungen nicht abgerechnet werden. Der Betrag von 45 Euro ist beihilfefähig. Besonders berechnete Kosten für eine medizinisch nicht notwendige Begleitperson sind nicht beihilfefähig.

Behandler

Die in § 4 Abs. 1 Nr. 9 Satz 3 BVO (abgedruckt im Anhang, Nr. 1 a, S. 367 ff.) genannten Behandler sind Angehörige von Gesundheits- oder Medizinalfachberufen, für die eine staatliche Regelung der Berufsausbildung oder des Berufsbildes besteht; bei einer Sprachtherapie können die Aufwendungen für die Behandlung übergangsweise durch „Heilpraktiker/Heilpraktikerinnen (Sprachtherapie)", denen auf der Grundlage des RdErl. d. Ministeriums für Frauen, Jugend, Familie und Gesundheit vom 11. September 1998 (n. v.) – III B 2 0417.7 – eine eingeschränkte Heilpraktikererlaubnis erteilt wurde, als beihilfefähig anerkannt werden. Beihilfefähig sind nur Aufwendungen für Leistungen, die diese Behandler in ihrem Beruf erbringen. Nicht beihilfefähig sind insbesondere Aufwendungen für Leistungen, die von Beschäftigungs- und Arbeitstherapeuten auf dem Gebiet der Arbeitstherapie, von Diplompädagogen, Eurythmielehrern, Eutoniepädagogen und -therapeuten, Gymnastiklehrern, Heilpädagogen, Kunsttherapeuten, Maltherapeuten, Montessoritherapeuten, Musiktherapeuten, Sonderschullehrern und Sportlehrern erbracht werden.

Behandlung im Ausland

Siehe unter *„Ausland“*.

Behandlung mit nicht beschleunigten Elektronen nach Dr. Nuhr

Es handelt sich um ein Verfahren der Hochfrequenzbestrahlung (elektrische Funkentladung). Gilt als wissenschaftlich nicht anerkannt. Die Aufwendungen sind **nicht** beihilfefähig.

Behandlung mit Peptidvakzinen

Die Therapie gilt nur im Rahmen von **klinischen Studien** als wissenschaftlich noch nicht anerkannt; im Übrigen gilt die Methode als wissenschaftlich nicht anerkannt. Wer Kostenträger der klinischen Studien ist und ob die Beihilfe sich ggf. an den Kosten beteiligen kann, muss im Einzelfall des betroffenen Beihilfeberechtigten durch die zuständige Beihilfestelle geprüft werden.

Behandlung mit Symbionten- und Lactobazillenkulturen (Dysbiotherapie)

Die Therapie gilt als wissenschaftlich **nicht** anerkannt; die Aufwendungen sind nicht beihilfefähig. (Vgl. Urteil des LG Duisburg vom 4. Juni 1992 – 5 S 16/91, Urteil des AG Wiesbaden vom 12. Juni 1992 – 97 C 539/92 und Urteil des VG Braunschweig vom 7. September 1999 – 7 A 7218/98 –)

Behandlung nach Dr. Juchli

Es handelt sich um die Behandlung eines kranken Hüftgelenkes durch Einpressen einer viskösen öligen Masse in das Gelenk unter Extension mit anschließender Mobilisation in Kurznarkose. Die Behandlung ist wissenschaftlich nicht anerkannt; die Aufwendungen sind somit **nicht** beihilfefähig.

Behindertensport

Aufwendungen für die Teilnahme am Behindertensport (nach Herzinfarkt, bei sonstigen Behinderungen) sind beihilfefähig, sofern eine ärztliche Verordnung vorliegt, der Sport in den dafür eingerichteten Behindertensportgemeinschaften durchgeführt wird und die Übungen unter Anleitung eines Angehörigen der Gesundheits- und Medizinalfachberufe (z. B. Krankengymnasten – Physiotherapeuten-) durchgeführt werden. Zu den von den Sportvereinen erhobenen Aufnahmegebühren, Mitgliedsbeiträgen und Versicherungsbeiträgen können jedoch keine Beihilfen gewährt werden.

Beihilfeberechtigte Personen

A) Vorschriften

1. Text § 1 BVO

Beihilfeberechtigte Personen

(1) In Krankheits-, Geburts-, Pflege- und Todesfällen sowie in Fällen eines nicht rechtswidrigen Schwangerschaftsabbruchs und einer durch Krankheit erforderlichen Sterilisation sind beihilfeberechtigt:

1. Beamte und Richter mit Ausnahme der Ehrenbeamten,
2. Ruhestandsbeamte und Richter im Ruhestand sowie frühere Beamte und Richter,
3. Witwer, hinterbliebene eingetragene Lebenspartner sowie Kinder (§ 23 BeamtVG) der unter Nummer 1 und 2 bezeichneten Personen,
4. Verwaltungslehrlinge, Verwaltungspraktikanten und Schulpraktikanten,

solange sie Dienstbezüge, Anwärterbezüge, Ruhegehalt, Witwengeld, Witwergeld, Waisengeld, Unterhaltsbeihilfe, Unterhaltsbeiträge nach den Abschnitten II, III oder V oder Übergangsgeld nach Abschnitt VI des Beamtenversorgungsgesetzes erhalten.

(2) Beihilfen werden abweichend von Absatz 1 auch dann gewährt, wenn die Versorgungsbezüge aufgrund der §§ 53 bis 56 BeamtVG voll ruhen oder aufgrund der §§ 22 Absatz 1 Satz 2 oder 61 Absatz 2 Satz 2 zweiter Halbsatz oder Absatz 3 Satz 1 zweiter Halbsatz BeamtVG nicht gezahlt werden und der Versorgungsberechtigte keine Beihilfeberechtigung in anderer Eigenschaft erworben hat. Ein Zuschuss nach § 9 Absatz 1 Satz 2 oder 3 ist auch bei einer Beurlaubung ohne laufende Bezüge zur Ableistung des Wehrdienstes oder des Zivildienstes zu zahlen.

(3) Beihilfen werden nicht gezahlt

1. an Beamte und Richter,
   a) wenn sie für weniger als ein Jahr beschäftigt werden, es sei denn, dass sie insgesamt mindestens ein Jahr ununterbrochen im öffentlichen Dienst (§ 40 Abs. 6 BBesG) tätig sind, oder
   b) wenn ihre regelmäßige wöchentliche Arbeitszeit durchschnittlich weniger als die Hälfte der regelmäßigen wöchentlichen Arbeitszeit eines Vollbeschäftigten beträgt,
2. an Versorgungsempfänger (Absatz 1 Nummer 2 und 3) für die Dauer einer Beschäftigung, die zum Bezug von Beihilfen berechtigt,

3. sofern Ansprüche nach § 27 des Gesetzes über die Rechtsverhältnisse der Mitglieder des Deutschen Bundestages (Abgeordnetengesetz –AbgG–) vom 21. Februar 1996 (BGBl. I S. 326) in der jeweils geltenden Fassung oder nach entsprechenden Regelungen dem Grunde nach bestehen.

(4) Wird ein Beamter zu einem Dienstherrn abgeordnet, in dessen Dienstbereich diese Verordnung gilt, zahlt der jeweilige Dienstherr Beihilfen zu den Aufwendungen, die während des Zeitraums der Dienstleistung bei ihm entstehen. Bei Abordnungen von oder zu Dienstherren außerhalb des Geltungsbereichs dieser Verordnung ist § 14 Absatz 4 Satz 2 und 3 des Beamtenstatusgesetzes (BeamtStG) vom 17. Juni 2008 (BGBl. I S. 1010) zu beachten.

(5) Wird ein Beamter zu einem Dienstherrn versetzt, in dessen Dienstbereich diese Verordnung gilt, werden von dem aufnehmenden Dienstherrn Beihilfen zu Aufwendungen gezahlt, die nach dem Zeitpunkt der Versetzung entstanden sind. Bei einer Versetzung zu einem Dienstherrn, in dessen Dienstbereich diese Verordnung nicht gilt, werden zu den bis zum Zeitpunkt der Versetzung entstandenen Aufwendungen Beihilfen nach dieser Verordnung gezahlt.

(6) Versorgungsempfänger mit mehreren Ansprüchen auf Versorgungsbezüge erhalten Beihilfen von der Stelle, die für die Festsetzung der neuen Versorgungsbezüge (§ 54 BeamtVG) zuständig ist. Dies gilt nicht, soweit es sich bei dem neuen Versorgungsbezug um eine Hinterbliebenenversorgung handelt; in diesem Fall bleibt die bisherige Beihilfestelle zuständig.

2. Text der Verwaltungsvorschriften

1 **Zu § 1 Beihilfeberechtigte Personen**

1.1 **Absatz 1**

1.1.1 Nach § 74 Absatz 1 Satz 2 LBG werden, sofern eine oder mehrere Beurlaubungen ohne Dienstbezüge 30 Tage insgesamt im Kalenderjahr nicht überschreiten, für die Dauer dieser Beurlaubungen Beihilfen gewährt.

1.1.2 Hinterbliebene eingetragene Lebenspartner von Beihilfeberechtigten haben nach geltendem Beamtenversorgungsrecht noch keinen Anspruch auf Hinterbliebenenbezüge. Bis zu einer Änderung des Beamtenversorgungsrechts bestehen keine Bedenken, dem hinterbliebenen eingetragenen Lebenspartner nach § 1 Absatz 1 Nummer 3 BVO Beihilfen zu gewähren.

1.2 **Absatz 2** (bleibt frei)

1.3 **Absatz 3**

1.3.1 **Nummer 1**

1.3.1.1 Bedienstete, die auf unbestimmte Zeit beschäftigt werden, sind beihilfeberechtigt.

1.3.1.2 Eine Unterbrechung der Tätigkeit im öffentlichen Dienst liegt vor, wenn der Beihilfeberechtigte an einem oder mehreren Werktagen, an denen üblicherweise Dienst getan wurde, nicht im öffentlichen Dienst gestanden hat. Dies gilt nicht für die Zeit, die zwischen zwei Dienstverhältnissen zur Ausführung eines Umzuges benötigt wurde. Als Unterbrechung gilt es nicht, wenn das Beamtenverhältnis auf Widerruf gemäß § 22 Absatz 4 BeamtStG geendet hat und der Antragsteller innerhalb von drei Monaten nach dem Ausscheiden wieder in den öffentlichen Dienst übernommen worden ist.

1.3.1.3 Lehrer erhalten keine Beihilfen, wenn sie regelmäßig wöchentlich weniger als die Hälfte der Pflichtstundenzahl unterrichten.

1.3.1.4 Beamte, denen eine unterhälftige Teilzeitbeschäftigung nach § 65 Absatz 4, § 67 LBG bewilligt worden ist, erhalten weiterhin Leistungen der Krankenfürsorge nach § 71 Absatz 3 bzw. § 76 Absatz 2 Satz 3 LBG.

1.3.2 **Nummer 2**

1.3.2.1 Nach der Rechtsprechung des Bundesverwaltungsgerichts ist die Konkurrenzregelung des § 1 Absatz 3 Nummer 2 BVO nicht auf Versorgungsempfänger anzuwenden, die aufgrund einer krankenversicherungspflichtigen Beschäftigung einen Beihilfeanspruch haben und damit beihilferechtlich auf die Sachleistungen der gesetzlichen Krankenversicherung oder Unfallversicherung verwiesen werden. Der Versorgungsempfänger kann in diesem Fall bei seiner Pensionsregelungsbehörde die Aufwendungen geltend machen, die über die Sachleistungen bzw. den Wert der Sachleistungen hinausgehen.

1.3.3 **Nummer 3** (bleibt frei)

1.4 **Absatz 4**

1.4.1 Bei laufenden Abordnungen (Beginn vor dem 1. April 2009) kann es bei der Regelung nach § 1 Absatz 4 BVO in der bis zum 31. März 2009 geltenden Fassung verbleiben, soweit keine anderen Vereinbarungen zwischen den Dienstherren getroffen werden bzw. der Beihilfeberechtigte nicht die Anwendung des § 14 Absatz 4 BeamtStG beantragt. Einzelfallbezogene Vereinbarungen der Dienstherren über die Erstattung der Beihilfekosten sollten im Rahmen der Vereinbarungen über die Erstattung der Besoldung getroffen werden und sind seitens der Beihilfestellen zu beachten.

1.4.2 Eine Abordnung oder Versetzung liegt nicht vor, wenn ein Bediensteter einem anderen Dienstherrn zur Ausbildung zugewiesen wird. In diesem Fall gewährt der zuweisende Dienstherr die Beihilfen.

1.5 **Absatz 5**

1.5.1 § 1 Absatz 5 BVO ist beim Übertritt oder bei der Übernahme eines Beamten in den Dienst eines anderen Dienstherrn entsprechend anzuwenden (vgl. § 3 Absatz 5 BVO).

1.6 **Absatz 6**

1.6.1 Mit der Regelung des § 1 Absatz 6 Satz 2 BVO wird sichergestellt, dass der Beihilfeanspruch aus einem eigenen Ruhegehalt dem nachträglich erworbenen Beihilfeanspruch als Hinterbliebener vorgeht. Die bisherige Regelung, nach der Versorgungsempfänger mit mehreren Versorgungsansprüchen die Beihilfen von der Stelle erhalten, die für die Festsetzung der neuen Versorgungsbezüge zuständig ist, kann in den Fällen, die bereits vor dem 1. April 2009 bestanden, beibehalten werden, wenn der Beihilfeberechtigte dies beantragt.

B) Hinweise

Die Personen, die zu Aufwendungen in Geburts-, Krankheits-, Pflege- und Todesfällen sowie in Fällen eines nicht rechtswidrigen Schwangerschaftsabbruchs und einer durch Krankheit erforderlichen Sterilisation Beihilfen erhalten, sind in § 1 Abs. 1 BVO (s. o.) aufgeführt. Es sind dies

- Beamte – wozu auch die Beamten im Vorbereitungsdienst gehören – und Richter, nicht jedoch Ehrenbeamte,
- Ruhestandsbeamte und Richter im Ruhestand sowie frühere Beamte und Richter, die wegen Dienstunfähigkeit oder Erreichens der Altersgrenze entlassen worden sind,
- Witwer (auch Witwen), hinterbliebene eingetragene Lebenspartner (auch Lebenspartnerinnen) sowie Kinder (§ 23 BeamtVG) der vorgenannten Personen,
- Verwaltungslehrlinge, Verwaltungspraktikanten und Schulpraktikanten.

Voraussetzung für eine Beihilfegewährung ist, dass diese Personen in dem Zeitpunkt, in dem die Aufwendungen entstehen, Dienstbezüge, Anwärterbezüge, Ruhegehalt, Witwengeld, Witwergeld, Waisengeld, Unterhaltsbeitrag oder Unterhaltsbeihilfe erhalten.

Hinterbliebene eingetragener Lebenspartnerinnen und Lebenspartner von Beihilfeberechtigten haben nach geltendem Beamtenversorgungsrecht keinen Anspruch auf Hinterbliebenenbezüge. Bis zu einer Änderung des Beamtenversorgungsrechts bestehen keine Bedenken, dem hinterbliebenen eingetragenen Lebenspartner entsprechend § 1 Abs. 1 Nr. 3 BVO Beihilfen zu gewähren (vgl. Nr. 1.1.2 der VVzBVO, s. o.).

Neben dem vorstehend genannten Personenkreis sind auch die im öffentlichen Dienst tätigen Tarifbeschäftigten (sofern das Arbeitsverhältnis vor dem 1. Januar 1999 begründet wurde, siehe § 6 BVOAng, abgedruckt im Anhang, Nr. 1 b, S. 419 ff.) sowie Lehrer an Ersatzschulen antragsberechtigt und unter bestimmten Voraussetzungen auch andere Personen (Erben).

Die Gewährung von Beihilfen an den Beihilfeberechtigten ist im Regelfall von der Zahlung laufender Bezüge abhängig. Bei Bediensteten, die ohne Dienstbezüge beurlaubt sind (z. B. aus Arbeitsmarktgründen – § 70 LBG, § 6 b LRiG) ist somit eine Beihilfegewährung im Grundsatz ausgeschlossen.

Der Grundsatz, dass die Gewährung von Beihilfen von der Zahlung laufender Bezüge abhängig ist, wird durchbrochen

1. bei einer Beurlaubung ohne Dienstbezüge aus familiären Gründen, d. h. wegen der Betreuung oder Pflege mindestens eines Kindes unter 18 Jahren oder eines pflegebedürftigen sonstigen Angehörigen (§ 71 LBG, § 6 a Abs. 1 Nr. 2 LRiG),

   – sofern der Beurlaubte nicht über seinen beihilfeberechtigten Ehegatten/eingetragenen Lebenspartner Beihilfen erhalten kann oder

   – nicht über den Ehegatten/eingetragenen Lebenspartner in einer gesetzlichen Krankenversicherung familienversichert ist,

   (In den beiden letztgenannten Fällen sieht der Gesetzgeber einen ausreichenden Schutz gewährleistet mit der Folge, dass der eigene Beihilfeanspruch entfällt),

2. während einer Elternzeit (diese kann sowohl vom Vater als auch von der Mutter des Kindes oder von beiden gleichzeitig in Anspruch genommen werden), sofern der Beurlaubte nicht über seinen beihilfeberechtigten Ehegatten/eingetragenen Lebenspartner Beihilfen erhalten kann; die eigene Beihilfeberechtigung des Beurlaubten bleibt auch in den Fällen bestehen, in denen der beihilfeberechtigte Ehegatte/eingetragener Lebenspartner als Tarifbeschäftigter in einer gesetzlichen Krankenversicherung versichert ist,

3. während einer Pflegezeit,

4. während eines Sonderurlaubs ohne Dienstbezüge, sofern eine oder mehrere Beurlaubungen insgesamt 30 Tage im Kalenderjahr nicht überschreiten (§ 74 Abs. 1 LBG); bei Überschreitung dieses Zeitraums entfällt eine Beihilfegewährung für die gesamte Zeit,

5. während eines Wahlvorbereitungsurlaubs (§ 74 Abs. 3 LBG),

6. in bestimmten Fällen des Ruhens der Versorgungsbezüge,

7. in den in § 2 BVOAng genannten Fällen.

Trotz der Nichtgewährung laufender Bezüge werden hier Beihilfen gewährt.

Nicht antragsberechtigt sind auch Laufbahnbewerber, die ihren Vorbereitungsdienst in einem öffentlich-rechtlichen Ausbildungsverhältnis außerhalb des Beamtenverhältnisses ableisten, z. B. Rechtsreferendare, Forstinspektoranwärter, Forstreferendare. Es wird auf § 6 LBG hingewiesen, wonach auf diesen Personenkreis § 77 LBG (Gewährung von Beihilfen) nicht anwendbar ist. Diese Personen sind nach § 5 Abs. 1 Nr. 1 SGB V als zu ihrer Berufsausbildung gegen Arbeitsentgelt Beschäftigte krankenversicherungspflichtig.

Darüber hinaus werden keine Beihilfen gezahlt an

a) Bedienstete, wenn sie für weniger als ein Jahr beschäftigt werden, es sei denn, dass sie insgesamt mindestens ein Jahr ununterbrochen im öffentlichen Dienst tätig sind,

b) Bedienstete, wenn ihre regelmäßige wöchentliche Arbeitszeit durchschnittlich weniger als die Hälfte der regelmäßigen wöchentlichen Arbeitszeit beträgt (davon ausgenommen sind Sonderfälle während der Elternzeit, s. u.).

Bei Lehrern tritt an die Stelle der regelmäßigen wöchentlichen Arbeitszeit die Pflichtstundenzahl. Lehrer, die regelmäßig wöchentlich weniger als die Hälfte der Pflichtstundenzahl unterrichten, erhalten somit keine Beihilfen.

Unabhängig von der Arbeitszeit besteht eine Beihilfeberechtigung

- bei einer Altersteilzeitbeschäftigung (§ 65 LBG) – auch in der Freistellungsphase im Rahmen des sog. Blockmodells –,
- bei einem Urlaub aus familiären Gründen (§ 71 LBG), sofern der Beurlaubte
  - nicht über seinen beihilfeberechtigten Ehegatten Beihilfen erhalten kann oder
  - nicht über seinen Ehegatten in der gesetzlichen Krankenversicherung familienversichert ist,
- während einer Elternzeit (§ 76 LBG), sofern der Beurlaubte nicht über seinen Ehegatten Beihilfen erhalten kann; diese Einschränkung gilt nicht – d. h. der Beurlaubte hat einen eigenen Beihilfeanspruch –, sofern der Ehegatte gesetzlich versichert ist und beihilferechtlich vorrangig die Leistungen der gesetzlichen Krankenkassen in Anspruch nehmen muss (vgl. § 1 Abs. 2 BVOAng, abgedruckt im Anhang, Nr. 1 b, S. 419 ff.),
- bei einer Freistellung vom Dienst nach § 64 LBG bzw. § 6 c Abs. 3 LRiG im sog. Sabbatjahr,
- für die Dauer einer Pflegezeit (§ 76 LBG).

Die vorstehende Regelung gilt nur für Beamte und Richter, nicht für Tarifbeschäftigte. Die nicht beamteten Bediensteten, die mit weniger als der regelmäßigen wöchentlichen Arbeitszeit beschäftigt sind, erhalten eine anteilige Beihilfe entsprechend ihrer arbeitsvertraglich vereinbarten durchschnittlichen regelmäßigen wöchentlichen Arbeitszeit.

Siehe auch unter *„Versorgungsbezüge"*.

Beihilfefähige Aufwendungen

A) Vorschriften

1. Text § 3 BVO

Begriff der beihilfefähigen Aufwendungen

(1) Beihilfefähig sind die notwendigen Aufwendungen in angemessenem Umfange

1. in Krankheitsfällen zur Wiedererlangung der Gesundheit, zur Besserung oder Linderung von Leiden, zur Beseitigung oder zum Ausgleich angeborener oder erworbener Körperschäden sowie bei dauernder Pflegebedürftigkeit und erheblichem allgemeinen Betreuungsbedarf,
2. zur Früherkennung von Krankheiten
   a) bei Kindern bis zur Vollendung des sechsten Lebensjahres für Untersuchungen sowie nach Vollendung des zehnten Lebensjahres für eine Untersuchung zur Früherkennung von Krankheiten, die ihre körperliche und geistige Entwicklung in nicht geringfügigem Maße gefährden,
   b) bei Frauen vom Beginn des 20. Lebensjahres an für eine Untersuchung im Jahr zur Früherkennung von Krebserkrankungen,
   c) bei Männern vom Beginn des 45. Lebensjahres an für eine Untersuchung im Jahr zur Früherkennung von Krebserkrankungen,
   d) bei Personen von der Vollendung des 35. Lebensjahres an für eine Untersuchung in jedem zweiten Jahr, insbesondere zur Früherkennung von Hautkrebs, von Herz-, Kreislauf- und Nierenerkrankungen sowie der Zuckerkrankheit

   nach Maßgabe der Richtlinien des Gemeinsamen Bundesausschusses gem. § 91 SGB V,
3. für prophylaktische Leistungen nach den Nummern 100 bis 102 und 200 des Gebührenverzeichnisses für zahnärztliche Leistungen (Anlage zur Gebührenordnung für Zahnärzte vom 22. Oktober 1987 – BGBl. I S. 2316, zuletzt geändert durch Gesetz vom 4. Dezember 2001 – BGBl. I S. 3320 –),
4. in Geburtsfällen für die Entbindung, das Wochenbett und die Säuglingsausstattung,
5. für Schutzimpfungen, soweit sie nach den jeweils gültigen Empfehlungen der Ständigen Impfkommission am Robert Koch-Institut (STIKO) öffentlich empfohlen werden,
6. in Fällen eines nicht rechtswidrigen Schwangerschaftsabbruchs,
7. in Fällen einer durch Krankheit erforderlichen Sterilisation.

(2) Über die Notwendigkeit und den angemessenen Umfang von Aufwendungen entscheidet die Festsetzungsstelle. Sie kann bei Zweifel über die Notwendigkeit und den angemessenen Umfang, soweit die Verwaltungsvorschriften keine Regelung vorsehen, ein Gutachten eines Amts- oder Vertrauensarztes (-zahnarztes) einholen.

(3) Erhält ein Beihilfeberechtigter oder eine berücksichtigungsfähige Person Sach- oder Dienstleistungen (ärztliche und zahnärztliche Versorgung, ambulante und stationäre Krankenhausbehandlung, Heilmittel usw.), werden keine Beihilfen gewährt. Als Sach- oder Dienstleistungen gelten auch Geldleistungen bei künstlicher Befruchtung (§ 27 a SGB V), bei kieferorthopädischer Behandlung (§ 29 SGB V), bei Arznei- und Verbandmitteln (§ 31 Absatz 1 und 2 SGB V), bei Heilmitteln (§ 32 SGB V), bei Hilfsmitteln (§ 33 SGB V), bei häuslicher Krankenpflege (§ 37 Absatz 4 SGB V) und bei Haushaltshilfe (§ 38 Absatz 4 SGB V) sowie Leistungen aufgrund der Bestimmungen über die vollständige oder teilweise Kostenbefreiung (§ 62 Absatz 4 SGB V). Nicht beihilfefähig sind Aufwendungen, die dadurch entstehen, dass Pflichtversicherte an Stelle von Sach- oder Dienstleistungen Kostenerstattung nach § 13 Absatz 2 SGB V wählen oder nach § 13 Absatz 4 SGB V erhalten, sowie Aufwendungen, bei denen die Krankenkasse die Kosten bis zur Höhe des Festbetrags nach dem Fünften Buch Sozialgesetzbuch übernimmt. Praxisgebühren und Zuzahlungen nach § 23 Absatz 6, § 24 Absatz 3, § 28 Absatz 4, § 31 Absatz 3, § 32 Absatz 2, § 33 Absatz 2, § 37 Absatz 5, § 37 a Absatz 3, § 38 Absatz 5, § 39 Absatz 4, § 40 Absätze 5 und 6, § 41 Absatz 3 und § 60 Absätze 1 und 2 SGB V sowie § 32 SGB VI und § 40 Absatz 3 SGB XI sind nicht beihilfefähig.

(4) Besteht ein Anspruch auf Heilfürsorge, Krankenhilfe oder Kostenerstattung aufgrund von Rechtsvorschriften oder arbeitsvertraglichen Vereinbarungen, sind die aufgrund dieser Vorschriften zustehenden Leistungen in voller Höhe von den beihilfefähigen Aufwendungen abzuziehen. Dies gilt nicht hinsichtlich der Schadensersatzansprüche, die nach § 82 LBG auf den Dienstherrn oder eine Versorgungskasse übergehen, sowie nicht hinsichtlich der Leistungen der gesetzlichen Krankenversicherung, der sozialen Pflegeversicherung bzw. der gesetzlichen Rentenversicherung

1. für Personen, die freiwillig in einer gesetzlichen Krankenkasse versichert sind und denen dem Grunde nach kein Beitragszuschuss nach § 257 SGB V zusteht, sofern nicht nach § 224 SGB V Beitragsfreiheit besteht,

2. für Beihilfeberechtigte und berücksichtigungsfähige Kinder, die von der gesetzlichen Krankenversicherung oder der sozialen Pflegeversicherung einer anderen Person erfasst werden, an deren Beiträgen kein Arbeitgeber beteiligt ist, oder – bei Beteiligung eines Arbeitgebers – wenn Leistungen aus dieser Versicherung nicht in Anspruch genommen werden,

3. für in der gesetzlichen Rentenversicherung Versicherte, die im Zeitpunkt des Entstehens der Aufwendungen nicht pflichtversichert waren und vom Arbeitgeber keinen Zuschuss zu den Prämien einer Lebensversicherung erhalten haben, wenn Leistungen aus dieser Versicherung nicht in Anspruch genommen werden,

4. für Personen, die nach § 28 Absatz 2 SGB XI Leistungen der sozialen Pflegeversicherung zur Hälfte erhalten,

5. für Personen, die ihre Beiträge zur Pflegeversicherung (SGB XI) allein zu tragen haben,

6. für Personen, die am 31. Dezember 1993 als Rentner in einer gesetzlichen Krankenversicherung pflichtversichert waren; § 12 Absatz 3 Satz 2 gilt nicht.

Satz 1 und Satz 2 Nummer 2 gelten entsprechend für Personen, die bei einem privaten Krankenversicherungsunternehmen kranken- und pflegeversichert sind, sofern zu dieser Versicherung ein Zuschuss nach §§ 26 Absatz 2 SGB II, 257 SGB V oder 61 SGB XI gewährt oder der Beitrag aufgrund des § 207 a SGB III übernommen wird; übersteigt die Hälfte des Beitrages für eine Versicherung gegen Krankheit oder Pflegebedürftigkeit den Beitragszuschuss nach §§ 26 Absatz 2 SGB II, 257 SGB V oder 61 SGB XI bzw. den nach § 207 a SGB III übernommenen Beitrag, so gelten die Leistungen der Kranken- oder Pflegeversicherung nur im Verhältnis des Beitragszuschusses bzw. des übernommenen Beitrages zur Hälfte des Kranken- oder Pflegeversicherungsbeitrages als zustehende Leistungen im Sinne des Satzes 1. Maßgebend sind die Beiträge, der Beitragszuschuss und der übernommene Beitrag im Zeitpunkt der Antragstellung. Personen, denen Sachleistungen auf Grund des Bundesversorgungsgesetzes, des Häftlingshilfegesetzes oder des Soldatenversorgungsgesetzes zustehen, sind nicht verpflichtet, diese in Anspruch zu nehmen. Satz 1 gilt insoweit nicht.

(5) Nicht beihilfefähig sind die Aufwendungen, die zu einem Zeitpunkt entstanden sind,

1. in dem der Beihilfeberechtigte noch nicht oder nicht mehr zu den in § 1 bezeichneten beihilfeberechtigten Personen gehörte,

2. in dem eine nach § 2 berücksichtigungsfähige Person noch nicht zu diesem Personenkreis gehörte.

Die Aufwendungen gelten als entstanden in dem Zeitpunkt, in dem die sie verursachenden Umstände eingetreten sind, z. B. der Zeitpunkt der Behandlung durch den Arzt, Zahnarzt oder Heilpraktiker, des Einkaufs von Arzneien, der Lieferung eines Hilfsmittels.

(6) Nicht beihilfefähig sind Aufwendungen für die persönliche Tätigkeit von Ehegatten, eingetragenen Lebenspartnern, Kindern und Eltern des Behandelten; Kosten, die dem behandelnden Angehörigen im Einzelfall – z. B. für Materialien, Verbandmittel und Arzneimittel – entstehen und deren Geldwert nachgewiesen ist, sind im Rahmen der Verordnung beihilfefähig. § 5 a Absatz 2 bleibt unberührt.

2. Text der Verwaltungsvorschriften

3 **Zu § 3 Begriff der beihilfefähigen Aufwendungen**

3.1 **Absatz 1**

3.1.1 **Nummer 1** (bleibt frei)

3.1.2 **Nummer 2**

3.1.2.1 Für die Früherkennung von Krankheiten gelten folgende Richtlinien in der jeweils aktuellen Fassung:

a) Richtlinien über die Früherkennung von Krankheiten bei Kindern bis zur Vollendung des sechsten Lebensjahres (Kinder-Richtlinien) in der Fassung vom 26. April 1976 (Beilage Nummer 28 zum BAnz. Nummer 214 vom 11. November 1976),

b) Richtlinien zur Jugendgesundheitsuntersuchung vom 26. Juni 1998 (BAnz. Nummer 159 vom 27. August 1998),

c) Richtlinien über die Früherkennung von Krebserkrankungen (Krebsfrüherkennungs-Richtlinien) in der Fassung vom 18. Juni 2009 (BAnz. Nummer 148 a vom 2. Oktober 2009),

d) Richtlinien über die Gesundheitsuntersuchung zur Früherkennung von Krankheiten (Gesundheitsuntersuchungs-Richtlinien) vom 24. August 1989 (Bundesarbeitsblatt Nummer 10 vom 29. September 1989).

3.1.3 **Nummern 3 bis 7** (bleiben frei)

3.2 **Absatz 2**

3.2.1 Hält ein Facharzt oder – nach Einholung einer fachärztlichen Stellungnahme – ein praktischer Arzt eine Untersuchung in einer Diagnoseklinik wegen der Besonderheit des Krankheitsbildes für erforderlich, sind die durch die Inanspruchnahme der nächstgelegenen Diagnoseklinik entstehenden Kosten nach § 4 Absatz 1 Nummer 1, 2, 3, 7, 9 und 11 BVO beihilfefähig. Die ärztliche Bescheinigung, die ggf. einen Hinweis auf die fachärztliche Stellungnahme enthalten muss, ist zusammen mit dem Beihilfeantrag vorzulegen.

Sind die Voraussetzungen des Absatzes 1 nicht erfüllt, werden zu den Beförderungskosten sowie zu den bei stationärer oder nichtstationärer Unterbringung entstehenden Kosten für Unterkunft und Verpflegung keine Beihilfen gewährt; beihilfefähig sind nur die Aufwendungen nach § 4 Absatz 1 Nummer 1, 7 und 9 BVO. Aufwendungen für eine stationäre Unterbringung (§ 4 Absatz 1 Nummer 2 BVO) können ausnahmsweise dann als beihilfefähig berücksichtigt werden, wenn sich anlässlich der Untersuchung in der Klinik die dringende Notwendigkeit einer solchen Unterbringung ergibt und dies von der Klinik bescheinigt wird.

Aufwendungen für Grunduntersuchungen zur Gesundheitskontrolle in einer Diagnoseklinik sind nicht beihilfefähig; § 3 Absatz 1 Nummer 2 BVO bleibt unberührt.

3.2.2 Aufwendungen für Schutzimpfungen sind beihilfefähig, soweit sie nach den jeweils gültigen Empfehlungen der Ständigen Impfkommission am Robert Koch Institut (STIKO) öffentlich empfohlen werden (vgl. hierzu auch RdErl. des Ministeriums für Frauen, Jugend, Familie und Gesundheit vom 7. Dezember 2000 – SMBl. NRW. 21260).

3.2.3 Den Amtsärzten werden die beamteten Ärzte gleichgestellt. Als Vertrauens-(-zahn-)arzt kann auch ein als Tarifbeschäftigter im öffentlichen Dienst stehender Arzt (Zahnarzt) oder ein frei praktizierender Arzt (Zahnarzt) herangezogen werden. Gutachten sind nur mit Einverständnis der Betroffenen einzuholen, sofern dazu persönliche Daten weitergegeben werden; wird das Einverständnis verweigert, ist die Beihilfe unter Berücksichtigung der Zweifel der Beihilfestelle festzusetzen.

3.2.4 Nach der Gebührenordnung für Psychologische Psychotherapeuten und Kinder- und Jugendlichenpsychotherapeuten (GOP) vom 8. Juni 2000 (BGBl. I S. 818) richten sich die Vergütungen für die beruflichen Leistungen dieser Berufsgruppe nach der GOÄ. Berechenbar sind ausschließlich Leistungen, die in den Abschnitten B und G aufgeführt sind (§ 1 Absatz 2 GOP).

Berechenbar sind aus Abschnitt B grundsätzlich nur die Ziffern 1, 3, 4, 34, 60, 70 (ausgenommen Dienst- bzw. Arbeitsunfähigkeitsbescheinigungen), 75, 80, 85, 95, 96 und aus Abschnitt G nur die Ziffern 808, 835, 845, 846, 847, 855, 856, 857, 860, 861, 862, 863, 864, 865, 870, 871.

Gebühren für Leistungen nach Abschnitt B sowie Gebühren für Leistungen nach den Nummern 808, 835, 845, 846, 847, 855, 856, 857 und 860 des Abschnittes G der GOÄ unterliegen nicht dem Voranerkennungsverfahren durch vertrauensärztliche Gutachter, sie sind unabhängig von den übrigen Behandlungsziffern nach Abschnitt G der GOÄ beihilfefähig.

Der RdErl. vom 10. Dezember 1997 (Hinweise zum ärztlichen Gebührenrecht) – SMBl. NRW. 203204 – gilt entsprechend; dabei ist jedoch davon auszugehen, dass die Gebühren den 2,3fachen Satz grundsätzlich nicht überschreiten dürfen.

Nach § 1 Absatz 2 Satz 2 GOP gilt § 6 Absatz 2 GOÄ mit der Maßgabe, dass psychotherapeutische Leistungen, die nicht in der GOÄ enthalten sind, entsprechend einer nach Art, Kosten und Zeitaufwand gleichwertigen Leistung der Abschnitte B und G des Gebührenverzeichnisses der GOÄ berechnet werden können. Derzeit wird die Notwendigkeit einer Analogbewertung allerdings nicht gesehen.

Sofern Psychotherapeuten eine Analogbewertung vornehmen und/oder den o. g. Gebührenansatz überschreiten, ist die Rechnung dem Gutachter/Obergutachter zur Begutachtung vorzulegen. Diese Begutachtung kann zum üblichen Satz (Nummer 4 a.2.14) vergütet werden.

3.2.5 Überschreitet eine Gebühr für ärztliche, zahnärztliche oder psychotherapeutische Leistungen den in den §§ 5 Absatz 2 Satz 4, 5 Absatz 3 Satz 2 und 5 Absatz 4 Satz 2 GOÄ sowie § 5 Absatz 2 Satz 4 GOZ vorgesehenen Schwellenwert, so kann sie nur dann als angemessen angesehen werden, wenn in der schriftlichen Begründung der Rechnung (§ 12 Absatz 3 Sätze 1 und 2 GOÄ, § 10 Absatz 3 Sätze 1 und 2 GOZ) dargelegt ist, dass erheblich über das gewöhnliche Maß hinausgehende Umstände, die in der Person des Patienten liegen (patientenbezogene Bemessungskriterien) dies rechtfertigen. Derartige Umstände können i. d. R. nur dann gegeben sein, wenn die einzelne Leistung aus bestimmten Gründen

- besonders schwierig war oder
- einen außergewöhnlichen Zeitaufwand beanspruchte oder
- wegen anderer besonderer Umstände bei der Ausführung erheblich über das gewöhnliche Maß hinausging

und diese Umstände nicht bereits in der Leistungsbeschreibung des Gebührenverzeichnisses berücksichtigt sind (§ 5 Absatz 2 Satz 3 GOÄ/GOZ; vgl. z. B. Nummer 2382 des Gebührenverzeichnisses der GOÄ, Nummer 605 des Gebührenverzeichnisses der GOZ).

Nach § 12 Absatz 3 Satz 2 GOÄ, § 10 Absatz 3 Satz 2 GOZ ist die Begründung auf Verlangen näher zu erläutern. Bestehen bei der Beihilfestelle Zweifel darüber, ob die in der Begründung dargelegten Umstände die Überschreitung und/oder den Umfang der Überschreitung rechtfertigen, ist ggf. mit Einverständniserklärung des Beihilfeberechtigten eine Stellungnahme des zuständigen Amts(zahn)arztes und ggf. eines sonstigen medizinischen/zahnmedizinischen Sachverständigen einzuholen. Die Kosten der Begutachtung übernimmt die Beihilfestelle.

Wird das Einverständnis verweigert und kann die Berechtigung des Anspruchs nicht anderweitig festgestellt werden, wird eine Beihilfe nicht gezahlt.

Gebühren, die auf einer Abdingung nach § 2 Absatz 1 GOÄ, § 2 Absatz 1 GOZ beruhen, können grundsätzlich nur bis zum Schwellenwert als angemessen i. S. der BVO angesehen werden, es sei denn, eine Überschreitung des Schwellenwertes bis zum höchsten Gebührensatz (§ 5 GOÄ, § 5 GOZ) ist nach der Begründung (s. o.) gerechtfertigt. Über Ausnahmen in außergewöhnlichen, medizinisch besonders gelagerten Einzelfällen entscheidet für den Landesbereich das Finanzministerium.

3.2.6 Ob die Aufwendungen aus Anlass einer Krankheit entstanden sind und notwendig waren, ergibt sich aus der Diagnose; ohne deren Angabe in der Rechnung können die Aufwendungen daher nicht als beihilfefähig anerkannt werden. Bei zahnärztlicher Behandlung ist die Angabe der Diagnose bei implantologischen, funktionsanalytischen und funktionstherapeutischen Leistungen erforderlich.

3.2.7 Abweichend von der Bestimmung 7.2 in meinem Runderlass vom 19. August 1998 (Hinweise zum zahnärztlichen Gebührenrecht – SMBl. NRW. 203204) können Kompositfüllungen grundsätzlich auch bei einer analogen Bewertung nach den Positionen 215–217 GOZ als beihilfefähig anerkannt werden. Dabei wird ein Steigerungssatz von höchstens 2,3 als angemessen angesehen. Ein Überschreiten des 2,3-fachen Gebührensatzes ist auch bei entsprechender Begründung des behandelnden Zahnarztes beihilferechtlich nicht zu berücksichtigen.

3.2.8 Mehraufwendungen für Verblendungen (einschließlich Vollkeramikkronen bzw. -brücken, z. B. im Cerec-Verfahren) sind grundsätzlich bis einschließlich Zahn 6 notwendig und damit beihilfefähig. Soweit eine Brückenversorgung über Zahn 6 hinaus reicht, sind auch diese Verblendungskosten als beihilfefähig anzuerkennen. Die zahnärztlichen Leistungen sind grundsätzlich auch bei den Zähnen beihilfefähig, bei denen die Aufwendungen nach Satz 1 nicht notwendig sind.

3.2.9 Abrechnungen von Nebenkosten auf der Basis des DKG-NT (Tarif der deutschen Krankenhausgesellschaft) sind in voller Höhe beihilfefähig.

3.2.10 Aufwendungen für ärzt(zahnärzt)liche Bescheinigungen zum Nachweis der Dienstunfähigkeit und Dienstfähigkeit des Beihilfeberechtigten und seiner berücksichtigungsfähigen Angehörigen sind beihilfefähig.

3.2.11 Soweit hinsichtlich der Notwendigkeit und Angemessenheit der berechneten Leistungen erhebliche Zweifel an Heilpraktikerrechnungen bestehen, können Anfragen anonymisiert und kostenfrei an die in der Anlage 1 zu dieser VV aufgeführten Berufsverbände der Heilpraktiker gestellt werden.

3.3 **Absatz 3** (bleibt frei)

3.4 **Absatz 4**

3.4.0.1 Nach § 2 SGB XII erhält Sozialhilfe nicht, wer sich vor allem durch den Einsatz seiner Arbeitskraft, seines Einkommens und seines Vermögens selbst helfen kann oder wer die erforderliche Leistung von anderen, insbesondere von Angehörigen oder von Trägern anderer Sozialleistungen, erhält. Danach hat eine nach der Beihilfeverordnung zustehende Beihilfe Vorrang vor der Sozialhilfe.

3.4.0.2 Erhält ein Beihilfeberechtigter, ein nicht getrennt lebender Ehegatte, ein nicht getrennt lebender eingetragener Lebenspartner oder ein berücksichtigungsfähiges Kind zunächst Sozialhilfe, kann der Träger der Sozialhilfe durch schriftliche Anzeige gegenüber der Festsetzungsstelle den Übergang des Beihilfeanspruchs auf sich bewirken (§ 93 SGB XII).

3.4.0.3 Bei der Ermittlung der auf die beihilfefähigen Aufwendungen anzurechnenden Krankenversicherungsleistungen nach § 3 Absatz 4 Satz 3 zweiter Halbsatz BVO sind die Berechnungsgrundlagen auf volle Euro nach unten abzurunden.

Beispiel:

Einer außerhalb des öffentlichen Dienstes tätigen Ehefrau eines Beamten sind beihilfefähige Gesamtaufwendungen von 1.000 Euro entstanden. Die private Krankenversicherung hat hierzu 750,50 Euro erstattet. Der Krankenversicherungsbeitrag beträgt monatlich 100,50 Euro, zu dem der Arbeitgeber einen Zuschuss von 40,70 Euro leistet. Von den Leistungen der Krankenversicherung sind auf die beihilfefähigen Gesamtaufwendungen anzurechnen

$$\frac{40 \text{ x } 750}{50} = 600 \text{ Euro}$$

Beihilfefähig sind 400 Euro.

3.4.1 **Nummer 1**

3.4.1.1 § 3 Absatz 4 Satz 2 Nummer 1 und Satz 3 BVO gelten entsprechend für Personen, die einen Zuschuss nach § 44 a Absatz 1 SGB XI erhalten.

3.4.2 **Nummer 2** (bleibt frei)

3.4.3 **Nummer 3** (bleibt frei)

3.4.4 **Nummer 4**

3.4.4.1 Nach § 3 Absatz 4 Satz 2 Nummer 4 und 5 BVO erfolgt bei Pflegeaufwendungen keine Anrechnung von Leistungen der Pflegeversicherung.

3.4.5 **Nummer 5** (bleibt frei)

3.4.6 **Nummer 6** (bleibt frei)

3.5 **Absatz 5**

3.5.1 Eine Beihilfe darf auch noch nach dem Ausscheiden aus dem Kreis der Beihilfeberechtigten gewährt werden, wenn es sich um Aufwendungen handelt, die innerhalb der Zeit entstanden sind, in der der Betreffende noch beihilfeberechtigt war.

3.6 **Absatz 6** (bleibt frei)

B) Hinweise

1. bei Behandlung im Ausland

Siehe unter *„Ausland"*.

2. bei dauernder Pflegebedürftigkeit und erheblichem allgemeinen Betreuungsbedarf

Siehe unter *„Dauernde Pflegebedürftigkeit"*.

3. bei nicht rechtswidrigem Schwangerschaftsabbruch und einer durch Krankheit erforderlichen Sterilisation sowie bei Empfängnisregelung

Siehe unter *„Schwangerschaftsabbruch"*.

4. bei stationären Rehabilitationsmaßnahmen

Siehe unter *„Stationäre Rehabilitationsmaßnahmen"*.

5. bei ambulanten Kur- und Rehabilitationsmaßnahmen

Siehe unter *„Ambulante Kurmaßnahmen"*.

6. bei stationären Müttergenesungskuren oder Mutter-/Vater-Kind-Kuren

Siehe unter *„Stationäre Müttergenesungskuren"*.

7. in Geburtsfällen

Siehe unter *„Geburtsfälle"*.

8. in Krankheitsfällen

Siehe unter *„Krankheitsfälle"*.

9. in Todesfällen

Siehe unter *„Sterbefall (im Inland/Ausland)"*.

Beihilfefälle

A) Vorschriften

1. Text § 2 BVO

Beihilfefälle

(1) Beihilfefähig sind Aufwendungen, die erwachsen

1. in Krankheits- und Pflegefällen
   a) für den Beihilfeberechtigten selbst,
   b) für den nicht selbst beihilfeberechtigten und wirtschaftlich unselbständigen Ehegatten oder eingetragenen Lebenspartner des Beihilfeberechtigten. Eine wirtschaftliche Unselbständigkeit liegt vor, wenn der Gesamtbetrag der Einkünfte [§ 2 Absatz 3 und 5 a des Einkommensteuergesetzes – EStG vom 19. Oktober 2002 (BGBl. I S. 4210; 2003 I S. 179), zuletzt geändert durch Gesetz vom 7. März 2009 (BGBl. I S. 451)] des Ehegatten oder eingetragenen Lebenspartners im Kalenderjahr vor der Antragstellung 18.000 Euro nicht übersteigt. Bei erstmaligem Rentenbezug ab 1. Januar 2004 ist dem Gesamtbetrag der Einkünfte die Differenz zwischen dem steuerlichen Ertragsanteil und dem Bruttorentenbetrag hinzuzurechnen; dies gilt nicht für Renten, die der Besteuerung nach § 22 Nummer 1 Satz 3 Buchstabe bb EStG unterliegen. Bei Überschreitung dieser Einkommensgrenze sind aus Fürsorgegründen Aufwendungen beihilfefähig, wenn der Ehegatte oder der eingetragene Lebenspartner trotz einer ausreichenden Krankenversicherung für bestimmte Erkrankungen von Leistungen ausgeschlossen ist oder die Leistungen auf Dauer eingestellt worden sind; beihilfefähig ist der 1.000 Euro im Kalenderjahr übersteigende Betrag. Für einen getrennt lebenden Ehegatten oder eingetragenen Lebenspartner werden Beihilfen nur gewährt, soweit dieser einen Unterhaltsanspruch gegen den Beihilfeberechtigten hat,
   c) für die in Absatz 2 bezeichneten Kinder;

Aufwendungen für Schutzimpfungen, Aufwendungen zur Früherkennung bestimmter Krankheiten (§ 3 Absatz 1 Nummer 2) sowie Aufwendungen für prophylaktische zahnärztliche Leistungen (§ 3 Absatz 1 Nummer 3) werden den Aufwendungen in Krankheitsfällen zur Wiedererlangung der Gesundheit gleichgestellt;

2. in Geburtsfällen
   a) einer Beihilfeberechtigten,
   b) der nicht selbst beihilfeberechtigten Ehefrau oder eingetragenen Lebenspartnerin des oder der Beihilfeberechtigten,

   c) der nicht selbst beihilfeberechtigten Mutter eines nichtehelichen Kindes des Beihilfeberechtigten,
   d) einer nach Absatz 2 zu berücksichtigenden Tochter des Beihilfeberechtigten;
3. im Todesfall
   a) eines Beihilfeberechtigten,
   b) seines nicht selbst beihilfeberechtigt gewesenen Ehegatten oder eingetragenen Lebenspartners,
   c) eines im Absatz 2 bezeichneten Kindes, bei Totgeburten, wenn der Beihilfeberechtigte im Falle der Lebendgeburt zu Krankheitsaufwendungen des Kindes Anspruch auf Beihilfen hätte;
4. in Fällen eines nicht rechtswidrigen Schwangerschaftsabbruchs
   a) einer Beihilfeberechtigten,
   b) der nicht selbst beihilfeberechtigten Ehefrau oder eingetragenen Lebenspartnerin des oder der Beihilfeberechtigten,
   c) einer nach Absatz 2 zu berücksichtigenden Tochter des Beihilfeberechtigten;
5. in Fällen einer durch Krankheit erforderlichen Sterilisation
   a) eines Beihilfeberechtigten,
   b) des nicht selbst beihilfeberechtigten Ehegatten oder eingetragenen Lebenspartners des Beihilfeberechtigten,
   c) eines im Absatz 2 bezeichneten Kindes.

(2) Beihilfen zu Aufwendungen nach Absatz 1 werden nur für nicht selbst beihilfeberechtigte, im Familienzuschlag nach dem Bundesbesoldungsgesetz berücksichtigte oder berücksichtigungsfähige Kinder des Beihilfeberechtigten gewährt; dies gilt auch für Kinder im Sinne des § 32 Absatz 4 Nummer 1 und 2 des Einkommensteuergesetzes, die nur wegen der Höhe ihrer Einkünfte und Bezüge nicht im Familienzuschlag berücksichtigt werden. Ist ein Kind bei mehreren Beihilfeberechtigten im Familienzuschlag berücksichtigungsfähig oder ist bei verheirateten oder in einer eingetragenen Lebenspartnerschaft lebenden Kindern neben dem beihilfeberechtigten Elternteil der Ehegatte oder der eingetragene Lebenspartner des Kindes beihilfeberechtigt, so wird eine Beihilfe zu den Aufwendungen des Kindes nur einem von ihnen zu bestimmenden Berechtigten gewährt; die Bestimmung kann nur in Ausnahmefällen neu getroffen werden.

(3) Aufwendungen für Ehegatten, eingetragene Lebenspartner und Kinder beihilfeberechtigter Waisen sind nicht beihilfefähig.

2. Text der Verwaltungsvorschriften zu § 2 BVO

2 Zu § 2 Beihilfefälle

2.1 Absatz 1

2.1.1 Nummer 1

2.1.1.1 Die steuerrechtlichen Einkünfte umfassen folgende Einkunftsarten:

1. Einkünfte aus Land- und Forstwirtschaft,
2. Einkünfte aus Gewerbebetrieb,
3. Einkünfte aus selbständiger Arbeit (z. B. aus der Tätigkeit als Arzt, Zahnarzt, Rechtsanwalt, Architekt, Steuerberater),
4. Einkünfte aus nichtselbständiger Arbeit (Gehälter, Löhne, Versorgungsbezüge aufgrund früherer Dienstleistung),
5. Einkünfte aus Kapitalvermögen,
6. Einkünfte aus Vermietung und Verpachtung,
7. sonstige Einkünfte.

Die Summe dieser Einkünfte, vermindert um den Altersentlastungsbetrag nach § 24 a EStG und den Abzug für Land- und Forstwirte nach § 13 Absatz 3 EStG ist der Gesamtbetrag der Einkünfte. Kapitaleinkünfte, die nach § 32 d Absatz 1 EStG mit einem besonderen Steuersatz besteuert wurden oder die der Kapitalertragssteuer mit abgeltender Wirkung nach § 43 Absatz 5 EStG unterlegen haben, sind den Einkünften, der Summe der Einkünfte und dem Gesamtbetrag der Einkünfte hinzuzurechnen (vgl. § 2 Absatz 5 a EStG).

2.1.1.2 Als erstmalige Rentenbezieher gelten Rentner mit erstmaligem Anspruch auf Rente aus eigenem oder abgeleitetem Recht (z. B. Bezieher von Hinterbliebenenrenten), nicht aber Bezieher von umgewandelten Renten (z. B. Rente wegen Erwerbsminderung, die nach dem 31. Dezember 2003 in Altersrente umgewandelt wird). Soweit die berücksichtigungsfähige Person Leibrenten und andere Leistungen, die aus den gesetzlichen Rentenversicherungen, den landwirtschaftlichen Alterskassen, den berufsständischen Versorgungseinrichtungen und aus Rentenversicherungen erbracht werden, erstmalig ab 1. Januar 2004 bezieht, die bis 31. Dezember 2004 der Besteuerung nach § 22 EStG, ab 1. Januar 2005 nach § 22 Nummer 1 Satz 3 Buchstabe aa EStG, unterliegen, ist ihrem Gesamtbetrag der Einkünfte der Unterschiedsbetrag zwischen dem Jahresbetrag der Rente und dem der Besteuerung unterliegenden Anteil der Rente hinzuzurechnen. Der Differenzbetrag ist dem Steuerbescheid zu entnehmen. Renten, die der Besteuerung nach § 22 Nummer 1 Satz 3 Buchstabe bb EStG (ab 1. Januar 2005) unterliegen, werden ausschließlich mit dem Ertragsanteil erfasst. Bei erstmaligem Rentenbezug vor dem 1. Januar 2004 wird bei der Ermittlung des Gesamtbetrages der Einkünfte ausschließlich der steuerliche Ertragsanteil der Renten nach § 22 EStG (bis 31. Dezember 2004), ab 1. Januar 2005 nach § 22 Nummer 1 Satz 3 Buchstabe aa EStG, zu Grunde gelegt. Dies gilt entsprechend für die Rentenbezüge mit erstmaligem Rentenbezug vor dem 1. Januar 2004, die ab 1. Januar 2005 von § 22 Nummer 1 Satz 3 Buchstabe bb EStG erfasst werden.

2.1.1.3 Der Festsetzung der Beihilfe sind die Angaben des Beihilfeberechtigten über die Einkünfte des Ehegatten oder eingetragenen Lebenspartners im Antragsvordruck zu Grunde zu legen. Sofern der Gesamtbetrag der Einkünfte noch nicht festgestellt werden kann, steht die Beihilfefestsetzung unter dem Vorbehalt, dass die Grenze von 18.000 Euro nicht überschritten wird. Sofern nach Lage des Falles ein Überschreiten der Höchstgrenze möglich erscheint, soll die Beihilfestelle einen Nachweis über die Höhe der Einkünfte fordern.

2.1.1.4 Der Ehegatte oder eingetragene Lebenspartner eines Beihilfeberechtigten, der der Krankenversorgung der Bundesbahnbeamten (KVB) angehört, ist als selbst beihilfeberechtigt anzusehen. Dies gilt nicht, wenn der Ehegatte oder eingetragene Lebenspartner einen Zuschlag zu seinem Krankenversicherungsbeitrag zahlen muss, weil ihm die aus Haushaltsmitteln gewährten Fürsorgeleistungen der Deutschen Bundesbahn nicht zugute kommen. Ist ein Kind, für das der Beihilfeberechtigte Anspruch auf Beihilfen hat, in der KVB mitversichert, wird eine Beihilfe zu den Aufwendungen für das Kind nur gewährt, sofern nachgewiesen wurde, dass die KVB zu diesen Aufwendungen keine Fürsorgeleistungen erbracht hat bzw. erbringt.

2.1.1.5 Hat der berücksichtigungsfähige Ehegatte oder eingetragene Lebenspartner keine Einkünfte mehr und erklärt der Beihilfeberechtigte, dass im laufenden Kalenderjahr der Gesamtbetrag der Einkünfte des Ehegatten oder eingetragenen Lebenspartners 18.000 Euro nicht überschreiten wird, kann unter dem Vorbehalt des Widerrufs eine Beihilfe gewährt werden. Nach Ablauf des Kalenderjahres ist ein Nachweis über die Höhe der Einkünfte zu erbringen. Satz 1 gilt nicht für Aufwendungen, die in den Kalenderjahren entstanden sind, in denen der Gesamtbetrag der Einkünfte des Ehegatten oder eingetragenen Lebenspartners 18.000 Euro überschritten hat.

2.1.1.6 In den Fällen des § 4 PflegeZG, § 71 Absatz 2 und § 76 Absatz 2 Satz 3 LBG ist eine Beihilfe auch dann zu gewähren, wenn der Ehegatte oder eingetragene Lebenspartner im Kalenderjahr vor der Antragstellung und/oder im laufenden Kalenderjahr ausschließlich Einkünfte aus nicht selbstständiger Arbeit (§ 19 EStG) erzielt und diese mehr als 18.000 Euro betragen haben bzw. betragen. Dies gilt bei Ehegatten oder eingetragenen Lebenspartnern, die vor der Beurlaubung einen Beihilfeanspruch gegen einen anderen Dienstherrn hatten, nur dann, wenn der andere Dienstherr bei Beamten des Landes, die aufgrund der Regelung des § 71 Absatz 2 oder des § 76 Absatz 2 Satz 3 LBG berücksichtigungsfähige Person werden, entsprechend verfährt.

2.1.1.7 Nicht selbst beihilfeberechtigt im Sinne des § 2 BVO sind nach der Rechtsprechung des Bundesverwaltungsgerichts auch die Angehörigen eines Beihilfeberechtigten, die gesetzlich versichert sind, aufgrund ihrer Beschäftigung einen Beihilfeanspruch haben und damit beihilferechtlich auf die Sach- oder Dienstleistungen der gesetzlichen Kranken- oder Unfallversicherung verwiesen werden. Der Beihilfeberechtigte kann in diesem Fall bei seiner Festsetzungsstelle die Aufwendungen geltend machen, die über die Sach- oder Dienstleistungen bzw. den Wert der Sach- oder Dienstleistungen hinausgehen. Hat der pflichtversicherte Angehörige Kostenerstattung nach § 13 Absatz 2 SGB V gewählt oder nach § 13 Absatz 4 SGB V erhalten, können die nicht gedeckten Aufwendungen nicht geltend gemacht werden. Dies gilt entsprechend für gesetzlich vorgesehene Zuzahlungen und Gebühren.

2.1.1.8 Beantragt der Beihilfeberechtigte erstmals eine Beihilfe für Aufwendungen seines eingetragenen Lebenspartners, ist dem Beihilfeantrag eine beglaubigte Kopie der Lebenspartnerschaftsurkunde beizufügen. Diese Kopie ist zu den Akten zu nehmen.

2.1.1.9 Nach dem Bundesbesoldungsgesetz werden im Familienzuschlag die Kinder berücksichtigt, für die dem Beamten Kindergeld nach dem EStG oder nach BKGG zusteht oder ohne Berücksichtigung der §§ 64 oder 65 EStG oder der §§ 3 oder 4 BKGG zustehen würde. Bei in einer eingetragenen Lebenspartnerschaft lebenden Kindern ist es bis zu einer Änderung der besoldungs- und versorgungsrechtlichen Vorschriften für die Gewährung von Beihilfen ausreichend, wenn einem der eingetragenen Lebenspartner für das Kind Kindergeld zusteht oder zustehen würde. Nummer 2.2.2 gilt entsprechend.

2.1.2 **Nummer 2** (bleibt frei)

2.1.3 **Nummer 3** (bleibt frei)

2.1.4 **Nummer 4** (bleibt frei)

2.1.5 **Nummer 5** (bleibt frei)

2.2 **Absatz 2**

2.2.1 § 2 Absatz 2 BVO gilt auch für nicht selbst beihilfeberechtigte Kinder von Beihilfeberechtigten, die keinen Anspruch auf Familienzuschlag haben (Lohnempfänger), sofern bei Anwendung des Besoldungsgesetzes die Kinder im Familienzuschlag berücksichtigungsfähig wären; Nummer 2.1.1.9 gilt entsprechend.

2.2.2 § 2 Absatz 2 Satz 1 zweiter Halbsatz BVO gilt in den Fällen des § 32 Absatz 5 EStG entsprechend.

2.2.3 Ein nicht selbst beihilfeberechtigtes Kind gilt auch dann als im Familienzuschlag berücksichtigungsfähig, wenn es wegen der Konkurrenzregelung des § 40 Absatz 5 BBesG nicht im Familienzuschlag erfasst ist. Dies gilt nicht, wenn ein Kind, das bei mehreren Beihilfeberechtigten berücksichtigungsfähig ist, nach Bundes- oder Landesbeihilferecht nur bei dem Beihilfeberechtigten berücksichtigt wird, der den Familienzuschlag für das Kind nach § 40 BBesG erhält.

2.2.4 Die schriftliche Erklärung der Beihilfeberechtigten zu den Aufwendungen des Kindes ist von der Beihilfestelle, die die Beihilfen für das Kind zahlen soll, zu den Akten zu nehmen. Eine Kopie der Erklärung ist der Beihilfestelle des anderen Beihilfeberechtigten zu übersenden. In den Fällen der Nummer 2.2.3 Satz 2 gilt die Beantragung des Familienzuschlags durch einen Beihilfeberechtigten als Bestimmung der Beihilfeberechtigten nach § 2 Absatz 2 Satz 2 BVO.

2.2.5 Weiterhin berücksichtigungsfähig sind studierende Kinder i. S. d. § 2 Absatz 2 BVO, die von der durch das Steueränderungsgesetz 2007 vom 19. Juli 2006 (BGBl. I. S. 1652) vorgenommenen Kürzung des Bezugszeitraumes für Kindergeld und Familienzuschlag betroffen sind (d. h. Anspruchsende grundsätzlich mit Vollendung des 25. Lebensjahres), soweit sie bereits bis zum Wintersemester 2006/2007 ein Studium an einer Hoch- oder Fachhochschule aufgenommen haben.

B) Hinweise

a) Beihilfen für den Beihilfeberechtigten

Beihilfeberechtigte können nicht nur zu eigenen Aufwendungen, sondern auch zu den Aufwendungen des Ehegatten/eingetragenen Lebenspartners und den in § 2 Abs. 2 BVO (s. o.) aufgeführten Kindern Beihilfen erhalten. Darüber hinaus ist eine Beihilfegewährung ausgeschlossen, und zwar auch für Personen, die in den Haushalt des Beihilfeberechtigten aufgenommen worden sind und bei denen er gesetzlich, vertraglich oder moralisch verpflichtet ist, die Kosten einer Krankheit usw. zu tragen.

Angehörige (Ehegatte/eingetragener Lebenspartner, berücksichtigungsfähige Kinder) eines Beihilfeberechtigten, die als Beschäftigte im öffentlichen Dienst oder als Versorgungsempfänger eine eigene Beihilfeberechtigung erworben haben, müssen die in ihrer Person entstandenen Aufwendungen bei der für sie zuständigen Beihilfestelle geltend machen. Der Beihilfeberechtigte kann zu den Aufwendungen dieser Personen bei seiner Beihilfestelle im Grundsatz keine Beihilfen erhalten. Dies gilt nach der Rechtsprechung des Bundesverwaltungsgerichts jedoch nur, wenn der eigene Beihilfeanspruch des Ehegatten/eingetragenen Lebenspartners demjenigen des Beihilfeberechtigten insgesamt gleichwertig ist. Diese Voraussetzung ist nicht erfüllt, wenn der Ehegatte/eingetragene Lebenspartner als Arbeitnehmer beihilferechtlich auf die Sach- und Dienstleistungen der gesetzlichen Kranken- oder Unfallversicherung angewiesen ist.

Das Bundesverwaltungsgericht hat ausgeführt, dass eine generelle und ausschließliche Beschränkung des Ehegatten/eingetragenen Lebenspartners des beihilfeberechtigten Beamten auf die Sachleistungen der maßgebenden Richtschnur nicht Rechnung trage, nach der die am Lebenszuschnitt des Beamten und seiner Familie orientierten notwendigen Aufwendungen beihilfefähig sein sollen. Hiernach hat die für den Beihilfeberechtigten zuständige Beihilfestelle gem. § 3 Abs. 4 Satz 1 BVO zu dem Differenzbetrag zwischen den nach der Beihilfenverordnung beihilfefähigen Aufwendungen und dem Wert der Sach- oder Dienstleistungen bzw. dem zustehenden Wert der Sach- und Dienstleistungen der Kranken- oder Unfallversicherung eine Beihilfe zu gewähren. Beihilfefähig sind z. B.

- bei einem Krankenhausaufenthalt der Differenzbetrag zwischen den Kosten für eine Unterbringung in einem Zweibettzimmer – einschließlich privatärztlicher Behandlung und ggf. Nebenkosten (abzüglich Wahlleistungsabschläge) – und den von der Krankenversicherung oder Unfallversicherung übernommenen allgemeinen Krankenhausleistungen,
- bei einer privaten Konsultation eines Arztes der Differenzbetrag zwischen den entstandenen beihilfefähigen Kosten und den fiktiven Leistungen, welche die Krankenversicherung oder Unfallversicherung zu zahlen hätte; Entsprechendes gilt für auf Privatrezept verschriebene Medikamente, zu denen die Krankenversicherung oder Unfallversicherung keine Leistungen erbringt,
- die Aufwendungen für die Inanspruchnahme eines Heilpraktikers (die durch einen Heilpraktiker verordneten Medikamente sind regelmäßig [da nicht rezeptpflichtig] nicht beihilfefähig) ohne Anrechnung von fiktiven Krankenkassenleistungen.

Falls der als Arbeitnehmer tätige Ehegatte/eingetragene Lebenspartner krankenversicherungspflichtig ist und mit seiner Krankenkasse vereinbart hat, dass er die medizinischen Leistungen nicht mit Versichertenkarte, sondern bei Kostenerstattung der Krankenkasse privat in Anspruch nimmt, kann nach Nr. 2.1.1.7 VVzBVO (s. o.) zu den dadurch anfallenden Kosten keine Beihilfe gewährt werden. Unbeeinflusst von dieser Regelung sind jedoch bei der Inanspruchnahme von Wahlleistungen im Krankenhaus, bei der Konsultation von Ärzten ohne Kassenzulassung sowie bei der Inanspruchnahme eines Heilpraktikers (i. d. R. ohne verordnete Arzneimittel) Beihilfen zu gewähren.

Sofern die gesetzliche Krankenversicherung dem selbst beihilfeberechtigten vollzeitbeschäftigten Ehegatten/eingetragenen Lebenspartner versicherungsrechtlich nur einen Zuschuss (Festbetrag) zu den Kosten zu gewähren hat (z. B. bei Zahnersatz, Zahnkronen, Zahnfüllungen), ist seitens der Beihilfestelle des Beihilfeberechtigten eine Beihilfezahlung ausgeschlossen, weil hier von einer Ungleichwertigkeit der Beihilfeansprüche nicht ausgegangen werden kann.

Die Beihilfegewährung obliegt in diesen Fällen daher allein der für den Ehegatten/eingetragenen Lebenspartner zuständigen Beihilfestelle. Im Übrigen ist die Zahlung einer Beihilfe für den Ehegatten/eingetragenen Lebenspartner durch die Beihilfestelle des Beihilfeberechtigten im Krankheitsfall auch dann unzulässig, wenn die nach § 2 Abs. 1 Nr. 1 Buchstabe b BVO (s. o.) zu berücksichtigenden Einkünfte des Ehegatten/eingetragenen Lebenspartners 18.000 Euro übersteigen.

b) Beihilfen für den Ehegatten/Eingetragenen Lebenspartner

Zu den Krankheitsaufwendungen (einschließlich der Kosten für Vorsorgemaßnahmen und Impfungen) und zu den Pflegeaufwendungen des selbst nicht beihilfeberechtigten (männlichen oder weiblichen) Ehegatten/eingetragenen Lebenspartners erhält der Beihilfeberechtigte nur dann eine Beihilfe, wenn der einkommensteuerrechtliche Gesamtbetrag der Einkünfte des Ehegatten/eingetragenen Lebenspartners in dem Kalenderjahr, das vor dem Jahr der Antragstellung liegt, 18.000 Euro nicht übersteigt. Das Gleiche gilt hinsichtlich der Aufwendungen eines selbst beihilfeberechtigten Ehegatten/eingetragenen Lebenspartners, wenn der Beihilfeberechtigte hierzu ausnahmsweise eine Beihilfe beantragen kann (vgl. unter „a"). Bei Einkünften von mehr als 18.000 Euro wird davon ausgegangen, dass der Ehegatte/eingetragene Lebenspartner sich in der Regel einen eigenen Krankenversicherungsschutz schaffen kann und eine zusätzliche Hilfe nicht mehr erforderlich ist. Lediglich in den Fällen, in denen der Ehegatte/eingetragene Lebenspartner trotz ausreichender Krankenversicherung für bestimmte Krankheiten von den Leistungen der Versicherung ausgeschlossen ist oder die Krankenversicherungsleistungen auf Dauer eingestellt wurden, sind Beihilfen auch bei Überschreitung der Einkommensgrenze zu zahlen. Darüber hinaus kann in besonderen Härtefällen das Finanzministerium die Gewährung einer Beihilfe zulassen (siehe § 12 Abs. 6 BVO). Das Bundesverwaltungsgericht hat in einer Entscheidung vom 20. Oktober 1976 – BVerwG VI C 187.73 – (DÖD 1977 S. 57/ZBR 1977 S. 191) die getroffene Regelung als mit den Normen höherrangigen Rechts vereinbar erklärt.

Ein Härtefall kann auch dann auftreten, wenn die Einkünfte des Ehegatten vollkommen entfallen, z. B. wegen Aufgabe des Berufs. Hier kann nach Nr. 2.1.1.5 VVzBVO (s. o.) zu den Aufwendungen, die seit Beginn des laufenden Jahres entstanden sind, eine Beihilfe unter dem Vorbehalt des Widerrufs gezahlt werden, sofern der Beihilfeberechtigte erklärt, dass im laufenden Kalenderjahr die Einkünfte des Ehegatten die Einkommensgrenze von 18.000 Euro nicht überschreiten werden. Nach Ablauf des Kalenderjahres ist ein entsprechender Nachweis zu erbringen, damit die Beihilfe endgültig festgesetzt werden kann. Falls die Einkünfte des Ehegatten/eingetragenen Lebenspartners nicht vollkommen entfallen, kann eine Härtefallregelung nur über § 12 Abs. 6 BVO (abgedruckt im Anhang, Nr. 1 a, S. 367 ff.) erfolgen.

Verliert der beihilfeberechtigte Ehegatte/eingetragene Lebenspartner eines Beihilfeberechtigten wegen Urlaubs zur Betreuung oder Pflege eines Angehörigen oder wegen einer Elternzeit seine eigene Beihilfeberechtigung und wird er bei dem Beihilfeberechtigten berücksichtigungsfähige Person, ist die 18.000-Euro-Grenze im Vorjahr und/oder im Jahr des Ereignisses ohne Bedeutung, sofern der Ehegatte/eingetragene Lebenspartner ausschließlich Einkünfte aus nichtselbstständiger Arbeit (§ 19 EStG; Gehalt, Lohn, Versorgungsbezüge aufgrund früherer Dienstleistung) bezogen hat bzw. bezieht. Wird die 18.000-Euro-Grenze überschritten, weil (noch) andere Einkünfte bezogen wurden (z. B. Zinseinkünfte, Einkünfte aus Vermietung und Verpachtung), ist eine Beihilfegewährung ausgeschlossen. Es wird auf Nr. 2.1.1.6 VVzBVO (s. o.) hingewiesen. Ein Ehegatte/eingetragener Lebenspartner, der über den Beihilfeberechtigten keine Beihilfen erhalten kann, weil er die Voraussetzungen für eine berücksichtigungsfähige Person nicht erfüllt, kann Beihilfen ggf. aufgrund seines eigenen Rechtsverhältnisses erhalten.

Der Gesamtbetrag der Einkünfte ergibt sich aus dem Einkommensteuerbescheid oder kann häufig auch anhand der Lohnsteuerkarte ermittelt werden. Ggf. genügt auch eine Verdienstbescheinigung des Arbeitgebers oder eine Bescheinigung des Finanzamtes.

Durch die 19. Verordnung zur Änderung der BVO vom 12. Dezember 2003 in Verbindung mit Nr. 2.1.1.1 VVzBVO (s. o.) ist vorgeschrieben worden, dass Renten des berücksichtigungsfähigen Ehegatten/eingetragenen Lebenspartners und zwar Renten aus den gesetzlichen Rentenversicherungen, den landwirtschaftlichen Alterskassen und den berufsständischen Versorgungseinrichtungen (z. B. der Ärzte und Rechtsanwälte – vgl. § 22 Nr. 1 Satz 3 Buchstabe aa EStG –) – nicht also Betriebsrenten, Zusatzrenten des öffentlichen Dienstes (VBL), Renten aus einer privaten Rentenversicherung oder aus einer privaten Lebensversicherung (vgl. § 22 Nr. 1 Satz 3 Buchstabe bb EStG) – nicht mit dem Besteuerungsanteil, sondern in voller Höhe bei der Ermittlung des Gesamtbetrages der Einkünfte anzusetzen sind. Der steuerliche Gesamtbetrag der Einkünfte des Ehegatten/eingetragenen Lebenspartners, der dem Steuerbescheid entnommen werden kann, ist daher für die beihilferechtliche Beurteilung zu erhöhen um den Differenzbetrag zwischen dem Bruttorentenbetrag und dem Besteuerungsanteil.

Diese Regelung gilt für Personen, die ab 1. Januar 2004 erstmals Rentner werden. Als erstmalige Rentenbezieher gelten Personen mit erstmaligem Anspruch auf Rente aus eigenem Recht oder aus abgeleitetem Recht (z. B. Hinterbliebenrente), nicht aber Bezieher von umgewandelten Renten (z. B. Rente wegen Erwerbsminderung, die nach dem 31. Dezember 2003 in Altersrente umgewandelt wird). Die Renten sind vor Abzug des Krankenversicherungsbeitrags und des Pflegeversicherungsbeitrags und ohne Zuschuss zum Krankenversicherungsbeitrag der Berechnung zugrunde zu legen.

Beispiele:

1. Die Ehefrau eines Beamten, die als Angestellte in einer Speditionsfirma tätig ist, hatte 2009 ein monatliches Bruttogehalt von 1.550 Euro, das sind 18.600 Euro im Jahr. Sie verfügt über keine weiteren Einkünfte.

Die steuerlichen Einkünfte errechnen sich wie folgt:

Bruttoeinnahmen:	18.600 Euro
Werbungskostenpauschbetrag (es wurden keine höheren Werbungskosten beim Finanzamt geltend gemacht)	920 Euro
Einkünfte aus nicht selbstständiger Arbeit	**17.680 Euro**

Da die Einkünfte unter 18.000 Euro liegen, kann der Beamte 2010 für Aufwendungen seiner Ehefrau Beihilfen erhalten.

2. Die Ehefrau eines Beamten bezieht erstmals ab Januar 2005 eine Sozialversicherungsrente in Höhe von 1.000 Euro monatlich, d. h. 12.000 Euro jährlich. Sie verfügt noch über Einkünfte aus Vermietung und Verpachtung in Höhe von 10.000 Euro jährlich.

Die steuerlichen Einkünfte für 2009 errechnen sich wie folgt:

Einkünfte aus Vermietung und Verpachtung:		10.000 Euro
Besteuerungsanteil der Rente 50 v. H. v. 12.000 Euro =	6.000 Euro	
abzüglich Werbungskostenpauschbetrag	102 Euro	5.898 Euro
Gesamtbetrag der (steuerlichen Einkünfte)		**15.898 Euro**

Für Zwecke des Beihilferechts ist der Gesamtbetrag der Einkünfte von 15.898 Euro zu erhöhen um den Differenzbetrag zwischen der Bruttorente von 12.000 Euro und dem Besteuerungsanteil der Rente von 6.000 Euro = 6.000 Euro. 15.898 Euro plus 6.000 Euro = 21.898 Euro. Beihilferechtlich ist von 21.898 Euro auszugehen. Da der Betrag von 18.000 Euro überschritten ist, ist eine Beihilfegewährung für die Ehefrau 2010 ausgeschlossen.

Bei der Ermittlung des Gesamtbetrages der Einkünfte bleiben Sonderausgaben (z. B. Versicherungsbeiträge, Beiträge zu Bausparkassen, Kirchensteuer) sowie außergewöhnliche Belastungen und andere Freibeträge (z. B. für Körperbehinderte) unberücksichtigt. Zum Gesamtbetrag der Einkünfte zählen nicht Elterngeld, Krankengeld, Arbeitslosengeld, Arbeitslosengeld II und Unterhaltsgeld.

Kapitaleinkünfte, die nach § 32 d Abs. 1 EStG mit einem besonderen Steuersatz besteuert wurden oder die der Kapitalertragssteuer mit abgeltender Wirkung nach § 43 Abs. 5 EStG unterliegen, sind den Einkünften, der Summe der Einkünfte und dem Gesamtbetrag der Einkünfte hinzuzurechnen (vgl. § 2 Abs. 5 a EStG).

Die einschränkenden Regelungen für die Gewährung von Beihilfen gelten nur in Krankheitsfällen (einschließlich Vorsorgemaßnahmen) und Pflegefällen, nicht auch in Geburts- und Todesfällen sowie in Fällen eines nicht rechtswidrigen Schwangerschaftsabbruchs und einer durch Krankheit erforderlichen Sterilisation.

Für einen getrennt lebenden Ehegatten/eingetragenen Lebenspartner kann im Krankheitsfall (einschließlich Vorsorgemaßnahmen und Impfungen) sowie im Pflegefall eine Beihilfe nur dann gewährt werden, wenn der Ehegatte/eingetragene Lebenspartner einen Unterhaltsanspruch gegen den Beihilfeberechtigten hat. Die Höhe dieses Anspruchs ist unbeachtlich. Nach einer Scheidung bzw. Auflösung einer eingetragenen Partnerschaft ist eine weitere Beihilfegewährung für diesen Personenkreis ausgeschlossen.

c) Beihilfen für Kinder

Ein Beihilfeberechtigter kann für ein Kind nur dann eine Beihilfe erhalten, wenn das Kind bei ihm im Familienzuschlag nach dem Besoldungsgesetz berücksichtigt oder berücksichtigungsfähig ist. Weitere Hinweise siehe unter *„Kinder"*.

Beihilfesystem

Die Beihilfebestimmungen gehen davon aus, dass der Beamte, Richter oder Versorgungsempfänger sich und seine Familie mit einem angemessenen Beitrag gegen Krankheit versichert. (Ab 1. Januar 2009 besteht erstmals auch für Beamte eine gesetzliche Verpflichtung zum Abschluss einer Krankenversicherung). Hierbei sehen die Vorschriften es als zumutbar an, dass die Beiträge zur Kranken- und Pflegeversicherung von den Beihilfeberechtigten alleine aufgebracht werden, zumal rechtstheoretisch mit den Dienst- und Versorgungsbezügen den Beihilfeberechtigten diese Versicherungsbeiträge zur Verfügung gestellt werden. Die Beihilfe soll ergänzend zu den Leistungen der Versicherung eingreifen und eine volle oder annähernd volle Kostendeckung sicherstellen. Demgemäß sind die Bemessungssätze der Beihilfenverordnung so festgesetzt worden, dass durchschnittlich nur der Teil der Aufwendungen im Wege der Beihilfe erstattet wird, der von einer dem Beamten, Richter oder Versorgungsempfänger zuzumutenden Kranken- und Pflegeversicherung nicht übernommen wird. Um zu vermeiden, dass der Beihilfeberechtigte eine über seine Aufwendungen hinausgehende Gesamterstattung erhält, sehen die Beihilfebestimmungen insoweit eine Begrenzung der Beihilfe vor, als diese zusammen mit den Versicherungsleistungen und den sonstigen von anderen Stellen gezahlten Beträgen die Aufwendungen des Beihilfeberechtigten nicht übersteigen darf. Im Übrigen sieht der Verordnungsgeber es als zumutbar an, dass unter den Voraussetzungen des § 12 a BVO die Beihilfe um eine jährliche Kostendämpfungspauschale gemindert wird.

Siehe auch unter *„Belastungsgrenze"*.

Beihilfeverfahren

Siehe unter *„Verfahren"*.

Beihilfevorschuss

Siehe unter *„Abschlagszahlungen"*.

Beinprothese

Die angemessenen Aufwendungen für eine ärztlich verordnete Beinprothese sind beihilfefähig (bei Erstausstattung in zweifacher Ausfertigung).

Beitragsbemessungsgrenze/Versicherungspflichtgrenze

Die Beiträge zur Gesetzlichen Krankenversicherung (GKV) wie zur sozialen Pflegeversicherung werden nur bis zu einer bestimmten Einkommensgrenze erhoben. Diese Beitragsbemessungsgrenze wird jährlich an die allgemeine Lohn- und Gehaltsentwicklung aller Versicherten angepasst.

Die Versicherungspflichtgrenze in der GKV (Jahresarbeitsentgeltgrenze) wurde für das Jahr 2010 auf 49.950 Euro festgesetzt. Für Arbeitnehmer, die bereits am 31. Dezember 2002 aufgrund der zu diesem Zeitpunkt geltenden Regelungen wegen des Überschreitens der Jahresarbeitsentgeltgrenze versicherungsfrei waren, steigt die Jahresarbeitsentgeltgrenze für das Jahr 2010 auf 45.000 Euro.

Unabhängig davon, welche Versicherungspflichtgrenze gilt, beträgt die Beitragsbemessungsgrenze für das Jahr 2010 für alle Mitglieder der GKV 45.000 Euro jährlich bzw. 3.750 Euro monatlich.

Die Bezugsgröße wurde für das Jahr 2010 auf 2.555 Euro monatlich bzw. 30.660 Euro jährlich festgesetzt. Hieraus ergibt sich ein Betrag von 365 Euro als zulässiges Gesamteinkommen für die beitragsfreie Familienversicherung der gesetzlichen Krankenversicherung. Für geringfügig Beschäftigte bleibt es bei einem zulässigen Gesamteinkommen von 400 Euro für die beitragsfreie Familienversicherung.

Belastungsgrenze

A) Vorschriften

1. Text § 15 BVO

Belastungsgrenze

(1) Ab dem 1. Januar 2010 dürfen Selbstbehalte nach § 4 Absatz 1 Nummer 1 Satz 7 und Nummer 2 Satz 2 und 3 sowie die Kostendämpfungspauschale nach § 12 a im Kalenderjahr insgesamt 2 % der Bruttojahresdienstbezüge oder Bruttojahresversorgungsbezüge nach beamtenrechtlichen Vorschriften oder Grundsätzen des Beihilfeberechtigten (Belastungsgrenze) nicht überschreiten. Maßgebend für die Feststellung der Belastungsgrenze sind die jährlichen Bruttobezüge des vorangegangenen Kalenderjahres. Variable Bezügebestandteile, kinderbezogene Anteile im Familienzuschlag, Renten

aus der gesetzlichen Rentenversicherung und einer zusätzlichen Alters- und Hinterbliebenenversorgung des Beihilfeberechtigten sowie Einkünfte berücksichtigungsfähiger Personen bleiben außer Ansatz. Die Beträge nach Satz 1 sind mit Ausnahme der Kostendämpfungspauschale nur in Höhe des Beihilfenbemessungssatzes nach § 12 zu berücksichtigen.

(2) Die Feststellung der Belastungsgrenze erfolgt durch die Beihilfestelle. Maßgeblich für die Zuordnung der Selbstbehalte und Kostendämpfungspauschale zur Belastungsgrenze ist das Entstehen der Aufwendungen (§ 3 Absatz 5 Satz 2). Wird die Belastungsgrenze nach Absatz 1 Satz 1 überschritten, sind für das betreffende Kalenderjahr keine weiteren Selbstbehalte in Abzug zu bringen.

2. Text der Verwaltungsvorschriften

15 **Zu § 15 Belastungsgrenze**

15.1 **Absatz 1**

15.1.1 Zu berücksichtigen sind die jährlichen (Brutto-) Dienst- oder Versorgungsbezüge (Grundgehalt, Allgemeine Stellenzulagen, Familienzuschlag ohne kinderbezogene Anteile, Vermögenswirksame Leistungen, Sonderzahlungen, Leistungsbezüge der W-Besoldung). Außer Ansatz bleiben variable Bezügebestandteile wie z. B. Erschwerniszulagen, Mehrarbeitsvergütungen, Vergütung für Beamte im Vollstreckungsdienst. Bei den Versorgungsbezügen handelt es sich insbesondere um Ruhegehalt, Witwergeld, Waisengeld, Unterhaltsbeitrag. Soweit Anrechnungs-, Ruhens- und Regelungsvorschriften Anwendung finden, ist beihilferechtlich von dem ungekürzten Versorgungsbezug auszugehen.

15.1.2 Bei erstmaligem Anspruch auf Besoldung (auch nach Beendigung einer Beurlaubung, s. Nummer 15.1.3) oder auf Witwergeld im laufenden Kalenderjahr ist der erste volle Monatsbezug auf den Rest des laufenden Jahres hochzurechnen. Der so ermittelte Bruttojahresdienst-(-versorgungs-) bezug dient als Bemessungsgrundlage zur Ermittlung der Belastungsgrenze des laufenden Kalenderjahres. Einkommen aus anderen Beschäftigungsverhältnissen (außerhalb des Beamtenstatus) sowie Rentenbezüge bleiben außer Ansatz. Für das Folgejahr ist anhand des Januarbezuges ein fiktiver Vorjahresbruttobetrag (12/12) zu ermitteln.

15.1.3 Bei Personen mit Ansprüchen auf Leistungen der Krankheitsfürsorge nach § 71 Absatz 2 und § 76 Absatz 2 Satz 3 LBG sowie nach § 6 a Absatz 6 LRiG gilt Nummer 15.1.2 entsprechend. Soweit dieser Personenkreis im Vorjahr und im laufendem Jahr keine Bezüge erhalten hat bzw. erhält, wird die Belastungsgrenze auf 0,– Euro festgesetzt.

15.1.4 Ein Versorgungsabschlag (-ausgleich) bleibt unberücksichtigt. Auszugehen ist von der ungekürzten Bruttoversorgung.

15.2 **Absatz 2**

15.2.1. Für Tarifbeschäftigte ist im Hinblick auf die ausschließlich beamtenrechtliche Regelung keine Belastungsgrenze zu ermitteln.

B) Hinweise

Mit der Neufassung des § 77 LBG (Ermächtigungsgrundlage zum Beihilferecht) wurde zum 1. Januar 2010 eine sog. Belastungsgrenze eingeführt. Aus Gründen der beamtenrechtliche Fürsorge und Alimentation dürfen je Kalenderjahr die Kostendämpfungspauschale, die Eigenbehalte für stationäre Behandlungen und zahntechnische Leistungen 2 v. H. der Jahresdienst- bzw. Jahresversorgungsbezüge nicht überschreiten.

Die gesetzliche Regelung des LBG wurde in die Neufassung der BVO aufgenommen. Nach § 15 BVO (s. o.) dürfen demnach ab 1. Januar 2010 v. g. Eigenbeteiligungen im Kalenderjahr insgesamt 2 v. H. der Bruttojahresdienst- oder Bruttojahresversorgungsbezüge nach beamtenrechtlichen Vorschriften oder Grundsätzen des Beihilfeberechtigten nicht überschreiten. Hierzu zählen nach der Nr. 15.1.1 VVzBVO (s. o.) das Grundgehalt, allgemeine Stellenzulagen, der Familienzuschlag ohne kinderbezogene Anteile, vermögenswirksame Leistungen, Sonderzahlungen und Leistungsbezüge der W-Besoldung. Bei den Versorgungsbezügen handelt es sich insbesondere um Ruhegehalt, Witwengeld, Witwergeld, Waisengeld und Unterhaltsbeitrag. Soweit Anrechnungs-, Ruhens- und Regelungsvorschriften Anwendung finden, ist nach der Nr. 15.1.1 VVzBVO (s. o.) beihilferechtlich von dem ungekürzten Versorgungsbezug auszugehen; dies gilt entsprechend für Fälle eines Versorgungsabschlags oder eines Versorgungsausgleichs.

Maßgeblich sind die jährlichen Bruttobezüge des vorangegangenen Kalenderjahres. Nicht jeder Beihilfeberechtigte hat jedoch im Vorjahr bereits Bezüge (Besoldung) erhalten. Die Nr. 15.1.2 VVzBVO (s. o.) bestimmt hierzu, dass bei erstmaligem Anspruch auf Besoldung (auch nach Beendigung einer Beurlaubung) oder auf Witwengeld/Witwergeld im laufenden Kalenderjahr der erste volle Monatsbezug auf den Rest des laufenden Kalenderjahres hochzurechnen ist. Das so ermittelte Jahresbrutto dient als Bemessungsgrundlage zur Ermittlung der Belastungsgrenze des laufenden Kalenderjahres. Für das Folgejahr ist anhand des Januarbezuges ein fiktiver Vorjahresbruttobetrag (12/12) zu ermitteln.

Einkommen aus anderen Beschäftigungsverhältnissen (außerhalb des Beamtenstatus, z. B. wenn der neu eingestellte Beamte im Vorjahr als Angestellter außerhalb des öffentlichen Dienstes tätig war) bleiben außer Ansatz. Dasselbe gilt für variable Bezügebestandteile (z. B. Erschwerniszulagen, Mehrarbeitsvergütungen, Vergütungen für Beamte im Vollstreckungsdienst), kinderbezogene Anteile im Familienzuschlag, Renten aus der gesetzlichen Rentenversicherung und einer zusätzlichen Alters- und Hinterbliebenenversorgung.

Die v. g. Regelungen gelten nach Nr. 15.1.3 VVzBVO (s. o.) für Personen mit Ansprüchen auf Leistungen der Krankheitsfürsorge, bei Urlaub aus familiären Gründen (§ 71 Abs. 3 LBG) sowie bei Eltern- und Pflegegeld (§ 76 Abs. 2 LBG) entsprechend. Soweit eine Person mit Anspruch auf Leistungen der Krankheitsfürsorge im Vorjahr und im laufenden Jahr keine Bezüge erhalten hat bzw. erhält, beträgt die Belastungsgrenze 0 Euro; in diesem Fall sind neben der Kostendämpfungspauschale im Ergebnis auch keine Eigenanteile für stationäre Wahlleistungen und für Material- und Laborkosten bei Zahnersatz zu zahlen.

Neben der Kostendämpfungspauschale werden die Eigenanteile bei stationärer Krankenhausbehandlung und zahntechnischen Leistungen des Beihilfeberechtigten und aller berücksichtigungsfähigen Personen zusammengerechnet. Bei der Ermittlung der Belastungsgrenze werden jedoch ausschließlich die Bezüge des Beihilfeberechtigten zugrunde gelegt.

Die Belastungsgrenze wird von der Beihilfestelle ermittelt. Wird sie im Einzelfall überschritten, sind für das betreffende Kalenderjahr keine weiteren Selbstbehalte mehr in Abzug zu bringen. Ein gesonderter Antrag des Beihilfeberechtigten ist hierzu nicht erforderlich.

Für Tarifbeschäftigte mit Beihilfeanspruch gelten die Regelungen zur Belastungsgrenze nicht; es handelt sich ausschließlich um eine beamtenrechtliche Regelung (vgl. Nr. 15.2.1 VVzBVO – s. o. –).

Belege

Den Beihilfeanträgen müssen Belege (Arztrechnungen, Rezepte, Laborkostenrechnung des Zahnarztes, Rechnungen über Pflegeaufwendungen usw.) beigefügt werden. Eine Erklärung des Beihilfeberechtigten über die Höhe der Aufwendungen reicht nicht aus.

Auf die Vorlage von Belegen kann verzichtet werden:

- bei einer Zuschussgewährung zu den Kosten einer Säuglings- und Kleinkinderausstattung,
- bei einer Pflege durch andere Pflegepersonen nach § 5 a Abs. 2 BVO (die Kosten einer Ersatzpflege nach § 5 a Abs. 3 BVO müssen jedoch belegt werden).

Nach § 13 Abs. 2 BVO sind grundsätzlich die Originalbelege dem Beihilfeantrag beizufügen. Hierdurch wird ausgeschlossen, dass zu einem Beleg mehrmals eine Beihilfe gezahlt wird. Nach Festsetzung der Beihilfe erhalten die Antragsberechtigten die Originalbelege zurück, die sie dann ihrer Krankenkasse zur Erstattung vorlegen können.

Von der Vorlage der Originalbelege kann abgesehen werden – d. h. es reichen Durchschriften, Fotokopien oder beglaubigte Abschriften der Belege aus – wenn

– Versicherungsleistungen einzeln nachzuweisen sind, z. B.

a) bei Beihilfeberechtigten und berücksichtigungsfähigen Personen, bei denen die Leistungen der Krankenkasse von den beihilfefähigen Aufwendungen abzuziehen sind (§ 3 Abs. 4 Satz 1 und 3 BVO, abgedruckt im Anhang, Nr. 1 a, S. 367 ff.; § 1 Abs. 2 und 3 BVOAng, abgedruckt im Anhang, Nr. 1 b, S. 419 ff.),

b) im Rahmen der Höchstbetragsberechnung nach § 12 Abs. 7 BVO (nicht also in den Fällen, in denen der Beihilfeberechtigte die Leistungen einer Quotenversicherung durch Vorlage geeigneter Versicherungsunterlagen [Versicherungsverträge, Bescheinigung der Versicherung über die Höhe der Quote] nachgewiesen hat. Es wird auf Nr. 12.7.2 VVzBVO (abgedruckt im Anhang, Nr. 2, S. 423 ff.) hingewiesen),

– von der Krankenversicherung bei Auslandsrechnungen bestätigte Kopien vorgelegt werden (vgl. Nr. 13.2.3 VVzBVO, abgedruckt im Anhang, Nr. 2, S. 423 ff.),

Zum Zwecke der Beihilfefestsetzung dürfen durch die Beihilfestelle Belege und Schriftstücke in elektronischer Form abgebildet und gespeichert, die in ihnen enthaltenen Daten elektronisch ausgelesen und weiterverarbeitet werden. In diesen Fällen brauchen keine Originalbelege vorgelegt zu werden; die vorgelegten Belege werden digitalisiert und anschließend vernichtet (vgl. § 13 Abs. 11 BVO, abgedruckt im Anhang, Nr. 1 a, S. 367 ff.). Siehe auch unter *„Elektronische Beihilfebearbeitung"*.

Die Rechnungsbelege sind vom Beihilfeberechtigten noch drei Jahre – gerechnet vom Zeitpunkt des Empfangs der Beihilfe an – aufzubewahren und für eine Einforderung bereitzuhalten, falls die Beihilfe höher als 500 Euro, bei stationären Behandlungen und ambulanten Kur- und Rehabilitationsmaßnahmen höher als 1.000 Euro ist und die Belege nicht bei einer Versicherung verbleiben. Die Notwendigkeit einer Einforderung kann sich ergeben, wenn der Landesrechnungshof anlässlich einer Prüfung der Beihilfestelle die Belege einzusehen wünscht. Dies gilt nicht in den Fällen, in denen die Belege digitalisiert wurden (s. o.).

Bemessung der Beihilfe

A) Vorschriften

1. Text § 12 BVO

Bemessung der Beihilfe

(1) Die Beihilfe bemisst sich nach einem Vomhundertsatz der beihilfefähigen Aufwendungen (Bemessungssatz); maßgebend für die Höhe des Bemessungssatzes sind die Verhältnisse im Zeitpunkt des Entstehens der Aufwendungen (§ 3 Absatz 5 Satz 2). Der Bemessungssatz beträgt für Aufwendungen, die entstanden sind für

a) den Beihilfeberechtigten (§ 1 Absatz 1 Nummer 1 und 4) sowie für entpflichtete Hochschullehrer	50 vom Hundert,
b) den Empfänger von Versorgungsbezügen, der als solcher beihilfeberechtigt ist,	70 vom Hundert,
c) den berücksichtigungsfähigen Ehegatten oder eingetragenen Lebenspartner	70 vom Hundert,
d) ein berücksichtigungsfähiges Kind sowie eine Waise, die als solche beihilfeberechtigt ist,	80 vom Hundert.

Sind zwei oder mehr Kinder berücksichtigungsfähig oder nur deshalb nicht berücksichtigungsfähig, weil sie selbst beihilfeberechtigt sind, beträgt der Bemessungssatz bei dem Beihilfeberechtigten nach Satz 2 Buchstabe a 70 vom Hundert; bei mehreren Beihilfeberechtigten beträgt der Bemessungssatz nur bei einem von ihnen zu bestimmenden Berechtigten 70 vom Hundert; die Bestimmung kann nur in Ausnahmefällen neu getroffen werden.

(2) Für die Anwendung von Absatz 1 Satz 2 und 3 gelten die Aufwendungen

a) nach § 4 Absatz 1 Nummer 6 als Aufwendungen der stationär untergebrachten Person,
b) einer Begleitperson als Aufwendungen des Begleiteten,
c) nach § 9 Absatz 1 Satz 1 Nummer 1 bis 6 und 8 als Aufwendungen der Mutter,
d) nach § 11 Absatz 2 als Aufwendungen eines Kindes.

(3) Der Bemessungssatz nach Absatz 1 Satz 2 und 3 ermäßigt sich um 10 vom Hundert bei Personen, an deren Beiträgen zur Krankenversicherung sich ein Rentenversicherungsträger beteiligt, sofern ihnen dem Grunde nach eine Beitragsentlastung von mindestens 80 Euro monatlich zusteht. Dies gilt nicht für Personen, die in der gesetzlichen Krankenversicherung pflichtversichert sind.

(4) Sind Versicherte trotz ausreichender und rechtzeitiger Versicherung für bestimmte Krankheiten von den Leistungen ausgeschlossen oder sind die Leistungen auf Dauer eingestellt worden, so erhöht sich der Bemessungssatz für Aufwendungen in diesen Fällen um 20 vom Hundert, höchstens auf 90 vom Hundert.

(5) Die Bemessungssätze der Absätze 1, 3 und 4 können von der Festsetzungsstelle im Einzelfall erhöht werden,

a) wenn die Aufwendungen infolge einer Dienstbeschädigung entstanden sind und keine Leistungen einer Krankenversicherung erbracht werden,

b) im Falle einer Leichenüberführung, wenn der Tod während einer Dienstreise oder einer Abordnung oder vor der Ausführung eines dienstlich angeordneten Umzuges eingetreten ist und die Leiche an den Familienwohnsitz überführt wird,

c) in besonderen Ausnahmefällen, die nur bei Anlegung des strengsten Maßstabes anzunehmen sind, mit Zustimmung des Finanzministeriums.

Eine Erhöhung der Bemessungssätze nach Satz 1 ist ausgeschlossen, wenn der Beihilfeberechtigte für sich und seine berücksichtigungsfähigen Angehörigen für ambulante- und stationäre Krankheits- und Pflegefälle keinen ausreichenden Versicherungsschutz nachweisen kann.

(6) Das Finanzministerium kann unter den Voraussetzungen des Absatzes 5 Buchstabe c für Ehegatten und eingetragene Lebenspartner, deren Aufwendungen nach § 2 Absatz 1 Nummer 1 Buchstabe b nicht beihilfefähig sind, die Gewährung von Beihilfen zulassen.

(7) Die Beihilfe darf zusammen mit den erbrachten Leistungen einer Versicherung sowie Leistungen aufgrund von Rechtsvorschriften oder arbeitsvertraglichen Vereinbarungen die dem Grunde nach beihilfefähigen Aufwendungen nicht übersteigen. Unberücksichtigt bleiben Leistungen aus Krankenhaustagegeldversicherungen und sonstigen Summenversicherungen, soweit sie 80 Euro täglich nicht überschreiten, sowie Krankentagegeldversicherungen. Der Summe der mit einem Antrag geltend gemachten Aufwendungen ist die Summe der hierauf entfallenden Versicherungsleistungen gegenüberzustellen; Aufwendungen nach den §§ 5 a bis d sind getrennt abzurechnen; dabei sind die Pauschalen nach § 5 Absatz 4 und der beihilfefähige Betrag nach § 5 a Absatz 2 als dem Grunde nach beihilfefähige Aufwendungen zu berücksichtigen. Aufwendungen nach § 9 Absatz 1 Satz 2 bleiben bei Anwendung der Sätze 1 bis 3 unberücksichtigt. Das gleiche gilt in den Fällen, in denen nach § 3 Absatz 3 eine Beihilfengewährung ausgeschlossen ist.

2. Text der Verwaltungsvorschriften

12 **Zu § 12 Bemessung der Beihilfen**

12.1 **Absatz 1**

12.1.1 Die Erhöhung des Bemessungssatzes nach § 12 Absatz 1 Satz 3 BVO bezieht sich auf alle Aufwendungen, die in dem Zeitraum entstanden sind, in dem der Familienzuschlag für zwei oder mehr Kinder zusteht bzw. zustünde.

12.1.2 In den Fällen des § 12 Absatz 1 Satz 3 BVO ist durch gemeinsame schriftliche Erklärung nach Anlage 7 zu dieser VV derjenige zu bestimmen, der den erhöhten Bemessungssatz erhalten soll; in der Erklärung ist anzugeben, welche Festsetzungsstelle für den weiteren Berechtigten zuständig ist.

Die Festsetzungsstelle, bei der der erhöhte Bemessungssatz beantragt wird, übersendet eine Kopie der Erklärung der anderen Festsetzungsstelle.

12.1.3 Nach den beihilferechtlichen Regelungen des Bundes und ggf. anderer Länder wird ein Kind, das bei mehreren Beihilfeberechtigten berücksichtigungsfähig ist, bei dem Beihilfeberechtigten berücksichtigt, der den Familienzuschlag nach § 40 BBesG erhält. Die Beihilfeberechtigten bestimmen in diesen Fällen bereits mit der Festlegung, wer von Ihnen die familienbezogenen Besoldungsbestandteile erhalten soll, auch die Zuordnung des erhöhten Beihilfebemessungssatzes. Hierüber ergeht seitens der zuständigen Bundesbeihilfestelle (und ggf. Landesbeihilfestelle außerhalb des Geltungsbereichs der BVO) eine gesonderte Bescheinigung, die zu den Akten zu nehmen ist.

12.1.4 § 12 Absatz 1 Satz 4 zweiter Halbsatz BVO ist auch anzuwenden, wenn ein Beihilfeberechtigter Anspruch auf Beihilfe nach personenbezogenen Bemessungssätzen aufgrund von Vorschriften eines anderen Dienstherrn hat.

12.1.5 Nummer 2.2.4 gilt entsprechend.

12.2 **Absatz 2** (bleibt frei)

12.3 **Absatz 3**

12.3.1 § 12 Absatz 3 Satz 1 BVO gilt auch für Personen, die am 31. Dezember 1993 als Rentner in der gesetzlichen Krankenversicherung pflichtversichert waren, und bei denen die Leistungen aus der gesetzlichen Krankenversicherung nicht anzurechnen sind (§ 3 Absatz 4 Satz 2 Nummer 6 BVO).

12.4 **Absatz 4**

12.4.1 Eine ausreichende Versicherung ist anzunehmen, wenn sich aus den Versicherungsbedingungen ergibt oder offenkundig ist, dass die Versicherung in den üblichen Fällen stationärer oder ambulanter Krankenbehandlung wesentlich zur Entlastung des Versicherten beiträgt. Eine rechtzeitige Versicherung liegt z. B. vor, wenn sie im Zusammenhang mit dem Eintritt in das Beamtenverhältnis abgeschlossen wird.

12.5 **Absatz 5**

12.5.1 Wird der Nachweis nach § 12 Absatz 5 Satz 2 BVO nicht erbracht, kann eine Erhöhung des Bemessungssatzes nicht erfolgen. Unabhängig vom Leistungsumfang genügt eine vor dem 1. April 2007 abgeschlossene Versicherung, sofern sie ambulante und stationäre Leistungen vorsieht, sowie eine ab 1. Januar 2009 abgeschlossene Versicherung im sog. Basistarif als ausreichende Versicherung.

12.6 **Absatz 6** (bleibt frei)

12.7 **Absatz 7**

12.7.1 Die sich nach Anwendung des Bemessungssatzes ergebende Beihilfe wird insoweit vermindert, als sie zusammen mit den anrechenbaren Leistungen von dritter Seite zu einer über die tatsächlichen Aufwendungen hinausgehenden Erstattung führen würde. Als tatsächliche Aufwendungen gelten neben den beihilfefähigen Aufwendungen auch die Kosten, zu denen lediglich wegen Überschreitung von Höchstgrenzen keine Beihilfen gewährt werden können, die aber im Übrigen dem Grunde nach beihilfefähig sind (z. B. bei einem Krankenhausaufenthalt die Aufwendungen für ein Einbettzimmer, bei stationären Rehabilitationsmaßnahmen und Müttergenesungskuren sowie ambulanten Kur- und Rehabilitationsmaßnahmen die gesamten Kosten für Unterkunft und Verpflegung und bei der Versorgung mit Zahnersatz, Zahnkronen und Suprakonstruktionen die gesamten Kosten für zahntechnische Leistungen).

12.7.2 Der Nachweis über die Leistungen der Krankenversicherung usw. ist durch entsprechende Bescheinigungen zu erbringen. Bei sog. Quotenversicherungen können die Leistungen durch Vorlage der Versicherungsverträge oder anderer geeigneter Versicherungsunterlagen nachgewiesen werden.

12.7.3 Sind bei der Höchstbetragsberechnung Leistungen der gesetzlichen Krankenversicherung zu berücksichtigen, kann auf Antrag des Beihilfeberechtigten bei stationärer Krankenhausbehandlung die Höchstbetragsberechnung auf den einzelnen Krankheitsfall bezogen werden, sofern dies für den Beihilfeberechtigten günstiger ist.

12.7.4 Bei der Beihilfegewährung zu Aufwendungen in Todesfällen bleiben Leistungen aus Lebensversicherungen und Sterbegeldversicherungen unberücksichtigt.

B) Hinweise

Zu Absatz 3:

Nach § 12 Abs. 3 BVO (s. o.) mindert sich der grundsätzlich zustehende Beihilfebemessungssatz um 10 v. H., wenn ein Beihilfeberechtigter oder eine berücksichtigungsfähige Person von Beiträgen zur Krankenversicherung um mindestens 80 Euro monatlich entlastet wird.

Das im Fürsorgeprinzip wurzelnde Beihilferecht ist eine ergänzende Hilfeleistung des Dienstherrn. Eine Beihilfegewährung ist nicht mehr bzw. nicht mehr in voller Höhe erforderlich, wenn ein Beihilfeberechtigter Leistungen oder Zuschüsse (auch zu einem Krankenversicherungsbeitrag) von dritter Seite erhält. Hintergrund der Regelung des § 12 Abs. 3 BVO ist es demnach, den seitens des Rentenversicherungsträgers gewährten Zuschuss zum Krankenversicherungsbeitrag des Beihilfeberechtigten und/oder einer berücksichtigungsfähigen Person beihilferechtlich zu berücksichtigen. Es handelt sich um eine begrifflich aus dem

Steuerrecht entlehnte Freigrenzenregelung; das bedeutet: ist der Betrag von 80 Euro auch nur um einen Cent überschritten, wird der Beihilfebemessungssatz um 10 v. H. abgesenkt. Dabei ist auch zu berücksichtigen, dass der Beihilfeberechtigte oder die berücksichtigungsfähige Person, die einen derartigen Zuschuss erhält, um den Zuschussbetrag gegenüber anderen Beihilfeberechtigten, die einen solchen Zuschuss nicht erhalten, wirtschaftlich begünstigt ist. Diesen wirtschaftlichen Vorteil soll die Regelung aus Gerechtigkeitsgründen abschöpfen (allerdings erst ab einem Zuschuss von 80,01 Euro).

Benetzungsflüssigkeit

Aufwendungen für Benetzungsflüssigkeiten (Betriebsmittel) für Kontaktlinsen, die beihilferechtlich als notwendig angesehen werden, sind – soweit die Aufwendungen hierfür 100 Euro im Kalenderjahr übersteigen – beihilfefähig.

Beratungsbesuche (in Pflegefällen)

Aufwendungen für Beratungsbesuche sind grundsätzlich nur im Zusammenhang mit häuslicher Pflege nach § 5 a Abs. 2 BVO (abgedruckt im Anhang, Nr. 1 a, S. 367 ff.) beihilfefähig. Beihilfefähig sind je Beratungseinsatz

1. bei Pflegestufe I und II halbjährlich jeweils bis zu 21 Euro und
2. bei Pflegestufe III vierteljährlich jeweils bis zu 31 Euro.

Bei Pflegebedürftigen, bei denen zusätzlich die Voraussetzungen des § 5 Abs. 3 BVO (erheblicher allgemeiner Betreuungsbedarf) vorliegen, sind die Aufwendungen für Beratungsbesuche innerhalb der in Satz 1 genannten Zeiträume zweimal beihilfefähig.

Pflegebedürftige, bei denen die Voraussetzungen des § 5 Abs. 3 BVO vorliegen, ohne dass sie mindestens die Voraussetzungen der Pflegestufe I erfüllen (Pflegestufe „0"), können halbjährlich einmal Aufwendungen bis zu 21 Euro pro Beratungseinsatz geltend machen.

Berufspflegekraft

Eine Berufspflegekraft ist eine Person, die in der Pflege erkrankter Personen ausgebildet ist und die Pflege berufsmäßig ausübt.

Beschäftigungstherapeuten

Siehe unter *„Gesundheitsfachberufe"*.

Beschäftigungstherapie (Ergotherapie)

Die Aufwendungen für eine Beschäftigungstherapie, die von Angehörigen der Gesundheits- und Medizinalfachberufe erbracht wird, sind bis zu folgenden Höchstbeträgen beihilfefähig:

	Beihilfefähiger Höchstbetrag
– Funktionsanalyse und Erstgespräch – einschließlich Beratung und Behandlungsplanung, einmal je Behandlungsfall	31,70 Euro
– Einzelbehandlung	
a) bei motorischen Störungen, Mindestbehandlungsdauer 30 Minuten	31,70 Euro
b) bei sensomotorischen/perzeptiven Störungen, Mindestbehandlungsdauer 45 Minuten	41,50 Euro
c) bei psychischen Störungen, Mindestbehandlungsdauer 60 Minuten	54,80 Euro
– Hirnleistungstraining als Einzelbehandlung, Mindestbehandlungsdauer 30 Minuten	31,70 Euro
– Gruppenbehandlung	
a) Mindestbehandlungsdauer 45 Minuten, je Teilnehmer	14,40 Euro
b) bei psychischen Störungen, Mindestbehandlungsdauer 90 Minuten, je Teilnehmer	28,70 Euro,

(vgl. Nummern 49 bis 52 des Leistungsverzeichnisses für ärztlich verordnete Heilbehandlungen nach § 4 Abs. 1 Nr. 9 BVO und Anlage 2 VVzBVO, abgedruckt im Anhang, Nr. 2, S. 423 ff.).

Besondere Arzneimittel

Die Nr. 2 der Anlage 2 zu § 4 Abs. 1 Nr. 7 BVO (abgedruckt im Anhang, Nr. 1 a, S. 367 ff.) beinhaltet einen Hinweis zu Arzneimitteln mit hohen Therapiekosten oder mit erheblichem Risikopotenzial, deren Anwendung aufgrund ihrer besonderen Wirkungsweise zur Verbesserung der Qualität der Anwendung, insbesondere hinsichtlich der Patientensicherheit sowie des Therapieerfolges besondere Fachkenntnisse erfordert (besondere Arzneimittel).

Diese Arzneimittel sind nur beihilfefähig, wenn die Verordnung in Abstimmung mit einem Arzt für besondere Arzneimitteltherapie im Sinne des § 73 d Abs. 2 SGB V erfolgt. Es sind dies im Rahmen der Versorgung der gesetzlich krankenversicherten Personen tätige Ärzte, die die Voraussetzungen der Arzneimittelrichtlinie erfüllen.

Die Wirkstoffe und Anwendungsgebiete der besonderen Arzneimittel bestimmen sich nach § 73 d Abs. 1 SGB V. Die Nr. 4.1.7.10.2.1 VVzBVO (abgedruckt im Anhang, Nr. 2, S. 423 ff.) stellt klar, dass die in der jeweils aktuellen Fassung der Anlage XI der AMR (www.g-ba.de) aufgeführten Arzneimittel beihilfefähig sind. Es wird auch auf die Nummern 4.1.7.10.2.2 und 4.1.7.10.2.3 VVzBVO (s. o.) hingewiesen.

Bestrahlungslampe

Aufwendungen für eine ärztlich verordnete Bestrahlungslampe (z. B. Rotlichtlampe) sind in aller Regel nicht beihilfefähig; siehe auch unter *„Hilfsmittel"*.

Besuchsfahrten

Aufwendungen für Besuchsfahrten sind nicht beihilfefähig. Abweichend hiervon können Aufwendungen für Fahrten eines Elternteils zum Besuch eines im Krankenhaus, Pflegeheim, Hospiz oder in einer stationären Rehabilitationseinrichtung aufgenommenen Kindes als beihilfefähig anerkannt werden, wenn nach der Feststellung eines Amts- oder Vertrauensarztes der Besuch wegen des Alters des Kindes und seiner eine Langzeittherapie erfordernden schweren Erkrankung aus medizinischen Gründen notwendig ist; § 4 Abs. 1 Nr. 11 Buchstabe c BVO gilt entsprechend (vgl. Nr. 4.1.11.1 VVzBVO, abgedruckt im Anhang, Nr. 2, S. 423 ff.).

Betreuungsbedarf

Erheblicher allgemeiner Betreuungsbedarf (§ 45 a SGB XI) liegt vor, wenn bei Pflegebedürftigen in häuslicher Pflege neben dem Hilfebedarf im Bereich der Grundpflege und der hauswirtschaftlichen Versorgung (§§ 14 und 15 SGB XI) zusätzlich ein erheblicher Bedarf an allgemeiner Beaufsichtigung und Betreuung gegeben ist. Dies gilt entsprechend für Pflegebedürftige in vollstationären Einrichtungen (§ 87 b SGB XI).

Bettlifter

Die Aufwendungen für einen Bettlifter sind beihilfefähig.

Bettnässen

Aufwendungen für ärztlich verordnete Geräte zur Behandlung von Kindern bei Bettnässen (Klingelhosen) sind – wenn die Mietgebühren für ein solches Gerät nicht niedriger als die Anschaffungskosten sind – beihilfefähig.

Beugebandage

Aufwendungen für eine ärztlich verordnete Beugebandage sind beihilfefähig; eine vorherige Anerkennung durch die Beihilfestelle ist nicht erforderlich.

Beurlaubungen

Nach § 74 Abs. 1 Satz 2 LBG werden, sofern eine oder mehrere Beurlaubungen ohne Dienstbezüge 30 Tage insgesamt im Kalenderjahr nicht überschreiten, für die Dauer dieser Beurlaubungen Beihilfen gewährt (vgl. Nr. 1.1.1 VVzBVO, abgedruckt im Anhang, Nr. 2, S. 423 ff.). Bei Überschreitung dieses Zeitraums entfällt eine Beihilfengewährung für die gesamte Zeit.

Bewegungsübungen

Siehe unter *„Krankengymnastik"*.

Bidet

Die Aufwendungen für ein Bidet sind dem Bereich der privaten Lebensführung zuzurechnen und daher **nicht** beihilfefähig.

Bifokalgläser

Die Aufwendungen sind grundsätzlich beihilfefähig; siehe auch unter *„Sehhilfen"*.

Bildschirmbrille

Aufwendungen für eine Bildschirmbrille (bei aktiven Bediensteten) sind **nicht** beihilfefähig (vgl. Nr. 4.1.10.3 VVzBVO, abgedruckt im Anhang, Nr. 2, S. 423 ff.). Für dienstliche Zwecke hat der Dienstherr/Arbeitgeber eine solche Brille ggf. kostenlos zur Verfügung zu stellen. Unberührt bleibt die Beihilfegewährung zu den Kosten einer Bildschirmbrille für die Benutzung eines persönlichen PC, z. B. bei einem Versorgungsempfänger oder bei einem berücksichtigungsfähigen Angehörigen.

Biomechanische Stimulation (BMS)

Die Therapie gilt beihilferechtlich als wissenschaftlich nicht anerkannt; die Aufwendungen sind **nicht** beihilfefähig.

Biomentale Therapie

Die Therapie gilt beihilferechtlich als wissenschaftlich nicht anerkannt; die Aufwendungen sind **nicht** beihilfefähig.

Biophotonentherapie

Die Therapie gilt beihilferechtlich als wissenschaftlich nicht anerkannt; die Aufwendungen sind **nicht** beihilfefähig.

Bisslage (Begriff)

Position des Unterkiefers in Beziehung zum Oberkiefer.

Blindenführhund

Neben den Anschaffungskosten eines Blindenführhundes sind die Ausbildungskosten des Erkrankten am Hund, notwendige Fahrkosten sowie ggf. Kosten für eine auswärtige Unterbringung im Rahmen des § 4 Abs. 1 Nr. 3 BVO (abgedruckt im Anhang, Nr. 1 a, S. 367 ff.) beihilfefähig.

Unterhaltskosten (Futter, Tierarzt, Versicherungen etc.) können ohne Nachweis bis zu 100 Euro im Monat als beihilfefähig anerkannt werden, sofern der Beihilfeberechtigte versichert, dass ihm Kosten in dieser Höhe entstanden sind. Werden höhere Kosten geltend gemacht, ist die Vorlage von Belegen erforderlich. Es bedarf keiner vorherigen Anerkennung durch die Beihilfestelle (vgl. Nr. 4.1.10.7 VVzBVO, abgedruckt im Anhang, Nr. 2, S. 423 ff.).

Blindenleitgerät

Aufwendungen für ärztlich verordnete Blindenleitgeräte (Ultraschallbrille, Ultraschall-Leitgerät) sind beihilfefähig.

Blindenstöcke

Die Aufwendungen für ärztlich verordnete Blindenstöcke sind nach § 4 Abs. 1 Nr. 10 Satz 10 BVO (abgedruckt im Anhang, Nr. 1 a, S. 367 ff.) beihilfefähig; einer vorherigen Anerkennung durch die Beihilfestelle bedarf es nicht.

Blutdruckmessgerät

Aufwendungen für ein ärztlich verordnetes Blutdruckmessgerät sind bis zum Höchstbetrag von 80 Euro (vgl. Anlage 3 zu § 4 Abs. 1 Nr. 10 Satz 11 BVO; abgedruckt im Anhang, Nr. 1 a, S. 367 ff.) beihilfefähig. Einer vorherigen Anerkennung durch die Beihilfestelle bedarf es nicht.

Blutgerinnungsmessgerät

Aufwendungen für ein ärztlich verordnetes Blutgerinnungsmessgerät sind beihilfefähig, falls die ersparten ärztlichen Behandlungskosten höher als die Anschaffungskosten des Gerätes sind oder eine Arztpraxis zur regelmäßigen Bestimmung des INR-Werts nicht aufgesucht werden kann.

Blutgruppe

Aufwendungen zur Feststellung der Blutgruppe sind, falls die Feststellung anlässlich einer Erkrankung, eines Unfalles etc. erforderlich ist, beihilfefähig. Dient die Blutgruppenbestimmung jedoch anderen Zwecken (z. B. der Anlegung eines Unfall-Schutzpasses), sind die Aufwendungen **nicht** beihilfefähig.

Blutkristallisationstests zur Erkennung von Krebserkrankungen

Der Test gilt beihilferechtlich als wissenschaftlich nicht anerkannt; die Aufwendungen sind **nicht** beihilfefähig.

Blutzuckermessgerät

Aufwendungen für ein Blutzuckermessgerät sind – ärztliche Verordnung vorausgesetzt – beihilfefähig; einer vorherigen Anerkennung durch die Beihilfestelle bedarf es im Hinblick auf die geringen Anschaffungskosten nicht.

Blutzuckerteststreifen (Glucose-Teststreifen)

Aufwendungen für Blutzuckerteststreifen sind bis zu dem Höchstbetrag je Teststreifen von 0,70 Euro beihilfefähig (vgl. Anlage 3 zu § 4 Abs. 1 Nr. 10 Satz 11 BVO, abgedruckt im Anhang, Nr. 1 a, S. 367 ff.).

Aufwendungen für Teststreifen von Diagnosegeräten (wie z. B. die Blutzuckerteststreifen) gehören nicht zu den beihilferechtlichen Betriebskosten mit der Folge, dass diese Aufwendungen nicht dem beihilferechtlichen Eigenbehalt von 100 Euro unterliegen.

Bosentan

Es handelt sich um ein besonderes Arzneimittel nach der Anlage XI der AMR. Die Aufwendungen sind nur beihilfefähig, wenn eine Abstimmung zwischen dem behandelndem Arzt und einem Arzt für besondere Arzneimitteltherapie erfolgt ist. Das Verfahren zur Einholung der Zweitmeinung sollte von dem behandelnden Arzt in Anlehnung an die Feststellungen im Abschnitt N der AMR (www.g-ba.de) erfolgen; der Nachweis ist der Beihilfestelle vorzulegen (vgl. Nr. 4.1.7.10.2.1 bis 4.1.7.10.2.3 der VVzBVO, abgedruckt im Anhang, Nr. 2, S. 423 ff.).

Botulinum-Injektionstherapie

Die Aufwendungen für eine Injektionstherapie mit Botulinum-Toxin bei Hyperhidrosis (übermäßiges Schwitzen) sind beihilfefähig, sofern herkömmliche Behandlungsmethoden (Leitungswasser-Iontophorese und Aluminiumchlorid) ohne Erfolg durchgeführt wurden und ästhetische bzw. kosmetische Gründe zweifelsfrei (z. B. durch einen standardisierten Schweißtest) auszuschließen sind. In der Regel wird seitens der Beihilfestelle ein amtsärztliches Gutachten gefordert.

Boxogetten S

Fertigarzneimittel (Abmagerungsmittel)

Gehören zu den sog. Lifestyle-Arzneimitteln, die in der Anlage II der AMR (abgedruckt im Anhang, Nr. 5, S. 553 ff.) aufgeführt sind. Die Aufwendungen sind nach Anlage 2 Nr. 8 b zu § 4 Abs. 1 Nr. 7 BVO (abgedruckt im Anhang, Nr. 1 a, S. 367 ff.) **nicht** beihilfefähig.

Brachytherapie (Seed-Implantation)

Die Therapie ist wissenschaftlich anerkannt zur Behandlung eines Prostata-Karzinoms, wenn es sich bei dem Tumor um ein lokal begrenztes Geschehen (keine Metastasen) handelt. Die Aufwendungen sind beihilfefähig.

Bracket (Begriff)

Auf dem Zahn fest aufliegende Verankerungsöse zur Befestigung von Drahtbögen, -Schlaufen, Gummizügen, Federn oder dgl.

Brillen

Siehe unter *„Sehhilfen“*.

Brillenetuis

Aufwendungen für Brillenetuis sind **nicht** beihilfefähig.

Brillenfassung

Aufwendungen für Brillenfassungen sind **nicht** beihilfefähig.

Brillenversicherung

Beiträge zu einer Versicherung gegen Verlust oder Beschädigung von Brillen oder Kontaktlinsen sind **nicht** beihilfefähig. Kommt es zu einem Versicherungsfall, sind die Versicherungsleistungen nicht auf die beihilfefähigen Aufwendungen anzurechnen.

Bruchband

Die Aufwendungen für ein ärztlich verordnetes Bruchband sind beihilfefähig. Einer vorherigen Anerkennung durch die Beihilfestelle bedarf es nicht.

Brustprothese

Die Aufwendungen für eine ärztlich verordnete Brustprothese sind beihilfefähig.

Brustpumpen

Aufwendungen für die **Anschaffung** elektrischer Brustpumpen bei Stillschwierigkeiten sind **nicht** beihilfefähig, da diese Geräte gemietet werden können und die Gebühren hierfür weit niedriger als die Anschaffungskosten eines neuen Gerätes sind. Wurde gleichwohl ein Gerät gekauft, sind die Kosten bis zur Höhe der anderenfalls angefallenen Mietkosten beihilfefähig.

Buccal (Begriff)

Fläche des Zahnes, die zur Wange hin gelegen ist

Bük (Ungarn)

Der Ort ist beihilferechtlich als Kurort anerkannt (vgl. Teil 1 b der Anlage 5 VVzBVO, abgedruckt im Anhang, Nr. 2, S. 423 ff.).

C

Calciumverbindungen (mind. 300 mg Calcium-Ion/Dosiereinheit) und Vitamin D (freie oder fixe Kombination)

a) Aufwendungen für nicht verschreibungspflichtige Präparate mit Calciumverbindungen und Vitamin D (freie oder fixe Kombinationen) sind bei Personen, die das 18. Lebensjahr vollendet haben (für Personen unter 18. Jahren gelten keine Einschränkungen), nur bei folgenden Indikationen beihilfefähig:
   - nur zur Behandlung der manifesten Osteoporose,
   - nur zeitgleich zur Steroidtherapie bei Erkrankungen, die voraussichtlich einer mindestens sechsmonatigen Steroidtherapie in einer Dosis von wenigstens 7,5 mg Prednisolonäquivalent bedürfen,
   - bei Bisphosphonat-Behandlung gemäß Angabe in der jeweiligen Fachinformation bei zwingender Notwendigkeit,

b) Aufwendungen für nicht verschreibungspflichtige Calciumverbindungen als Monopräparate sind bei Personen, die das 18. Lebensjahr vollendet haben (für Personen unter 18. Jahren gelten keine Einschränkungen), nur in Zusammenhang mit folgenden Indikationen beihilfefähig:
   - bei Pseudohypo- und Hypoparathyreodismus,
   - bei Bisphosphonat-Behandlung gemäß Angabe in der jeweiligen Fachinformation bei zwingender Notwendigkeit.

(Vgl. Anlage I der AMR, abgedruckt im Anhang, Nr. 4, S. 549 ff.).

Cambo-les-Bains (Frankreich)

Es handelt sich um einen beihilferechtlich anerkannten Kurort in Frankreich (vgl. Teil 1 b der Anlage 5 VVzBVO, abgedruckt im Anhang, Nr. 2, S. 423 ff.).

Carminativa (Begriff)

Als Carminativa (oder Karminativa) bezeichnet man blähungstreibende (vertreibende) Mittel.

Capass-Körperkorrektursystem

Die Aufwendungen für ein ärztlich verordnetes Capass-Körperkorrektursystem sind beihilfefähig.

Carnitin (Begriff)

Bei Carnitin handelt es sich um von Wirbeltieren biosynthetisiertes Trimethylbetainin, das in allen Körperteilen, besonders in quer gestreifter Muskulatur vorkommt. Carnitin ist beteiligt am Fettsäuretransport, an mitochondrialer Fettsäureoxidation und an Transmethylierung und Thyroxinwirkung; es wirkt appetit- und gewichtsfördernd.

Cervical (Begriff)

Fläche des Zahnes, die zum Zahnhals hin gelegen ist.

Chelat-Therapie

Die Therapie gilt beihilferechtlich als wissenschaftlich nicht anerkannt. Die Aufwendungen sind **nicht** beihilfefähig.

Chemosensivitätstest

Wissenschaftlich anerkannt bei Rezidiven (Krebserkrankungen mit Tochtergeschwülsten) und bösartigen Tumoren zur Feststellung einer effektiven Chemotherapie – Nr. 3700 GOÄ –). Die Aufwendungen sind grundsätzlich beihilfefähig.

Chondroprotektiva (Begriff)

Chondroprotektiva sind Knorpelschutzmittel. Knorpel erfüllt in den Gelenken eine wichtige Funktion und wird bei vielen rheumatischen Erkrankungen angegriffen und ggf. zerstört. Chondroprotektiva sollen die Zerstörung des Knorpels stoppen, indem sie Substanzen hemmen, die einen knorpelabbauenden Effekt haben. Ferner soll zerstörter Knorpel wieder aufgebaut werden. Zusätzlich sollen die Medikamente eine antientzündliche Wirkung entfalten.

Chronisch venöse Insuffizienz (Begriff)

Als chronisch venöse Insuffizienz (CVI) – auch chronisch venöses Stauungssyndrom oder chronische Veneninsuffizienz – wird eine Mikrozirkulationsstörung der Gefäße infolge einer venösen Abflussbehinderung bezeichnet. Folge sind zum Teil schwere Venen- und Hautveränderungen.

Chronische Niereninsuffizienz (Begriff)

Als chronische Niereninsuffizienz (chronisches Nierenversagen) bezeichnet man einen langsamen, über Monate oder Jahre voranschreitenden Verlust der Nierenfunktionen. Folge ist die Notwendigkeit einer Nierenersatztherapie in Form von Dialysebehandlung oder Nierentransplantation.

Citrate

Es handelt sich hierbei um Zitronensäure (farblose, wasserlösliche Festkörpersäure). Mit dem Begriff Citrat bezeichnet man ein Salz der Zitronensäure sowie das darin enthaltene Anion der Zitronensäure, also die depronierte Form.

Aufwendungen für nicht verschreibungspflichtige Citratepräparate sind bei Personen, die das 18. Lebensjahr vollendet haben, nur zur Behandlung von Harnkonkrementen beihilfefähig (vgl. Anlage I der AMR, abgedruckt im Anhang, Nr. 4, S. 549 ff.).

Clavicula-Bandage

Aufwendungen für eine ärztlich verordnete Clavicula-Bandage sind beihilfefähig.

CMJ-Implantation

Es handelt sich hierbei um einen Meniskusersatz. Gilt derzeit als wissenschaftlich noch nicht anerkannt. Die Aufwendungen sind nur im Ausnahmefall beihilfefähig.

Cochlear-Implantat

Die Aufwendungen für ein ärztlich verordnetes Cochlear-Implantat zur Verbesserung des Hörvermögens (insbesondere bei Kindern) sind beihilfefähig.

Colitis ulcerosa

Die Colitis ulcerosa gehört zur Gruppe der chronisch entzündlichen Darmerkrankungen. Sie ist durch einen entzündlichen Befall des Mastdarms und Dickdarms gekennzeichnet. Anders als beim Morbus Crohn breitet sich die Entzündung kontinuierlich vom Mastfarm beginnend aus, d. h. von anal nach oral, und ist auf die Darmschleimhaut (Mukosa und Submukosa) beschränkt.

Collagenunterspritzung des Blasenverschlussmuskels

Die Collagenunterspritzung des Blasenverschlussmuskels gilt derzeit als wissenschaftlich noch nicht anerkannt. Die Aufwendungen sind nur im Ausnahmefall beihilfefähig.

Colon-Hydro-Therapie

Bei der Colon-Hydro-Therapie sollen krankmachende Stoffwechselgifte, die sich im Darm befinden, durch eine Spülung des Kolon mit Wasser entfernt werden. Ein wissenschaftlicher Nachweis über die Wirksamkeit diese Behandlungsmethode liegt bislang nicht vor. Die Aufwendungen für eine Colon-Hydro-Therapie sind **nicht** beihilfefähig.

Colormaticgläser

Siehe unter *„Phototrope Brillengläser"*.

Composites (Begriff)

Zahnfarbenes Füllungsmaterial aus Kunststoffen mit Quarzteilen; wird insbesondere bei Frontzahnfüllungen verwendet. Auch für Kanten- und Eckenaufbauten einsetzbar: Retention am Zahn mittels Säure-Ätz-Verfahren.

Coronal (Begriff)

Fläche des Zahnes, der zur Zahnkrone hin gelegen ist

nCPAP-Gerät

Die Aufwendungen für ein ärztlich verordnetes nCPAP-Gerät sind beihilfefähig; einer vorherigen Genehmigung durch die Beihilfestelle bedarf es nicht.

CT-gesteuerte Vertebroplastie

Die CT-gesteuerte Vertebroplastie gilt derzeit als wissenschaftlich noch nicht anerkannt.

Bei dem Verfahren wird unter Sichtkontrolle eine Injektionsnadel in den betroffenen Wirbelkörper eingeführt und anschließend ein Knochenzement eingespritzt. Beihilferechtlich berücksichtigungsfähig ist im Ausnahmefall die Nr. 2121 GOÄ analog bis zum Schwellenwert.

D

Darmspülung HEXAL

Es handelt sich um ein grundsätzlich nicht beihilfefähiges Medizinprodukt. Die Aufwendungen können ausnahmsweise in Zusammenhang mit einer Darmreinigung zur Vorbereitung einer Darmspiegelung bei Patienten ab dem vollendeten 12. Lebensjahr beihilfefähig sein; vgl. Anlage V AMR, abgedruckt im Anhang, Nr. 6, S. 556 ff.

Dauernde Pflegebedürftigkeit

A) Vorschriften

1. Text § 5 BVO

Beihilfefähige Aufwendungen bei dauernder Pflegebedürftigkeit und erheblichem allgemeinen Betreuungsbedarf

(1) Bei dauernder Pflegebedürftigkeit sind die Aufwendungen für die häusliche Pflege nach Maßgabe des § 5 a, für teilstationäre Pflege und Kurzzeitpflege nach Maßgabe des § 5 b und für vollstationäre Pflege nach Maßgabe des § 5 c beihilfefähig. Bei Leistungen für Pflegebedürftige mit erheblichem allgemeinen Betreuungsbedarf richtet sich die Beihilfefähigkeit der Aufwendungen nach § 5 d.

(2) Dauernde Pflegebedürftigkeit liegt vor, wenn Personen wegen einer körperlichen, geistigen oder seelischen Krankheit oder Behinderung für die gewöhnlichen und regelmäßig wiederkehrenden Verrichtungen im Ablauf des täglichen Lebens auf Dauer, voraussichtlich für mindestens 6 Monate, in erheblichem oder höherem Maße der Hilfe bedürfen. Erforderlich ist, dass die pflegebedürftige Person bei der Körperpflege, der Ernährung oder der Mobilität für mindestens zwei dieser Verrichtungen einmal täglich der Hilfe bedarf und zusätzlich mehrfach in der Woche Hilfe bei der hauswirtschaftlichen Versorgung benötigt. Voraussetzung für eine Beihilfengewährung ist, dass die zu pflegende Person einer Pflegestufe nach § 15 SGB XI zuzuordnen ist.

(3) Erheblicher allgemeiner Betreuungsbedarf (§ 45 a SGB XI) liegt vor, wenn bei Pflegebedürftigen in häuslicher Pflege neben dem Hilfebedarf im Bereich der Grundpflege und der hauswirtschaftlichen Versorgung (§§ 14 und 15 SGB XI) zusätzlich ein erheblicher Bedarf an allgemeiner Beaufsichtigung und Betreuung gegeben ist. Dies gilt entsprechend für Pflegebedürftige in vollstationären Einrichtungen (§ 87 b SGB XI).

(4) Aufwendungen für Pflegehilfsmittel und wohnumfeldverbessernde Maßnahmen (§ 40 SGB XI) sind im Rahmen des § 4 Absatz 1 Nummer 10 beihilfefähig. Bei stationärer Pflege gehören hierzu nur Pflegehilfsmittel, die zum Verbrauch bestimmt oder individuell angepasst oder die überwiegend nur dem Pflegebedürftigen allein überlassen werden, sofern sie nicht üblicherweise von der Einrichtung vorzuhalten sind. Kosten für die Verbesserung des Wohnumfeldes des Pflegebedürftigen (§ 40 Absatz 4 SGB XI) sind bis zu 2.557 Euro je Maßnahme beihilfefähig, soweit die Pflegeversicherung hierzu Leistungen erbringt.

(5) Die Festsetzungsstelle entscheidet über die Beihilfefähigkeit der Aufwendungen aufgrund eines ärztlichen Gutachtens, das zu dem Vorliegen der dauernden Pflegebedürftigkeit, der Art und dem notwendigen Umfang der Pflege, der Pflegestufe sowie dem erheblichen allgemeinen Betreuungsbedarf Stellung nimmt; bei Versicherten in der Pflegeversicherung sind deren Feststellungen zugrunde zu legen; dies gilt auch für Befristungen nach § 33 Absatz 1 Sätze 4 bis 8 SGB XI. Die Beihilfe wird ab Beginn des Monats der erstmaligen Antragstellung oder des Antrags auf Feststellung einer höheren Pflegestufe gewährt, frühestens jedoch ab dem Zeitpunkt, von dem an die jeweiligen Anspruchsvoraussetzungen vorliegen.

(6) Aufwendungen für Beratungsbesuche im Sinne des § 37 Absatz 3 SGB XI sind beihilfefähig, soweit für den jeweiligen Beratungsbesuch Anspruch auf Zahlung eines Zuschusses durch die Pflegeversicherung besteht. § 37 Absatz 4 Satz 1 SGB XI bleibt unberührt. Der Umfang der beihilfefähigen Aufwendungen bestimmt sich entsprechend § 37 Absatz 3 und 6 SGB XI.

(7) Aufwendungen für eine Pflegeberatung (§ 7 a SGB XI) sind für Beihilfeberechtigte und ihre berücksichtigungsfähigen Angehörigen beihilfefähig, wenn Leistungen der Pflegeversicherung bezogen werden oder Leistungen der Pflegeversicherung beantragt worden sind und erkennbar Hilfe- und Beratungsbedarf besteht.

2. Text der Verwaltungsvorschriften

5 **Zu § 5 Beihilfefähige Aufwendungen bei dauernder Pflegebedürftigkeit und erheblichem allgemeinem Betreuungsbedarf**

5.1 **Absatz 1** (bleibt frei)

5.2 **Absatz 2**

5.2.1 Krankheiten oder Behinderungen sind

- Verluste, Lähmungen oder andere Funktionsstörungen am Stütz- und Bewegungsapparat,
- Funktionsstörungen der inneren Organe oder der Sinnesorgane,
- Störungen des zentralen Nervensystems wie Antriebs-, Gedächtnis- oder Orientierungsstörungen sowie endogene Psychosen, Neurosen oder geistige Behinderungen.

5.2.2 Hilfe besteht in der Unterstützung, in der teilweisen oder vollständigen Übernahme der Verrichtungen im Ablauf des täglichen Lebens oder in der Beaufsichtigung oder Anleitung mit dem Ziel der eigenständigen Übernahme dieser Verrichtungen. Zu den gewöhnlichen und regelmäßig wiederkehrenden Verrichtungen zählen:

- im Bereich der Körperpflege das Waschen, Duschen, Baden, die Zahnpflege, das Kämmen, Rasieren sowie die Darm- oder Blasenentleerung,
- im Bereich der Ernährung das mundgerechte Zubereiten oder die Aufnahme der Nahrung,
- im Bereich der hauswirtschaftlichen Versorgung das Einkaufen, Kochen, Reinigen der Wohnung, Spülen, Wechseln und Waschen der Wäsche und der Kleidung oder das Beheizen der Wohnung.

Ein alleiniger Hilfebedarf bei der hauswirtschaftlichen Versorgung reicht nicht aus.

5.2.3 Aufwendungen für eine berufliche oder soziale Eingliederung oder zur Förderung der Kommunikation sind nicht beihilfefähig.

5.2.4 Aufwendungen für medizinische Behandlungen sind nach § 4 BVO beihilfefähig.

5.2.5 Bei einem pflegebedürftigen Kind ist der zusätzliche Hilfebedarf gegenüber einem gesunden Kind gleichen Alters maßgebend.

5.2.6 Bei der Zuordnung zu den Pflegestufen sind die Richtlinien der Spitzenverbände der Pflegekassen über die Abgrenzung der Merkmale zur Pflegebedürftigkeit und der Pflegestufen sowie zum Verfahren der Feststellung der Pflegebedürftigkeit (Pflegebedürftigkeitsrichtlinien – PflRi -) vom 7. November 1994 in der jeweils geltenden Fassung zu beachten.

5.3 **Absatz 3**

5.3.1 Aufwendungen für Leistungen zur Deckung eines erheblichen allgemeinen Betreuungsbedarfs sind auch ohne Feststellung einer Pflegestufe in dem Umfang beihilfefähig, in dem sie nach den §§ 45 a und 45 b SGB XI zum Leistungsumfang der Pflegeversicherung gehören. Aufwendungen für zusätzliche Betreuungsleistungen bei häuslicher Pflege sind in dem gleichen Umfang beihilfefähig wie die Pflegekasse sie gewährt.

5.4 **Absatz 4**

5.4.1 Die Pflegekassen überlassen technische Pflegehilfsmittel vorrangig leihweise. In Rechnung gestellte Leih- bzw. Leasinggebühren (auch Pauschalbeträge) sowie Aufwendungen für notwendige Änderungen (Anpassungen), Instandsetzungen und Ersatzbeschaffungen sowie für die Ausbildung im Gebrauch der Hilfsmittel sind beihilfefähig. Bei selbst beschafften Pflegehilfsmitteln ist zu beachten, dass diese Hilfsmittel in dem vom Spitzenverband Bund der Kranken-/Pflegekassen erstellten Pflegehilfsmittelverzeichnis aufgeführt sind. Mehrkosten für eine über das Maß des Notwendigen hinausgehende Ausstattung des Pflegehilfsmittels sowie dadurch bedingte Folgekosten sind nicht beihilfefähig. Hinsichtlich der Betriebskosten dieser Hilfsmittel gilt § 4 Absatz 1 Nummer 10 Satz 2 2. Halbsatz BVO entsprechend.

5.4.2 Aufwendungen für zum Verbrauch bestimmte Pflegehilfsmittel sind beihilfefähig.

5.4.3 Eine Maßnahme zur Verbesserung des individuellen Wohnumfeldes des Pflegebedürftigen liegt auch vor, wenn den Besonderheiten des Einzelfalles durch einen Umzug in eine den Anforderungen des Pflegebedürftigen entsprechende Wohnung (z. B. Umzug aus dem Obergeschoss in eine Parterrewohnung) Rechnung getragen werden kann. In diesem Fall können die Umzugskosten bis zum Betrag von 2.557 Euro als beihilfefähig anerkannt werden, wenn die Pflegekasse/Pflegeversicherung einen Zuschuss geleistet hat.

5.4.4 Der Betrag von 2.557 Euro steht je Maßnahme zur Verfügung. Dabei sind alle Maßnahmen, die zum Zeitpunkt der Zuschussgewährung (und damit auf der Grundlage des zu diesem Zeitpunkt bestehenden Hilfebedarfs) zur Wohnumfeldverbesserung erforderlich sind, als eine Verbesserungsmaßnahme zu werten. Dies gilt auch dann, wenn die Verbesserungsmaßnahmen in Einzelschritten verwirklicht werden. Ändert sich die Pflegesituation und werden weitere Maßnahmen zur Wohnumfeldverbesserung erforderlich, kann der Betrag von 2.557 Euro erneut geltend gemacht werden.

5.4.5 Der seitens der jeweiligen Pflegekasse/Pflegeversicherung vom Pflegebedürftigen einbehaltene Eigenanteil ist beihilferechtlich unbeachtlich.

5.5 **Absatz 5**

5.5.1 Die von der Pflegekasse oder der Pflegeversicherung festgestellte Pflegestufe ist durch geeignete Unterlagen (z. B. Leistungsmitteilung, Mitteilung nach § 44 Absatz 4 SGB XI bei Zahlung von Rentenversicherungsbeiträgen für Pflegepersonen) nachzuweisen. Bei nicht gegen das Risiko der Pflegebedürftigkeit Versicherten bedarf es eines amts- oder vertrauensärztlichen Gutachtens.

5.5.2 Wird ein Antrag auf Feststellung der Pflegebedürftigkeit oder einer höheren Pflegestufe zunächst bei einer Pflegekasse oder einer privaten Pflegeversicherung gestellt, ist für den Beginn der Beihilfegewährung dieser Antrag maßgebend.

5.5.3 Die Zuordnung zu einer Pflegestufe sowie die Bewilligung von Leistungen können durch die zuständige Pflegekasse oder private Pflegeversicherung befristet werden. Die Befristung erfolgt, wenn eine Verringerung des Hilfebedarfs zu erwarten ist. Die Befristung kann wiederholt werden und darf insgesamt die Dauer von drei Jahren nicht überschreiten. Die Entscheidung der Pflegekasse/Pflegeversicherung ist für die Beihilfestelle bindend. Die entsprechenden Bescheinigungen sind durch den Beihilfeberechtigten beizubringen.

5.5.4 Um eine nahtlose Beihilfegewährung sicherzustellen, soll die Beihilfestelle den Beihilfeberechtigten darauf hinweisen, dass er rechtzeitig vor Ablauf der Befristung die Beihilfestelle über die weitere Entscheidung der Pflegekasse/Pflegeversicherung hinsichtlich einer Befristungsverlängerung (ggf. mit geänderter Pflegestufe) unterrichtet.

5.5.5 Erhebt der Beihilfeberechtigte gegen einen Beihilfebescheid Widerspruch mit der Begründung, die von der Pflegeversicherung anerkannte Pflegestufe sei zu niedrig, ist der Widerspruch zwar zulässig, jedoch ist die Entscheidung bis zur rechtskräftigen Feststellung der Pflegestufe auszusetzen; sodann ist über den Widerspruch zu entscheiden und dieser ggf. als unbegründet zurückzuweisen.

5.6 **Absatz 6**

5.6.1 Aufwendungen für Beratungsbesuche sind grundsätzlich nur im Zusammenhang mit häuslicher Pflege nach § 5 a Absatz 2 BVO beihilfefähig. Beihilfefähig sind je Beratungseinsatz

1. bei Pflegestufe I und II halbjährlich jeweils bis zu 21 Euro und
2. bei Pflegestufe III vierteljährlich jeweils bis zu 31 Euro.

Bei Pflegebedürftigen, bei denen zusätzlich die Voraussetzungen des § 5 Absatz 3 BVO vorliegen, sind die Aufwendungen für Beratungsbesuche innerhalb der in Satz 2 genannten Zeiträume zweimal beihilfefähig.

5.6.2 Pflegebedürftige, bei denen die Voraussetzungen des § 5 Absatz 3 BVO vorliegen, ohne dass sie mindestens die Voraussetzungen der Pflegestufe I erfüllen, können halbjährlich einmal Aufwendungen bis zu 21 Euro pro Beratungseinsatz geltend machen.

5.7 **Absatz 7**

5.7.1 Die Pflegeberatung wird entweder von den Pflegekassen oder, im Rahmen der privaten Pflege-Pflichtversicherung, von der COMPASS Private Pflegeberatung GmbH, durchgeführt. Da die Pflegekasse bzw. Compass Private Pflegeberatung GmbH vor Durchführung einer Pflegeberatung prüfen, ob ein Anspruch auf Pflegeberatung besteht, bedarf es seitens der Beihilfestellen – soweit für die Pflegeberatung eine Rechnung erteilt wird – keiner weiteren Notwendigkeitsprüfung.

B) Hinweise

Dauernde Pflegebedürftigkeit liegt vor, wenn Personen wegen einer körperlichen, geistigen oder seelischen Krankheit oder Behinderung für die gewöhnlichen und regelmäßig wiederkehrenden Verrichtungen im Ablauf des täglichen Lebens auf Dauer, voraussichtlich für mindestens sechs Monate, in erheblichem oder höherem Maße der Hilfe bedürfen. Erforderlich ist, dass die pflegebedürftige Person bei der Körperpflege, der Ernährung oder der Mobilität für mindestens zwei dieser Verrichtungen einmal täglich der Hilfe bedarf und zusätzlich mehrfach in der Woche Hilfe bei der hauswirtschaftlichen Versorgung benötigt. Voraussetzung für eine Beihilfegewährung ist, dass die zu pflegende Person einer Pflegestufe nach § 15 SGB XI zuzuordnen ist.

Anspruch auf Leistungen nach dem SGB XI und damit auch auf Beihilfe haben auch Personen mit einem auf Dauer bestehenden erheblichen Bedarf an allgemeiner Beaufsichtigung und Betreuung, die einen Hilfebedarf im Bereich der Grundpflege und hauswirtschaftlichen Versorgung haben, der nicht das Ausmaß der Pflegestufe I erreicht. Grundlage für eine Leistungsgewährung sind die in § 45 a Abs. 2 SGB XI (gilt sinngemäß auch für die Beihilfe) genannten Kriterien. Der Leistungsanspruch ist allerdings beschränkt auf die zusätzlichen Betreuungsleistungen nach § 45 b SGB XI/§ 5 d BVO. In stationären Pflegeeinrichtungen kann dieser Personenkreis ebenfalls zusätzliche Aktivierung und Betreuung erhalten (vgl. § 87 b SGB XI bzw. § 5 d Abs. 4 BVO). Siehe auch unter *„Häusliche Pflege“*, *„Teilstationäre Pflege und Kurzzeitpflege“*, *„Vollstationäre Pflege“* sowie *„Zusätzliche Betreuungsleistungen“*.

Dekubitalgeschwüre (Begriff)

Als ein Dekubitus (Druckgeschwür) bezeichnet man einen Bereich lokalisierter Schädigung der Haut und des darunter liegenden Gewebes.

Dekubitus-Schutzmittel

Die Aufwendungen für ärztlich verordnete Dekubitus-Schutzmittel (z. B. Auf-/Unterlagen für das Bett, Spezialmatratzen, Keile, Kissen, Auf-/Unterlagen für den Rollstuhl, Schützer für Ellenbogen, Unterschenkel und Füße) sind grundsätzlich beihilfefähig.

Demenz (Begriff)

Als Demenz bezeichnet man eine Störung der allgemeinen Denkfunktion, die zu einer Beeinträchtigung des alltäglichen Lebens führt. Diese Störungen sind in vielen Fällen fortschreitend und nicht heilbar (irreversibel).

Die Demenz ist typischerweise eine Krankheit des älteren Menschen (älter als 65 Jahre). Die Wahrscheinlichkeit, vor Erreichen des 65. Lebensjahres an einer schweren Demenz zu erkranken, ist verhältnismäßig gering (weniger als 1:1000). Jenseits des 65. Lebensjahres steigt die Wahrscheinlichkeit jedoch auf 15 v. H. für eine leichte Demenz und auf etwa 6 v. H. für eine schwere Demenz.

Die Diagnose stellt typischerweise ein Psychiater (Facharzt für Psychiatrie), ein Neurologe (Facharzt für Neurologie) oder aber ein Psychologe. Oftmals ist die klinische Symptomatik sehr eindeutig, so dass die Diagnose recht schnell und sicher gestellt werden kann. Oft gibt es Hinweise auf eine Demenz, die jedoch einer weiteren Aufklärung bedürfen.

Hierbei kommt die sog. Testpsychologie (z. B. Uhrentest, Mini-Mental-State-Test) zum Einsatz. Dies sind zum größten Teil Tests, die sehr schnell einen orientierenden Eindruck zu Art und Ausmaß der Störung geben.

Abgerundet wird die Diagnostik durch körperliche Befunde, die erhoben werden können (CT, MRT) etc.

Dentin (Begriff)

Zahnbein, Grundsubstanz des Zahnes, zwischen Zahnschmelz und Pulpa gelegen

Devital (Begriff)

Marktoter Zahn mit geschädigter oder entfernter Pulpa

Diabetikernahrung

Es handelt sich beihilferechtlich um ein Gut des täglichen Bedarfs; die Aufwendungen sind **nicht** beihilfefähig.

Diabetikerschulung

Die Aufwendungen für die ambulante Schulung und Einstellung von Diabetikern sind beihilfefähig, wenn eine stationäre Schulung im Krankenhaus dadurch vermieden werden kann und für die jeweilige ambulante Schulungseinrichtung ein Vertrag mit den gesetzlichen Krankenkassen besteht. Die Beihilfefähigkeit der im Zusammenhang mit der Diabetikerschulung erbrachten – nichtärztlichen – Leistungen ist auf die Höhe des mit den gesetzlichen Krankenkassen vereinbarten Betrages begrenzt.

Dies gilt entsprechend für *„Asthmatikerschulungen"*.

Siehe auch unter *„Komplextherapien"*.

Diätnahrung

Es handelt sich beihilferechtlich um ein Gut des täglichen Bedarfs; die Aufwendungen sind **nicht** beihilfefähig.

Diagnose (Begriff)

Ob Aufwendungen aus Anlass einer Krankheit entstanden sind und notwendig waren, ergibt sich aus der Diagnose; ohne deren Angabe in der Rechnung können die Aufwendungen daher nicht als beihilfefähig anerkannt werden. Bei zahnärztlicher Behandlung ist die Angabe der Diagnose bei implantologischen, funktionsanalytischen und funktionstherapeutischen Leistungen erforderlich.

Diagnoseklinik

Hält ein Facharzt oder – nach Einholung einer fachärztlichen Stellungnahme – ein praktischer Arzt eine Untersuchung in einer Diagnoseklinik wegen der Besonderheit des Krankheitsbildes für erforderlich, sind die durch die Inanspruchnahme der nächstgelegenen Diagnoseklinik entstehenden Kosten nach § 4 Abs. 1 Nr. 1, 2, 3, 7, 9 und 11 BVO (abgedruckt im Anhang, Nr. 1 a, S. 367 ff.) beihilfefähig. Die ärztliche Bescheinigung, die ggf. einen Hinweis auf die fachärztliche Stellungnahme enthalten muss, ist zusammen mit dem Beihilfeantrag vorzulegen.

Sind die Voraussetzungen des Absatzes 1 nicht erfüllt, werden zu den Beförderungskosten sowie zu den bei stationärer oder nichtstationärer Unterbringung entstehenden Kosten für Unterkunft und Verpflegung keine Beihilfen gewährt; beihilfefähig sind nur die Aufwendungen nach § 4 Abs. 1 Nr. 1, 7 und 9 BVO. Aufwendungen für eine stationäre Unterbringung (§ 4 Abs. 1 Nr. 2 BVO) können ausnahmsweise dann als beihilfefähig berücksichtigt werden, wenn sich anlässlich der Untersuchung in der Klinik die dringende Notwendigkeit einer solchen Unterbringung ergibt und dies von der Klinik bescheinigt wird.

Aufwendungen für Grunduntersuchungen zur Gesundheitskontrolle in einer Diagnoseklinik sind nicht beihilfefähig; § 3 Abs. 1 Nr. 2 BVO (s. o.) bleibt unberührt.

(Siehe auch Nr. 3.2.1 VVzBVO, abgedruckt im Anhang, Nr. 2, S. 423 ff.).

Dialysebehandlung

Dialysebehandlungen sind grundsätzlich immer als medizinisch notwendige Behandlungen anzusehen. Eine zahlenmäßige Begrenzung der Anwendungen ist nach der BVO NRW nicht vorgesehen. Die Behandlungskosten sind einschließlich der Sachkosten beihilfefähig.

Dienstleistung (Begriff)

Dienstleistungen liegen insbesondere dann vor, wenn Versicherungsträger (z. B. Gesetzliche Krankenversicherung) unmittelbar Leistungen selbst erbringen, z. B. Aufklärungsmaßnahmen zur Verhütung von Krankheiten, Durchführung von Pflegekursen.

Dienstunfähigkeitsbescheinigung

Die Aufwendungen für ärztliche Bescheinigungen zum Nachweis der Dienstunfähigkeit und Dienstfähigkeit des Beihilfeberechtigten und seiner berücksichtigungsfähigen Angehörigen sind beihilfefähig (vgl. Nr. 3.2.10 VVzBVO, abgedruckt im Anhang, Nr. 2, S. 423 ff.).

Dimet 20

Es handelt sich um ein grundsätzlich nicht beihilfefähiges Medizinprodukt. Die Aufwendungen sind bei Personen bis zum vollendeten 18. Lebensjahr zur physikalischen Behandlung des Kopfhaares bei Kopflausbefall beihilfefähig; vgl. Anlage V AMR, abgedruckt im Anhang, Nr. 6, S. 556 ff.

Dinatriumcromoglycat (DNCG) (Begriff)

Dinatriumcromoglycat (DNCG) stabilisiert die Mastzellen und blockiert somit eine Histaminausschüttung. DNCG wirkt nur vorbeugend und ist deshalb in der Allergiezeit regelmäßig einzunehmen.

Diplom-Pädagoge

Siehe unter *„Gesundheitsfachberufe"*.

Distal (Begriff)

Fläche des Zahnes, nach hinten gelegen

Divertikulose/Divertikulitis (Begriff)

Als Divertikulose bezeichnet man eine Veränderung des Dickdarms in Form von kleinen Ausstülpungen der gesamten Darmwand. Bei diesen Ausstülpungen wird von falschen Divertikeln gesprochen. Als „falsch" werden sie deshalb bezeichnet, weil sie im Gegensatz zu den richtigen Divertikeln nur die Schleimhaut und nicht die ganze Darmwand ausstülpen. Die Divertikulose ist weit verbreitet. Die meisten Betroffenen sind völlig symptomfrei. Häufig wird sie als Nebenbefund bei einer Darmuntersuchung (Koloskopie) bei älteren Menschen gefunden. Solange eine Divertikulose keine Beschwerden verursacht, ist keine Behandlung erforderlich.

DKG-NT (Begriff)

Abrechnungen von Nebenkosten auf der Basis des DKG-NT (Tarif der deutschen Krankenhausgesellschaft) sind in voller Höhe beihilfefähig (vgl. Nr. 3.2.9 VVzBVO, abgedruckt im Anhang, Nr. 2, S. 423 ff.).

Dr. Deppe EndoStar-Lavage

Es handelt sich um ein grundsätzlich nicht beihilfefähiges Medizinprodukt. Die Aufwendungen sind ausnahmsweise beihilfefähig in Zusammenhang mit einer Darmreinigung zur Vorbereitung einer Darmspiegelung bei Patienten ab dem 12. Lebensjahr; vgl. Anlage V AMR, abgedruckt im Anhang, Nr. 6, S. 556 ff.

DRG (Begriff)

Das Patientenklassifikationssystem der diagnosebezogenen Fallgruppen (DRG, für engl. Diagnosis-related groups) bildet seit 2003 die Grundlage für eine leistungsorientierte Vergütung von Krankenhausleistungen. Anhand bestimmter Kriterien – Diagnose, Schweregrad der Erkrankung, Alter des Patienten, Komplikationen, Entlassungsgrund u. ä. – wird der einzelne stationäre Behandlungsfall einer bestimmten Fallgruppe zugeordnet. Die Vergütung erfolgt dann nach pauschalierten Preisen. Von dieser Vergütungsform ausgenommen sind derzeit noch psychiatrische, psychosomatische und psychotherapeutische Behandlungen.

DSO

Die seitens der Deutschen Stiftung Organtransplantation (DSO) im Rahmen von Organtransplantationen in Rechnung gestellten Organisations- und Flugkostenpauschalen sind beihilfefähig (vgl. Nr. 4.1.12.1 VVzBVO, abgedruckt im Anhang, Nr. 2, S. 423 ff.).

Duschsitz (sowie Halte- und Stützgriffe im Sanitär- und Wohnbereich)

Die Aufwendungen sind grundsätzlich als dem Bereich der privaten Lebensführung zuzurechnen und daher **nicht** beihilfefähig. Hierzu können jedoch bei dauernder Pflegebedürftigkeit im Rahmen der Leistungen nach § 5 ff. BVO (abgedruckt im Anhang, Nr. 1 a, S. 367 ff.) Beihilfen gewährt werden, soweit die Pflegeversicherung eine Leistung erbringt.

E

E. coli Stamm Nissle 1917

Die Aufwendungen für E. coli Stamm Nissle 1917 sind bei Personen, die das 18. Lebensjahr vollendet haben (für Personen unter 18. Jahren gelten keine Einschränkungen), nur zur Behandlung der Colitis ulcerosa in der Remissionsphase bei Unverträglichkeit von Mesalazin beihilfefähig (vgl. Anlage I AMR, abgedruckt im Anhang, Nr. 4, S. 549 ff.).

EAP

Siehe unter *„Erweiterte ambulante Physiotherapie"*.

Ehegatten/Eingetragene Lebenspartner

Aufwendungen für nicht selbst beihilfeberechtigte Ehegatten (auch eingetragene Lebenspartner) sind unter bestimmten Voraussetzungen beihilfefähig und können grundsätzlich nur von dem Beihilfeberechtigten geltend gemacht werden. Hinsichtlich der weiteren Voraussetzungen siehe unter *„Beihilfefälle"* und *„Eingetragene Lebenspartner"*.

Eichotherm-Behandlung

Die Eichotherm-Behandlung gilt als wissenschaftlich anerkannt. Die Kosten der Behandlung sind – soweit durch einen Arzt durchgeführt – beihilfefähig.

Eigenblut-Ozon-Therapie

Siehe unter *„Ozon-Therapie"*.

Eigenblutinjektionen

Eigenblutinjektionen sind wissenschaftlich anerkannt; die Aufwendungen sind grundsätzlich beihilfefähig.

Nicht beihilfefähig, da wissenschaftlich nicht anerkannt, ist allerdings die modifizierte Eigenblutbehandlung (z. B. nach Garthe, Blut-Kristall-Analyse)

Ein Boqeq (Totes Meer)

Der Ort ist beihilferechtlich als Kurort am Toten Meer anerkannt. Die Aufwendungen sind aber nur ausnahmsweise beihilfefähig, wenn im Inland kein vergleichbarer Heilerfolg zu erwarten ist.

Einbettzimmerzuschläge

Aufwendungen für Einbettzimmerzuschläge z. B. im Krankenhaus, Pflegeheim oder in einer Rehabilitationseinrichtung sind **nicht** beihilfefähig.

Eingetragene Lebenspartner

Eingetragene Lebenspartner von Beihilfeberechtigten werden beihilferechtlich den Ehegatten gleichgestellt. Für sie gelten somit die gleichen Regelungen wie für berücksichtigungsfähige Ehegatten. Hinterbliebene eingetragene Lebenspartner von Beihilfeberechtigten haben nach geltendem Beamtenversorgungsrecht noch keinen Anspruch auf Hinterbliebenenbezüge. Bis zu einer Änderung des Beamtenversorgungsgesetzes können hinterbliebenen eingetragenen Lebenspartnern nach § 1 Abs. 1 Nr. 3 BVO (abgedruckt im Anhang, Nr. 1 a, S. 367 ff.). Beihilfen gezahlt werden (vgl. auch Nr. 1.1.2 VVzBVO, abgedruckt im Anhang, Nr. 2, S. 423 ff.).

Beantragt der Beihilfeberechtigte erstmals eine Beihilfe für Aufwendungen seines eingetragenen Lebenspartners, ist dem Beihilfeantrag eine beglaubigte Kopie der Lebenspartnerschaftsurkunde beizufügen. Diese Kopie ist zu den Akten zu nehmen (vgl. auch Nr. 2.1.1.8 VVzBVO – s. o. –).

Nach dem Besoldungsgesetz werden im Familienzuschlag die Kinder berücksichtigt, für die dem Beamten Kindergeld nach dem EStG oder nach BKGG zusteht oder zustehen würde. Bei in einer eingetragenen Lebenspartnerschaft lebenden Kindern ist es bis zu einer Änderung der besoldungs- und versorgungsrechtlichen Vorschriften für die Gewährung von Beihilfe ausreichend, wenn einem der eingetragenen Lebenspartner für das Kind Kindergeld zusteht oder zustehen würde (vgl. Nr. 2.1.1.9 VVzBVO – s. o. –).

Einlagefüllungen

Siehe unter *„Inlay"*.

Einlagen

Siehe unter *„Fußeinlagen"*.

Einmal-Schutzhose

Die Aufwendungen für ärztlich verordnete Einmal-Schutzhosen bei Querschnittgelähmten sind grundsätzlich beihilfefähig; eine vorherige Anerkennung durch die Beihilfestelle ist nicht erforderlich.

Einschleifkosten (von Brillengläsern)

Einschleifkosten von Brillengläsern sind bis zu einem Betrag von 11 Euro je Glas beihilfefähig (vgl. Nr. 4.1.10.3 VVzBVO, abgedruckt im Anhang, Nr. 2, S. 423 ff.).

Einwegkrankenunterlagen

Die Aufwendungen für ärztlich verordnete Einwegkrankenunterlagen sind beihilfefähig; eine vorherige Anerkennung durch die Beihilfestelle ist nicht erforderlich.

Einweisung ins Krankenhaus

In der Regel erfolgt eine Krankenhausbehandlung auf Anraten des Hausarztes. Eine unmittelbare Aufnahme in ein Krankenhaus ist möglich in Notfällen (z. B. Unglücksfällen) oder wenn die Sprechstunde des Krankenhausarztes aufgesucht wurde. In der Regel schreiben die Ärzte einen Einweisungsschein für die Krankenhausbehandlung aus, da eine solche Einweisung von den Krankenkassen gefordert wird. Von den Beihilfestellen wird ein Einweisungsschein erfahrungsgemäß nicht verlangt. Es wird allgemein unterstellt, dass der Krankenhausaufenthalt notwendig ist.

Im Gegensatz zu einer stationären Rehabilitationsmaßnahme braucht eine Krankenhausbehandlung nicht vorher von der Beihilfestelle anerkannt zu werden. Die Kosten sind also ohne Voranerkennung beihilfefähig.

Die BVO NRW enthält keine Vorschriften, nach denen der Beihilfeberechtigte (oder seine berücksichtigungsfähigen Angehörigen) nur bestimmte Krankenanstalten aufsuchen dürfen. In der Regel wird er eine Krankenanstalt am Wohnort oder eine Anstalt in Anspruch nehmen, die für die Versorgung des betreffenden Ortes im Allgemeinen in Frage kommt.

Wird eine andere Krankenanstalt in Anspruch genommen, z. B. während eines Urlaubs oder weil der Patient zu den Ärzten dieser Anstalt größeres Vertrauen hat, so werden auch zu den hier entstehenden Kosten regelmäßig Beihilfen gezahlt. Sucht der Erkrankte jedoch eine weit entfernt gelegene Krankenanstalt auf, ohne dass hierfür aus ärztlicher Sicht eine zwingende Notwendigkeit besteht, sind die Beförderungsmehrauslagen nicht beihilfefähig.

Aufwendungen für Behandlungen in Krankenhäusern, die nicht nach § 108 SGB V zugelassen sind (sog. Privatkliniken, die nicht über einen Versorgungsvertrag der gesetzlichen Krankenkassen verfügen), sind beihilferechtlich nur insoweit als angemessen (§ 3 Abs. 1 Satz 1 BVO, abgedruckt im Anhang, Nr. 1 a, S. 367 ff.) anzuerkennen, als sie den Kosten (Behandlungs-, Unterkunfts- und Verpflegungskosten) entsprechen, die dem Behandlungsort nächstgelegene Klinik der Maximalversorgung (Universitätsklinik) berechnen würde. Die jeweilige private Krankenversicherung des Betroffenen akzeptiert regelmäßig die Kosten der privaten Krankenanstalt ohne Einschränkung.

Falls ein Beihilfeberechtigter oder eine berücksichtigungsfähige Person eine auswärtige Klinik aufsuchen will, sollte unbedingt vorher darüber Klarheit geschaffen werden, ob es sich bei der Klinik nicht um eine Anstalt handelt, die nur die Voraussetzungen nach § 107 Abs. 2 SGB V erfüllt, also nur Rehabilitationsbehandlungen durchführen darf. Auf den Namen eines Hauses, z. B. „Klinik" kommt es nicht an. Bei Rehabilitationseinrichtungen bestehen beihilferechtlich gewisse Einschränkungen, z. B. vorherige Anerkennung, Höchstbeträge für Unterkunft und Verpflegung etc. In Zweifelsfällen sollte die Beihilfestelle um Entscheidung gebeten werden.

Einzelzahnlücke

Siehe unter *„Zahnimplantate"*.

Eisen-(II)-Verbindungen

Aufwendungen für nicht verschreibungspflichtige Präparate mit Eisen-(II)-Verbindungen sind bei Personen, die das 18. Lebensjahr vollendet haben, nur zur Behandlung von gesicherter Eisenmangelanaemie beihilfefähig (vgl. Anlage I AMR, abgedruckt im Anhang, Nr. 4, S. 549 ff.).

Eiweißarme Kost

Es handelt sich hierbei nicht um ein Arzneimittel. Das Bundessozialgericht hat festgestellt, dass die eiweißarme Kost unter Nahrungs- und Lebensmittel zu subsumieren sei. Dass sie daneben als Krankheitskost Verwendung finden könne, besage nichts anderes. Eine positive Nebenwirkung eines besonderen Nahrungsmittels auf einen Krankheitszustand reiche nicht aus, um dieses zu einem Arzneimittel zu machen.

Das Beihilferecht teilt diese Auffassung; die Aufwendungen sind daher **nicht** beihilfefähig.

Eiweißhydrolysate

Eiweißhydrolysate sind diätische Lebensmittel für besondere medizinische Zwecke (bilanzierte Diäten im Sinne der Diätverordnung), bestehend aus abgebauten Proteinen (niedermolekularen Proteinkomponenten in Form von freien Aminosäuren, Oligopeptiden und Peptiden). Sie sind nicht für die Verwendung als einzige Nahrungsquelle geeignet. Enthalten sein können entsprechend ihrer Zweckbestimmung gesetzlich vorgeschriebene Mineralstoffe, Vitamine, Spurenelemente sowie zugelassene Zusatz- und Aromastoffe und Kohlenhydrate als Füll- oder Geschmacksstoffe.

Aufwendungen für ärztlich verordnete Aminosäuremischungen, Eiweißhydrolysate, Elementardiäten und Sondennahrung sind bei fehlender oder eingeschränkter Fähigkeit zur ausreichenden normalen Ernährung ausnahmsweise beihilfefähig, wenn eine Modifizierung der normalen Ernährung oder sonstige ärztliche, pflegerische oder ernährungstherapeutische Maßnahmen zur Verbesserung der Ernährungssituation nicht ausreichen. Solche Ausnahmefälle liegen insbesondere vor bei:

- Ahornsirupkrankheit,
- AIDS-assoziierten Diarrhöen,
- Colotis ulcerosa,
- Epilepsien, wenn trotz optimierter antikonvulsiver Therapie eine ausreichende Anfallskontrolle nicht gelingt,
- Kurzdarmsyndrom,
- Morbus Crohn,
- Mukoviszidose,
- Multiple Nahrungsmittelallergie,
- Niereninsuffizienz,
- Phenylketonurie,
- Tumortherapien (auch nach der Behandlung),

- postoperative Nachsorge,
- angeborene Defekte im Kohlenhydrat- und Fettstoffwechsel,
- angeborenen Enzymdefekte, die mit speziellen Aminosäuremischungen behandelt werden,
- erheblichen Störungen der Nahrungsaufnahme bei neurologischen Schluckbeschwerden oder Tumoren der oberen Schluckstraße (z. B. Mundboden- und Zungenkarzinom).

(Siehe auch Nr. 4.1.7.6 VVzBVO, abgedruckt im Anhang, Nr. 2, S. 423 ff.).

Eklampsie (Begriff)

Die Eklampsie ist eine plötzlich auftretende schwere Erkrankung vor allem im letzten Drittel der Schwangerschaft, die mit Krämpfen einhergeht. Sie kann auch noch nach der Geburt oder im Wochenbett auftreten.

Elektrische Zahnbürste

Eine elektrische Zahnbürste ist dem Bereich der privaten Lebensführung zuzurechnen; die Aufwendungen sind daher **nicht** beihilfefähig.

Elektro-Stimulationsgerät

Aufwendungen für ein ärztlich verordnetes Elektro-Stimulationsgerät sind beihilfefähig; eine vorherige Anerkennung durch die Beihilfestelle ist nicht erforderlich.

Elektromobil

Die Aufwendungen für ein ärztlich verordnetes Elektromobil können im Ausnahmefall beihilfefähig sein. Es bedarf der Voranerkennung durch die Beihilfestelle.

Elektronische Beihilfebearbeitung

Soweit die Beihilfestelle elektronische Dokumente zur Abbildung von eingereichten Schriftstücken herstellt, werden die dem Beihilfeantrag beigefügten Belege (Originalbelege oder/und Duplikate) nicht zurückgesandt. Die Belege werden spätestens drei Monate nach Eingang und Digitalisierung vernichtet. Liegen Anhaltspunkte dafür vor, dass ein vorgelegter Beleg unecht ist oder dass ein vorgelegter echter Beleg verfälscht worden ist, kann die Beihilfestelle mit Einwilligung des Beihilfeberechtigten bei dem Rechnungssteller eine Auskunft über die Echtheit des Beleges einholen. Wird die Einwilligung verweigert, wird die Beihilfestelle eine Beihilfe zu den betreffenden Aufwendungen verweigern.

Elektrotherapie

Die Aufwendungen für von Angehörigen der Gesundheits- und Medizinalfachberufen erbrachten Leistungen sind bis zu den folgenden Höchstbeträgen beihilfefähig:

	Beihilfefähiger Höchstbetrag
– Ultraschallbehandlung – auch Phonophorese –	6,20 Euro
– Behandlung eines oder mehrerer Körperabschnitte mit hochfrequenten Strömen (Kurz-, Dezimeter oder Mikrowellen)	6,20 Euro
– Behandlung eines oder mehrerer Körperabschnitte mit niederfrequenten Strömen (z. B. Reizstrom, diadynamischer Strom, Interferenzstrom, Galvanisation)	6,20 Euro
– Gezielte Niederfrequenzbehandlung, Elektrogymnastik, bei spastischen oder schlaffen Lähmungen	11,80 Euro
– Iontophorese	6,20 Euro
– Zwei- oder Vierzellenbad	11,30 Euro
– Hydroelektrisches Vollbad (z. B. Stangerbad), auch mit Zusatz – einschließlich der erforderlichen Nachruhe –	22,00 Euro

(Vgl. die Nummern 35 bis 41 des Leistungsverzeichnisses für ärztlich verordnete Heilbehandlungen nach § 4 Abs. 1 Nr. 9 BVO und Anlage 2 VVzBVO, abgedruckt im Anhang, Nr. 2, S. 423 ff.).

Elementardiäten

Elementardiäten sind diätetische Lebensmittel für besondere medizinische Zwecke (bilanzierte Diäten im Sinne der Diätverordnung), die, unabhängig von der Molekulargröße, oral zuzuführende Gemische aus Proteinen (auch hochhydolysierte Proteine), Aminosäuren, Kohlenhydraten, Fetten, Mineralstoffen, Spurenelementen und Vitaminen enthalten, und die als einzige Nahrungsquelle geeignet sind (sog. Trinknahrung).

Aufwendungen für Elementardiäten (nicht verschreibungspflichtig) sind für Säuglinge (bis zur Vollendung des 1. Lebensjahres) und Kleinkinder (Zeit zwischen dem 1. und 3. Lebensjahr) mit Kuhmilcheiweißallergie beihilfefähig; dies gilt ferner für einen Zeitraum von sechs Monaten bei Säuglingen und Kleinkindern mit Neurodermitis, sofern Elementardiäten zu diagnostischen Zwecken eingesetzt werden (vgl. Nr. 4.1.7.7 VVzBVO, abgedruckt im Anhang, Nr. 2, S. 423 ff.).

Aufwendungen für ärztlich verordnete Aminosäuremischungen, Eiweißhydrolysate, Elementardiäten und Sondennahrung sind bei fehlender oder eingeschränkter Fähigkeit zur ausreichenden normalen Ernährung ausnahmsweise beihilfefähig, wenn eine Modifizierung der normalen Ernährung oder sonstige ärztliche, pflegerische oder ernährungstherapeutische Maßnahmen zur Verbesserung der Ernährungssituation nicht ausreichen. Solche Ausnahmefälle liegen insbesondere vor bei:

Siehe unter *„Eiweißhydrolysate"* und Nr. 4.1.7.6 VVzBVO, abgedruckt im Anhang, Nr. 2, S. 423 ff.).

Elmex Gelee

Die Aufwendungen für das der Kariesprophylaxe zuzurechnende Mittel sind nicht beihilfefähig (siehe auch Urteil des VG Köln vom 29. Juli 1998 – 3 K 3443/95 –).

Empfängnisregelnde Mittel

Aufwendungen für die Versorgung mit empfängnisregelnden Mitteln (Kontrazeptionsmittel, Antibabypillen, Intrauterinpessare) sind nach Nr. 3 der Anlage 2 zur BVO (abgedruckt im Anhang, Nr. 1 a, S. 367 ff.) nur bei Personen bis zum vollendeten 20. Lebensjahr und bei Personen ab Vollendung des 48. Lebensjahres beihilfefähig. Die Altersgrenzen sind ausnahmsweise unbeachtlich, wenn die Arzneimittel zur Behandlung einer Krankheit verordnet werden und die Notwendigkeit durch einen Amtsarzt bestätigt wurde (siehe Nr. 4.1.7.10.3.1 VVzBVO, abgedruckt im Anhang, Nr. 2, S. 423 ff.).

Encasings

Siehe unter *„Allergie-Bettwäsche"*.

Endodonie (Begriff)

Wurzelbehandlung

Endogain

Die Verwendung des Schmelzmatrixproteins „Endogain" im Rahmen einer Zahnbehandlung bei Vorliegen vertikaler parodontaler Knochendefekte oder von mandibulären Grad-II Furkationsdefekten (das Protein wird während einer Lappenoperation auf die gesäuberte Wurzeloberfläche aufgetragen) gilt als wissenschaftlich anerkannt. Die Aufwendungen sind beihilfefähig (Nr. 411 GOZ [analog bis zum Schwellenwert neben der Nr. 409 GOZ oder Nr. 410 GOZ]).

Endogen (Begriff)

In der Medizin spricht man von endogenen Stoffen, Krankheiten oder Krankheitserregern, wenn diese im Innern des menschlichen Körpers entstehen.

Enossal (Begriff)

Begriff für *„im Kieferknochen"*

Enteral (Begriff)

Enteral bezeichnet in der Medizin i. d. R. die Zufuhr oder auch den Verlust von Medikamenten oder Nahrungsmitteln, von Elektrolyten oder Spurenelementen „über den Darm". Enterale Zugangswege sind demnach der Mund (orale) und der Enddarm (eigentlich Mastdarm, daher rektale Zugangswege).

Der enteralen Einnahme von Medikamenten steht z. B. die parenterale Zufuhr (z. B. intravenöse, intramuskuläre, subcutane oder inhalative Einnahme) gegenüber.

Entfettungscreme

Aufwendungen für eine Entfettungscreme sind nach Anlage 2 zu § 4 Abs. 1 Nr. 7 BVO und Nr. 4.1.7.5 VVzBVO (abgedruckt im Anhang, Nummern 1 a, S. 367 ff. und 2, S. 423 ff.) **nicht** beihilfefähig.

Entseuchung

Die Kosten für eine ärztlich angeordnete Entseuchung – Desinfektion – (z. B. bei Diphtherie, Scharlach oder Hepatitis) sind beihilfefähig. Die Entseuchung muss durch eine Krankheit des Beihilfeberechtigten oder eines berücksichtigungsfähigen Angehörigen – nicht einer anderen im Haushalt lebenden Person – verursacht sein.

Entspiegelte Brillengläser

Mehraufwendungen für entspiegelte Gläser sind nur bei höherbrechenden Gläsern (ab 6 Dioptrien) beihilfefähig (vgl. Nr. 4.1.10.3 VVzBVO, abgedruckt im Anhang, Nr. 2, S. 423 ff.).

Entstehen der Aufwendungen

Eine Beihilfe wird nur gewährt, wenn sie innerhalb eines Jahres nach Entstehen der Aufwendungen (§ 3 Abs. 5 Satz 2 BVO, abgedruckt im Anhang, Nr. 1 a, S. 367 ff.), spätestens jedoch ein Jahr nach der ersten Ausstellung der Rechnung beantragt wird; die Antragsfrist beginnt für den Fall

1. der Zuschussgewährung nach §§ 6 Abs. 1 Satz 7, 6 a Abs. 2 Satz 2 und 7 Abs. 3 Satz 2, Satz 4 sowie Abs. 4 Satz 4 BVO (abgedruckt im Anhang, Nr. 1 a, S. 367 ff.) mit dem Tag der Beendigung der Maßnahme,
2. der Beihilfe für die häusliche Pflege (§ 5 a Abs. 2 BVO; abgedruckt im Anhang, Nr. 1 a, S. 367 ff.) mit dem ersten Tag nach Ablauf des Monats, in dem die Pflege erbracht wurde,

3. der Zuschussgewährung für die Säuglings- und Kleinkinderausstattung mit dem Tage der Geburt, der Annahme als Kind oder der Aufnahme in den Haushalt.

Zu verspätet geltend gemachten Aufwendungen darf eine Beihilfe nur gewährt werden, wenn das Versäumnis entschuldbar ist.

Epidermolysis bullosa (Begriff)

Die Epidermolysis Bullosa (EB) ist eine genetisch bedingte Hautkrankheit, die je nach Subtyp teils autosomal-dominant, teils rezessiv vererbt wird. Die Verankerung zwischen den Hautschichten ist je nach Typ unzureichend ausgebildet. Dadurch entstehen Blasen und häufig Wunden mit Narbenbildung (am und im ganzen Körper, z. B. auch Mund- und Speiseröhre).

Epidermolysis bullosa hereditara (Begriff)

Unter dem Begriff werden seltene Erbkrankheiten zusammengefasst, bei denen bereits durch geringe Traumen Blasen entstehen. Zum Teil sind die Schleimhäute mitbefallen. Die Wundheilung ist bei einigen Formen gestört, was zu multiplen Narben oder zur Schädigung des tiefer gelegenen Gewebes mit nachfolgenden Kontrakturen führt. Die Hautveränderungen können, je nach zugrundeliegender Form der Erkrankung, bei der Geburt vorhanden sein, sich in der frühen Kindheit oder noch später ausbilden.

Erektile Dysfunktion

Mittel zur Behandlung der erektilen Dysfunktion sind nicht beihilfefähig (vgl. Nr. 9 b der Anlage 2 BVO; abgedruckt im Anhang, Nr. 1 a, S. 367 ff.).

Erektionshilfen

Aufwendungen für nicht medikamentöse Erektionshilfen können im Ausnahmefall beihilfefähig sein. Es sollte vor einer Beschaffung eine Abstimmung mit der Beihilfestelle erfolgen.

Ergotherapie

Siehe unter *„Beschäftigungstherapie"*.

Erkältungskrankheiten

Aufwendungen für Arzneimittel zur Anwendung bei Erkältungskrankheiten und grippalen Infekten einschließlich der bei diesen Krankheiten anzuwenden Schnupfenmittel, hustendämpfenden und hustenlösenden Mittel sind bei Personen, die das 18. Lebensjahr vollendet haben, nicht beihilfefähig (vgl. Nr. 7 a Anlage 2 BVO, abgedruckt im Anhang, Nr. 1 a, S. 367).

Ernährungspumpen

Aufwendungen für eine ärztlich verordnete Ernährungspumpe sind nach § 4 Abs. 1 Nr. 10 Satz 10 BVO (abgedruckt im Anhang, Nr. 1 a, S. 367 ff.) beihilfefähig; einer vorherigen Anerkennung durch die Beihilfestelle bedarf es nicht.

Ernährungssonden

Aufwendungen für Ernährungssonden sind beihilfefähig, wenn die Sonde als Hilfsmittel ärztlich verordnet wurde; einer vorherigen Anerkennung durch die Beihilfestelle bedarf es nicht.

Ersatzbeschaffung von Sehhilfen

Als Ersatzbeschaffung gilt der Austausch von zwei Brillengläsern/Kontaktlinsen. Die Aufwendungen hierzu sind bei Personen, die das 14. Lebensjahr vollendet haben, erst ab einer Änderung der Sehschärfe um mindestens 0,5 Dioptrien beihilfefähig.

Unabhängig von einer Änderung der Sehschärfe sind im Hinblick auf den Verschleiß der Sehhilfen, Aufwendungen für die Ersatzbeschaffung weicher Kontaktlinsen nach Ablauf von zwei Jahren, von Brillengläsern/harten Kontaktlinsen nach Ablauf von vier Jahren nach der Erstbeschaffung (dieser Sehhilfe) bis zu einem Betrag von 100 Euro (je weiche Kontaktlinse bzw. 150 Euro (je Brillenglas/harte Kontaktlinse) beihilfefähig (vgl. Nr. 4.1.10.1 VVzBVO, abgedruckt im Anhang, Nr. 2, S. 423 ff.).

Ersatzpflegekraft

Eine Ersatzpflegekraft ist eine Person, die nicht in der Krankenpflege ausgebildet ist, die aber als geeignet befunden wird, die Pflege eines Kranken zu übernehmen. Diese Pflegekräfte können auch von Sozialstationen oder Diakoniestationen gestellt werden. Die Kosten für eine solche Kraft können bis zur Höhe der Aufwendungen als beihilfefähig anerkannt werden, die bei Inanspruchnahme einer Berufspflegekraft entstanden wären.

Erste Hilfe

Unter „Erster Hilfe“ (vgl. auch § 4 Abs. 1 Nr. 4 BVO, abgedruckt im Anhang, Nr. 1 a, S. 367 ff.) versteht man die vorläufige Hilfe, die einem plötzlich in körperliche Not geratenen Menschen geleistet wird, bis ein Arzt die Behandlung übernehmen kann.

Wird zur Ersten Hilfe ein Sanitäter, ein Taucher oder eine Rettungsmannschaft in Anspruch genommen, sind die hierdurch entstehenden Kosten ebenfalls beihilfefähig. Das trifft gleichermaßen für die bei einer ersten Hilfeleistung verbrauchten Arzneimittel, Verbandmittel und dgl. zu. Es wird nicht gefordert, dass ein Arzt diese Mittel verordnet hat.

Erweiterte ambulante Physiotherapie (EAP)

Aufwendungen für eine erweiterte ambulante Physiotherapie (EAP) – Nr. 14 des Leistungsverzeichnisses für ärztlich verordnete Heilbehandlungen nach § 4 Abs. 1 Nr. 9 BVO und Anlage 2 VVzBVO (abgedruckt im Anhang, Nr. 2, S. 423 ff.) sind nur unter folgenden Voraussetzungen beihilfefähig:

a) Die EAP wird von Krankenhausärzten, von Ärzten mit den Gebietsbezeichnungen Orthopädie, Neurologie, Chirurgie oder Physikalische und Rehabilitative Medizin oder eines Allgemeinarztes mit der Zusatzbezeichnung Physikalische und Rehabilitative Medizin und nur bei Vorliegen der folgenden Indikationen verordnet:

   aa) Wirbelsäulensyndrome mit erheblicher Symptomatik bei

      1. frischem nachgewiesenen Bandscheibenvorfall (auch postoperativ) oder Protrusionen mit radikulärer, muskulärer und statischer Symptomatik,
      2. nachgewiesenen Spondylolysen und Spondylolisthesen mit radikulärer, muskulärer und statischer Symptomatik,
      3. instabile Wirbelsäulenverletzungen im Rahmen der konservativen oder postoperativen Behandlung mit muskulärem Defizit und Fehlstatik,
      4. lockere korrigierbare thorakale Scheuermann-Kyphose > 50° nach Copp;

   bb) Operation am Skelettsystem

      1. posttraumatische Osteosynthesen,
      2. Osteotomien der großen Röhrenknochen;

   cc) Prothetischer Gelenkersatz bei Bewegungseinschränkungen oder muskulärem Defizit

      1. Schulterprothesen,
      2. Knieendoprothesen,
      3. Hüftendoprothesen;

   dd) Operativ oder konservativ behandelte Gelenkerkrankungen (einschließlich Instabilitäten)

      1. Kniebandrupturen (Ausnahme isoliertes Innenband),
      2. Schultergelenkläsionen, insbesondere nach operativ versorgter Bankart-Läsion, Rotatorenmanschettenruptur, schwere Schultersteife (frozen shoulder), Impingement-Syndrom, Schultergelenkluxation, tendinosis calcarea, periarthritis humero-scapularis (PHS),

3. Achillessehnenrupturen und Achillessehnenabriss;

ee) Amputationen.

b) Eine Verlängerung der EAP erfordert eine erneute ärztliche Verordnung. Eine Bescheinigung der Therapieeinrichtung oder der bei dieser beschäftigten Ärzten reicht nicht aus.

Nach Abschluss der erweiterten ambulanten Physiotherapie ist der Beihilfestelle die Therapiedokumentation zusammen mit der Rechnung vorzulegen.

c) Die erweiterte ambulante Physiotherapie umfasst je Behandlungstag mindestens folgende Leistungen:

- Krankengymnastische Einzeltherapie,
- physikalische Therapie nach Bedarf,
- medizinisches Aufbautraining,

und bei Bedarf folgende zusätzliche Leistungen:

- Lymphdrainage oder Massage oder Bindegewebsmassage,
- Isokinetik,
- Unterwassermassage.

d) Die durchgeführten Leistungen sind durch den Patienten auf der Tagesdokumentation unter Angabe des Datums zu bestätigen.

e) Die unter „c)" genannten zusätzlichen Leistungen sind mit dem Höchstbetrag nach der Nr. 14 des Leistungsverzeichnisses abgegolten.

Essstörungen

Siehe unter *„Psychotherapeutische Leistungen"*.

EtoPril

Es handelt sich um ein grundsätzlich nicht beihilfefähiges Medizinprodukt. Die Aufwendungen sind ausnahmsweise bei Personen bis zum vollendeten 18. Lebensjahr zur physikalischen Behandlung des Kopfhaares bei Kopflausbefall beihilfefähig (vgl. Anlage V AMR; abgedruckt im Anhang, Nr. 6, s. 556 ff.).

Eurotransplant

Siehe unter *„Organverpflanzung"*.

Excimer-Laser-Behandlung bei Psoriasis

Die Aufwendungen sind bei gezielter Behandlung einzelner Plaques beihilfefähig (GOÄ-Nr. analog 2885 oder 2886 je nach behandelter Fläche).

Exogen (Begriff)

Exogene Ursachen für Krankheiten sind beispielsweise Krankheitserreger oder Stoffe, die von außen in den Organismus eindringen.

Expander

Die Aufwendungen für einen Expander sind dem Bereich der privaten Lebensführung zuzurechnen und daher **nicht** beihilfefähig.

Extracorporale Hämorheotherapie (Rheohämatophorese)

Die extracorporale Hämorrheotherapie ist wissenschaftlich noch nicht anerkannt. Da allerdings derzeit keine wissenschaftlich anerkannten Alternativbehandlungen zur Verfügung stehen, sind die Behandlungskosten im Einzelfall ausnahmsweise beihilfefähig.

Extracorporale Stoßwellentherapie

Aufwendungen für die Extracorporale Stoßwellentherapie (ESWT) im orthopädischen und schmerztherapeutischen Bereich sind nur beihilfefähig für die Behandlung der

- Tendinosis calcarea (Kalkschulter),
- Pseudarthrose (nicht heilender Knochenbruch),
- Fasziitis plantaris (Fersensporn).

Auf der Grundlage des Beschlusses der Bundesärztekammer zur Analogbewertung der ESWT ist ausschließlich der analoge Ansatz der Ziffer 1800 GOÄ beihilfefähig. Daneben sind keine Zuschläge (da keine Operationsleistung) beihilfefähig (vgl. Nr. 4.1.1.3 VVzBVO, abgedruckt im Anhang, Nr. 2, S. 423 ff.).

Extrahieren, Extraktion (Begriff)

Entfernen eines Zahnes

F

Fälligkeit der Rechnungen

Die Fälligkeit von ärzt- und zahnärztlichen Rechnungen bestimmt sich nach der jeweiligen Gebührenordnung (GOÄ bzw. GOZ). Danach sind Honorarforderungen fällig, wenn dem Zahlungspflichtigen eine ordnungsgemäße Rechnung erteilt worden ist.

Nach § 286 Abs. 3 des Bürgerlichen Gesetzbuchs (BGB) kommt der Schuldner einer Geldforderung in Verzug, wenn er nicht innerhalb von 30 Tagen nach Fälligkeit und Zugang einer Rechnung diese bezahlt.

Seitens der Ärztekammern wird darauf hingewiesen, dass der Zugang einer Rechnung ggf. nachgewiesen werden muss und daher zunächst 30 Tage nach Rechnungsausstellung eine formlose Mahnung per Einschreiben bzw. Postzustellungsurkunde ergehen sollte. Ein Anspruch eines Arztes/Zahnarztes auf Verzugszinsen dürfte daher regelmäßig erst nach Ablauf von 30 Tagen entstehen.

Fahrkosten

a) Fahrkosten zu einer auswärtigen Behandlung (über 30 km vom Wohn- oder Aufenthaltsort) können nur dann als beihilfefähig anerkannt werden, wenn eine medizinische Notwendigkeit für die auswärtige Behandlung vorliegt. Beihilfefähig sind in diesem Fall nur die niedrigsten Kosten der regelmäßig verkehrenden Beförderungsmittel (bei Benutzung der Deutschen Bahn höchstens der Betrag des Sparpreises 25).

   Wird der Kraftwagen des Beihilfeberechtigten oder eines Angehörigen aus zwingenden persönlichen Gründen (Nachweis durch ärztliche Bescheinigung erforderlich) benutzt, sind 0,30 Euro je km beihilfefähig.

b) Zu den bei einer stationären Rehabilitationsmaßnahme und bei einer Mutter-/Vater-Kind-Kur entstehenden Beförderungskosten für Hin- und Rückfahrt wird Beihilfeberechtigten mit Wohnsitz in NRW bei einer Behandlung außerhalb von NRW ein Zuschuss von 100 Euro, bei einer Behandlung innerhalb NRW ein Zuschuss von 50 Euro gezahlt. Der Zuschuss von 50 Euro ist auch bei einer Behandlung außerhalb von NRW zu zahlen, wenn die Behandlung lt. amtsärztlicher Stellungnahme unter medizinischen Gesichtspunkten mit gleichem Heilerfolg auch in NRW hätte durchgeführt werden können. Die Pauschalen werden von den Beihilfestellen grundsätzlich gezahlt, ohne dass ein Einzelnachweis seitens des Beihilfeberechtigten geführt werden müsste. Beihilfeberechtigte mit Wohnsitz außerhalb NRWs (z. B. Versorgungsempfänger), für die im Grundsatz ein Zuschuss von 100 Euro gilt, haben jedoch zu versichern, dass ihnen in Höhe des Zuschusses Fahrkosten entstanden sind; bei geringeren Kosten werden nur diese erstattet (vgl. Nr. 6.1.3 der VVzBVO, abgedruckt im Anhang, Nr. 2, S. 423 ff.). Falls mehrere Personen (Personen bei denen eine Rehabilitationsmaßnahme anerkannt worden ist, notwendige Begleitperson) gemeinsam einen privaten PKW benutzen, wird der Zuschuss für die erste Person zu 100 v. H. und für den/die Mitfahrer zu jeweils 50 v. H. gewährt (vgl. Nr. 6.1.4 VVzBVO – s. o. –).

   Ist die Hin- und Rückfahrt nur im Krankenwagen möglich, gilt § 4 Abs. 1 Nr. 11 Satz 3 BVO (abgedruckt im Anhang, Nr. 1 a, S. 367) entsprechend.

c) Bei einer ambulanten Kurmaßnahme entstehende Fahrkosten werden pauschal in Zusammenhang mit dem Zuschuss für die Kurtaxe sowie die Unterkunfts- und Verpflegungskosten in Höhe von 30 Euro täglich abgegolten.

d) Bei einer ambulanten Rehabilitationsmaßnahme sind die Fahrkosten – soweit die ambulante Rehabilitationseinrichtung nicht über einen kostenlosen eigenen Fahrdienst verfügt – bis zu einem Betrag von 40 Euro täglich beihilfefähig.

Fahrkosten für die Fahrt zur Entbindungs- oder Krankenanstalt

Die Benutzung eines Taxis wird im Geburtsfall stets als notwendig angesehen. Bei einer Entbindung in einer auswärtigen Entbindungsanstalt können i. d. R. nur die Beförderungskosten berücksichtigt werden, die bei einer Entbindung in einer Entbindungsanstalt am Aufenthaltsort (i. d. R. Wohnort) oder in dessen näherer Umgebung entstanden wären.

Fahrradergometer

Ein Fahrradergometer ist dem Bereich der privaten Lebensführung zuzurechnen; die Aufwendungen sind daher nicht beihilfefähig.

Familien- und Hauspflegekraft

Nach § 4 Abs. 1 Nr. 6 BVO (abgedruckt im Anhang, Nr. 1 a, S. 367 ff.) sind Aufwendungen für eine Familien- und Hauspflegekraft bis zu 8 Euro je Stunde und bis zu höchstens 64 Euro am Tag beihilfefähig, wenn der den Haushalt führende berücksichtigungsfähige Familienangehörige oder der den Haushalt führende Beihilfeberechtigte wegen einer stationären Unterbringung oder ambulanten Rehabilitationsmaßnahme den Haushalt nicht weiterführen kann. Voraussetzung ist, das die Haushalt führende Person – ausgenommen sie ist alleinerziehend – nicht oder nur geringfügig im Sinne des § 8 SGB IV erwerbstätig ist oder, soweit mehrere teilzeitbeschäftigte Personen den Haushalt führen, die Erwerbstätigkeit dieser Personen insgesamt nicht mehr als 120 v. H. der durchschnittlichen wöchentlichen Arbeitszeit einer Vollzeitstelle (40 Stunden/Woche) erreicht, im Haushalt mindestens eine beihilfeberechtigte oder berücksichtigungsfähige Person verbleibt, die pflegebedürftig ist oder das 15. Lebensjahr noch nicht vollendet hat, und keine andere im Haushalt lebende Person den Haushalt weiterführen kann.

Dies gilt nach begründeter ärztlicher Bescheinigung auch für bis zu 14 Tage nach Ende der stationären Unterbringung, nach einer ambulanten Operation oder darüber hinaus, wenn dadurch ein stationärer Krankenhausaufenthalt vermieden wird (z. B. Liegeschwangerschaft) sowie bei Alleinerziehenden, wenn eine Hilfe zur Führung des Haushalts erforderlich ist. Wird anstelle der Beschäftigung einer Familien- und Hauspflegekraft ein Kind unter 15 Jahren oder eine pflegebedürftige Person in einem Heim oder in einem fremden Haushalt untergebracht, so sind die Aufwendungen für Unterkunft und Verpflegung sowie notwendige Beförderungskosten – auch für eine Begleitperson – bis zu den sonst berücksichtigungsfähigen Aufwendungen für eine Familien- und Hauspflegekraft beihilfefähig.

Die Familien- und Hauspflegekraft darf mit der zu betreuenden Familie weder verwandt noch verschwägert sein und nicht bereits als Haushilfe o. ä. beschäftigt sein.

Siehe auch unter *„Haushaltshilfe"*.

Familientherapie

Aufwendungen für eine Familientherapie sind nicht beihilfefähig (vgl. Nr. 1.1 a der Anlage 1 zu § 4 Abs. 1 Nr. 1 Satz 5 BVO, abgedruckt im Anhang, Nr. 1 a, S. 367 ff.).

Familienversicherung

Familienversichert in der Gesetzlichen Krankenversicherung sind die Ehepartner, eingetragenen Lebenspartner und die minderjährigen Kinder. Als Kinder gelten auch Stiefkinder und Enkel, die der Beitragszahler überwiegend unterhält, sowie Pflegekinder, wenn die Pflege nicht berufsmäßig ausgeübt wird.

Voraussetzung ist, dass die o. g. Familienangehörigen ihren Wohnsitz oder gewöhnlichen Aufenthalt in Deutschland haben, nicht selbst Mitglied einer Krankenkasse/Pflegekasse sind, nicht versicherungsfrei (Ausnahme: geringfügige Beschäftigungen) beziehungsweise von der Pflichtversicherung befreit sind, nicht hauptberuflich selbstständig sind und kein regelmäßiges Gesamteinkommen, das eine bestimmte Grenze überschreitet, haben. Für geringfügig Beschäftigte liegt diese Grenze bei 400 Euro monatlich, im Übrigen bei 365 Euro (2010).

Während des Mutterschutzes beziehungsweise der Elternzeit bleiben vorher Pflichtversicherte weiter Mitglied, sodass sie in dieser Zeit nicht familienversichert sein können.

Kinder sind grundsätzlich nur bis zur Vollendung des 18. Lebensjahres familienversichert; die Altersgrenze erhöht sich unter bestimmten Voraussetzungen. Die Familienversicherung ist ausgeschlossen, wenn der mit dem Kind verwandte Ehe- oder Lebenspartner nicht gesetzlich versichert ist und sein regelmäßiges Gesamteinkommen die monatliche Versicherungspflichtgrenze von 4.162,50 Euro (2010) übersteigt und regelmäßig höher als das Gesamteinkommen des gesetzlich versicherten Ehe- oder Lebenspartners ist.

Ist der mit dem Kind verwandte Ehepartner Arbeitnehmer und bestand bereits am 31. Dezember 2002 eine private Krankenversicherung, gilt die geringere Versicherungspflichtgrenze von monatlich 3.750 Euro (2010). Die Altersgrenze erhöht sich vom 18. auf das 23. Lebensjahr, wenn das Kind nicht erwerbstätig ist. Sie erhöht sich auf das 25. Lebensjahr, wenn es sich in Schul- oder Berufsausbildung befindet oder ein freiwilliges soziales bzw. ökologisches Jahr ableistet.

Wird die Schul- oder Berufsausbildung durch Grundwehr- oder Zivildienst unterbrochen oder verzögert, verlängert sich die Familienversicherung um diesen Zeitraum über das 25. Lebensjahr hinaus. Bei Kindern, die wegen einer körperlichen, geistigen oder seelischen Behinderung außerstande sind, sich selbst zu unterhalten, besteht die Familienversicherung ohne Altersgrenze. Wichtig ist, dass die Behinderung während der Familienversicherung eingetreten und nicht von absehbarer Dauer ist.

Farberkennungsgeräte für Blinde

Die Aufwendungen für ärztlich verordnete Farberkennungsgeräte für Blinde sind beihilfefähig.

Fazialisparese (Begriff)

Eine Fazialisparese (Fazialislähmung) betrifft die vom Nervus facialis (7. Hirnnerv) versorgte Gesichtsmuskulatur. Man unterscheidet die periphere und die zentrale Lähmung.

Feldenkraismethode

Die Feldenkraismethode ist wissenschaftlich anerkannt, wenn sie von Krankengymnasten mit Zusatzausbildung (also nicht von Feldenkraislehrern ohne krankengymnastische Ausbildung) durchgeführt wird (beihilfefähiger Höchstsatz ist der Satz der Nr. 4 des Leistungsverzeichnisses für ärztlich verordnete Heilbehandlungen nach § 4 Abs. 1 Nr. 9 BVO und Anlage 2 VVzBVO (abgedruckt im Anhang, Nr. 2, S. 423 ff.).

Fernbedienung für Hörhilfen

Die Aufwendungen für die Fernbedienung einer Hörhilfe sind beihilfefähig, wenn diese aus krankheitsbedingten Gründen notwendig ist.

Fersenschutz

Aufwendungen für ärztlich verordnete Fersenschützer (Kissen, Polster, Schalen, Schoner) sind beihilfefähig; eine vorherige Anerkennung durch die Beihilfestelle ist nicht erforderlich.

Fertigbrillen

Die Aufwendungen für Fertigbrillen sind wegen i. d. R. fehlender ärztlicher Verordnung **nicht** beihilfefähig.

Fettstoffwechsel (Begriff)

Unter Fettstoffwechsel wird zum einen die Zerlegung von Nahrungsfetten im Verdauungstrakt, also die Fettverdauung und der Transport über den Ductus thoracicus (-Lymphsammelstamm in der Brusthöhle) in das venöse Blut, zum anderen die oxidative Verstoffwechselung im Körper zum Zwecke der Energiegewinnung und der Abbau- und Umbau zu Synthesevorstufen von Vitaminen, Steroidhormonen und Gallensäuren verstanden.

Fieberthermometer

Es handelt sich um einen Gegenstand der allgemeinen Lebenshaltung. Die Aufwendungen sind **nicht** beihilfefähig.

Flohsamen (Flohsamenschalen)

Aufwendungen für nichtverschreibungspflichtige Flohsamen- und Flohsamenschalenpräparate sind bei Personen, die das 18. Lebensjahr vollendet haben, nur beihilfefähig zur unterstützenden Ouellmittelbehandlung bei Morbus Crohn, Kurzdarmsyndrom und HIV assoziierter Diarrhoen (vgl. Anlage I der AMR, abgedruckt im Anhang, Nr. 4, S. 549 ff.).

Folsäure und Folinate

Es handelt sich bei der Folsäure um eine dem Vitamin-B-Komplex zugehörige Substanz; wichtig u. a. für Biosynthese der Nucleinsäuren, die Blutbildung und als Coenzym. Bei ungenügender Zufuhr, v.a. aber bei gestörter Resorption, erhöhtem Bedarf (Schwangerschaft, Vitamin-B 12-Mangel) sowie bei Störung des Folsäurestoffwechsels durch Folsäureantogonisten treten Mangelerscheinungen auf, z. B. Blutbildungsstörungen (megaloblastische Anämie bei Granulo- und Panztopenie).

Aufwendungen für nichtverschreibungspflichtige Folsäure- und Folinatepräparate sind bei Personen, die das 18. Lebensjahr vollendet haben (bei Personen unter 18. Jahren gelten keine Einschränkungen), nur beihilfefähig bei einer Therapie mit Folsäureantagonisten sowie zur Behandlung des kolorektalen Karzinoms (vgl. Anlage I der AMR, abgedruckt im Anhang, Nr. 4, S. 549 ff.).

Franzenbad/Frantiskovy Lazne (Tschechien)

Der Ort ist beihilferechtlich als Kurort anerkannt (vgl. Teil 1 b der Anlage 5 VVzBVO, abgedruckt im Anhang, Nr. 2, S. 423 ff.).

Freiendsattel (Begriff)

Zahnloser Teil des Alveolarkamms hinter dem letzten Zahn, nach Zahnverlust

Freiwillig Versicherte

Eine freiwillige Versicherung in der Gesetzlichen Krankenversicherung (GKV) ist in der Regel nur Personen möglich, die bereits unmittelbar vorher der GKV angehört haben. Wer daher aus der Pflichtversicherung oder der Familienversicherung ausscheidet, kann sich freiwillig weiterversichern, wenn er unmittelbar vorher ununterbrochen mindestens zwölf Monate oder in den letzten fünf Jahren vor dem Ausscheiden insgesamt mindestens 24 Monate versichert war.

Freiwillig versichern können sich außerdem: Schwerbehinderte, wenn sie, ein Elternteil oder ihr Ehegatte beziehungsweise eingetragener Lebenspartner in den letzten fünf Jahren vor dem Beitritt mindestens drei Jahre gesetzlich krankenversichert waren; die Satzung der Krankenkasse kann das Recht zum Beitritt von einer Altersgrenze abhängig machen.

Frischzellentherapie

Die Aufwendungen für eine Frischzellentherapie sind **nicht** beihilfefähig.

Frontzahnbereich (Begriff)

Jeweils die vier Schneidezähne und zwei Eckzähne des Ober- und Unterkiefers im bleibenden Gebiss oder im Milchgebiss. Siehe auch unter *„Zahnschema"*:

Fruchtsäfte

Es handelt sich um Güter des täglichen Bedarfs; die Aufwendungen sind **nicht** beihilfefähig.

Fruchtsäure – Peelingbehandlung

Die Fruchtsäure-Peelingbehandlung gilt beihilferechtlich als wissenschaftlich noch nicht anerkannt. Im Falle einer ausnahmsweisen (soweit kosmetische Gründe nicht im Vordergrund stehen) Beihilfegewährung wird i. d. R. die Nr. 755 GOÄ anerkannt.

Früherkennung von Krankheiten

Für die Früherkennung von Krankheiten gelten beihilferechtlich folgende Richtlinien in der jeweils aktuellen Fassung:

a) Richtlinien über die Früherkennung von Krankheiten bei Kindern bis zur Vollendung des 6. Lebensjahres (Kinder-Richtlinien) in der Fassung vom 26. April 1976 (Beilage Nr. 28 zum BAnz. Nr. 214 vom 11. November 1976),
b) Richtlinien zur Jugendgesundheitsuntersuchung vom 26. Juni 1998 (BAnz. Nr. 159 vom 27. August 1998),
c) Richtlinien über die Früherkennung von Krebserkrankungen (Krebsfrüherkennungs-Richtlinien) in der Fassung vom 18. Juni 2009 (BAnz. Nr. 148a vom 2. Oktober 2009),
d) Richtlinien über die Gesundheitsuntersuchung zur Früherkennung von Krankheiten (Gesundheitsuntersuchungs-Richtlinien) vom 24. August 1989 (Bundesarbeitsblatt 10/1989).

(vgl. Nr. 3.1.2.1 der VVzBVO, abgedruckt im Anhang, Nr. 2, S. 423 ff.).

Frührehabilitation (Begriff)

Unter Frührehabilitation versteht man die frühzeitig einsetzende rehabilitationsmedizinische Behandlung von Patienten mit schweren Hirnschädigungen. Frührehabilitation findet in der Regel schon während der stationären Krankenhausbehandlung statt, das bedeutet: in der frühen Phase der Versorgung. Frührehabilitation kann bei fortbestehendem individuellem Bedarf auch im Anschluss an die Krankenhausbehandlung in anderen Einrichtungen fortgesetzt werden, z. B. in Reha-Einrichtungen. Die Frührehabilitation soll so früh wie möglich Fähigkeiten erhalten oder wieder aufbauen, z. B. Sprechen, Essen und Bewegen. Eingeleitet wird eine Frührehabilitation vom sozialen Dienst des Krankenhauses.

Funktionelle Abformung (Begriff)

Dies ist ein Abdruck des Kiefers zur Erstellung von totalem oder umfangreichem herausnehmbaren Zahnersatz, bei dem die Funktion der Bänder und Muskeln im Abdruck dargestellt wird (auch Funktionsabdruck).

Funktionelle Entspannung nach Dr. Fuchs

Aufwendungen für die Funktionelle Entspannung nach Dr. Fuchs sind **nicht** beihilfefähig (vgl. Nr. 1.1 b der Anlage 1 zu § 4 Abs. 1 Nr. 1 Satz 5 BVO, abgedruckt im Anhang, Nr. 1 a, S. 367 ff.).

Fußeinlagen

Vom Arzt verschriebene Fußeinlagen (orthopädische Einlagen), die von einem Fachmann individuell angefertigt werden, sind in angemessenem Umfang beihilfefähig. Dies gilt auch dann, wenn sie für Konfektionsschuhe vorgesehen sind. Es ist gleichgültig, ob sie im Schuh befestigt oder lose eingelegt werden. Zu handelsüblichen Einlegesohlen ist eine Beihilfegewährung allerdings ausgeschlossen. Einer vorherigen Genehmigung durch die Beihilfestelle bedarf es nicht.

Fußpflege

Siehe unter *„Podologische Therapie"*.

G

Galzignano (Italien)

Der Ort ist beihilferechtlich als Kurort anerkannt.

Gebärdendolmetscher

Die Aufwendungen für einen Gebärdendolmetscher sind grundsätzlich beihilfefähig. Als beihilferechtlich angemessen wird für den Einsatz ein Satz von maximal 55 Euro je Stunde zuzüglich der erforderlichen Reisezeit angesehen. Die Fahrkosten sind in Höhe von 0,30 Euro je Kilometer bei Benutzung eines Kraftfahrzeuges oder in Höhe der niedrigsten Kosten eines regelmäßig verkehrenden Beförderungsmittels beihilfefähig (vgl. Nr. 4.1.1.7 VVzBVO, abgedruckt im Anhang, Nr. 2, S. 423 ff.).

Gebührenordnung für Ärzte (GOÄ)

Ärztliche Leistungen, die für Privatpatienten (Selbstzahler) erbracht werden, werden nach der Gebührenordnung für Ärzte (GOÄ) in Rechnung gestellt.

Die GOÄ sieht einen Gebührenrahmen für die einzelnen ärztlichen Leistungen vor. Innerhalb dieses Gebührenrahmens ist die Überschreitung des mittleren Gebührenrahmens (sog. Schwellenwert) nur zulässig, wenn Besonderheiten des Einzelfalles (Behandlungsfall) dies rechtfertigen und der Arzt die Überschreitung begründet. Neben den Gebühren für die ärztlichen Leistungen dürfen ggf. auch Wegegeld, Reiseentschädigung und Auslagen in Rechnung gestellt werden.

Zur GOÄ gehört ein Gebührenverzeichnis, das rund 2.400 Einzelpositionen mit den dazu gehörenden Vergütungssätzen sowie zu einzelnen Positionen auch Abrechnungsbestimmungen enthält, die bei der Bemessung der Gebühren und der Anwendung des Leistungsverzeichnisses zu berücksichtigen sind.

Zwischen dem Arzt und dem Patienten (Zahlungspflichtigen) kann auch eine abweichende Vergütung vereinbart werden. Eine derartige „Abdingung" muss vor Behandlungsbeginn schriftlich vereinbart werden.

Bei stationärer Krankenhausbehandlung können privatärztliche Leistungen als sog. Wahlleistungen vereinbart werden.

Das Bemessungssatzsystem der GOÄ sieht grundsätzlich folgenden Gebührenrahmen (Gebührenspanne) vor:

a) für die persönlichen ärztlichen Leistungen vom 1- bis 3,5fachen,
b) für die überwiegend medizinisch-technischen ärztlichen Leistungen (z. B. Röntgen, Bestrahlungen) vom 1- bis 2,5fachen,
c) für Laboruntersuchungen vom 1- bis zum 1,3fachen,

des Einfachsatzes.

Für Angehörige in den sog. Standard- bzw. Basistarifen der PKV gelten Sonderregelungen (vgl. auch *„Standardtarif"* und *„Basistarif"*).

Als Bemessungskriterien sieht die GOÄ

a) die Schwierigkeit der Leistung,
b) den für die Leistung erforderlichen Zeitaufwand sowie
c) die Umstände bei der Ausführung

vor.

Für Leistungen mit mittlerer Schwierigkeit und durchschnittlichem Zeitaufwand gibt es den Schwellenwert (Regelspanne, der beim 2,3, 1,8 bzw. 1,15fachen Einfachsatz anzusetzen ist). Der Schwellenwert ist kein Mittelsatz in dem Sinne, dass unter normalen Voraussetzungen die ärztliche Liquidation immer beim Schwellenwert anzusetzen ist. Bei einfachen Verrichtungen ist es vielmehr angebracht, auch unter dem Schwellenwert abzurechnen. In der Praxis kommt dies aber kaum noch vor, weil sich auch aufgrund der Akzeptanz durch die PKV und die Beihilfestellen die Abrechnung mindestens zum Schwellenwert eingebürgert hat.

Falls eine Gebühr den Schwellenwert überschreitet, hat der Arzt dies auf die einzelne Leistung (Gebühr) bezogen verständlich und für den Zahlungspflichtigen nachvollziehbar zu begründen (§ 12 Abs. 3 GOÄ, abgedruckt im Anhang, Nr. 7, S. 568 ff.). Aus der Begründung muss ersichtlich sein, dass abweichend von der großen Mehrzahl der Behandlungsfälle bei dem Patienten Besonderheiten aufgetreten sind und die Leistung aufgrund der tatsächlichen Umstände vom Typischen und Durchschnittlichen erheblich abweicht; d. h., dass die Begründung genügend Anhaltspunkte für einen notwendigen Vergleich enthalten muss. Allgemeine Begründungen des Arztes, wie z. B. schwieriger Fall, erhöhter Zeitaufwand reichen als Begründung nicht aus.

Das Überschreiten der Schwellenwerte rechtfertigen nur sog. patientenbezogene Bemessungskriterien, d. h. Gründe, die in der Person des Patienten liegen. Besonderheiten in der Person des behandelnden Arztes scheiden als Gründe aus.

Bei stationären, teilstationären sowie vor- und nachstationären privatärztlichen Leistungen sieht § 6 a Abs. 1 Satz 1 GOÄ (s. o.) eine Minderung der ärztlichen Honorare vor. Damit wird hinsichtlich eines Teils der in den Arztgebühren enthaltenen Sach- und Personalkosten der Tatsache Rechnung getragen, dass diese Kosten nicht dem Arzt, sondern dem Krankenhaus entstehen. Der Minderungsbetrag beträgt 25 v. H., bzw. 15 v. H. bei Leistungserbringung durch Belegärzte oder niedergelassene andere Ärzte. Die Minderungspflicht besteht für alle Leistungen im Zusammenhang mit der stationären Behandlung und unabhängig vom Ort der Leistung (z. B. externe Leistungen). Die externen ärztlichen Leistungen werden somit notwendiger Bestandteil der Krankenhausleistung. Sie werden für die stationäre Behandlung benötigt und deshalb vom Krankenhaus veranlasst, was zu einem inneren Zusammenhang der externen Leistungen mit den im Krankenhaus erbrachten Leistungen führt. Eine Minderungspflicht besteht auch, wenn externe Leistungserbringer aus dem organisatorischen Umfeld des Krankenhauses ausgegliedert worden sind, jedoch weiterhin einer übergeordneten Einheit (z. B. Universität) angehören.

Rechnungen, die die Gebührenminderung nicht enthalten, sind dem Arzt mit der Bitte um Korrektur zurückzugeben.

Der Arzt darf Gebühren nur für selbstständige ärztliche Leistungen berechnen, die er selbst erbracht hat oder die unter seiner Aufsicht nach fachlicher Weisung erbracht worden sind. Mit den Gebühren sind auch die Praxiskosten (einschließlich der Kosten für den Sprechstundenbedarf) sowie die Kosten für die Anwendung von Instrumenten und Apparaten abgegolten. Neben den ärztlichen Gebühren können deshalb nur Wegegeld, Reiseentschädigung und die Kosten für diejenigen Arzneimittel, Verbandmittel und sonstigen Materialien berechnet werden, die der Patient zur weiteren Verwendung behält oder die mit einer einmaligen Anwendung verbraucht sind, ferner bestimmte Porto- und Versandkosten.

Bei stationärer Krankenhausbehandlung sind die Arztkosten Teil der allgemeinen Krankenhausbehandlung und im Pflegesatz enthalten. Nur bei Inanspruchnahme der sog. wahlärztlichen Leistungen (s. o.) rechnen die behandelnden Ärzte gesondert ab.

In der GOÄ nicht enthaltene selbstständige ärztliche Leistungen, die nicht eine besondere Ausführung einer anderen Leistung darstellen, können entsprechend einer nach Art, Kosten- und Zeitaufwand gleichwertigen GOÄ-Leistung abgerechnet werden (analoge Bewertung, § 6 Abs. 2 GOÄ – s. o. –). In diesem Fall ist die in der Rechnung aufgeführte Leistung für den Zahlungspflichtigen verständlich zu beschreiben und mit dem Hinweis „entsprechend" sowie der Nr. und der Bezeichnung der als gleichwertig erachteten Leistung zu versehen (§ 12 Abs. 4 GOÄ – s. o. –). Gleichwertigkeit setzt voraus, dass es sich um Leistungen handelt, die nach Art, Kosten- und Zeitaufwand vergleichbar sind.

Gebührenordnung für Zahnärzte

Die Vergütungen für die beruflichen Leistungen der Zahnärzte bei Privatpatienten bestimmen sich nach der Gebührenordnung für Zahnärzte (GOZ) vom 22. Oktober 1987, zuletzt geändert durch Gesetz vom 4. Dezember 2001 (abgedruckt im Anhang, Nr. 8, S. 577 ff.). Es wird im Übrigen auf die allgemeinen Ausführungen zur Gebührenordnung für Ärzte (s. o.) verwiesen, die grundsätzlich auch für die GOZ gelten.

Geburt

A) Vorschriften

1. Text § 9 BVO

Beihilfefähige Aufwendungen in Geburtsfällen

(1) Die beihilfefähigen Aufwendungen umfassen die Kosten für

1. die Hebamme oder den Entbindungspfleger im Rahmen der Gebührenordnung,

2. die ärztliche Hilfe und Schwangerschaftsüberwachung,
3. die vom Arzt, von der Hebamme oder vom Entbindungspfleger verbrauchten Stoffe und Verbandmittel sowie die auf schriftliche ärztliche Verordnung beschafften Stoffe, wie Heilmittel, Verbandmittel und dergleichen; § 4 Absatz 1 Nummer 7 gilt entsprechend,
4. die Unterkunft und Verpflegung in Entbindungsanstalten; § 4 Absatz 1 Nummer 2 gilt entsprechend,
5. eine Hauspflegerin bei Geburten (auch bei Fehl- und Totgeburten) in der Wohnung oder einer ambulanten Entbindung in einer Entbindungsanstalt, sofern die Wöchnerin nicht bereits von einer Kraft nach § 4 Absatz 1 Nummer 5 gepflegt wird, für einen Zeitraum bis zu vierzehn Tagen, beginnend mit dem Tage der Geburt; § 4 Absatz 1 Nummer 5 Satz 3 bis 6 gilt entsprechend,
6. die durch die Niederkunft unmittelbar veranlassten Fahrten; § 4 Absatz 1 Nummer 11 gilt entsprechend,
7. Unterkunft und Pflege eines Frühgeborenen in einer dafür geeigneten Einrichtung,
8. eine Familien- und Hauspflegekraft; § 4 Absatz 1 Nummer 6 gilt entsprechend.

Zu den Kosten für die Säuglings- und Kleinkinderausstattung wird bei Lebendgeburten ein Zuschuss von 170 Euro gewährt. Der Zuschuss wird auch gewährt, wenn der Beihilfeberechtigte ein Kind unter zwei Jahren als Kind annimmt oder mit dem Ziel der Annahme in seinen Haushalt aufnimmt und die zur Annahme erforderliche Einwilligung (§§ 1747, 1748 BGB) erteilt ist, es sei denn, dass für die Säuglings- und Kleinkinderausstattung bereits eine Beihilfe gewährt worden ist.

(2) Bedarf die Mutter während der Stillzeit einer stationären Behandlung und wird der Säugling mit ihr zusammen untergebracht, sind auch die Kosten für Unterkunft und Verpflegung des Säuglings beihilfefähig.

2. Text der Verwaltungsvorschriften zu § 9 BVO

9 **Zu § 9 Beihilfefähige Aufwendungen in Geburtsfällen**

9.1 **Absatz 1**

9.1.1 Für die Schwangerschaftsüberwachung werden die Richtlinien des Gemeinsamen Bundesausschusses über die ärztliche Betreuung während der Schwangerschaft und nach der Entbindung (Mutterschafts-Richtlinien) in der jeweils geltenden Fassung zugrunde gelegt. Danach sind bei Schwangeren auch die Aufwendungen für einen HIV-Test beihilfefähig.

9.1.2 Leistungen einer Hebamme oder eines Entbindungspflegers (z. B. Geburtsvorbereitung einschließlich Schwangerschaftsgymnastik) nach der Hebammengebührenordnung bedürfen keiner ärztlichen Verordnung, soweit nicht in der Hebammengebührenordnung etwas anderes bestimmt ist.

9.1.3 Bei Mehrlingsgeburten sowie in Fällen, in denen mehrere Kinder angenommen oder mit dem Ziel der Annahme in den Haushalt aufgenommen werden, wird der Zuschuss nach § 9 Absatz 1 Satz 2 BVO für jedes Kind gewährt.

9.2 **Absatz 2** (bleibt frei)

B) Hinweise

a) Anspruchsberechtigte in Geburtsfällen

Zu Aufwendungen in Geburtsfällen werden Beihilfen gewährt:

– einer weiblichen Beihilfeberechtigten,

  (Die Mutter eines nicht ehelichen Kindes kann nicht darauf verwiesen werden, dass der Vater des Kindes die Entbindungs- und -folgekosten zu tragen habe. Das gilt auch hinsichtlich der Säuglings- und Kleinkinderausstattung)

– einem männlichen Beihilfeberechtigten zu den Aufwendungen des Geburtsfalles seiner Ehefrau,

  (Im Geburtsfall der Ehefrau besteht – anders als im Krankheitsfall – auch dann ein Beihilfeanspruch, wenn die Ehefrau im Kalenderjahr vor der Antragstellung eigene Einkünfte von mehr als 18.000 Euro jährlich hatte. Ist die Ehefrau selbst beihilfeberechtigt, muss sie die Aufwendungen des Geburtsfalles einschließlich des Zuschusses für die Säuglings- und Kleinkinderausstattung bei ihrem Dienstherrn in einem Beihilfeantrag geltend machen. Dem Ehemann kann in diesem Fall von seinem Dienstherrn keine Beihilfe zu den Kosten gezahlt werden.)

– einem männlichen Beihilfeberechtigten anlässlich der Geburt eines nichtehelichen Kindes,

  (Eine Beihilfezahlung ist nur zulässig, wenn die Mutter des Kindes nicht selbst beihilfeberechtigt ist. Ist sie selbst beihilfeberechtigt, hat sie die Aufwendungen des Geburtsfalles bei ihrem Dienstherrn in einem Beihilfeantrag geltend zu machen.)

– einem Beihilfeberechtigten zu den Aufwendungen des Geburtsfalles seiner berücksichtigungsfähigen ledigen oder verheirateten Tochter.

  (Ist die Tochter selbst beihilfeberechtigt, hat sie die Aufwendungen einschließlich des Zuschusses für die Säuglings- und Kleinkinderausstattung bei ihrem Dienstherrn in einem Beihilfeantrag geltend zu machen. Ihrem beihilfeberechtigten Vater [ihrer beihilfeberechtigten Mutter] steht zu diesen Kosten keine Beihilfe zu.)

b) Beihilfefähige Aufwendungen in Geburtsfällen

In Geburtsfällen sind folgende Aufwendungen beihilfefähig:

- Aufwendungen der Hebamme oder des Entbindungspflegers im Rahmen der amtlichen Gebührenordnung
- Arztkosten

  (Die Aufwendungen umfassen die Kosten der Schwangerschaftsüberwachung, d. h. die ärztlichen Untersuchungen und Maßnahmen vor der Entbindung (einschließlich HIV-Test) und die Kosten der Untersuchung, Beratung und Verrichtung des Arztes vom Beginn der Wehen an. Die Kosten sind auch dann beihilfefähig, wenn bereits eine Hebamme hinzugezogen worden war und die Geburt einen normalen Verlauf genommen hat)
- Aufwendungen für Gymnastikkurse und für Atem- und Entspannungsübungen
- Kosten für Arzneimittel, Verbandmittel und dergleichen

  (Die Aufwendungen sind nur beihilfefähig, wenn die ärztlich verordneten Mittel rezeptpflichtig sind. Nicht beihilfefähig sind z. B. die Aufwendungen für die Säuglingsfrühnahrung).

Geburtskosten

1. des ehelichen Kindes

In Geburtsfällen sind die in § 9 Abs. 1 BVO (siehe unter *„Geburt"*) aufgeführten Aufwendungen beihilfefähig. Daneben wird zu den Kosten für die Säuglings- und Kleinkinderausstattung ein Zuschuss von 170 Euro gezahlt.

2. der nicht selbst beihilfeberechtigten (verheirateten oder ledigen) Tochter des Beihilfeberechtigten

Eine Beihilfegewährung ist unter den Voraussetzungen des § 2 Abs. 2 BVO möglich. Beihilfefähig sind die in § 9 Abs. 1 BVO aufgeführten Aufwendungen. Daneben wird zu den Kosten für die Säuglings- und Kleinkinderausstattung ein Zuschuss von 170 Euro gezahlt.

Zu den Krankheitskosten des Neugeborenen (sowie zu den Kosten aus Anlass des Todes) ist eine Beihilfegewährung ausgeschlossen, es sei denn, dass die Voraussetzungen für die Zahlung von Beihilfen zu Aufwendungen eines Enkelkindes vorliegen, d. h. das Enkelkind ist von dem Beihilfeberechtigten in seinen Haushalt aufgenommen und es ist im Familienzuschlag nach dem Besoldungsgesetz berücksichtigt.

3. eines nichtehelichen Kindes

Für Aufwendungen aus Anlass der Geburt eines nichtehelichen Kindes kann der Beihilfeberechtigte (einschließlich Zuschuss zur Säuglings- und Kleinkinderausstattung) nur dann Beihilfe erhalten, wenn die Mutter des Kindes nicht selbst beihilfeberechtigt ist. Unter dieser Voraussetzung sind die Kosten auch bei einer Tot- oder Fehlgeburt beihilfefähig; ein Zuschuss zur Säuglings- und Kleinkinderausstattung kann allerdings nur bei einer Lebendgeburt gezahlt werden. Ist die Mutter des Kindes selbst beihilfeberechtigt, muss sie die Aufwendungen bei ihrem Dienstherrn in einem eigenen Beihilfeantrag geltend machen.

Geeignete Pflegekräfte

Geeignete Pflegekräfte sind Personen, die mittelbar oder unmittelbar in einem Vertragsverhältnis zu einer Pflegeversicherung stehen. In Frage kommen Pflegekräfte,

- die bei der Pflegeversicherung angestellt sind (§ 77 Abs. 2 SGB XI),
- die bei einer ambulanten Pflegeeinrichtung nach den §§ 71 Abs. 1, 72 SGB XI angestellt sind,
- mit denen die Pflegeversicherung einen Vertrag nach § 77 Abs. 1 SGB XI abgeschlossen hat.

Gehhilfen und -übungsgeräte

Aufwendungen für ärztlich verordnete Gehhilfen und -übungsgeräte sind beihilfefähig; eine vorherige Anerkennung durch die Beihilfestelle ist nicht erforderlich.

Gehörlosen-Dolmetscher

Siehe unter *„Gebärdendolmetscher"*.

Gehwagen

Die Aufwendungen für einen ärztlich verordneten Gehwagen sind beihilfefähig. Eine vorhergehende Anerkennung durch die Beihilfestelle ist nicht erforderlich.

Gemeinsamer Bundesausschuss

Der Gemeinsame Bundesausschuss (GBA) ist das wichtigste Organ der gemeinsamen Selbstverwaltung von Ärzten und Gesetzlichen Krankenkassen (GKV). In der GKV gibt der Gesetzgeber die Rahmenbedingungen für die Ausgestaltung der medizinischen Versorgung vor. Die Einzelheiten werden von der gemeinsamen Selbstverwaltung von Ärzten und Krankenkassen festgelegt.

Wichtigstes Organ der gemeinsamen Selbstverwaltung ist der Gemeinsame Bundesausschuss (GBA). Er besteht aus drei unparteiischen Mitgliedern sowie aus Vertretern der Vertragsärzteschaft, der Vertragszahnärzteschaft, der gesetzlichen Krankenkassen und der Krankenhäuser. Außerdem nehmen Patientenvertreter an den Sitzungen teil; sie haben jedoch kein Stimmrecht.

Hauptaufgabe des GBA ist es, in Richtlinien die Inhalte der Versorgung der GKV-Versicherten zu bestimmen. Beispielhaft genannt seien die Richtlinien über die ärztliche Behandlung, die Verordnung von Arznei-, Verband-, Heil- und Hilfsmitteln sowie die Richtlinien zur künstlichen Befruchtung.

Die Richtlinien sind für die beteiligten Ärzte, Krankenkassen, Krankenhäuser und Versicherten verbindlich. Darüber hinaus hat der GBA weitere Aufgaben bei der Festlegung der Anforderungen an die Qualitätssicherung in der ambulanten Versorgung.

Gen-Test

Aufwendungen für einen vorsorglich durchgeführten Gen-Test bei erblich belasteten Frauen mit erhöhtem familiärem Brust- oder Eierstockkrebs sind grundsätzlich beihilfefähig.

Vom BMI ausnahmsweise zugelassene Maßnahmen zur Früherkennung, Überwachung und Verhütung von Erkrankungen

1. Gen-Test bei erhöhtem Krebsrisiko für erblich belastete Frauen mit einem erhöhten familiären Brust- und Eierstockkrebsrisiko

Entstandene Aufwendungen für die Risikofeststellung und interdisziplinäre Beratung, Gendiagnostik und Früherkennung werden mit nachstehenden Pauschalen beihilfefähig anerkannt, wenn diese Untersuchungen in den aufgeführten Zentren durchgeführt wurden.

Risikofeststellung und interdisziplinäre Beratung:
Einmalige Pauschale in Höhe von 700 Euro pro Familie. Diese umfasst die interdisziplinäre Erstberatung mit Stammbaumerfassung sowie die Mitteilung des Genbefundes; darüber hinaus beinhaltet die Pauschale auch die mögliche Beratung weiterer Familienmitglieder.

2. Genanalyse

Pauschale in Höhe von 5.900 Euro für einen Indexfall (an Brust- und/ oder Eierstockkrebs Erkrankte) und 360 Euro, wenn es sich bei der Ratsuchenden um eine gesunde Frau handelt und diese nur hinsichtlich der mutierten Gensequenz untersucht wird.

Die Genanalyse wird bei den Indexfällen durchgeführt. Dabei handelt es sich in der Regel um einen diagnostischen Gentest, dessen Kosten der erkrankten Frau zugerechnet werden. Dagegen werden die Kosten einer sich als prädiktiver Gentest darstellenden Genanalyse der Indexpatientin der gesunden Ratsuchenden zugerechnet. Ein prädiktiver Gentest liegt vor, wenn sich aus dem Test keine Therapieoptionen für die Indexpatientin mehr ableiten lässt, die Genanalyse also keinen diagnostischen Charakter hat. Eine solche Situation ist gesondert durch eine schriftliche ärztliche Stellungnahme zu attestieren.

3. Früherkennungsmaßnahmen

Pauschale für das strukturierte Früherkennungsprogramm in Höhe von 580 Euro einmal pro Jahr. Aufwendungen für präventive Operationen sind nicht Gegenstand der beihilfefähigen Pauschalen.

Zentren

- Charité/Max-Delbrück-Centrum für Molekulare Medizin Berlin
- Universität Düsseldorf
- Universität Dresden
- Medizinische Hochschule Hannover
- Universität Heidelberg
- Universität Kiel
- Universität Köln
- Universität Leipzig
- Universität München
- Universität Münster
- Universität Ulm
- Universität Würzburg

Generika (Begriff)

Nach Ablauf des Patentschutzes eines Wirkstoffes dürfen die Arzneiwirkstoffe als sog. Generika (Nachahmerprodukte) von anderen Unternehmen als dem ehemaligen Patentinhaber hergestellt werden. Durch den Patentschutz konnte der Inhaber des Patentes zuvor den Wirkstoff alleine produzieren und vermarkten.

Generika sind in der Regel preiswerter als die Originalpräparate, weil die Hersteller keine eigene Forschung betrieben haben, sondern vom abgelaufenen Patentschutz für ein bereits auf dem Markt etabliertes Arzneimittel profitieren. Auch Generika werden vor ihrer Zulassung nach strengen Kriterien geprüft.

Gepäckbeförderungskosten

Gepäckbeförderungskosten sind nur im Rahmen der Pauschale nach § 6 Abs. 1 BVO (abgedruckt im Anhang, Nr. 1 a, S. 367 ff.) beihilfefähig.

Gepäckversicherung

Die Aufwendungen sind **nicht** beihilfefähig.

Gerätegestützte Krankengymnastik

Die Aufwendungen sind, soweit die gerätegestützte Krankengymnastik ärztlich verordnet und von einem Angehörigen der Gesundheits- oder Medizinalberufe durchgeführt wird, im Rahmen bestimmter Höchstbeträge beihilfefähig; hierzu siehe Nr. 15 des Leistungsverzeichnisses für ärztlich verordnete Heilbehandlung nach § 4 Abs. 1 Nr. 9 BVO, Anlage 2 VVzBVO; siehe unter *„Krankengymnastik/ Bewegungsübungen"*. Eine Mengenbegrenzung, wie im Bereich der Gesetzlichen Krankenversicherung üblich, sieht das Beihilferecht derzeit nicht vor.

Führt der behandelnde Arzt die Behandlung selber in seiner Praxis durch, sind die Aufwendungen im Rahmen der GOÄ beihilfefähig.

Geriatrika

Geriatrika sind spezielle Arzneimittel für alte Menschen, die zur Vorbeugung und Behandlung von Alters- und Abnutzungserscheinungen dienen (z. B. Vitamine, Spurenelemente etc.). Es werden zwei große Gruppen von Geriatrika unterschieden:

1. Gerotherapeutika
2. Geroprophylaktika.

Gesamtbetrag der Einkünfte (mit beihilferechtlichen Sonderregelungen)

Die steuerrechtlichen Einkünfte umfassen folgende Einkunftsarten:

1. Einkünfte aus Land- und Forstwirtschaft,
2. Einkünfte aus Gewerbebetrieb,
3. Einkünfte aus selbstständiger Arbeit (z. B. aus der Tätigkeit als Arzt, Zahnarzt, Rechtsanwalt, Architekt, Steuerberater),
4. Einkünfte aus nicht selbstständiger Arbeit (Gehälter, Löhne, Versorgungsbezüge aufgrund früherer Dienstleistung),
5. Einkünfte aus Kapitalvermögen,
6. Einkünfte aus Vermietung und Verpachtung,
7. sonstige Einkünfte.

Die Summe dieser Einkünfte, vermindert um den Altersentlastungsbetrag nach § 24 a EStG, und den Abzug für Land- und Forstwirte nach § 13 Abs. 3 EStG ist der Gesamtbetrag der Einkünfte. Kapitaleinkünfte, die nach § 32 d Abs. 1 EStG mit einem besonderen Steuersatz besteuert wurden oder die der Kapitalertragssteuer mit abgeltender Wirkung nach § 43 Abs. 5 EStG unterlegen haben, sind den Einkünften, der Summe der Einkünfte und dem Gesamtbetrag der Einkünfte hinzuzurechnen (vgl. § 2 Abs. 5 a EStG).

Ehegatten bzw. eingetragene Lebenspartner können beihilferechtlich nur berücksichtigt werden, wenn sie nicht selbst beihilfeberechtigt und wirtschaftlich unselbstständig sind; d. h. wenn sie nicht für ihren Lebensunterhalt aus eigenem Einkommen und Vermögen sorgen können. Eine wirtschaftliche Unselbstständigkeit liegt beihilferechtlich demnach vor, wenn der Gesamtbetrag der Einkünfte (§ 2 Abs. 3 und 5 a des Einkommensteuergesetzes – EStG vom 19. Oktober 2002 [BGBl. I S. 4210; 2003 I S. 179], zuletzt geändert durch Gesetz vom 7. März 2009 [BGBl. I S. 451]) des Ehegatten oder eingetragenen Lebenspartners im Kalenderjahr vor der Antragstellung 18.000 Euro nicht übersteigt. Bei erstmaligem Rentenbezug ab 1. Januar 2004 ist dem Gesamtbetrag der Einkünfte die Differenz zwischen dem steuerlichen Ertragsanteil und dem Bruttorentenbetrag hinzuzurechnen; dies gilt nicht für Renten, die der Besteuerung nach § 22 Nr. 1 Satz 3 Buchstabe bb EStG (z. B. Betriebsrenten, VBL-Renten) unterliegen. Bei Überschreitung dieser Einkommensgrenze sind aus Fürsorgegründen Aufwendungen beihilfefähig, wenn der Ehegatte oder der eingetragene Lebenspartner trotz einer ausreichender Krankenversicherung für bestimmte Erkrankungen von den Leistungen ausgeschlossen ist oder die Leistungen auf Dauer eingestellt worden sind; beihilfefähig ist der 1.000 Euro im Kalenderjahr übersteigende Betrag. Für einen getrennt lebenden Ehegatten oder eingetragenen Lebenspartner werden Beihilfen nur gewährt, wenn dieser einen Unterhaltsanspruch gegen den Beihilfeberechtigten hat.

Als erstmalige Rentenbezieher gelten Rentner mit erstmaligem Anspruch auf Rente aus eigenem oder abgeleitetem Recht (z. B. Bezieher von Hinterbliebenenrenten), nicht aber Bezieher von umgewandelten Renten (z. B. Rente wegen Erwerbsminderung, die nach dem 31. Dezember 2003 in Altersrente umgewandelt wird). Soweit die berücksichtigungsfähige Person Leibrenten und andere Leistungen, die aus den gesetzlichen Rentenversicherungen, den landwirtschaftlichen Alterskassen und den berufsständischen Versorgungseinrichtungen erbracht werden, erstmalig ab 1. Januar 2004 bezieht und die ab 1. Januar 2005 der Besteuerung nach § 22 Nr. 1 Satz 3 Buchstabe aa EStG, unterliegen, ist ihrem Gesamtbetrag der Einkünfte der Unterschiedsbetrag zwischen dem Jahresbetrag der Rente und dem der Besteuerung unterliegenden Anteil der Rente hinzuzurechnen. Der Differenzbetrag ist dem Steuerbescheid zu entnehmen. Renten, die der Besteuerung nach § 22 Nr. 1 Satz 3 Buchstabe bb EStG (ab 1. Januar 2005) unterliegen, werden ausschließlich (auch für 2004) mit dem Ertragsanteil erfasst. Bei erstmaligem Rentenbezug vor dem 1. Januar 2004 wird bei der Ermittlung des Gesamtbetrages der Einkünfte ausschließlich der steuerliche Ertragsanteil der Renten nach § 22 EStG (bis 31. Dezember 2004), ab 1. Januar 2005 nach § 22 Nr. 1 Satz 3 Buchstabe aa EStG, zugrunde gelegt. Dies gilt entsprechend für die Rentenbezüge mit erstmaligem Rentenbezug vor dem

1. Januar 2004, die ab 1. Januar 2005 von § 22 Nr. 1 Satz 3 Buchstabe bb EStG erfasst werden.

Der Festsetzung der Beihilfe sind die Angaben des Beihilfeberechtigten über die Einkünfte des Ehegatten oder eingetragenen Lebenspartners im Antragsvordruck zugrunde zu legen. Sofern der Gesamtbetrag der Einkünfte noch nicht festgestellt werden kann, steht die Beihilfenfestsetzung unter dem Vorbehalt, dass die Grenze von 18.000 Euro nicht überschritten wird. Sofern nach Lage des Falles ein Überschreiten der Höchstgrenze möglich erscheint, soll die Beihilfestelle einen Nachweis über die Höhe der Einkünfte fordern.

Geschiedene Ehegatten/ehemalige eingetragene Lebenspartner

Für einen geschiedenen Ehegatten sowie für eine ehemalige eingetragene Lebenspartnerin oder einen ehemaligen eingetragenen Lebenspartner ist eine Beihilfengewährung ausgeschlossen.

Gesetzliche Krankenversicherung

1. Allgemein

Die Gesetzliche Krankenversicherung (GKV) ist neben der Renten-, Arbeitslosen-, Unfall- sowie Pflegeversicherung Bestandteil des Deutschen Sozialversicherungssystems.

Etwa 85 % (70,2 Millionen) der Bevölkerung in Deutschland sind bei einer der gesetzlichen Krankenkassen versichert. Davon sind

Pflichtmitglieder: 28,6 Millionen

Kostenfrei mitversicherte Familienangehörige: 20,0 Millionen

Rentner: 16,9 Millionen

Freiwillige Mitglieder: ca. 4,8 Millionen.

Aufgabe der gesetzlichen Krankenversicherung ist es, die Gesundheit der Versicherten zu erhalten, wiederherzustellen oder ihren Gesundheitszustand zu bessern.

Alle Versicherten haben den gleichen Leistungsanspruch, dessen Umfang im Sozialgesetzbuch V festgelegt ist. Diese Leistungen werden grundsätzlich nach dem Sachleistungsprinzip erbracht. Sie lassen sich unterteilen in:

- Leistungen zur Verhütung von Krankheiten und deren Verschlimmerung sowie zur Empfängnisverhütung, bei Sterilisation und bei Schwangerschaftsabbruch,
- Leistungen zur Früherkennung von Krankheiten,

- Leistungen zur Behandlung einer Krankheit,
- Leistungen zur medizinischen Rehabilitation, soweit diese dazu dienen, eine Behinderung oder Pflegebedürftigkeit abzuwenden, zu beseitigen oder zu mindern.

Zu den Leistungen der gesetzlichen Krankenversicherung leisten die Versicherten Eigenanteile und Zuzahlungen. Insgesamt werden Zuzahlungen maximal bis zur persönlichen Belastungsgrenze (in der Regel 2 % des jährlichen Bruttoeinkommens, bei chronisch Kranken 1 %) fällig (Zuzahlungsbefreiung). Darüber hinausgehende Beträge erstatten die Krankenkassen.

2. Beihilferechtliche Hinweise

Leistungen von gesetzlichen Krankenkassen oder Ersatzkassen sind immer nachzuweisen.

Bei Erhalt von Sach- oder Dienstleistungen (ärzt-/zahnärztliche Versorgung, Krankenhausbehandlung, Heilmittel, oder Geldleistungen bei Hilfsmitteln) ist eine Beihilfegewährung ausgeschlossen.

Zuzahlungen für Krankenhausaufenthalte, Reha-Aufenthalte, Fahrkosten, Kuraufenthalte sowie Rezept- und Praxisgebühren etc. sind nicht beihilfefähig.

Nehmen in der GKV Pflichtversicherte am Kostenerstattungsverfahren teil, sind die nicht gedeckten Kosten nicht beihilfefähig.

Gesprächspsychotherapie (z. B. nach Rogers)

Aufwendungen für eine Gesprächspsychotherapie (z. B. nach Rogers) sind **nicht** beihilfefähig (vgl. Nr. 1.1 c der Anlage 1 zu § 4 Abs. 1 Nr. 1 Satz 5 BVO, abgedruckt im Anhang, Nr. 1 a, S. 367 ff.),

Gestaltungstherapie

Aufwendungen für eine Gestaltungstherapie sind **nicht** beihilfefähig (vgl. Nr. 1.1 d der Anlage 1 zu § 4 Abs. 1 Nr. 1 Satz 5 BVO, abgedruckt im Anhang, Nr. 1 a, S. 376 ff.)

Gesundheitsfachberufe

Die in § 4 Abs. 1 Nr. 9 Satz 3 BVO (abgedruckt im Anhang, Nr. 1 a, S. 376 ff.) genannten Behandler (Beschäftigungs- und Arbeitstherapeuten, Ergotherapeuten, Klinische Linguisten, Krankengymnasten, Logopäden, Masseur, Masseur und medizinsicher Bademeister, Physiotherapeuten, Podologen) sind Angehörige von Gesundheits- oder Medizinalfachberufen, für die eine staatliche Regelung der Berufsausbildung oder des Berufsbildes besteht; bei einer Sprachtherapie können die Aufwendungen für die Behandlung übergangsweise durch „Heilpraktiker/Heilpraktikerinnen (Sprachtherapie)“, denen auf der Grundlage des

RdErl. des Ministeriums für Frauen, Jugend, Familie und Gesundheit vom 11. September 1998 (n. v.) – III B 2 0417.7 – eine eingeschränkte Heilpraktikererlaubnis erteilt wurde, als beihilfefähig anerkannt werden. Beihilfefähig sind nur Aufwendungen für Leistungen, die diese Behandler in ihrem Beruf erbringen.

Nicht beihilfefähig sind insbesondere Aufwendungen für Leistungen, die von Beschäftigungs- und Arbeitstherapeuten auf dem Gebiet der Arbeitstherapie, von Diplom-Pädagogen, Eurhythmielehrern, Eutoniepädagogen und -therapeuten, Gymnastiklehrern, Heilpädagogen, Kunsttherapeuten, Maltherapeuten, Montessoritherapeuten, Musiktherapeuten, Sonderschullehrern erbracht werden.

Gesundheitsschuhe

Es handelt sich um einen Gegenstand der allgemeinen Lebenshaltung. Die Aufwendungen sind **nicht** beihilfefähig.

Getönte Brillengläser

Aufwendungen für getönte Gläser (Lichtschutzgläser) – mit und ohne optische Wirkung – sind bei folgenden Indikationen beihilfefähig:

1. bei umschriebenen Transparenzverlusten (Trübungen) im Bereich der brechenden Medien, die zu Lichtstreuungen führen (z. B. Hornhautnarben, Linsentrübungen, Glaskörpertrübungen),
2. bei krankhaften andauernden Pupillenerweiterungen sowie den Blendschutz herabsetzenden Substanzverlusten der Iris (z. B. Iriskolobom, Aniridie, traumatische Mydriasis, Iridodialyse),
3. bei chronisch-rezidivierenden Reizzuständen der vorderen und mittleren Augenabschnitte, die medikamentös nicht behebbar sind (z. B. Keratokonjunktivitis),
4. bei entstellenden Veränderungen im Bereich der Lider und ihrer Umgebung (z. B. Lidkolobom, Lagophthalmus, Narbenzug) und Behinderung der Tränenabfuhr,
5. bei Ziliarneuralgie,
6. bei blendungsbedingten entzündlichen und degenerativen Erkrankungen der Netzhaut/Aderhaut und der Sehnerven,
7. bei totaler Farbenblindheit,
8. bei Albinismus (angeborener Pigmentmangel, Fehlen von Farbstoff in den Augen),
9. bei unerträglichen Blendungserscheinungen bei praktischer Blindheit,

10. bei intrakraniellen Erkrankungen, bei denen nach ärztlicher Erfahrung eine pathologische Blendungsempfindlichkeit besteht (z. B. Hirnverletzungen, Hirntumoren),
11. bei Gläsern ab +10,0 Dioptrien,
12. im Rahmen einer Fotochemotherapie (z. B. bei Psoriasiserkrankten, wenn die Brille für eine begrenzte Zeit nach der jeweiligen Behandlung zum Schutz vor fotochemischen Reaktionen getragen werden muss),
13. nach einer Staroperation, wenn infolge der Dezentrierung einer implantierten Linse oder infolge der Ausbildung eines Nachstares der hinteren Linsenkapsel Blendungserscheinungen auftreten.

Aufwendungen für **phototrope Gläser** (z. B. Colormaticgläser, Umbramaticgläser, Cosmaticgläser) sind außer bei Albinismus, Pupillotonie sowie bei totaler Aniridie (Fehlen der Regenbogenhaut) nicht beihilfefähig, da unter medizinischen Gesichtspunkten regelmäßig einfach getönte Gläser als Lichtschutz ausreichen. Bei den phototropen Gläsern handelt es sich um solche mit verändernder Lichthelligkeit.

Nicht beihilfefähig sind die Aufwendungen für handelsübliche **Sonnenbrillen.**

Gingiva (Begriff)

Zahnfleisch

Gingivoplastik (Begriff)

Chirurgische Ausformung des Zahnfleisches

Ginkgo biloba Blätter-Extrakte

Aufwendungen für nicht verschreibungspflichtige Ginkgo biloba Blätter Extrakte (Aceton-Wasser-Auszug) sind bei Personen, die das 18. Lebensjahr vollendet haben (für Personen vor Vollendung des 18. Lebensjahres gelten keine Einschränkungen) nur im Zusammenhang mit der Behandlung von durch anerkannte Testverfahren nachgewiesener Demenz beihilfefähig (vgl. auch Anlage I der AMR, abgedruckt im Anhang, Nr. 4, S. 549 ff.).

Gipsbett

Die Aufwendungen für ein ärztlich verordnetes Gipsbett sind beihilfefähig. Einer vorherigen Genehmigung durch die Beihilfestelle bedarf es nicht.

Glucocorticoide (Begriff)

Glucocorticoide zählen zu den Corticosteroiden, einer Klasse von Steroidhormonen aus der Nebenrinde. Die natürlich vorkommenden Glucocorticoide sind Abkömmlinge des Progesterons. Zu diesen zählen Cortisol und Corticosteron.

Glucocorticoide haben vielfältige physiologische Wirkungen. Sie beeinflussen den Stoffwechsel, den Wasser- und Elektrolythaushalt, das Herz-Kreislaufsystem und das Nervensystem. Ferner wirken sie entzündungshemmend und immunsuppressiv.

Glutenfreie Nahrung

Es handelt sich um ein Gut des täglichen Bedarfs; die Aufwendungen sind **nicht** beihilfefähig.

Gnathologie (Begriff)

Lehre von der Funktion, Erkrankung und Therapie der Kiefergelenke

Goldnerz-Aufbaucreme

Es handelt sich bei der Goldnerz-Aufbaucreme nicht um ein zugelassenes Arzneimittel, sondern um ein Mittel, das geeignet ist, Güter des täglichen Bedarfs (nämlich Hautpflegemittel) zu ersetzen. Die Aufwendungen sind **nicht** beihilfefähig.

GOZ

Siehe unter *„Gebührenordnung für Zahnärzte"*.

Granulationsgewebe (Begriff)

Entzündetes wucherndes Gewebe

Grundpflege (Begriff)

Die Grundpflege umfasst pflegerische Hilfen aus den Bereichen Körperpflege, Ernährung und Mobilität. Die hauswirtschaftliche Versorgung und Hilfen bei der Durchführung ärztlicher Verordnungen (z. B. Versorgung mit Medikamenten) zählen nicht dazu.

Gummistrümpfe

Die Aufwendungen für ärztlich verordnete Gummistrümpfe sind grundsätzlich beihilfefähig; einer vorherigen Anerkennung durch die Beihilfestelle bedarf es nicht.

H

Haarwaschmittel

Bei Haarwaschmitteln handelt sich um Güter des täglichen Bedarfs; die Aufwendungen sind daher **nicht** beihilfefähig (vgl. auch Nr. 4.1.7.5 VVzBVO, abgedruckt im Anhang, Nr. 2, S. 423 ff.).

Haarwasser

Haarwässer (auch medizinische) sind Güter des täglichen Bedarfs; die Aufwendungen sind **nicht** beihilfefähig (vgl. auch Nr. 4.1.7.5 VVzBVO, abgedruckt im Anhang, Nr. 2, S. 423 ff.).

Haarwuchsmittel

Aufwendungen für Arzneimittel zur Verbesserung des Haarwuchses sind **nicht** beihilfefähig (vgl. Nr. 8 b der Anlage 2 BVO, abgedruckt im Anhang, Nr. 1 a, S. 367 ff.).

Hämatogene-Oxydationstherapie

Siehe unter *„Ozon-Therapie“.*

Härtung von Brillengläsern

Aufwendungen für das Härten von Brillengläsern (Kunststoffgläsern) sind **nicht** beihilfefähig (vgl. Nr. 4.1.10.3 VVzBVO, abgedruckt im Anhang, Nr. 2, S. 423 ff.).

Häusliche Pflege

A) Vorschriften

1. Text § 5 a BVO

(1) Aufwendungen für eine häusliche Pflege durch geeignete Pflegekräfte (§ 36 Absatz 1 Satz 3 und 4 SGB XI) sind je nach Pflegestufe des § 15 SGB XI beihilfefähig bis zu monatlich

1. in Stufe I
   a) 420 Euro ab 1. Juli 2008,
   b) 440 Euro ab 1. Januar 2010,
   c) 450 Euro ab 1. Januar 2012,
2. in Stufe II
   a) 980 Euro ab 1. Juli 2008,
   b) 1.040 Euro ab 1. Januar 2010,
   c) 1.100 Euro ab 1. Januar 2012,
3. in Stufe III
   a) 1.470 Euro ab 1. Juli 2008,
   b) 1.510 Euro ab 1. Januar 2010,
   c) 1.550 Euro ab 1. Januar 2012.

Entstehen aufgrund besonderen Pflegebedarfs in der Pflegestufe III (§ 36 Absatz 4 Satz 1 SGB XI) höhere Aufwendungen, sind diese ab 1. Juli 2008 bis zu weiteren 1.918 Euro monatlich beihilfefähig.

(2) Bei einer häuslichen Pflege durch selbst beschaffte Pflegehilfen (§ 37 SGB XI) sind entsprechend den Pflegestufen des § 15 SGB XI monatlich höchstens folgende Pauschalen beihilfefähig:

1. in Stufe I
   a) 215 Euro ab 1. Juli 2008,
   b) 225 Euro ab 1. Januar 2010,
   c) 235 Euro ab 1. Januar 2012,
2. in Stufe II
   a) 420 Euro ab 1. Juli 2008,
   b) 430 Euro ab 1. Januar 2010,
   c) 440 Euro ab 1. Januar 2012,
3. in Stufe III
   a) 675 Euro ab 1. Juli 2008,
   b) 685 Euro ab 1. Januar 2010,
   c) 700 Euro ab 1. Januar 2012.

Wird die Pflege nicht für einen vollen Kalendermonat erbracht, ist die Pauschale nach Satz 1 – mit Ausnahme für die ersten vier Wochen einer vollstationären Krankenhausbehandlung (§ 4 Absatz 1 Nummer 2), einer stationären Rehabilitationsmaßnahme (§ 6) oder des Monats, in dem der Pflegebedürftige gestorben ist – entsprechend zu kürzen; dabei ist der Kalendermonat mit 30 Tagen anzusetzen. Daneben sind die Kosten für die Schulung der Pflegeperson (§ 45 SGB XI) beihilfefähig. Aufwendungen für Beratungen nach § 5 Absatz 6 sind ohne Anrechnung auf die vorstehenden Höchstbeträge beihilfefähig. Darüber hinaus sind Aufwendungen für Leistungen zur sozialen Sicherung der Pflegepersonen (§ 170 Absatz 1 Nummer 6 SGB VI) sowie die in § 44 a SGB XI genannten zusätzlichen Leistungen bei Pflegezeit beihilfefähig.

(3) Ist die Pflegeperson nach Absatz 2 wegen Erholungsurlaubs, Krankheit oder aus anderen Gründen verhindert, so sind die Aufwendungen für die Ersatzpflege (§ 39 Satz 3 SGB XI) im Kalenderjahr bis zu weiteren

a) 1.470 Euro ab 1. Juli 2008,
b) 1.510 Euro ab 1. Januar 2010,
c) 1.550 Euro ab 1. Januar 2012

beihilfefähig.

Bei einer Ersatzpflege durch Pflegepersonen, die mit dem Pflegebedürftigen bis zum zweiten Grade verwandt oder verschwägert sind oder mit ihm in häuslicher Gemeinschaft leben, sind neben der Pauschale nach Absatz 2 Satz 1 auf Nachweis die notwendigen Aufwendungen, die der Pflegeperson im Zusammenhang mit der Ersatzpflege entstanden sind (begrenzt auf den Betrag nach Satz 1), beihilfefähig; wird die Ersatzpflege durch diese Person erwerbsmäßig ausgeübt, gilt Satz 1 entsprechend.

(4) Nimmt die pflegebedürftige Person häusliche Pflege nach Absatz 1 nur teilweise in Anspruch, ist daneben eine anteilige Pflegepauschale nach Absatz 2 beihilfefähig, sofern die Pflegeversicherung Kombinationsleistungen (§ 38 SGB XI) erbringt. Die Pflegepauschale nach Absatz 2 wird um den Vomhundertsatz vermindert, in dem die pflegebedürftige Person beihilfefähige Aufwendungen nach Absatz 1 geltend macht. Die hinsichtlich des Verhältnisses der Inanspruchnahme von häuslicher Pflege nach Absatz 1 und 2 gegenüber der Pflegeversicherung getroffene Entscheidung ist für die Beihilfegewährung bindend.

2. Text der Verwaltungsvorschriften

5 a **Zu § 5 a Häusliche Pflege**

5 a.1 **Absatz 1**

5 a.1.1 Geeignete Pflegekräfte sind Personen, die mittelbar oder unmittelbar in einem Vertragsverhältnis zu einer Pflegeversicherung stehen. In Frage kommen Pflegekräfte,

- die bei der Pflegeversicherung angestellt sind (§ 77 Absatz 2 SGB XI),
- die bei einer ambulanten Pflegeeinrichtung nach den §§ 71 Absatz 1, 72 SGB XI angestellt sind,
- mit denen die Pflegeversicherung einen Vertrag nach § 77 Absatz 1 SGB XI abgeschlossen hat.

5 a.1.2 Beihilfefähig sind die Aufwendungen für Grundpflege und hauswirtschaftliche Versorgung (vgl. Nummer 5.2.2 und § 14 Absatz 4 SGB XI). Aufwendungen für darüber hinausgehende Leistungen sind nicht beihilfefähig. Die Aufwendungen für die häusliche Pflege können nur in Höhe der Beträge als angemessen (§ 3 Absatz 2 BVO) angesehen werden, die aufgrund des § 89 SGB XI zwischen den Trägern der Pflegedienste und den Leistungsträgern vereinbart wurden; dabei ist eine Differenzierung nach Kostenträgern nicht zulässig. In Zweifelsfällen ist daher von dem Pflegedienst eine entsprechende Vergütungsvereinbarung einzuholen und zu den Akten des Beihilfeberechtigten zu nehmen.

5 a.1.3 Soweit bei Pflegebedürftigen der Pflegestufe III ein besonderer Pflegebedarf besteht, sind die Aufwendungen zusätzlich bis zu 1.918 Euro monatlich beihilfefähig. Es bedarf keiner förmlichen Anerkennung des Pflegebe-

dürftigen als Härtefall nach § 36 Absatz 4 Satz 1 SGB XI durch die zuständige Pflegekasse/Pflegeversicherung.

5 a.1.4 Wird die Pflege nicht für einen vollen Monat erbracht, wird der beihilfefähige Pauschalbetrag nach § 5 a Absatz 1 BVO nicht anteilig gekürzt. Auf die Notwendigkeit und Angemessenheit der geltend gemachten Kosten ist in diesem Fall verstärkt zu achten.

5 a.1.5 Neben den Pflegekosten sind die Aufwendungen für medizinische Behandlungen beihilfefähig. Hierzu zählen insbesondere Injektionen, Anlegen und Wechseln von Verbänden, Kathetern etc., Darmspülungen, Dekubitusversorgung (nicht Dekubitusprophylaxe), Blutdruckmessung, Blutzuckermessung, Verabreichung von Sondennahrung.

5 a.1.6 Entstehen in Pflegefällen ohne formale Anerkennung als Härtefall nach § 36 Absatz 4 SGB XI aufgrund besonderen Pflegebedarfs in der Pflegestufe III höhere Aufwendungen, sind die Aufwendungen für häusliche Pflege bis zu einem monatlichen Gesamtbetrag von 3.428 Euro (1.510 Euro plus 1.918 Euro) beihilfefähig; dieser Betrag gilt auch, wenn neben der häuslichen Pflege zusätzlich teilstationäre Pflege in Anspruch genommen wird (Kombinationen nach § 5 b Absatz 3 oder 5 BVO).

In diesen Fällen ist zunächst der Berechnung der Pflegeversicherung zu folgen. Die den Höchstbetrag für häusliche Pflege nach § 5 a Absatz 1 Satz 1 BVO überschreitenden Aufwendungen können zusätzlich als beihilfefähig anerkannt werden, soweit unter Einbeziehung der beihilfefähigen Aufwendungen nach den §§ 5 a Absatz 1 und 5 b Absatz 2 BVO der Gesamtbetrag von 3.428 Euro nicht überschritten wird.

5 a.2 **Absatz 2**

5 a.2.1 Die Pflege für den Pflegebedürftigen muss in einer häuslichen Umgebung erbracht werden. Dies kann der eigene Haushalt, der Haushalt der Pflegeperson oder ein anderer Haushalt sein, in der der Pflegebedürftige aufgenommen wurde. Unbeachtlich ist, ob die Pflege durch Angehörige, Lebenspartner, sonstige ehrenamtliche Pflegepersonen, erwerbsmäßige Pflegekräfte oder eine vom Pflegebedürftigen angestellte Pflegeperson erbracht wird. Die Prüfung, ob die erforderliche Grundpflege und die hauswirtschaftliche Versorgung sichergestellt sind, obliegt der zuständigen Pflegekasse/Pflegeversicherung.

5 a.2.2 Die häusliche Pflege wird nicht dadurch ausgeschlossen, dass der Pflegebedürftige in einem Altenwohnheim oder einer Altenwohnung lebt. Eine Beihilfegewährung nach § 5 a Absatz 2 BVO ist grundsätzlich aber ausgeschlossen, wenn es sich bei der Einrichtung, in der sich der Pflegebedürftige aufhält, um ein Pflegeheim nach § 71 Absatz 2 i. V. m. § 72 SGB XI handelt.

Hält sich der Pflegebedürftige in einer nicht zugelassenen vollstationären Pflegeeinrichtung (nicht Einrichtungen i. S. des § 71 Absatz 4 SGB XI) auf, besteht aufgrund der insoweit selbst sichergestellten Pflege ein Beihilfeanspruch nach § 5 a Absatz 2 BVO.

5 a.2.3 Ist ein pflegebedürftiger Schüler wochentags in einer Einrichtung (nicht Einrichtung i. S. des § 71 Absatz 4 SGB XI, sondern z. B. Krankenhaus, Rehabilitationseinrichtung, Werkstatt und Wohnheim für Menschen mit Behinderungen, Kindergarten) internatsmäßig untergebracht, besteht für diese Zeit ein Anspruch auf Beihilfe nach § 5 a Absatz 2 BVO. Es wird unterstellt, dass der Schwerpunkt der häuslichen Pflege erhalten bleibt.

Demgegenüber ist von einer dauerhaften Internatsunterbringung auszugehen, wenn der Pflegebedürftige nicht regelmäßig jedes Wochenende in den Haushalt der Familie zurückkehrt, da in diesen Fällen der Lebensmittelpunkt innerhalb des z. B. Internats anzunehmen ist. Dennoch kann eine anteilige Beihilfe nach § 5 a Absatz 2 BVO für die Zeiträume gewährt werden, in denen der Pflegebedürftige im häuslichen Bereich gepflegt wird. Auf Nummer 5 c.6.4 wird hingewiesen.

5 a.2.4 Bei Durchführung einer vollstationären Krankenhausbehandlung/stationären Rehabilitationsmaßnahme erfolgt für die ersten vier Wochen keine Kürzung der Pauschale. Die Vier-Wochen-Frist beginnt mit dem Aufnahmetag. Bei einer Kürzung setzt die Gewährung der Pauschale mit dem Entlassungstag wieder ein.

5 a.3 **Absatz 3**

5 a.3.1 Verhinderungspflege kann nur zum Tragen kommen, wenn die häusliche Pflege durch Angehörige, Lebenspartner, Nachbarn, Bekannte oder sonstige Personen, die einen Pflegebedürftigen pflegen, durchgeführt wird. Pflegekräfte einer zugelassenen ambulanten Pflegeeinrichtung nach § 72 SGB XI und Pflegekräfte, mit denen die Pflegekasse einen Einzelvertrag nach § 77 SGB XI geschlossen hat, sind keine an der Pflege gehinderte Pflegepersonen i. S. des § 5 a Absatz 3 BVO.

5 a.3.2 Die Ersatzpflege kann durch eine nicht erwerbsmäßig pflegende Person (z. B. Angehörige, Lebenspartner, Nachbarn, Bekannte) oder durch eine zugelassene Pflegeeinrichtung nach § 72 SGB XI (z. B. ambulante Dienste) sowie andere nicht zugelassene Dienste, die im Rahmen einer Erwerbstätigkeit die Ersatzpflege durchführen, erbracht werden.

5 a.3.3 Wird die Ersatzpflege durch eine Pflegeperson, die mit dem Pflegebedürftigen bis zum zweiten Grade verwandt oder verschwägert ist oder mit ihm in häuslicher Gemeinschaft lebt, durchgeführt, ist grundsätzlich nur der bisherige Pauschalbetrag nach § 5 a Absatz 2 Satz 1 BVO beihilfefähig. So-

weit dieser Ersatzpflegeperson durch die übernommene Pflege nachweislich Kosten entstehen (z. B. Fahrtkosten, Verdienstausfall etc.), sind diese Kosten zusätzlich bis zu einem Jahresbetrag von 1.510 Euro beihilfefähig.

5 a.3.4 Die Ersatzpflege muss nicht im Haushalt des Pflegebedürftigen durchgeführt werden. Sie kann daher insbesondere in einem Wohnheim für Menschen mit Behinderungen, einem Internat, einer Krankenwohnung, einem Kindergarten, einer Schule, einer Vorsorge- oder Rehabilitationseinrichtung, einem Krankenhaus oder einer Pflegeeinrichtung (unabhängig von einer Zulassung nach § 72 SGB XI) durchgeführt werden. Beihilfefähig bis zum Höchstbetrag sind ausschließlich die pflegebedingten Kosten. Kosten für Unterkunft und Verpflegung und Investitionskosten, medizinische Behandlungspflege und soziale Betreuung sind hierbei nicht zu berücksichtigen. Soweit die Einrichtung lediglich eine Gesamtsumme oder einen Tagessatz – ohne weitere Spezifizierung – in Rechnung stellt, ist für die hier nicht beihilfefähigen Aufwendungen aus Vereinfachungsgründen ein pauschaler Abzug vom Rechnungsbetrag in Höhe von 20 v. H. vorzunehmen. Auf Nummer 5 c.6.5 wird hingewiesen.

5 a.3.5 Der Anspruch auf Ersatzpflege entsteht mit jedem Kalenderjahr neu. Wird der Betrag von 1.510 Euro in einem Jahr nicht ausgeschöpft, erfolgt keine Übertragung des Restbetrages in das nächste Jahr.

5 a.4 **Absatz 4**

5 a.4.1 Wird ein Pflegebedürftiger innerhalb eines Monats sowohl durch eine geeignete Pflegekraft wie auch durch eine selbst beschaffte Pflegehilfe gepflegt, ist hinsichtlich der Aufwendungen für die Pflegekraft die anteilige Berechnung zunächst nach dem zustehenden Höchstbetrag nach § 5 a Absatz 1 Satz 1 BVO (Verhältnis zwischen dem jeweiligen Höchstbetrag und dem Rechnungsbetrag) vorzunehmen. Entsprechend diesem Verhältnis ist die anteilige Pauschale nach § 5 a Absatz 2 Satz 1 BVO (Pflegegeld) beihilfefähig.

B) Hinweise

Die häusliche Pflege erfolgt i. d. R. im Haushalt des Pflegebedürftigen. Der Beihilfefähigkeit der Aufwendungen steht es jedoch nicht entgegen, wenn die häusliche Pflege in einem anderen Haushalt (z. B. im Haushalt der Tochter), in einem Altenwohnheim oder einem Tagespflegeheim erbracht wird.

Voraussetzung für die Gewährung einer Beihilfe zu den Kosten nach § 5 a Abs. 1 BVO ist, das die dauernde Pflegebedürftigkeit anerkannt ist und die Pflege durch geeignete Pflegekräfte durchgeführt wird. Es sind dies Personen, die

– bei ambulanten Pflegeeinrichtungen (Pflegediensten) angestellt sind und die unter ständiger Verantwortung einer ausgebildeten Pflegekraft Pflegebedürftige in ihrer Wohnung pflegen und hauswirtschaftlich versorgen oder

– von der privaten Pflegeversicherung zur Pflege und hauswirtschaftlichen Versorgung zugelassen sind oder

– bei der Pflegekasse der sozialen Pflegeversicherung angestellt sind.

Zu den geeigneten Pflegekräften zählen auch ausgebildete Pflegekräfte, die freiberuflich tätig sind.

Neben den Pflegekosten sind die Aufwendungen für medizinische Behandlungen nach § 4 BVO (abgedruckt im Anhang, Nr. 1 a, S. 367 ff.) beihilfefähig, z. B. für Arzt, Medikamente, Blutdruckmessung und Blutzuckermessung.

Die Zuordnung zu den einzelnen Pflegestufen richtet sich nach § 15 SGB XI. Für die beihilferechtliche Zuordnung eines Pflegebedürftigen zu einer Pflegestufe ist die Zuordnung maßgebend, die die Pflegeversicherung vorgenommen hat. Die Pflegestufe – ggf. eine später geänderte Pflegestufe – ist vom Beihilfeberechtigten durch geeignete Unterlagen, z. B. Mitteilung der Pflegeversicherung nachzuweisen.

§ 5 a Abs. 2 BVO regelt die Gewährung einer Beihilfe, wenn Pflegekräfte nicht erwerbsmäßig einen Pflegebedürftigen in seiner häuslichen Umgebung (das kann auch ein Altenheim sein) pflegen. Bei diesen Pflegekräften handelt es sich regelmäßig um Angehörige des Pflegebedürftigen, um Freunde, Nachbarn etc. Mit der Beihilfe sollen die Pflegebedürftigen in die Lage versetzt werden, den Pflegekräften eine materielle Anerkennung zukommen zu lassen.

Die in § 5 a Abs. 2 BVO vorgesehenen beihilfefähigen Höchstbeträge (s. o.) sind nach dem Schweregrad der notwendigen Pflege (Pflegestufe) gestaffelt. Es handelt sich um Pauschalen, sodass die Vorlage von Belegen entfällt. Neben den Pauschalen sind auch hier die Aufwendungen für medizinische Behandlungen beihilfefähig (s. o.).

Die einem Pflegenden vom Pflegebedürftigen gezahlte Pauschalbeihilfe ist nach § 3 EStG grundsätzlich steuerfrei.

Falls die Pflege nach § 5 a Abs. 2 BVO nicht für einen vollen Kalendermonat erbracht wird (z. B. Eintritt der Pflege im Laufe des Monats) ist die Pauschale entsprechend zu kürzen, wobei der Kalendermonat mit den tatsächlichen Tagen, der Devisor jedoch mit 30 Tagen anzusetzen ist.

Beispiel:

Ab 21. Februar steht eine Beihilfe nach Pflegestufe III zu. Für Februar beträgt die Pflegepauschale:

$$\frac{685 \text{ Euro} \times 8 \text{ Tage}}{30 \text{ Tage}} = 182{,}67 \text{ Euro.}$$

Die Pauschale wird nicht gekürzt,

a) wenn der Pflegebedürftige täglich zeitweise abwesend ist, z. B. wegen des Besuchs einer Schule,

b) für die ersten vier Wochen (28 Tage) einer vollstationären Krankenhausbehandlung oder stationären Rehabilitationsmaßnahme des Pflegebedürftigen.

Neben der Pauschalbeihilfe sind die Aufwendungen für die Schulung der Pflegepersonen (§ 45 SGB XI) sowie die Beratungen nach § 5 Abs. 6 BVO beihilfefähig.

Wegen der sozialen Sicherung der nicht erwerbsmäßig tätigen Pflegepersonen wird auf die Runderlasse des Finanzministeriums vom 12. Dezember 2005 und vom 30. Juli 2008 (abgedruckt im Anhang, Nummern 11, S. 612 ff. und Nr. 12, S. 618 ff.) hingewiesen.

Eine weitere soziale Absicherung der Pflegepersonen ergibt sich aus dem Gesetz über die Pflegezeit (Pflegezeitgesetz – PflegeZG – vom 28. Mai 2008 – BGBl. I 874, 896). Hiernach können Beschäftigte (das Gesetz gilt nicht für Beamte) bis zu zehn Arbeitstage der Arbeit fernbleiben, wenn dies erforderlich ist, um für einen pflegebedürftigen Angehörigen in einer akut aufgetretenen Pflegesituation eine bedarfsgerechte Pflege zu organisieren oder eine pflegerische Versorgung in dieser Zeit sicherzustellen.

Kann eine Pflegeperson wegen Erholungsurlaubs oder Krankheit die Pflege nicht durchführen, ist eine sog. Verhinderungs- oder Ersatzpflege möglich. Diese Pflege kann durch erwerbsmäßig (z. B. ambulanter Pflegedienst), nicht erwerbsmäßig tätige Pflegepersonen (z. B. Nachbarn) oder durch Pflege in einem Wohnheim für Menschen mit Behinderungen erfolgen. Beihilfefähig sind die Pflegekosten ab 1. Januar 2010 bis zu einem Betrag von 1.510 Euro je Kalenderjahr.

Bei einer Heimunterbringung sind die hier entstehenden Pflegekosten bis 1.510 Euro beihilfefähig, jedoch nicht die Kosten für Unterkunft und Verpflegung.

§ 5 a Abs. 4 BVO regelt die Beihilfegewährung, wenn neben einer häuslichen Pflege durch geeignete Pflegekräfte (§ 5 a Abs. 1 BVO) zusätzlich andere Pflegehilfen (§ 5 a Abs. 2 BVO) die Pflege übernehmen. Voraussetzung für die Zahlung einer Beihilfe ist, dass die Pflegeversicherung Kombinationsleistungen nach § 38 SGB XI erbringt, d. h., bei einer häuslichen Pflege wird neben den Kostenerstattungsleistungen für eine kommerzielle Pflege ein anteiliges Pflegegeld nach § 37 SGB XI gezahlt.

Beispiele:

a) Der pflegebedürftigen Ehefrau (Pflegestufe III) eines Beamten entstehen 2010 monatliche Kosten für die Pflege durch eine Sozialstation von 1.208 Euro. Die Ehefrau wird auch von ihrer Tochter gepflegt.

Die Kosten von 1.208 Euro machen 80 v. H. des Höchstbetrags nach § 5 a Abs. 1 BVO von 1.510 Euro aus.

Die soziale Pflegeversicherung zahlt nach § 28 Abs. 2 SGB XI die Hälfte der Kosten von 1.208 Euro = 604 Euro. Wegen des nicht ausgeschöpften Höchstbetrages nach § 36 Abs. 3 SGB XI in Höhe von 20 v. H. (100 v. H. – 80 v. H.) zahlt sie daneben noch ein Pflegegeld. Das Pflegegeld errechnet sich wie folgt:

20 v. H. des Höchstbetrages nach § 37 Abs. 1 SGB XI von 685 Euro = 137 Euro. Davon nach § 28 Abs. 2 SGB XI die Hälfte = 68,50 Euro.

Gesamtleistung der Pflegeversicherung = 672,50 Euro (604 + 68,50).

Der von der Pflegeversicherung ermittelte Vomhundertsatz von 80 v. H. (vgl. oben) gilt auch für die Beihilfeberechnung. Der beihilfefähige Höchstbetrag nach § 5 a Abs. 2 BVO für selbst beschaffte Pflegehilfen von 685 Euro ist um 80 v. H. (= 548 Euro) auf 137 Euro zu mindern. Daneben sind 1.208 Euro beihilfefähig. Als Beihilfe ergibt sich 70 v. H. von 1.345 Euro (137 + 1.208) = 941,50 Euro. Dieser Betrag ist nach § 12 Abs. 7 BVO auf 672,50 Euro zu mindern (dem Grunde nach beihilfefähig 1.208 Euro + 137 Euro = 1.345 Euro abzüglich Leistung der Pflegeversicherung von 672,50 Euro).

b) Einem pflegebedürftigen Versorgungsempfänger (Pflegestufe III) entstehen monatliche Kosten für die Pflege durch eine Sozialstation in Höhe von 1.359 Euro. Der Versorgungsempfänger wird auch von seiner Tochter gepflegt. Die Kosten von 1.359 Euro machen 90 v. H. des Höchstbetrages nach § 5 a Abs. 1 BVO von 1.510 Euro aus.

Die private Pflegeversicherung erstattet 30 v. H. der Kosten von 1.359 Euro = 407,70 Euro. Wegen des nicht ausgeschöpften Höchstbetrages nach § 36 Abs. 3 SGB XI in Höhe von 10 v. H. (100 v. H. – 90 v. H.) zahlt sie daneben noch ein Pflegegeld. Das Pflegegeld errechnet sich wie folgt:

10 v. H. des Höchstbetrages nach § 37 Abs. 1 SGB XI von 685 Euro = 68,50 Euro. Davon 30 v. H. = 20,55 Euro.

Gesamtleistung der Pflegeversicherung = 428,25 Euro (407,70 + 20,55).

Der von der Pflegeversicherung ermittelte Vomhundertsatz von 90 v. H. (vgl. oben) gilt auch für die Beihilfeberechnung. Der beihilfefähige Höchstbetrag nach § 5 a Abs. 2 BVO für selbst beschaffte Pflegehilfen von 685 Euro ist um 90 v. H. (= 616,50 Euro) auf 68,50 Euro zu mindern. Daneben sind 1.359 Euro beihilfefähig. Als Beihilfe ergibt sich 70 v. H. von 1.427,50 Euro (68,50 + 1359) = 999,25 Euro.

Hajduszoboszlo (Ungarn)

Der Ort ist beihilferechtlich als Kurort anerkannt (vgl. Teil 1 b der Anlage 5 VVzBVO, abgedruckt im Anhang, Nr. 2, S. 423 ff.).

Halbwaisen

Bei beihilfeberechtigten Halbwaisen ist eine Erklärung der Halbwaise und des lebenden Elternteils (bei minderjährigen Halbwaisen ausschließlich des Elternteils) einzuholen, bei welcher Beihilfestelle die Aufwendungen der Halbwaise eingereicht werden; die andere Beihilfestelle ist darüber zu informieren. Diese Erklärung ist bis zu ihrem Widerruf bindend.

Handy-Bike

Siehe unter *„Therapiedreirad"*.

Harnstoffhaltige Dermatika

Aufwendungen für nicht verschreibungspflichtige harnstoffhaltige Dermatika (mit einem Harnstoffgehalt von mindestens 5 %) sind bei Personen, die das 18. Lebensjahr vollendet haben (für Personen bis zum vollendeten 18. Lebensjahr gelten keine Einschränkungen), nur bei gesicherter Diagnose bei Ichthyosen, wenn keine therapeutischen Alternativen für den jeweiligen Patienten indiziert sind, beihilfefähig (vgl. Anlage I AMR, abgedruckt im Anhang, Nr. 4, S. 549).

Hauspflegekraft

A) Auszug aus BVO (§ 4 Abs. 1 Nr. 6)

Beihilfefähig sind die Aufwendungen für

> „6. Eine Familien- und Hauspflegekraft bis zum Betrag von 8 Euro je Stunde, höchstens jedoch 64 Euro täglich, wenn der den Haushalt führende berücksichtigungsfähige Familienangehörige oder der den Haushalt führende Beihilfeberechtigte wegen einer stationären Unterbringung (Nummer 2, §§ 5 c, 6, 6 a und 8) oder ambulanten Rehabilitationsmaßnahme (§ 7 Absatz 4) den Haushalt nicht weiterführen kann. Voraussetzung ist, dass die haushaltsführende Person – ausgenommen sie ist allein erziehend – nicht oder nur geringfügig im Sinne des § 8 SGB IV erwerbstätig ist oder, soweit mehrere teilzeitbeschäftigte Personen den Haushalt führen, die Erwerbstätigkeit dieser Personen insgesamt nicht mehr als 120 v. H. der durchschnittlichen wöchentlichen Arbeitszeit einer Vollzeitstelle (40 Stunden/Woche) erreicht, im Haushalt mindestens eine beihilfeberechtigte oder berücksichtigungsfähige Person verbleibt, die pflegebedürftig ist oder das 15. Lebensjahr noch nicht vollendet hat, und keine andere im Haushalt lebende Person den Haushalt weiterführen kann. Dies gilt nach begründeter ärztlicher Bescheinigung auch für bis zu 14 Tage nach Ende der stationären Unterbringung, nach einer

ambulanten Operation oder darüber hinaus, wenn dadurch ein stationärer Krankenhausaufenthalt (§ 4 Absatz 1 Nummer 2) vermieden wird (z. B. Liegeschwangerschaft) sowie bei Alleinerziehenden, wenn eine Hilfe zur Führung des Haushalts erforderlich ist. Nummer 5 Satz 3 bis 6 gilt entsprechend. Wird an Stelle der Beschäftigung einer Familien- und Hauspflegekraft ein Kind unter 15 Jahren oder eine in Satz 3 aufgeführte pflegebedürftige Person in einem Heim oder in einem fremden Haushalt untergebracht, so sind die Aufwendungen für Unterkunft und Verpflegung sowie notwendige Beförderungskosten – auch für eine Begleitperson – bis zu den sonst berücksichtigungsfähigen Aufwendungen für eine Familien- und Hauspflegekraft beihilfefähig. Die Aufwendungen für Unterkunft und Verpflegung aus Anlass einer Unterbringung bei den in Nummer 5 Satz 3 genannten Personen sind nicht beihilfefähig."

B) Hinweise

Eine Familien- und Hauspflegekraft ist eine Person, die aufgrund ihrer Ausbildung oder Erfahrung in der Lage ist, den Haushalt eines Beihilfeberechtigten zu führen. Nach dem Sinn und Zweck der unter A) aufgeführten Regelung ist eine Hilfe auch dann als Familien- und Hauspflegekraft anzuerkennen, wenn sie z. B. nur an einem oder an zwei Tagen in der Woche oder sogar nur stundenweise den Haushalt des Beihilfeberechtigten versorgt. Die Familien- oder Hauspflege kann auch durch Sozialstationen oder Diakoniestationen durchgeführt werden.

Die Beihilfefähigkeit von Aufwendungen für eine Familien- und Hauspflegekraft ist an bestimmte, enge Voraussetzungen geknüpft (s. o. unter A) Dies beruht darauf, dass es sich hier um mittelbare Folgekosten einer Krankheit handelt, die den Bereich der allgemeinen Lebenshaltung berühren. Die Aufwendungen für eine Familien- und Hauspflegekraft sind beihilfefähig, wenn die Weiterführung des Haushalts wegen stationärer Unterbringung des den Haushalt führenden berücksichtigungsfähigen Familienangehörigen oder des den Haushalt führenden Beihilfeberechtigten nicht möglich ist. Beihilfen für eine Familien- und Hauspflegekraft kommen vor allem bei einer wegen Krankheit oder Entbindung erforderlichen stationären Behandlung der Ehefrau des Beihilfeberechtigten in Betracht. Wird der Haushalt des Beihilfeberechtigten weder von seiner Ehefrau noch von ihm selbst oder einem berücksichtigungsfähigen Kind geführt, sondern von einer anderen Person (z. B. von der Mutter oder Schwester des Beihilfeberechtigten), so kann bei deren stationärer Unterbringung keine Beihilfe für eine Familien- und Hauspflegekraft gezahlt werden.

Siehe auch *„Familienpflegekraft"*.

Hautschutzmittel

Die Aufwendungen für Hautschutzmittel sind dem Bereich der privaten Lebensführung zuzurechnen und daher **nicht** beihilfefähig.

Heilbehandlungen

Die von Ärzten, Zahnärzten und Heilpraktikern in Rechnung gestellten Beträge sind nur dann beihilfefähig, wenn die durchgeführten Heilbehandlungen wissenschaftlich anerkannt sind. Hierzu hat das OVG Münster in Urteilen vom 24. November 1976 – VI A 84/73 – (RiA 1977 S. 159) und 25. Mai 1994 – 6 A 2192/88 sowie 6 A 1153/91 – (NWVBl. 1995 S. 186), das zur Anerkennung eines Heilmittels ergangen ist, Folgendes ausgeführt:

> „Wissenschaftlich anerkannt ist ein Heilmittel, wenn es von den Wissenschaftlern, die in dem durch die zu behandelnde Krankheit und die Art des Heilmittels gekennzeichneten Fachbereich tätig sind, aufgrund wissenschaftlicher Erkenntnisse als für eine Behandlung der Krankheit wirksam angesehen wird. Die Überzeugung von der Wirksamkeit muss freilich nicht in jedem Falle in der Fachwelt uneingeschränkt und einhellig geteilt werden. Das würde der Vielfalt wissenschaftlich begründeter Standpunkte und Erkenntnisse und der darauf gestützten Behandlungsmethoden nicht gerecht werden. Das Merkmal der wissenschaftlichen Anerkennung setzt aber doch eine weitgehende Zustimmung der in dem Fachbereich tätigen Wissenschaftler voraus und ist jedenfalls dann nicht gegeben, wenn eine größere Anzahl namhafter Autoritäten oder wichtige wissenschaftliche Gremien die Behandlung mit dem Heilmittel aufgrund wissenschaftlicher Erkenntnisse als nicht wirksam ansehen. Dass mit einer solchen Regelung dem Urteil der sog. Schulmedizin im Gegensatz zu Außenseitern bei wenig vertretenen oder noch unerprobten Behandlungsmethoden in vielen Fällen eine entscheidende Bedeutung zukommt, ist einzuräumen …"

Heileurhythmie

Aufwendungen für eine Heileurhythmie sind **nicht** beihilfefähig (vgl. Nr. 1.1 i der Anlage 1 zu § 4 Abs. 1 Nr. 1 Satz 5 BVO, abgedruckt im Anhang, Nr. 1 a, S. 367 ff.).

Heilkurorteverzeichnis

Das Heilkurorteverzeichnis „Inland" und „EU-Ausland" ist als Anlage 5 VVzBVO im Anhang, Nr. 2, S. 423 ff. abgedruckt.

Heilmittel (Begriff)

Unter dem Begriff „Heilmittel" versteht man Anwendungen und Behandlungen, die in der Regel ärztlich verordnet sind (ist für die Beihilfefähigkeit zwingend) und von Angehörigen anderer Heilberufsgruppen durchgeführt werden. Hierzu zählen z. B.

- Physiotherapie (Krankengymnastik, Massagen, Kälte- bzw. Wärmebehandlungen etc.),
- Logopädie (Sprach-, Sprech-, Stimm- und Hörstörungstherapie),

– Ergotherapie (Beschäftigungs- und Arbeitstherapie).

Die Ausbildung zum Physiotherapeuten bzw. Masseur und medizinischen Bademeister wird in Deutschland seit 1994 durch das Masseur- und Physiotherapeutengesetz (MPhG) geregelt.

Logopäden beschäftigen sich mit der Diagnostik, Therapie und Beratung bei Sprach-, Sprech-, Stimm- und Schluckstörungen bei Patienten jeden Alters. Hierzu gehören z. B. Sprachentwicklungsstörungen bei Kindern wie auch neurologisch oder traumatisch bedingte Sprachstörungen von Erwachsenen nach abgeschlossener Sprachentwicklung.

Die Ergotherapie bzw. Beschäftigungs- und Arbeitstherapie findet Anwendung bei Störungen der Motorik, der Sinnesorgane sowie geistiger und psychischer Fähigkeiten. Ziel der Therapie ist es, durch Verbesserung, Wiederherstellung oder Kompensation der beeinträchtigten Fähigkeiten des Patienten eine größtmögliche Unabhängigkeit im Alltag wieder zu ermöglichen.

Heilpädagogische Behandlungen

Heilpädagogische Behandlungen werden vom Beihilferecht nicht erfasst, da es sich hierbei nicht um eine medizinische Behandlung, sondern um eine pädagogische Maßnahme handelt. Aufwendungen für heilpädagogische Behandlungen sind nicht beihilfefähig.

Heilpraktiker

Für Heilpraktiker gibt es keine gesetzliche Gebührenordnung, sondern nur ein von der Berufsvertretung herausgegebenes Gebührenverzeichnis der üblichen Gebührensätze. Diese Sätze dienen den Beihilfestellen als Anhalt für die Beurteilung der Angemessenheit der Aufwendungen. Als Höchstsatz legen die Beihilfestellen der Beihilfeberechnung die Sätze zugrunde, die bei einer entsprechenden Leistung durch einen Arzt nach der Gebührenordnung der Ärzte anerkannt würden. Das Verzeichnis ist im Anhang, Nr. 9, S. 584 ff. abgedruckt.

Als Heilpraktiker sind in Deutschland Personen tätig, die Heilkunde ausüben, ohne über eine ärztliche Approbation zu verfügen. Heilpraktiker ist kein staatlich anerkannter Ausbildungsberuf. Es gibt keine gesetzlich geregelte Ausbildung und keine einheitliche Prüfungsordnung oder Ähnliches. Zwar bieten private Heilpraktikerschulen einschlägige Ausbildungen an, i. d. R. auch mit Abschlussprüfung oder Zertifikat, jedoch mit unterschiedlichen Inhalten und unterschiedlicher Dauer sowie ohne „staatliche" Vorgaben im Sinne einer einheitlichen und überprüfbaren Qualität.

Neben Formalien (Mindestalter 25 Jahre, Hauptschulabschluss etc.) ist einzige Voraussetzung, um als Heilpraktiker tätig zu sein, das Bestehen einer Überprüfung durch das zuständige Gesundheitsamt.

Die Tätigkeit des Heilpraktikers beruht auf einem zum bürgerlichen Recht gehörenden Dienstvertrag mit dem Patienten. Dieser Dienstvertrag verpflichtet den Heilpraktiker zur Leistung der versprochenen Dienste, wie Bemühen um Heilung oder Linderung der Krankheit im gegenseitigen Einverständnis; den Patienten verpflichtet der Vertrag zur Gewährung einer Vergütung.

Bestimmte Behandlungen/Tätigkeiten dürfen Heilpraktiker nicht durchführen:

Es sind dies z. B. Behandlungen/Tätigkeiten bei:

- Zahn-, Mund- und Kieferkrankheiten,
- meldepflichtigen Infektionskrankheiten (z. B. Virushepatitis, Diphtherie, Masern),
- sexuell übertragbaren Krankheiten,
- der Geburtshilfe,
- der Verordnung verschreibungspflichtiger Medikamente (z. B. auch Betäubungsmittel),
- der Leichenschau,
- Operationen,
- der Ausstellung eines Totenscheins.

Heilwässer

Bei Heilwässern handelt es sich um Güter des täglichen Bedarfs; die Aufwendungen sind **nicht** beihilfefähig (vgl. Nr. 4.1.7.5 VVzBVO, abgedruckt im Anhang, Nr. 2, S. 423 ff.).

Heimdialysegerät

Heimdialysegeräte übernehmen die Funktion der Niere (künstliche Niere). Sie kommen wegen der notwendigen persönlichen und räumlichen Voraussetzungen nur für einen begrenzten Personenkreis in Frage. Es ist in der Regel wirtschaftlicher, ein Heimdialysegerät von den bestehenden gemeinnützigen Körperschaften für Heimdialyse zu mieten. Die Mietgebühren umfassen regelmäßig auch die Reparatur- und Wartungskosten. Neben den Mietgebühren sind auch die reinen Anschlusskosten des Geräts sowie Registrierungskosten für eine künftige Nierentransplantation beihilfefähig. Einer vorherigen Genehmigung durch die Beihilfestelle bedarf es nicht.

Heimtrainer

Die Aufwendungen für einen Heimtrainer sind dem Bereich der privaten Lebensführung zuzurechnen und daher nicht beihilfefähig.

Heizdecke

Bei einer Heizdecke handelt sich um einen Gegenstand der allgemeinen Lebenshaltung; die Aufwendungen sind nicht beihilfefähig.

Hepatische Enzephalopathie (Begriff)

Die Hepatische Enzephalopathie ist eine potenziell reversible Funktionsstörung des Gehirns, die durch eine unzureichende Entgiftungsfunktion der Leber entsteht.

Hepatitis B – Impfung

Maßgeblich für die Beihilfefähigkeit von Schutzimpfungen sind die STIKO-Empfehlungen. Danach sind Impfungen gegen Hepatitis B bei Reisen innerhalb der EU für Erwachsene nicht erforderlich; die Aufwendungen sind grundsätzlich beihilfefähig.

Herz-Handy

Die Aufwendungen für ein Herz-Handy sind dem Bereich der privaten Lebensführung zuzuordnen; sie sind daher **nicht** beihilfefähig.

Herzschrittmacher

Die Aufwendungen für eine ärztlich verordneten Herzschrittmacher einschließlich Kontrollgeräte sind nach § 4 Abs. 1 Nr. 10 Satz 10 BVO (abgedruckt im Anhang, Nr. 1 a, S. 367 ff.) beihilfefähig; einer vorherigen Anerkennung durch die Beihilfestelle bedarf es nicht.

Herzsportgruppen

Aufwendungen für die ärztlich verordnete Teilnahme an Herzsportgruppen (Koronarsportgruppen) sind beihilfefähig, wenn der Sport in besonders eingerichteten Sportgruppen unter Überwachung (Anwesenheit) eines Arztes durchgeführt wird. In diesem Fall (ärztliche Anwesenheit) kann der Sport auch unter Anleitung eines Sportlehrers mit der Sonderlizenz „Herzsport" durchgeführt werden.

Heterologe In-vitro-Fertilisation

Die Aufwendungen für eine heterologe In-vitro-Fertilisation sind **nicht** beihilfefähig (siehe unter *„Heterologe Insemination"*). Als In-vitro-Fertilisation bezeichnet man eine künstliche Befruchtungsmethode, bei der die Spermien in einem Reagenzglas selbst den Weg zur und in die Eizelle finden. Bei der sog. intrazytoplasmatischen Spermieninjektion (ICSI) werden im Gegensatz zur In-vitro-Fertilisation die Spermien minderer Beweglichkeit in die Eizelle injiziert.

Heterologe Insemination

Ist der Samenspender für eine künstliche Befruchtung nicht der Ehemann, wird das Verfahren als heterologe Insemination bezeichnet. Aufwendungen für eine heterologe Insemination sind **nicht** beihilfefähig.

Hilfsmittel

Allgemein

Als Hilfsmittel bezeichnet man Gegenstände, die den Erfolg einer Behandlung sichern oder die Folgen einer Behinderung lindern oder ausgleichen.

a) Begriff des Hilfsmittels; wann ist eine vorherige Anerkennung erforderlich?

Für die Beihilfefähigkeit von Aufwendungen eines Hilfsmittels ist in eine ärztliche Verordnung notwendig. Ohne eine solche Verordnung sind die Aufwendungen auch dann nicht beihilfefähig, wenn der Arzt sie nachträglich ausstellen sollte.

Zu den Hilfsmitteln rechnen u. a. Körperersatzstücke, Kontrollgeräte (z. B. Blutdruckmesser) und Apparate zur Selbstbehandlung (z. B. Inhalationsgeräte). Die Beihilfestelle wird sich i. d. R. der ärztlichen Verordnung anschließen und eine Beihilfe zu dem verordneten Hilfsmittel zahlen. Es ist jedoch nicht ausgeschlossen, dass sie im Einzelfall die Notwendigkeit für die Beschaffung bestreitet und eine Beihilfezahlung ablehnt. Im Zweifelsfall wird sie einen Amts- oder Vertrauensarzt einschalten.

Bei Hilfsmitteln ist unbedingt zu beachten, dass sie häufig der vorherigen Anerkennung durch die Beihilfestelle bedürfen. Sie dürfen daher vor einer entsprechenden Bescheiderteilung durch die Beihilfefestsetzungsstelle weder bestellt noch gekauft werden, es sei denn, die Anschaffung ist aus medizinischen Gründen dringend geboten.

Eine vorherige Anerkennung eines Hilfsmittels ist nicht notwendig

- bei den in § 4 Abs. 1 Nr. 10 BVO (abgedruckt im Anhang, Nr. 1 a, S. 367 ff.) im Einzelnen aufgeführten Hilfsmitteln,
- bei anderen Hilfsmitteln, deren Anschaffungskosten 1.000 Euro nicht übersteigen.

Ist eine notwendige Anerkennung nicht eingeholt worden und liegt auch kein anzuerkennender Entschuldigungsgrund vor, sind die Kosten nur bis 1.000 Euro beihilfefähig.

Für die vorherige Anerkennung eines Hilfsmittels könnte der Festsetzungsstelle folgendes geschrieben werden:

> Betrifft: Anerkennung eines Hilfsmittels
>
> Nach dem beigefügten Attest des Herrn Dr. ... benötige ich ein ... (Art des Hilfsmittels). Die Kosten hierfür werden ... Euro betragen (nach Möglichkeit

einen Kostenvoranschlag beifügen). Ich bitte die Kosten als beihilfefähig anzuerkennen.

(Im Interesse einer zügigen Bearbeitung sollte im Kopf des Anschreibens auch die Beihilfe-Nr. angegeben werden).

Im Übrigen sollte der behandelnde Arzt gebeten werden, in seiner Verordnung die Notwendigkeit des Hilfsmittels kurz zu begründen.

b) Apparate und Geräte zur Selbstbehandlung oder Selbstkontrolle

Aufwendungen für Apparate und Geräte zur Selbstbehandlung (z. B. Inhalationsgeräte) oder Selbstkontrolle (z. B. Blutdruckmesser) sind nur beihilfefähig, wenn die dadurch ersparten Behandlungskosten höher als die Anschaffungskosten für das Hilfsmittel sind. Ein Kostenvergleich kann unterbleiben, wenn die Anschaffung eines Hilfsmittels aus besonderen Gründen dringend geboten ist, weil z. B. das Gerät lebensnotwendig ist und jederzeit verfügbar sein muss.

c) Nichtbeihilfefähigkeit von Hilfsmitteln, die im Rahmen der allgemeinen Lebenshaltung benutzt werden oder die einen Gegenstand der allgemeinen Lebenshaltung ersetzen

Zu den beihilfefähigen Hilfsmitteln gehören nicht solche Gegenstände, die im Rahmen der allgemeinen Lebenshaltung benutzt werden und auch anderen als Heilzwecken dienen können. Für die Einordnung als Hilfsmittel kommt es auf die objektive Eigenart und Beschaffenheit des betreffenden Gegenstandes an, nicht dagegen, ob im Einzelfall der Gegenstand auch ohne Erkrankung überhaupt oder in gleich teurer Ausführung beschafft werden worden wäre. Zu den Hilfsmitteln, die im Rahmen der allgemeinen Lebenshaltung benutzt werden, gehören insbesondere:

Bandscheibenmatratzen, Bestrahlungslampen, Elektro-Zahnbürsten, Expander, Fahrradergometer, Fieberthermometer, Gesundheitsschuhe, handelsübliche Sonnenbrillen, Heimtrainer, Heizkissen, Herz-Handy, Katzenfelle, Luftreinigungsanlagen zur Verbesserung der Atemluft, Luftsprudelanlagen, Liegestühle, Mundduschen, orthopädische Autositze, Rheumadecken, Rheumaunterwäsche, Rückenstützen, Rudergeräte, Schaumgummikissen und Kunstfaserdecken bei allergisch bedingtem Bronchialasthma und Automatikschaltung für Autos, Sitzbadewannen, Standfahrräder, Wärmeflaschen, wirbelsäulengerechte Stühle.

Bei spastisch Gelähmten sind jedoch die Aufwendungen für Strickleitern, Gehbarren, Hanteln, Übungsmatten und Holzsprossenwände beihilfefähig.

Hinterbliebene

A) Vorschriften

1. Text § 14 BVO

Gewährung von Beihilfen an Hinterbliebene und andere Personen in Todesfällen

(1) Zu den beihilfefähigen Aufwendungen, die einem verstorbenen Beihilfeberechtigten entstanden waren, und zu den in § 11 Absatz 1 genannten Aufwendungen aus Anlass des Todes des Beihilfeberechtigten werden dem hinterbliebenen Ehegatten oder eingetragenen Lebenspartner oder den Kindern des Verstorbenen Beihilfen gewährt. Empfangsberechtigt ist derjenige, der die Rechnungen zuerst vorlegt. Die Beihilfe ist nach dem Hundertsatz zu bemessen, der dem verstorbenen Beihilfeberechtigten zugestanden hat.

(2) Andere als die in Absatz 1 genannten natürlichen Personen sowie juristische Personen erhalten Beihilfen zu den in Absatz 1 genannten Aufwendungen, sofern sie Erbe sind; Absatz 1 Satz 2 und Satz 3 gelten entsprechend.

2. Text der Verwaltungsverordnung zu § 14 BVO

14 **Zu § 14 Gewährung von Beihilfen an Hinterbliebene und andere Personen in Todesfällen**

14.1 **Absatz 1**

14.1.1 Kinder im Sinne von § 14 Absatz 1 BVO sind die leiblichen sowie die als Kind angenommenen Kinder. Bis zum Zeitpunkt des Todes des Beihilfeberechtigten sowie in Unkenntnis seines Todes danach noch erlassene Beihilfebescheide sind aus Anlass des Todes nicht zurückzunehmen.

14.2 **Absatz 2**

14.2.1 Der Beihilfeantrag kann durch einen Testamentsvollstrecker oder Nachlassverwalter gestellt werden.

B) Hinweise

Nach der früheren Rechtsauffassung – mehrfach bestätigt durch das BVerwG – ist der Anspruch des Beihilfeberechtigten auf Gewährung von Beihilfen höchstpersönlich und erlischt mit dessen Tod. Der Beihilfeanspruch geht also nicht zwangsläufig auf die Angehörigen und Erben über. Das BVerwG hat diese Rechtsauffassung mit Urteil vom 29. April 2010 – BVerwG 2 C 77.08 – (DÖD S. 230) aufgegeben. Der Beihilfenanspruch eines Berechtigten ist nunmehr vererblich. Die neuere Rechtsprechung bringt keine Änderung der bisherigen Praxis mit sich, da neben den Anspruchsberechtigten nach § 14 Abs. 2 BVO auch diejenigen nach § 14 Abs. 1 BVO in aller Regel erbberechtigt sind. Durch die Bestimmung, dass diejenige Person die Beihilfe erhält, die die Rechnungen erstmals vorlegt, wird regelmäßig eine zufriedenstellende Abfindung erreicht.

Beihilfen nach § 14 Abs. 1 BVO erhalten der hinterbliebene Ehegatte, der hinterbliebene eingetragene Lebenspartner und die Kinder des Verstorbenen auch dann, wenn sie keine beamtenrechtliche Hinterbliebenenversorgung erhalten und somit nicht nach § 1 BVO beihilfeberechtigt sind oder werden. Der hinterbliebene Ehegatte ist der Ehegatte, mit dem der Beihilfeberechtigte im Zeitpunkt des Todes verheiratet war. Hierunter ist auch der getrennt lebende Ehegatte zu verstehen. Der hinterbliebene Lebenspartner ist der überlebende Partner der eingetragenen Lebenspartnerschaft. Der geschiedene Ehegatte, ehemalige eingetragene Lebenspartner sowie Verwandte, deren Ernährer der Verstorbene ganz oder überwiegend gewesen ist, erhalten nach § 14 Abs. 1 BVO keine Beihilfen. Ihnen werden Beihilfen nach § 14 Abs. 2 BVO gezahlt, sofern sie Erben sind. Kinder im Sinne von § 14 Abs. 1 BVO sind die leiblichen Kinder (eheliche Kinder, für ehelich erklärte Kinder, nichteheliche Kinder) und die als Kind angenommenen Kinder. Nicht hierzu gehören Enkelkinder und Stiefkinder.

Hinterbliebene eingetragene Lebenspartnerinnen/Lebenspartner

Hinterbliebene eingetragene Lebenspartnerinnen und Lebenspartner von Beihilfeberechtigten haben nach geltendem Beamtenversorgungsrecht keinen Anspruch auf Hinterbliebenenbezüge. Nach der Nr. 1.1.2 der VVzBVO (abgedruckt im Anhang, Nr. 2, S. 423 ff.) bestehen keine Bedenken, dem hinterbliebenen eingetragenen Lebenspartner entsprechend § 1 Abs. 1 Nr. 3 BVO (abgedruckt im Anhang, Nr. 1 a, S. 367 ff.) Beihilfen zu gewähren.

Hippotherapie

Bei dem therapeutischen Reiten (Hippotherapie) handelt es sich um eine wissenschaftlich noch nicht anerkannte Methode. Aufwendungen hierfür sind nur beihilfefähig, wenn wissenschaftlich anerkannte Behandlungsmethoden ohne Erfolg angewandt worden sind, z. B. bei Multipler Sklerose, Zerebralparese oder schwerer geistiger Behinderung. Weitere Voraussetzung ist, dass die Behandlung von einem Arzt überwacht wird und unter Anwesenheit eines Reitlehrers sowie eines staatlich anerkannten Krankengymnasten (einer Krankengymnastin) erfolgt, der (die) die reiterliche Prüfung für Krankengymnastinnen und Krankengymnasten abgelegt hat. Für eine Behandlungseinheit (30 Minuten) werden 25 Euro beihilferechtlich als angemessen angesehen.

HIV-Test

Aufwendungen für einen HIV-(AIDS-) Test sind beihilfefähig, sofern ein Verdacht für das Vorliegen dieser Erkrankung aufgrund aufgetretener Beschwerden oder Symptome besteht, nach einer früheren Blutübertragung sowie im Rahmen der vorbereitenden Untersuchungen bei einer In-vitro-Fertilisation und bei einer Schwangerschaftsüberwachung.

Hochenergetische Lichttherapie (IPL-Therapie)

Die Methode dient der Behandlung der Rosacea/Rosenfinne (Hauterkrankung). Sie gilt derzeit als wissenschaftlich noch nicht anerkannt. Die Aufwendungen sind nur im Ausnahmefall beihilfefähig.

Hochgebirgsklinik Davos Wolfgang (Schweiz)

Aufwendungen in der Hochgebirgsklinik Davos Wolfgang werden wie inländische Kosten behandelt, wenn sie für Behandlungen entstanden sind, die nicht in Deutschland oder einem anderen Mitgliedstaat der Europäischen Union oder einem anderen Vertragsstaat des Abkommens über den europäischen Wirtschaftsraum durchgeführt werden können (Behandlung unter Einfluss von Hochgebirgsklima ist zwingend medizinisch indiziert); die Beihilfefähigkeit der Aufwendungen richtet sich grundsätzlich nach § 6 BVO (abgedruckt im Anhang, Nr. 1 a, S. 367 ff.), sofern nicht im Einzelfall eine (auch dort mögliche) Krankenhausbehandlung nach § 4 Abs. 1 Nr. 2 BVO medizinisch indiziert ist. Da über die Art der Behandlung (Krankenhaus- oder stationäre Rehabilitationsbehandlung) regelmäßig erst der leitende Arzt nach der Eingangsuntersuchung entscheidet, ist im Interesse des Beihilfeberechtigten in jedem Fall ein Anerkennungsverfahren nach § 6 Abs. 1 Satz 1 BVO durchzuführen (vgl. auch Nr. 10.2.2 VVzBVO, abgedruckt im Anhang, Nr. 2, S. 423).

Höchstbetrag der Beihilfe

A) Vorschriften

1. Auszug aus § 12 BVO, hier Absatz 7

(7) Die Beihilfe darf zusammen mit den erbrachten Leistungen einer Versicherung sowie Leistungen aufgrund von Rechtsvorschriften oder arbeitsvertraglichen Vereinbarungen die dem Grunde nach beihilfefähigen Aufwendungen nicht übersteigen. Unberücksichtigt bleiben Leistungen aus Krankenhaustagegeldversicherungen und sonstigen Summenversicherungen, soweit sie 80 Euro täglich nicht überschreiten, sowie Krankentagegeldversicherungen. Der Summe der mit einem Antrag geltend gemachten Aufwendungen ist die Summe der hierauf entfallenden Versicherungsleistungen gegenüberzustellen; Aufwendungen nach den §§ 5, 5 a bis d sind getrennt abzurechnen; dabei sind die Pauschalen nach § 5 Absatz 4 und der beihilfefähige Betrag nach § 5 a Absatz 2 als dem Grunde nach beihilfefähige Aufwendungen zu berücksichtigen. Aufwendungen nach § 9 Absatz 1 Satz 2 bleiben bei Anwendung der Sätze 1 bis 3 unberücksichtigt. Das gleiche gilt in den Fällen, in denen nach § 3 Absatz 3 eine Beihilfengewährung ausgeschlossen ist.

2. Auszug aus den Verwaltungsvorschriften

12.7 **Absatz 7**

12.7.1 Die sich nach Anwendung des Bemessungssatzes ergebende Beihilfe wird insoweit vermindert, als sie zusammen mit den anrechenbaren Leistungen von dritter Seite zu einer über die tatsächlichen Aufwendungen hinausgehenden Erstattung führen würde. Als tatsächliche Aufwendungen gelten neben den beihilfefähigen Aufwendungen auch die Kosten, zu denen lediglich wegen Überschreitung von Höchstgrenzen keine Beihilfen gewährt werden können, die aber im Übrigen dem Grunde nach beihilfefähig sind (z. B. bei einem Krankenhausaufenthalt die Aufwendungen für ein Einbettzimmer, bei stationären Rehabilitationsmaßnahmen und Müttergenesungskuren sowie ambulanten Kur- und Rehabilitationsmaßnahmen die gesamten Kosten für Unterkunft und Verpflegung und bei der Versorgung mit Zahnersatz, Zahnkronen und Suprakonstruktionen die gesamten Kosten für zahntechnische Leistungen).

12.7.2 Der Nachweis über die Leistungen der Krankenversicherung usw. ist durch entsprechende Bescheinigungen zu erbringen. Bei sog. Quotenversicherungen können die Leistungen durch Vorlage der Versicherungsverträge oder anderer geeigneter Versicherungsunterlagen nachgewiesen werden.

12.7.3 Sind bei der Höchstbetragsberechnung Leistungen der gesetzlichen Krankenversicherung zu berücksichtigen, kann auf Antrag des Beihilfeberechtigten bei stationärer Krankenhausbehandlung die Höchstbetragsberechnung auf den einzelnen Krankheitsfall bezogen werden, sofern dies für den Beihilfeberechtigten günstiger ist.

12.7.4 Bei der Beihilfegewährung zu Aufwendungen in Todesfällen bleiben Leistungen aus Lebensversicherungen und Sterbegeldversicherungen unberücksichtigt.

B) Hinweise

Das Beihilfebemessungssystem ist darauf abgestellt, dass die dem Beihilfeberechtigten zuzumutende Eigenvorsorge durch Abschluss einer angemessenen Krankenversicherung sichergestellt wird. Die Beihilfen sollen die Leistungen der Krankenversicherung ergänzen und eine volle oder annähernd volle Kostendeckung sicherstellen.

Nach § 12 Abs. 1 BVO betragen die Bemessungssätze:

a) für den Beihilfeberechtigten und für entpflichtete Hochschullehrer 50 v. H.

b) für den Beihilfeberechtigten und für entpflichtete Hochschullehrer bei Vorhandensein von zwei und mehr berücksichtigungsfähigen Kindern (auch wenn diese selbst beihilfeberechtigt sind) 70 v. H.

c) für Empfänger von Versorgungsbezügen 70 v. H.

d) für den berücksichtigungsfähigen Ehegatten, eingetragenen Lebenspartner 70 v. H.

e) für ein berücksichtigungsfähiges Kind sowie für eine Waise, die als solche beihilfeberechtigt ist 80 v. H.

Nach § 12 Abs. 3 BVO mindert sich der zustehende Bemessungssatz um 10 v. H., wenn ein Beihilfeberechtigter oder eine berücksichtigungsfähige Person von Beiträgen zur Krankenversicherung entlastet wird. Die Minderung des Bemessungssatzes tritt ein bei Personen, an deren Beiträgen zur Krankenversicherung sich ein Rentenversicherungsträger beteiligt, sofern dadurch dem Grunde nach eine Beitragsentlastung von mindestens 80 Euro monatlich **zusteht.** Ein Verzicht auf den Zuschuss oder Teile des Zuschusses ist beihilferechtlich unbeachtlich.

Bei Personen, die in der gesetzlichen Krankenversicherung als Rentner pflichtversichert sind, ist bei der Anwendung des § 12 Abs. 3 BVO zu unterscheiden zwischen

a) Personen, die am 31. Dezember 1993 bereits pflichtversichert waren, und

b) Personen, die nach dem 31. Dezember 1993 erstmals pflichtversichert waren.

Zu a)

Auf diesen Personenkreis ist nach § 3 Abs. 4 Satz 2 Nr. 6 BVO die Bestimmung in § 12 Abs. 3 Satz 2 BVO nicht anzuwenden, d. h. es gilt § 12 Abs. 3 Satz 1 BVO, wonach der Bemessungssatz unter den dort genannten Voraussetzungen um 10 v. H. zu mindern ist. Nach § 3 Abs. 4 Satz 2 Nr. 6 BVO ist bei diesen Personen eine Anrechnung von Krankenversicherungsleistungen auf die beihilfefähigen Aufwendungen (§ 3 Abs. 4 Satz 1 BVO) nicht vorzunehmen.

Zu b)

Bei diesem Personenkreis tritt nach § 12 Abs. 3 Satz 2 BVO keine Minderung des Bemessungssatzes nach § 12 Abs. 3 Satz 1 BVO ein. Die Vorschrift des § 3 Abs. 4 Satz 1 BVO (Anrechnung von Krankenversicherungsleistungen auf die beihilfefähigen Aufwendungen) ist im Gegensatz zu dem Personenkreis unter a) anzuwenden.

Nach der BVO sollen Beihilfen und Kassenleistungen zusammen im Schnitt zu einer annähernd vollen Kostendeckung führen, wobei die Beihilfe die verbleibende Lücke zwischen den Aufwendungen und den Leistungen der Krankenversicherung füllen soll. Diese Rechtskonstruktion führt zwangsläufig dazu, dass die Bemessungssätze in Krankheitsfällen erhöht werden müssen, wenn Beihilfeberechtigte oder berücksichtigungsfähige Personen trotz ausreichender und rechtzeitiger Vorsorge (Abschluss einer Krankenversicherung) nicht oder nicht in ausreichendem Umfang auf Leistungen einer Krankenversicherung zurückgreifen können. Die Erhöhung beträgt in diesen Fällen 20 v. H., der Bemessungssatz höchstens 90 v. H.

Voraussetzung für eine Erhöhung des Bemessungssatzes ist im Einzelnen:

1. Vorhandensein einer ausreichenden Krankenversicherung, die rechtzeitig abgeschlossen sein muss,

2. a) Leistungsausschluss für bestimmte Krankheiten oder
   b) Einstellung der Leistung auf Dauer (Aussteuerung) nach Ablauf einer bestimmten Leistungszeit.

Nach § 12 Abs. 5 BVO kann die Beihilfestelle im Einzelfall darüber hinaus den Bemessungssatz erhöhen

a) im Fall einer Dienstbeschädigung,
b) im Fall einer Leichenüberführung,
c) in besonderen Ausnahmefällen.

Eine Erhöhung ist aber auf jeden Fall ausgeschlossen, wenn der Beihilfeberechtigte für sich und seine berücksichtigungsfähigen Angehörigen für ambulante und stationäre Krankheits- und Pflegefälle keinen ausreichenden Versicherungsschutz nachweisen kann.

Die Beihilfe darf zusammen mit Leistungen einer Krankenversicherung (hierzu rechnen z. B. auch Leistungen aus einer Zusatzversicherung für Zahnersatz, Leistungen aus einer Krankenhauszusatzversicherung, nicht jedoch eine Beitragsrückerstattung), einer Pflegeversicherung oder einer Unfallversicherung sowie den Leistungen aufgrund von Rechtsvorschriften oder arbeitsvertraglichen Vereinbarungen die dem Grunde nach beihilfefähigen Aufwendungen nicht übersteigen.

Leistungen aufgrund von Rechtsvorschriften sind z. B. solche nach dem Bundesversorgungsgesetz, nach den Vorschriften der gesetzlichen Unfallversicherung, nach den Vorschriften über die freie Heilfürsorge der Polizei sowie nach den Dienstunfallvorschriften.

Leistungen aufgrund arbeitsvertraglicher Vereinbarungen liegen z. B. vor, wenn sich der Arbeitgeber der Ehefrau eines Beamten an den Krankheitsaufwendungen – z. B. den Kosten für Zahnersatz – beteiligt.

Bei der Prüfung, ob sich ein Überschuss ergeben hat, bleiben Leistungen aus Krankentagegeldversicherungen, aus Lebensversicherungen sowie Sterbegeldversicherungen unberücksichtigt (vgl. Nr. 12.7.4 VVzBVO, abgedruckt im Anhang, Nr. 2, S. 423 ff.).

Bei der Ermittlung des sog. Höchstbetrages der Beihilfe ist von den tatsächlichen Leistungen von dritter Seite (i. d. R. Versicherungen) „nicht von dem Zustehenden" auszugehen.

Die Versicherungsleistung muss daher nachgewiesen werden. Bei privat versicherten Beihilfeberechtigten geschieht dies durch eine grundsätzlich einmalig vorzulegende Quotenbescheinigung der Krankenversicherung, aus der die versicherte Quote (i. d. R. 50 v. H., 40 v. H., 30 v. H., 20 v. H.) hervorgeht. Bei Veränderungen der Quote muss der Beihilfestelle eine neue Bescheinigung vorgelegt werden.

Höhenflüge zur Asthma- oder Keuchhustenbehandlung

Die Aufwendungen sind **nicht** beihilfefähig.

Höhensonne

Es handelt sich um einen Gegenstand der allgemeinen Lebenshaltung; die Aufwendungen sind **nicht** beihilfefähig.

Höherbrechende Brillengläser

Aufwendungen für höherbrechende Gläser sind ab sechs Dioptrien beihilfefähig (vgl. Nr. 4.1.10.3 VVzBVO, abgedruckt im Anhang, Nr. 2, S. 423 ff.).

Hörbrille

Die Aufwendungen sind beihilfefähig. Die Mindesttragezeit beträgt fünf Jahre. Der beihilfefähige Höchstbetrag beträgt 1.400 Euro je Ohr (vgl. Nr. 2 der Anlage 3 zur BVO; abgedruckt im Anhang, Nr. 1 a, S. 367 ff.).

Hörgerät

Aufwendungen für Hörgeräte sind bis zu einem Höchstbetrag von 1.400 Euro (je Ohr) beihilfefähig (vgl. Nr. 2 der Anlage 3 zur BVO; abgedruckt im Anhang, Nr. 1 a, S. 367 ff.). Mit diesem Betrag sind sämtliche Nebenkosten bis auf die Kosten einer medizinisch notwendigen Fernbedienung abgegolten. Die Mindesttragedauer beträgt fünf Jahre.

Die erneute Verordnung von Hörgeräten vor Ablauf von fünf Jahren bedarf der besonderen Begründung und ggf. der Überprüfung durch einen Amtsarzt. Medizinische Gründe können z. B. fortschreitende Hörverschlechterung oder Ohrsekretion sein. Technische Gründe ergeben sich aus dem Gerätezustandsbericht des Hörgeräte-Akustikers (vgl. Nr. 4.1.10.12.1 VVzBVO, abgedruckt im Anhang, Nr. 2, S. 423 ff.).

Hörkissen

Aufwendungen für ein Hörkissen sind **nicht** beihilfefähig.

Hohlkehlpräparation (Begriff)

Präparation eines Zahnes oder Zahnstumpfes unter Bildung einer zirkulären ausgekehlten (abgerundeten) Randgestaltung (Stufenpräparation, Tangentialpräparation)

Honorare

Honorare von Ärztinnen und Ärzten, Zahnärztinnen und Zahnärzten etc. müssen sich nach den jeweiligen amtlichen Gebührenordnungen (siehe Anhang, Nr. 7, S. 568 ff. und Nr. 8, S. 577 ff.) richten. Eine gesonderte Honorarvereinbarung ist zu vermeiden, da eine solche regelmäßig von den Beihilfestellen nicht anerkannt wird.

Honorarvereinbarung

Eine Honorarvereinbarung allein reicht als Begründung für einen höheren Gebührensatz des behandelnden Arztes nicht aus; sie kann von den Beihilfestellen nicht berücksichtigt werden.

Hospiz/Kinderhospiz

Aufwendungen für eine stationäre oder teilstationäre Versorgung in einem Hospiz/Kinderhospiz, in dem eine palliativ-medizinische Behandlung erbracht wird, sind für die ersten neun/achtzehn Monate der Versorgung grundsätzlich nach § 4 Abs. 1 Nr. 2 Buchstaben a und b BVO (abgedruckt im Anhang, Nr. 1 a, S. 367 ff.) beihilfefähig. Die Abzugsbeträge nach § 4 Abs. 1 Nr. 2 Buchstabe b BVO bleiben unberücksichtigt. Nach Ablauf von neun Monaten (Kinderhospiz 18 Monaten) gilt § 5 ff. BVO (vgl. Nr. 4.1.2.3 VVzBVO, abgedruckt im Anhang, Nr. 2, S. 423 ff.).

HPV-Impfung

Aufwendungen für Impfungen gegen humane Papillomviren (HPV) sind für Mädchen/Jugendliche von 12 bis 17 Jahren beihilfefähig.

Die STIKO empfiehlt zur Reduktion der Krankheitslast durch den Gebärmutterhalskrebs die Impfung gegen humane Papillomviren (Typen 16,18) für alle Mädchen im Alter von 12 bis 17 Jahren. Die genaue Dauer der Immunität nach Verabreichung aller Impfstoffdosen ist derzeit noch nicht bekannt. Es konnten stabile Antikörper nach drei Dosen der Impfung für etwa fünf Jahre nachgewiesen werden. Die Frage der Notwendigkeit einer Wiederholungsimpfung kann derzeit noch nicht beantwortet werden. Über die epidemiologische Wirksamkeit der Immunisierung von Jungen und Männern zur Verhinderung der Infektion liegen keine ausreichenden Daten vor.

Da die Impfung auch bei Frauen nach Vollendung des 17. Lebensjahres unter bestimmten Voraussetzungen sinnvoll sein kann, zahlen die Beihilfestellen i. d. R. auch bei diesem Personenkreis neuerdings eine Beihilfe, wenn durch eine ärztliche Bescheinigung nachgewiesen werden kann, dass die Patientin noch nicht Träger von Papillomviren der Typen HPV 16 oder 18 ist und somit durch die Impfung noch ein ausreichender Schutz zu erwarten ist.

Die Aufwendungen für die HPV-Testung sind auch beihilfefähig, wenn festgestellt wird, dass bereits eine Vorinfektion vorliegt und daher die Impfkosten nicht als beihilfefähig anerkannt werden können.

Hyalart

Es handelt sich um ein verschreibungspflichtiges Arzneimittel mit Hyaluronsäure. Die Aufwendungen sind beihilfefähig. Siehe auch unter *„Suplasyn"*.

Hylo-Gel

Es handelt sich um ein grundsätzlich nicht beihilfefähiges Medizinprodukt. Die Aufwendungen sind ausnahmsweise beihilfefähig bei Verwendung als synthetische Tränenflüssigkeit bei Autoimmun-Erkrankungen (Sjögren-Syndrom mit deutlichen Funktionsstörungen [trockenes Auge Grad 2], Epidermolysis bulosa, okuläres Pemphigoid), Fehlen oder Schädigung der Tränendrüse, Fazialisparese oder bei Lagophthalmus; vgl. Anlage V AMR, abgedruckt im Anhang, Nr. 6, S. 556 ff.

Humangenetische Beratung und Untersuchung

Aufwendungen für eine humangenetische Beratung sind beihilfefähig, wenn ein Verdacht auf das Vorhandensein von Risikofaktoren für das neugeborene Kind besteht, z. B. bei älteren Personen, bei einer möglicherweise genetisch bedingten Krankheit in der Familie, nach der Geburt eines behinderten Kindes oder nach wiederholten gynäkologisch nicht erklärbaren Aborten oder totgeborenen Kindern.

Hydrotherapie

Siehe unter *„Packungen"*.

Hyperbare Sauerstofftherapie – HBO – (Überdruckbehandlung)

Die Aufwendungen für eine Hyperbare Sauerstoffbehandlung sind nur beihilfefähig bei der Behandlung von Kohlenmonoxydvergiftung, Gasgangrän, chronischen Knocheninfektionen, Septikämien, schweren Verbrennungen, Gasembolien, peripherer Ischämie oder bei mit Perzeptionsstörungen des Innenohrs verbundenen Tinnitusleiden. Die Anzahl der Behandlungen ist z. B. bei Tinnitusleiden – u. a. auch durch Anwenderempfehlungen – beihilferechtlich auf 10 bis 15 beschränkt.

Hyperkinetisches Syndrom (ADS/ADHS) (Begriff)

Die Abkürzungen ADS/ADHS stehen für Aufmerksamkeits-Defizit- (und Hyperaktivitäts-)Störung. Nach derzeitiger wissenschaftlicher Auffassung ist ADS/ ADHS das Resultat einer fehlerhaften Informationsverarbeitung zwischen einzelnen Hirnabschnitten. Eine wesentliche Rolle spielt dabei der Nervenbotenstoff „Dopamin".

Die Störung bezieht sich keineswegs nur auf das Kindesalter. Das Erscheinungsbild ist sehr vielgestaltig; es reicht vom bekannten „Zappelphilipp" über bravträumerische Mädchen („Traumsuse"), depressiv orientierungslose Jugendliche bis hin zum hochbrillanten zerstreuten Professor.

Je nach Krankheitsbild wird die ADHS auch in verschiedene Typen unterteilt: in den vorwiegend hyperaktiv-impulsiven Typ, den vorwiegend unaufmerksamen Typ und den kombinierten Typ.

Hyperphosphatämie (Begriff)

Eine Hyperphosphatämie ist eine Erhöhung des Phosphatspiegels im Blut. Sie zeigt selbst kein spezifisches klinisches Bild, sondern beruht in der Regel auf schweren Grunderkrankungen. Unbehandelt trägt sie zu Komplikationen wie renale Osteodystrophie.

Hyperplasie (Begriff)

Wucherung, Vergrößerung von Gewebsbestandteilen

Hypoparathyreoidismus (Begriff)

Hypoparathyreoidismus ist eine durch die Unterfunktion der Nebenschilddrüsen verursachte Erkrankung, bei der eine mangelnde Parathormon-Ausschüttung zu Kalziummangel führt.

I

ICD (Begriff)

Die internationale Klassifikation von Krankheiten (ICD, für engl. International Classification of Diseases) ist nach ihrer 10. Revision als ICD-10 im Jahr 2000 verbindlicher Diagnoseschlüssel für die stationäre Versorgung.

Ichthyosen (Begriff)

Ichthyosen ist ein Sammelbegriff für Verhornungsstörungen der Haut, die meist durch Gendefekte verursacht werden. Ichthyosen sind nicht ansteckend. Sie können sehr unterschiedlich ausgeprägt sein und lassen sich mit intensiver Pflege zwar bessern, sind aber nicht heilbar.

Iloprost zur Inhalation

Es handelt sich um ein besonderes Arzneimittel nach der Anlage XI der AMR (www.g-ba.de). Die Aufwendungen sind nur beihilfefähig, wenn eine Abstimmung zwischen dem behandelndem Arzt und einem Arzt für besondere Arzneimitteltherapie erfolgt ist. Das Verfahren zur Einholung der Zweitmeinung sollte von dem behandelnden Arzt in Anlehnung an die Feststellungen im Abschnitt N der AMR erfolgen; der Nachweis ist der Beihilfestelle vorzulegen (vgl. Nr. 4.1.7.10.2.2 der VVzBVO, abgedruckt im Anhang, Nr. 2, S. 423 ff.).

Impfungen

Siehe unter *„Schutzimpfungen"*.

Implantat

Siehe unter *„Zahnimplantat"*.

Implantation (Begriff)

Einsetzen einer künstlichen Zahnwurzel

Implantation von Haftschalen

Siehe unter *„Kontaktlinsen"*.

Impulsvibrator

Aufwendungen für einen ärztlich verordneten Impulsvibrator sind grundsätzlich beihilfefähig; einer vorherigen Anerkennung durch die Beihilfestelle bedarf es nicht, wenn die Anschaffungskosten 1.000 Euro nicht übersteigen.

Indikation (Begriff)

Zwingender Grund zur Anwendung einer bestimmten Therapie in einem bestimmten Krankheitsfall.

Influenza A/H1N1 (sog. Schweinegrippe)

Zur neuen Grippe hat das Bundesministerium für Gesundheit gemeinsam mit dem Robert Koch-Institut, der Bundeszentrale für gesundheitliche Aufklärung und dem Paul-Ehrlich-Institut eine neue Internetseite eingerichtet. Unter www.neuegrippe.bund.de finden Bürger und Fachleute wichtige Informationen zur neuen Grippe: Ansteckung, Symptome und Verhaltensempfehlungen.

Infusionspumpe

Aufwendungen für eine ärztlich verordnete Infusionspumpe ist nach § 4 Abs. 1 Nr. 10 Satz 10 BVO (abgedruckt im Anhang, Nr. 1 a, S. 367 ff.) beihilfefähig; einer vorherigen Anerkennung durch die Beihilfestelle bedarf es nicht.

Inhalationen

Die Aufwendungen sind, soweit die Inhalationen ärztlich verordnet und von einem anerkannten Angehörigen der *„Gesundheits- oder Medizinalfachberufe"* durchgeführt wird, im Rahmen bestimmter Höchstbeträge beihilfefähig; hierzu siehe unter *„Inhalationstherapie"*. Eine Mengenbegrenzung, wie im Bereich der Gesetzlichen Krankenversicherung üblich, sieht das Beihilferecht derzeit nicht vor.

Führt der behandelnde Arzt die Behandlung selber in seiner Praxis durch, sind die Aufwendungen im Rahmen der GOÄ (abgedruckt im Anhang, Nr. 7, S. 568 ff.) beihilfefähig.

Inhalationstherapie

Die Aufwendungen für Behandlungen, die von Angehörigen der Gesundheits- und Medizinalfachberufe erbracht werden, sind bis zu folgenden Höchstbeträgen beihilfefähig:

	Beihilfefähiger Höchstbetrag
– Inhalationstherapie – auch mittels Ultraschallvernebelung – als Einzelinhalation	6,70 Euro
– Inhalationstherapie – auch mittels Ultraschallvernebelung – als Rauminhalation in einer Gruppe, je Teilnehmer	3,60 Euro
– Inhalationstherapie – auch mittels Ultraschallvernebelung – als Rauminhalation in einer Gruppe, jedoch bei Anwendung ortsgebundener Heilwässer, je Teilnehmer	5,70 Euro
– Radon-Inhalation im Stollen	11,30 Euro
– Radon-Inhalation mittels Hauben	13,80 Euro

(Vgl. Nummern 1 bis 3 sowie die Fußnote 1 des Leistungsverzeichnisses für ärztlich verordnete Heilbehandlungen nach § 4 Abs. 1 Nr. 9 BVO und Anlage 2 VVzBVO, abgedruckt im Anhang, Nr. 2, S. 423 ff.).

Injektionsspritzen und -nadeln

Aufwendungen für ärztlich verordnete Injektionsspritzen und -nadeln sind grundsätzlich beihilfefähig; einer vorherigen Anerkennung durch die Beihilfestelle bedarf es nicht.

Initialkaries (Begriff)

Oberflächenkaries; beginnende Karies, die sich als kreidige Verfärbung des Zahnes darstellt.

Inlay

Einlagefüllung; meistens Goldguss, aber auch Porzellan- oder Kunststofffüllung, die i. d. R. im Labor nach einem Abdruck hergestellt und in eine präparierte Zahnkavität fest einzementiert wird.

Aufwendungen für Inlays sind ohne Eigenanteil beihilfefähig.

Insektenabschreckmittel

Die Aufwendungen für Insektenabschreckmittel jeglicher Art sind **nicht** beihilfefähig.

Isotonische Kochsalzlösung zur Inhalation (Eifelfango)

Es handelt sich um ein grundsätzlich nicht beihilfefähiges Medizinprodukt. Die Aufwendungen sind ausnahmsweise beihilfefähig, wenn das Präparat als Trägerlösung bei der Verwendung von Inhalaten in Verneblern oder Aerosolgeräten eingesetzt wird. Dies gilt nur für die Fälle, in denen der Zusatz als Trägerlösung in der Fachinformation des arzneistoffhaltigen Inhalats zwingend vorgesehen ist; vgl. Anlage V AMR, abgedruckt im Anhang, Nr. 6, S. 556 ff.

Insulin-Dosiergeräte

Insulin-Dosiergeräte dienen der programmierbaren Insulindosierung bei Diabetikern. Das Gerät führt dem Erkrankten anstelle einer täglich zwei- oder dreimaligen Injektion das notwendige Insulin kontinuierlich (steuerbar) zu. Die Aufwendungen für ärztlich verordnete Geräte sind grundsätzlich beihilfefähig. Dies gilt entsprechend für die Aufwendungen von *„Insulinpumpen"*.

Insulinteststreifen (Blutzuckerteststreifen)

Die Aufwendungen sind bis zu einem Höchstbetrag von 0,70 Euro je Teststreifen beihilfefähig.

Interdentalraum (Begriff)

Raum zwischen zwei Zähnen.

Interimszahnersatz (Begriff)

Temporärer, auch für eine längere Zeit bestimmter Zahnersatz als Zwischenlösung, z. B. während oder nach umfangreicher parodontalchirurgischer Behandlung, wenn definitiver Zahnersatz aus fachlichen Gründen noch nicht eingegliedert werden kann.

Invisalign-System

Eine kieferorthopädische Behandlung nach dem Invisalign-System (in erster Linie bei Kindern und Jugendlichen durchgeführt) ist wissenschaftlich anerkannt, aber grundsätzlich beihilferechtlich nicht notwendig. Die Aufwendungen können daher auch grundsätzlich nur in der Höhe als angemessen angesehen werden, die bei Anwendung herkömmlicher Behandlungsmethoden (Spange, Multiband, Aufbissschienen) entstanden wären.

Iod-Verbindungen

Aufwendungen für nicht verschreibungspflichtige Iod-Verbindungen sind bei Personen, die das 18. Lebensjahr vollendet haben (für Personen unter 18. Jahren gelten keine Einschränkungen) nur zur Behandlung von Ulcera und Dekubitalgeschwüren beihilfefähig (vgl. auch Anlage I AMR, abgedruckt im Anhang, Nr. 4, S. 549 ff.)

Iodide

Aufwendungen für nicht verschreibungspflichtige Iodide sind bei Personen, die das 18. Lebensjahr vollendet haben (für Personen unter 18. Jahren gelten keine

Einschränkungen), nur zur Behandlung von Schilddrüsenerkrankungen beihilfefähig (vgl. auch Anlage I AMR, abgedruckt im Anhang, Nr. 4, S. 549 ff.).

Ipos-Vorfußentlastungsschuh

Aufwendungen für einen ärztlich verordneten Ipos-Vorentlastungsschuh sind beihilfefähig; einer vorherigen Anerkennung durch die Beihilfestelle bedarf es nicht.

Ischia (Italien)

Der Ort ist beihilferechtlich als Kurort anerkannt (vgl. Teil 1 b der Anlage V VVzBVO, abgedruckt im Anhang, Nr. 2, S. 423 ff.).

J

Jacutin Pedicul Fluid

Es handelt sich um ein grundsätzlich nicht beihilfefähiges Medizinprodukt. Die Aufwendungen sind ausnahmsweise beihilfefähig bei Personen bis zum vollendeten 18. Lebensjahr zur physikalischen Behandlung des Kopfhaares bei Kopflausbefall (vgl. Anlage V AMR, abgedruckt im Anhang, Nr. 6, S. 556 ff.).

Johannisbad/Janske Lazne (Tschechien)

Der Ort ist beihilferechtlich als Kurort anerkannt (vgl. Teil 1 b der Anlage V VVzBVO, abgedruckt im Anhang, Nr. 2, S. 423 ff.).

K

Kälte- und Wärmebehandlung

Beihilfefähig sind die Aufwendungen für von Angehörigen der Gesundheits- und Medizinalfachberufe erbrachte Leistungen bis zu den nachfolgenden Höchstbeträgen für:

	Beihilfefähiger Höchstbetrag
– Eisanwendung, Kältebehandlung (z. B. Kompresse, Eisbeutel, direkte Abreibung)	9,80 Euro
– Eisanwendung, Kältebehandlung (z. B. Kaltgas, Kaltluft) großer Gelenke	6,70 Euro
– Eisteilbad	9,80 Euro
– Heißluftbehandlung[9)] oder Wärmeanwendung (Glühlicht, Strahler, – auch Infrarot –) eines oder mehrerer Körperteile	5,70 Euro

(Vgl. hierzu die Nummern 32 bis 34 und die Fußnote 9 des Leistungsverzeichnisses für ärztlich verordnete Heilbehandlungen nach § 4 Abs. 1 Nr. 9 BVO, und Anlage 2 VVzBVO, abgedruckt im Anhang, Nr. 2, S. 423 ff.)

Kaliumverbindungen

Aufwendungen für nicht verschreibungspflichtige Kaliumverbindungen (als Monopräparate) sind bei Personen, die das 18. Lebensjahr vollendet haben (für Personen unter 18 Jahren gelten keine Einschränkungen) nur zur Behandlung der Hypokaliaemie beihilfefähig (vgl. auch Anlage I AMR, abgedruckt im Anhang, Nr. 4, S. 549).

Karlsbad/Karlovy Vary (Tschechien)

Der Ort ist beihilferechtlich als Kurort anerkannt (vgl. Teil 1 b der Anlage 5 VVzBVO, abgedruckt im Anhang, Nr. 2, S. 423 ff.).

Karzinom (Begriff)

Karzinome sind Krebserkrankungen, die von Zellen im Deckgewebe von Haut oder Schleimhaut (Epithel) ausgehen. Genauer handelt es sich um ektodermale oder entodermale Neubildungen. Daraus ergibt sich eine weitere Differenzierung, je nach Art des entarteten Epithels. Die häufigsten Karzinome gehen vom Plattenepithel (Plattenepithelkarzinom oder squamöses Karzinom) und vom Drüsenepithel (Adenokarzinom) aus.

Karzinome machen ca. 80 v. H. aller bösartigen Tumore aus.

Karies (Begriff)

Zerstörung der Zahnhartsubstanz durch Mikro-Organismen; Zahnfäule

Katheter

Aufwendungen für ärztlich verordnete Katheter sind grundsätzlich beihilfefähig; einer vorherigen Anerkennung durch die Beihilfestelle bedarf es nicht.

Kavität (Begriff)

Durch Präparieren (Bohren, Fräsen) hergestellter Hohlraum in einem Zahn oder Knochen.

Kieferorthopädische Behandlungen

Die Regelung des § 4 Abs. 2 a BVO (abgedruckt im Anhang, Nr. 1 a, S. 367 ff.), dass Aufwendungen für kieferorthopädische Leistungen nur beihilfefähig sind, wenn die behandelte Person bei Behandlungsbeginn das 18. Lebensjahr noch nicht vollendet hat und dass diese Altersbegrenzung in Ausnahmefällen nicht gilt, ist der Vorschrift des § 28 Abs. 2 SGB V entnommen worden. Als Behandlungsbeginn gilt der Beginn der Therapie. Liegt der Behandlungsbeginn vor Vollendung des 18. Lebensjahres, so sind Unterbrechungszeiten der Behandlung bis 12 Monate beihilferechtlich ohne Bedeutung. Von der Altersbegrenzung nicht betroffen sind Personen mit schweren Kieferanomalien, die sowohl kieferorthopädische Behandlungsmaßnahmen als auch chirurgisch-operative Kieferkorrekturen erforderlich machen, um die bestehenden schwerwiegenden Kau- und Funktionsstörungen des stomatognathischen Systems zu beheben. Diese Personen können in aller Regel erst nach Abschluss des Körperwachstums, also erst nach Vollendung des achtzehnten Lebensjahres abschließend behandelt werden.

Schwere Kieferanomalien liegen vor bei:

– Angeborenen Missbildungen des Gesichts und des Kiefers

Hierzu zählen z. B. das Crouzon-Syndrom, Treacher-Collins-Syndrom, Goldenhar-Syndrom, Binder-Syndrom, Nager-Syndrom, die hemifaciale Mikrosomie, alle medialen, schrägen und queren Gesichtsspaltformen, alle Lippen-, Kiefer-, Gaumenspaltformen, alle Formen von craniomaxillofacialen Dysostosen, die durch angeborene Fehlbildungen oder Missbildungen verursacht sind.

– Skelettalen Dysgnathien

Skelettale Kieferfehlbildungen treten auch unabhängig von angeborenen Missbildungen auf. Schwere Formen dieser Dysgnathien erfordern chirurgische Korrekturmaßnahmen in Form von Kieferosteotomien gemeinsam mit kieferorthopädischen Behandlungsmaßnahmen, fußend auf einem einheitlichen kieferchirurgischen und kieferorthopädischen Therapiekonzept. Zu diesen skelettalen Dysgnathien zählen die Progenie, Mikrogenie, Laterognathie, alle Formen des skelettal offenen Bisses sowie des skelettal tiefen Bisses, ausgeprägte skelettal bedingte Diskrepanzen der Zahnbogenbreite oder Kieferbreite.

– Verletzungsbedingten Kieferfehlstellungen

Skelettale Fehlstellungen der Kiefer und des stomatognathen Systems, die durch Unfälle verursacht worden sind und die zur Behebung chirurgisch-operative Korrekturmaßnahmen gemeinsam mit kieferorthopädischen Behandlungsmaßnahmen erforderlich machen.

Kiesertraining

Aufwendungen für das normale Kiesertraining (nicht MedX-Therapie) sind dem Bereich der allgemeinen Lebensführung (Fitnesstraining) zuzurechnen und daher **nicht** beihilfefähig.

Kinder

Ein Beihilfeberechtigter kann für ein Kind nur dann eine Beihilfe erhalten, wenn das Kind bei ihm im Familienzuschlag nach dem Bundesbesoldungsgesetz berücksichtigt oder berücksichtigungsfähig ist.

Ob ein Kind im Familienzuschlag berücksichtigt ist, kann man anhand der den Bediensteten übersandten Mitteilung über die Höhe der Dienstbezüge oder Versorgungsbezüge ersehen.

Im Familienzuschlag berücksichtigungsfähig ist ein Kind,

- das zu einer Erhöhung des Familienzuschlages führen würde, falls der Bedienstete Anspruch auf einen solchen hätte (Beamtinnen erhalten während der Elternzeit z. B. keinen Familienzuschlag),
- das zu einer Erhöhung des Familienzuschlags führen würde, falls es nicht besoldungs- oder tarifrechtlich bei einer anderen Person berücksichtigt würde (z. B. bei dem auch im öffentlichen Dienst stehenden Ehegatten oder bei dem im öffentlichen Dienst stehenden geschiedenen Ehegatten).

Im Hinblick darauf, dass die Berücksichtigung eines Kindes im Familienzuschlag im Regelfall an das Kindergeld nach dem Einkommensteuergesetz anknüpft, kann allgemein festgestellt werden, dass die Gewährung von Beihilfen praktisch davon abhängt, ob das Kind zu den in § 63 i. V. m. § 32 des EStG bezeichneten grundsätzlich kindergeldberechtigenden Kindern gehört.

Beihilferechtlich sind darüber hinaus Kinder berücksichtigungsfähig, die nur wegen der ihnen zustehenden Einkünfte und Bezüge von mehr als 8.004 Euro (2010) im Kalenderjahr kindergeldrechtlich und damit auch besoldungsrechtlich außer Betracht bleiben. Es ist also beihilferechtlich unerheblich, dass bereits zu Beginn des Kalenderjahres feststeht, dass die Einkünfte und Bezüge der Kinder mehr als 8.004 Euro betragen werden.

Die Gewährung einer Beihilfe ist ausgeschlossen für ein Kind, das den Wehrdienst oder den Zivildienst ableistet, sowie für Kinder beihilfeberechtigter Waisen (s. u.).

Voraussetzung für die Gewährung einer Beihilfe zu den Aufwendungen eines Kindes ist im Übrigen, dass die Aufwendungen in einem Zeitraum entstanden sind, in dem das Kind im Familienzuschlag berücksichtigt oder berücksichtigungsfähig war.

Ein nicht selbst beihilfeberechtigtes Kind gilt auch dann als im Familienzuschlag berücksichtigungsfähig, wenn es wegen der Konkurrenzregelung des § 40 Abs. 5 BBesG nicht im Familienzuschlag erfasst ist. Dies gilt nicht, wenn ein Kind, das bei mehreren Beihilfeberechtigten berücksichtigungsfähig ist, nach Bundes- oder Beihilferecht anderer Länder nur bei einem Beihilfeberechtigten berücksichtigt wird, der den Familienzuschlag für das Kind nach § 40 BBesG erhält. Diese Sonderregelung basiert auf § 5 Abs. 4 der Bundesbeihilfenverordnung. Nach § 5 Abs. 4 Satz 3 BBhV sind allerdings Personen, die Anspruch auf truppenärztliche Versorgung haben oder heilfürsorgeberechtigt sind, von dieser Regelung ausgenommen.

Kinder i. S. von § 1 Abs. 1 Nr. 3 BVO (Waisen) sind die leiblichen und die als Kind angenommenen Kinder eines verstorbenen Beamten auf Lebenszeit, eines verstorbenen Beamten auf Probe, der an den Folgen einer Dienstbeschädigung (§ 49 Abs. 1 BBG) verstorben ist oder dem die Entscheidung nach § 49 Abs. 2 BBG zugestellt ist; vgl. § 23 BeamtVG.

Weiterhin berücksichtigungsfähig sind auch studierende Kinder i. S. d. § 2 Abs. 2 BVO, die von der durch das Steueränderungsgesetz 2007 vom 19. Juli 2006 (BGBl. I. S. 1652) vorgenommenen Kürzung des Bezugszeitraumes für Kindergeld und Familienzuschlag betroffen sind (d. h. Anspruchsende mit Vollendung des 25. Lebensjahres), soweit sie bereits bis zum Wintersemester 2006/2007 ein Studium an einer Hoch- oder Fachhochschule aufgenommen haben.

Ist ein Kind bei mehreren Beihilfeberechtigten im Familienzuschlag berücksichtigungsfähig oder ist bei verheirateten oder in einer eingetragenen Lebenspartnerschaft lebenden Kindern neben dem beihilfeberechtigten Elternteil der Ehegatte oder der eingetragene Lebenspartner des Kindes beihilfeberechtigt, so wird eine Beihilfe zu den Aufwendungen des Kindes nur einem von ihnen zu bestimmenden Berechtigten gezahlt; die Bestimmung kann nur in Ausnahmefällen neu getroffen werden.

Kleines Walsertal

Aufwendungen, die im Kleinen Walsertal (Österreich) entstehen, sind wie im Inland entstandene Aufwendungen zu behandeln, also grundsätzlich beihilfefähig (vgl. Nr. 10.2.2 VVzBVO, abgedruckt im Anhang, Nr. 2, S. 423 ff.).

Klistier Fresenius

Es handelt sich um ein grundsätzlich nicht beihilfefähiges Medizinprodukt. Die Aufwendungen sind ausnahmsweise beihilfefähig bei Patienten ab dem vollendeten 12. Lebensjahr zur Behandlung der Obstipation nur im Zusammenhang mit Tumorleiden, Megacolon (mit Ausnahme des kongenitalen Megacolons), Divertikulose, Mukoviszidose, neurogener Darmlähmung, vor diagnostischen Eingriffen, bei Opiat- sowie Opioidtherapie und in der Terminalphase.

Beihilfefähig für Kinder bis zum vollendeten 12. Lebensjahr (mit Ausnahme von Säuglingen und Kleinkindern) zur Behandlung der Obstipation, zur raschen und nachhaltigen Entleerung des Enddarms vor Operationen, zur Vorbereitung von urologischen, röntgenologischen und gynäkologischen Untersuchungen sowie vor Rektoskopien; vgl. auch Anlage V AMR, abgedruckt im Anhang, Nr. 6, S. 556 ff.

Kniekappen

Aufwendungen für ärztlich verordnete Kniekappen sind beihilfefähig; einer vorherigen Anerkennung durch die Beihilfestelle bedarf es nicht.

Knochenmarkspender

Die Aufwendungen im Zusammenhang mit der Suche eines geeigneten Knochenmarkspenders sind bis zu einem Betrag von 20.000 Euro beihilfefähig.

Knöchel- und Gelenkstützen

Aufwendungen für ärztlich verordnete Knöchel- und Gelenkstützen sind beihilfefähig; einer vorherigen Anerkennung durch die Beihilfestelle bedarf es nicht.

Körperbezogene Therapie

Aufwendungen für eine Körperbezogene Therapie sind **nicht** beihilfefähig (vgl. Nr. 1.1 e der Anlage 1 zu § 4 Abs. 1 Nr. 1 Satz 5 BVO (abgedruckt im Anhang, Nr. 1 a, S. 367 ff.).

Körpergewicht

Arzneimittel zur Regulierung des Körpergewichts sind nicht beihilfefähig (vgl. Nr. 8 b der Anlage 2 BVO, abgedruckt im Anhang, Nr. 1 a, S. 367 ff.).

Kolorektal (Begriff)

Dick- und Mastdarm betreffend

Kolostomiebeutel

Aufwendungen für ärztlich verordnete Kolostomiebeutel sind beihilfefähig; einer vorherigen Anerkennung durch die Beihilfestelle bedarf es nicht.

Komarom (Ungarn)

Der Ort ist beihilferechtlich als Kurort anerkannt (vgl. Teil 1 b der Anlage 5 VVzBVO, abgedruckt im Anhang, Nr. 2, S. 423 ff.).

Komplextherapien

Aufwendungen für Leistungen, die in Form von ambulanten, teil- oder vollstationären Komplextherapien erbracht und pauschal abgerechnet werden, sind in der Höhe beihilfefähig, die eine gesetzliche Krankenkasse mit dem Leistungsanbieter vereinbart hat. Voraussetzung für eine Beihilfefähigkeit der Aufwendungen ist, dass die Komplextherapie von einem berufsübergreifenden Team von Therapeuten erbracht wird, dem auch Ärzte, Psychologische Psychotherapeuten oder andere Angehörige von Gesundheits- und Medizinalfachberufen angehören müssen. Zu den Komplextherapien gehören u. a. Asthmatikerschulungen, ambulante Entwöhnungskuren, ambulante Tinnitustherapien (Pauschalabrechnung), ambulante Chemotherapie nach dem Braunschweiger Modell, ambulante kardiologische Therapien, Diabetikerschulungen sowie medizinische Leistungen zur Früherkennung und Frühförderung behinderter und von Behinderung bedrohter Kinder durch interdisziplinäre Frühförderstellen nach § 30 SGB IX. Nicht beihilfefähig sind Aufwendungen für sozialpädagogische und sozialpädiatrische Leistungen außerhalb von Komplextherapien (vgl. Nr. 4.1.9.4 VVzBVO, abgedruckt im Anhang, Nr. 2, S. 423 ff.).

Kompositfüllungen

Kompositfüllungen können grundsätzlich auch bei einer analogen Bewertung nach den Positionen 215–217 GOZ als beihilfefähig anerkannt werden. Dabei wird ein Steigerungssatz von höchstens 2,3 als angemessen angesehen. Ein Überschreiten des 2,3-fachen Gebührensatzes ist auch bei entsprechender Begründung des behandelnden Zahnarztes beihilferechtlich nicht zu berücksichtigen (vgl. Nr. 3.2.7 VVzBVO, abgedruckt im Anhang, Nr. 2, S. 423 ff.).

Kontaktlinsen

Aufwendungen für Kontaktlinsen (Haftschalen) für Augen (auch sog. weiche Kontaktlinsen) können als beihilfefähig anerkannt werden, wenn eine Korrektur des Sehfehlers durch eine Brille nicht oder nicht ausreichend erreicht werden kann. Kontaktlinsen sind beihilfefähig:

1. bei Weit- und Kurzsichtigkeit ab 8 Dioptrien,
2. bei irregulärem Astigmatismus (Verhinderung der Lichtstrahlenvereinigung durch Hornhautverkrümmung), Astigmatismus rectus und inversus ab 3 Dioptrien (keine gemeinschaftliche Brennpunktvereinigung der Strahlen), Astigmatismus obliquus ab 2 Dioptrien,
3. bei Keratokonus (Verbauchung der Hornhaut nach Entzündung),
4. bei Aphakie (Linsenlosigkeit, z. B. nach Verletzung oder Operation),
5. bei Aniseikonie (ungleiche Netzhautbildgröße bei gleicher oder wenig differenter Refraktion),
6. bei Anisometrophie ab 2 Dioptrien (ungleiche Brechkraft beider Augen),
7. als Verbandlinse bei schwerer Erkrankung der Hornhaut, bei durchbohrender Hornhautverletzung oder bei Einsatz als Medikamententräger,
8. als Okklusionslinse in der Schielbehandlung, sofern andere Maßnahmen nicht durchführbar sind,
9. als Irislinse bei Substanzverlust der Regenbogenhaut,
10. bei druckempfindlicher Operationsnarbe am Ohransatz oder an der Nasenwurzel.

Nicht beihilfefähig sind Mehrkosten für Haftschalen in farbiger Ausführung, die dazu verwendet werden, die körpereigene Farbe der Regenbogenhaut des Auges zu verändern oder zu verstärken.

Die Implantation von Haftschalen ist derzeit wissenschaftlich nicht anerkannt.

Da das Tragen von Kontaktlinsen aus medizinischen Gründen gelegentlich unterbrochen werden muss, sind daneben auch Kosten einer Brille zum Ersatz der Kontaktlinsen, bei Vorliegen einer Aphakie und bei über Vierzigjährigen zusätzlich die Kosten einer Nahbrille (Lesebrille) beihilfefähig. Werden Kontaktlinsen angeschafft, obwohl eine Brille ausreichend ist, sind die Kosten in Höhe der Aufwendungen einer fiktiven Brille beihilfefähig.

Kontrazeptionsmittel

Siehe unter *„Empfängnisregelnde Mittel"*.

Kontrollgerät für Herzschrittmacher

Die Aufwendungen sind (ärztliche Verordnung vorausgesetzt) beihilfefähig.

Konzentrative Bewegungstherapie

Aufwendungen für eine Konzentrative Bewegungstherapie sind **nicht** beihilfefähig (vgl. Nr. 1.1 f der Anlage 1 zu § 4 Abs. 1 Nr. 1 Satz 5 BVO, abgedruckt im Anhang, Nr. 1 a, S. 367 ff.).

Kopflausbefall

Siehe unter *„Jacutin Pedical Fluid"*.

Kopfschützer

Aufwendungen für einen ärztlich verordneten Kopfschutz sind grundsätzlich beihilfefähig; einer vorherigen Anerkennung durch die Beihilfestelle bedarf es nicht.

Koronarsportgruppen

Siehe unter *„Herzsportgruppen"*.

Kostenanteile nach dem Sozialgesetzbuch V (SGB V)

Kostenanteile für Krankenhausaufenthalte, Fahrkosten, Rehabilitationsaufenthalte etc., Rezept- o. ä. Gebühren sowie die Praxisgebühr sind nicht beihilfefähig. Es handelt sich dabei um:

§ 23 Abs. 6 SGB V: Medizinische Vorsorgeleistungen

§ 24 Abs. 3 SGB V: Medizinische Vorsorge für Mütter und Väter

§ 28 Abs. 4 SGB V: Ärztliche und zahnärztliche Behandlung

§ 31 Abs. 3 SGB V: Arznei- und Verbandmittel

§ 32 Abs. 2 SGB V: Heilmittel

§ 33 Abs. 2 SGB V: Hilfsmittel

§ 37 Abs. 5 SGB V: Häusliche Krankenpflege

§ 37 a Abs. 3 SGB V: Soziotherapie

§ 38 Abs. 5 SGB V: Haushaltshilfe

§ 39 Abs. 4 SGB V: Vollstationäre Krankenhausbehandlung

§ 40 Absätze 5 und 6 SGB V: Leistungen zur medizinischen Rehabilitation

§ 41 Abs. 3 SGB V: Medizinische Rehabilitation für Mütter und Väter

§ 60 Absätze 1 und 2 SGB V: Fahrkosten

§ 32 SGB VI: Zuzahlungen bei Leistungen zur medizinischen Rehabilitation und bei sonstigen Leistungen (durch Rentenversicherungsträger)

§ 40 Abs. 3 SGB XI: Pflegehilfsmittel und technische Hilfen (durch soziale Pflegeversicherung).

Hintergrund für den Beihilfeausschluss (§ 3 Abs. 3 BVO) ist die Tatsache, dass zur Kostendämpfung im Bereich der Sozialversicherung eingesetzte Maßnahmen nicht durch die Beihilfe (aus öffentlichen Mitteln) ausgeglichen werden sollen.

Kostendämpfungspauschale

A) Vorschriften

1. Text § 12 a BVO

Kostendämpfungspauschale

(1) Die nach Anwendung des § 12 Absatz 7 verbleibende Beihilfe wird je Kalenderjahr, in dem Aufwendungen entstanden sind (§ 3 Absatz 5 Satz 2), in den Besoldungsgruppen A 7 bis A 16, B 1 bis B 11, C 1 bis C 4, H 1 bis H 5, R 1 bis R 7 und W 1 bis W 3 um eine Kostendämpfungspauschale gekürzt. Sie beträgt für

Stufe	Besoldungsgruppe	Betrag
1	A 7 bis A 11	150 Euro
2	A 12 bis A 15, B 1, C 1, C 2, H 1 bis H 3, R 1, W 1, W 2	300 Euro
3	A 16, B 2, B 3, C 3, H 4, H 5, R 2, R 3, W 3	450 Euro
4	B 4 bis B 7, C 4, R 4 bis R 7	600 Euro
5	Höhere Besoldungsgruppen	750 Euro

soweit in der Besoldungsgruppe W 1 eine Zulage nach der Vorbemerkung Nummer 1 Absatz 3 zur Bundesbesoldungsordnung W und in den Besoldungsgruppen W 2 und W 3 neben dem Grundgehaltssatz ein monatlicher Leistungsbezug nach den §§ 12 und/oder 14 Landesbesoldungsgesetz bezogen wird, ergibt sich die Höhe der Kostendämpfungspauschale durch einen Vergleich des monatlichen Gesamtbezuges mit den jeweils niedrigsten Grundgehaltsstufen bzw. den Grundgehaltssätzen der Besoldungsgruppen A und B der Stufen 3 bis 5 nach Halbsatz 1.

(2) Die Beträge nach Absatz 1 werden bei Teilzeitbeschäftigung im gleichen Verhältnis wie die Arbeitszeit vermindert.

(3) Die Beträge nach Absatz 1 bemessen sich

1. bei Ruhestandsbeamten, Richtern im Ruhestand sowie früheren Beamten und Richtern (§ 1 Absatz 1 Nummer 2) nach dem Ruhegehaltssatz,
2. bei Witwern sowie hinterbliebenen Lebenspartnern (§ 1 Absatz 1 Nummer 3) nach 60 vom Hundert des Ruhegehaltssatzes;

dabei darf die Kostendämpfungspauschale in den Fällen der Nummer 1 70 vom Hundert und in den Fällen der Nummer 2 40 vom Hundert der Beträge nach Absatz 1 nicht übersteigen. Für die Zuteilung zu den Stufen nach Absatz 1 ist die Besoldungsgruppe maßgebend, nach der die Versorgungsbezüge berechnet sind; Zwischenbesoldungsgruppen werden der Besoldungsgruppe mit derselben Ordnungsziffer zugeordnet. Sätze 1 und 2 gelten entsprechend für Versorgungsempfänger, deren Versorgungsbezüge ein Grundgehalt (Gehalt) nach einer früheren Besoldungsgruppe, eine Grundvergütung oder ein Lohn zugrunde liegt sowie für Versorgungsempfänger, deren Versorgungsbezüge in festen Beträgen festgesetzt sind.

(4) Bei Waisen (§ 1 Absatz 1 Nummer 3), bei Beamten auf Widerruf im Vorbereitungsdienst sowie bei Beihilfeberechtigten, die in einer gesetzlichen Krankenkasse versichert sind, entfällt die Kostendämpfungspauschale.

(5) Die Kostendämpfungspauschale nach den Absätzen 1 bis 3 vermindert sich um 60 Euro für jedes berücksichtigungsfähige Kind oder jedes Kind, das nur deshalb nicht berücksichtigungsfähig ist, weil es selbst beihilfeberechtigt ist.

(6) Die Höhe der Kostendämpfungspauschale des laufenden Kalenderjahres richtet sich – unabhängig vom Entstehen der mit dem ersten Beihilfeantrag des Jahres geltend gemachten Aufwendungen – nach den zum Zeitpunkt der erstmaligen Antragstellung im laufenden Kalenderjahr maßgebenden Verhältnissen, dies gilt auch für die Kostendämpfungspauschale vergangener Jahre, soweit in diesen kein Beihilfeantrag gestellt wurde.

(7) Für Aufwendungen für Vorsorgeuntersuchungen (§ 3 Absatz 1 Nummer 2 und 3) oder Aufwendungen wegen dauernder Pflegebedürftigkeit (§ 5) entfällt die Kostendämpfungspauschale.

2. Text der Verwaltungsvorschriften zu § 12 a BVO

12 a **Zu § 12 a Kostendämpfungspauschale**

12 a **Absatz 1**

12 a.1.1 Bei der ersten Antragstellung im Kalenderjahr ist bei Angehörigen der Besoldungsgruppen W 1 bis W 3 mit Zulage oder Leistungsbezug das Monatsbrutto (Grundgehalt plus Leistungsbezug bzw. Zulage) des Antragsmonats der Vergleichsberechnung zu Grunde zu legen. Einmalzahlungen nach § 12 LBesG bleiben außer Ansatz.

12 a.1.2 Für die Ermittlung der Kostendämpfungspauschale der Besoldungsgruppen W 1 und W 2 ist in der Besoldungsgruppenstufe 3 das niedrigste Grundgehalt der Besoldungsgruppe A 16, in der Stufe 4 das der Besoldungsgruppe B 4 sowie in der Stufe 5 das Grundgehalt der Besoldungsgruppe B 8 maßgebend; dies gilt entsprechend für die Besoldungsgruppe W 3 für die Stufen 4 und 5.

12 a.1.3 Bei privat krankenversicherten Arbeitnehmern ist die jeweilige Vergütungsgruppe des Arbeitnehmers der entsprechenden Besoldungsgruppe eines Beamten nach dem Bundesbesoldungsgesetz zuzuordnen.

12 a.2 **Absatz 2** (bleibt frei)

12 a.3 **Absatz 3**

12 a.3.1 Bei Witwern, hinterbliebenen eingetragenen Lebenspartnern und in den Fällen der Gewährung von Beihilfen an Hinterbliebene und sonstige Personen in Todesfällen (§ 14 BVO) entfällt im Jahr des Todes des Beihilfeberechtigten – und soweit es sich um Aufwendungen des Verstorbenen handelt, auch in dem Folgejahr – die Kostendämpfungspauschale.

12 a.4 **Absatz 4**

12 a.4.1 Bei Personen mit Ansprüchen auf Leistungen der Krankheitsfürsorge nach § 71 Absatz 2 und § 76 Absatz 2 Satz 3 LBG sowie nach § 6 a Absatz 6 LRiG entfällt die Kostendämpfungspauschale; dies gilt nicht bei einer Teilzeitbeschäftigung.

12 a.5 **Absatz 5** (bleibt frei)

12 a.6 **Absatz 6**

12 a.6.1 Die Kostendämpfungspauschale ist auf volle 5 Euro abzurunden.

12 a.7 **Absatz 7** (bleibt frei)

B) Hinweise

1. Die Kostendämpfungspauschale ist durch das Gesetz zur Sicherung des Haushalts (Haushaltssicherungsgesetz) vom 17. Dezember 1998 (GV. NRW. S. 750) eingeführt, durch das Haushaltsgesetz 2003 vom 18. Dezember 2002 (GV. NRW. S. 660) erhöht und durch die Neunzehnte Verordnung zur Änderung der Beihilfenverordnung vom 12. Dezember 2003 (GV. NRW. S. 756), die Zwanzigste Verord-

nung zur Änderung der Beihilfenverordnung vom 14. Dezember 2004 (GV. NRW. S. 806), Artikel 1 des Lebenspartnerschaftsanpassungsgesetzes vom 3. Mai 2005 (GV. NRW. S. 498) sowie die Einundzwanzigste Verordnung zur Änderung der Beihilfenverordnung vom 22. November 2006 (GV. NRW. S. 596) erneut geändert und durch die Neufassung der BVO zum 1. April 2009 bestätigt worden.

Hintergrund der Kostendämpfungspauschale ist die Einsparung von Haushaltsmitteln. Es sollen ähnliche Einsparungen erzielt werden, wie sie auch im Bereich der gesetzlichen Krankenversicherung als unumgänglich angesehen werden. Da die gesetzlich versicherten Beihilfeberechtigten nach den Vorschriften des SGB V bereits mit erheblichen Eigenanteilen belastet werden (z. B. bei Medikamenten oder Krankenhausaufenthalten durch Zuzahlungen), wurde dieser Personenkreis von der Kostendämpfungspauschale ausgenommen. Die Kostendämpfungspauschale bezieht sich daher ausschließlich auf privat versicherte und nicht versicherte Beihilfeberechtigte und deren berücksichtigungsfähige Angehörige. Für die Kostendämpfungspauschale ist der Status des Beihilfeberechtigten maßgebend. Sie gilt also auch dann, wenn ein berücksichtigungsfähiger Angehöriger eines privat versicherten Beihilfeberechtigten gesetzlich versichert ist und nur für ihn Aufwendungen geltend gemacht werden. Bei gesetzlich versicherten Beihilfeberechtigten entfällt eine Kostendämpfungspauschale, auch wenn nur Aufwendungen eines privat Versicherten berücksichtigungsfähigen Angehörigen geltend gemacht werden.

2. Höhe der Kostendämpfungspauschale für Beamte und Tarifbeschäftigte

Die Kostendämpfungspauschale erstreckt sich auf die in einem Kalenderjahr entstandenen beihilfefähigen Aufwendungen. Wegen des Entstehens der Aufwendungen wird auf § 3 Abs. 5 Satz 2 BVO hingewiesen. Wegen des Abstellens auf den Entstehungszeitpunkt der Aufwendungen spielt der Zeitpunkt, in dem ein Beihilfeantrag gestellt wird, keine Rolle. Wird also bei einem im Jahre 2009 gestellten Beihilfeantrag die Kostendämpfungspauschale wegen zu geringer beihilfefähiger Aufwendungen nicht ausgeschöpft, so ist der nicht ausgeschöpfte Betrag im Jahre 2010 zu berücksichtigen, soweit in diesem Jahr Aufwendungen geltend gemacht werden, die noch im Jahre 2009 entstanden sind. Hierzu ist für diese im Jahr 2009 entstandenen Aufwendungen eine gesonderte Beihilfenberechnung vorzunehmen.

Die Kostendämpfungspauschale erstreckt sich auf die Beihilfe, die sich nach § 12 BVO, d. h. nach Anwendung des § 12 Abs. 7 BVO ergibt. Da nach § 12 Abs. 7 BVO der Zuschuss zur Säuglings- und Kleinkinderausstattung (§ 9 Abs. 1 Satz 2 BVO) unberücksichtigt bleibt, kann hierauf keine Kostendämpfungspauschale angerechnet werden. Auch eine auf Vorsorgeuntersuchungen (§ 3 Abs. 1 Nr. 2 und 3 BVO) und auf Aufwendungen bei dauernder Pflegebedürftigkeit (§§ 5, 5 a bis d BVO) entfallende Beihilfe ist vor Anrechnung der Kostendämpfungspauschale auszusondern, d. h., hierauf erfolgt keine Anrechnung.

Das Bundesverwaltungsgericht hat in mehreren Entscheidungen, zuletzt durch die Urteile vom 25. März 2010 – BVerwG 2 C 47.08 (u. a.) – und vom 27. Mai 2010 – BVerwG 2 C 50.08 – festgestellt, dass die Regelungen des § 12 a BVO wirksam zustande gekommen sind und nicht gegen höherrangiges Recht verstoßen. Das Bundesverfassungsgericht hat mit Beschluss vom 8. Juni 2009 – 2 BvR 1141/08 – eine Verfassungsbeschwerde nicht zur Entscheidung angenommen und damit seine bisherige Rechtsprechung bestätigt.

Im Übrigen siehe unter *„Belastungsgrenze"*.

Kraftknoten für Krankenfahrstuhl

Ein Kraftknoten zur Befestigung eines Rollstuhls in einem Kraftfahrzeug gehört zum Zubehör des Rollstuhls. Die Kosten liegen i. d. R. zwischen 250 Euro und 590 Euro zuzüglich Montage und sind grundsätzlich beihilfefähig.

Krankenfahrstuhl

Aufwendungen für einen ärztlich verordneten Krankenfahrstuhl sind beihilfefähig, wenn mithilfe von Körperersatzstücken, orthopädischen und anderen Hilfsmitteln eine den Bedürfnissen des Erkrankten entsprechende Gehfähigkeit nicht erzielt werden kann. In der Regel sind nur Aufwendungen für handbetriebene Krankenfahrstühle beihilfefähig. Aufwendungen zur Beschaffung von Motorfahrzeugen oder elektrisch betriebenen Fahrzeugen (einschließlich Elektromobil, sofern das Produkt im Hilfsmittelverzeichnis der gesetzlichen Krankenversicherung aufgeführt ist, sowie Ladegerät) können berücksichtigt werden, sofern der Erkrankte aus zwingenden Gründen ein handbetriebenes Fahrzeug nicht benutzen kann. Ein zwingender Grund liegt z. B. vor, wenn der Erkrankte in gebirgiger Gegend wohnt oder wegen eines Herzleidens oder wegen Lähmungen in den Armen oder Händen die Bedienung eines handbetriebenen Fahrzeugs nicht möglich ist. Nach Lage des Einzelfalls kann auch für Aufwendungen eines zweiten Krankenfahrstuhls zur Bewegung in den Wohnräumen oder in den Räumen einer Sonderschule, sofern der Krankenfahrstuhl nicht jeden Tag dorthin transportiert werden kann, eine Beihilfe gewährt werden. Beihilfefähig sind auch die Aufwendungen für einen woll- oder pelzgefütterten Fußsack (sog. Schlupfsack), ein Sitzkissen, eine Kopf- und Nackenstütze, einen Sicherheitsgurt sowie eine Rollstuhlverladehilfe für eine Beförderung des Rollstuhls in einem Kraftfahrzeug.

Krankengymnastik, Bewegungsübungen

Die Aufwendungen sind für Behandlungen, die von Angehörigen der Gesundheits- und Medizinalfachberufe erbracht werden, bis zu den nachfolgenden Höchstbeträgen beihilfefähig:

– Krankengymnastische Behandlung [2)] (auch auf neurophysiologischer Grundlage, Atemtherapie) als Einzelbehandlung	19,50 Euro

– Krankengymnastische Behandlung [2)3)] auf neurophysiologischer Grundlage bei nach Abschluss der Hirnreife erworbenen zentralen Bewegungsstörungen als Einzelbehandlung, Mindestbehandlungsdauer 30 Minuten	23,10 Euro
– Krankengymnastische Behandlung [2)5)] auf neurophysiologischer Grundlage bei angeborenen oder bis zur Vollendung des 14. Lebensjahres erworbenen zentralen Bewegungsstörungen als Einzelbehandlung, Mindestbehandlungsdauer 45 Minuten	34,30 Euro
– Krankengymnastik in einer Gruppe (2–8 Pers.) – auch orthopädisches Turnen –, je Teilnehmer	6,20 Euro
– Krankengymnastik in einer Gruppe [4)] bei zerebralen Dysfunktionen (2–4 Pers.), Mindestbehandlungsdauer 45 Minuten, je Teilnehmer	10,80 Euro
a) Krankengymnastik (Atemtherapie) bei Behandlung von Mukoviszidose als Einzelbehandlung, Mindestbehandlungsdauer 45 Minuten	34,30 Euro
b) Krankengymnastik (Atemtherapie) in einer Gruppe (2–5 Pers.) bei Behandlung schwerer Bronchialerkrankungen, Mindestbehandlungsdauer 45 Minuten, je Teilnehmer	10,80 Euro
Bewegungsübungen [2)]	7,70 Euro
a) Krankengymnastische Behandlung/Bewegungsübungen im Bewegungsbad als Einzelbehandlung – einschließlich der erforderlichen Nachruhe –	23,60 Euro
b) Krankengymnastik/Bewegungsübungen in einer Gruppe im Bewegungsbad (bis 5 Pers.), je Teilnehmer – einschließlich der erforderlichen Nachruhe –	11,80 Euro
– Manuelle Therapie zur Behandlung von Gelenkblockierungen [6)], Mindestbehandlungsdauer 30 Minuten	22,50 Euro
– Chirogymnastik [7)] – einschließlich der erforderlichen Nachruhe –	14,40 Euro
– Erweiterte ambulante Physiotherapie [10)11)], Mindestbehandlungsdauer 120 Minuten, je Behandlungstag soweit die Voraussetzungen des Abschnitts 2 vorliegen	81,90 Euro
– Gerätegestützte Krankengymnastik (einschließlich MAT oder MTT) [12)] je Sitzung für eine parallele Einzelbehandlung (bis zu 3 Personen, Mindestbehandlungsdauer 60 Minuten)	35,00 Euro

– Extensionsbehandlung (z. B. Glissonschlinge) 5,20 Euro
– Extensionsbehandlung mit größeren Apparaten (z. B. Schrägbrett, Extensionstisch, Perl'sches Gerät, Schlingentisch). 6,70 Euro

(vgl. die Nummern 4 bis 17 und die Fußnoten 2 bis 7 und 10 bis 12 des Leistungsverzeichnisses für ärztlich verordnete Heilbehandlungen nach § 4 Abs. 1 Nr. 9 BVO und Anlage 2 VVzBVO, abgedruckt im Anhang, Nr. 2, S. 423 ff.).

Krankenhaus-/Klinikbehandlung

Der stationäre Aufenthalt und die Behandlung in einem Krankenhaus/einer Klinik können grundsätzlich nach § 4 Abs. 2 BVO (abgedruckt im Anhang, Nr. XXX) beihilferechtlich berücksichtigt werden. Hinsichtlich der weiteren Regelungen siehe unter *„Krankheitsfälle"*.

Krankenstöcke

Die Aufwendungen für Krankenstöcke sind beihilfefähig.

Krankenunterlagen

Aufwendungen für Krankenunterlagen sind grundsätzlich dem Bereich der privaten Lebensführung zuzurechnen und daher **nicht** beihilfefähig. Sie sind ausnahmsweise beihilfefähig, wenn sie in direktem Zusammenhang mit der Behandlung einer Krankheit erforderlich sind (z. B. Blasen- oder Darminkontinenz im Rahmen einer Decubitusbehandlung oder bei Dermititiden).

Siehe auch unter *„Rettungsfahrten"*.

Krankenwagen

Kosten für die Benutzung eines Krankenwagens sind nur beihilfefähig, wenn ärztlicherseits bescheinigt wird, dass wegen des Gesundheitszustandes der erkrankten Person ein öffentlich verkehrendes Beförderungsmittel (z. B. Bus, Straßenbahn, ggf. auch Taxi) nicht benutzt werden konnte. Siehe auch unter *„Rettungsfahrten"*.

Krankheiten

Krankheiten oder Behinderungen sind

– Verluste, Lähmungen oder andere Funktionsstörungen am Stütz- und Bewegungsapparat,
– Funktionsstörungen der inneren Organe oder der Sinnesorgane,
– Störungen des zentralen Nervensystems wie Antriebs-, Gedächtnis- oder Orientierungsstörungen sowie endogene Psychosen, Neurosen oder geistige Behinderungen.

Krankheitsfälle

A) Vorschriften

1. Text § 4 BVO

Beihilfefähige Aufwendungen in Krankheitsfällen

(1) Die beihilfefähigen Aufwendungen umfassen die Kosten für:

1. Untersuchung, Beratung und Verrichtung sowie Begutachtung bei Durchführung dieser Vorschriften durch einen Arzt, Zahnarzt, Heilpraktiker, Psychologischen Psychotherapeuten oder Kinder- und Jugendlichenpsychotherapeuten; Satz 5 bleibt unberührt. Aufwendungen für eine wissenschaftlich nicht anerkannte Heilbehandlung sind von der Beihilfefähigkeit ausgeschlossen. Sind wissenschaftlich anerkannte Heilbehandlungen ohne Erfolg angewendet worden, so können aufgrund des Gutachtens eines Amts- oder Vertrauensarztes (-zahnarztes) auch Aufwendungen für wissenschaftlich noch nicht anerkannte Heilbehandlungen vom Finanzministerium für beihilfefähig erklärt werden. Das Finanzministerium kann allgemein bestimmen, zu welchen und unter welchen Voraussetzungen zu noch nicht wissenschaftlich anerkannten Heilbehandlungen Beihilfen gewährt werden können; Satz 3 gilt insoweit nicht. Voraussetzung und Umfang der Beihilfefähigkeit von Aufwendungen für ambulant durchgeführte psychotherapeutische Leistungen und Maßnahmen der psychosomatischen Grundversorgung bestimmen sich nach §§ 4 a bis 4 d sowie der Anlage 1 zu dieser Verordnung. Aufwendungen für eine Soziotherapie sind beihilfefähig, wenn der Beihilfeberechtigte oder ein berücksichtigungsfähiger Angehöriger wegen einer schweren psychischen Erkrankung nicht in der Lage ist, ärztliche oder ärztlich verordnete Leistungen selbständig in Anspruch zu nehmen, und durch die Soziotherapie eine Krankenhausbehandlung vermieden oder verkürzt wird. Zahntechnische Leistungen nach § 9 der Gebührenordnung für Zahnärzte vom 22. Oktober 1987 (BGBl. I S. 2316), zuletzt geändert durch Gesetz vom 4. Dezember 2001 (BGBl. I S. 3320), sind bei der Versorgung mit Zahnersatz, Zahnkronen und Suprakonstruktionen in Höhe von 60 vom Hundert beihilfefähig.

2. Stationäre Behandlungen in Krankenhäusern, deren Leistungen nach dem Krankenhausentgeltgesetz (KHEntG) vom 23. April 2002 (BGBl. I S. 1412, 1422), zuletzt geändert durch Gesetz vom 17. März 2009 (BGBI. S. 534) oder der Bundespflegesatzverordnung (BPflV) vom 26. September 1994 (BGBl. I S. 2750), zuletzt geändert durch Gesetz vom 17. März 2009 (BGBl. I S. 534) vergütet werden. Beihilfefähig sind

   a) allgemeine Krankenhausleistungen (§ 2 Absatz 2 KHEntG, § 2 Absatz 2 BPflV),

b) gesondert berechnete Unterkunft (ohne Einbettzimmer) und/oder Verpflegung abzüglich 15 Euro täglich und gesondert berechnete ärztliche Leistungen (§ 17 KHEntG, § 22 BPflV) abzüglich 10 Euro täglich für insgesamt höchstens 30 Tage im Kalenderjahr,

c) vorstationäre und nachstationäre Krankenhausbehandlungen nach § 115 a Fünftes Buch Sozialgesetzbuch (SGB V),

sofern nicht §§ 5 c, 6 oder 6 a anzuwenden sind.

Aufwendungen für Behandlungen in Krankenhäusern, die nicht nach § 108 SGB V zugelassen sind, sind nur insoweit als angemessen (§ 3 Absatz 1 Satz 1) anzuerkennen, als sie den Kosten (Behandlungs-, Unterkunfts- und Verpflegungskosten) entsprechen, die die dem Behandlungsort nächstgelegene Klinik der Maximalversorgung (Universitätsklinik nach § 108 SGB V) für eine medizinisch gleichwertige Behandlung abzüglich eines Betrages von 25 Euro täglich für höchstens 30 Tage im Kalenderjahr berechnen würde.

3. Unterkunft bei notwendigen auswärtigen ambulanten ärztlichen Behandlungen außerhalb einer Maßnahme nach § 7 bis zum Höchstbetrag von je 30 Euro täglich für den Erkrankten und eine notwendige Begleitperson.

4. Erste Hilfe.

5. Eine notwendige Berufspflegekraft, solange der Erkrankte nach dem Gutachten eines von der Festsetzungsstelle bezeichneten Arztes vorübergehend der häuslichen Krankenpflege (Grundpflege und hauswirtschaftliche Versorgung) bedarf; die Grundpflege muss überwiegen. Die Kosten einer Ersatzpflegekraft können unter derselben Voraussetzung anerkannt werden. Bei einer Pflege durch den Ehegatten, eingetragenen Lebenspartner, Kinder, Enkelkinder, Eltern, Großeltern, Geschwister, Verschwägerte ersten Grades sowie Schwager sind nur Beförderungskosten (Nummer 11) und Kosten für eine Unterbringung der Pflegekraft außerhalb der Wohnung beihilfefähig. Außerdem kann eine für die Pflege gewährte Vergütung bis zur Höhe eines ausgefallenen Arbeitseinkommens als beihilfefähig berücksichtigt werden, wenn wegen Ausübung der Pflege eine Erwerbstätigkeit aufgegeben worden ist, die mindestens den Umfang einer Halbtagsbeschäftigung hatte; für den Ehegatten, eingetragenen Lebenspartner und die Eltern eines Pflegebedürftigen ist eine für die Pflege gezahlte Vergütung nicht beihilfefähig. In den Fällen des Satzes 2 bis 4 sind höchstens die Kosten für eine Berufspflegekraft beihilfefähig. Aufwendungen für im Haushalt des Beihilfeberechtigten bereits tätige Personen sind nur insoweit beihilfefähig, als sie nachweislich über die bisher gezahlte Vergütung hinaus durch Mehrarbeit infolge Übernahme der Pflege entstanden sind.

6. Eine Familien- und Hauspflegekraft bis zum Betrag von 8 Euro je Stunde, höchstens jedoch 64 Euro täglich, wenn der den Haushalt führende berücksichtigungsfähige Familienangehörige oder der den Haushalt führende Beihilfeberechtigte wegen einer stationären Unterbringung (Nummer 2, §§ 5 c, 6, 6 a und 8) oder ambulanten Rehabilitationsmaßnahme (§ 7 Absatz 4) den Haushalt nicht weiterführen kann. Voraussetzung ist, dass die haushaltsführende Person – ausgenommen sie ist allein erziehend – nicht oder nur geringfügig im Sinne des § 8 SGB IV erwerbstätig ist oder, soweit mehrere teilzeitbeschäftigte Personen den Haushalt führen, die Erwerbstätigkeit dieser Personen insgesamt nicht mehr als 120 v. H. der durchschnittlichen wöchentlichen Arbeitszeit einer Vollzeitstelle (40 Stunden/Woche) erreicht, im Haushalt mindestens eine beihilfeberechtigte oder berücksichtigungsfähige Person verbleibt, die pflegebedürftig ist oder das 15. Lebensjahr noch nicht vollendet hat, und keine andere im Haushalt lebende Person den Haushalt weiterführen kann. Dies gilt nach begründeter ärztlicher Bescheinigung auch für bis zu 14 Tage nach Ende der stationären Unterbringung, nach einer ambulanten Operation oder darüber hinaus, wenn dadurch ein stationärer Krankenhausaufenthalt (§ 4 Absatz 1 Nummer 2) vermieden wird (z. B. Liegeschwangerschaft) sowie bei Alleinerziehenden, wenn eine Hilfe zur Führung des Haushalts erforderlich ist. Nummer 5 Satz 3 bis 6 gilt entsprechend. Wird an Stelle der Beschäftigung einer Familien- und Hauspflegekraft ein Kind unter 15 Jahren oder eine in Satz 3 aufgeführte pflegebedürftige Person in einem Heim oder in einem fremden Haushalt untergebracht, so sind die Aufwendungen für Unterkunft und Verpflegung sowie notwendige Beförderungskosten – auch für eine Begleitperson – bis zu den sonst berücksichtigungsfähigen Aufwendungen für eine Familien- und Hauspflegekraft beihilfefähig. Die Aufwendungen für Unterkunft und Verpflegung aus Anlass einer Unterbringung bei den in Nummer 5 Satz 3 genannten Personen sind nicht beihilfefähig.

7. Die von Behandlern nach Nummer 1 bei ihren Verrichtungen verbrauchten oder nach Art und Umfang schriftlich verordneten zugelassenen Arzneimittel, Verbandmittel und dergleichen.

   Nicht beihilfefähig sind

   a) Aufwendungen für verschreibungspflichtige Arzneimittel, die nach den Richtlinien des Gemeinsamen Bundesausschusses gem. § 91 SGB V über die Verordnung von Arzneimitteln in der vertragsärztlichen Versorgung (Arzneimittel-Richtlinien – AMR) von der Verordnung ausgeschlossen sind,

   b) Arzneimittel, die nicht verschreibungspflichtig sind.

   Satz 2 gilt nicht für Personen bis zum vollendeten 18. Lebensjahr.

Das Finanzministerium kann abweichend von Satz 2 in medizinisch begründeten Einzelfällen sowie allgemein in Anlage 2 und ergänzend in den Verwaltungsvorschriften zu dieser Verordnung bestimmen, zu welchen Arzneimitteln (verschreibungspflichtigen und nicht verschreibungspflichtigen), die bei der Behandlung schwerwiegender Erkrankungen als Therapiestandard gelten oder die sich in der klinischen Erprobung befinden, Beihilfen gewährt werden können. Dies gilt auch für Arzneimittel der besonderen Therapierichtungen.

Das Finanzministerium kann weiterhin in Anlage 2 und ergänzend in den Verwaltungsvorschriften zu dieser Verordnung Arzneimittel von der Beihilfefähigkeit ausschließen, die ihrer Zweckbestimmung nach üblicherweise bei geringfügigen Gesundheitsstörungen verordnet werden, die für das Therapieziel oder zur Minderung von Risiken nicht erforderliche Bestandteile enthalten, deren Wirkungen wegen der Vielzahl der enthaltenen Wirkstoffe nicht mit ausreichender Sicherheit beurteilt werden können oder deren therapeutischer Nutzen nicht nachgewiesen ist. Nummer 1 Satz 3 und 4 gelten entsprechend.

8. Eine vom Arzt schriftlich angeordnete Entseuchung und die dabei verbrauchten Stoffe.

9. Eine vom Arzt schriftlich angeordnete Heilbehandlung und die dabei verbrauchten Stoffe; das Finanzministerium kann bestimmen, unter welchen Voraussetzungen und in welchem Umfang Heilbehandlungen beihilfefähig sind. Zur Heilbehandlung gehören auch ärztlich verordnete Bäder – ausgenommen Saunabäder und Aufenthalte in Mineral- oder Thermalbädern außerhalb einer Rehabilitations- oder Kurmaßnahme (§§ 6, 6 a und 7) –, Massagen, Bestrahlung, Krankengymnastik, Bewegungs-, Beschäftigungs- und Sprachtherapie. Die Heilbehandlung muss von einem Beschäftigungs- und Arbeitstherapeuten, Ergotherapeuten, Klinischen Linguisten, Krankengymnasten, Logopäden, Masseur, Masseur und medizinischen Bademeister, Physiotherapeuten oder Podologen durchgeführt werden. Ist die Durchführung einer Heilbehandlung in einen Unterricht zur Erfüllung der Schulpflicht eingebunden, sind die Aufwendungen für die Heilbehandlung bis zu 10,50 Euro täglich beihilfefähig; dies gilt entsprechend für Heilbehandlungen, mit denen zugleich berufsbildende oder allgemeinbildende Zwecke verfolgt werden. Bei Behandlungen in einer Einrichtung, die der Betreuung und der Behandlung von Kranken oder Behinderten dient, sind auch notwendige Aufwendungen für Verpflegung bis zu 4,50 Euro, für Unterkunft und Verpflegung insgesamt bis zu 7,50 Euro täglich beihilfefähig, es sei denn, dass § 5 Absatz 2 oder 6 anzuwenden ist. Nummer 1 Satz 2 bis 4 gilt entsprechend.

10. Vom Arzt schriftlich verordnete Hilfsmittel, zu denen auch Körperersatzstücke, Kontrollgeräte sowie Apparate zur Selbstbehandlung rechnen. Bei-

hilfefähig sind die Aufwendungen für Anschaffung und Reparatur; von den Aufwendungen für den Betrieb der Hilfsmittel ist nur der 100 Euro im Kalenderjahr übersteigende Betrag beihilfefähig. Nicht beihilfefähig sind Aufwendungen zur Beschaffung von Batterien für Hörhilfen einschließlich Ladegeräte für Personen, die das 18. Lebensjahr vollendet haben, sowie von Pflege- und Reinigungsmitteln für Kontaktlinsen. Die Mietgebühren für Hilfsmittel sind beihilfefähig, sofern sie insgesamt nicht höher als die entsprechenden Anschaffungskosten sind. Aufwendungen für Apparate und Geräte zur Selbstbehandlung oder Selbstkontrolle sind nur beihilfefähig, wenn die ersparten Behandlungskosten höher als die Anschaffungskosten sind oder die Anschaffung aus besonderen Gründen dringend geboten ist. Bei orthopädischen Maßschuhen sind die Aufwendungen nur insoweit beihilfefähig, als sie den Betrag für eine normale Fußbekleidung übersteigen. Kosten für ein Brillengestell sind nicht beihilfefähig; Kosten für eine Ersatzbeschaffung von Sehhilfen (zwei Brillengläser/Kontaktlinsen) sind bei Personen, die das 14. Lebensjahr vollendet haben, bei einer Änderung der Sehschärfe um mindestens 0,5 Dioptrien (sphärischer Wert) beihilfefähig. Für die Ersatzbeschaffung einer Brille – mit Ausnahme von Prismenbrillen – oder von Kontaktlinsen reicht anstelle der ärztlichen Verordnung die Refraktionsbestimmung durch einen Augenoptiker aus; die Aufwendungen für die Refraktionsbestimmung sind bis zu 13 Euro je Sehhilfe beihilfefähig. Zu den Hilfsmitteln gehören nicht Gegenstände, die auch im Rahmen der allgemeinen Lebenshaltung benutzt werden oder die einen Gegenstand der allgemeinen Lebenshaltung ersetzen können (sogenannte Bandscheibenmatratzen, Liegestühle, Gesundheitsschuhe, Fieberthermometer, Heizkissen, Bestrahlungslampen und dgl.). Beihilfefähig sind insbesondere Aufwendungen für folgende Hilfsmittel:

Atemmonitor,

Beatmungsgeräte,

Blindenführhunde einschließlich Geschirr, Hundeleine, Halsband und Maulkorb,

Blindenstöcke,

Blutdruckmessgeräte,

Bruchbänder,

CPAP-Geräte,

Ernährungspumpen,

Fußeinlagen,

Gehwagen,

Gipsbetten,

Gummistrümpfe,
Heimdialysegeräte,
Herzschrittmacher einschließlich Kontrollgerät,
Hilfsgeräte (für Schwerstbehinderte, Ohnhänder u. a.),
Hörhilfen (auch Hörbrillen),
Infusionspumpen,
Inhalationsapparate,
Injektionsspritzen und -nadeln,
Insulin-Dosiergeräte,
Katheter,
Kniekappen,
Knöchel- und Gelenkstützen,
Körperersatzstücke,
Kopfschützer,
Korrekturschienen u. ä.,
Krankenfahrstühle,
Krankenheber,
Krankenstöcke (einschließlich Gehbänkchen mit Zubehör),
Leibbinden,
Orthopädische Maßschuhe, die nicht serienmäßig herstellbar sind,
Pflegebett in behindertengerechter Ausstattung,
Polarimeter,
Reflektometer,
Reizstromgeräte zur Behandlung der Skoliose,
Sehhilfen,
Spastikerhilfen (auch Übungsgeräte),
Sprechhilfen (auch elektronische),
Sprechkanülen,
Stützapparate,
Stumpfstrümpfe und Narbenschützer,
Suspensorien,
Ultraschallvernebler,
Vibrationstrainer bei Taubheit,

Wasser- und Luftkissen,

Wechseldruckgeräte.

Aufwendungen für vorstehend nicht genannte Hilfsmittel von mehr als 1.000 Euro sind nur beihilfefähig, wenn die Festsetzungsstelle die Beihilfefähigkeit vorher anerkannt hat; bei Aufwendungen von mehr als 2.500 Euro ist darüber hinaus die Zustimmung des Finanzministeriums erforderlich. Die Angemessenheit der Aufwendungen bestimmt sich nach der Anlage 3 zu dieser Verordnung. Der Dienstherr kann ein Hilfsmittel unentgeltlich zur Verfügung stellen; in diesem Fall wird keine Beihilfe gezahlt.

11. Die Beförderung des Erkrankten und, falls erforderlich, einer Begleitperson bis zur Höhe der Kosten der niedrigsten Klasse regelmäßig verkehrender Beförderungsmittel unter Berücksichtigung möglicher Fahrpreisermäßigungen. Gepäckbeförderungskosten sind daneben nicht gesondert beihilfefähig. Höhere Fahr- und Transportkosten dürfen nur berücksichtigt werden, wenn sie unvermeidbar waren; wird in diesen Fällen ein privater Personenkraftwagen benutzt, ist höchstens der in § 6 Absatz 1 Satz 2 LRKG genannte Betrag beihilfefähig.

    Nicht beihilfefähig sind Aufwendungen für

    a) die Mitnahme weiterer Personen bei Benutzung privater Personenkraftwagen,
    b) die Benutzung privater Personenkraftwagen sowie regelmäßig verkehrender Beförderungsmittel am Wohn-, Behandlungs- oder Aufenthaltsort und in deren Nahbereich bei einfachen Entfernungen bis zu 30 Kilometern,
    c) die Mehrkosten von Hin- und Rückfahrten zu einem anderen als dem nächstgelegenen Ort, an dem eine geeignete Behandlung möglich wäre,
    d) den Rücktransport wegen Erkrankung während privater Auslandsaufenthalte.

12. Einen Organspender, soweit der Empfänger zu den in § 2 Absatz 1 Nummer 1 Buchstabe a bis c bezeichneten Personen gehört, für

    a) Aufwendungen nach den Nummern 1, 2, 3, 6, 7, 9 und 11, die aus Anlass der für die Transplantation notwendigen Maßnahmen entstehen,
    b) den nachgewiesenen Ausfall an Arbeitseinkommen.

    Die Aufwendungen sind nur beihilfefähig, soweit sie nicht von anderer Seite erstattet werden oder zu erstatten sind. Die Buchstaben a und b gelten auch für als Organspender vorgesehene Personen, wenn sich herausstellt, dass sie als Organspender nicht in Betracht kommen.

13. Aufwendungen im Zusammenhang mit der Suche eines geeigneten Knochenmarkspenders bis zu einem Betrag von 20.000 Euro.

(2)

a) Aufwendungen für kieferorthopädische Leistungen sind beihilfefähig, wenn die behandelte Person bei Behandlungsbeginn das achtzehnte Lebensjahr noch nicht vollendet hat; die Altersbegrenzung gilt nicht bei schweren Kieferanomalien, die eine kombinierte kieferchirurgische und kieferorthopädische Behandlung erfordern.

b) Aufwendungen nach Abschnitt K des Gebührenverzeichnisses der Gebührenordnung für Zahnärzte vom 22.Oktober 1987 (BGBl. I S. 2316, zuletzt geändert durch Gesetz vom 4. Dezember 2001 – BGBl. I S. 3320) einschließlich aller damit verbundenen weiteren zahnärztlichen Leistungen sowie der Suprakonstruktionen sind bei Vorliegen einer der folgenden Indikationen beihilfefähig:

1. größere Kiefer- oder Gesichtsdefekte, die ihre Ursache in

   – Tumoroperationen,
   – Entzündungen des Kiefers,
   – Operationen infolge von Osteopathien, sofern keine Kontraindikation für eine Implantatversorgung vorliegt,
   – Angeborenen Fehlbildungen des Kiefers (Lippen-, Kiefer-, Gaumenspalten, ektodermale Dysplasien) oder
   – Unfällen

haben,

2. dauerhaft bestehende extreme Xerostomie, insbesondere im Rahmen einer Tumorbehandlung,

3. generalisierte genetische Nichtanlage von Zähnen,

4. nicht willentlich beeinflussbare muskuläre Fehlfunktionen im Mund- und Gesichtsbereich (z. B. Spastiken),

5. implantatbasierter Zahnersatz im zahnlosen Ober- oder Unterkiefer oder

6. Einzelzahnlücke, soweit nicht beide Nachbarzähne überkront sind.

Im Fall der Nummer 5 sind höchstens die Aufwendungen für zwei Implantate je Kieferhälfte (einschließlich vorhandener Implantate, zu denen eine Beihilfe gewährt wurde) beihilfefähig.

Das Finanzministerium kann abweichend von Satz 1 und 2 in besonders begründeten medizinischen Einzelfällen Ausnahmen zulassen.

Für andere Implantatversorgungen sind bis zur Höchstzahl von acht Implantaten (zwei je Kieferhälfte) – im Hinblick auf die Aufwendungen einer herkömmlichen Zahnversorgung – pauschal je Implantat 450 Euro beihilfefähig. Die Aufwendungen für die Suprakonstruktion sind neben der Pauschale beihilfefähig. Bei Reparaturen sind neben den Kosten für die Suprakonstruktion einheitlich 250 Euro je Implantat beihilfefähig.

Weitere Voraussetzung für die Zahlung einer Beihilfe ist, dass der Festsetzungsstelle ein Kostenvoranschlag vorgelegt wird und diese aufgrund eines Gutachtens des zuständigen Amtszahnarztes (dies gilt nicht für Satz 1 Nummer 5 und 6 und Satz 4) vor Behandlungsbeginn die Notwendigkeit der beabsichtigten Maßnahme und die Angemessenheit der Kosten anerkannt hat (Voranerkennungsverfahren).

c) Aufwendungen für Zahnersatz (Abschnitt F des Gebührenverzeichnisses der Gebührenordnung für Zahnärzte), Inlays und Zahnkronen (Nummern 214 bis 217, 220 bis 224 des Gebührenverzeichnisses der Gebührenordnung für Zahnärzte), funktionsanalytische und funktionstherapeutische Leistungen (Abschnitt J des Gebührenverzeichnisses der Gebührenordnung für Zahnärzte) sowie implantologische Leistungen (Abschnitt K des Gebührenverzeichnisses der Gebührenordnung für Zahnärzte) sind für Beamte auf Widerruf im Vorbereitungsdienst und ihre berücksichtigungsfähigen Angehörigen nicht beihilfefähig. Dies gilt nicht für Beamte, die unmittelbar vor ihrer Ernennung mindestens drei Jahre ununterbrochen im öffentlichen Dienst beschäftigt oder berücksichtigungsfähige Personen bei einem Beihilfeberechtigten waren, für Anwärter, die nach Abschluss des Vorbereitungsdienstes unmittelbar in ein Eingangsamt der Besoldungsgruppen A 1 bis A 8 eintreten, oder wenn die Leistung nach Satz 1 auf einem Unfall beruhen, der während der Zeit des Vorbereitungsdienstes eingetreten ist.

2. Text der Verwaltungsvorschriften zu § 4 BVO (Auszug)

4 **Zu § 4 Beihilfefähige Aufwendungen in Krankheitsfällen**

4.1 **Absatz 1**

4.1.1 **Nummer 1**

4.1.1.1 Nummer 3.2.3 gilt entsprechend.

4.1.1.2 Zu Aufwendungen für Akupunkturbehandlungen können Beihilfen gewährt werden, wenn wissenschaftlich anerkannte Behandlungsmethoden ohne Erfolg angewendet worden sind. Ob diese Voraussetzung gegeben ist, entscheidet die Beihilfestelle; sie kann bei Zweifel das Gutachten eines Amts- oder Vertrauensarztes einholen. Die Aufwendungen für eine Akupunktur zur Behandlung von Schmerzen (Nummern 269 und 269 a GOÄ) sind ohne die Einschränkungen der Sätze 1 und 2 beihilfefähig.

4.1.1.3 Aufwendungen für die Extracorporale Stoßwellentherapie (ESWT) im orthopädischen und schmerztherapeutischen Bereich sind nur beihilfefähig für die Behandlung der

- Tendinosis calcarea,
- Pseudarthrose (nicht heilender Knochenbruch),
- Fasziitis plantaris (Fersensporn).

Auf der Grundlage des Beschlusses der Bundesärztekammer zur Analogbewertung der ESWT ist ausschließlich der analoge Ansatz der Ziffer 1800 GOÄ beihilfefähig. Daneben sind keine Zuschläge (da keine Operationsleistung) beihilfefähig.

Aufwendungen für eine Radiale Stoßwellentherapie (RSWT) sind mangels Wirksamkeitsnachweises der Therapie nicht beihilfefähig.

4.1.1.4 Die Verordnung von Soziotherapie dürfen nur Ärzte vornehmen, die berechtigt sind, die Gebietsbezeichnung „Psychiatrie oder Nervenheilkunde" zu führen. Die Dauer und die Frequenz der soziotherapeutischen Betreuung sind abhängig von den individuellen medizinischen Erfordernissen. Es können insgesamt höchstens 120 Therapieeinheiten innerhalb eines Zeitraums von 3 Jahren berücksichtigt werden. Die Soziotherapieeinheit umfasst 60 Minuten.

4.1.1.5 Soziotherapie können nur die seitens der GKV anerkannten Leistungserbringer durchführen. Es sind dies Diplom-Sozialarbeiter, Diplom-Sozialpädagogen und Fachkrankenpfleger für Psychotherapie (§ 4 Absatz 1 Nummer 9 Satz 3 BVO gilt insoweit nicht). Eine aktuelle Liste der anerkannten Leistungserbringer ist bei der jeweiligen Ortskrankenkasse am Wohnort des Beihilfeberechtigten zu erfragen.

4.1.1.6 Die Aufwendungen der Soziotherapie sind bis auf weiteres nur in der Höhe beihilfefähig, in der sie von der Ortskrankenkasse im Rahmen ihres Vertrages mit dem Leistungserbringer vereinbart sind.

4.1.1.7 Soweit wegen der Komplexität der Kommunikation zwischen Beihilfeberechtigtem oder berücksichtigungsfähiger Person und dem Leistungserbringer im Einzelfall die Hinzuziehung eines Gebärdensprachdolmetschers erforderlich ist, sind die Aufwendungen hierfür bis zu 55 Euro je Stunde Einsatzzeit zuzüglich erforderlicher Reisezeit beihilfefähig. Die Fahrkosten sind in Höhe von 0,30 Euro je Kilometer bei Benutzung eines Kraftfahrzeuges oder in Höhe der niedrigsten Kosten des regelmäßig verkehrenden Beförderungsmittels beihilfefähig.

4.1.2 **Nummer 2**

4.1.2.1 Zu den allgemeinen Krankenhausleistungen gehört gemäß § 2 Absatz 2 Satz 2 Nummer 3 KHEntgG auch die aus medizinischen Gründen notwendige Mitaufnahme einer Begleitperson des Patienten. Über die medizinische Notwendigkeit entscheidet der Krankenhausarzt. Für den Aufnahmetag und jeden weiteren Tag des vollstationären Krankenhausaufenthalts (Berechnungstage) können seitens des Krankenhauses 45,00 Euro für Unterkunft und Verpflegung berechnet werden. Entlassungs- und Verlegungstage, die nicht zugleich Aufnahmetag sind, können bei vollstationären Behandlungen nicht abgerechnet werden. Der Betrag von 45,00 Euro ist beihilfefähig. Besonders berechnete Kosten für eine medizinisch nicht notwendige Begleitperson sind nicht beihilfefähig.

4.1.2.2 Aufwendungen für eine spezialisierte ambulante Palliativversorgung und eine spezialisierte ambulante pädiatrische Palliativversorgung sind beihilfefähig, wenn wegen einer nicht heilbaren, fortschreitenden und weit fortgeschrittenen Erkrankung bei einer zugleich begrenzten Lebenserwartung eine besonders aufwändige Versorgung notwendig ist. § 37 b Absatz 1 Satz 3 und 4 sowie Absatz 2 und Absatz 3 SGB V gelten entsprechend. Die pflegerischen Aufwendungen sind bis zur Höhe der vereinbarten Vergütung nach § 132 d SGB V (es ist ausreichend, wenn der Leistungserbringer dies bestätigt) beihilfefähig.

4.1.2.3 Aufwendungen für eine stationäre oder teilstationäre Versorgung in einem Hospiz (Kinderhospiz), in dem eine palliativ-medizinische Behandlung erbracht wird, sind für die ersten 9 (Kinderhospiz: 18) Monate der Versorgung grundsätzlich nach § 4 Absatz 1 Nummer 2 Satz 2 Buchstaben a und b BVO beihilfefähig. Die Abzugsbeträge nach § 4 Absatz 1 Nummer 2 Satz 2 Buchstabe b BVO bleiben unberücksichtigt. Nach Ablauf von 9 Monaten (Kinderhospiz 18 Monaten) gelten die §§ 5 bis 5 d BVO. Nummer 4.1.2.2 gilt entsprechend.

4.1.2.4 Von den nach § 4 Absatz 1 Nummer 2 BVO beihilfefähigen Aufwendungen sind die Selbstbehalte für den Aufnahmetag und jeden weiteren Tag des Krankenhausaufenthalts (einschließlich Entlassungstag) abzuziehen.

4.1.2.5 Die Selbstbeteiligungen nach § 4 Absatz 1 Nummer 2 BVO sind innerhalb eines Kalenderjahres für den Beihilfeberechtigten und seine berücksichtigungsfähigen Angehörigen bis zu einem Betrag von jeweils insgesamt 750 Euro in Abzug zu bringen.

4.1.2.6 Zweibettzimmerzuschläge sind nur in der Höhe angemessen, wie sie zwischen dem Verband der privaten Krankenversicherungen (PKV) und der Deutschen Krankenhausgesellschaft vereinbart wurden. Soweit Zweifel an der Höhe des berechneten Zweibettzimmerzuschlags bestehen, ist der Beihilfestelle vom Beihilfeberechtigten eine Kopie der Zweibettzimmerabrechnung seiner PKV vorzulegen; um Zeitverzögerungen bei der Abrechnung zu vermeiden, ist ggf. die Beihilfe mit dem berechneten Zweibettzimmerzuschlag unter Vorbehalt und mit der Auflage festzusetzen, den Erstattungsbescheid der PKV nachzureichen. Liegt für die berechnende Krankenanstalt keine Vereinbarung mit dem PKV-Verband vor, ist im Rahmen einer Vergleichsberechnung der Zweibettzimmerzuschlag der zum Behandlungsort nächstgelegenen Krankenanstalt heranzuziehen, mit der eine Vereinbarung getroffen wurde.

4.1.2.7 Die beihilferechtliche Vergleichsberechnung nach § 4 Absatz 1 Nummer 2 Satz 3 BVO gilt auch für so genannte „Anschlussheilbehandlungen", soweit eine Abrechnung nicht nach § 6 BVO sondern nach § 4 BVO erfolgt.

4.1.2.8 Bei Kliniken der Maximalversorgung ist davon auszugehen, dass grundsätzlich für jede Erkrankung eine nach neuesten medizinischen Erkenntnissen bestmögliche Behandlung erfolgen kann.

4.1.2.9 Soweit die dem Behandlungsort nächstgelegene Klinik der Maximalversorgung keine medizinisch gleichwertigen Leistungen anbieten kann (vgl. Nummer 4.1.2.8), ist die Vergleichsberechnung an Hand der vergleichbaren Pflegesätze der dem Behandlungsort nächstgelegenen Klinik nach § 108 Nummer 3 SGB V durchzuführen, soweit diese eine medizinisch gleichwertige Behandlung anbieten kann. Ist dies nicht der Fall, sind die Pflegesätze der zur Beihilfestelle nächstgelegenen Klinik der Maximalversorgung zur Vergleichsberechnung heranzuziehen. Betreibt der Träger der „Privatklinik" (ohne Zulassung nach § 108 SGB V) auf dem Grundstück der Klinik oder in unmittelbarer Nähe hierzu eine weitere Klinik mit Zulassung nach § 108 SGB V, kann aus Vereinfachungsgründen die Vergleichsberechnung auch zwischen diesen Kliniken erfolgen.

4.1.2.10 Rechnet die aufgesuchte „Privatklinik" (ohne Zulassung nach § 108 SGB V) eine an den Fallpauschalenkatalog des Krankenhausentgeltgesetzes angelehnte „DRG" ab, ist darauf zu achten, dass der Vergleichsklinik (der Maximalversorgung) sämtliche Diagnosen sowie Prozeduren (OPS) des Behandlungsfalles vorgelegt werden. Für die Vergleichsberechnung ist der am Tag der Aufnahme in die Privatklinik gültige Zahlbasisfallwert (inkl. Zuschläge und Zusatzentgelte etc.) der vergleichbaren Klinik der Maximalversorgung maßgebend. Ggf. anfallende Kosten der Begutachtung trägt die Beihilfestelle.

4.1.2.11 Bei Behandlungen in Kliniken, deren medizinische Leistungen mit den Leistungen der unter § 1 Absatz 1 BPflV fallenden Krankenhäuser vergleichbar sind, gelten die Nummern 4.1.2.5 bis 4.1.2.10 entsprechend.

4.1.2.12 Die nach den §§ 6 und 9 KHEntgG neben einer Fallpauschale zusätzlich berechneten Zusatzentgelte sind beihilfefähig. Dies gilt auch für den DRG-Systemzuschlag nach § 17 b Absatz 5, für den Zuschlag für Ausbildungsstätten und Ausbildungsvergütungen und für sonstige Zuschläge nach § 17 b Absatz 1 Satz 4 und 6 sowie für Qualitätssicherungszuschläge nach § 17 b Absatz 1 Satz 5 des Krankenhausfinanzierungsgesetzes. Aufwendungen für eine gemäß § 22 BPflV oder § 17 KHEntgG in Rechnung gestellte Wahlleistung „gesondert berechenbare Unterkunft/Unterbringung in einem Ein- oder Zweibettzimmer“ für den Verlegungstag sind nicht beihilfefähig.

4.1.3 **Nummer 3** (bleibt frei)

4.1.4 **Nummer 4** (bleibt frei)

4.1.5 **Nummer 5**

4.1.5.1 Bei vorübergehender Erkrankung einer Person, die in einem Altenheim nicht wegen krankheitsbedingter dauernder Pflegebedürftigkeit wohnt, ist ein zu den allgemeinen Heimkosten erhobener Pflegekostenzuschlag nach § 4 Absatz 1 Nummer 5 BVO beihilfefähig.

4.1.6 **Nummer 6** (bleibt frei)

4.1.7 **Nummer 7 und Anlage 2**

4.1.7.1 Nach § 4 Absatz 1 Nummer 7 und der Anlage 2 BVO sind grundsätzlich nur Aufwendungen für verschreibungspflichtige Arzneimittel beihilfefähig, soweit sie nicht nach den Arzneimittelrichtlinien des Gemeinsamen Bundesausschusses gemäß § 92 Absatz 1 Satz 2 Nummer 6 SGB V von der Verordnung in der GKV ausgeschlossen sind, sowie Aufwendungen für apothekenpflichtige, nicht verschreibungspflichtige Arzneimittel, die bei der Behandlung schwerwiegender Erkrankungen als Therapiestandard gelten (für Personen bis zur Vollendung des 18. Lebensjahres gelten diese Einschränkungen nicht). Eine Krankheit ist schwerwiegend, wenn sie lebensbedrohlich ist oder wenn sie aufgrund der Schwere der durch sie verursachten Gesundheitsstörung die Lebensqualität auf Dauer nachhaltig beeinträchtigt. Als Therapiestandard gilt ein Arzneimittel, wenn der therapeutische Nutzen zur Behandlung der schwerwiegenden Erkrankung dem allgemein anerkannten Stand der medizinischen Erkenntnisse entspricht. Voraussetzung für eine Beihilfefähigkeit der Aufwendungen ist, dass die schwerwiegende Erkrankung und das für die Behandlung dieser Erkrankung verordnete Standardtherapeutikum in der Anlage I zum Abschnitt F der AMR in der jeweils aktuellen Fassung (www.g-ba.de/informationen/richtlinien) aufgeführt ist. Das Finanzministerium kann in begründeten Einzelfällen Ausnahmen zulassen (§ 4 Absatz 1 Nummer 7 Satz 4 1. Halbsatz BVO).

4.1.7.2 Bei den in der Anlage I zu den AMR aufgeführten Indikationsgebieten sind auch Aufwendungen für Arzneimittel der Anthroposophie und Homöopathie beihilfefähig, sofern die Anwendung dieser Arzneimittel für diese Indikationsgebiete als wissenschaftlich allgemein anerkannt gilt und der Arzt/Heilpraktiker dies mit der Verordnung bestätigt.

4.1.7.3 Aufwendungen für apothekenpflichtige, nicht verschreibungspflichtige Arzneimittel mit den in der Anlage I der AMR aufgeführten Wirkstoffen sind auch außerhalb der genannten Indikationen beihilfefähig, wenn die zur Behandlung der Erkrankung alternativ zur Verfügung stehenden verschreibungspflichtigen Arzneimittel teurer sind. Der Nachweis ist durch den Beihilfeberechtigten bzw. seinen Arzt zu führen.

4.1.7.4 Aufwendungen für Stoffe und Zubereitungen aus Stoffen, die als Medizinprodukt nach § 3 Nummer 1 oder Nummer 2 des Medizinproduktegesetzes zur Anwendung am oder im menschlichen Körper bestimmt und apothekenpflichtig sind, und die bei Anwendung der am 31. Dezember 1994 geltenden Fassung des § 2 Absatz 1 des Arzneimittelgesetzes Arzneimittel gewesen wären, sind beihilfefähig (vgl. § 31 Absatz 1 SGB V).

4.1.7.5 Aufwendungen für die folgenden Mittel (Anlage 2 Nummern 8 a und b BVO) sind – von den genannten Ausnahmen abgesehen – nicht beihilfefähig:

- Genussmittel, sämtliche Weine (auch medizinische Weine) und der Wirkung nach ähnliche, Ethylalkohol als einen wesentlichen Bestandteil (mind. 5 Volumenprozent) enthaltene Mittel (ausgenommen Tinkturen im Sinne des Deutschen Arzneibuches und tropfenweise einzunehmende ethylalkoholhaltige Arzneimittel) sowie Mittel, bei denen die Gefahr besteht, dass sie wegen ihrer wohlschmeckenden Zubereitung als Ersatz für Süßigkeiten genossen werden,
- Mineral-, Heil- oder andere Wässer,
- Mittel, die auch zur Reinigung und Pflege oder Färbung der Haut, des Haares, der Nägel, der Zähne, der Mundhöhle usw. dienen einschl. medizinische Haut- und Haarwaschmittel sowie medizinische Haarwässer und kosmetische Mittel. Ausgenommen und somit beihilfefähig sind Aufwendungen für als Arzneimittel zugelassene Basiscremes, Basissalben, Haut- und Kopfhautpflegemittel, auch Rezepturgrundlagen, soweit und solange sie Teil der arzneilichen Therapie (Intervall-Therapie bei Neurodermitis/endogenem Ekzem, Psoriasis, Akne-Schältherapie und Strahlentherapie) sind und nicht der Färbung der Haut und -anhangsgebilde sowie der Vermittlung von Geruchseindrücken dienen,
- Balneotherapeutika, ausgenommen und somit beihilfefähig sind Aufwendungen für als Arzneimittel zugelassene Balneotherapeutika bei Neurodermitis/endogenem Ekzem, Psoriasis und Erkrankungen des rheumatischen Formenkreises,
- Mittel, die der Veränderung der Körperform (z. B. Entfettungscreme, Busencreme) dienen sollen,
- Mittel zur Raucherentwöhnung,
- Saftzubereitungen für Erwachsene, von in der Person des Patienten begründeten Ausnahmen abgesehen,

- Würz- und Süßstoffe, Obstsäfte, Lebensmittel im Sinne des § 1 des Lebensmittel- und Bedarfsgegenständegesetzes, Krankenkost- und Diätpräparate,
- Abmagerungsmittel und Appetitzügler,
- Anabolika, außer bei neoplastischen Erkrankungen,
- Stimulantien (z. B. Psychoanaleptika, Psychoenergetika und Leistungsstimulantien), ausgenommen bei Narkolepsie und schwerer Zerebralsklerose sowie beim hyperkinetischen Syndrom und bei der so genannten minimalen zerebralen Dysfunktion vorpubertärer Schulkinder,
- so genannte Zellulartherapeutika und Organhydrolysate,
- so genannte Geriatrika und sogenannte Arteriosklerosemittel,
- Roborantien, Tonika und appetitanregende Mittel,
- Insekten-Abschreckmittel,
- Fixe Kombinationen aus Vitaminen und anderen Stoffen, ausgenommen und somit beihilfefähig sind Vitamin-D-Fluorid-Kombinationen zur Anwendung bei Kindern bis zum vollendeten 12. Lebensjahr und zur Osteoporoseprophylaxe,
- Arzneimittel, welche nach § 11 Absatz 3 des Gesetzes über den Verkehr mit Arzneimitteln (Arzneimittelgesetz – AMG) vom 12. Dezember 2005 (BGBl. I S. 3394), zuletzt geändert durch Gesetz vom 14. August 2006 (BGBl. I S. 1869, 1870), nur mit einem oder mehreren der folgenden Hinweise:

„Traditionell angewendet:

a) zur Stärkung oder Kräftigung,
b) zur Besserung des Befindens,
c) zur Unterstützung der Organfunktion,
d) zur Vorbeugung,
e) als mild wirkendes Arzneimittel"

in den Verkehr gebracht werden.

4.1.7.6 Aufwendungen für ärztlich verordnete Aminosäuremischungen, Eiweißhydrolysate, Elementardiäten und Sondennahrung sind bei fehlender oder eingeschränkter Fähigkeit zur ausreichenden normalen Ernährung ausnahmsweise beihilfefähig, wenn eine Modifizierung der normalen Ernährung oder sonstige ärztliche, pflegerische oder ernährungstherapeutische Maßnahmen zur Verbesserung der Ernährungssituation nicht ausreichen. Solche Ausnahmefälle liegen insbesondere vor bei:

- Ahornsirupkrankheit,

- AIDS-assoziierten Diarrhöen,
- Colitis ulcerosa,
- Epilepsien, wenn trotz optimierter antikonvulsiver Therapie eine ausreichende Anfallskontrolle nicht gelingt,
- Kurzdarmsyndrom,
- Morbus Crohn,
- Mukoviszidose,
- Multipler Nahrungsmittelallergie,
- Niereninsuffizienz,
- Phenylketonurie,
- Tumortherapien (auch nach der Behandlung),
- postoperativer Nachsorge,
- angeborenen Defekten im Kohlenhydrat- und Fettstoffwechsel,
- angeborenen Enzymdefekten, die mit speziellen Aminosäuremischungen behandelt werden,
- erheblichen Störungen der Nahrungsaufnahme bei neurologischen Schluckbeschwerden oder Tumoren der oberen Schluckstraße (z. B. Mundboden- und Zungenkarzinom).

4.1.7.7 Aufwendungen für Elementardiäten sind für Säuglinge (bis zur Vollendung des ersten Lebensjahres) und Kleinkinder (Zeit zwischen dem ersten und dritten Lebensjahr) mit Kuhmilcheiweißallergie beihilfefähig; dies gilt ferner für einen Zeitraum von sechs Monaten bei Säuglingen und Kleinkindern mit Neurodermitis, sofern Elementardiäten zu diagnostischen Zwecken eingesetzt werden.

4.1.7.8 Aufwendungen für Arzneimittel, die zur Verwendung in nicht zugelassenen Anwendungsgebieten verordnet werden, sind grundsätzlich nur beihilfefähig, wenn sie in der Anlage VI Teil A der AMR (in der jeweils aktuellen Fassung) aufgeführt sind. Wirkstoffe zur Anwendung in nicht zugelassenen Anwendungsgebieten, die nach Feststellung des Gemeinsamen Bundesausschusses im Bereich der gesetzlichen Krankenversicherung von einer Verordnung ausgeschlossen sind, sind im Teil B der in Satz 1 genannten Anlage aufgeführt; die Aufwendungen sind grundsätzlich nicht beihilfefähig. Anträge auf Zulassung einer beihilferechtlichen Ausnahme sind für den Landesbereich dem Finanzministerium zur Entscheidung vorzulegen.

4.1.7.9 Die Versorgung mit Arzneimitteln, Verbandmittel und dergleichen setzt eine ärzt-/zahnärztliche oder Heilpraktiker-Verordnung voraus. Änderungen und Ergänzungen bedürfen der erneuten Unterschrift des Arztes/Zahnarztes/Heilpraktikers. Werden auf ein Rezept Heilmittel, Verbandmittel und dergleichen mehrmals beschafft, sind die Kosten für Wiederholungen nur insoweit beihilfefähig, als sie vom Arzt/Zahnarzt/Heilpraktiker besonders vermerkt worden sind. Ist die Zahl der Wiederholungen nicht angegeben, sind nur die Kosten der einmaligen Wiederholung beihilfefähig.

4.1.7.10 **(Anlage 2 BVO)**

4.1.7.10.1 **Nummer 1** (bleibt frei)

4.1.7.10.2 **Nummer 2**

4.1.7.10.2.1 Besondere Arzneimittel, insbesondere Präparate mit hohen Jahrestherapiekosten oder Arzneimittel mit erheblichem Risikopotenzial, sind die in Anlage XI der AMR (in der jeweils aktuellen Fassung) aufgeführten Arzneimittel, bei denen aufgrund ihrer besonderen Wirkungsweise zur Verbesserung der Qualität ihrer Anwendung, insbesondere hinsichtlich der Patientensicherheit und des Therapieerfolges besondere Fachkenntnisse erforderlich sind, die über das Übliche hinausgehen.

4.1.7.10.2.2 Die Aufwendungen für die in Anlage XI der AMR aufgeführten Arzneimittel sind nur beihilfefähig, wenn eine Abstimmung zwischen dem behandelnden Arzt und dem Arzt für besondere Arzneimitteltherapie erfolgt ist. Das Verfahren zur Einholung der Zweitmeinung sollte von dem behandelnden Arzt in Anlehnung der Feststellungen im Abschnitt N der AMR erfolgen; der Nachweis ist der Beihilfestelle vorzulegen.

4.1.7.10.2.3 Im Notfall ist die Beihilfefähigkeit der Aufwendungen ohne vorherige Abstimmung mit dem Arzt für besondere Arzneimitteltherapie möglich. Das Abstimmungsverfahren ist durch den behandelnden Arzt unverzüglich nachzuholen.

4.1.7.10.3 **Nummer 3**

4.1.7.10.3.1 Die Altersgrenzen sind ausnahmsweise unbeachtlich, wenn die Arzneimittel unabhängig von der arzneimittelrechtlichen Zulassung als Arzneimittel zur Behandlung einer Krankheit ärztlich verordnet werden und die Notwendigkeit durch einen Amtsarzt bestätigt wurde.

4.1.7.10.4 **Nummer 4** (bleibt frei)

4.1.7.10.5 **Nummer 5**

4.1.7.10.5.1 Die Regelung gilt nicht für von Heilpraktikern verbrauchte Stoffe und nicht für die Verabreichung von nichtbeihilfefähigen Medizinprodukten. Beihilfefähig sind ausschließlich Fertigarzneimittel, insbesondere die in Anlage I der AMR aufgeführten Wirkstoffe. Selbsthergestellte Mischungen – auch von Fertigarzneimitteln – sind wissenschaftlich nicht geprüft und daher grundsätzlich nicht beihilfefähig.

4.1.7.10.6 **Nummer 6** (bleibt frei)

4.1.7.10.7 **Nummer 7** (bleibt frei)

4.1.7.10.8 **Nummer 8**

4.1.7.10.8.1 Die nach Anlage 2 Nummer 8 Buchstabe b zu § 4 Absatz 1 Nummer 7 BVO ausgeschlossenen Fertigarzneimittel sind aus der Anlage II der AMR (in der jeweils aktuellen Fassung) ersichtlich.

4.1.8 **Nummer 8** (bleibt frei)

4.1.9 **Nummer 9**

4.1.9.1 Aufwendungen für eine Behandlung der Legasthenie oder Akalkulie sind grundsätzlich nicht beihilfefähig, da es sich hierbei im Regelfall nicht um eine Krankheit handelt. Sofern der Behandlung im Ausnahmefall Krankheitswert zugrunde liegt, ist sie im Rahmen der Anlage 1 (zu § 4 Absatz 1 Nummer 1 Satz 5) BVO beihilfefähig.

4.1.9.2 Die in § 4 Absatz 1 Nummer 9 Satz 3 BVO genannten Behandler sind grundsätzlich Angehörige von Gesundheits- oder Medizinalfachberufen, für die eine staatliche Regelung der Berufsausbildung oder des Berufsbildes besteht; bei einer Sprachtherapie können die Aufwendungen für die Behandlung übergangsweise durch „Heilpraktiker/Heilpraktikerinnen (Sprachtherapie)", denen auf der Grundlage des RdErl. d. Ministeriums für Frauen, Jugend, Familie und Gesundheit v. 11. September 1998 (n. v.) – III B 2 0417.7 – eine eingeschränkte Heilpraktikererlaubnis erteilt wurde, als beihilfefähig anerkannt werden. Beihilfefähig sind nur Aufwendungen für Leistungen, die diese Behandler in ihrem Beruf erbringen. Nicht beihilfefähig sind insbesondere Aufwendungen für Leistungen, die von Beschäftigungs- und Arbeitstherapeuten auf dem Gebiet der Arbeitstherapie, von Diplom-Pädagogen, Eurhythmielehrern, Eutoniepädagogen und -therapeuten, Gymnastiklehrern, Heilpädagogen, Kunsttherapeuten, Maltherapeuten, Montessoritherapeuten, Musiktherapeuten, Sonderschullehrern und Sportlehrern erbracht werden.

4.1.9.3 Die Angemessenheit der Aufwendungen von durch Angehörige der Gesundheits- und Medizinalfachberufe erbrachten Leistungen richtet sich nach Anlage 2 zu dieser VV.

4.1.9.4 Aufwendungen für Leistungen, die in Form von ambulanten, teil- oder vollstationären Komplextherapien erbracht und pauschal abgerechnet werden, sind in der Höhe beihilfefähig, die eine gesetzliche Krankenkasse mit dem Leistungsanbieter vereinbart hat. Voraussetzung für eine Beihilfefähigkeit der Aufwendungen ist, dass die Komplextherapie von einem berufsübergreifenden Team von Therapeuten erbracht wird, dem auch Ärzte, Psychologische Psychotherapeuten oder andere Angehörige von Gesundheits- und Medizinalfachberufen angehören müssen. Zu den Komplextherapien gehören u. a. Asthmatikerschulungen, ambulante Entwöhnungskuren, ambulante

Tinnitustherapien (Pauschalabrechnung), ambulante Chemotherapien nach dem Braunschweiger Modell, ambulante kardiologische Therapien, Diabetikerschulungen sowie medizinische Leistungen zur Früherkennung und Frühförderung behinderter und von Behinderung bedrohter Kinder durch interdisziplinäre Frühförderstellen nach § 30 SGB IX. Nicht beihilfefähig sind Aufwendungen für sozialpädagogische und sozialpädiatrische Leistungen außerhalb von Komplextherapien.

4.1.9.5 Aufwendungen, die der traditionellen chinesischen Medizin zuzuordnen sind (ausgenommen Akupunktur), wie Tui-Na, Qi-Gong, Tai Chi, Shiatsu-Therapie, Akupressur u. ä. sowie für eine Orthokin-Therapie einschließlich des verabreichten Serums sind nach § 4 Absatz 1 Nummer 1 Satz 2 BVO nicht beihilfefähig.

4.1.9.6 Hinsichtlich der Angemessenheit der Aufwendungen einer Protonentherapie ist die Entscheidung der jeweiligen privaten Krankenversicherung abzuwarten und der Beihilfefestsetzung zu Grunde zu legen. In Zweifelsfällen ist bei Beihilfeberechtigten des Landes das Finanzministerium vorab zu beteiligen.

4.1.10 **Nummer 10**

4.1.10.1 Aufwendungen für die Ersatzbeschaffung weicher Kontaktlinsen sind bei gleich bleibender Sehschärfe 2 Jahre, von Brillengläsern 4 Jahre nach der Erstbeschaffung bis zu einem Betrag von 100 Euro (je Kontaktlinse) bzw. 150 Euro (je Brillenglas) beihilfefähig.

4.1.10.2 Eine Änderung der Sehfähigkeit um mindestens 0,5 Dioptrien liegt auch vor, wenn z. B. die Werte für ein Auge um 0,25 Dioptrien zugenommen und für das andere Auge um 0,25 Dioptrien abgenommen haben, nicht jedoch, wenn sowohl die Werte für das linke als auch für das rechte Auge um jeweils 0,25 Dioptrien zu- oder abgenommen haben. Bei Kurzsichtigkeit oder Achsenverschiebung sind die Aufwendungen für eine Ersatzbeschaffung auch dann beihilfefähig, wenn sich mit der neuen Sehhilfe die Sehschärfe (Visus) um mindestens 20 Prozentpunkte verbessert.

4.1.10.3 Einschleifkosten von Brillengläsern sind bis zu einem Betrag von 11 Euro je Glas beihilfefähig. Mehraufwendungen für die Entspiegelung (ausgenommen sind höherbrechende Gläser) und Härtung von Brillengläsern sind nicht beihilfefähig. Aufwendungen für höherbrechende Gläser sind ab 6 Dioptrien beihilfefähig. Mehraufwendungen für phototrope Gläser (z. B. Colormaticgläser, Umbramaticgläser) sind nur bei Albinismus, Pupillotonie und totaler Aniridie (Fehlen der Regenbogenhaut) beihilfefähig. Aufwendungen für Sportbrillen sind nur beihilfefähig, wenn sie von Schülern während des Schulsports getragen werden müssen. Aufwendungen für Bildschirmbrillen sind nicht beihilfefähig.

4.1.10.4 Bei orthopädischen Maßschuhen sind die Aufwendungen um den Betrag für eine normale Fußbekleidung zu kürzen. Als Kürzungsbetrag sind bei Erwachsenen 70 Euro (für Hausschuhe 30 Euro) und bei Kindern bis zu 16 Jahren 40 Euro (für Hausschuhe 20 Euro) anzusetzen.

4.1.10.5 Betragen die beihilfefähigen Aufwendungen für ein in § 4 Absatz 1 Nummer 10 BVO nicht aufgeführtes Hilfsmittel mehr als 1.000 Euro und hat der Beihilfeberechtigte die erforderliche vorherige Anerkennung nicht eingeholt, so sind die Aufwendungen bis 1.000 Euro beihilfefähig.

4.1.10.6 Nicht zu den beihilfefähigen Hilfsmitteln zählen Treppenlift und Auffahrrampe. Die Kosten sind im ggf. Rahmen des § 5 Absatz 4 Satz 3 BVO beihilfefähig.

4.1.10.7 Die Unterhaltskosten (Futter, Tierarzt, Versicherungen etc.) für einen Blindenführhund können ohne Nachweis bis zu 100 Euro im Monat als beihilfefähig anerkannt werden, sofern der Beihilfeberechtigte versichert, dass ihm Kosten in dieser Höhe entstanden sind. Werden höhere Kosten geltend gemacht, ist die Vorlage von Belegen erforderlich.

4.1.10.8 Folgende Hilfsmittel können vom Dienstherrn im Zusammenwirken mit der Krankenversicherung der erkrankten Person unentgeltlich zur Verfügung gestellt werden (§ 4 Absatz 1 Nummer 10 letzter Satz BVO):

Atemmonitore (Überwachungsmonitore für Säuglinge),

CPAP-Geräte (Geräte zur Schlafapnoebehandlung) ,

Elektronische Lesehilfen,

Infusionspumpen,

Inhalationsapparate,

Krankenfahrstühle,

Sauerstoffgeräte.

Sofern ein in Satz 1 aufgeführtes Hilfsmittel verordnet wird, hat der Beihilfeberechtigte eine Bescheinigung darüber vorzulegen, ob dieses Hilfsmittel von seiner Krankenversicherung leihweise überlassen wird oder ob es von der erkrankten Person selbst beschafft werden muss.

Bei einer leihweisen Überlassung stellt die Krankenversicherung die ihr entstandenen Kosten der Beihilfefestsetzungsstelle in Rechnung; eines besonderen Beihilfeantrags bedarf es nicht. Die Aufwendungen sind mit dem nach § 12 BVO zustehenden Bemessungssatz der Krankenversicherung zu erstatten und unter dem Beihilfetitel zu buchen. Die medizinische Notwendigkeit und die Art (Neukauf, Miete [Monatsbetrag oder Pauschale] oder Wiedereinsatz) der Hilfsmittelversorgung wird von der Krankenversicherung geprüft; die von ihr getroffene Entscheidung ist für die Festsetzungsstelle bindend.[1)]

4.1.10.9 Aufwendungen für Batterien für Cochlea-Implantate sind auch bei Personen, die das 18. Lebensjahr vollendet haben, beihilfefähig. § 4 Absatz 1 Nummer 10 Satz 2 BVO gilt entsprechend.

4.1.10.10 Der Betrieb von Hilfsmitteln, Geräten zur Selbstbehandlung und Selbstkontrolle und Körperersatzstücke schließen die technischen Kontrollen und die Wartung dieser Gegenstände mit ein. Aufwendungen für Reparaturen sind ohne Vorlage einer ärztlichen Verordnung beihilfefähig.

4.1.10.11 Der Vergleich von Miete und Anschaffung sollte auf Grundlage des ärztlich verordneten Zeitrahmens der Behandlung erfolgen. Versorgungspauschalen für gemietete Hilfsmittel sind grundsätzlich als Teil der Miete anzusehen. Soweit einzelne Positionen als nicht beihilfefähig erkennbar sind, sind diese in Abzug zu bringen.

4.1.10.12 **(Nummer 10) und Anlage 3**

4.1.10.12.1 Die erneute Verordnung von Hörgeräten vor Ablauf von 5 Jahren bedarf der besonderen Begründung und ggf. der Überprüfung durch einen Amtsarzt. Medizinische Gründe können z. B. fortschreitende Hörverschlechterung oder Ohrsekretion sein. Technische Gründe ergeben sich aus dem Gerätezustandsbericht des Hörgeräte-Akustikers.

4.1.10.12.2 Aufwendungen für jährlich zwei Neurodermitis-Overalls sind bei an Neurodermitis erkrankten Kindern bis zum vollendeten 10. Lebensjahr bis zu einem Höchstbetrag von jeweils 80 Euro beihilfefähig.

4.1.10.12.3 Aufwendungen für ein Komplettset Allergiebettbezüge (sog. Encasings), bestehend aus einem Kopfkissen-, Oberbett- und Matratzenbezug sind bis zu einem Höchstbetrag von 120 Euro beihilfefähig.

Die Aufwendungen für eine Ersatzbeschaffung sind erst nach Ablauf einer Mindestnutzungsdauer von

– 2 Jahren, bei Kindern bis zum vollendeten 6. Lebensjahr,
– 5 Jahren, bei Kindern bis zum vollendeten 16. Lebensjahr und
– 8 Jahren, bei Personen ab dem 17. Lebensjahr

beihilfefähig.

---

1) Nach dem RdErl. des Finanzministeriums vom 1. 12. 1997 – B 3100-0.7-IV A 4 – (MBl. NRW. S. 1509) gilt VV 4.1.10.8 zunächst nur für Beihilfeberechtigte des Landes und ihre berücksichtigungsfähigen Angehörigen, die bei der Deutschen Krankenversicherung AG oder der Victoria Krankenversicherung AG versichert sind.
Die Rechnungsstellung seitens der Krankenversicherungsunternehmen erfolgt über das Finanzministerium.

4.1.11 **Nummer 11**

4.1.11.1 Aufwendungen für Besuchsfahrten sind nicht beihilfefähig. Abweichend hiervon können Aufwendungen für Fahrten eines Elternteils zum Besuch eines im Krankenhaus, Pflegeheim, Hospiz oder in einer stationären Rehabilitationseinrichtung aufgenommenen Kindes als beihilfefähig anerkannt werden, wenn nach der Feststellung eines Amts- oder Vertrauensarztes (bei Hospizunterbringung nicht erforderlich) der Besuch wegen des Alters des Kindes oder seiner eine Langzeittherapie erfordernden schweren Erkrankung aus medizinischen Gründen notwendig ist; § 4 Absatz 1 Nummer 11 Buchstabe c BVO gilt entsprechend.

4.1.11.2 Als niedrigste Beförderungsklasse unter Berücksichtigung möglicher Fahrpreisermäßigungen gilt der Bundesbahntarif Sparpreis 25 mit einem Rabatt von 25 % auf den Normaltarif einschließlich der Kosten der Platzreservierung.

4.1.12 **Nummer 12**

4.1.12.1 Die seitens der Deutschen Stiftung Organtransplantation (DSO) im Rahmen von Organtransplantationen in Rechnung gestellten Organisations- und Flugkostenpauschalen sind beihilfefähig.

4.1.13 **Nummer 13** (bleibt frei)

4.2 **Absatz 2**

4.2.1 Mit den Pauschalbeträgen des § 4 Absatz 2 Buchstabe b Satz 4 BVO sind mit Ausnahme der Suprakonstruktion sämtliche Kosten der zahnärztlichen und kieferchirurgischen Leistungen einschließlich notwendiger Anästhesie und die Kosten u. a. für die Implantate selbst, die Implantataufbauten, die implantatbedingten Verbindungselemente, Implantatprovisorien, notwendige Instrumente (z. B. Bohrer, Fräsen), Membranen und Membrannägel, Knochen- und Knochenersatzmaterial, Nahtmaterial, Röntgenleistungen, Computertomographie und Anästhetika abgegolten.

4.2.2 Es ist entsprechend der Rechtsprechung des Bundesverwaltungsgerichts (Urteil vom 28. 5. 2008 – 2 C 12/07) davon auszugehen, dass zu bereits vorhandenen Implantaten Beihilfen gewährt wurden, sofern der Beihilfeberechtigte nicht in geeigneter Weise nachweisen kann, dass eine Finanzierung ohne Leistungen aus öffentlichen Kassen erfolgt ist.

4.2.3 Steht am Wohnort des Beihilfeberechtigten kein Amtszahnarzt zur Verfügung (z. B. Wohnsitz im Ausland), ist das Gesundheitsamt am (letzten) Dienstort zuständig.

4.2.4 Liegen die Indikationen des § 4 Absatz 2 Buchstabe b Satz 1 BVO nicht vor, kann die Beihilfestelle auf die Einholung des amtszahnärztlichen Gutachtens verzichten. Wünscht der Beihilfeberechtigte in diesen Fällen eine amtszahnärztliche Begutachtung und Beratung – auch im Hinblick auf alternative Zahnersatzbehandlungen – kann dies durch die Beihilfestelle mit dem Hinweis, dass die Begutachtungskosten nicht beihilfefähig sind, vermittelt werden.

4.2.5 Wird ein notwendiges Gutachten eingeholt, trägt die Beihilfestelle die Kosten.

B) Hinweise:

Die in § 4 Abs. 1 BVO aufgeführten Kosten (es handelt sich um eine abschließende Aufzählung) sind nur insoweit beihilfefähig, als sie notwendig sind und sich in einem angemessenen Umfang halten. Das Notwendige ergibt sich i. d. R. aus dem, was der behandelnde Arzt, Zahnarzt, Heilpraktiker, Psychologische Psychotherapeut oder Kinder- und Jugendlichenpsychotherapeut durchführt oder anordnet. Hat die Beihilfestelle Zweifel an der Notwendigkeit und/oder dem angemessenen Umfang geltend gemachter Aufwendungen, kann sie ein Gutachten eines Amts- oder Vertrauensarztes/-zahnarztes einholen.

Nebenkosten, wie Fahr-, Unterkunfts- und Verpflegungskosten, die anlässlich der Beschaffung von beihilfefähigen Leistungen anfallen, sind nur insoweit beihilfefähig, als dies in den Beihilfebestimmungen ausdrücklich vorgesehen ist.

Die Aufwendungen müssen zur Wiedererlangung der Gesundheit, zur Besserung oder Linderung von Leiden oder zur Beseitigung oder zum Ausgleich angeborener oder erworbener Körperschäden gemacht worden sein. Zu vorbeugenden Maßnahmen können nur ausnahmsweise und nur, soweit die Beihilfevorschriften dies ausdrücklich zulassen, Beihilfen gezahlt werden.

Siehe im Übrigen die Hinweise zu den einzelnen Stichwörtern.

Kryokonservierung

Aufwendungen für eine Samen-Kryokonservierung, eine Kryokonservierung von imprägnierten (befruchteten) Eizellen sowie von noch nicht transferierten Embryonen (Verwahrgebühr und ärztliche Untersuchungen) sind nach Nr. 8.4.2 der VVzBVO (abgedruckt im Anhang, Nr. 2, S. 367 ff.) grundsätzlich **nicht** beihilfefähig.

Nach einem Urteil des BVerwG vom 7. November 2006 – 2 C 11.06 – sind die Aufwendungen für die Gewinnung, die Aufbereitung und Tiefkühlung von Spermien jedoch dann beihilfefähig, wenn sie in einem unmittelbaren Zusammenhang mit einer Krankheit (z. B. notwendige Operationen aufgrund einer Krebserkrankung) stehen. Die in diesem Fall durchgeführten ärztlichen Maßnahmen dienen der Wiedererlangung der Gesundheit und dem Ausgleich körperlicher Beeinträchtigungen.

Künstliche Befruchtung

1. Methoden

Ärztliche Maßnahmen zur künstlichen Befruchtung gem. § 27 a SGB V kommen im Rahmen folgender Verfahren zum Einsatz:

1. intrazervikale, intrauterine oder intratubare Insemination im Spontanzyklus, ggf. nach Auflösung der Ovulation durch HCG–Gabe, ggf. nach Stimulation mit Antiöstrogenen,
2. intrazervikale, intrauterine oder intratubare Insemination nach hormoneller Stimulation zur Polyovulation,
3. In-vitro-Fertilisation (IVF) mit Embryo-Transfer (ET), ggf. als Zygoten-Transfer oder als intratubarer Embryo-Transfer (EIFT – Embryo-Intrafallopian-Transfer),
4. intratubarer Gameten-Transfer (GIFT),
5. intracytoplasmatische Spermieninjektion (ICSI).

2. Beihilferechtliche Voraussetzungen

Entsprechend § 27 a SGB V sind Aufwendungen für medizinische Maßnahmen zur Herbeiführung einer Schwangerschaft nur beihilfefähig, wenn

1. nach ärztlicher Feststellung hinreichende Aussicht besteht, dass durch die Maßnahme eine Schwangerschaft herbeigeführt wird; eine hinreichende Aussicht besteht nicht mehr, wenn die Maßnahme dreimal ohne Erfolg durchgeführt worden ist (der zweite Halbsatz gilt nur für Inseminationen, die nach Stimulationsverfahren durchgeführt werden),
2. die Personen, die diese Maßnahmen in Anspruch nehmen wollen, miteinander verheiratet sind,
3. ausschließlich Ei- und Samenzellen des Beihilfeberechtigten und seines Ehegatten verwendet werden,
4. sich der Beihilfeberechtigte und sein Ehegatte vor Durchführung der Maßnahmen von einem Arzt, der die Behandlung nicht selbst durchführt, über eine solche Behandlung unter Berücksichtigung ihrer medizinischen und psychosozialen Gesichtspunkte haben unterrichten lassen und der Arzt sie an einen der Ärzte oder eine der Einrichtungen überwiesen hat, denen eine Genehmigung nach § 121 a SGB V erteilt worden ist (gilt nur für Inseminationen, die nach Stimulationsverfahren durchgeführt werden).

3. Altersbegrenzung

Voraussetzung für eine Beihilfefähigkeit der Aufwendungen ist, dass bei Behandlungsbeginn die Ehegatten das 25. Lebensjahr, die Ehefrau noch nicht das 40. Lebensjahr und der Ehemann noch nicht das 50. Lebensjahr vollendet haben.

4. Berücksichtigungsfähiger Ehegatte

Bei den Aufwendungen für eine künstliche Befruchtung ist es – wenn die Aufwendungen der berücksichtigungsfähigen Ehefrau wegen Überschreitens der Einkommensgrenze von 18.000 Euro in § 2 Abs. 1 Buchstabe b BVO von der Beihilfefähigkeit ausgeschlossen sind – von Bedeutung, welchem Ehegatten die Aufwendungen für eine solche Maßnahme zuzurechnen sind.

5. Zuordnung der Kosten

Nach der Beihilfenverordnung in Verbindung mit der Nr. 8.4.3 VVzBVO (abgedruckt im Anhang, Nr. 2, S. 423 ff.) gilt im Beihilferecht das Kostenteilungsprinzip mit der Maßgabe, dass bei einer ICSI- und der damit verbundenen IVF-Behandlung

a) Maßnahmen im Zusammenhang mit der Gewinnung (operative Samengewinnung mittels Hodenbiopsie), Untersuchung (Chromosomenanalyse) und Aufbereitung des männlichen Samens **dem Mann,**

b) Maßnahmen der IVF einschließlich aller extracorporalen Maßnahmen (Maßnahmen außerhalb der Körper beider Ehegatten) im Zusammenhang mit der Zusammenführung von Ei- und Samenzellen sowie der Hormonbehandlung (Zweck: Heranreifung mehrerer Eizellen) und der Beratung **der Frau**

zuzuordnen sind. Zu den Maßnahmen unter b) zählen die operative Eizellgewinnung mittels Follikelpunktion, die Entfernung des Eizellkumulus von den Eizellen, die Aufbereitung des Spermas, die Injektion des Spermas in die Eizelle (ICSI), die Kultur zur Aufbewahrung der befruchteten Eizelle bis zur Teilung in einen Mehrzeller (IVF) und der Embryotransfer in den Körper **der Frau.**

Kürettage

Entfernen von entzündetem Weichgewebe (Gewebegranulationen) aus Zahnfleischtaschen. Im Rahmen einer Parodontalbehandlung verbunden mit Scaling und Root Planing. Bei einer offenen Kürettage wird das Zahnfleisch beiseite geschoben, um einen besseren Zugang zu haben.

Kunststoffgläser (Brillen)

Die Aufwendungen für Kunststoffbrillengläser sind grundsätzlich beihilfefähig.

Kur

Siehe unter *„Ambulante Kurmaßnahmen"*.

Kurorte (Begriff)

Kurorte sind Gemeinden oder Teile von Gemeinden, in denen **„natürliche Heilmittel"** des Bodens oder des Klimas oder wissenschaftlich anerkannte hydrotherapeutische Heilverfahren oder sonstige wissenschaftlich anerkannte Präventions- und Heilverfahren zur Vorbeugung gegen Krankheiten oder zu deren Linderung durch zweckentsprechende Einrichtungen angewendet werden und die einen entsprechenden Ortscharakter aufweisen.

Kurzdarmsyndrom (Begriff)

Das Kurzdarmsyndrom bezeichnet ein Krankheitsbild, das durch die operative Entfernung (Resektion) großer Teile des Dünndarms entsteht.

Kurzzeitlinsen

Aufwendungen für Kurzzeitlinsen (Wegwerflinsen, Einmallinsen, Austauschsysteme) sind im Grundsatz **nicht** beihilfefähig. Eine Ausnahme gilt nach ausführlicher augenärztlicher Begründung bei

a) Verwendung als Verbandlinse oder Medikamententräger, sofern mit anderen therapeutischen Systemen (Salben, Tropfen, operativer Eingriff) das Krankheitsbild nicht befriedigend therapiert werden kann, z. B. bei Hornhautulkus, Keratitis bullosa, Keratitis metaherpetica, chronisch rezivierender Erosio, okulärer Pemphigus, lamellierender Hornhautverletzung, Perforatio bulbi, Keratoplastik, trockenem Auge der Gradation III/IV, Zustand nach Verbrennung, Verätzung, Ektropium, Entropium, Symblepharonbildung und Lidschlussinsuffiziens verschiedenster Genese,

b) Brechungsfehlern, die progressiv sind und daher im Jahr mehrfach eine neue, entsprechend stärkere Kontaktlinse erfordern würden (z. B. bei der progressiven Myopie des Kindes),

c) Kindern mit häufigem Linsenverlust (Einzelfälle).

Kurzzeitpflege

Siehe unter *„Teilstationäre Pflege"*.

L

L-Methionin

Mangel an Methionin kann die Fähigkeit der Körpers, Urin abzugeben, stark einschränken. Dies führt zu Schwellungen im Gewebe aufgrund von Flüssigkeitsablagerungen und zu verstärkter Anfälligkeit gegen Infektionen.

Aufwendungen für nicht verschreibungspflichtige L-Methionin-Präparate sind bei Personen, die das 18. Lebensjahr vollendet haben, nur zur Vermeidung der Steinneubildung bei Phosphatsteinen bei neurogener Blasenlähmung, wenn Ernährungsempfehlungen und Blasenentleerungstraining erfolglos geblieben sind, beihilfefähig (vgl. Anlage I AMR, abgedruckt im Anhang, Nr. 4, S. 549). Für Personen unter 18 Jahren gelten keine Einschränkungen.

La Roche-Posay (Frankreich)

Es handelt sich um einen beihilferechtlich anerkannten Kurort in Frankreich (vgl. Teil 1 b der Anlage 5 VVzBVO; abgedruckt im Anhang, Nr. 2, S. 423 ff.).

Lactulose und Lactitol

Lactitol (E 966) ist ein synthetischer Zuckeraustauschstoff, der aus Milchzucker gewonnen wird. Lactitol wird vor allem in Nahrungsmitteln für Diabetiker verwendet. Lactitol ist bei Genuss in angemessenen Mengen nach derzeitigem Erkenntnisstand nicht gesundheitsschädlich; in größeren Mengen kann es allerdings ggf. abführend wirken.

Lactulose ist ein synthetisches Disaccharid (Zweifachzucker), bestehend aus D-Galactose und Fructose, das durch Isomerisierung (chemische Modifikation) aus Lactose (Milchzucker) gewonnen wird.

Aufwendungen für nicht verschreibungspflichtige Lactulose- und Lactitol-Präparate sind bei Personen, die das 18. Lebensjahr vollendet haben, nur zur Senkung der enteralen Ammoniakresorption bei Leberversagen im Zusammenhang mit der hepatischen Enzephalophatie beihilfefähig (vgl. auch Anlage I AMR, abgedruckt im Anhang, Nr. 4, S. 549 ff.).

Ladelift für Personenfahrzeuge

Aufwendungen für Ladelifte für Personenfahrzeuge (für Rollstuhlfahrer) sind grundsätzlich beihilfefähig.

Langstöcke (für Sehbehinderte)

Aufwendungen für Langstöcke, die Sehbehinderte benötigen, sind beihilfefähig. Auch die Kosten für die Ausbildung im Gebrauch des Langstockes und die Schulung in Orientierung und Mobilität sind beihilfefähig. Beihilfefähig sind je Unterrichtsstunde (inkl. 15 Minuten Vor- und Nachbereitung) einschließlich des Unterrichtsmaterials 63,50 Euro. Als Fahrzeitentschädigung kann der Trainer je Zeitstunde (jede angefangene Stunde wird im 5-Minuten-Takt anteilig berechnet) 50,48 Euro berechnen. Als Fahrtkostenerstattung können beihilferechlich pauschal je gefahrenen Kilometer 0,30 Euro berücksichtigt werden. Alternativ sind die tatsächlich entstandenen Kosten mit öffentlichen Verkehrsmitteln beihilfefähig.

Lappenoperation (Begriff)

Parodontose-Operation mit Wegklappen des Zahnfleisches, um einen besseren Zugang zu haben. Nach der Behandlung der Wurzeloberflächen und des Knochens wird das Zahnfleisch wieder vernäht.

Laserakupunktur

Siehe unter *„Akupunkturbehandlung"*.

Lasertherapie „DermoDyne-Lichtimpfung"

Die DermoDyne-Lichtimpfung ist indiziert bei Kontaktekzemen, Psoriasis, Neurodermitis. Beihilferechtlich werden grundsätzlich die Nrn. 750 und 2440 GOÄ (einfacher Satz – analog) akzeptiert. Gilt derzeit grundsätzlich als wissenschaftlich noch nicht anerkannt. Die Aufwendungen sind nur im Ausnahmefall beihilfefähig.

Lateral (Begriff)

Seitlich (ein- oder zweiseitig)

Laxatan M

Es handelt sich um ein grundsätzlich nicht beihilfefähiges Medizinprodukt. Die Aufwendungen sind ausnahmsweise beihilfefähig bei Personen ab dem vollendeten 16. Lebensjahr zur Behandlung der Obstipation nur in Zusammenhang mit Tumorleiden, Megacolon (mit Ausnahme des toxischen Megacolons), Divertikulose, Divertikulitis, Mukoviszidose, neurogener Darmlähmung, bei phosphatbindender Medikation bei chronischer Niereninsuffizienz, Opiat- sowie Opiodtherapie und in der Terminalphase; vgl. Anlage V AMR, abgedruckt im Anhang, Nr. 6, S. 556.

Lebensmittel

Es handelt sich um Güter des täglichen Bedarfs; die Aufwendungen sind nicht beihilfefähig.

Legasthenie

Aufwendungen für eine Behandlung der Legasthenie oder Akalkulie sind grundsätzlich nicht beihilfefähig, da es sich hierbei im Regelfall beihilferechtlich nicht um eine Krankheit handelt. Sofern der Behandlung im Ausnahmefall Krankheitswert zugrunde liegt, ist sie im Rahmen der Anlage 1 zu § 4 Abs. 1 Nr. 1 Satz 5 BVO (abgedruckt im Anhang, Nr. 1 a, 367 ff.) beihilfefähig.

Lehrer

Lehrer erhalten keine Beihilfen, wenn sie regelmäßig wöchentlich weniger als die Hälfte der Pflichtstundenzahl unterrichten (vgl. Nr. 1.3.1.3 VVzBVO, abgedruckt im Anhang, Nr. 2, S. 423 ff.).

Leichenpass

Siehe unter *„Sterbefall im Inland"*.

Leselupe

Aufwendungen für ärztliche verordnete Leselupen sind beihilfefähig.

Levocarnitin

Es handelt sich bei Levocarnitin um ein Transportprotein von Acyl-Gruppen; Anwendung bei Carnitinmangel oder -verlusten und als Adjuvans bei Muskeldystrophie.

Aufwendungen für nicht verschreibungspflichtige Levocarnitinpräparate sind bei Personen, die das 18. Lebensjahr vollendet haben, nur zur Behandlung bei endogenem Carnitinmangel beihilfefähig (vgl. Anlage I der AMR, abgedruckt im Anhang, Nr. 4, S. 549 ff.).

Lichthärtungsverfahren (Begriff)

Härten von bestimmten Kunststoffmaterialien (Composites) durch Bestrahlung mit Lichtgeräten bestimmter Wellenlängen.

Lichttherapie

Die Aufwendungen der von Angehörigen der Gesundheits- und Medizinalfachberufe erbrachten Leistungen sind bis zu den folgenden Höchstbeträgen beihilfefähig:

	Beihilfefähiger Höchstbetrag
– Behandlung mit Ultraviolettlicht	
a) als Einzelbehandlung	3,10 Euro
b) in einer Gruppe, je Teilnehmer	2,60 Euro
– Reizbehandlung eines umschriebenen Hautbezirkes mit Ultraviolettlicht	3,10 Euro
– Reizbehandlung mehrerer umschriebener Hautbezirke mit Ultraviolettlicht	5,20 Euro
– Quarzlampendruckbestrahlung eines Feldes	6,20 Euro
– Quarzlampendruckbestrahlung mehrerer Felder	8,70 Euro

(Vgl. die Nrn. 42 bis 45 und die Fußnote 9 des Leistungsverzeichnisses für ärztlich verordnete Heilbehandlungen nach § 4 Abs. 1 Nr. 9 BVO und Anlage 2 VVzBVO, abgedruckt im Anhang, Nr. 2, S. 423 ff.).

Liegestuhl

Aufwendungen für einen Liegestuhl sind nicht beihilfefähig; siehe auch unter *„Hilfsmittel"*.

Lifestyle-Arzneimittel

Aufwendungen für Arzneimittel, bei deren Anwendung eine Erhöhung der Lebensqualität im Vordergrund steht (sog. Lifestyle-Arzneimittel) sind unabhängig vom Alter der erkrankten Person und der Verschreibungsart **nicht** beihilfefähig. Es sind dies Arzneimittel, deren Einsatz grundsätzlich durch die private Lebensführung bedingt ist oder die aufgrund ihrer Zweckbestimmung insbesondere

- nicht oder nicht ausschließlich zur Behandlung von Krankheiten dienen,
- zur individuellen Bedürfnisbefriedigung oder zur Aufwertung des Selbstwertgefühls dienen,
- zur Behandlung von Befunden angewandt werden, die lediglich Folge natürlicher Alterungsprozesse sind und deren Behandlung medizinisch nicht notwendig ist,
- zur Anwendung bei kosmetischen Befunden angewandt werden, deren Behandlung i. d. R. nicht notwendig ist.

Hierzu gehören insbesondere Aufwendungen für Arzneimittel, die überwiegend zur Behandlung der erektilen Dysfunktion, der Anreizung und Steigerung der sexuellen Potenz, zur Raucherentwöhnung, zur Abmagerung oder zur Zügelung des Appetits, zur Regulierung des Körpergewichts oder zur Verbesserung des Haarwuchses dienen.

(Vgl. Ziffer 8 b der Anlage 2 zu § 4 Abs. 1 Nr. 7 BVO und Anlage II der AMR, abgedruckt im Anhang, Nr. 1 a, S. 367 ff. und Nr. 5, S. 553 ff.).

Lingual (Begriff)

Die der Zunge zugewandte Fläche eines Zahnes der unteren Zahnreihe.

Lösungen und Emulsionen zur parenteralen Ernährung

Aufwendungen für nichtverschreibungspflichtige Lösungen und Emulsionen sind bei Personen, die das 18. Lebensjahr vollendet haben (für Personen unter 18 Jahren gelten keine Einschränkungen), nur zur parenteralen Ernährung, einschließlich der notwendigen Vitamine und Spurenelemente beihilfefähig (vgl. auch Anlage I der AMR, abgedruckt im Anhang, Nr. 4, S. 549 ff.).

Logopädie

Die Aufwendungen der von Angehörigen der Gesundheits- und Medizinalfachberufe erbrachten Leistungen sind bis zu den folgenden Höchstbeträgen beihilfefähig:

	Beihilfefähiger Höchstbetrag
– Erstgespräch mit Behandlungsplanung und -besprechungen, einmal je Behandlungsfall	31,70 Euro

– Standardisierte Verfahren zur Behandlungsplanung einschließlich Auswertung, nur auf spezielle ärztliche Verordnung bei Verdacht auf zentrale Sprachstörungen, einmal je Behandlungsfall	49,60 Euro
– Ausführlicher Bericht	11,80 Euro
– Einzelbehandlung bei Sprech-, Sprach- und Stimmstörungen	
a) Mindestbehandlungsdauer 30 Minuten	31,70 Euro
b) Mindestbehandlungsdauer 45 Minuten	41,50 Euro
c) Mindestbehandlungsdauer	52,20 Euro
– Gruppenbehandlung bei Sprech-, Sprach- und Stimmstörungen mit Beratung des Patienten und ggf. der Eltern, je Teilnehmer	
a) Kindergruppe, Mindestbehandlungsdauer 30 Minuten	14,90 Euro
b) Erwachsenengruppe, Mindestbehandlungsdauer 45 Minuten	17,40 Euro

(vgl. die Nummern 46 bis 48 des Leistungsverzeichnisses für ärztlich verordnete Heilbehandlungen nach § 4 Abs. 1 Nr. 9 BVO und Anlage 2 VVzBVO, abgedruckt im Anhang, Nr. 2, S. 423 ff.).

Logotherapie

Aufwendungen für eine Logotherapie sind nicht beihilfefähig (vgl. Nr. 1.1 g der Anlage 1 zu § 4 Abs. 1 Nr. 1 Satz 5 BVO, abgedruckt im Anhang, Nr. 1 a, S. 367 ff.).

Lubricano Steriles Gel

Es handelt sich um ein grundsätzlich nicht beihilfefähiges Medizinprodukt. Die Aufwendungen sind ausnahmsweise bei Patienten zur Anwendung bei Katheterrisierung beihilfefähig; vgl. Anlage V AMR, abgedruckt im Anhang, Nr. 6, S. 556 ff..

Lucko-Spezialschuh

Die Aufwendungen für einen Lucko-Spezialschuh (für Diabetiker) sind beihilfefähig.

Lufti-Mobil-Modell

Siehe unter *„Asthmatikerschulung"*.

Luftreinigungsgerät

Aufwendungen für ein Luftreinigungsgerät sind **nicht** beihilfefähig.

Lupenbrille

Aufwendungen für eine ärztlich verordnete Lupenbrille ist beihilfefähig.

Luxation eines Zahnes oder Kiefers (Begriff)

Lockerung, Verschiebung, Verrenkung durch äußere Einwirkung

M

Magensonde (PEG-Sonde)

Die perkutane endoskopische Gastrostomie (PEG) ist ein endoskopisch angelegter direkter Zugang zum Magen, der die Bauchwand durchdringt und der bei Patienten mit Schluckstörungen unterschiedlichster Art die künstliche Ernährung über längere Zeit ermöglicht.

Eine PEG ermöglicht somit die künstliche Ernährung mit Sondennahrung als enterale Ernährung, also eine Ernährung über den Magen-Darm-Trakt, die der parenteralen Ernährung, d. h. der Ernährung durch Infusionen, grundsätzlich vorzuziehen ist.

Magnesiumverbindungen

Aufwendungen für nicht verschreibungspflichtige Magnesiumverbindungen sind bei Personen, die das 18. Lebensjahr vollendet haben,

a) oral

nur bei angeborenen Magnesiumverlusterkrankungen,

b) parental

nur zur Behandlung bei nachgewiesenem Magnesiummangel und zur Behandlung bei erhöhtem Eklampsierisiko

beihilfefähig (vgl. Anlage I AMR, abgedruckt im Anhang, Nr. 4, S. 549 ff.).

Manifeste Osteoporose (Begriff)

Als manifeste Osteoporose bezeichnet man ein Krankheitsbild, welches bereits zu osteoporotischen Knochenbrüchen geführt hat – uns zwar unabhängig von der jeweils gemessenen Knochendichte. Wenn also osteoporotische Knochenbrüche – vor allem Wirbelbrüche – aufgetreten sind, ist diese Situation in jedem Fall behandlungsbedürftig.

Manuelle Lymphdrainage

Die Aufwendungen sind, soweit die Manuelle Lymphdrainage ärztlich verordnet und von einem anerkannten Angehörigen der Gesundheits- oder Medizinalberufe durchgeführt wird, im Rahmen der folgenden Höchstbeträge beihilfefähig:

Manuelle Lymphdrainage nach Dr. Vodder[7)]

a) Teilbehandlung, 30 Minuten	19,50 Euro
b) Großbehandlung, 45 Minuten	29,20 Euro
c) Ganzbehandlung, 60 Minuten	39,00 Euro
d) Kompressionsbandagierung einer Extremität[8)]	8,70 Euro

Vgl. hierzu auch Nr. 19 und die Fußnoten 7 und 8 des Leistungsverzeichnisses für ärztlich verordnete Heilbehandlung nach § 4 Abs. 1 Nr. 9 BVO und Anlage 2 VVzBVO, abgedruckt im Anhang, Nr. 2, S. 423 ff.

Eine Mengenbegrenzung, wie im Bereich der Gesetzlichen Krankenversicherung üblich, sieht das Beihilferecht derzeit nicht vor.

Führt der behandelnde Arzt die Behandlung selber in seiner Praxis durch, sind die Aufwendungen im Rahmen der GOÄ beihilfefähig.

Manuelle Therapie

Die Aufwendungen sind, soweit die Manuelle Therapie ärztlich verordnet und von einem anerkannten Angehörigen der Gesundheits- oder Medizinalberufe durchgeführt wird, im Rahmen des folgenden Höchstbetrages beihilfefähig:

Manuelle Therapie zur Behandlung von Gelenkblockierungen[6)], Mindestbehandlungsdauer 30 Minuten	22,50 Euro

Vgl. hierzu auch Nr. 12 und Fußnote 6 des Leistungsverzeichnisses für ärztlich verordnete Heilbehandlung nach § 4 Abs. 1 Nr. 9 BVO und Anlage 2 VVzBVO, abgedruckt im Anhang Nr. 2, S. 423 ff.

Eine Mengenbegrenzung, wie im Bereich der Gesetzlichen Krankenversicherung üblich, sieht das Beihilferecht derzeit nicht vor.

Führt der behandelnde Arzt die Behandlung selber in seiner Praxis durch, sind die Aufwendungen im Rahmen der GOÄ beihilfefähig.

Marcrogol-CT-Abführpulver

Es handelt sich um ein grundsätzlich nicht beihilfefähiges Medizinprodukt. Die Aufwendungen sind ausnahmsweise beihilfefähig für Patienten ab dem vollendeten 12. Lebensjahr zur Behandlung der Obstipation nur in Zusammenhang mit Tumorleiden, Megacolon (mit Ausnahme des toxischen Megacolons), Divertikulose, Divertikulitis, Mukoviszidose, neurogener Darmlähmung, bei phosphatbindender Medikation bei chronischer Niereninsuffizienz, Opiat- sowie Opiodtherapie und in der Terminalphase; vgl. Anlage V AMR, abgedruckt im Anhang, Nr. 6, S. 556 ff.

Marienbad/Marianske Lazne (Tschechien)

Der Ort ist beihilferechtlich als Kurort anerkannt (vgl. Anlage 5 VVzBVO, abgedruckt im Anhang, Nr. 2, S. 423 ff.).

Massageapparate

Aufwendungen für Massageapparate sind dem Bereich der privaten Lebensführung zuzurechnen und daher **nicht** beihilfefähig.

Massagen

Die Aufwendungen der von Angehörigen der Gesundheits- und Medizinalfachberufe erbrachten Leistungen sind bis zu folgenden Höchstbeträgen beihilfefähig:

	Beihilfefähiger Höchstbetrag
– Massagen einzelner oder mehrerer Körperteile, auch Spezialmassagen (Bindegewebs-, Reflexzonen-, Segment-, Periost-, Bürsten- und Colonmassagen) [2)]	13,80 Euro
– Manuelle Lymphdrainage nach Dr. Vodder [7)]	
a) Teilbehandlung, 30 Minuten	19,50 Euro
b) Großbehandlung, 45 Minuten	29,20 Euro
c) Ganzbehandlung, 60 Minuten	39,00 Euro
d) Kompressionsbandagierung einer Extremität [8)]	8,70 Euro
– Unterwasserdruckstrahlmassage bei einem Wanneninhalt von mindestens 600 Litern und einer Aggregatleistung von mindestens 200 l/min sowie mit Druck- und Temperaturmesseinrichtung – einschließlich der erforderlichen Nachruhe –	23,10 Euro

(vgl. die Nr. 18 bis 20 und die Fußnoten 2, 7 und 8 des Leistungsverzeichnisses für ärztlich verordnete Heilbehandlungen nach § 4 Abs. 1 Nr. 9 BVO und Anlage 2 VVzBVO, abgedruckt im Anhang, Nr. 2, S. 423 ff.).

MAT

Siehe unter *„Med-X-Therapie"*.

Matratzen

Es handelt sich um einen Gegenstand der allgemeinen Lebenshaltung. Die Aufwendungen sind **nicht** beihilfefähig. Das gilt auch für antiallergene Matratzen.

Med-X-Therapie

Aufwendungen für ein ärztlich verordnetes Medizinisches Aufbautraining (MAT) mit Sequenztrainingsgeräten zur Behandlung von Erkrankungen der Wirbelsäule sind beihilfefähig, wenn

- das medizinische Aufbautraining von Krankenhausärzten, von Ärzten der Physikalischen und Rehabilitativen Medizin, von einem Allgemeinarzt mit der Zusatzbezeichnung Physikalische und Rehabilitative Medizin verordnet wird,
- Therapieplanung und Ergebniskontrolle von einem Arzt der Therapieeinrichtung erfolgen und
- jede einzelne therapeutische Sitzung unter ärztlicher Aufsicht durchgeführt wird. Die Durchführung therapeutischer und diagnostischer Leistungsbestandteile ist teilweise an speziell geschultes medizinisches Personal delegationsfähig.

Die Beihilfefähigkeit ist auf maximal 18 Sitzungen je Krankheitsfall begrenzt.

Die Angemessenheit der Aufwendungen richtet sich bei von einem Arzt erbrachten Leistungen nach dem Beschluss der Bundesärztekammer zur Analogbewertung der Medizinischen Trainingstherapie. Danach sind folgende Leistungen bis zum 2,3-fachen der Einfachsätze der GOÄ beihilfefähig:

- Eingangsuntersuchung zur Medizinischen Trainingstherapie einschließlich biomechanischer Funktionsanalyse der Wirbelsäule, spezieller Schmerzanamnese und ggf. anderer funktionsbezogener Messverfahren sowie Dokumentation analog Nr. 842 GOÄ. Die Berechnung einer Kontrolluntersuchung analog Nr. 842 GOÄ ist nicht vor Abschluss der Behandlungsserie möglich.
- Medizinische Trainingstherapie mit Sequenztraining einschließlich progressiv-dynamischen Muskeltrainings mit speziellen Therapiemaschinen analog Nr. 846 GOÄ, zuzüglich zusätzlichem Geräte-Sequenztraining analog Nr. 558 GOÄ (je Sitzung) und begleitenden krankengymnastischen Übungen nach Nr. 506 GOÄ. Die Nummern 846 analog, 558 analog und 506 sind pro Sitzung jeweils nur einmal berechnungsfähig.

Werden die Leistungen von zugelassenen Leistungserbringern nach § 4 Abs. 1 Nr. 9 Satz 3 BVO erbracht, richtet sich die Angemessenheit der Aufwendungen nach Abschnitt I Nr. 15 des Leistungsverzeichnisses für Gesundheits- und Medizinalfachberufe (vgl. Anlage 2 VVzBVO, abgedruckt im Anhang, Nr. 2, S. 423 ff.).

Fitness- und Kräftigungsmethoden, die nicht den Anforderungen des ärztlich geleiteten medizinischen Aufbautrainings entsprechen, sind auch dann nicht beihilfefähig, wenn sie an identischen Trainingsgeräten mit gesundheitsfördernder Zielsetzung durchgeführt werden.

(Vgl. auch Abschnitt 2 der Anlage 2 VVzBVO, abgedruckt im Anhang, Nr. 2, S. 423 ff.).

Medizinalfachberufe

Siehe unter *„Gesundheitsfachberufe“*.

Medizinische Bäder

Aufwendungen für ärztlich verordnete medizinische Bäder (Kohlensäure-, Schwefel-, Moor- und Kneippbäder) sind beihilfefähig, wenn sie unter ärztlicher

Aufsicht oder unter Aufsicht medizinischer Hilfspersonen durchgeführt werden. Unter diesen Voraussetzungen werden auch zu den Kosten für Bewegungsbäder in besonderen Schwimmbecken Beihilfen gewährt (siehe auch *„Packungen, Hydrotherapie, Bäder"*).

Medizinisches Aufbautraining

Siehe unter *„Med-X-Therapie"*.

Medizinprodukte

Medizinprodukte sind Instrumente, Apparate, Vorrichtungen, Stoffe und Zubereitungen aus Stoffen oder andere Gegenstände, die für medizinische Zwecke wie die Erkennung, Verhütung, Überwachung, Behandlung oder Linderung von Krankheiten, Verletzungen oder Behinderungen bestimmt sind und deren Hauptwirkung im oder am menschlichen Körper – im Gegensatz zu den Arzneimitteln – nicht auf pharmakologischem, immunologischem oder metabolischem Weg, sondern auf physikalischem Weg erreicht wird.

Aktive Medizinprodukte nutzen eine Energiequelle (mit Ausnahme der direkt vom menschlichen Körper oder durch die Schwerkraft erzeugten Energie) wie z. B. Strom oder Druckluft.

Beispiele für Medizinprodukte sind medizinisch-technische Geräte (einschließlich der erforderlichen Software), Implantate, Produkte zur Injektion, Infusion, Transfusion und Dialyse, humanmedizinische Instrumente, Dentalprodukte, Verbandstoffe, Sehhilfen, Katheter, Herzschrittmacher, Röntgengeräte, Labordiagnostika, Produkte zur Empfängnisregulierung sowie In-vitro-Diagnostika.

Medizinprodukte sind auch Produkte, die einen Stoff oder eine Zubereitung aus Stoffen enthalten oder mit solchen beschichtet sind, die bei gesonderter Verwendung als Arzneimittel oder Bestandteil eines Arzneimittels angesehen werden und in Ergänzung zu den Funktionen des Produktes eine Wirkung auf den menschlichen Körper entfalten können.

Nicht unter das Medizinproduktegesetz fallen beispielsweise Produkte – mit Ausnahme der In-vitro-Diagnostika –, die Materialien menschlichen Ursprungs oder lebende Zellen/lebendes Gewebe tierischen Ursprungs enthalten, sowie In-vivo-Diagnostika, kosmetische Mittel, persönliche Schutzausrüstungen und Produkte zur ausschließlichen Verwendung in der Veterinärmedizin.

Im Gegensatz zu Arzneimitteln gibt es bei Medizinprodukten in Europa keine staatliche Zulassung. Damit Medizinprodukte auf dem europäischen Markt in Verkehr gebracht oder in Betrieb genommen werden können, müssen sie mit einer CE-Kennzeichnung versehen werden. Geregelt wird die CE-Kennzeichnung durch Europäisches Recht. Die CE-Kennzeichnung darf nur angebracht werden, wenn das Produkt die in den einschlägigen Richtlinien vorgegebenen grundlegenden Sicherheits- und Leistungsanforderungen erfüllt hat. Zuvor muss es einer Risikobewertung, einem Verfahren des Risikomanagements (Minimierung von Risiken) und einer Risiko-Nutzen-Analyse unterzogen sowie ein dem Risiko des Produktes angemessenes Konformitätsbewertungsverfahren erfolgreich durchgeführt worden sein.

Medizinprodukte sind grundsätzlich nur beihilfefähig, wenn sie auch zulasten der GKV verordnet werden können. Soweit es sich um arzneimittelverwandte Produkte handelt, müssen diese in der Anlage V der AMR (abgedruckt im Anhang, Nr. 6, S. 556 ff.) aufgelistet sein.

Ob und ggf. in welcher Höhe ein Beihilfeanspruch zu den Aufwendungen für ein Medizinprodukt besteht, sollte im Einzelfall mit der zuständigen Beihilfestelle geklärt werden.

Meerwasserbad

Aufwendungen für Meerwasserbäder außerhalb von Rehabilitations- oder Kurmaßnahmen (§§ 6, 6 a, 7 BVO, abgedruckt im Anhang, Nr. 1 a, S. 367 ff.) sind nicht beihilfefähig.

Mehrlingsgeburten

Bei Mehrlingsgeburten sowie in Fällen, in denen mehrere Kinder angenommen werden oder mit dem Ziel der Annahme in den Haushalt aufgenommen werden, wird der Zuschuss nach § 9 Abs. 1 Satz 2 BVO (Zuschuss zur Säuglings- und Kleinkinderausstattung in Höhe von 170 Euro, abgedruckt im Anhang, Nr. 1 a, S. 367 ff.) für jedes Kind gewährt.

Mesalazin (Begriff)

Mesalazin (INN), auch 5-Aminosalicylsäure (5-ASA), ist ein Amin-Derivat der Salicylsäure und wird als entzündungshemmender Arzneistoff in der Behandlung chronisch entzündlicher Darmerkrankungen (Morbus Crohn, Colitis ulcerosa) angewendet.

Methadonbehandlung

Aufwendungen für eine Methadonbehandlung Opiumabhängiger sind beihilfefähig, wenn die Indikationen nach Anlage I Nr. 2 der Richtlinie „Methoden vertragsärztlicher Versorgung" (vgl. www.g-ba.de) vorliegen.

Metixenhydrochlorid

Aufwendungen für nicht verschreibungspflichtige Metixenhydrochloridpräparate sind bei Personen, die das 18. Lebensjahr vollendet haben (für Personen unter 18 Jahren gelten keine Einschränkungen) nur zur Behandlung des Parkinson-

Syndroms beihilfefähig (vgl. auch Anlage I AMR, abgedruckt im Anhang, Nr. 4, S. 549 ff.).

Mieder

Es handelt sich um einen Gegenstand der allgemeinen Lebenshaltung; die Aufwendungen sind **nicht** beihilfefähig.

Mietgebühren für Hilfsmittel

Mietgebühren für ärztlich verordnete Hilfsmittel sind beihilfefähig, sofern sie insgesamt nicht höher als die entsprechenden Anschaffungskosten des Hilfsmittels sind.

Milchpumpe

Aufwendungen (Mietgebühren i. d. R. günstiger als Anschaffungskosten) für eine ärztlich verordnete Milchpumpe sind grundsätzlich beihilfefähig. Eine vorherige Anerkennung durch die Beihilfestelle ist **nicht** erforderlich.

Mineral-Haaranalyse (Begriff)

Eine Mineral-Haaranalyse ist ausschließlich indiziert bei Verdacht auf Vergiftungen mit Schwermetallen (Blei, Kadmium, Quecksilber, Zink); die Aufwendungen sind in diesem Fall beihilfefähig. Andere Verschiebungen im Mineralhaushalt sind genauer und kostengünstiger durch Blutuntersuchungen zu klären.

Mineralbad

Aufwendungen für Mineralbäder sind außerhalb einer Rehabilitations- oder Kurmaßnahme (§§ 6, 6 a, 7 BVO, abgedruckt im Anhang, Nr. 1 a, S. 367 ff.) nicht beihilfefähig.

Mineralwasser

Aufwendungen für Mineralwasser sind nicht beihilfefähig (vgl. Nr. 4.1.7.5 VVzBVO, abgedruckt im Anhang, Nr. 2, S. 423 ff.).

Mistel-Präparate (parenteral, auf Mistellektin normiert)

Aufwendungen für nicht verschreibungspflichtige Mistel-Präparate sind bei Personen, die das 18. Lebensjahr vollendet haben (für Personen unter 18 Jahren gelten keine Einschränkungen) nur in der palliativen Therapie von malignen Tumoren zur Verbesserung der Lebensqualität beihilfefähig (vgl. auch Anlage I AMR, abgedruckt im Anhang, Nr. 4, S. 549 ff.).

Mobile Rehabilitation

Siehe unter *„Ambulante Rehabilitationsmaßnahme"*.

Mobilitätstraining für Blinde

Zu den beihilfefähigen Kosten gehören auch solche aus Anlass eines Mobilitätstrainings für Blinde. Die in diesem Zusammenhang entstehenden Unterbringungskosten sind nach § 4 Abs. 1 Nr. 3 BVO (abgedruckt im Anhang, Nr. 1 a, S. 367 ff.) beihilfefähig. Beihilfefähig sind u. a. auch die Aufwendungen für die Anschaffung zweier Langstöcke sowie innerhalb bestimmter Höchstbeträge die Aufwendungen für eine Ausbildung im Gebrauch des Langstockes sowie für eine Schulung in Orientierung und Mobilität. Das Mobilitätstraining erfolgt grundsätzlich als Einzeltraining und kann sowohl ambulant als auch in einer Spezialeinrichtung (stationär) durchgeführt werden.

Montegrotto (Italien)

Der Ort ist beihilferechtlich als Kurort anerkannt (vgl. Anlage 5 VVzBVO, abgedruckt im Anhang, Nr. 2, S. 423 ff.).

Morbus Crohn (Begriff)

Der Morbus Crohn gehört zur Gruppe der chronisch-entzündlichen Darmerkrankungen. Es handelt sich um eine chronisch-granulomatöse Entzündung, die im gesamten Magen-Darm-Trakt von der Mundhöhle bis zum After auftreten kann. Bevorzugt befallen sind der untere Dünndarm (terminales Ileum) und Grimmdarm (Colon), seltener Speiseröhre (Ösophagus) und Mund. Charakterisierend für Morbus Crohn ist der diskontinuierliche, segmente Befall der Darmschleimhaut; es können gleichzeitig mehrere Darmabschnitte erkrankt sein, die durch gesunde Abschnitte voneinander getrennt sind.

Morbus Wilson (Begriff)

Bei Morbus Wilson, auch Kupferspeicherkrankheit oder Wilson-Krankheit genannt, handelt es sich um eine Erbkrankheit, die autosomal-rezessiv vererbt wird und zur Folge hat, dass der Körper Kupfer vermindert ausscheidet und vermehrt in Leber und Zentralnervensystem speichert. Die Erkrankung manifestiert sich hauptsächlich im Jugend bzw. jungen Erwachsenenalter.

MucoClear 6 %

Es handelt sich um ein grundsätzlich nicht beihilfefähiges Medizinprodukt. Die Aufwendungen sind ausnahmsweise beihilfefähig bei Patienten ab dem sechsten Lebensjahr zur symptomatischen Inhalationsbehandlung der Mukoviszidose; vgl. Anlage V AMR, abgedruckt im Anhang, Nr. 6, S. 556 ff..

Müttergenesungskur

Siehe unter *„Stationäre Müttergenesungskur"*.

Multibandbehandlung (Begriff)

Kieferorthopädische Behandlung mit festsitzenden Geräten (Band, Bracket).

Mund- und Rachentherapeutika

Aufwendungen für sog. Mund-Rachentherapeutika sind bei Personen, die das 18. Lebensjahr vollendet haben, unabhängig von der Verschreibungsart **nicht** beihilfefähig. Ausnahmen bestehen bei Pilzinfektionen, geschwürigen Erkrankungen der Mundhöhle und nach chirurgischen Eingriffen im Hals-, Nasen- und Ohrenbereich (vgl. Nr. 7 der Anlage 2 BVO, abgedruckt im Anhang, Nr. 1 a, S. 367 ff.).

Munddusche

Die Aufwendungen für eine Munddusche sind dem Bereich der privaten Lebensführung zuzurechnen und daher nicht beihilfefähig.

Musiktherapie

Aufwendungen für eine Musiktherapie sind nicht beihilfefähig (vgl. Nr. 1.1 h der Anlage 1 zu § 4 Abs. 1 Nr. 1 Satz 5 BVO, abgedruckt im Anhang, Nr. 1 a, S. 367 ff.).

N

Nachtstuhl

Die Aufwendungen für einen ärztlich verordneten Nachtstuhl (Toilettenstuhl) sind beihilfefähig; einer vorherigen Anerkennung durch die Beihilfestelle bedarf es nur bei Anschaffungskosten über 1.000 Euro.

Nachweis über die Leistungen der privaten Krankenversicherung

Bei Vorlage der Quotenbescheinigung der privaten Krankenversicherung entfällt grundsätzlich gegenüber der Beihilfestelle der Einzelnachweis über die Leistung der Versicherung.

Nackenheizkissen

Die Aufwendungen für ein Nackenheizkissen sind dem Bereich der privaten Lebensführung zuzurechnen und daher **nicht** beihilfefähig.

Nahbrille

Aufwendungen für ärztlich verordnete Nahbrillen sind grundsätzlich beihilfefähig; siehe auch unter *„Sehhilfen"*.

Nahrungsergänzungsmittel

Nahrungsergänzungsmittel sind Lebensmittel, die die übliche Nahrung ergänzen. Im Allgemeinen versteht man darunter die gezielte Zufuhr bestimmter

Nährstoffe wie Vitamine, Mineralstoffe und Spurenelemente. Aufgrund ihrer in der Regel lebensmitteluntypischen Darreichungsform (Tabletten, Kapseln, Dragees) werden sie häufig mit Arzneimitteln verwechselt, sind aber Lebensmittel. Aufwendungen für diese Nahrungsergänzungsmittel sind auch bei ärztlicher Verordnung nicht beihilfefähig.

Einige wenige Präparate sind aufgrund ihrer hohen Dosierung, ggf. unter Beteiligung anderer Wirkstoffe, als nichtverschreibungspflichtige Arzneimittel zugelassen. Aufwendungen für derartige Präparate können ggf. bei Vorliegen bestimmter Indikationen beihilfefähig sein.

Aufwendungen für Aminosäuremischungen, Eiweißhydrolysate, Elementardiäten und Sondennahrung sind ausnahmsweise beihilfefähig, wenn diese aufgrund einer entsprechenden ärztlichen Bescheinigung notwendig sind, bei

- Ahornsirupkrankheit,
- AIDS-assoziierten Diarrhöen,
- angeborenen Defekten im Kohlenhydrat- oder Fettstoffwechsel,
- angeborenen Enzymdefekten, die mit speziellen Aminosäuremischungen behandelt werden,
- Colotis ulcerosa,
- erheblichen Störungen der Nahrungsaufnahme bei neurologischen Schluckbeschwerden oder Tumoren der oberen Schluckstraße (z. B. Mundboden- und Zungenkarzinom),
- Epilepsien, wenn trotz optimierter antikonvulsiver Therapie eine ausreichende Anfallskontrolle nicht gelingt,
- Kurzdarmsyndrom,
- Morbus Crohn,
- Mukoviszidose,
- multiplen Nahrungsmittelallergien,
- Niereninsuffizienz,
- Phenylketonurie,
- postoperativer Nachsorge,
- Sondenernährung über eine operativ gelegte Magensonde (sog. PEG-Sonde) und
- Tumortherapien (auch nach der Behandlung).

Aufwendungen für Elementardiäten sind für Säuglinge (bis zur Vollendung des 1. Lebensjahres) und Kleinkinder (Zeit zwischen dem 1. und 3. Lebensjahr) mit Kuhmilcheiweißallergie beihilfefähig; dies gilt ferner für einen Zeitraum von sechs Monaten bei Säuglingen und Kleinkindern mit Neurodermitis, sofern Elementardiäten zu diagnostischen Zwecken eingesetzt werden; vgl. Nummern 4.1.7.6 und 4.1.7.7 VVzBVO, abgedruckt im Anhang, Nr. 2, S. 423 ff.

Natürliche Heilmittel (Begriff)

Natürliche Heilmittel sind insbesondere Heilquellen, Heilmoore und andere Peloide, Heilgase und Heilklima. Als natürliche Heilmittel gelten auch Heilstollen in natürlichen Höhlen oder ehemaligen Bergwerken. Die Qualität der natürlichen Heilmittel muss durch wissenschaftliche Analysen und Gutachten nachgewiesen sein und periodisch überprüft werden. Siehe auch unter *„Kurorte"*.

Neurodermitis-Overall

Die Aufwendungen für Neurodermitis-Overalls sind bei an Neurodermitis erkrankten Kindern bis zum vollendeten 10. Lebensjahr beihilfefähig. Beihilfefähig sind zwei Overalls pro Jahr bis zu jeweils 80 Euro (vgl. auch Nr. 4.1.10.12.2 VVzBVO, abgedruckt im Anhang, Nr. 2, S. 423 ff.).

Neuromod-Nervstimulator

Die Aufwendungen für einen ärztlich verordneten Neuromod-Nervstimulator sind grundsätzlich beihilfefähig.

Niclosamid

Aufwendungen für nicht verschreibungspflichtige Niclosamidpräparate sind bei Personen, die das 18. Lebensjahr vollendet haben, nur zur Behandlung bei Bandwurmbefall beihilfefähig (vgl. auch Anlage I der AMR, abgedruckt im Anhang, Nr. 4, S. 549 ff.).

Notsarg

Siehe unter *„Sterbefall im Inland/Ausland"*.

Notwendige Aufwendungen

Das „Notwendige" ergibt sich in der Regel aus dem, was der behandelnde Arzt, Zahnarzt oder Heilpraktiker anordnet. Hat die Beihilfestelle Zweifel an der Notwendigkeit von in einem Beihilfeantrag geltend gemachten Aufwendungen, kann sie ein Gutachten eines Amts- oder Vertrauensarztes/-zahnarztes einholen. Hierzu hat sie allerdings das Einverständnis des Betroffenen einzuholen, sofern dazu persönliche Daten weitergegeben werden müssen; wird das Einverständnis verweigert, wird die Beihilfe unter Berücksichtigung der Zweifel der Beihilfestelle festgesetzt. In einigen Fällen ist eine Begutachtung bereits vor Aufnahme der Behandlung zwingend vorgeschrieben (z. B. Rehabilitationsmaßnahmen, Kuren, implantologische Leistungen im Zahnbereich und psychotherapeutische Behandlungen). Hier wird das Einverständnis des Betroffenen zur Einholung einer Stellungnahme unterstellt. Als notwendig werden regelmäßig auch die

Aufwendungen angesehen, die dadurch entstanden sind, dass der Erkrankte seine Krankheit selbst verschuldet hat.

Aufwendungen für wissenschaftlich nicht anerkannte Heilbehandlungen werden nicht als notwendig angesehen und sind daher regelmäßig **nicht** beihilfefähig. Zur Vermeidung von Nachteilen sollten Beihilfeberechtigte vor einer „außergewöhnlichen" Behandlung bei ihrer Beihilfestelle Erkundigungen einholen.

Nyda

Es handelt sich um ein grundsätzlich nicht beihilfefähiges Medizinprodukt. Die Aufwendungen sind ausnahmsweise bei Personen bis zum vollendeten 18. Lebensjahr zur physikalischen Behandlung des Kopfhaares bei Kopflausbefall beihilfefähig; vgl. auch Anlage V AMR, abgedruckt im Anhang, Nr. 6, S. 556 ff.

O

Oberlaa (Österreich)

Der Ort ist beihilferechtlich als Kurort anerkannt (vgl. Teil 1 b der Anlage V VVzBVO, abgedruckt im Anhang, Nr. 2, S. 423 ff.).

Off-Label-Use

Aufwendungen für zugelassene Arzneimittel, die außerhalb ihres zugelassenen Anwendungsgebietes verabreicht werden, sind entsprechend den Regelungen der gesetzlichen Krankenversicherung beihilfefähig, wenn sie im Teil A Anlage VI zum Abschnitt K der Arzneimittel-Richtlinie des Gemeinsamen Bundesausschusses sind.

Wirkstoffe zur Anwendung in nicht zugelassenen Anwendungsgebieten, die nach Feststellung des Gemeinsamen Bundesausschusses nicht zulasten der gesetzlichen Krankenversicherung verordnet werden dürfen, sind im Teil B der Anlage VI (www.g-ba.de) aufgeführt; diese Aufwendungen sind grundsätzlich nicht beihilfefähig.

Okklusion (Begriff)

Zusammenschließen der Zähne mit Ineinandergreifen der Kauflächen und sonstigen Zahnkontakten zur sogenannten Schlussbissstellung von Ober- und Unterkiefer. Normalerweise liegen die Kiefergelenkköpfe bei dieser Schlussbissstellung im Zentrum der Gelenkpfanne; die Okklusion ist gelenkbezüglich zentriert.

Onlay (Begriff)

Gussrestauration, meistens Goldguss; bedeckt die ganze Kaufläche eines Zahnes unter Einschluss der Höcker und umschließt die natürliche Zahnkrone wie eine Kappe; wird fest zementiert.

Optifast-Programm

Es handelt sich um ein Diätprogramm. Die Aufwendungen für das Optifast-Programm sind **nicht** beihilfefähig. In medizinisch begründeten Ausnahmefällen können jedoch die Kosten der medizinischen Untersuchung und der Labortests als beihilfefähig anerkannt werden.

Oral (Begriff)

Fläche des Zahnes, zum Mundinnern gelegen.

Organhydrolysate

Aufwendungen für Organhydrolysate sind unabhängig vom Alter der erkrankten Person **nicht** beihilfefähig (vgl. Nr. 4.1.7.5 VVzBVO, abgedruckt im Anhang, Nr. 2, S. 423 ff.).

Organverpflanzung (Organspender)

Aufwendungen, die für einen Organspender entstehen, sind beihilfefähig, sofern der Empfänger des Organs der Beihilfeberechtigte selbst oder eine berücksichtigungsfähige Person ist. Die Aufwendungen für den Organspender sind also die Krankheitskosten des Organempfängers. Beihilfefähig sind die mit der Transplantation zusammenhängenden Kosten, zu denen bei Krankheiten regelmäßig Beihilfen gezahlt werden, sowie der nachgewiesene Ausfall an Arbeitseinkommen des Spenders. Die Kosten sind auch dann beihilfefähig, wenn sich entgegen der ursprünglichen Annahme herausstellt, dass eine Transplantation nicht erfolgen kann.

Die Aufwendungen für einen Organspender (einschließlich für Arbeitsausfall) sind jedoch nur beihilfefähig, soweit sie nicht von anderer Seite erstattet werden oder zu erstatten sind. Falls der Organempfänger einer gesetzlichen Krankenversicherung angehört, werden von der Kasse auch die Kosten des Organspenders als Teil der Heilbehandlungskosten des Empfängers übernommen (Urteil des Bundessozialgerichtes vom 12. Dezember 1972 – 3 RK 47/70).

Treten im Zusammenhang mit der Organspende Komplikationen auf, durch die der Spender eine Gesundheitsschädigung erleidet, so besteht nach § 1 Abs. 1 Nr. 13 Buchstabe b SGB VII Anspruch auf Leistungen gegenüber der gesetzlichen Unfallversicherung. Ist der Spender in einer gesetzlichen Krankenversicherung versichert, ist diese auch leistungspflichtig, da die hervorgerufene Beeinträchtigung des Körperzustandes zugleich eine Krankheit im versicherungsrechtlichen Sinne darstellt. Bei Arbeitsunfähigkeit besteht ggf. Anspruch auf Entgeltfortzahlung durch den Arbeitgeber.

Auf die Aufwendungen für einen Organspender ist der Bemessungssatz (§ 12 BVO, abgedruckt im Anhang, Nr. 1 a, S. 367 ff.) anzuwenden, der für den Organempfänger (Beihilfeberechtigter) maßgebend ist.

Beihilfefähig sind nach Nr. 4.1.12.1 VVzBVO (abgedruckt im Anhang, Nr. 2, S. 423 ff.) auch die von der Deutschen Stiftung Organtransplantation in Rechnung gestellten Organisations- und Flugkostenpauschalen (Flugkostenpauschalen bei Herz, Leber, Lunge, Pankreas und Darm je transplantiertes Organ, für das ein eigenständiger Flug durchgeführt wurde). Im Jahre 2010 werden vereinbarungsgemäß in Rechnung gestellt:

- je transplantiertes Organ, für das **kein** eigenständiger Flug durchgeführt wurde **8.399 Euro**
- je transplantiertes Organ, für das **ein** eigenständiger Flug durchgeführt wurde **14.498 Euro.**

Beihilfefähig ist auch die von der Organisation „Eurotransplant" erhobene Gebühr für die Anmeldung auf der Warteliste.

Originalbelege

Als Nachweis für die Aufwendungen genügt i. d. R. die Vorlage von Duplikaten (soweit die Beihilfestelle die Beihilfebearbeitung elektronisch durchführt) oder beglaubigten Fotokopien der Rechnungsbelege. Bei Auslandsrechnungen ist dem Beihilfeantrag eine Kopie des Erstattungsnachweises der Krankenversicherung (ggf. der Auslandskrankenversicherung, z. B. des ADAC) beizufügen.

Werden die Belege durch die Beihilfestelle gescannt, sind keine Originalbelege vorzulegen, da die Belege durch die Beihilfestelle nach kurzer Aufbewahrungszeit vernichtet werden.

Ornithinaspartat

Aufwendungen für nicht verschreibungspflichtige Ornithinaspartatpräparate sind bei Personen, die das 18. Lebensjahr vollendet haben, nur zur Behandlung des hepatischen (Prae-)Coma und der episodischen, hepatischen Enzephalopathie beihilfefähig (vgl. Anlage I AMR, abgedruckt im Anhang, Nr. 4, S. 549 ff.).

Orthesenschuh

Aufwendungen für einen ärztlich verordneten Orthesenschuh sind grundsätzlich beihilfefähig, wenn es sich um einen handwerklich gefertigten orthopädischen Maßschuh handelt. Der Rechnungsbetrag ist allerdings um den Betrag für eine normale Fußbekleidung zu kürzen (vgl. *„Orthopädische Maßschuhe"* und Nr. 4.1.10.4 VVzBVO, abgedruckt im Anhang, Nr. 2, S. 423 ff.).

Orthokin-Therapie

Aufwendungen für eine Orthokin-Therapie einschließlich des verabreichten Serums sind nach § 4 Abs. 1 Nr. 1 Satz 2 BVO nicht beihilfefähig (vgl. Nr. 4.1.9.5 VVzBVO, abgedruckt im Anhang, Nr. 2, S. 423 ff.).

Orthopädische Maßschuhe

Aufwendungen für ärztlich verordnete orthopädische Maßschuhe sind grundsätzlich beihilfefähig. Im Hinblick auf die eingesparten Kosten einer normalen Fußbekleidung ist bei Erwachsenen ein Betrag von 70 Euro (für Hausschuhe 30 Euro) und bei Kindern bis zu 16 Jahren von 40 Euro (für Hausschuhe 20 Euro) in Abzug zu bringen. Der überschießende Betrag ist beihilfefähig (vgl. Nr. 4.1.10.4 VVzBVO, abgedruckt im Anhang, Nr. 2, S. 423 ff.).

Orthopädische Zurichtungen

Aufwendungen für Orthopädische Zurichtungen an Konfektionsschuhen (z. B. Absatzerhöhungen) sind beihilfefähig, wenn sie ärztlich verordnet und von einem Orthopädie-Schuhmeister durchgeführt sind.

Orthopädischer Autositz

Aufwendungen für einen orthopädischen Autositz sind auch bei ärztlicher Verordnung **nicht** beihilfefähig (siehe auch unter *„Hilfsmittel"*).

Oxane 1300/5700

Es handelt sich um ein grundsätzlich nicht beihilfefähiges Medizinprodukt. Die Aufwendungen sind ausnahmsweise beihilfefähig zur intrakulären Tamponade bei schweren Formen der Netzhautablösung sowie allen Netzhautablösungen, die mit anderen Therapieformen nicht behandelt werden können. Ausgenommen ist die Anwendung bei zentralen Foramina mit Ablösung und bei schweren diabetischen Retinopathien; vgl. Anlage V AMR, abgedruckt im Anhang, Nr. 6, S. 556 ff.

Ozon-Therapie

- Ozon-Injektion, Eigenblut-Ozon-Therapie. Hämatogene-Oxydationstherapie, Sauerstoff-Mehrschritt-Therapie, Sauerstoff-Ionisationstherapie.

Die Aufwendungen für die Ozon-Therapie sind **nicht** beihilfefähig, da die Therapie als wissenschaftlich nicht anerkannt gilt. Dies ist mehrfach durch die Rechtsprechung bestätigt worden.

P

Packungen, Hydrotherapie, Bäder

Die Aufwendungen für ärztlich verordnete Behandlungen, die von Angehörigen der Gesundheits- und Medizinalberufe erbracht werden, sind bis zu folgenden Höchstbeträgen beihilfefähig:

	Beihilfefähiger Höchstbetrag
– Heiße Rolle – einschließlich der erforderlichen Nachruhe –	10,30 Euro
– Warmpackung eines oder mehrerer Körperteile – einschließlich der erforderlichen Nachruhe –	
– bei Anwendung wiederverwendbarer Packungsmaterialien (z. B. Paraffin, Fango-Paraffin, Moor-Paraffin, Pelose, Turbatherm)	11,80 Euro
– bei Anwendung einmal verwendbarer natürlicher Peloide (Heilerde, Moor, Naturfango, Pelose, Schlamm, Schlick) ohne Verwendung von Folie oder Vlies zwischen Haut und Peloid	
a) Teilpackung	20,50 Euro
b) Großpackung	28,20 Euro
– Schwitzpackung (z. B. spanischer Mantel, Salzhemd, Dreiviertelpackung nach Kneipp) – einschließlich der erforderlichen Nachruhe –	14,90 Euro
– Kaltpackung (Teilpackung) –	
a) Anwendung von Lehm, Quark o. ä.	7,70 Euro
b) Anwendung einmal verwendbarer Peloide (Heilerde, Moor, Naturfango, Pelose, Schlamm, Schlick) ohne Verwendung von Folie oder Vlies zwischen Haut und Peloid	15,40 Euro
– Heublumensack, Peloidkompresse	9,20 Euro
– Wickel, Auflagen, Kompressen u. a., auch mit Zusatz	4,60 Euro
– Trockenpackung	3,10 Euro
– Teilguss, Teilblitzguss, Wechselteilguss	3,10 Euro
– Vollguss, Vollblitzguss, Wechselvollguss	4,60 Euro
– Abklatschung, Abreibung, Abwaschung	4,10 Euro
– An- oder absteigendes Teilbad (z. B. Hauffe) – einschließlich der erforderlichen Nachruhe –	12,30 Euro
– An- oder absteigendes Vollbad (Überwärmungsbad) – einschließlich der erforderlichen Nachruhe –	20,00 Euro
– Wechsel-Teilbad – einschließlich der erforderlichen Nachruhe –	9,20 Euro

– Wechsel-Vollbad – einschließlich der erforderlichen Nachruhe –	13,30 Euro
– Bürstenmassagebad – einschließlich der erforderlichen Nachruhe –	19,00 Euro
– Naturmoor-Halbbad – einschließlich der erforderlichen Nachruhe –	32,80 Euro
– Naturmoor-Vollbad – einschließlich der erforderlichen Nachruhe –	39,90 Euro
– Sandbäder – einschließlich der erforderlichen Nachruhe –	
a) Teilbad	28,70 Euro
b) Vollbad	32,80 Euro
– Sole-Photo-Therapie – Behandlung großflächiger Hauterkrankungen mit Balneo-Phototherapie (Einzelbad in Sole kombiniert mit UV-A/UV-B-Bestrahlung – einschließlich Nachfetten –) und Licht-Öl-Bad – einschließlich der erforderlichen Nachruhe –	32,80 Euro
Medizinische Bäder mit Zusätzen	
a) Teilbad (Hand-, Fußbad) mit Zusatz, z. B. vegetabilische Extrakte, ätherische Öle, spezielle Emulsionen, mineralische huminsäurehaltige und salizylsäurehaltige Zusätze	6,70 Euro
b) Sitzbad mit Zusatz – einschließlich der erforderlichen Nachruhe –	13,30 Euro
c) Vollbad, Halbbad mit Zusatz – einschließlich der erforderlichen Nachruhe –	18,50 Euro
d) Weitere Zusätze, je Zusatz	3,10 Euro
Gashaltige Bäder	
a) Gashaltiges Bad (z. B. Kohlensäurebad, Sauerstoffbad) – einschließlich der erforderlichen Nachruhe –	19,50 Euro
b) Gashaltiges Bad mit Zusatz – einschließlich der erforderlichen Nachruhe –	22,50 Euro
c) Kohlendioxidgasbad (Kohlensäuregasbad) – einschließlich der erforderlichen Nachruhe –	21,00 Euro
d) Radon-Bad – einschließlich der erforderlichen Nachruhe –	18,50 Euro

e) Radon-Zusatz, je 500.000 Millistat 3,10 Euro

Aufwendungen für andere als die in diesem Abschnitt bezeichneten Bäder sind nicht beihilfefähig. Bei Teil-, Sitz- und Vollbädern mit ortsgebundenen natürlichen Heilwässern erhöhen sich die unter Nrn. 30 Buchstabe a bis c und 31 Buchstabe b jeweils angegebenen beihilfefähigen Höchstbeträge um bis zu 3,10 Euro. Zusätze hierzu sind nach Maßgabe der Nr. 30 Buchstabe d beihilfefähig.

(Vgl. die Nummern 21 bis 31 des Leistungsverzeichnisses für ärztlich verordnete Heilbehandlungen nach § 4 Abs. 1 Nr. 9 BVO und Anlage 2 VVzBVO, abgedruckt im Anhang, Nr. 2, S. 423 ff.).

Palliativmedizin (Begriff)

Nach der Definition der deutschen Gesellschaft für Palliativmedizin ist „Palliativmedizin" die Behandlung von Patienten mit einer nicht heilbaren, progredienten und weit fortgeschrittenen Erkrankung mit begrenzter Lebenserwartung, für die das Hauptziel der Begleitung die Aufrechterhaltung der Lebensqualität ist.

Pankreasenzyme

Aufwendungen für nicht verschreibungspflichtige Prankreasenzyme sind bei Personen, die das 18. Lebensjahr (für Personen unter 18. Jahren gelten keine Einschränkungen) vollendet haben, nur zur Behandlung bei chronischer, exokriner Pankreasinsuffizienz oder Mukoviszidose beihilfefähig (vgl. Anlage I AMR, abgedruckt im Anhang, Nr. 4, S. 549 ff.).

Papillen (Begriff)

Zahnfleischpartien zwischen den Zähnen

Paradontose (Begriff)

Erkrankung des Zahnhalteapparates

Paranix (ohne Nissenkamm)

Es handelt sich um ein grundsätzlich nicht beihilfefähiges Medizinprodukt. Die Aufwendungen sind bei Personen bis zur Vollendung des 18. Lebensjahres zur physikalischen Behandlung des Kopfhaares bei Kopflausbefall beihilfefähig; vgl. Anlage V AMR, abgedruckt im Anhang, Nr. 6, S. 556 ff.

PARI NaCl-Inhalationslösung

Es handelt sich um ein grundsätzlich nicht beihilfefähiges Medizinprodukt. Die Aufwendungen sind beihilfefähig bei der Verwendung von Inhalaten in Verneblern und Aerosolgeräten. Dies gilt nur für die Fälle, in denen der Zusatz einer

Trägerlösung in der Fachinformation des arzneistoffhaltigen Inhalats zwingend vorgesehen ist; vgl. Anlage V AMR, abgedruckt im Anhang, Nr. 6, S. 556 ff.

Parondontitis (Begriff)

Zahnbettentzündung

Parondontologie (Begriff)

Lehre von der Entstehung und Behandlung von Zahnbetterkrankungen, auch Parodontalerkrankungen oder Parodontopathien

PEG-Sonde

Siehe unter *„Magensonde“.*

Persönliche Tätigkeit

Nicht beihilfefähig sind Aufwendungen für die persönliche Tätigkeit von Ehegatten, eingetragenen Lebenspartnern, Kindern und Eltern des Behandelten; Kosten, die dem behandelnden Angehörigen im Einzelfall – z. B. für Materialien, Verbandmittel und Arzneimittel – entstehen und deren Geldwert nachgewiesen ist, sind im Rahmen der Beihilfenverordnung beihilfefähig.

Perücke

Aufwendungen für Perücken sind bis zu einem Höchstbetrag von 800 Euro beihilfefähig, wenn ein krankhafter entstellender Haarausfall (z. B. Alopecia areata), eine erhebliche Verunstaltung (z. B. infolge einer Schädelverletzung) oder ein totaler oder weitgehender Haarausfall (z. B. aufgrund einer Chemotherapie) vorliegt.

Aufwendungen für eine Zweitperücke sind nur beihilfefähig, wenn die Tragedauer laut ärztlichem Attest den Zeitraum von 12 Monaten überschreiten wird.

Die Kosten für die Ersatzbeschaffung einer Perücke sind beihilfefähig, wenn seit der vorangegangenen Beschaffung mindestens 12 Monate, bei der gleichzeitigen Nutzung von 2 Perücken mindestens 24 Monate, vergangen sind. Dies gilt nicht bei Kindern, deren Kopfform sich verändert hat.

Vgl. auch Anlage 3 zu § 4 Abs. 1 Nr. 10 Satz 11 BVO, abgedruckt im Anhang, Nr. 1 a, S. 367 ff.).

Pflege- und Reinigungsmittel

Pflege- und Reinigungsmittel für Kontaktlinsen sind Güter des täglichen Bedarfs; die Aufwendungen sind **nicht** beihilfefähig.

Pflegeberatung

Personen, die Leistungen von der Pflegeversicherung erhalten, haben gem. § 7 a SGB XI Anspruch auf individuelle Beratung und Hilfestellung durch einen Pflegeberater oder eine Pflegeberaterin bei der Auswahl und Inanspruchnahme von bundes- oder landesrechtlich vorgesehenen Sozialleistungen sowie sonstigen Hilfsangeboten, die auf Unterstützung von Menschen mit Pflege-, Versorgungs- oder Betreuungsbedarf ausgerichtet sind. Dies gilt grundsätzlich im Beihilferecht NRW entsprechend.

Aufwendungen für eine Pflegeberatung sind für Beihilfeberechtigte und ihre berücksichtigungsfähigen Angehörigen grundsätzlich kostenlos, wenn Leistungen der Pflegeversicherung beantragt worden sind und erkennbar Hilfe- und Beratungsbedarf besteht. Nach der Nr. 5.7.1 VVzBVO (abgedruckt im Anhang, Nr. 2, S. 423 ff.) werden Pflegeberatungen entweder von den sozialen Pflegekassen in den sog. Pflegestützpunkten oder im Rahmen der privaten Pflegeversicherung von der COMPASS Private Pflegeberatung GmbH durchgeführt. Die Pflegekassen bzw. Compass prüfen im jeweiligen Einzelfall, ob ein Anspruch auf eine Pflegeberatung besteht.

Die Versicherten sind über das Beratungsangebot spätestens nach Eingang eines Antrages auf Leistungen aus der Pflegeversicherung zu informieren. Gleiches gilt auch für die telefonische Kontaktaufnahme.

Daneben sind den Versicherten Informationen in Form einer Vergleichsliste über die Leistungen und Vergütungen der zugelassenen Pflegeeinrichtungen, in deren Einzugsgebiet die pflegerische Versorgung gewährleistet werden soll, zur Verfügung zu stellen.

Pflegebett (in behindertengerechter Ausstattung)

Aufwendungen für ein ärztlich verordnetes Pflegebett sind grundsätzlich beihilfefähig, einer vorherigen Anerkennung durch die Beihilfestelle bedarf es nicht.

Pflegebetten in behindertengerechter Ausführung (z. B. mit Bettgalgen, mit Höhenverstellung) sind beihilfefähig, wenn sie für die Pflege eines Kranken unbedingt notwendig sind (z. B. bei Querschnittlähmung oder Multipler Sklerose). Zu handelsüblichen Betten (Seniorenbetten) ist eine Beihilfegewährung ausgeschlossen, da es sich hierbei um Gegenstände der allgemeinen Lebenshaltung handelt. Nicht beihilfefähig sind auch Aufwendungen für Tuchunterlagen (Stechlaken) und handelsübliche Matratzen.

Pflegefälle

Die Leistungen der Beihilfenverordnung nach § 5 ff. BVO (abgedruckt im Anhang, Nr. 1 a, S. 367 ff.) sollen zusammen mit denjenigen der Pflegeversicherung bei dauernder Pflegebedürftigkeit die Fürsorge des von der Beihilfenverordnung erfassten Personenkreises sicherstellen. Die beihilferechtlichen Regelungen gelten nicht für Tarifbeschäftigte.

Von einer dauernden Pflegebedürftigkeit ist auszugehen, wenn die erkrankte Person für die gewöhnlichen und regelmäßig wiederkehrenden Verrichtungen im Ablauf des täglichen Lebens (Körperpflege, Ernährung, Mobilität, Führung des Haushalts) auf Dauer, voraussichtlich für mindestens 6 Monate, in erheblichem oder höherem Maße der Hilfe bedarf. Erforderlich ist, dass die pflegebedürftige Person bei der Körperpflege, der Ernährung oder der Mobilität für mindestens zwei dieser Verrichtungen einmal täglich der Hilfe bedarf und zusätzlich mehrfach in der Woche Hilfe bei der Führung des Haushalts benötigt. Liegen die vorgenannten Voraussetzungen nicht vor, können bei vorübergehender Pflege Beihilfen nach Maßgabe des § 4 Abs. 1 Nr. 5 BVO und § 4 Abs. 1 Nr. 6 BVO (abgedruckt s. o.) gewährt werden. Für die Entscheidung, ob eine dauernde Pflegebedürftigkeit gegeben ist, legen die Beihilfestellen in aller Regel die Feststellung der Pflegeversicherung zugrunde.

Pflegegutachten

Stellt eine pflegebedürftige Person erstmals einen Antrag auf Pflegeleistungen, ist dieser Antrag an die jeweilige Pflegeversicherung und nicht an die Beihilfestelle zu richten.

Sobald dieser Antrag bei der jeweiligen Pflegeversicherung eingegangen ist, beauftragt das private Krankenversicherungsunternehmen die MEDIPROOF GmbH mit der Erstellung eines Erstgutachtens. Stellt der begutachtende Arzt der MEDIPROOF GmbH eine Pflegebedürftigkeit fest, befindet er auch über die **„Pflegestufe"**. Diese Feststellung ist grundsätzlich auch für die Beihilfestelle bindend.

Die o. g. Verfahrensweise gilt auch für Anträge auf Feststellung der erheblich eingeschränkten Alltagskompetenz, wenn der Hilfebedarf im Bereich Grundpflege und hauswirtschaftliche Versorgung noch nicht das Ausmaß der Pflegestufe I erreicht (vgl. auch § 5 d BVO, abgedruckt im Anhang, Nr. 1 a, S. 367 ff.).

Pflegehilfsmittel

a) Allgemein

Aufwendungen für Pflegehilfsmittel sind im Rahmen des § 4 Abs. 1 Nr. 10 und wohnfeldverbessernde Maßnahmen im Rahmen des § 5 Abs. 4 (abgedruckt im Anhang, Nr. 1 a, S. 367 ff.) beihilfefähig. Bei stationärer Pflege gehören hierzu nur Pflegehilfsmittel, die zum Verbrauch bestimmt sind oder individuell angepasst oder überwiegend nur dem Pflegebedürftigen allein überlassen werden, sofern sie nicht üblicherweise von der Einrichtung vorzuhalten sind. Kosten für die Verbesserung des Wohnumfeldes des Pflegebedürftigen (§ 40 Abs. 4 SGB XI) sind bis zu 2.557 Euro je Maßnahme beihilfefähig, soweit die Pflegeversicherung hierzu Leistungen erbringt.

b) Im Einzelnen

Aufwendungen für ärztlich verordnete Pflegehilfsmittel sind grundsätzlich beihilfefähig (ggf. auch Mietgebühren). Soweit die Pflegehilfsmittel in § 4 Abs. 1

Nr. 10 Satz 10 BVO aufgeführt sind, ist eine vorherige Anerkennung der Kosten durch die Beihilfestelle nicht erforderlich. Das Gleiche gilt für dort nicht aufgeführte Hilfsmittel, falls die Pflegeversicherung hierzu Leistungen erbringt. In allen anderen Fällen muss eine vorherige Anerkennung der Beihilfestelle eingeholt werden, sofern die Anschaffungskosten 1.000 Euro übersteigen.

Pflegehilfsmittel sind u. a. Pflegebetten, Rollstühle, Gehwagen, Krankenunterlagen, Bettgalgen, Hebegeräte (z. B. für Badewannen), Polsterung für die Lagerung des Kranken, Notrufsysteme, Inkontinenzartikel und Einmalhandschuhe.

Auch Aufwendungen für zum Verbrauch bestimmte Pflegehilfsmittel sind beihilfefähig.

Aufwendungen für Pflegehilfsmittel sind nach § 4 Abs. 1 Nr. 10 sowie für **„wohnumfeldverbessernde Maßnahmen"** nach § 5 Abs. 4 BVO (abgedruckt im Anhang, Nr. 1 a, S. 367 ff.) beihilfefähig. Bei stationärer Pflege gehören hierzu nur Pflegehilfsmittel, die zum Verbrauch bestimmt oder individuell angepasst oder die überwiegend nur dem Pflegebedürftigen allein überlassen werden, sofern sie nicht üblicherweise von der Einrichtung vorzuhalten sind. Kosten für die Verbesserung des Wohnumfeldes des Pflegebedürftigen (§ 40 Abs. 4 SGB XI) sind bis zu 2.557 Euro je Maßnahme beihilfefähig, soweit die Pflegeversicherung hierzu Leistungen erbringt.

Anfragen hinsichtlich der Anschaffung von Pflegehilfsmitteln sollten immer zunächst an die jeweilige Pflegeversicherung gerichtet werden, da die Pflegekassen technische Pflegehilfsmittel vorrangig leihweise überlassen. In Rechnung gestellte Leih- bzw. Leasinggebühren (auch Pauschalbeträge) sowie Aufwendungen für notwendige Änderungen (Anpassungen), Instandsetzungen und Ersatzbeschaffungen sowie für die Ausbildung im Gebrauch der Hilfsmittel sind beihilfefähig. Bei selbst beschafften Pflegehilfsmitteln ist zu beachten, dass diese Hilfsmittel in dem vom Spitzenverband Bund der Kranken-/Pflegekassen erstellten Pflegehilfsmittelverzeichnis aufgeführt sind. Mehrkosten für eine über das Maß des Notwendigen hinausgehende Ausstattung des Pflegehilfsmittels sowie dadurch bedingte Folgekosten sind nicht beihilfefähig. Hinsichtlich der Betriebskosten dieser Hilfsmittel gilt § 4 Abs. 1 Nr. 10 Satz 2 2. Halbsatz BVO (abgedruckt im Anhang, Nr. 1 a, S. 367 ff.) entsprechend.

Pflegestufen

Pflegebedürftig im Sinne der BVO und des SGB XI sind Personen, die wegen einer Krankheit oder Behinderung bei der Ernährung, der Mobilität, der Körperpflege und der hauswirtschaftlichen Versorgung auf Dauer – voraussichtlich für mindestens 6 Monate – in erheblichem oder höherem Maße der Hilfe bedürfen (§ 14 Abs. 1 SGB XI). Entsprechend des Umfangs des Hilfebedarfs werden die Pflegebedürftigen einer von drei Pflegestufen zugeordnet. Je nach Pflegestufe unterscheidet sich auch die Höhe der Leistungen der Pflegeversicherung bzw. die Höhe der beihilfefähigen Aufwendungen.

Kriterien für die Zuordnung zu einer der drei Pflegestufen sind neben den in § 14 SGB XI genannten Voraussetzungen die Häufigkeit des Hilfebedarfs, ein zeitlicher Mindestaufwand sowie die Zuordnung der Verrichtungen im Tagesablauf. Geringfügiger, nicht regelmäßiger oder nur kurzzeitig anfallender Hilfebedarf führt nicht zur Anerkennung einer Pflegestufe. Dies gilt auch, wenn Hilfebedürftigkeit nur bei der hauswirtschaftlichen Versorgung besteht.

Pflegestufe 0

Auch Personen mit erheblich eingeschränkter Alltagskompetenz, die noch nicht die Voraussetzungen für eine Einstufung in die Pflegestufe 1 erfüllen, haben einen Anspruch auf einen Betreuungsbetrag. Man spricht hier von der sogenannten „Pflegestufe 0".

Pflegestufe 1 – erhebliche Pflegebedürftigkeit

Erhebliche Pflegebedürftigkeit liegt bei einem mindestens einmal täglich erforderlichen Hilfebedarf bei mindestens zwei Verrichtungen aus einem oder mehreren Bereichen der Grundpflege vor. Zusätzlich muss mehrfach in der Woche Hilfe bei der hauswirtschaftlichen Versorgung benötigt werden. Der wöchentliche Zeitaufwand muss im Tagesdurchschnitt mindestens 90 Minuten betragen, wobei auf die Grundpflege mehr als 45 Minuten entfallen müssen.

Pflegestufe 2 – Schwerpflegebedürftigkeit

Schwerpflegebedürftigkeit liegt bei einem mindestens dreimal täglich zu verschiedenen Tageszeiten erforderlichen Hilfebedarf bei der Grundpflege vor. Zusätzlich muss mehrfach in der Woche Hilfe bei der hauswirtschaftlichen Versorgung benötigt werden. Der wöchentliche Zeitaufwand muss im Tagesdurchschnitt mindestens drei Stunden betragen, wobei auf die Grundpflege mindestens zwei Stunden entfallen müssen.

Pflegestufe 3 – Schwerstpflegebedürftigkeit

Schwerstpflegebedürftigkeit liegt vor, wenn der Hilfebedarf so groß ist, dass der konkrete Hilfebedarf jederzeit gegeben ist, also „rund um die Uhr" anfällt. Zusätzlich muss mehrfach in der Woche Hilfe bei der hauswirtschaftlichen Versorgung benötigt werden. Der wöchentliche Zeitaufwand muss im Tagesdurchschnitt mindestens fünf Stunden betragen, wobei auf die Grundpflege mindestens vier Stunden entfallen müssen.

Die von der Pflegekasse oder der Pflegeversicherung festgestellte Pflegestufe ist durch geeignete Unterlagen (z. B. Leistungsmitteilung, Mitteilung nach § 44 Abs. 4 SGB XI bei Zahlung von Rentenversicherungsbeiträgen für Pflegepersonen) nachzuweisen. Bei nicht gegen das Risiko der Pflegebedürftigkeit Versicherten bedarf es eines amts- oder vertrauensärztlichen Gutachtens.

Die Zuordnung zu einer Pflegestufe sowie die Bewilligung von Leistungen können durch die zuständige Pflegekasse oder private Pflegeversicherung befristet werden. Die Befristung erfolgt, wenn eine Verringerung des Hilfebedarfs zu erwarten ist. Die Befristung kann wiederholt werden und darf insgesamt die Dauer von drei Jahren nicht überschreiten. Die Entscheidung der Pflegekasse/Pflegeversicherung ist für die Beihilfestelle bindend. Die entsprechenden Bescheinigungen sind durch den Beihilfeberechtigten beizubringen.

Pflegestufe 3 mit Härtefallregelung

Sind die Voraussetzungen der Pflegestufe 3 erfüllt und liegt ein außergewöhnlich hoher Pflegeaufwand vor, kann die Härtefallregelung der Pflegeversicherung in Anspruch genommen werden. In diesem Fall gibt es höhere Leistungen. Für die Pflegeversicherung gelten zusätzliche Voraussetzungen.

Pflegewohngeld

Bei der Festsetzung von Beihilfen bei stationärer Pflege ist nach § 5 c Abs. 2 BVO (abgedruckt im Anhang, Nr. 1 a, S. 367 ff.) bei den Aufwendungen für Unterkunft, Verpflegung und Investitionskosten ein **zustehendes Pflegewohngeld** anzurechnen. Da die Ermittlung eines zustehenden Pflegewohngeldes durch die Beihilfestellen kaum möglich ist, bestimmt Nr. 5c.2.6 VVzBVO (abgedruckt im Anhang, Nr. 2, S. 423 ff.), dass bei der Berechnung der beihilfefähigen Unterkunfts- und Verpflegungskosten die seitens des Pflegeheims in Rechnung gestellten Investitionskosten zunächst außer Ansatz zu lassen sind, wenn der Beihilfeberechtigte seiner Mitwirkungspflicht nicht nachkommt; der Beihilfebescheid ist in diesem Fall für vorläufig zu erklären. Für die nachträgliche Beantragung des Pflegewohngeldes ist dem Beihilfeberechtigten eine angemessene Frist zu setzen.

Auf die Vorlage eines Pflegewohngeldbescheides kann jedoch gem. Nr. 5c.2.7 VVzBVO (s. o.) verzichtet werden, wenn

- aus der Abrechnung des Pflegeheims erkennbar ist, dass die Investitionskosten bereits um das erhaltene Pflegewohngeld gemindert wurden,
- die Pflegeeinrichtung bestätigt, dass aufgrund der Einkommens- und Vermögensverhältnisse des Pflegebedürftigen ein Antrag keine Erfolgsaussichten hätte oder
- die nach § 5 c Abs. 2 BVO (s. o.) zu berücksichtigenden Eigenanteile die Aufwendungen für Unterkunft und Verpflegung und Investitionskosten bereits übersteigen.

Pflegezeit

Mit Artikel 3 des Gesetzes zur strukturellen Weiterentwicklung der Pflegeversicherung (Pflege-Weiterentwicklungsgesetz) vom 28. 5. 2008 (BGBl. I S. 874/896) ist durch das Gesetz über die Pflegezeit (Pflegezeitgesetz – PflegeZG) die Möglichkeit geschaffen worden, dass ab 1. 7. 2008 Beschäftigte, die nahe Angehörige (§ 7 Abs. 3 PflegeZG) im häuslichen Umfeld pflegen, mit ihrem Arbeitgeber eine unbezahlte Freistellung (gilt nicht für Beamte) von der Arbeit bis zu einer Dauer von insgesamt 6 Monaten (ggf. aufgeteilt auf mehrere Zeiträume) mit einer Rückkehrmöglichkeit vereinbaren können („Pflegezeit"). Soweit bei dem Arbeitgeber mehr als 15 Personen beschäftigt sind, besteht ein Rechtsanspruch auf Pflegezeit.

Während der Pflegezeit sind die freigestellten Arbeitnehmerinnen oder Arbeitnehmer unter bestimmten Voraussetzungen in der Arbeitslosenversicherung pflichtversichert und haben einen Anspruch auf einen Zuschuss zur Kranken- und Pflegeversicherung (§ 44 a Abs. 1 SGB XI). Soweit Pflegebedürftige Anspruch auf Beihilfe haben oder berücksichtigungsfähige Angehörige (§ 2 Abs. 1 Nr. 1 und Abs. 2 BVO) sind, werden die Beiträge zur Arbeitslosenversicherung und der Zuschuss zum Kranken- und Pflegeversicherungsbeitrag von der Pflegeversicherung und den Beihilfefestsetzungsstellen anteilig gezahlt.

Die Abführung der Arbeitslosenversicherungsbeiträge sowie die Auszahlung der Zuschüsse zur Kranken- und Pflegeversicherung erfolgt durch die für den Pflegebedürftigen zuständige Beihilfestelle.

Phosphatbinder

Aufwendungen für nicht verschreibungspflichtige Phosphatbinder sind bei Personen, die das 18. Lebensjahr vollendet haben (für Personen unter 18 Jahren gelten keine Einschränkungen), nur zur Behandlung der Hyperphosphatämie bei chronischer Niereninsuffizienz und Dialyse beihilfefähig (vgl. Anlage I AMR, abgedruckt im Anhang, Nr. 4, S. 549 ff.).

Phosphatverbindungen

Aufwendungen für nicht verschreibungspflichtige Phosphatverbindungen sind bei Personen, die das 18. Lebensjahr vollendet haben (für Personen unter 18 Jahren gelten keine Einschränkungen), nur bei Hypophosphatämie, die durch eine entsprechende Ernährung nicht behoben werden kann, beihilfefähig (vgl. Anlage I AMR, abgedruckt im Anhang, Nr. 4, S. 549 ff.).

Phototrope Brillengläser

Mehraufwendungen für phototrope Gläser (z. B. Colormaticgläser, Umbramaticgläser) sind nur bei Albinismus, Pupillotonie und totaler Aniridie (Fehlen der Regenbogenhaut) beihilfefähig (vgl. Nr. 4.1.10.3 VVzBVO, abgedruckt im Anhang, Nr. 2, S. 423 ff.). Siehe auch unter *„Getönte Gläser"*.

Piestany (Slowakei)

Der Ort ist beihilferechtlich als Kurort anerkannt (vgl. Teil 1 b der Anlage 5 VVzBVO, abgedruckt im Anhang, Nr. 2, S. 423 ff.).

Plaque (Begriff)

Bakterieller Zahnbelag

Podologische Therapie

Aufwendungen für ärztlich verordnete Behandlungen im Zusammenhang mit dem diabetischen Fußsyndrom, die durch Podologen erbracht werden, sind bis zu folgenden Höchstbeträgen beihilfefähig:

	Beihilfefähiger Höchstbetrag
– Hornhautabtragung an beiden Füßen	14,50 Euro
– Hornhautabtragung an einem Fuß	8,70 Euro
– Nagelbearbeitung an beiden Füßen	13,05 Euro
– Nagelbearbeitung an einem Fuß	7,25 Euro
– Podologische Komplexbehandlung an beiden Füßen (Hornhautabtragung und Nagelbearbeitung)	26,10 Euro
– Podologische Komplexbehandlung an einem Fuß (Hornhautabtragung und Nagelbearbeitung)	14,50 Euro
– Zuschlag bei ärztlich verordnetem Hausbesuch	7,00 Euro
– Besuch mehrerer Patienten derselben sozialen Gemeinschaft (z. B. Altenheim) in unmittelbarem zeitlichen Zusammenhang (nicht zusammen mit der lfd. Nr. 59 des Leistungsverzeichnisses beihilfefähig), je Person	3,50 Euro

(vgl. die Nummern 53 bis 60 sowie die Fußnote 13 des Leistungsverzeichnisses für ärztlich verordnete Heilbehandlungen nach § 4 Abs. 1 Nr. 9 BVO und Anlage 2 VVzBVO, abgedruckt im Anhang, Nr. 2, S. 423 ff.)

Polarimeter

Aufwendungen für ein ärztlich verordnetes Polarimeter sind beihilfefähig; einer vorherigen Anerkennung durch die Beihilfestelle bedarf es nicht.

Polizeibeamte

Polizeibeamte sind verpflichtet, die Leistungen der Freien Heilfürsorge in Anspruch zu nehmen. Diese entsprechen grundsätzlich den Leistungen für gesetzlich Krankenversicherte. Daneben haben sie noch einen ergänzenden Beihilfeanspruch. Die berücksichtigungsfähigen Angehörigen von Polizeibeamten haben keinen Anspruch auf freie Heilfürsorge. (Siehe auch Verordnung über die freie Heilfürsorge der Polizei –FHVOPol –; abgedruckt im Anhang, Nr. 10, S. 603 ff.)

Beihilfe kann insbesondere noch in Anspruch genommen werden:

1. bei Inanspruchnahme beihilfefähiger Sonderleistungen im Krankenhaus, hier: Zweibettzimmer, private Konsultation des Chefarztes (beihilfefähig sind die Mehrkosten gegenüber den Leistungen der freien Heilfürsorge),
2. für die Mehraufwendungen gegenüber den fiktiven Leistungen der freien Heilfürsorge bei Inanspruchnahme der privaten Konsultation eines Arztes/Zahnarztes,
3. für die Inanspruchnahme eines Heilpraktikers,
4. zu Aufwendungen für eine Familien- und Hauspflegekraft,
5. bei Eingliederung von Zahnersatz einschließlich Implantaten; beihilfefähig sind die als notwendig und angemessen anzusehenden Kosten, soweit sie die Leistungen der Freien Heilfürsorge übersteigen. Es gelten die für Beamte und Versorgungsempfänger getroffenen Bestimmungen. Bei Nichtausschöpfung der Ansprüche gegen die Freie Heilfürsorge (z. B. Inanspruchnahme eines Nichtvertragszahnarztes) sind die notwendigen und angemessenen Aufwendungen unter Anrechnung der fiktiven Leistungen der Freien Heilfürsorge beihilfefähig,
6. zu Aufwendungen eines nicht rechtswidrigen Schwangerschaftsabbruchs, eines Schwangerschaftsabbruchs nach § 218 a Abs. 1 StGB, einer künstlichen Befruchtung sowie einer durch Krankheit erforderlichen Sterilisation,
7. zu den Kosten der Säuglings- und Kleinkinderausstattung,
8. zu Mutter-/Vater-Kind-Kuren.

Bei im Rahmen der Freien Heilfürsorge zur Verfügung gestellten Hilfsmitteln kann regelmäßig davon ausgegangen werden, dass damit die medizinisch notwendige Versorgung sichergestellt ist.

Die Freie Heilfürsorge kann nur während der aktiven Dienstzeit und nur von dem Beamten selbst in Anspruch genommen werden. Für die Angehörigen des Polizeibeamten gelten die originären Beihilfevorschriften.

Prager-Eltern-Kind-Programm

Aufwendungen für die Teilnahme am sog. Prager-Eltern-Kind-Programm (PeKiP), d. h. einem Konzept für präventive Arbeit mit Eltern und ihren (gesunden) Kindern im 1. Lebensjahr zur sensomotorischen und sozialen Entwicklungsförderung, sind als Kosten, die der allgemeinen Lebenshaltung zuzurechnen sind, **nicht** beihilfefähig. Die Kurse werden im Übrigen von beihilferechtlich nicht anerkannten Personengruppen aus dem sozialpädagogischen und sozialpflegerischen Bereich durchgeführt.

Praxis-Luftikurs-Modell

Siehe unter *„Asthmatikerschulung“.*

Pregetemil

Es handelt sich hierbei um eine hochgradig hydrolisierte Milch. Dabei handelt es sich nicht um ein Arzneimittel, sondern um ein Lebensmittel. Die Aufwendungen sind **nicht** beihilfefähig.

Pregomin

Bei Pregomin handelt es sich um eine spezielle Säuglingsnahrung. Das BSG sieht diese nicht vom Leistungsumfang der Gesetzlichen Krankenversicherung umfasst. Nach Auffassung des BSG handelt es sich vorwiegend um ein Nahrungsmittel und nicht um ein Arzneimittel.

Diese Auffassung wird von der Beihilfe geteilt. Die Aufwendungen sind daher **nicht** beihilfefähig.

Prismengläser

Aufwendungen für Prismengläser sind beihilfefähig.

Prismenleiste

Die Aufwendungen sind beihilfefähig.

Private Krankenversicherung

In der privaten Krankenversicherung besteht grundsätzlich Vertragsfreiheit. Die Unternehmen können selbst entscheiden, ob und ggf. unter welchen Voraussetzungen sie Anträge auf Aufnahme in die Krankenversicherung annehmen. Nur in bestimmten Fällen existieren Ausnahmen von dieser Regel: Es sind dies z. B.:

1. Durch die Einführung der allgemeinen Krankenversicherungspflicht sind alle deutschen Versicherungsunternehmen verpflichtet, seit dem 1. 1. 2009 den Basistarif bzw. den beihilfekonformen Basistarif anzubieten.
2. Die private Krankenversicherung ist seit dem 1. 1. 1987 bei vielen Anbietern zu erleichterten Bedingungen für Beamtenanfänger und deren Familienangehörige geöffnet. Hiernach wird kein Antragsteller aus Risikogründen abgelehnt, werden Leistungsausschlüsse nicht vorgenommen und Zuschläge zum Ausgleich erschwerter Risiken auf maximal 30 v. H. des tariflichen Beitrages begrenzt. Als Beamtenanfänger gelten Beamte auf Probe, nicht aber Beamte auf Widerruf bzw. Beamtenanwärter, die sich noch in Ausbildung befinden.

Private Pflege-Pflichtversicherung

1. Versicherungspflicht

Für Personen, die gegen das Risiko Krankheit bei einer privaten Krankenversicherung versichert sind, besteht seit 1. 1. 1995 die gesetzliche Verpflichtung, bei dem gleichen oder einem anderen Unternehmen auch eine Pflegeversicherung abzuschließen. Seit 1. 1. 2009 besteht für alle Bundesbürger auch eine Krankenversicherungspflicht.

Für Beamte, Versorgungsempfänger und andere Personen, die Anspruch auf Gewährung einer Beihilfe bei Pflegebedürftigkeit haben, gilt die gleiche Verpflichtung hinsichtlich der von der Beihilfe nicht gedeckten Leistungen bei Pflegebedürftigkeit (beihilfekonforme Pflegeversicherung). Versicherungspflicht besteht auch für Heilfürsorgeberechtigte (z. B. Soldaten, Polizeibeamte und Feuerwehrleute), die nicht in der sozialen Pflegeversicherung versicherungspflichtig sind. Der Pflege-Pflichtversicherung unterliegen auch diejenigen, die bereits in einem Pflegeheim untergebracht sind. Bei Wohnsitznahme oder gewöhnlichem Aufenthalt im Ausland besteht dagegen grundsätzlich keine Versicherungspflicht.

2. Beihilferecht und Pflegeversicherung

Die Leistungen der Beihilfenverordnung nach §§ 5–5 d BVO (abgedruckt im Anhang, Nr. 1 a, S. 367 ff.) sollen zusammen mit denjenigen der Pflegeversicherung bei dauernder Pflegebedürftigkeit die Fürsorge des von der Beihilfenverordnung erfassten Personenkreises sicherstellen. Die beihilferechtlichen Regelungen gelten nicht für **Tarifbeschäftigte.**

Während sich der Arbeitgeber in der Regel an den Beiträgen zur Pflegeversicherung mit der Hälfte beteiligt, gilt dies nicht für Personen, die nach der Beihilfeverordnung einen Anspruch auf Beihilfen haben. Für diesen Personenkreis erbringt der Dienstherr statt des Arbeitgeberanteils seine Leistungen zur Pflegeversicherung in Form der Beihilfen nach § 5 ff. BVO. Da der Beihilfeberechtigte aufgrund dieser Hilfe die Leistungen der Pflegeversicherung nicht in vollem Umfang benötigt, erhält er bei entsprechend geminderten Beiträgen von der sozialen Pflegeversicherung (soweit dort versichert) nur 50 v. H. der Regelleistungen und von der privaten Pflegeversicherung in Abstimmung mit den ihm zustehenden Beihilfebemessungssätzen 50 v. H. (bei Versorgungsempfängern 30 v. H.) der Regelleistungen für sich, 30 v. H. für den Ehegatten und 20 v. H. für seine berücksichtigungsfähigen Kinder. Die vollen Regelleistungen der Pflegeversicherung erhalten berücksichtigungsfähige Angehörige von Beihilfeberechtigten, die einen eigenen Anspruch gegen die soziale Pflegeversicherung (nicht gegen die private Pflegeversicherung) haben, weil sie z. B. als Arbeitnehmer oder Rentner nicht bei dem Beihilfeberechtigten in der sozialen Pflegeversicherung mitversichert sind. Für diese Personen mit eigenem Anspruch gegen die soziale Pflegeversicherung werden Beihilfen zu den beihilfefähigen Aufwendungen gewährt, soweit diese über die Leistungen der sozialen Pflegeversicherung hinausgehen.

Privatklinken

Aufwendungen für Behandlungen in Krankenhäusern, die nicht nach § 108 SGB V zugelassen sind, sind beihilferechtlich nur insoweit angemessen (§ 3 Abs.

1 Satz 1 BVO, abgedruckt im Anhang, Nr. 1 a, S. 367 ff.), als sie den Kosten (Behandlungs-, Unterkunfts- und Verpflegungskosten) entsprechen, die die dem Behandlungsort nächstgelegene Klinik der Maximalversorgung (Universitätsklinik) für eine medizinisch gleichwertige Behandlung abzüglich eines Betrages von 25 Euro täglich für höchstens 30 Tage im Kalenderjahr berechnen würde.

Die o. g. Vergleichsberechnung gilt auch für sogenannte „Anschlussheilbehandlungen", soweit eine Abrechnung nicht nach § 6 BVO, sondern nach § 4 BVO erfolgt.

Bei Kliniken der Maximalversorgung ist davon auszugehen, dass grundsätzlich für jede Erkrankung eine nach neuesten medizinischen Erkenntnissen bestmögliche Behandlung erfolgen kann.

Soweit die dem Behandlungsort nächstgelegene Klinik der Maximalversorgung ausnahmsweise keine medizinisch gleichwertigen Leistungen anbieten kann, wird die Vergleichsberechnung anhand der vergleichbaren Pflegesätze der dem Behandlungsort nächstgelegenen Klinik nach § 108 Nr. 3 SGB V durchgeführt, soweit diese eine medizinisch gleichwertige Behandlung anbieten kann. Ist dies nicht der Fall, werden die Pflegesätze der **zur Beihilfestelle** nächstgelegenen Klinik der Maximalversorgung zur Vergleichsberechnung herangezogen. Betreibt der Träger der „Privatklinik" (ohne Zulassung nach § 108 SGB V) auf dem Grundstück der Klinik oder in unmittelbarer Nähe hierzu eine weitere Klinik mit Zulassung nach § 108 SGB V, kann aus Vereinfachungsgründen die Vergleichsberechnung auch zwischen diesen Kliniken erfolgen.

Professionelle Zahnreinigung

Die Aufwendungen für eine professionelle Zahnreinigung als konservative Paradontalbehandlung nach den Nummern 404 bis 407 GOZ sind grundsätzlich beihilfefähig. Aufwendungen für eine daneben ggf. durchgeführte Air-Flow-Behandlung sind nicht beihilfefähig; es handelt sich um eine spezielle Zahnreinigung bei Verfärbung der Zähne durch Kaffee, Tee, Nikotin, Rotwein etc.

Prophylaxe (Begriff)

Verhütung von Krankheiten; Vorbeugung gegen Karies und Parodontalerkrankungen.

Prothesenhaftmittel

Es handelt sich um Güter des täglichen Bedarfs; die Aufwendungen sind **nicht** beihilfefähig.

Protonentherapie

Es handelt sich um eine Therapie zur Behandlung von bestimmten Krebsgeschwüren. Das Verfahren wird insbesondere bei Patienten angewandt, bei denen die herkömmliche Strahlenbehandlung nicht ausreichend genutzt werden kann, weil der Tumor z. B. zu tief im Gewebe sitzt oder von empfindlichen Organen umgeben ist. Als grundsätzlich beihilferechtlich angemessen angesehen wird die Höhe der Aufwendungen, die seitens der privaten Krankenversicherung des Patienten der Erstattung zugrunde gelegt wird. Die Behandlung wird u. a. von dem Universitätsklinikum Heidelberg durchgeführt.

Psychodrama

Aufwendungen für eine Psychodrama sind **nicht** beihilfefähig (vgl. Nr. 1.1 j der Anlage 1 zu § 4 Abs. 1 Nr. 1 Satz 5 BVO, abgedruckt im Anhang, Nr. 1 a, S. 367 ff.)

Psychosomatische Leistungen (ambulant; § 4 b BVO)

A) Vorschriften

(Text der BVO und VVzBVO siehe unter *„Ambulante Psychotherapie"*)

B) Hinweise

§ 4 b BVO regelt, welche ambulanten Behandlungen im Rahmen der psychosomatischen Grundversorgung beihilfefähig sind, welche Gebührennummern der GOÄ maßgebend sind und in welchem Umfang diese Leistungen berücksichtigt werden können.

Zusätzlich sind nach § 4 a Abs. 7 BVO (siehe unter *„Ambulante Psychotherapie"*) Aufwendungen für eine bis zu 6 Monate dauernde ambulante psychosomatische Nachsorge nach einer stationären psychosomatischen Behandlung in angemessener Höhe beihilfefähig.

Psychotherapeutische Leistungen (ambulant; § 4 a BVO)

A) Vorschriften

Text der BVO (einschließlich der Anlage 1) und VVzBVO siehe unter *„Ambulante Psychotherapie"*.

B) Hinweise

§ 4 Abs. 1 Nr. 1 BVO (abgedruckt im Anhang, Nr. 1 a, S. 367 ff.) bestimmt, dass psychotherapeutische Leistungen durch Ärzte, psychologische Psychotherapeuten oder Kinder- und Jugendlichenpsychotherapeuten grundsätzlich beihilfefähig sind. Nicht zu den Behandlern gehören Heilpraktiker. Für ambulant durchgeführte psychotherapeutische Leistungen gelten die Sondervorschriften der §§ 4 a bis 4 d BVO.

§ 4 a BVO enthält allgemeine Vorschriften, insbesondere

a) die anzuerkennenden psychotherapeutischen Behandlungsverfahren, (Abs. 1),

b) die Voraussetzungen für eine Beihilfengewährung (Abs. 2 und 3),

c) Anmerkungen zu Aufwendungen für ein katathymes Bildererleben und eine Rational Emotive Therapie (Abs. 4 und 5),

d) Regelungen zur somatischen Abklärung des Krankheitsbildes (Abs. 6),

e) Regelungen zur ambulanten psychsomatischen Nachsorge nach einer stationären psychosomatischen Behandlung (Abs. 7),

f) Regelungen zum Ausschluss von Behandlungsverfahren (Abs. 8).

Psychotherapeutische Behandlungen sind nur dann beihilfefähig, wenn sie wissenschaftlich anerkannt sind. Ausgeschlossen von der Beihilfefähigkeit sind die in der Anlage 1 zur BVO (Nr. 1) – siehe unter *„Ambulante Psychotherapie"* aufgeführten Behandlungen.

Die Beihilfestelle entscheidet über die Beihilfefähigkeit der Behandlungen entweder nach Maßgabe einer vom Beihilfeberechtigten vorzulegenden aufgrund eines ärztlichen Gutachtens erteilten Leistungszusage der gesetzlichen oder privaten Krankenversicherung, aus der sich Art und Umfang der Behandlung sowie die Qualifikation des Therapeuten ergeben – der begutachtende Arzt der Krankenversicherung darf jedoch nicht der behandelnde Arzt sein –, oder nach Maßgabe der Stellungnahme eines von ihr beauftragten Gutachters.

Aufgrund der Stellungnahme des Gutachters erteilt die Beihilfestelle dem Beihilfeberechtigten einen rechtsmittelfähigen Bescheid. Falls der Beihilfeberechtigte gegen den Bescheid Widerspruch einlegt, kann ein Obergutachter beteiligt werden.

In allen Fällen der Verlängerung der Behandlung oder einer Folgebehandlung bedarf es eines erneuten Gutachterverfahrens und einer weiteren Anerkennung durch die Beihilfestelle.

Nicht zu den psychotherapeutischen Leistungen im Sinne der §§ 4 a bis 4 d BVO gehören Behandlungen, die zur schulischen, beruflichen, sozialen Anpassung oder Förderung bestimmt sind. Entsprechendes gilt für Maßnahmen der Erziehungs-, Ehe-, Lebens- oder Sexualberatung, für heilpädagogische und ähnliche Maßnahmen, die der Aufarbeitung und Überwindung sozialer Konflikte dienen.

Pulpa (Begriff)

Zahnpulpa, Zahnmark. Kammer im Innern des Zahnes mit Nerv und Blutgefäßen, die vom Knochen durch den Wurzelkanal bis in das Innere der Zahnkrone verlaufen.

Pulzfrequenzmesser

Die Aufwendungen für einen Pulsfrequenzmesser sind dem Bereich der privaten Lebensführung zuzurechnen und daher **nicht** beihilfefähig.

Puri Sol

Es handelt sich um ein grundsätzlich nicht beihilfefähiges Medizinprodukt. Die Aufwendungen sind ausnahmsweise beihilfefähig zur Irrigation im Rahmen extraokulärer und intraokulärer Eingriffe (vgl. Anlage V AMR, abgedruckt im Anhang, Nr. 6, S. 556 ff.).

Purimmun

Es handelt sich um ein Immunglobulin. Da ein Wirksamkeitsnachweis bislang fehlt, gilt eine Behandlung mit Purimmun als wissenschaftlich nicht anerkannt. Die Aufwendungen sind **nicht** beihilfefähig.

Q

Qi-Gong

Es handelt sich um eine Behandlungsart der traditionellen chinesischen Medizin. Die Aufwendungen sind **nicht** beihilfefähig (vgl. Nr. 4.1.9.5 VVzBVO, abgedruckt im Anhang, Nr. 2, S. 423 ff.).

R

Rachentherapeutika

Siehe unter *„Mund- und Rachentherapeutika"*.

Radiale Stoßwellentherapie (Radiale RSWT)

Aufwendungen für die Radiale RSWT sind mangels Wirksamkeitsnachweises (keine wissenschaftliche Anerkennung) **nicht** beihilfefähig (vgl. Nr. 4.1.1.3 VVzBVO, abgedruckt im Anhang, Nr. 2, S. 423 ff.).

Radiofrequenztherapie

Es handelt sich um eine Operationsmethode bei Speiseröhrenentzündungen bzw. chronischem Sodbrennen. Gilt derzeit als wissenschaftlich noch nicht anerkannt. Die Aufwendungen sind nur im Ausnahmefall beihilfefähig.

Raucherentwöhnung

Aufwendungen für Mittel zur Raucherentwöhnung sind generell – ob verschreibungspflichtig oder nicht verschreibungspflichtig – **nicht** beihilfefähig (vgl. Nr. 8 b der Anlage 2 BVO und Nr. 4.1.7.5 VVzBVO, abgedruckt im Anhang, Nrn. 1 a, S. 367 ff. und 2, S. 423 ff.).

Rechtsmittelbelehrung

Die Beihilfebescheide werden nach § 13 Abs. 6 BVO (abgedruckt im Anhang, Nr. 1 a, S. 367 ff.) mit einer Rechtsmittelbelehrung versehen.

Reductil

Fertigarzneimittel (Abmagerungsmittel)

Gehört zu den sog. Lifestyle-Arzneimitteln, die in der Anlage II AMR (abgedruckt im Anhang, Nr. 5, S. 553 ff.) aufgeführt sind. Die Aufwendungen sind nach Anlage 2 Nr. 4 b zu § 4 Abs. 1 Nr. 7 BVO (abgedruckt im Anhang, Nr. 1 a, S. 367 ff.) nicht beihilfefähig.

Refertilisierung

Siehe unter *„Sterilisierung"*.

Refraktionsbestimmung

Siehe unter *„Sehhilfen"*.

Regenon

Fertigarzneimittel (Abmagerungsmittel).

Gehört zu den sog. Lifestyle-Arzneimitteln, die in der Anlage II AMR (abgedruckt im Anhang, Nr. 5, S. 553 ff.) aufgeführt sind. Die Aufwendungen sind nach Anlage 2 Nr. 4 b zu § 4 Abs. 1 Nr. 7 BVO (abgedruckt im Anhang, Nr. 1 a, S. 367 ff.) nicht beihilfefähig.

Rehabilitationsmaßnahme (stationär)

Siehe auch unter *„Stationäre Rehabilitationsmaßnahmen"*.

Vor Beginn einer stationären Rehabilitationsmaßnahme muss die Zustimmung der Beihilfestelle eingeholt werden. Hierzu bedarf es eines Gutachtens des zuständigen Gesundheitsamtes.

Die Beantragung der Bewilligung einer stationären Rehabilitationsmaßnahme durch die Beihilfestelle sollte daher rechtzeitig vor Beginn der Behandlung mit einem formlosen Antrag auf Anerkennung einer solchen Maßnahme unter Beifügung einer ärztlichen Notwendigkeitsbescheinigung beantragt werden. Die Dauer der Behandlung ist grundsätzlich auf 23 Kalendertage einschließlich der Reisetage begrenzt. Aufwendungen für Unterkunft, Verpflegung und Behandlung sind grundsätzlich in Höhe des Betrages (Pauschbetrag) beihilfefähig, den die aufgesuchte Einrichtung mit einem Sozialversicherungsträger (z. B. Rentenversicherung) vereinbart hat.

Ist im laufenden oder in den drei vorangegangenen Kalenderjahren bereits eine beihilferechtlich anerkannte Rehabilitationsmaßnahme, stationäre Müttergenesungskur bzw. Mutter-/Vater-Kind-Kur oder eine ambulante Kur- oder Rehabilitationsmaßnahme durchgeführt worden, kann eine stationäre Rehabilitationsmaßnahme nur im Ausnahmefall anerkannt werden.

Die Kosten für Unterkunft und Verpflegung und ggf. der Behandlung (soweit nicht einzeln berechnet) sind auch bei Anschlussheilhandlungen in Höhe der Preisvereinbarung beihilfefähig, die die Einrichtung mit einem Sozialversicherungsträger abgeschlossen hat. Soweit die Einrichtung mit mehreren Sozialversicherungsträgern unterschiedliche Preisvereinbarungen getroffen hat, bestehen keine Bedenken, die für den Beihilfeberechtigten günstigste Vereinbarung zu berücksichtigen, die für die vergleichbare Indikation abgeschlossen wurde. Aufwendungen für Arzneimittel, die die Einrichtung verordnet bzw. verabreicht, sind neben der Pauschale beihilfefähig.

Wird die Preisvereinbarung der Einrichtung mit einem Sozialversicherungsträger durch den Beihilfeberechtigten nicht beigebracht, sind die Aufwendungen nach § 4 Abs. 1 Nr. 1, 7 und 9 BVO (abgedruckt im Anhang, Nr. 1 a, S. 367 ff.) für das amtsärztliche Gutachten sowie den ärztlichen Schlussbericht beihilfefähig. Daneben wird ein Zuschuss nach § 7 Abs. 3 Satz 2 BVO (abgedruckt s. o.) gewährt.

Rehabilitationssport und Funktionstraining

Nach Nr. 7.4.8 VVzBVO (abgedruckt im Anhang, Nr. 2, S. 423 ff.) können Aufwendungen für ärztlich verordneten Rehabilitationssport (Gymnastik, Leichtathletik, Schwimmen, Bewegungsspiele in Gruppen) sowie Funktionstraining (Trockengymnastik, Wassergymnastik) unter ärztlicher Betreuung und Überwachung insbesondere im Anschluss an eine durchgeführte Rehabilitationsmaßnahme als beihilfefähig anerkannt werden. Die erstattungsfähigen Maßnahmen ergeben sich aus der Rahmenvereinbarung der Rehabilitationsträger über den Rehabilitationssport und das Funktionstraining vom 1. Oktober 2003 i. d. F. vom 1. Januar 2007 (vgl. Anhang, Nr. 13, S. 656 ff.). Beihilfefähig sind hierbei die Kosten, die auch für gesetzlich versicherte Teilnehmer berechnet werden. Nicht beihilfefähig sind die Aufwendungen für den Besuch eines Fitness-Studios, für Sportkleidung, für Fahrten zum Veranstaltungsort sowie Aufnahmegebühren der Sportgemeinschaften.

Ziel des Rehabilitationssports ist es, Ausdauer und Kraft zu stärken, Koordination und Flexibilität zu verbessern und Hilfe zur Selbsthilfe zu bieten.

Ziel der Funktionstrainings sind der Erhalt und die Verbesserung von Funktionen sowie das Hinauszögern von Funktionsverlusten einzelner Organsysteme/Körperteile, die Schmerzlinderung, die Bewegungsverbesserung und die Hilfe zur Selbsthilfe.

Reisekrankheit

Arzneimittel gegen Reisekrankheit sind unabhängig davon, ob diese Mittel rezeptpflichtig oder nicht rezeptpflichtig sind, nicht beihilfefähig. Werden diese Mittel gegen Erbrechen bei Tumortherapie und anderen schwerwiegenden Erkrankungen, z. B. Menierеschem Symptomkomplex, verordnet, sind diese Mittel ausnahmsweise beihilfefähig (vgl. Nr. 7 d Anlage 2 zu § 4 Abs. 1 Nr. 7 BVO, abgedruckt im Anhang, Nr. 1 a, S. 367 ff.).

Reizstromgerät

Aufwendungen für ärztlich verordnete Reizstromgeräte zur Behandlung der Skoliose (Verkrümmung der Wirbelsäule) sind grundsätzlich beihilfefähig. Ein Reizstromgerät dient der Elektrostimulation der Rückenmuskulatur, sodass es zu einer Kontraktion und zu einer Kraftentwicklung auf die Wirbelsäule kommt. Einer vorherigen Anerkennung durch die Beihilfestelle bedarf es nicht.

Aufwendungen für Stimulationsgeräte zur Behandlung anderer Krankheiten sind ebenfalls beihilfefähig, wenn durch eine Muskelnervenprüfung festgestellt wird, dass die Muskeln nicht vollständig denerviert sind.

Reparaturen

Aufwendungen für Reparaturen verordneter Hilfsmittel sind ohne ärztliche Verordnung beihilfefähig. Bei Reparaturen bedarf es keiner vorherigen Anerkennung der Kosten durch die Beihilfestelle.

Bei einer Brille liegt eine Reparatur vor beim Auswechseln eines zerbrochenen oder zerkratzten Glases. Entsprechendes gilt für eine Kontaktlinse. Das Auswechseln von zwei Brillengläsern gilt beihilferechtlich als Ersatzbeschaffung.

Respiratorisches Biofeedback

Aufwendungen für ein Respiratorisches Biofeedback sind **nicht** beihilfefähig; (vgl. Nr. 1.1 k der Anlage 1 zu § 4 Abs. 1 Nr. 1 Satz 5 BVO (abgedruckt im Anhang, Nr. 1 a, S. 367 ff.).

Rettungsfahrten

Die Aufwendungen für sogenannte Rettungsfahrten zum Krankenhaus sind grundsätzlich beihilfefähig. Eine Rettungsfahrt, die im Rettungswagen, Notarztwagen oder Rettungshubschrauber erfolgen kann, ist nach den maßgebenden Krankentransport-Richtlinien erforderlich, wenn sich ein Patient in Lebensgefahr befindet oder schwere gesundheitliche Schäden zu befürchten sind, wenn nicht unverzüglich eine medizinische Versorgung erfolgt.

Rheuma-Unterwäsche

Es handelt sich um einen Gegenstand der allgemeinen Lebenshaltung; die Aufwendungen sind **nicht** beihilfefähig.

Rheumadecke

Es handelt sich um einen Gegenstand der allgemeinen Lebenshaltung; die Aufwendungen sind **nicht** beihilfefähig.

Roll-Fiets

Siehe unter *„Therapiedreirad"*.

Rollstuhltraining

Die Aufwendungen sind einmalig einschließlich Unterkunft (diese im Rahmen des § 4 Abs. 1 Nr. 3 BVO) sowie Beförderungskosten (§ 4 Abs. 1 Nr. 11 BVO) – abgedruckt im Anhang, Nr. 1 a, S. 367 ff. –, ggf. auch für eine Begleitperson, beihilfefähig.

Rollstuhlverladehilfe

Siehe unter *„Krankenfahrstuhl"*.

Rotlichtlampe

Die Aufwendungen für eine Rotlichtlampe sind dem Bereich der privaten Lebensführung zuzurechnen und daher **nicht** beihilfefähig.

Rückenschule

Aufwendungen für ein Verhaltenstraining im Rahmen einer Rückenschule sind nicht beihilfefähig, da es sich hier in erster Linie um eine Prophylaxe gegen Wirbelsäulenerkrankungen handelt und dieses Training den heute vielfach empfohlenen Trimm-Dich-Fitnessmethoden und damit dem Bereich der privaten Lebensführung zuzuordnen ist.

Rückenstütze

Aufwendungen für eine Rückenstütze sind **nicht** beihilfefähig (siehe auch unter *„Hilfsmittel"*).

Rückentrainer

Aufwendungen für einen Rückentrainer sind dem Bereich der privaten Lebensführung zuzurechnen und daher **nicht** beihilfefähig.

S

Sachleistungsprinzip

Nach dem Sachleistungsprinzip erhalten die Versicherten der GKV – im Gegensatz zum Kostenerstattungsprinzip der PKV – im Krankheitsfall die erforderlichen medizinischen Gesundheitsleistungen als Naturalleistungen, ohne dass vom Versicherten Vorleistungen zu erbringen sind. Hierfür schließen die Krankenkassen Verträge mit den Leistungserbringern. Alle GKV-Versicherten können auch anstelle von Sach- und Dienstleistungen Kostenerstattung in begrenzter Höhe wählen.

Säuglings- und Kleinkinderausstattung

Zu den Kosten für die Säuglings- und Kleinkinderausstattung wird bei Lebendgeburten durch die Beihilfestellen ein Zuschuss von 170 Euro gewährt. Das Gleiche gilt, wenn der Beihilfeberechtigte ein Kind unter 2 Jahren

- als Kind annimmt oder
- mit dem Ziel der Annahme in seinen Haushalt aufnimmt und die für die Annahme erforderliche Einwilligung der Eltern, der Mutter, des Vaters oder des Vormundschaftsgerichts vorliegt.

Voraussetzung ist, dass für das Kind (z. B. der im öffentlichen Dienst stehenden leiblichen Mutter) bisher noch kein Zuschuss für die Säuglings- und Kleinkinderausstattung gezahlt worden ist.

Bei Mehrlingsgeburten und bei der Annahme mehrerer Kinder ist der Zuschuss für jedes Kind zu zahlen. Die Vorlage von Belegen ist bei der Beantragung des Zuschusses nicht erforderlich.

Säuglingsfrühnahrung

Es handelt sich um Güter des täglichen Bedarfs; die Aufwendungen sind **nicht** beihilfefähig.

Salicylsäurehaltige Zubereitungen (mind. 2 % Salicylsäure)

Aufwendungen für salicylsäurehaltige Zubereitungen sind bei Personen, die das 18. Lebensjahr vollendet haben (für Personen unter 18 Jahren gelten keine Einschränkungen), nur in der Dermatotherapie als Teil der der Behandlung der Psoriasis und hyperkeratotischer Ekzeme beihilfefähig (siehe Anlage I AMR, abgedruckt im Anhang, Nr. 4, S. 549).

Sarvar (Ungarn)

Der Ort ist beihilferechtlich als Kurort anerkannt (siehe Teil 1 b der Anlage 5 VVzBVO, abgedruckt im Anhang, Nr. 2, S. 423).

Sauerstoff-Darmsanierung (Colonies)

Die Sauerstoff-Darmsanierung (Spülung des Dickdarms) erfolgt mit einem Spezialgerät, durch das körperwarmes Wasser mit geringem Druck in den Darm geleitet und wieder zurückgeführt wird. In den letzten 15 Minuten der Behandlung wird das Wasser mit Sauerstoff angereichert.

Die Aufwendungen sind **nicht** beihilfefähig.

Sauerstoff-Ionisationstherapie

Siehe unter *„Ozon-Therapie"*.

Sauerstoff-Mehrschritt-Therapie

Siehe unter *„Ozon-Therapie"*.

Sauerstoffgerät

Die Aufwendungen für ein ärztlich verordnetes Sauerstoffgerät sind beihilfefähig.

Saunabäder

Die Kosten für Saunabäder außerhalb einer stationären Rehabilitationsmaßnahme oder einer ambulanten Kur sind **nicht** beihilfefähig. Diese Kosten werden der allgemeinen Lebenshaltung zugerechnet und sind daher aus den laufenden Bezügen zu bestreiten. Das gilt auch hinsichtlich der Eintrittskarten für Frei- und Hallenbäder, z. B. an Warmwassertagen oder an Tagen, an denen unter Anleitung eines Bademeisters z. B. stündlich eine Gymnastik angeboten wird, an der sich der Badegast beteiligen kann.

Schlafstörungen (nichtorganische)

Siehe unter *„Psychotherapeutische Leistungen"*.

Schmuckprothese

Die Aufwendungen für eine Schmuckprothese (kosmetische Prothese) für ein fehlendes Fingerglied sind **nicht** beihilfefähig.

Schnabeltasse

Die Aufwendungen für eine ärztlich verordnete Schnabeltasse sind beihilfefähig. Einer vorherigen Anerkennung durch die Beihilfestelle bedarf es nicht.

Schutzimpfungen

Aufwendungen für Schutzimpfungen sind beihilfefähig, soweit sie nach den jeweils gültigen Empfehlungen der Ständigen Impfkommission am Robert-Koch-Institut (STIKO) öffentlich empfohlen werden (vgl. hierzu auch RdErl. des Ministeriums für Frauen, Jugend, Familie und Gesundheit vom 7. 12. 2000 – SMBl. NRW. 21260). Dies gilt auch für Impfungen, die aufgrund einer Auslandsreise empfohlen sind. Es sind dies Impfungen, die in der Tabelle 2 der o. g. Impfempfehlungen mit einem „R" (Impfungen Reise) gekennzeichnet sind (vgl. auch Nr. 3.2.2 VVzBVO, abgedruckt im Anhang, Nr. 2, S. 423).

Schutzimpfungen bei Auslandsdienstreisen

Bei Auslandsdienstreisen des Beihilfeberechtigten werden die Kosten für vom Einreiseland vorgeschriebene Schutzimpfungen sowie für dienstlich empfohlene Impfungen gegen Erkrankungen in Infektions- und Endemiegebieten vom Dienstherrn als Nebenkosten der Dienstreise erstattet. Eine Beihilfezahlung ist zu diesen Kosten nicht möglich.

Schwangerschaftsabbruch

A) Vorschriften

1. Text § 8 BVO Beihilfefähige Aufwendungen bei nicht rechtswidrigem Schwangerschaftsabbruch und einer durch Krankheit erforderlichen Sterilisation sowie bei Empfängnisregelung

§ 8

(1) Aus Anlass eines nicht rechtswidrigen Schwangerschaftsabbruchs sind die Aufwendungen für die ärztliche Beratung über die Erhaltung oder den Abbruch der Schwangerschaft und die ärztliche Behandlung nach § 4 Absatz 1 Nummer 1, 2, 3, 6, 7 und 11 beihilfefähig. Satz 1 gilt entsprechend für einen Schwangerschaftsabbruch, der unter den Voraussetzungen des § 218 a Absatz 1 des Strafgesetzbuches vorgenommen wurde, mit der Ausnahme, dass die Aufwendungen für die Vornahme des Abbruchs (bei einer vollstationären Behandlung nur für den Tag des Abbruchs) nicht beihilfefähig sind.

(2) Aus Anlass einer durch Krankheit erforderlichen Sterilisation sind die Aufwendungen nach § 4 Absatz 1 Nummer 1, 2, 3, 6, 7 und 11 beihilfefähig.

(3) Beihilfefähig sind die Aufwendungen für die ärztliche Beratung über Fragen der Empfängnisregelung und künstlichen Befruchtung einschließlich der hierzu erforderlichen ärztlichen Untersuchungen.

(4) Aufwendungen für medizinische Maßnahmen zur Herbeiführung einer Schwangerschaft (künstliche Befruchtung) sind beihilfefähig, wenn

1. nach ärztlicher Feststellung hinreichende Aussicht besteht, dass durch die Maßnahmen eine Schwangerschaft herbeigeführt wird; eine hinreichende Aussicht besteht nicht mehr, wenn die Maßnahme dreimal ohne Erfolg durchgeführt worden ist,
2. die Personen, die diese Maßnahmen in Anspruch nehmen wollen, miteinander verheiratet sind,
3. ausschließlich Ei- und Samenzellen des Beihilfeberechtigten und seines Ehegatten verwendet werden,
4. sich der Beihilfeberechtigte und sein Ehegatte vor Durchführung der Maßnahmen von einem Arzt, der die Behandlung nicht selbst durchführt, über eine solche Behandlung unter Berücksichtigung ihrer medizinischen und psychosozialen Gesichtspunkte haben unterrichten lassen und der Arzt sie an einen der Ärzte oder eine der Einrichtungen überwiesen hat, denen eine Genehmigung nach § 121 a SGB V erteilt worden ist.

Dies gilt auch für Inseminationen, die nach Stimulationsverfahren durchgeführt werden und bei denen dadurch ein erhöhtes Risiko von Schwangerschaften mit drei oder mehr Embryonen besteht. Bei anderen Inseminationen ist Satz 1 Nr. 1 zweiter Halbsatz und Nummer 4 nicht anzuwenden. Weitere Voraussetzung ist, dass die Ehegatten das 25. Lebensjahr, die Ehefrau noch nicht das 40. Lebensjahr und der Ehemann noch nicht das 50. Lebensjahr vollendet haben. Für die Zuordnung der Aufwendungen für die ICSI- und die IVF-Behandlung ist das Kostenteilungsprinzip zu beachten. Die vom Gemeinsamen Bundesausschuss nach § 27 a Absatz 4 SGB V erlassenen Richtlinien zur Künstlichen Befruchtung gelten in der jeweils geltenden Fassung entsprechend.

2. Text der Verwaltungsvorschriften

8 Zu § 8

8.1 Absatz 1

8.1.1 Zu der ärztlichen Behandlung anlässlich der unmittelbaren Vornahme des Schwangerschaftsabbruchs zählen insbesondere:

1. die Anästhesie,
2. der operative Eingriff,
3. die vaginale Behandlung einschließlich der Einbringung von Arzneimitteln in die Gebärmutter,
4. die Injektion von Medikamenten,
5. die Gabe wehenauslösender Medikamente,
6. die Assistenz durch einen anderen Arzt,
7. die körperlichen Untersuchungen im Rahmen der unmittelbaren Operationsvorbereitung und die Überwachung im direkten Anschluss an die Operation

sowie die im Zusammenhang mit diesen Leistungen entstandenen Sachkosten.

8.2 Absatz 2

8.2.1 Über die Notwendigkeit einer durch Krankheit erforderlichen Sterilisation entscheidet die Beihilfestelle auf der Grundlage eines amtsärztlichen Gutachtens. Die Kosten des Gutachtens sind beihilfefähig.

8.3 Absatz 3 (bleibt frei)

8.4 Absatz 4

8.4.1 Die maßgebliche Altersgrenze für die Ehegatten (§ 8 Absatz 4 Satz 4 BVO) muss in jedem Behandlungszyklus (Zyklusfall) zum Zeitpunkt des ersten Zyklustages im Spontanzyklus, des ersten Stimulationstages im stimulierten

Zyklus bzw. des ersten Tages der Down-Regulation erfüllt sein. Liegt nur bei einem Ehegatten die geforderte Altersgrenze vor, ist die gesamte Maßnahme nicht beihilfefähig. Die vom Gemeinsamen Bundesausschuss nach 27 a Absatz 4 SGB V (Künstliche Befruchtung) erlassenen Richtlinien gelten in der jeweils aktuellen Fassung entsprechend.

8.4.2 Nicht beihilfefähig sind Aufwendungen für die heterologe Insemination und die heterologe In-vitro-Fertilisation. Außerdem sind Aufwendungen für die Kryokonservierung von Samenzellen, imprägnierten Eizellen oder noch nicht transferierten Embryonen nicht beihilfefähig. Maßnahmen zur künstlichen Befruchtung nach vorhergehender Sterilisation, die medizinisch nicht notwendig war, sind nicht beihilfefähig.

8.4.3 Für die Beihilfefähigkeit von Aufwendungen zur künstlichen Befruchtung ist – ebenso wie in der Gesetzlichen Krankenversicherung – eine körperbezogene Betrachtungsweise (vgl. § 27 a Absatz 3 Satz 3 SGB V) maßgebend. Das so genannte „Verursacherprinzip" (vgl. Urteil des BGH v. 3. März 2004 – IV ZR 25/03) ist beihilferechtlich unbeachtlich. Für die Zuordnung der Aufwendungen der ICSI- und der IVF-Behandlung ist das Kostenteilungsprinzip (körperbezogene Kostenaufteilung) – § 8 Absatz 4 BVO – wie folgt anzuwenden:

1. Maßnahmen im Zusammenhang mit der Gewinnung, Untersuchung und Aufbereitung des männlichen Samens sind dem Mann zuzuordnen.
2. Die Kosten der IVF einschließlich aller extrakorporalen Maßnahmen im Zusammenhang mit der Zusammenführung von Ei- und Samenzellen, der Hormonbehandlung sowie der Beratung sind der Frau zuzuordnen.

B) Hinweise

Unter einem Schwangerschaftsabbruch versteht man die künstliche Herbeiführung einer Fehlgeburt.

Nach § 218 a Abs. 2 und 3 StGB ist der mit Einwilligung der Schwangeren von einem Arzt vorgenommene Schwangerschaftsabbruch nicht rechtswidrig, wenn

a) der Abbruch der Schwangerschaft unter Berücksichtigung der gegenwärtigen und zukünftigen Lebensverhältnisse der Schwangeren nach ärztlicher Erkenntnis angezeigt ist, um eine Gefahr für das Leben oder die Gefahr einer schwerwiegenden Beeinträchtigung des körperlichen oder seelischen Gesundheitszustandes der Schwangeren abzuwenden, und die Gefahr nicht auf eine andere für sie zumutbare Weise abgewendet werden kann,
b) nach ärztlicher Erkenntnis an der Schwangeren eine rechtswidrige Tat nach den §§ 176 bis 179 StGB (Vergewaltigung) begangen worden ist, dringende Gründe für die Annahme sprechen, dass die Schwangerschaft auf der Tat beruht, und seit der Empfängnis nicht mehr als 12 Wochen vergangen sind.

In diesen Fällen werden zu den Aufwendungen Beihilfen wie bei Vorliegen einer Krankheit gewährt. In allen anderen als den vorgenannten Fällen ist ein Schwangerschaftsabbruch grundsätzlich rechtswidrig und eine Beihilfegewährung daher ausgeschlossen, es sei denn, dass ein Schwangerschaftsabbruch nach § 218 a Abs. 1 StGB vorliegt; in diesem Fall werden Beihilfen nach Maßgabe des § 8 Abs. 1 Satz 2 BVO gewährt.

Bei einem Schwangerschaftsabbruch nach § 218 a Abs. 1 StGB handelt es sich um einen zwar rechtswidrigen, aber straffreien Abbruch, bei dem

a) die Schwangere den Abbruch verlangt hat und dem Arzt durch eine Bescheinigung einer anerkannten Schwangerschaftskonfliktberatungsstelle nachgewiesen hat, dass sie sich mindestens drei Tage vor dem Eingriff hat beraten lassen,

b) der Abbruch von einem Arzt vorgenommen worden ist und

c) seit der Empfängnis nicht mehr als 12 Wochen vergangen sind.

Auch bei einem Schwangerschaftsabbruch nach § 218 a Abs. 1 StGB sind die Aufwendungen im Grundsatz ebenfalls beihilfefähig, jedoch mit der Maßgabe, dass die Aufwendungen für den eigentlichen Abbruch ausgenommen sind.

Es sind die Aufwendungen, die sowohl in der Person des Beihilfeberechtigten als auch in der Person eines berücksichtigungsfähigen Ehegatten oder eines Kindes entstehen, beihilfefähig.

Schwangerschaftsüberwachung

Für die Schwangerschaftsüberwachung werden die Richtlinien des Bundesausschusses der Ärzte und Krankenkassen über die ärztliche Betreuung während der Schwangerschaft und nach der Entbindung (Mutterschaftsrichtlinien) in der jeweils geltenden Fassung zugrunde gelegt. Danach sind bei Schwangeren auch die Aufwendungen für einen HIV-Test beihilfefähig.

Schwellenwert

Überschreitet eine Gebühr für ärztliche, zahnärztliche oder psychotherapeutische Leistungen den in § 5 Abs. 2 Satz 4 GOÄ (abgedruckt im Anhang, Nr. 7, S. 568 ff.), § 5 Abs. 3 Satz 2 GOÄ, § 5 Abs. 4 Satz 2 GOÄ, § 5 Abs. 2 Satz 4 GOZ (abgedruckt im Anhang, Nr. 8, S. 577 ff.) vorgesehenen Schwellenwert, so kann sie nur dann als angemessen angesehen werden, wenn in der schriftlichen Begründung der Rechnung (§ 12 Abs. 3 Sätze 1 und 2 GOÄ, § 10 Abs. 3 Sätze 1 und 2 GOZ) dargelegt ist, dass erheblich über das gewöhnliche Maß hinausgehende Umstände, die in der Person des Patienten liegen (patientenbezogene Bemessungskriterien), dies rechtfertigen. Derartige Umstände können i. d. R. nur dann gegeben sein, wenn die einzelne Leistung aus bestimmten Gründen

– besonders schwierig war oder

- einen außergewöhnlichen Zeitaufwand beanspruchte oder
- wegen anderer besonderer Umstände bei der Ausführung erheblich über das gewöhnliche Maß hinausging

und diese Umstände nicht bereits in der Leistungsbeschreibung des Gebührenverzeichnisses berücksichtigt sind (§ 5 Abs. 2 Satz 3 GOÄ/GOZ; vgl. z. B. Nr. 2382 des Gebührenverzeichnisses der GOÄ, Nr. 605 des Gebührenverzeichnisses der GOZ). Aus der Begründung muss ersichtlich sein, dass abweichend von der großen Mehrzahl der Behandlungsfälle bei dem Patienten Besonderheiten aufgetreten sind und die Leistung aufgrund der tatsächlichen Umstände vom Typischen und Durchschnittlichen erheblich abweicht, d. h., dass die Begründung genügend Anhaltspunkte für einen notwendigen Vergleich enthalten muss. Allgemeine Begründungen des Arztes, wie z. B. schwieriger Fall, schwierige anatomische Verhältnisse, erhöhter Zeitaufwand, sind daher nicht ausreichend.

Nach § 12 Abs. 3 Satz 2 GOÄ, § 10 Abs. 3 Satz 2 GOZ ist die Begründung auf Verlangen näher zu erläutern. Bestehen bei der Festsetzungsstelle Zweifel darüber, ob die in der Begründung dargelegten Umstände die Überschreitung und/oder den Umfang der Überschreitung rechtfertigen, ist ggf. mit Einverständniserklärung des Beihilfeberechtigten eine Stellungnahme des zuständigen Amts(zahn) arztes und ggf. eines sonstigen medizinischen/zahnmedizinischen Sachverständigen einzuholen. Die Kosten der Begutachtungen übernimmt die Beihilfestelle.

Wird das Einverständnis verweigert und kann die Berechtigung des Anspruchs nicht anderweitig festgestellt werden, wird eine Beihilfe nicht gewährt.

Gebühren, die auf einer Abdingung nach § 2 Abs. 1 GOÄ, § 2 Abs. 1 GOZ beruhen, können grundsätzlich nur bis zum Schwellenwert als angemessen i. S. der BVO angesehen werden, es sei denn, eine Überschreitung des Schwellenwertes bis zum höchsten Gebührensatz (§ 5 GOÄ, § 5 GOZ) ist nach der Begründung (s. o.) gerechtfertigt. Über Ausnahmen in außergewöhnlichen, medizinisch besonders gelagerten Einzelfällen entscheidet für den Landesbereich das Finanzministerium.

Keine beihilferechtlich ausreichenden Begründungen für eventuelle Schwellenwertüberschreitungen sind im ärztlichen Bereich z. B.:

- ambulante Operation,
- Anwendung neuerer technischer oder aufwändiger Verfahren oder besonders teuerer medizinischer Großgeräte,
- Behandlung außerhalb der Sprechzeiten an Sonn- und Feiertagen,
- Behandlung durch den Chefarzt persönlich,
- differential-diagnostische Schwierigkeiten bei der Auswertung,
- multidimensionale diagnostische und therapeutische Schwierigkeiten,

- schwierige anatomische Verhältnisse,
- Untersuchung vor einer Operation.

Keine beihilferechtlich ausreichenden Begründungen für eventuelle Schwellenwertüberschreitungen sind im zahnärztlichen und kieferorthopädischen Bereich z. B.:

- Arbeiten im Backenzahnbereich,
- außerordentlich erschwerte Kieferumformung aufgrund ausgeprägten Zungenpressens,
- deutlich erschwerte Einstellung in den Regelbiss aufgrund asymmetrischer Distalbisslage,
- Eingliederung einer Verblendkrone,
- Erschwerung durch Vorpräparation,
- extremer Zahnengstand,
- geringe (zu kleine) Mundöffnung,
- gekrümmte oder enge Wurzelkanäle,
- motorische Unruhe, Angstzustände,
- Pfeilerdivergenzen,
- schwierige Präparation,
- schwierige Farbgestaltung durch vorhandene Kronen und Brücken,
- Totalverlust der Stützzone,
- überhöhter Schluckmodus und übermäßiger Speichelfluss,
- Wurzelkaries,
- zu starker Speichelfluss.

Schwelmer Modell

Es handelt sich um eine Therapie bei Neurodermitis-Patienten. Die Aufwendungen für ambulante Behandlungen nach dem „Schwelmer Modell“ sind in einem bestimmten Umfang beihilfefähig.

Schwimmbäder

Aufwendungen für die Benutzung von Frei- und Hallenbädern gehören zu den Kosten der allgemeinen Lebenshaltung und sind daher **nicht** beihilfefähig.

Seed-Implantation

Siehe unter *„Brachytherapie“*.

Sehhilfen

Unter den Begriff Sehhilfen fallen sowohl Brillen (auch Bifokal-, Trifokal-, Lupen- und Schielkorrekturbrillen) als auch Kontaktlinsen (Haftschalen). Es gehören hierzu auch elektronische Lesegeräte, Lupen, Leselupen, Leselineale und Farberkennungsgeräte für Blinde.

Die Beihilfefähigkeit von Brillen und Kontaktlinsen richtet sich nach der ärztlichen Verordnung. Bei einer Ersatzbeschaffung dieser Sehhilfen – ausgenommen Prismenbrillen – kann auch ein Augenoptiker eine Refraktionsbestimmung (Bestimmung des Grades einer Fehlsichtigkeit) – also ohne Einschaltung eines Arztes – vornehmen, wobei es ohne Bedeutung ist, ob die erstmals beschaffte Sehhilfe vor Eintritt in das Beamtenverhältnis verordnet wurde. Der Arzt bzw. bei einer Ersatzbeschaffung der Augenoptiker hat auch zu bestimmen, ob z. B. Bifokalgläser (Gläser für Nah- und Fernbereich), Trifokalgläser (Gläser mit einem zwischen Nah- und Fernbereich liegenden mittleren Bereich) oder Gleitsichtgläser (Gläser mit einem stufenlosen Übergang von der Nah- zur Fernsicht – Variluxgläser) indiziert sind. Das gilt für einen Augenoptiker auch dann, wenn es sich bei der Erstversorgung um eine Einstärkenbrille gehandelt hat. Nur ein Arzt kann allerdings entscheiden, ob Kunststoffgläser, Prismengläser oder getönte Gläser erforderlich sind. Bei einer Ersatzbeschaffung von Kunststoffgläsern oder getönten Gläsern (für Prismengläser ist allein der Augenarzt zuständig) ergibt sich für den Augenoptiker die Notwendigkeit solcher Gläser regelmäßig daraus, dass der Brillenträger solche Gläser bisher schon hatte; die Beihilfestelle kann in der Regel die Notwendigkeit anhand von Unterlagen über eine frühere Brillenbeschaffung nachprüfen. Da der Augenoptiker nicht als Heilbehandler tätig werden darf, wird er in Zweifelsfällen wegen der medizinischen Indikation der Gläser den Brillenträger an einen Augenarzt verweisen.

Im Rahmen der medizinischen Notwendigkeit sind die Gläser grundsätzlich unabhängig von der Qualität und der Größe beihilfefähig. Ob die Beihilfestelle im Einzelfall zur Überprüfung der Notwendigkeit der Gläser eine Erläuterung (Art der Erkrankung) fordert, liegt in ihrem Ermessen. Zu den beihilfefähigen Gläserkosten gehören auch die von Augenoptikern in Rechnung gestellten Kosten für das Einschleifen der Gläser (Anpassen an das Brillengestell) in Höhe von bis zu 11 Euro je Glas. Darüber hinaus sind die von Augenoptikern in Rechnung gestellten Kosten für die Refraktionsbestimmung bis zu 13 Euro je Sehhilfe beihilfefähig. Das gilt auch dann, wenn die Refraktionsbestimmung keine Änderung der Sehstärke ergeben hat.

Für den Ersatz von Sehhilfen (Brillen, Kontaktlinsen) kann bei Personen, die das 14. Lebensjahr vollendet haben, eine Beihilfe gewährt werden, wenn sich die Sehschärfe um mindestens 0,5 Dioptrien (sphärischer Wert) geändert hat. Das gilt auch für eine Bifokalbrille, wenn sich die Sehschärfe um mindestens 0,5 Dioptrien nur in einem Bereich geändert hat. Eine Änderung der Sehschärfe um mindestens 0,5 Dioptrien liegt auch vor, wenn z. B. die Werte für ein Auge um 0,25 Dioptrien zugenommen und für das andere Auge um 0,25 Dioptrien abgenommen haben, nicht jedoch, wenn die Werte für beide Augen um 0,25 Dioptrien zu- oder abgenommen haben. Bei Kurzsichtigkeit oder Achsenverschiebung sind die Aufwendungen für eine Ersatzbeschaffung auch dann beihilfefähig, wenn sich mit der neuen Sehhilfe (auch Bifokalbrille) die Sehschärfe um mindestens 20 Prozentpunkte verbessert.

Wird bei einem Träger einer Nahbrille eine Fernbrille erforderlich, kann auch eine Bifokalbrille oder Brille mit Gleitsichtgläsern beschafft werden, unabhängig davon, ob sich im Nahbereich die Sehschärfe geändert hat. Entsprechendes gilt, wenn bei einem Träger einer Fernbrille eine Nahbrille erforderlich wird. Unabhängig von der Änderung der Sehschärfe ist eine Ersatzbrille in den Fällen anzuerkennen, in denen – z. B. nach einer Staroperation – getönte Gläser oder Gläser mit einem anderen Tönungsgrad unbedingt notwenig sind. Falls nach ärztlicher Bescheinigung Kontaktlinsen sich als unverträglich erweisen, sind die Aufwendungen für eine angemessene Sehhilfe als beihilfefähig anzusehen.

Bei gleichbleibender Sehschärfe sind die Kosten für die Ersatzbeschaffung einer Sehhilfe (z. B. wegen Verlusts, Trübung oder Abnutzung) bei Personen, die das 14. Lebensjahr noch nicht vollendet haben, ohne besondere Einschränkungen beihilfefähig. Bei allen anderen Personen gilt nach Nr. 4.1.10.1 VVzBVO (abgedruckt im Anhang, Nr. 2, S. 423 ff.) bei gleichbleibender Sehschärfe (oder Änderung der Sehschärfe um weniger als 0,5 Dioptrien) folgende Regelung:

- Weiche Kontaktlinsen sind 2 Jahre nach der letzten Beschaffung bis 100 Euro je Kontaktlinse,
- Brillengläser (und harte Kontaktlinsen) sind 4 Jahre nach der letzten Beschaffung bis 150 Euro je Brillenglas (je Kontaktlinse) beihilfefähig.

Sekundärteil (Begriff)

Komplizierte Verankerungselemente bei Zahnersatz bestehen aus einem Primärteil (Basisteil) und einem aufsitzenden Sekundärteil (Zweitteil), z. B. Geschiebe.

Semi-orthopädischer Schuh

Hierbei handelt es sich einen maschinell angefertigten Schuh, der durch Spezialsohlen, feste Einlagen oder Schuherhöhungen hergerichtet wird.

Die Aufwendungen sind – ärztliche Verordnung vorausgesetzt – grundsätzlich beihilfefähig; der Rechnungsbetrag ist allerdings um den Betrag für eine normale Fußbekleidung zu kürzen. Als Kürzungsbetrag sind bei Erwachsenen 70 Euro (für Hausschuhe 30 Euro) und bei Kindern bis 16 Jahren 40 Euro (für Hausschuhe 20 Euro) anzusetzen (vgl. Nr. 4.1.10.4 VVzBVO, abgedruckt im Anhang, Nr. 2, S. 423 ff.).

Shiatsu-Therapie

Es handelt sich um eine Behandlungsart der traditionellen chinesischen Therapie; die Aufwendungen sind **nicht** beihilfefähig (vgl. Nr. 4.1.9.5 VVzBVO, abgedruckt im Anhang, Nr. 2, S. 423 ff.).

Sildenafil

Es handelt sich um ein besonderes Arzneimittel nach der Anlage XI AMR. Die Aufwendungen sind nur beihilfefähig, wenn eine Abstimmung zwischen dem behandelnden Arzt und einem Arzt für besondere Arzneimitteltherapie erfolgt ist. Das Verfahren zur Einholung der Zweitmeinung sollte von dem behandelnden Arzt in Anlehnung an die Feststellungen im Abschnitt N AMR erfolgen; der Nachweis ist der Beihilfestelle vorzulegen (vgl. Nr. 4.1.7.10.2.2 VVzBVO, abgedruckt im Anhang, Nr. 2, S. 423 ff.).

Sitaxentan

Es handelt sich um ein besonderes Arzneimittel nach der Anlage XI AMR. Die Aufwendungen sind nur beihilfefähig, wenn eine Abstimmung zwischen dem behandelnden Arzt und einem Arzt für besondere Arzneimitteltherapie erfolgt ist. Das Verfahren zur Einholung der Zweitmeinung sollte von dem behandelnden Arzt in Anlehnung an die Feststellungen im Abschnitt N AMR (www.g-ba.de) erfolgen; der Nachweis ist der Beihilfestelle vorzulegen (vgl. Nr. 4.1.7.10.2.2 VVzBVO, abgedruckt im Anhang, Nr. 2, S. 423 ff.).

Solarien

Solarien sind dem Bereich der privaten Lebensführung zuzurechnen; die Aufwendungen sind **nicht** beihilfefähig.

Sommersprossen

Aufwendungen für die Beseitigung von Sommersprossen sind, da es sich um eine kosmetische Maßnahme handelt, **nicht** beihilfefähig.

Sondennahrung

Aufwendungen für ärztlich verordnete Aminosäuremischungen, Eiweißhydrolysate, Elementardiäten und **Sondennahrung** sind bei fehlender oder eingeschränkter Fähigkeit zur ausreichenden normalen Ernährung ausnahmsweise beihilfefähig, wenn eine Modifizierung der normalen Ernährung oder sonstige ärztliche, pflegerische oder ernährungstherapeutische Maßnahmen zur Verbesserung der Ernährungssituation nicht ausreichen. Solche Ausnahmefälle liegen insbesondere vor bei:

- Ahornsirupkrankheit,
- AIDS-assoziierten Diarrhöen,

- Colotis ulcerosa,
- Epilepsien, wenn trotz optimierter antikonvulsiver Therapie eine ausreichende Anfallskontrolle nicht gelingt,
- Kurzdarmsyndrom,
- Morbus Crohn,
- Mukoviszidose,
- multipler Nahrungsmittelallergie,
- Niereninsuffizienz,
- Phenylketonurie,
- Tumortherapien (auch nach der Behandlung),
- postoperativer Nachsorge,
- angeborenen Defekten im Kohlenhydrat- und Fettstoffwechsel,
- angeborenen Enzymdefekten, die mit speziellen Aminosäuremischungen behandelt werden,
- erheblichen Störungen der Nahrungsaufnahme bei neurologischen Schluckbeschwerden oder Tumoren der oberen Schluckstraße (z. B. Mundboden- und Zungenkarzinom). Vgl. auch Nr. 4.1.7.6 VVzBVO, abgedruckt im Anhang, Nr. 2, S. 423 ff..

Sonnenbrille

Siehe unter *„Getönte Gläser".*

Sozialhilfe

Nach § 2 SGB XII erhält Sozialhilfe nicht, wer sich vor allem durch den Einsatz seiner Arbeitskraft, seines Einkommens und seines Vermögens selbst helfen kann oder wer die erforderliche Leistung von anderen, insbesondere von Angehörigen oder von Trägern anderer Sozialleistungen erhält. Danach hat eine nach der Beihilfenverordnung zustehende Beihilfe Vorrang vor der Sozialhilfe.

Erhält ein Beihilfeberechtigter oder eine berücksichtigungsfähige Person zunächst Sozialhilfe, kann der Träger der Sozialhilfe durch eine schriftliche Anzeige gegenüber der Beihilfestelle den Übergang des Beihilfeanspruchs auf sich bewirken (§ 93 SGB XII).

Nach § 93 Abs. 1 SGB XII ist eine Überleitung des Beihilfeanspruchs durch den Sozialhilfeträger nicht nur zulässig, wenn der Beihilfeberechtigte selbst Empfänger der Sozialhilfe ist; auch für berücksichtigungsfähige Personen (auch bei volljährigen Kindern) ist eine Überleitung grundsätzlich möglich. Ausgenommen sind nur getrennt lebende Kinder bzw. der getrennt lebende Ehegatte/eingetragene Lebenspartner; hier bleibt allein der Beihilfeberechtigte antragsberechtigt.

Soziotherapie

Die Verordnung von Soziotherapie dürfen nur Ärzte vornehmen, die berechtigt sind, die Gebietsbezeichnung „Psychiatrie oder Nervenheilkunde" zu führen. Die Dauer und die Frequenz der soziotherapeutischen Betreuung sind abhängig von den individuellen medizinischen Erfordernissen. Es können insgesamt höchstens 120 Therapieeinheiten innerhalb eines Zeitraums von 3 Jahren berücksichtigt werden. Die Soziotherapieeinheit umfasst 60 Minuten.

Soziotherapie können nur die seitens der GKV anerkannten Leistungserbringer durchführen. Es sind dies Diplom-SozialarbeiterInnen/-SozialpädagogenInnen und Fachkrankenschwestern/-pfleger für Psychotherapie (§ 4 Abs. 1 Nr. 9 Satz 3 BVO gilt insoweit nicht). Eine aktuelle Liste der anerkannten Leistungserbringer ist bei der jeweiligen Ortskrankenkasse am Wohnort des Beihilfeberechtigten zu erfragen.

Die Aufwendungen der Soziotherapie sind bis auf Weiteres nur in der Höhe beihilfefähig, in der sie von der Ortskrankenkasse im Rahmen ihres Vertrages mit dem Leistungserbringer vereinbart sind (vgl. Nrn. 4.1.1.4 bis 4.1.1.6 VVzBVO, abgedruckt im Anhang, Nr. 2, S. 423 ff.).

Spastikerhilfen

Aufwendungen für ärztlich verordnete Spastikerhilfen sind grundsätzlich beihilfefähig. Beihilfefähig sind auch Aufwendungen für Steh- und Liegetrainer, Controlwalker, Stehbrett, Bauchschrägliegebrett, Spastikerstuhl, Spastikerkarre, spezielle Sitzschalen, speziell angepassten Autokindersitz (nicht als ein handelsüblicher Autokindersitz), Lagerungskeile, Strickleiter, Holzsprossenwand, Gehbarren, Hanteln und Übungsmatte; einer vorherigen Anerkennung durch die Beihilfestelle bedarf es nicht.

Sportbrillen

Aufwendungen für Sportbrillen sind nur beihilfefähig, wenn sie von Schülern während des Schulsports getragen werden müssen (vgl. Nr. 4.1.10.3 VVzBVO, abgedruckt im Anhang, Nr. 2, S. 423 ff.).

Spritzen

Die Aufwendungen für ärztlich verordnete Spritzen sind beihilfefähig, einer vorherigen Anerkennung durch die Beihilfestelle bedarf es nicht.

Standardtarif

Der Standardtarif ist ein brancheneinheitlicher Tarif in der privaten Krankenversicherung (PKV) und erfüllt seit seiner Einführung 1994 eine soziale Schutzfunktion. Er richtet sich vorrangig an ältere Versicherte, die aus finanziellen Gründen einen preiswerten Tarif benötigen. Der Wechsel in den Standardtarif ist für privat Versicherte – wenn die Voraussetzungen gegeben sind – nur innerhalb des jeweiligen Versicherungsunternehmens möglich. Der Leistungskatalog orientiert sich am Leistungskatalog der Gesetzlichen Krankenversicherung (GKV). Die Beitragshöhe ist abhängig von der Vorversicherungszeit und dem Alter des Versicherten, darf aber für Einzelpersonen den durchschnittlichen Höchstbetrag der GKV beziehungsweise für Ehepaare 150 v. H. des GKV-Höchstbeitrages nicht übersteigen.

Für den Standardtarif wird die (zahn-)ärztliche Behandlung über die Kassen(zahn)ärztlichen Vereinigungen sichergestellt.

Der Standardtarif kommt nur noch für Versicherte mit vor dem 1. Januar 2009 abgeschlossenen Verträgen in Betracht. Privat Versicherte mit seit dem 1. Januar 2009 abgeschlossenen Verträgen haben die Möglichkeit, in den **„Basistarif"** zu wechseln.

Stationäre Müttergenesungskuren

A) Vorschriften

1. Text § 6 a BVO

Beihilfefähige Aufwendungen für stationäre Müttergenesungskuren oder Mutter-/Vater-Kind-Kuren

(1) Zu den Kosten einer stationären Rehabilitationsmaßnahme in einer Einrichtung des Müttergenesungswerkes (Müttergenesungskur) oder in einer gleichartigen Einrichtung, die Leistungen in Form einer Mutter-/Vater-Kind-Kur erbringt (§ 41 Absatz 1 SGB V) werden – soweit die Einrichtungen über Versorgungsverträge nach § 111 a SGB V verfügen – Beihilfen bis zu einer Dauer von 23 Kalendertagen (bei chronisch kranken Kindern bis zum vollendeten 14. Lebensjahr bis zu 30 Kalendertagen) einschließlich der Reisetage gewährt. § 7 Absatz 2 gilt entsprechend. Wird die Maßnahme nach Satz 1 ausschließlich aufgrund der Erkrankung eines Kindes notwendig, ist § 7 Absatz 2 Buchstabe b Satz 1 nicht anzuwenden.

(2) Beihilfefähig sind neben den Aufwendungen nach § 4 Absatz 1 Nummer 1, 7 und 9 die Aufwendungen für Unterkunft und Verpflegung, die Kurtaxe, das amtsärztliche Gutachten, den ärztlichen Schlussbericht sowie die Fahrkosten. § 6 Absatz 1 Satz 7 und Absatz 3 gelten entsprechend; ist die Rehabilitationsmaßnahme nicht anerkannt worden (§ 7 Absatz 2), sind nur die Aufwendungen nach § 4 Absatz 1 Nummer 1, 7 und 9 beihilfefähig.

(3) Bei Menschen mit Behinderungen, bei denen die Notwendigkeit einer ständigen Begleitperson behördlich festgestellt ist, sind die Aufwendungen

für Unterkunft und Verpflegung sowie Kurtaxe der Begleitperson bis zu 55 Euro täglich beihilfefähig. § 6 Absatz 4 Satz 2 gilt entsprechend.

2. Text der Verwaltungsvorschriften

6 a **Zu § 6 a Beihilfefähige Aufwendungen für stationäre Müttergenesungskuren oder Mutter-/Vater-Kind-Kuren**

6 a.1 **Absatz 1**

6 a.1.1 Die Beihilfefähigkeit der Aufwendungen einer Müttergenesungskur bzw. einer Mutter-/Vater-Kind-Kur setzt voraus, dass der Amtsarzt vor Behandlungsbeginn die Kurbedürftigkeit der Mutter/des Vaters und/oder eines Kindes bestätigt hat.

6 a.1.2 Für mitgenommene nicht behandlungsbedürftige Kinder bis zum vollendeten 12. Lebensjahr wird jeweils ein Zuschuss nach § 7 Absatz 3 Satz 2 BVO gewährt, soweit die Kosten der Unterbringung und Verpflegung dieser Kinder nicht im Rahmen der mit dem Sozialversicherungsträger getroffenen Vereinbarung für den oder die Behandlungsbedürftigen mit abgegolten ist.

6 a.1.3 Eine Kur nach Satz 1 kann auch bei behandlungsbedürftigen Kindern bis zum vollendeten 14. Lebensjahr bewilligt werden, wenn der Amtsarzt bestätigt, dass zum Behandlungserfolg die Anwesenheit der Mutter/des Vaters zwingend erforderlich ist; für die Kosten der Mutter/des Vaters gilt Nummer 6 a.1.2 sinngemäß.

6 a.2 **Absatz 2** (bleibt frei)

6 a.3 **Absatz 3** (bleibt frei)

B) Hinweise:

Stationäre Müttergenesungskuren und Mutter-/Vater-Kind-Kuren werden bis zu 23 Kalendertagen, bei chronisch kranken Kindern bis zum vollendeten 14. Lebensjahr bis zu 30 Kalendertagen einschließlich der Reisetage gewährt. Die Beihilfenverordnung sieht eine Verlängerung der Kurdauer nicht vor.

Die Beihilfefähigkeit der Aufwendungen einer Müttergenesungskur bzw. einer Mutter-/Vater-Kind-Kur setzt unter anderem voraus, dass der Amtsarzt vor Behandlungsbeginn die Kurbedürftigkeit der Mutter/des Vaters und/oder eines Kindes bestätigt hat. Für mitgenommene nicht behandlungsbedürftige Kinder bis zum vollendeten 12. Lebensjahr wird jeweils ein Zuschuss nach § 7 Abs. 3 Satz 2 BVO (abgedruckt im Anhang, Nr. 1 a, S. 367 ff.) gewährt, soweit die Kosten der Unterbringung und Verpflegung dieser Kinder nicht im Rahmen der mit dem Sozialversicherungsträger getroffenen Vereinbarung für den oder die Behandlungsbedürftigen mit abgegolten ist. Eine Kur nach Satz 1 kann auch bei behandlungsbedürftigen Kindern bis zum vollendeten 14. Lebensjahr bewilligt werden, wenn der Amtsarzt bestätigt, dass zum Behandlungserfolg die Anwesenheit der Mutter/des Vaters zwingend erforderlich ist; für die Kosten der Mutter/des Vaters wird ein Zuschuss von 30 Euro täglich gewährt; vgl. § 6 a Abs. 2 Satz 2 und § 7 Abs. 3 Satz 2 BVO, abgedruckt im Anhang, Nr. 1 a, S. 367 ff.).

Bei einer stationären Müttergenesungskur oder einer Mutter-/Vater-Kind-Kur sind beihilfefähig:

1. Aufwendungen nach § 4 Abs. 1 Nr. 7 und 9 BVO

Es handelt sich um Kosten für den Arzt, Arzneien und Verbandmittel sowie für Heilbehandlungen, z. B. Massagen, Bestrahlungen, Krankengymnastik, Bewegungs-, Beschäftigungs- und Sprachtherapie. Wegen der beihilfefähigen Höchstbeträge wird auf die Anlage 2 VVzBVO, abgedruckt im Anhang, Nr. 2, S. 423 ff., hingewiesen. Falls die vorgenannten Behandlungskosten in einer mit den Sozialversicherungsträgern (z. B. Rentenversicherung, Gesetzliche Krankenversicherung) vereinbarten Pauschale (umfassen Unterkunft, Verpflegung und Behandlung) enthalten sind, ist die Pauschale beihilfefähig, sofern die Kureinrichtung Beihilfeberechtigten die Behandlungskosten (medizinische Leistungen) nicht einzeln in Rechnung stellt. Im letzteren Fall ist die Pauschale um 30 v. H. zu kürzen (vgl. § 6 a Abs. 2 BVO i. V. m. § 6 Abs. 3 BVO, abgedruckt im Anhang, Nr. 1 a, S. 367 ff.).

2. Die Kosten für Unterkunft und Verpflegung

Die Kosten für Unterkunft und Verpflegung sind in Höhe der Pauschale beihilfefähig, die die Kureinrichtung mit einem Sozialversicherungsträger vereinbart hat. Sind in der Preisvereinbarung (Pauschale) neben den Kosten für Unterkunft und Verpflegung auch die Behandlungskosten (medizinische Leistungen) enthalten und werden diese dem Beihilfeberechtigten gesondert in Rechnung gestellt, ist die Pauschale um 30 v. H. zu kürzen (§ 6 a Abs. 2 i. V. m. § 6 Abs. 3 BVO, abgedruckt im Anhang, Nr. 1 a, S. 367 ff.).

Für mitgenommene nicht behandlungsbedürftige Kinder bis zum vollendeten 12. Lebensjahr sowie für die nicht behandlungsbedürftige Mutter oder den nicht behandlungsbedürftigen Vater als zwingend erforderliche Begleitpersonen für ein erkranktes Kind (bis zur Vollendung des 14. Lebensjahres) wird ein Zuschuss von 30 Euro täglich gezahlt, höchstens in Höhe der tatsächlich angefallenen Kosten, sofern die Kosten nicht bereits in der Pauschale für den oder die Behandlungsbedürftigen enthalten sind (siehe Nr. 6 a.1.2 VVzBVO, abgedruckt im Anhang, Nr. 2, S. 423 ff.). Mit dem Satz von 30 Euro sind die Kosten für Unterkunft und Verpflegung, Kurtaxe und Beförderung abgegolten.

3. Die Kurtaxe

Die Kurtaxe ist bei jedem Aufenthalt in einem Kurort als kommunale Verwaltungsabgabe zu entrichten. Ihre Erhebung erfolgt unabhängig von der Inanspruchnahme medizinischer Leistungen.

4. Die Kosten des amtsärztlichen Gutachtens

5. Die Kosten des ärztlichen Schlussberichtes

Hierunter ist das Gutachten des behandelnden Arztes in der Kureinrichtung zu verstehen, in der er nach Beendigung der Kurmaßnahme zu dem Gesundheitszustand des Erkrankten, insbesondere im Hinblick auf die durchgeführten Heilbehandlungen Stellung nimmt. Es wird grundsätzlich nicht gefordert, dass der Schlussbericht der Beihilfestelle vorgelegt wird.

6. Begleitperson

Für eine notwendige Begleitperson eines behinderten Erkrankten i. S. des § 6 a Abs. 3 BVO sind die Aufwendungen für Unterkunft und Verpflegung sowie für die Kurtaxe bis 55 Euro täglich beihilfefähig. Zu den Beförderungskosten wird ein Zuschuss gezahlt.

Stationäre Rehabilitationsmaßnahmen

A) Vorschriften

1. Text § 6 BVO

Beihilfefähige Aufwendungen bei stationären Rehabilitationsmaßnahmen

(1) Bei stationären Rehabilitationsmaßnahmen sind neben den Aufwendungen nach § 4 Absatz 1 Nummer 1, 7 und 9 die Kosten für Unterkunft, Verpflegung und Kurtaxe für höchstens 23 Kalendertage (es sei denn, eine Verlängerung ist aus gesundheitlichen Gründen dringend erforderlich) einschließlich der Reisetage sowie den ärztlichen Schlussbericht beihilfefähig. Voraussetzung ist, dass die Festsetzungsstelle aufgrund eines Gutachtens des zuständigen Amtsarztes oder eines Vertrauensarztes vor Behandlungsbeginn die Notwendigkeit der Maßnahme anerkannt hat, die Behandlung nicht durch eine Maßnahme nach § 7 oder durch andere ambulante Maßnahmen ersetzt werden kann und im laufenden oder in den drei vorangegangenen Kalenderjahren keine als beihilfefähig anerkannte stationäre Rehabilitationsmaßnahme oder Maßnahme nach § 6 a oder § 7 durchgeführt worden ist. Von der Einhaltung der Frist darf nur abgesehen werden, wenn der zuständige Amtsarzt oder ein Vertrauensarzt dies aus zwingenden medizinischen Gründen (z. B. schwere Krebserkrankung, HIV-Infektion, schwerer Fall von Morbus Bechterew) für notwendig erachtet. Wird die Maßnahme nicht innerhalb von sechs Monaten nach Bekanntgabe des Bewilligungsbescheides begonnen, ist ein neues Anerkennungsverfahren durchzuführen. Die Behandlungskosten nach § 4 Absatz 1 Nummer 1, 7 und 9 sind auch dann beihilfefähig, wenn die Beihilfefähigkeit der Rehabilitationsmaßnahme nicht anerkannt wird. Die Kosten der amts- oder vertrauensärztlichen Gut-

achten sind beihilfefähig. Zu den Kosten der Hin- und Rückfahrt einschließlich der Gepäckbeförderung wird bei notwendigen Behandlungen in einem Ort außerhalb von Nordrhein-Westfalen insgesamt ein Zuschuss von 100 Euro, innerhalb von Nordrhein-Westfalen von 50 Euro gewährt.

(2) Die Maßnahme muss in einer Einrichtung durchgeführt werden, die die Voraussetzungen nach § 107 Absatz 2 SGB V erfüllt. Soweit eine Einrichtung auch über Abteilungen verfügt, die die Voraussetzungen nach § 107 Absatz 1 SGB V erfüllen, gilt für von diesen Abteilungen erbrachte Leistungen § 4 Absatz 1 Nummer 2.

(3) Die Kosten für Unterkunft und Verpflegung und Behandlung sind in Höhe der Preisvereinbarung (Pauschale) beihilfefähig, die die Einrichtung mit einem Sozialversicherungsträger getroffen hat. Werden neben den Kosten für Unterkunft und Verpflegung Leistungen nach § 4 Absatz 1 Nummer 1, 7 oder 9 in Rechnung gestellt, ist die Pauschale nach Satz 1 um 30 v. H. zu kürzen; der Restbetrag ist beihilfefähig. Verfügt die Einrichtung über keine Preisvereinbarung mit einem Sozialversicherungsträger, sind die Aufwendungen für Unterkunft und Verpflegung bis zur Höhe des niedrigsten Tagessatzes der Einrichtung, höchstens 104 Euro täglich beihilfefähig.

(4) Bei Menschen mit Behinderungen, bei denen die Notwendigkeit einer ständigen Begleitperson behördlich festgestellt ist, sowie bei Kindern, die aus medizinischen Gründen einer Begleitperson bedürfen und bei denen der Amtsarzt die Notwendigkeit der Begleitung bestätigt hat, sind die Aufwendungen für Unterkunft und Verpflegung sowie Kurtaxe der Begleitperson bis zu 55 Euro täglich beihilfefähig. Absatz 1 Satz 7 gilt sinngemäß.

2. Text der Verwaltungsvorschriften

6 **Zu § 6 Beihilfefähige Aufwendungen bei stationären Rehabilitationsmaßnahmen**

6.1 **Absatz 1**

6.1.1 Nummer 3.2.3 Sätze 1 und 2 gelten entsprechend. Dass die beantragte stationäre Rehabilitationsmaßnahme nicht durch eine Maßnahme nach § 7 BVO mit gleicher Erfolgsaussicht ersetzbar ist, ist im Rahmen der Verordnung des behandelnden Arztes überprüfbar zu begründen und durch den Amtsarzt zu bestätigen (Ausnahme Anschlussheilbehandlungen).

6.1.2 Bei der Anschlussheilbehandlung handelt es sich um eine Maßnahme der medizinischen Rehabilitation, in deren Rahmen die während einer stationären Krankenhausbehandlung (§ 4 Absatz 1 Nummer 2 BVO) begonnenen Leistungen fortgesetzt werden, um einen langfristigen Erfolg zu erreichen. In diesen Fällen kann eine stationäre Rehabilitationsmaßnahme – ggf. auch nachträglich – anerkannt werden, wenn der Krankenhausarzt deren Notwendigkeit bescheinigt und die stationäre Rehabilitationsmaßnahme spätestens einen Monat nach Beendigung der stationären Krankenhausbehandlung beginnt. Bei einer zuvor ambulant durchgeführten Chemo- oder Strahlentherapie gilt eine anschließend notwendige stationäre Rehabilitationsmaßnahme ebenfalls als Anschlussheilbehandlung.

6.1.3 Der Zuschuss nach § 6 Absatz 1 Satz 7 BVO in Höhe von 100 Euro kann gewährt werden, wenn bei Beihilfeberechtigten mit Wohnsitz in Nordrhein-Westfalen durch das amts- oder vertrauensärztliche Gutachten im Rahmen des Voranerkennungsverfahrens bestätigt wird, dass der gewünschte Heilerfolg nur durch eine stationäre Rehabilitationsmaßnahme in einer Einrichtung außerhalb NRWs erreicht werden kann. Ist dies nicht der Fall, wird unabhängig von dem Ort der gewählten Einrichtung ein Zuschuss von 50 Euro gewährt. Beihilfeberechtigten mit Wohnsitz außerhalb von NRW werden pauschal 100 Euro, höchstens aber die tatsächlichen Kosten erstattet.

6.1.4 Treten mehrere Personen (behandlungsbedürftige Person einschließlich Begleitpersonen) die Rehabilitationsmaßnahme gleichzeitig mit einem privaten Personenkraftwagen an, wird der Zuschuss für die erste Person zu 100 % und für den/die Mitfahrer zu jeweils 50 % gewährt. Ist die Hin- und Rückfahrt nur im Krankenwagen möglich, gilt § 4 Absatz 1 Nummer 11 Satz 3 BVO entsprechend.

6.2 **Absatz 2** (bleibt frei)

6.3 **Absatz 3**

6.3.1 Die Kosten für Unterkunft und Verpflegung oder ggf. der Behandlung (soweit nicht einzeln berechnet) sind auch bei Anschlussheilhandlungen in Höhe der Preisvereinbarung beihilfefähig, die die Einrichtung mit einem Sozialversicherungsträger geschlossen hat. Soweit die Einrichtung mit mehreren Sozialversicherungsträgern unterschiedliche Preisvereinbarungen getroffen hat, bestehen keine Bedenken, die für den Beihilfeberechtigten günstigste Vereinbarung zu berücksichtigen, die für die vergleichbare Indikation abgeschlossen wurde. Aufwendungen für Arzneimittel, die die Einrichtung verordnet bzw. verabreicht, sind neben der Pauschale beihilfefähig.

6.3.2 Wird die Preisvereinbarung der Einrichtung mit einem Sozialversicherungsträger durch den Beihilfeberechtigten nicht beigebracht, sind die Aufwendungen nach § 4 Absatz 1 Nummer 1, 7 und 9, für das amtsärztliche Gutachten sowie den ärztlichen Schlussbericht beihilfefähig. Daneben wird ein Zuschuss nach § 7 Absatz 3 Satz 2 BVO gewährt.

6.4 **Absatz 4** (bleibt frei)

B) Hinweise

Voraussetzung für die Beihilfefähigkeit einer stationären Rehabilitationsmaßnahme ist, dass die Beihilfestelle vor Behandlungsbeginn die Notwendigkeit der

Maßnahme anerkannt hat. Die Beihilfestelle entscheidet aufgrund des Gutachtens eines Amts- oder Vertrauensarztes. Die Aufwendungen für das Gutachten sind nach § 4 Abs. 1 Nr. 1 BVO beihilfefähig.

In dem Gutachten hat der Arzt zu der Frage Stellung zu nehmen, ob die Maßnahme notwendig ist und nicht durch eine ambulante Kur- oder Rehabilitationsmaßnahme oder andere ambulante Maßnahmen ersetzt werden kann. Kuren und andere ambulante Maßnahmen gehen also stationären Rehabilitationsmaßnahmen vor. Zuvor muss auch der behandelnde Arzt des Erkrankten überprüfbar begründen, warum eine stationäre Maßnahme zwingend erforderlich ist.

Der Amtsarzt hat bei Beihilfeberechtigten mit Wohnsitz in NRW auch dazu Stellung zu nehmen, ob unter medizinischen Gesichtspunkten die Behandlung außerhalb von NRW durchgeführt werden muss. Letzte Feststellung ist für die Höhe des Zuschusses zu den Beförderungskosten (vgl. § 6 Abs. 1 letzter Satz BVO und Nr. 6.1.3 VVzBVO [s. o.]) von Bedeutung.

Die Beihilfestelle darf eine stationäre Rehabilitationsmaßnahme nicht anerkennen, wenn im laufenden Kalenderjahr (d. h. dem Jahr, in dem über den Antrag entschieden wird) oder in den 3 vorangegangenen Kalenderjahren bereits eine beihilferechtlich anerkannte stationäre Rehabilitationsmaßnahme, eine stationäre Müttergenesungskur oder Mutter-/Vater-Kind-Kur (§ 6 a BVO, abgedruckt im Anhang, Nr. 1 a, S. 367 ff.) oder eine ambulante Kur- und Rehabilitationsmaßnahme (§ 7 BVO – s. o.) durchgeführt worden ist.

Von dem vorgenannten Zeitraum kann abgesehen werden, wenn nach einem amts- oder vertrauensärztlichen Gutachten aus zwingenden medizinischen Gründen eine Behandlung in einem kürzeren Zeitabstand nötig ist (z. B. schwere Krebserkrankung, HIV-Infektion).

Stationäre Rehabilitationsmaßnahmen müssen in Einrichtungen durchgeführt werden, die die Voraussetzungen des § 107 Abs. 2 SGB V erfüllen.

Die Dauer einer stationären Rehabilitationsmaßnahme ist auf 23 Tage einschließlich der Reisetage begrenzt. Dieser Zeitraum kann überschritten werden, wenn dies aus gesundheitlichen Gründen dringend erforderlich ist.

Bei einer stationären Rehabilitationsmaßnahme sind beihilfefähig:

1. **Aufwendungen nach § 4 Abs. 1 Nrn. 1, 7 und 9 BVO** (abgedruckt im Anhang, Nr. 1 a, S. 367 ff.). Es sind dies u. a. die Arztkosten, die Kosten für Arznei- und Verbandmittel, die Kosten der Heilbehandlungen (z. B. Massagen, Bestrahlungen). Wegen der beihilfefähigen Höchstbeträge für Massagen, Krankengymnastik etc. wird auf die Anlage 2 der VVzBVO (abgedruckt im Anhang, Nr. 2, S. 423 ff.) hingewiesen.

   Falls die Unterbringung in einer Rehabilitationseinrichtung erfolgt, die mit einem Sozialversicherungsträger (z. B. Rentenversicherung, Gesetzliche Krankenversicherung) eine Preisvereinbarung (Pauschale) für medizinische Leistungen (§ 4 Abs. 1 Nr. 1, 7 und 9 BVO, abgedruckt im Anhang, Nr. 1 a, S. 367 ff.) und für Unterkunft und Verpflegung getroffen hat, sind diese Preise auch der Beihilfeberechnung zugrunde zu legen. Das gilt auch für sogenannte Anschlussheilbehandlungen. Bei unterschiedlichen Preisvereinbarungen (mit verschiedenen Sozialversicherungsträgern) ist die für den Beihilfeberechtigten günstigste (indikationsbezogene Preisvereinbarung) maßgebend.

Rechnet die aufgesuchte Einrichtung trotz bestehender Vereinbarung mit einem Sozialversicherungsträger bei dem Beihilfeberechtigten die Leistungen für Unterkunft und Verpflegung und für medizinische Leistungen einzeln ab, ist die Gesamtpauschale um 30 v. H. zu kürzen. Daneben werden zu den Aufwendungen für die medizinischen Leistungen Beihilfen gezahlt. Es wird auf Nr. 6.3.1 VVzBVO (abgedruckt im Anhang, Nr. 2, S. 423 ff.) hingewiesen.

2. Die **Kosten für Unterkunft und Verpflegung.** Bei Behandlung in Rehabilitationseinrichtungen, die mit einem Sozialversicherungsträger eine Preisvereinbarung (Pauschale) getroffen haben, sind die Kosten für Unterkunft und Verpflegung in Höhe dieser Pauschale beihilfefähig, soweit für medizinische Leistungen keine weiteren Rechnungen gestellt werden (s. o.).

   Falls die aufgesuchte Einrichtung keine Preisvereinbarung mit einem Sozialversicherungsträger abgeschlossen hat (d. h., gesetzlich Versicherte werden nicht aufgenommen), sind die Kosten für Unterkunft und Verpflegung bis zu 104 Euro täglich beihilfefähig. Der niedrigste Satz der Einrichtung – ggf. auch der Pro-Person-Preis eines Mehrbettzimmers ist unabhängig von der tatsächlichen Unterbringung für die Beihilfeberechnung maßgebend.

3. Die **Kurtaxe.** Eine Kurtaxe ist bei jedem Aufenthalt in einem Kurort als kommunale Verwaltungsabgabe zu entrichten. Ihre Erhebung erfolgt unabhängig von der Inanspruchnahme örtlicher medizinischer Einrichtungen.

4. Die Kosten des **ärztlichen Schlussberichtes.** Hierunter ist das Gutachten des behandelnden Arztes der Einrichtung zu verstehen, in dem dieser nach Beendigung der Rehabilitationsmaßnahme zu dem Gesundheitszustand des Erkrankten, insbesondere im Hinblick auf die durchgeführten Heilbehandlungen, Stellung nimmt.

5. Die **Beförderungskosten.** Die Beförderungskosten sind beihilferechtlich insofern begrenzt, als das zu den entstehenden Beförderungskosten bei Beihilfeberechtigten mit Wohnsitz in NRW bei einer notwendigen Behandlung außerhalb von NRW ein Zuschuss von 100 Euro, bei einer Behandlung innerhalb von NRW oder bei einer nicht notwendigen Behandlung außerhalb von NRW ein Zuschuss von 50 Euro gezahlt wird. Mit den Pauschalen sind sämtliche Beförderungskosten, also auch Gepäckbeförderungs- und Gepäckaufbewahrungskosten, PKW-Kosten, Taxikosten abgegolten.

Falls mehrere Personen (Personen, bei denen eine Rehabilitationsmaßnahme anerkannt worden ist, notwendige Begleitperson) für die Hinfahrt gemeinsam einen PKW benutzen, ist für die erste Person der Zuschuss in voller Höhe, für die Mitfahrt jeweils zur Hälfte zu zahlen.

Sterbefall (im Inland/Ausland)

A) Vorschriften

1. Text § 11 BVO

Beihilfefähige Aufwendungen im Todesfall

(1) In Todesfällen sind die Aufwendungen beihilfefähig für die Überführung der Leiche oder Urne

1. bei einem Sterbefall im Inland
   a) vom Sterbeort zur Beisetzungstelle oder
   b) vom Sterbeort zum nächstgelegenen Krematorium und von dort zur Beisetzungsstelle,

   höchstens jedoch bis zur Höhe der Überführungskosten an den Familienwohnsitz im Zeitpunkt des Todes;
2. bei einem Sterbefall im Ausland
   a) eines im Inland wohnenden Beihilfeberechtigten auf einer Dienstreise in entsprechender Anwendung der Nummer 1,
   b) eines im Inland wohnenden Beihilfeberechtigten oder berücksichtigungsfähigen Angehörigen bei privatem Aufenthalt im Ausland bis zur Höhe der Kosten einer Überführung von der deutschen Grenze zum Familienwohnsitz,
   c) eines im Ausland wohnenden Beihilfeberechtigten oder eines im Ausland wohnenden berücksichtigungsfähigen Angehörigen bis zur Höhe der Kosten einer Überführung an den Familienwohnsitz, höchstens über eine Entfernung von 500 Kilometern.

(2) Kann der Haushalt beim Tode des den Haushalt allein führenden Elternteils nicht durch eine andere im Haushalt lebende Person weitergeführt werden, so sind die Aufwendungen für eine Familien- und Hauspflegekraft bis zur Dauer von sechs Monaten bis zu der in § 4 Absatz 1 Nummer 6 genannten Höhe beihilfefähig, falls im Haushalt mindestens ein Kind unter fünfzehn Jahren oder ein pflegebedürftiges Kind lebt, das nach § 2 Absatz 2 zu berücksichtigen oder nur deshalb nicht zu berücksichtigen ist, weil es selbst beihilfeberechtigt ist. In Ausnahmefällen kann die Frist auf ein Jahr verlängert werden. § 4 Absatz 1 Nummer 5 Satz 3 bis 6 gilt entsprechend. Wird an Stelle

der Beschäftigung einer Familien- und Hauspflegekraft ein Kind unter 15 Jahren oder ein pflegebedürftiges Kind (Satz 1) in einem Heim oder in einem fremden Haushalt untergebracht, so sind die Aufwendungen für Unterkunft und Verpflegung sowie notwendige Beförderungskosten – auch für eine Begleitperson – bis zu den sonst berücksichtigungsfähigen Aufwendungen für eine Familien- und Hauspflegekraft beihilfefähig. § 4 Absatz 1 Nummer 6 letzter Satz gilt entsprechend.

2. Verwaltungsvorschriften zu § 11 (bleibt frei)

B) Hinweise

a) Sterbefall im Inland

Bei dem Sterbefall des Beihilfeberechtigten bzw. einer berücksichtigungsfähigen Person sind die Kosten der Überführung der Leiche (i. d. R. im Leichenwagen) beihilfefähig

a) vom Sterbeort zur Beisetzungsstelle oder

b) vom Sterbeort zum nächstgelegenen Krematorium und von dort zur Beisetzungsstelle.

Die Überführungskosten vom Sterbeort zur Beisetzungsstelle oder von dem vom Sterbeort nächstgelegenen Krematorium zur Beisetzungsstelle sind höchstens bis zur Höhe der Überführungskosten an den Familienwohnsitz beihilfefähig. Die Mehrkosten, die durch die Überführung an einen weiter entfernt gelegenen Ort entstehen (z. B. bei einer Seebestattung) bleiben unberücksichtigt.

Zu den Überführungskosten wird eine Beihilfe unter Zugrundelegung des infrage kommenden Bemessungssatzes des Verstorbenen (vgl. § 14 Abs. 1 BVO, abgedruckt im Anhang, Nr. 1 a, S. 367 ff.) gewährt.

Zu den Überführungskosten rechnen auch die Kosten für einen Leichenpass, für einen Notsarg oder Zinksarg, wenn ein solcher vorgeschrieben ist, sowie die Kosten für die Überführung der Leiche am Wohnort des Verstorbenen, wenn der Tod dort eingetreten ist.

Bei Totgeburten sind die Aufwendungen beihilfefähig, wenn der Beihilfeberechtigte im Falle einer Lebendgeburt zu Krankheitsaufwendungen des Kindes Anspruch auf Beihilfen hätte.

Zu den Bestattungskosten wird keine Beihilfe gewährt.

b) Sterbefall im Ausland

Unter Ausland ist das Gebiet außerhalb des Geltungsbereichs des Grundgesetzes zu verstehen.

Bei einem Sterbefall eines im Inland wohnenden Beihilfeberechtigten oder eines berücksichtigungsfähigen Angehörigen während eines privaten Aufenthalts im

Ausland sind die Überführungskosten bis zu einer Höhe der Kosten einer Überführung von der deutschen Grenze bis zum Familienwohnsitz beihilfefähig. Soll die Leiche oder Urne an einen anderen Ort als den Familienwohnsitz überführt werden, so können beihilferechtlich höchstens die Kosten anerkannt werden, die bei einer Überführung von der Grenze bis zum Familienwohnsitz entstanden wären.

Beim Tod eines im Ausland wohnenden Beihilfeberechtigten oder eines im Ausland wohnenden berücksichtigungsfähigen Angehörigen sind die Kosten einer Überführung der Leiche oder Urne an den Familienwohnsitz im Ausland – höchstens jedoch bis 500 km – beihilfefähig. Im Ausland wohnende Beihilfeberechtigte sind nicht nur dort wohnende Versorgungsempfänger, sondern auch noch im Dienst befindliche Verwaltungsangehörige, die im benachbarten Ausland (Belgien, Niederlande) wohnen. Berücksichtigungsfähige Angehörige sind sowohl Angehörige der vorgenannten Beihilfeberechtigten, als auch im Ausland wohnende berücksichtigungsfähige Angehörige von im Inland wohnenden Beihilfeberechtigten (z. B. berücksichtigungsfähiges Kind studiert im Ausland).

Ausländische Rechnungen sind mit deutscher Übersetzung bei der Beihilfestelle einzureichen. Die Kosten der Übersetzung sind nicht beihilfefähig. Ein Rechnungsbetrag in ausländischer Währung ist nach dem im Zeitpunkt der Festsetzung der Beihilfe maßgebenden amtlichen Devisen-Wechselkurs in Euro umzurechnen, sofern der tatsächliche Wechselkurs nicht z. B. durch eine Umtauschbestätigung der Bank nachgewiesen wird (vgl. Nr. 10.1.2 der VVzBVO, abgedruckt im Anhang, Nr. 2, S. 423 ff.).

Ist der Todesfall während einer **Dienstreise** im Ausland eingetreten, sind die Überführungskosten wie beim „Tod im Inland“ (s. u.), d. h. höchstens bis zum Familienwohnsitz, beihilfefähig. Zu berücksichtigen sind die Kosten der preisgünstigsten Überführung, sofern nicht bei Anlegung eines strengen Maßstabes unter Würdigung des Einzelfalles eine andere Überführungsart als zweckmäßig angesehen werden muss.

Bei einem infolge **Dienstunfalls,** verstorbenen Beamten werden die Kosten der Überführung der Leiche zur Wohnung oder zum Wohnort – in besonderen Fällen auch nach einem anderen Ort – nach § 9 der Heilverfahrensverordnung vom 25. April 1979 (BGBl. I S. 502), zuletzt geändert durch Artikel 15 Abs. 10 des Gesetzes vom 5. Februar 2009 (BGBl. I S. 160), erstattet. Eine Beihilfengewährung ist in diesem Fall ausgeschlossen.

Sterilisation

Unter einer Sterilisation versteht man die Unfruchtbarmachung der Ausführungsgänge der Geschlechtsdrüsen. Beim Mann werden die Samen-, bei der Frau die Eileiter unterbunden oder durchtrennt. Kosten für eine Sterilisation sind nur beihilfefähig, wenn die Sterilisation durch eine Krankheit erforderlich war, nicht also, wenn dadurch allein künftige Schwangerschaften vermieden werden sollen.

Zu den Kosten für eine Rückgängigmachung einer Sterilisation (Refertilisierungsoperation) können Beihilfen gewährt werden, wenn die Sterilisation aus medizinischen Gründen erfolgt ist und diese zwischenzeitlich entfallen oder die bestehende Unfruchtbarkeit andere Krankheiten (z. B. psychische Erkrankungen) hervorgerufen hat.

Die Beihilfestelle entscheidet über die Notwendigkeit einer der o. g. Maßnahmen aufgrund eines amtsärztlichen Gutachtens. Die Kosten des Gutachtens sind beihilfefähig (siehe auch unter *„Schwangerschaftsabbruch"*).

Es sind die Aufwendungen, die sowohl in der Person des Beihilfeberechtigten als auch in der Person eines berücksichtigungsfähigen Ehegatten oder eines Kindes entstehen, beihilfefähig.

Steuerfreiheit

Nach § 3 Nr. 11 EStG sind Beihilfen steuerfrei, wenn sie aus öffentlichen Mitteln gezahlt werden. Beihilfen von privaten Arbeitgebern sind steuerpflichtig. Diese Differenzierung ist nach einem Beschluss des Bundesverfassungsgerichts vom 19. Februar 1991 – 1 BvR 1231/85 (DÖD 1991 S. 190/DStR 1991 S. 741) – mit dem Grundgesetz vereinbar. Die Regelung verstößt insbesondere nicht gegen den allgemeinen Gleichheitsgrundsatz.

Stiftkrone (Begriff)

Krone, die mithilfe eines individuellen (gegossenen) oder konfektionierten Stiftes im Wurzelkanal marktoter Zähne verankert wird.

Stoma-Versorgungsartikel

Die Aufwendungen für Stoma-Versorgungsartikel (z. B. Kolostomiebeutel, die dem Verschluss eines künstlichen Darmausgangs dienen) sind beihilfefähig.

Stottern

Die Aufwendungen für sog. Ohrtaktgeber bei Sprechübungen mit stotternden Kindern sind nicht beihilfefähig, da diese Geräte wissenschaftlich nicht anerkannt sind und nach ärztlicher Auffassung zu neurotischen Störungen führen können.

Strickleiter

Siehe unter *„Spastikerhilfen"*.

Stumpfstrümpfe und Stumpfschuhhüllen

Die Aufwendungen sind beihilfefähig.

Subgingival (Begriff)

Unterhalb der Zahnfleischsaumes

Suchkosten

Von Krankenanstalten in Rechnung gestellte Kosten für die Suche von geeigneten Knochenmarkspendern sind bis zu einem Betrag von 20.000 Euro beihilfefähig.

Suplasyn

Es handelt sich um ein hyaluronsäurehältiges arzneimittelähnliches Medizinprodukt.

Die Aufwendungen sind **nicht** beihilfefähig (siehe auch Beschluss des BVerwG vom 19. 8. 2010 – 2 B 14.10).

Vgl. auch *„Hyalart"*.

Supragingival (Begriff)

Oberhalb des Zahnfleisches; der vom Zahnfleisch nicht bedeckte Teil eines Zahnes

Suprakonstruktion (Begriff)

Die Suprakonstruktion entspricht einer künstlichen Zahnkrone, die auf einer künstlichen Zahnwurzel – dem **Zahnimplantat** – i. d. R. durch eine Schraubverbindung aufsetzt. Suprakonstruktionen gibt es nicht nur als Einzelkrone, sondern auch als Brückenkonstruktionen.

Falls nur noch wenige eigene Zähne vorhanden sind oder der Kiefer zahnlos ist, besteht auch die Möglichkeit, den Kiefer mit einer Kombination aus festsitzender und herausnehmbarer Suprakonstruktion zu versorgen. Eine solche Versorgung wird vielfach als angenehmer als eine herausnehmbare Zahnprothesenversorgung empfunden.

Synthetische Tränenflüssigkeit

Aufwendungen für Synthetische Tränenflüssigkeit sind bei Personen, die das 18. Lebensjahr vollendet haben, nur bei Autoimmun-Erkrankungen (Sjögren-Syndrom mit deutlichen Funktionsstörungen – trockenem Auge Grad 2 –, Epidermolysis bullosa, okulärem Pemphigoid), Fehlen oder Schädigung der Tränendüse, Fazialisparese oder bei Lagophtalmus beihilfefähig.

Synthetischer Speichel

Aufwendungen für synthetischen Speichel (nicht verschreibungspflichtig) sind bei Personen, die das 18. Lebensjahr vollendet haben (für Personen unter 18 Jahren gelten keine Einschränkungen), nur zur Behandlung krankheitsbedingter Mundtrockenheit bei onkologischen oder Autoimmun-Erkrankungen beihilfefähig (siehe Anlage I AMR, abgedruckt im Anhang, Nr. 4, S. 549 ff.).

T

Tarifbeschäftigte

Rechtsgrundlage für die Zahlung von Beihilfen an Tarifbeschäftigte im Dienst des Landes, der Gemeinden, der Gemeindeverbände und der sonstigen der Aufsicht des Landes unterstehenden Körperschaften, Anstalten und Stiftungen des öffentlichen Rechts ist § 3 des Gesetzes über die Anwendung beamten- und besoldungsrechtlicher Vorschriften auf nichtbeamtete Angehörige des öffentlichen Dienstes vom 6. Oktober 1987 (SGV. NRW. 20320). Danach erhalten diese Bediensteten, sofern das Beschäftigungsverhältnis vor dem 1. Januar 1999 begründet wurde und seitdem unverändert fortbesteht, Beihilfen nach den für Beamte geltenden Grundsätzen unter Berücksichtigung der Besonderheiten des Beschäftigungsverhältnisses und unter Beachtung der in § 3 Abs. 2 und 3 des vorgenannten Gesetzes festgestellten Regelungen. Das Finanzministerium ist ermächtigt, für die nichtbeamteten Beschäftigten durch Rechtsverordnung Ausführungsvorschriften zu erlassen. Diese Vorschriften gelten vorbehaltlich einer tarifvertraglichen Regelung. Mit der gesetzlichen Regelung wurde sichergestellt, dass die Beihilfezahlung im Interesse der Gleichbehandlung der Bediensteten aller öffentlich-rechtlichen Körperschaften des Landes zumindest bis zum Abschluss von Tarifverträgen nach einheitlichen, für alle Körperschaften in gleicher Weise verbindlichen Vorschriften erfolgt.

In dem neuen Tarifvertrag für den öffentlichen Dienst der Länder (TV-L) und in dem für den Bereich des Bundes und der kommunalen Verwaltungen und Betriebe geltenden neuen Tarifvertrag für den öffentlichen Dienst (TVöD) ist eine Regelung über Beihilfen nicht mehr enthalten, da die Beihilfe sowohl von ihrem persönlichen Anwendungsbereich als auch von ihrem Umfang her im bisherigen Tarifrecht kaum noch eine entscheidende Rolle gespielt hat. Gleichwohl ist die Verordnung über die Gewährung von Beihilfen in Krankheits-, Geburts- und Todesfällen an Angestellte, Arbeiter und Auszubildende vom 9. April 1965 (abgedruckt im Anhang, Nr. 1 b, S. 419 ff.) auf die Bediensteten, deren Beschäftigungsverhältnis vor dem 1. Januar 1999 begründet wurde, weiterhin anzuwenden.

Die beihilfeberechtigten nichtbeamteten Bediensteten können auch nach Beendigung des Beschäftigungsverhältnisses noch einen Beihilfeantrag stellen, jedoch nur für Aufwendungen, die während des Beschäftigungsverhältnisses entstanden sind. Aufwendungen, die auf einen späteren Zeitpunkt entfallen, sind nicht beihilfefähig. Für diese Regelung ist die Überlegung maßgebend gewesen, dass nach Beendigung des Beschäftigungsverhältnisses zwischen Arbeitgeber und Arbeitnehmer keine Rechtsbeziehungen mehr bestehen und die Sozialversicherungsträger die Fürsorge und den Schutz der aus dem Arbeitsleben ausgeschiedenen Bediensteten übernehmen. Im Todesfall eines noch im Dienst gestandenen Bediensteten werden auch den Hinterbliebenen sowie ggf. anderen Personen zu den Überführungskosten der Leiche oder Urne (vgl. § 11 BVO, abgedruckt im Anhang, Nr. 1 a, S. 367 ff.) und zu bisher noch nicht abgerechneten beihilfefähigen Aufwendungen gezahlt.

Ehemalige Tarifbeschäftigte, die aufgrund von Dienstordnungen o. ä. eine Versorgung nach beamtenrechtlichen Grundsätzen erhalten (Dienstordnungsangestellte, Dauerangestellte), haben auch nach ihrem Ausscheiden aus dem Dienst einen Beihilfeanspruch.

In § 1 Abs. 1 Satz 3 BVOAng (abgedruckt im Anhang, Nr. 1 b, S. 419 ff.) ist bestimmt worden, dass die beamtenrechtlichen Regelungen auch auf Bedienstete anzuwenden sind, deren arbeitsvertraglich vereinbarte durchschnittliche wöchentliche Arbeitszeit weniger als die Hälfte der durchschnittlichen wöchentlichen Arbeitszeit eines Vollbeschäftigten beträgt. Dieser Personenkreis erhält nur anteilige Beihilfen (vgl. § 1 Abs. 6 BVOAng.; abgedruckt im Anhang, Nr. 1 b, S. 419 ff.).

§ 1 Abs. 2 BVOAng bezieht sich auf in der gesetzlichen Krankenversicherung versicherte Bedienstete, und zwar auf

a) Pflichtversicherte,

b) freiwillig Versicherte, denen nach § 257 SGB V ein Zuschuss zu ihrem Krankenversicherungsbeitrag dem Grunde nach zusteht,

c) Bedienstete, die nach § 224 SGB V beitragsfrei versichert sind.

Zu a)

Die Pflichtversicherung in der GKV ist in § 5 SGB V geregelt. Die Jahresarbeitsentgeltgrenze, bis zu der eine Pflichtmitgliedschaft besteht, beträgt für das Jahr 2010 = 4.162,50 Euro, für Arbeitnehmer die am 31. Dezember 2002 bereits privat krankenversichert waren, 3.750 Euro monatlich. Wegen der Befreiung von der Versicherungspflicht wegen Erhöhung der Jahresarbeitsentgeltgrenze bei einem bisher freiwillig oder privat Versicherten wird auf § 8 Abs. 1 Nr. 1 und Abs. 2 SGB V hingewiesen. Im Übrigen scheiden Pflichtversicherte erst dann aus der Versicherungspflicht aus, wenn das regelmäßige Arbeitsentgelt die Jahresarbeitsentgeltgrenze nach § 6 Abs. 7 SGB V übersteigt und in den drei vorangegangenen Jahren überschritten hat. Nach Erlöschen der Pflichtmitgliedschaft kann die Mitgliedschaft ggf. freiwillig fortgesetzt werden.

Während des Bezugs von Elterngeld oder der Inanspruchnahme von Elternzeit nach dem Bundeserziehungsgeldgesetz besteht die Versicherungspflicht in der GKV beitragsfrei fort (§ 192 Abs. 1 Nr. 2 und § 224 Abs. 1 SGB V). Die Beitragsfreiheit erstreckt sich nur auf das Elterngeld (das Mutterschaftsgeld und das Krankengeld).

Zu b)

Nach § 257 SGB V erhalten u. a. freiwillig in der GKV Versicherte, die nur wegen Überschreitens der Jahresarbeitsentgeltgrenze oder aufgrund von § 6 Abs. 3a SGB V versicherungsfrei sind, von ihrem Arbeitgeber einen Beitragszuschuss nach Maßgabe des § 257 Abs. 2 SGB V, höchstens in Höhe der Hälfte des Betrages, den der Beschäftigte für seine Krankenversicherung zu zahlen hat. Da es beihilferechtlich darauf ankommt, dass den Bediensteten dem Grunde nach ein Zuschuss zu ihrem Krankenversicherungsbeitrag zusteht, ist es ohne Belang, wenn der Zuschuss deshalb nicht gezahlt wird, weil dem Arbeitgeber die notwendigen Nachweise nicht vorgelegt worden sind. Nach dem Urteil des BSG vom 8. Oktober 1988 – B 12 KR 19/97 R – kann auf den Zuschuss nicht rechtswirksam verzichtet werden.

Zu c)

Bei den Bediensteten, die nach § 224 SGB V beitragsfrei versichert sind, handelt es sich um Personen, die Anspruch auf Krankengeld, Mutterschaftsgeld oder Elterngeld haben.

Die unter a) bis c) aufgeführten Bediensteten und ihre berücksichtigungsfähigen Angehörigen sind ausschließlich auf die ihnen aus der gesetzlichen Krankenversicherung oder Unfallversicherung dem Grunde nach zustehenden Sach- und Dienstleistungen angewiesen.

Für die in § 1 Abs. 2 Satz 1 BVOAng aufgeführten Tarifbeschäftigten und ihre berücksichtigungsfähigen Angehörigen, die auf die Inanspruchnahme der Sach- und Dienstleistungen der GKV verwiesen werden, gelten für die Beihilfegewährung noch die weiteren Einschränkungen:

1. Aufwendungen, die dadurch entstehen, dass sie die Sach- und Dienstleistungen der GKV nicht in Anspruch nehmen, sind nicht beihilfefähig.
2. Aufwendungen, die dadurch entstehen, dass sie Kostenerstattung nach § 13 Abs. 2 SGB V wählen oder Kostenerstattung nach § 13 Abs. 4 SGB V erhalten, sind nicht beihilfefähig.
3. Aufwendungen, bei denen die Krankenkasse die Kosten bis zur Höhe eines Festbetrages nach dem SGB V übernimmt, sind nicht beihilfefähig.
4. Auch im Falle von Geldleistungen werden bei künstlicher Befruchtung, bei kieferorthopädischer Behandlung, bei Arznei- und Verbandmitteln, bei Heilmitteln, bei häuslicher Krankenpflege, bei Haushaltshilfe und bei Hilfsmitteln keine Beihilfen gezahlt.
5. Mehrkosten bei Zahnfüllungen und Verblendungen sowie Aufwendungen für implantologische Leistungen einschließlich Suprakonstruktion und für funktionsanalytische und funktionstherapeutische Maßnahmen sind nicht beihilfefähig.

6. Gesetzlich vorgesehene Zuzahlungen und Gebühren sowie Aufwendungen für von der Krankenversicherung ausgeschlossene Arznei-, Hilfs- und Heilmittel sind nicht beihilfefähig.

Beihilfen werden gezahlt zu:

1. den Aufwendungen für Zahnersatz (Prothesen, Brücken) und Zahnkronen – auch Teleskopkronen – (ausgenommen für Verblendungen, implantologische Leistungen einschließlich Suprakonstruktion und funktionsanalytische und funktionstherapeutische Maßnahmen),
2. den Aufwendungen für Schutzimpfungen, sofern die Kosten von der Krankenkasse nicht übernommen werden,
3. Beförderungskosten, soweit diese nach der BVO beihilfefähig sind und kein Anspruch gegen die Krankenkasse besteht,
4. Aufwendungen für eine Haushaltshilfe, sofern ein Anspruch auf eine solche Hilfe gegen die Krankenkasse nicht besteht,
5. Kosten für eine vorübergehende häusliche Krankenpflege, soweit seitens der Krankenkasse keine Leistungspflicht besteht,
6. den Kosten für die Säuglings- und Kleinkinderausstattung (Zuschuss).

Zahlt eine Krankenkasse einem Bediensteten gesetzlich oder satzungsgemäß einen Zuschuss zu den Kosten, sind die beihilfefähigen Aufwendungen (nicht die Gesamtaufwendungen) um den zustehenden Zuschuss zu kürzen; der Restbetrag ist beihilfefähig.

Zu Aufwendungen, die im Ausland entstanden sind, werden den Pflichtversicherten, den freiwillig in der GKV Versicherten, denen nach § 257 SGB V ein Zuschuss zu ihrem Krankenversicherungsbeitrag dem Grunde nach zusteht, sowie den gesetzlich Versicherten, die nach § 224 SGB V beitragsfrei versichert sind, im Rahmen des § 10 BVO nur dann Beihilfen gezahlt, wenn das Ausland nicht zum Zwecke der Behandlung aufgesucht wurde (die Erkrankung muss also plötzlich aufgetaucht sein – z. B. durch einen Unfall) und keine Sachleistung aufgrund der bestehenden Sozialversicherungsabkommen erlangt werden konnte.

§ 1 Abs. 3 BVOAng regelt die Beihilfen an in einer privaten Krankenversicherung versicherte Bedienstete. Es sind folgende Gruppen zu unterscheiden:

a) Bedienstete, die nach § 257 SGB V von ihrem Arbeitgeber einen Zuschuss zur ihrem Krankenversicherungsbeitrag erhalten,
b) Bedienstete, deren Krankenversicherungsbeitrag nach § 207 a SGB III von der Bundesanstalt für Arbeit übernommen wird.
c) Bedienstete, die am 31. Dezember 1998 in einer privaten Krankenversicherung versichert waren und den Zuschuss nach § 257 nicht erhalten.

Zu a)

Nach § 257 SGB V erhalten auch die in einer Privatkasse Versicherten, die nur wegen Überschreitens der Jahresarbeitsentgeltgrenze oder aufgrund von § 6 Abs. 3 a SGB V versicherungsfrei oder die von der Versicherungspflicht befreit sind, einen Zuschuss zu ihrem Krankenversicherungsbeitrag, wenn sie für sich und ihre Angehörigen, die bei Versicherungspflicht familienversichert wären (§ 10 SGB V), Vertragsleistungen beanspruchen können, die der Art – nicht dem Umfang – nach den Leistungen der GKV entsprechen. Der Zuschuss beträgt die Hälfte des Betrages, der sich unter Anwendung des durchschnittlichen allgemeinen Beitragssatzes der Krankenkassen vom 1. Januar des Vorjahres und der nach § 226 Abs. 1 Nr. 1 und § 232 a Abs. 2 SGB V bei Versicherungspflicht zugrunde zu legenden beitragspflichtigen Einnahmen als Beitrag ergibt, höchstens die Hälfte des tatsächlichen Beitrages. Der durchschnittliche allgemeine Beitragssatz wird vom BMG jeweils zum 1. Januar eines Kalenderjahres festgestellt. Der Zuschuss kann nur gezahlt werden, wenn das Krankenversicherungsunternehmen bestimmte Voraussetzungen erfüllt.

Die Anrechnung der gesamten Krankenversicherungsleistungen auf die beihilfefähigen Kosten würde in den Fällen zu einem unbilligen Ergebnis führen, in denen ein Beihilfeberechtigter einen Krankenversicherungsbeitrag zu einer privaten Krankenversicherung zahlt, der über den Beiträgen der GKV liegt. In diesem Fall wären nämlich auch diejenigen Leistungen der Krankenkasse anzurechnen, die auf den Beitragsanteil entfallen, zu dem der Arbeitgeber keinen Zuschuss zahlt. Um zu einem sachgerechten Ergebnis zu kommen, ist in den Vorschriften bestimmt worden, dass in diesen Fällen die Leistungen der PKV (nur hier kann sich im Regelfall eine Überversicherung ergeben) nicht in vollem Umfang, sondern nur im Verhältnis des Beitragszuschusses des Arbeitgebers zur Hälfte des Krankenversicherungsbeitrages auf die Aufwendungen anzurechnen sind.

Beispiel:

Ein lediger Tarifbeschäftigter hat beihilfefähige Aufwendungen von 700 Euro. Die private Krankenversicherung erstattet hierauf 500,50 Euro. Der monatliche Krankenversicherungsbeitrag (einschließlich Krankentagegeldanteil) ist 600,80 Euro. Der Arbeitgeber gibt hierzu einen Zuschuss von 240,20 Euro.

Die auf die beihilfefähigen Aufwendungen anzurechnenden Leistungen der Krankenversicherung errechnen sich wie folgt:

$$\frac{\text{240 Euro (Zuschuss) x 500 Euro (Kassenleistung)}}{\text{300 Euro (Hälfte des Krankenversicherungsbeitrages)}} = \text{400 Euro}$$

Beihilfe: 50 v. H. von 300 Euro (700–400) = **150 Euro**.

Bei der vorstehenden Berechnung sind der Zuschuss nach § 257 SGB V, die Hälfte des Krankenversicherungsbeitrages und die Krankenkassenleistung auf volle

Euro nach unten abzurunden. Die 100-v.-H.-Grenze nach § 12 Abs. 7 BVO (abgedruckt im Anhang, Nr. 1 a, S. 367 ff.) kommt nicht zum Zuge, da sich keine Übererstattung ergibt.

Hinsichtlich der Höhe des Beitragszuschusses und des Krankenversicherungsbeitrages sind die Verhältnisse in dem Monat maßgebend, in dem der Beihilfeantrag bei der Behörde eingeht. Wird in diesem Zeitpunkt kein Zuschuss mehr gezahlt (z. B. weil das Arbeitsverhältnis beendet wurde), so sind die Verhältnisse in dem Monat zugrunde zu legen, in dem letztmalig der Zuschuss gezahlt wurde.

Zu b)

Nach § 207 a SGB III übernimmt die Bundesagentur für Arbeit die Beiträge einer privaten Krankenversicherung für Bezieher von Arbeitslosengeld, die nach § 6 Abs. 3 a SGB V in der gesetzlichen Krankenversicherung versicherungsfrei oder nach § 8 Abs. 1 Nr. 1 a SGB V von der Versicherungspflicht in der gesetzlichen Krankenversicherung befreit sind.

Zu c)

Solange das vor dem 1. Januar 1999 begründete Arbeitsverhältnis fortbesteht, erhalten diese Bediensteten in Geburts-, Krankheits- und Todesfällen Beihilfen nach den für Beamte geltenden Grundsätzen.

§ 1 Abs. 4 BVOAng verweist die Tarifbeschäftigten bei Rehabilitationsmaßnahmen und Heilkuren zunächst auf die Leistungen anderer Versicherungsträger, und zwar in allen Fällen, in denen sich der Dienstherr an den Krankenkassenbeiträgen oder der Altersversorgung der Bediensteten beteiligt, sei es durch Entrichtung der gesetzlich festgelegten Arbeitgeberanteile oder durch die Zahlung eines Zuschusses zu den Beiträgen einer Lebensversicherung. Eine Beihilfengewährung ist erst dann zulässig, wenn der Rentenversicherungsträger oder die Krankenkasse die Bewilligung eines Heil- oder Kurverfahrens abgelehnt hat und der Amts- oder Vertrauensarzt – bei Kuren der Amtsarzt – die Durchführung einer Rehabilitationsmaßnahme oder einer Heilkur als dringend notwendig bezeichnet.

Teilzeitbeschäftigte, d. h. Personen, die mit weniger als der regelmäßigen wöchentlichen Arbeitszeit beschäftigt sind, erhalten entsprechend ihrer vereinbarten durchschnittlichen regelmäßigen wöchentlichen Arbeitszeit nur eine anteilige Beihilfe. Die Zahlung einer anteiligen Beihilfe gilt auch für die Säuglings- und Kleinkinderausstattung (vgl. § 9 BVO). Die Berechnung der Beihilfe für Teilzeitbeschäftigte und deren berücksichtigungsfähige Angehörige erfolgt in der Weise, dass die Beihilfeberechnung zunächst wie bei einem Vollbeschäftigten vorgenommen wird; von diesem Betrag ist dann die anteilige Beihilfe entsprechend der vereinbarten durchschnittlichen regelmäßigen Arbeitszeit zu errechnen.

Tarifbeschäftigte erhalten während einer Beurlaubung ohne Weiterzahlung der Bezüge in entsprechender Anwendung des § 1 Abs. 1 BVO grundsätzlich keine Beihilfe. Ausnahmen von diesem Grundsatz ergeben sich aus § 2 BVOAng. In diesen Fällen sind Beihilfen in dem Umfang zu zahlen, wie das der Fall wäre, wenn noch laufende Bezüge zustünden. Das gilt lediglich nicht bei privat versicherten Tarifbeschäftigten, wenn nach Einstellung der Krankenbezüge des Arbeitgebers, während der Zahlung von Mutterschaftsgeld oder während einer Elternzeit der Beitragszuschuss nach § 257 SGB V entfällt. In diesen Fällen werden Beihilfen ohne besondere Einschränkungen gezahlt.

Teilzeitbeschäftigte Bedienstete erhalten in den Fällen des § 2 Satz 1 und 2 BVOAng auch nur eine anteilige Beihilfe (vgl. § 1 Abs. 6 BVOAng). Auch für Kinder sind Beihilfen zu gewähren, sofern sie zum berücksichtigungsfähigen Personenkreis (§ 2 BVO) gehören. Sie sind auch bei der Ermittlung des Bemessungssatzes zu berücksichtigen.

Taxikosten

Kosten für die Benutzung eines Taxis sind nur beihilfefähig, wenn ärztlicherseits bescheinigt wird, dass wegen des Gesundheitszustandes der erkrankten Person ein öffentlich verkehrendes Beförderungsmittel (z. B. Bus, Straßenbahn) nicht benutzt werden konnte.

TCM

Arzneimittel aus dem Bereich der Traditionellen Chinesischen Therapie (TCM) sind unabhängig von ihrer Verordnungsfähigkeit wissenschaftlich nicht anerkannt, da Nachweise, die die Wirksamkeit und vor allem die Unbedenklichkeit der chinesischen „Arzneimittel" belegen, nicht vorliegen. Die Aufwendungen für diese Präparate sind daher **nicht** beihilfefähig.

Telemedizin

Aufwendungen für eine telemedizinische Nachbehandlung nach einem Krankenhausaufenthalt sind grundsätzlich beihilfefähig. Die Behandlung umfasst die Kontrolle der zu Hause wohnenden Patienten durch ein mobiles Elektrokardiogramm und telemedizinische Anweisungen zu einem spezifischen Trainingsprogramm.

Teleskopkrone (Begriff)

Teleskop- und Konuskronen bestehen aus zwei künstlichen Kronen, die aufeinander passen, von denen ein Teil fest verankert und das zweite abnehmbar ist. Die Aufwendungen sind im Rahmen der allgemeinen Beihilfebestimmungen beihilfefähig.

Teilstationäre Pflege und Kurzzeitpflege

A) Vorschriften

1. Text § 5 b BVO

Teilstationäre Pflege und Kurzzeitpflege

(1) Aufwendungen für eine teilstationäre Pflege (§ 41 SGB XI) in Einrichtungen der Tages- oder Nachtpflege sind beihilfefähig, wenn häusliche Pflege (§ 5 a) nicht in ausreichendem Umfang sichergestellt werden kann oder wenn dies zur Ergänzung oder Stärkung der häuslichen Pflege erforderlich ist. Die teilstationäre Pflege umfasst auch die notwendige Beförderung des Pflegebedürftigen von der Wohnung zur Einrichtung der Tages- oder Nachtpflege und zurück.

(2) Beihilfefähig sind im Rahmen der Höchstbeträge nach Satz 2 die pflegebedingten Aufwendungen der teilstationären Pflege, die Aufwendungen der sozialen Betreuung und die Aufwendungen für die in der Einrichtung notwendigen Leistungen der medizinischen Behandlungspflege. Je nach Pflegestufe sind beihilfefähig bis zu monatlich

1. in Stufe I
   a) 420 Euro ab 1. Juli 2008,
   b) 440 Euro ab 1. Januar 2010,
   c) 450 Euro ab 1. Januar 2012,
2. in Stufe II
   a) 980 Euro ab 1. Juli 2008,
   b) 1.040 Euro ab 1. Januar 2010,
   c) 1.100 Euro ab 1. Januar 2012,
3. in Stufe III
   a) 1.470 Euro ab 1. Juli 2008,
   b) 1.510 Euro ab 1. Januar 2010,
   c) 1.550 Euro ab 1. Januar 2012.

(3) Wird teilstationäre Pflege in Zusammenhang mit häuslicher Pflege nach § 5 a Absatz 1 in Anspruch genommen, sind die Aufwendungen insgesamt je Kalendermonat bis zu 150 vom Hundert der in § 5 a Absatz 1 für die jeweilige Pflegestufe genannten Beträge beihilfefähig. Dabei mindert sich der Betrag nach § 5 a Absatz 1 um den Vomhundertsatz, mit dem die Leistung nach Absatz 2 über 50 vom Hundert in Anspruch genommen wird.

(4) Wird teilstationäre Pflege in Zusammenhang mit häuslicher Pflege nach § 5 a Absatz 2 in Anspruch genommen, wird die beihilfefähige Pauschale

nach § 5 a Absatz 2 nicht gemindert, soweit die Aufwendungen nach Absatz 2 je Kalendermonat 50 vom Hundert des für die jeweilige Pflegestufe vorgesehenen Höchstbetrages nach § 5 a Absatz 1 nicht übersteigen. Ansonsten mindert sich die beihilfefähige Pauschale nach § 5 a Absatz 2 um den Vomhundertsatz, mit dem teilstationäre Pflege nach Absatz 2 über 50 vom Hundert in Anspruch genommen wird.

(5) Wird neben einer teilstationären Pflege nach Absatz 2 eine Kombinationsleistung (§ 38 SGB XI) aus häuslicher Pflege nach § 5 a Absatz 1 und 2 notwendig, ist die Beihilfe nach Absatz 2 ungekürzt zu gewähren, soweit sie je Kalendermonat 50 vom Hundert des in § 5 a Absatz 1 vorgesehenen beihilfefähigen Höchstbetrages nicht übersteigt. Ansonsten findet § 5 a Absatz 4 Satz 2 mit der Maßgabe Anwendung, dass bei der Ermittlung des Vomhundertsatzes, um den die Pflegepauschale nach § 5 a Absatz 2 zu kürzen ist, von einem Gesamtbeihilfeanspruch in Höhe von 150 vom Hundert auszugehen ist und die beihilfefähige Restpauschale auf den Betrag begrenzt ist, der sich ohne Inanspruchnahme der teilstationären Pflege ergeben würde.

(6) Kann die häusliche Pflege zeitweise nicht, noch nicht oder nicht im erforderlichen Umfang erbracht werden und reicht auch eine teilstationäre Pflege nicht aus, sind die Aufwendungen für eine Pflege in einer vollstationären Einrichtung beihilfefähig (Kurzzeitpflege – § 42 SGB XI –). Dies gilt

1. für eine Übergangszeit im Anschluss an eine stationäre Behandlung des Pflegebedürftigen nach § 4 Absatz 1 Nummer 2 oder § 6 oder
2. in sonstigen Krisensituationen, in denen vorübergehend häusliche oder teilstationäre Pflege nicht möglich oder nicht ausreichend ist.

(7) Der Anspruch auf Kurzzeitpflege ist auf vier Wochen pro Kalenderjahr beschränkt. Die pflegebedingten Aufwendungen, die Aufwendungen der sozialen Betreuung sowie die Aufwendungen für Leistungen der medizinischen Behandlungspflege sind beihilfefähig bis zu

a) 1.470 Euro ab 1. Juli 2008,

b) 1.510 Euro ab 1. Januar 2010,

c) 1.550 Euro ab 1. Januar 2012.

(8) Bei pflegebedürftigen Personen bis zur Vollendung des 18. Lebensjahres sind die Aufwendungen für Kurzzeitpflege nach Absatz 6 und 7 auch in geeigneten Einrichtungen der Hilfe für behinderte Menschen und anderen geeigneten Einrichtungen beihilfefähig, wenn die Pflege in einer von den Pflegekassen für Kurzzeitpflege zugelassenen Einrichtung nicht möglich ist oder nicht zumutbar erscheint. § 5 c Absatz 5 Satz 1 gilt insoweit nicht.

2. Text der Verwaltungsvorschriften

5 b **Zu § 5 b Teilstationäre Pflege und Kurzzeitpflege**

5 b.1 **Absatz 1**

5 b.1.1 Kann die häusliche Pflege eines Pflegebedürftigen nicht in ausreichendem Umfang sichergestellt werden, besteht ein zeitlich nicht begrenzter Anspruch auf teilstationäre Pflege in Einrichtungen der Tages- oder Nachtpflege.

5 b.1.2 Beförderungskosten sind regelmäßig Bestandteil der teilstationären Pflegesätze und nur im Rahmen der Höchstbeträge nach § 5 b Absatz 2 BVO beihilfefähig.

5 b.2 **Absatz 2**

5 b.2.1 Sofern die Tages- und Nachtpflegeeinrichtung eine sog. „Abwesenheitsvergütung" aufgrund der bestehenden vertraglichen Regelungen berechnet, ist diese bis zu den in § 5 b Absatz 2 BVO genannten Höchstbeträgen beihilfefähig.

5 b.3 **Zu Absatz 3**

5 b.3.1 Werden die Aufwendungen für Tages- und Nachtpflege ausschließlich mit Aufwendungen nach § 5 a Absatz 1 BVO geltend gemacht, sind die Aufwendungen insgesamt je Kalendermonat bis zum 1,5-fachen Satz des für die jeweilige Pflegestufe benannten Höchstbetrages beihilfefähig. Wird Tages- und Nachtpflege im Umfang von mehr als 50 v. H. des jeweiligen Höchstbetrages nach § 5 a Absatz 1 BVO in Anspruch genommen, ist der Höchstbetrag um den über 50 liegenden Vomhundertsatz zu mindern. Eine Aufstockung der Höchstbeträge nach § 5 a Absatz 1 BVO auf über 100 v. H. erfolgt hingegen bei der Inanspruchnahme der Tages- und Nachtpflege in einem Umfang von weniger als 50 v. H. nicht.

5 b.4 **Absatz 4**

5 b.4.1 Werden die monatlichen Aufwendungen für Tages- und Nachtpflege ausschließlich mit Aufwendungen nach § 5 a Absatz 2 BVO geltend gemacht, ist die Pauschale nach § 5 a Absatz 2 BVO in voller Höhe beihilfefähig, soweit die Aufwendungen für die Tages- und Nachtpflege nicht mehr als 50 v. H. des jeweiligen Höchstbetrages nach § 5 a Absatz 1 BVO betragen. Betragen die Aufwendungen für die Tages- und Nachtpflege mehr als 50 v. H., ist die Pauschale nach § 5 a Absatz 2 um den über 50 liegenden Vomhundertsatz zu mindern. Eine Aufstockung der Pauschale auf über 100 v. H. ist hingegen bei der Inanspruchnahme der Leistungen der Tages- und Nachtpflege im Umfang von weniger als 50 v. H. der Höchstbeträge nach § 5 a Absatz 1 BVO nicht möglich.

5 b.5 **Absatz 5**

5 b.5.1 Sofern in einem Monat Aufwendungen für Tages- und Nachtpflege neben Aufwendungen für eine häusliche Pflege nach § 5 a Absatz 1 und

Absatz 2 BVO geltend gemacht werden, erfolgt keine Kürzung der Aufwendungen für Tages- und Nachtpflege soweit sie 50 v. H. des Höchstbetrages nach § 5 a Absatz 1 BVO nicht übersteigen. Betragen die geltend gemachten Aufwendungen für Tages- und Nachtpflege mehr als 50 v. H. des jeweiligen Höchstbetrages nach § 5 a Absatz 1 BVO, ist bei der Berechnung des anteiligen Pflegegeldes nach § 5 a Absatz 2 BVO von einem Gesamtbeihilfeanspruch in Höhe von 150 v. H. des Betrages nach § 5 a Absatz 1 BVO auszugehen. Darüber hinaus ist die anteilige Pauschale auf den Betrag begrenzt, der sich ohne Inanspruchnahme der Tages- und Nachtpflege ergeben würde.

5 b.6 **Absatz 6**

5 b.6.1 Erhält der Pflegebedürftige eine Pauschale nach § 5 a Absatz 2 BVO, wird diese für den Aufnahme- und Entlassungstag der Kurzzeitpflege weitergewährt. Dies gilt auch bei Inanspruchnahme der Kurzzeitpflege in mehreren Teilzeiträumen, da jeweils am ersten und letzten Tag der Kurzzeitpflege die Voraussetzungen für die Pauschale als erfüllt anzusehen sind.

5 b.6.2 Soweit die Kurzzeitpflegeeinrichtung mit der Pflegekasse/Pflegeversicherung eine sog. „Abwesenheitsvergütung" (§§ 75 Absatz 2 Nummer 5, 87 a Absatz 1 Sätze 5 und 6 SGB XI) vertraglich vereinbart hat, sind die in Rechnung gestellten Beträge bis zu der von der Pflegekasse/Pflegeversicherung anerkannten Höhe beihilfefähig.

5 b.7 **Absatz 7** (bleibt frei)

5 b.8 **Absatz 8**

5 b.8.1 Die besonderen Regelungen der Inanspruchnahme von Kurzzeitpflege für pflegebedürftige Personen bis zur Vollendung des 18. Lebensjahres gelten nicht für diejenigen Personen, die bereits in entsprechenden Einrichtungen der Hilfe für behinderte Menschen wohnen und ggf. in den Ferien oder an den Wochenenden für die „Kurzzeitpflege" in der Einrichtung bleiben. Beihilfenrechtlich ist die Entscheidung der Pflegeversicherung abzuwarten.

B) Hinweise

Die teilstationäre Pflege (Tagespflege) wird in der Regel von Pflegebedürftigen in Anspruch genommen, deren Angehörige tagsüber berufstätig sind. Die Pflegebedürftigen werden meist morgens abgeholt und nachmittags bzw. abends nach Hause gebracht. Die Tagespflege findet in Pflegeheimen oder in Tagesstätten statt.

Bei der Kurzzeitpflege handelt es sich um eine vorübergehende Pflege in einer vollstationären Einrichtung, wenn die häusliche Pflege zeitweise nicht, noch nicht oder nicht im erforderlichen Umfang erbracht werden kann und eine teilstationäre Pflege nicht ausreicht.

Bei einer teilstationären Pflege sind im Rahmen von Höchstbeträgen (s. o.) beihilfefähig

a) die pflegebedingten Aufwendungen (nicht jedoch die Kosten für Unterkunft und Verpflegung),
b) die Aufwendungen für die soziale Betreuung,
c) die Aufwendungen für die in der Einrichtung notwendigen Leistungen der medizinischen Behandlungspflege (durch Pflegekräfte vorgenommene Injektionen, Wundversorgung, Darmspülungen, Blutdruckmessungen, Verabreichung von Sondennahrung, Anlegen und Wechseln von Kathetern).

Folgende Fallgestaltungen sind denkbar:

1. Teilstationäre Pflege wird zusammen mit häuslicher Pflege durch geeignete Pflegekräfte in Anspruch genommen.
2. Teilstationäre Pflege wird zusammen mit häuslicher Pflege durch selbst beschaffte Pflegehilfen in Anspruch genommen.
3. Kombination von teilstationärer Pflege, professioneller Pflege und Pflege durch selbst beschaffte Pflegehilfen.

Bei einer Kurzeitpflege sind beihilfefähig:

a) die Pflegekosten,
b) die Kosten der sozialen Betreuung,

nicht aber die Kosten für Unterkunft, Verpflegung und Investitionskosten. Die Hilfe ist begrenzt auf 4 Wochen im Kalenderjahr. Für die Entscheidung, ob die Voraussetzungen für eine Kurzzeitpflege vorliegen, ist die Entscheidung der Pflegeversicherung maßgebend. Ist der Leistungsrahmen der Kurzzeitpflege (beihilfefähiger Höchstbetrag ab 1. Januar 2010 = 1.510 Euro) ausgeschöpft, stehen dem Pflegebedürftigen für den weiteren kurzzeitigen Aufenthalt in der Kurzzeitpflege bei Vorliegen der Voraussetzungen (s. o.) die Leistungen der Ersatzpflege (§ 5 a Abs. 3 BVO) zu.

Therapeutisches Reiten

Siehe unter *„Hippotherapie"*.

Therapiedreirad, Therapietandem

Die Aufwendungen sind nur unter Einschränkungen beihilfefähig.

Bei der Anschaffung eines Therapiedreirades/Therapietandems ist der Beihilfeberechnung der Grundpreis der jeweils einfachsten Ausführung des Hilfsmittels zugrunde zu legen. Von dem Grundpreis ist als Selbstbehalt für die häusliche Ersparnis (Anschaffung eines normalen Fahrrads) für einen Erwachsenen ein Betrag von 500 Euro und für ein Kind (bis 16 Jahre) von 250 Euro in Abzug zu bringen. Aufgrund der jeweiligen Körperbehinderung notwendige Zusatzkosten für Sonderausstattungen sind dem Grundpreis hinzuzurechnen.

Dies gilt entsprechend für Aufwendungen für ein **Handy-Bike** und ein **Roll-Fiets** (vgl. Anlage 3 zu § 4 Abs. 1 Nr. 10 Satz 11 BVO, abgedruckt im Anhang, Nr. 1 a, S. 367 ff.).

Thermalbäder

Aufwendungen für Thermalbäder außerhalb einer stationären Rehabilitationsmaßnahme oder ambulanten Kur sind nicht beihilfefähig.

Thermokoagulation

Bei der Thermokoagulation handelt es sich um eine Schmerzbehandlung durch Erhitzen mit radiofrequenten Strömen. Die Behandlung ist derzeit wissenschaftlich noch nicht anerkannt. Die Aufwendungen sind nur im Ausnahmefall beihilfefähig.

Thermotherapie

Die Erhitzung von mehr als 45 Grad Celsius bei gutartigen Prostataerkrankungen sowie die **Hyperthermiebehandlung** bei Krebserkrankungen (Nr. 5854 GOÄ zum einfachen Satz – analog) gelten beihilferechtlich als wissenschaftlich noch nicht anerkannt.

Bei der Thermotherapie ist es unerheblich, welches Verfahren angewandt wird (z. B. fokussierender Ultraschall, Mikrowelle, Laser). Für die Beihilfefähigkeit der Aufwendungen der Hyperthermiebehandlung und der Thermotherapie ist es nicht erforderlich, dass vorher ein operativer Eingriff vorgenommen wurde.

Die Hyperthermiebehandlung ist wissenschaftlich nicht anerkannt bei der Behandlung gurtartiger Prostaerkrankungen (**benigne Prosta-Hyperplasie – BPH –**). In diesem Fall sind die Aufwendungen **nicht** beihilfefähig.

Tiefenpsychologisch fundierte und analytische Psychotherapie (§ 4 c BVO)

A) Vorschriften

Text des § 4 c BVO und der VVzBVO siehe unter *„Ambulante Psychotherapie"*.

B) Hinweise

Der beihilferechtlich anzuerkennende Umfang einer tiefenpsychologisch fundierten und analytischen Psychotherapie bestimmt sich nach § 4 c BVO (s. o.). Bei der Anzahl der Sitzungen wird unterschieden zwischen Behandlungen von Erwachsenen und von Kindern und Jugendlichen. Die Anzahl der Sitzungen ist im Übrigen davon abhängig, ob eine Einzelbehandlung oder eine Gruppenbehandlung vorliegt.

Neben einer tiefenpsychologisch fundierten und analytischen Psychotherapie sind gleichzeitige Behandlungen nach anderen psychotherapeutischen Behandlungsverfahren nicht zulässig.

Der Personenkreis, der beihilferechtlich eine tiefenpsychologisch fundierte und analytische Psychotherapie erbringen darf, ergibt sich aus der Anlage 1 zur BVO (hier Nr. 3); siehe unter *„Ambulante Psychotherapie"*.

Bei einer tiefenpsychologisch fundierten und analytischen Psychotherapie ist grundsätzlich eine vorherige Anerkennung der Behandlung durch die Festsetzungsstelle erforderlich.

Tinnitus-Masker

Die Aufwendungen für einen ärztlich verordneten Tinnitus-Masker sind grundsätzlich beihilfefähig.

Tinnitus-Noiser

Die Aufwendungen für einen ärztlich verordneten Tinnitus-Noiser sind grundsätzlich beihilfefähig.

Toilettenaufsatz

Die Aufwendungen für einen ärztlich verordneten behindertengerechten Toilettenaufsatz sind grundsätzlich beihilfefähig.

Toilettenstuhl

Die Aufwendungen für einen ärztlich verordneten Toilettenstuhl sind grundsätzlich beihilfefähig.

Topische Anästhetika und/oder Antiseptika

Aufwendungen für nicht verschreibungspflichtige topische Anästhetika und/oder Antiseptika sind bei Personen, die das 18. Lebensjahr vollendet haben (für Personen unter 18 Jahren gelten keine Einschränkungen), nur zur Behandlung schwerwiegender generalisierender blasenbildender Hauterkrankungen (z. B. Epidermolysis bullosa, hereditaria; Pemphigus) beihilfefähig.

Totgeburt

Siehe unter *„Sterbefall im Inland/Ausland"*.

Transaktionsanalyse

Aufwendungen für eine Transaktionsanalyse sind nicht beihilfefähig (vgl. Nr. 1.1 I der Anlage 1 zu § 4 Abs. 1 Nr. 1 Satz 5 BVO; abgedruckt im Anhang, Nr. 1 a, S. 367 ff.).

Trepanation (Begriff)

Anbohren, Durchbohren

Treppenlift

Aufwendungen für einen ärztlich verordneten Treppenlift sind grundsätzlich nicht beihilfefähig (vgl. Nr. 4.1.10.6 VVzBVO, abgedruckt im Anhang, Nr. 2, S. 423 ff.). Derartige Aufwendungen können aber in Pflegefällen ggf. Berücksichtigung im Rahmen der Pauschale für Wohnumfeldverbesserungen finden (vgl. § 5 Abs. 4 Satz 3 BVO; abgedruckt im Anhang, Nr. 1 a, S. 367 ff.).

Treppenraupe

Aufwendungen für eine ärztlich verordnete Treppenraupe (Treppenkuli) sind beihilfefähig.

Treprostinil

Es handelt sich um ein besonderes Arzneimittel nach der Anlage XI der AMR. Die Aufwendungen sind nur beihilfefähig, wenn eine Abstimmung zwischen dem behandelnden Arzt und einem Arzt für besondere Arzneimitteltherapie erfolgt ist. Das Verfahren zur Einholung der Zweitmeinung sollte von dem behandelnden Arzt in Anlehnung an die Feststellungen im Abschnitt N der AMR erfolgen; der Nachweis ist der Beihilfestelle vorzulegen (vgl. Nr. 4.1.7.10.2.2 VVzBVO, abgedruckt im Anhang, Nr. 2, S. 423 ff.).

Trifokalgläser

Die Aufwendungen für ärztliche verordnete Trifokalgläser sind grundsätzlich beihilfefähig.

Trinkgelder

Trinkgelder (auch an das Krankenhauspersonal) sind als freiwillige Leistungen **nicht** beihilfefähig.

Trockenzellentherapie

Die Aufwendungen für eine Trockenzellentherapie sind **nicht** beihilfefähig.

Tui-Na

Es handelt sich um eine Behandlungsart, die der traditionellen chinesischen Medizin zuzuordnen ist. Die Aufwendungen sind **nicht** beihilfefähig (vgl. Nr. 4.1.9.5 VVzBVO, abgedruckt im Anhang, Nr. 2, S. 423 ff.).

Tuna-Verfahren

Das Tuna-Verfahren wird angewandt bei benigner Prostatahypertrophie. Gilt derzeit als wissenschaftlich noch nicht anerkannt. Die Aufwendungen sind nur im Ausnahmefall beihilfefähig.

U

Überkappung (Begriff)

Abdeckung der Zahnpulpa mit besonderen Materialien bei tiefer Karies oder Eröffnung des Zahnmarkes.

Übungsmatte

Aufwendungen für eine Übungsmatte sind dem Bereich der privaten Lebensführung zuzurechnen und daher **nicht** beihilfefähig. Für spastisch Gelähmte ist ggf. eine Ausnahme möglich.

Umbramaticgläser

Siehe unter *„Phototrope Brillengläser"*.

Umstandskleidung

Aufwendungen für Umstandskleidung sind **nicht** beihilfefähig; sie sind den Kosten der allgemeinen Lebenshaltung zuzurechnen.

Umweltkontrollgerät

Aufwendungen für ein Umweltkontrollgerät sind dem Bereich der privaten Lebensführung zuzurechnen und daher **nicht** beihilfefähig.

Unfall

Aufwendungen zur Wiederherstellung der Gesundheit, zur Besserung oder Linderung von Leiden sowie für die Beseitigung oder zum Ausgleich von Körperschäden aufgrund eines Unfalles sind grundsätzlich im Rahmen der Beihilfevorschriften unabhängig von der Verschuldensfrage wie Kosten wegen einer Erkrankung beihilfefähig. Dies gilt nicht für Aufwendungen bei Dienstunfällen, da hier vorrangig die Bestimmungen über die Dienstunfallfürsorge zum Tragen kommen.

Soweit ein Dritter als Unfallverursacher infrage kommt, geht der Schadensersatzanspruch des geschädigten Beamten auf den Dienstherrn bzw. Träger der Versorgungslast über und diesem obliegt es, die gewährten Beihilfen vom Schädiger einzufordern. Der Beihilfeberechtigte ist gehalten, durch genaue Angaben auf dem von ihm auszufüllenden Unfallbericht dem Dienstherrn bzw. Träger der Versorgungslast die Realisierung des Schadensersatzanspruchs zu erleichtern.

Bei den nichtbeamteten Verwaltungsangehörigen gehen Schadensersatzansprüche nicht kraft Gesetzes auf den Arbeitgeber über. Um eine Gleichstellung mit den nach der Beihilfenverordnung Beihilfeberechtigten zu erreichen, ist in

§ 1 Abs. 5 BVOAng (abgedruckt im Anhang, Nr. 1 b, S. 419 ff.) bestimmt worden, dass Schadensersatzansprüche in Höhe der Beihilfe an den Arbeitgeber abzutreten sind, wenn Beihilfe gewährt werden soll.

Bei Unfällen, die Beamte im Zusammenhang mit dem Dienst erleiden (siehe auch *„Dienstunfälle"*) werden in erster Linie Leistungen aufgrund des Beamtenversorgungsgesetzes gewährt. Bei Arbeitsunfällen der nichtbeamteten Bediensteten sind vor allem die Leistungen der gesetzlichen Unfallversicherung in Anspruch zu nehmen. Die gesetzliche Unfallversicherung ist auch zunächst zuständig bei Unfällen von Kindern, Schülern und Studierenden in Zusammenhang mit dem Besuch von Jugendstätten, allgemein- oder berufsbildenden Schulen oder während der Aus- und Fortbildung an Hochschulen.

Unfruchtbarkeit

Die Aufwendungen für ärztliche Untersuchungen dahin gehend, ob Unfruchtbarkeit (Sterilität) vorliegt, sind grundsätzlich beihilfefähig (siehe unter *„Künstliche Befruchtung"*).

Unterhälftige Teilzeitbeschäftigung

Beamte, denen eine unterhälftige Teilzeitbeschäftigung nach § 65 Abs. 4, § 67 LBG bewilligt worden ist, erhalten weiterhin Leistungen der Krankenfürsorge nach § 71 Abs. 3 LBG bzw. § 76 Abs. 2 Satz 3 LBG (vgl. Nr. 1.3.1.4 VVzBVO, abgedruckt im Anhang, Nr. 2, S. 423 ff.).

Unterkunft in Hotels, Gasthäusern

Die Übernachtungskosten (nicht Verpflegungskosten) in einem Hotel oder Gasthaus sind bis zu 20 Euro je Übernachtung sowohl für den Erkrankten als auch für eine erforderliche Begleitperson (z. B. bei Kindern oder Personen mit erheblichen Körperbehinderungen) beihilfefähig, wenn bei einer notwendigen auswärtigen Behandlung die Rückkehr an den Wohnort nicht mehr möglich oder aus medizinischen Gründen nicht vertretbar ist. Die Notwendigkeit für eine ambulante auswärtige Behandlung kann sich z. B. in Fällen ergeben, in denen ein Facharzt, eine ambulante chirurgische Praxis, eine Dialysestation oder ein Strahleninstitut am Wohnort des Beihilfeberechtigten oder in dessen Nähe nicht vorhanden ist.

Unterschrift

Der Beihilfeantrag muss vom Beihilfeberechtigten im Grundsatz persönlich unterschrieben werden. Der Beihilfeberechtigte kann sich jedoch jederzeit von einer anderen Person (auch juristischen Person) vertreten lassen, sodass auch diese Person den Antrag unterschreiben kann. Es bleibt der Beihilfestelle überlassen, eine Vollmacht zu fordern. Im Todesfall des Beihilfeberechtigten kann der Beihilfeantrag auch von einem Testamentsvollstrecker gestellt werden.

Untersuchung

Unter den Begriff der Untersuchung fallen auch bakteriologische Untersuchungen und Gewebeuntersuchungen, die in besonderen Instituten vorgenommen werden. Ärztliche Verrichtungen sind auch solche, die durch Hilfspersonen des Arztes (z. B. Ergotherapeuten, Masseure, Masseure und medizinische Bademeister, Krankengymnasten, Logopäden, Physiotherapeuten) vorgenommen werden.

Unterwasserdruckstrahlmassage

Aufwendungen für eine Unterwasserdruckstrahlmassage bei einem Wanneninhalt von mindestens 600 Litern und einer Aggregatleistung von mindestens 200 l/min sowie mit Druck- und Temperaturmesseinrichtung – einschließlich der erforderlichen Nachruhe – sind je Behandlung beihilfefähig bis zu **23,10 Euro** (vgl. auch Nr. 20 der Anlage 2 VVzBVO, abgedruckt im Anhang, Nr. 2, S. 423 ff.).

Urinflaschen/Urinale

Die Aufwendungen für ärztlich verordnete Urinflaschen/Urinale sind beihilfefähig.

V

Venenkissen

Aufwendungen für ein ärztlich verordnetes Venenkissen sind dem Bereich der privaten Lebensführung zuzurechnen und daher **nicht** beihilfefähig.

Verbandmittel

Verbandmittel sind Produkte, die dazu bestimmt sind, oberflächengeschädigte Körperteile zu bedecken oder deren Körperflüssigkeit aufzusaugen. Dies sind z. B. Wund- und Heftpflaster (**„Plasterverbände"**), Kompressen, Mittel zur feuchten Wundversorgung, Mull- und Fixierbinden, Gipsverbände, Mullkompressen, Nabelkompressen, Stütz-, Entlastungs-, Steif- oder Kompressionsverbände sowie Verbandmittel zum Fixieren oder zum Schutz von Verbänden. Zu den Verbandmitteln zählt auch das Trägermaterial, das arzneilich wirkende Stoffe für oberflächengeschädigte Körperteile enthält.

Soweit Verbandmittel ärztlich verordnet sind, sind die Aufwendungen grundsätzlich beihilfefähig.

Verblendungen von Zahnkronen

Mehraufwendungen für Verblendungen (einschließlich Vollkeramikkronen bzw. -brücken, z. B. im Cerec-Verfahren) sind grundsätzlich bis einschließlich Zahn 6 beihilferechtlich notwendig und damit beihilfefähig. Soweit eine Brückenversorgung über Zahn 6 hinausreicht (z. B. bis einschließlich Zahn 7), sind auch diese Verblendungskosten beihilfefähig. Die zahnärztlichen Leistungen sind grundsätzlich auch bei den Zähnen beihilfefähig, bei denen die Aufwendungen nach Satz 1 nicht notwendig sind (vgl. Nr. 3.2.8 VVzBVO, abgedruckt im Anhang, Nr. 2, S. 423 ff.). Wird Zahn 7 mit einer Vollkeramikkrone (verblockt zur Brücke) versorgt, dürften die Beihilfestellen im Hinblick auf die nicht notwendigen Mehrkosten dieser Versorgung einen Eigenanteil von ca. 80 Euro je Zahn in Abzug bringen. Im Hinblick auf den derzeitigen Goldpreis dürfte der Eigenanteil aber entfallen.

Verfahren

1. Text § 13 BVO

Verfahren

(1) Die Beihilfen werden auf Antrag gewährt; eine Antragstellung durch Telefax ist nicht zulässig. Als Festsetzungsstellen entscheiden

1. das Landesamt für Besoldung und Versorgung über Anträge der Beihilfeberechtigten der Obersten Landesbehörden und der dem Finanzministerium nachgeordneten Behörden und Einrichtungen,
2. die Bezirksregierungen über die Anträge der Beihilfeberechtigten ihres Geschäftsbereichs, der Beihilfeberechtigten der Staatlichen Rechnungsprüfungsämter und der Beihilfeberechtigten der übrigen Behörden und Einrichtungen des Landes einschließlich der Landesbetriebe innerhalb ihres Bezirks, soweit nicht in den Nummern 3 bis 7 eine abweichende Regelung getroffen ist,
3. die Oberlandesgerichte über die Anträge der Beihilfeberechtigten ihres Geschäftsbereichs und nach näherer Bestimmung des Justizministeriums über die Anträge der Beihilfeberechtigten der anderen Gerichte sowie der dem Justizministerium nachgeordneten Behörden und Einrichtungen,
4. die Landräte über die Anträge der Beihilfeberechtigten der von ihnen geleiteten Kreispolizeibehörden mit Ausnahme der Anträge der Landräte als Leiter der Kreispolizeibehörden,
5. die Schulämter über die Anträge der Lehrer an den öffentlichen Grundschulen und Hauptschulen und an den ihrer Schulaufsicht unterstehenden öffentlichen Förderschulen,
6. die Kunsthochschulen und Einrichtungen im Hochschulbereich über die Anträge ihrer Beihilfeberechtigten, soweit in einer Vereinbarung nach Artikel 2 § 1 Absatz 5 Hochschulfreiheitsgesetz vom 31. Oktober 2006 (GV. NRW. S. 474) oder nach Artikel 7 § 5 Hochschulfreiheitsgesetz nicht etwas anderes geregelt ist,

7. die Pensionsregelungsbehörden über die Anträge der Versorgungsempfänger; die Pensionsregelungsbehörden des Landes entscheiden auch über die Anträge der Versorgungsempfänger des Landes, wenn diese im Landesdienst wieder beschäftigt werden.

Das Finanzministerium kann im Einvernehmen mit der jeweiligen obersten Dienstbehörde in begründeten Ausnahmefällen eine von Satz 2 abweichende Zuständigkeitsregelung treffen. In den Fällen des Satzes 2 Nummern 4 und 5 können kommunale Versorgungskassen, Kreise oder kreisfreie Städte mit der Festsetzung der Beihilfen beauftragt werden.

(1 a) Die oberste Fachaufsicht über die Festsetzung der Beihilfen obliegt dem Finanzministerium. Über Widersprüche gegen Beihilfefestsetzungen entscheiden die nach Absatz 1 Satz 2 Nummern 1 bis 3, 6 und 7 zuständigen Stellen; über Widersprüche gegen Beihilfefestsetzungen der nach Absatz 1 Satz 2 Nummern 4 und 5 zuständigen Stellen entscheidet die jeweils zuständige Bezirksregierung. Satz 2 gilt entsprechend für die Vertretung des Landes vor den Gerichten der Verwaltungsgerichtsbarkeit.

(2) Die Anträge sind der zuständigen Festsetzungsstelle unter Beifügung der Originalbelege vorzulegen; dies gilt nicht in den in Absatz 3 Satz 1 zweiter Halbsatz genannten Fällen der Zuschussgewährung und in den Fällen, in denen Versicherungsleistungen einzeln nachzuweisen sind. Für den Antrag, die Kassenanweisung und die Mitteilung über die Gewährung der Beihilfe sind die vom Finanzministerium herausgegebenen Formblätter zu verwenden. Andere als Landesbehörden sind hinsichtlich der Kassenanweisung und der Mitteilung über die Gewährung der Beihilfe an diese Formblätter nicht gebunden. Die in den Anträgen enthaltenen Beihilfedaten unterliegen einer besonderen Geheimhaltung. Aufwendungen für Halbwaisen können zusammen mit den Aufwendungen des Elternteils in einem Antrag geltend gemacht werden.

(3) Eine Beihilfe wird nur gewährt, wenn sie innerhalb eines Jahres nach Entstehen der Aufwendungen (§ 3 Absatz 5 Satz 2), spätestens jedoch ein Jahr nach der ersten Ausstellung der Rechnung beantragt wird; die Antragsfrist beginnt für den Fall

1. der Zuschussgewährung nach § 6 Absatz 1 Satz 7, § 6 a Absatz 2 Satz 2, § 7 Absatz 3 Satz 2, Satz 4 sowie Absatz 4 Satz 4 mit dem Tag der Beendigung der Maßnahme,
2. der Beihilfe für die häusliche Pflege (§ 5 a Absatz 2) mit dem ersten Tag nach Ablauf des Monats, in dem die Pflege erbracht wurde,
3. der Zuschussgewährung für die Säuglings- und Kleinkinderausstattung mit dem Tage der Geburt, der Annahme als Kind oder der Aufnahme in den Haushalt.

Zu verspätet geltend gemachten Aufwendungen darf eine Beihilfe nur gewährt werden, wenn das Versäumnis entschuldbar ist. Arztrechnungen und Zahnarztrechnungen sollen die Diagnose sowie Stempel und Unterschrift des Ausstellers enthalten.

(4) Eine Beihilfe wird nur gewährt, wenn die mit dem Antrag geltend gemachten Aufwendungen insgesamt mehr als 200 Euro betragen. Erreichen die Aufwendungen aus zehn Monaten diese Summe nicht, so wird abweichend von Satz 1 hierfür eine Beihilfe gewährt, wenn diese Aufwendungen 15 Euro übersteigen.

(5) Die Belege sind vor Rückgabe an den Beihilfeberechtigten von der Festsetzungsstelle durch Stempelaufdruck „Für Beihilfezwecke verwendet" kenntlich zu machen.

(6) Die Beihilfebescheide sind mit einer Rechtsbehelfsbelehrung (§ 58 VwGO) zu versehen.

(7) Auf eine zu erwartende Beihilfe können angemessene Abschlagszahlungen geleistet werden.

(8) Bei Beihilfen von mehr als 500 Euro, bei stationären Behandlungen oder ambulanten Kur- und Rehabilitationsmaßnahmen von mehr als 1.000 Euro, hat der Beihilfeberechtigte die ihm von der Festsetzungsstelle zurückgegebenen Belege für die beihilfefähigen Aufwendungen noch drei Jahre nach dem Empfang der Beihilfe aufzubewahren und auf Anfordern vorzulegen, soweit sie nicht bei einer Versicherung verbleiben. Die Festsetzungsstelle hat ihn bei der Rückgabe der Belege hierauf hinzuweisen.

(9) Ist eine nach dieser Verordnung erforderliche vorherige Anerkennung der Beihilfefähigkeit ohne Verschulden des Antragstellers unterblieben, wird die Beihilfe dennoch gewährt. Dies gilt nicht für Aufwendungen nach §§ 6, 6 a und 7.

(10) Bei Vorliegen einer wirtschaftlichen Notlage bleibt die Gewährung einer Unterstützung aufgrund der Unterstützungsgrundsätze zu nicht beihilfefähigen Aufwendungen in Krankheits-, Geburts- und Todesfällen unberührt.

(11) Zum Zwecke der Beihilfenfestsetzung dürfen durch die Festsetzungsstelle Belege und Schriftstücke in elektronischer Form abgebildet und gespeichert, die in ihnen enthaltenen Daten elektronisch ausgelesen und weiterverarbeitet werden. In diesem Fall sind abweichend von Absatz 2 Satz 1 erster Halbsatz keine Originalbelege vorzulegen; die vorgelegten Belege werden digitalisiert und anschließend vernichtet. Die Absätze 5 und 8 finden keine Anwendung.

(12) Soweit Maßnahmen nach Absatz 11 in zentralen Einrichtungen vorgenommen werden, sind diese Teil der jeweiligen Festsetzungsstelle.

2. Zu Text der Verwaltungsvorschriften zu § 13 BVO

13 § 13 Verfahren

13.1 **Absatz 1**

13.1.1 Pensionsregelungsbehörde ist im kommunalen Bereich der letzte Dienstherr.

13.2 **Absatz 2**

13.2.1 Für den Beihilfeantrag, die Kassenanordnung und die Mitteilung über die Gewährung der Beihilfe sollen die als Anlagen 6 und 6 a beigefügten Formblätter verwendet werden. Es können auch Kassenanordnungen, die für die gleichzeitige Fertigung der Auszahlungsanordnung und des Überweisungsträgers eingerichtet sind, sowie Sammelanordnungen verwendet werden. Bei Unfällen (einschl. häuslicher Unfälle, Sport-, Spiel- und Schulunfälle) ist ein Unfallbericht nach Anlage 10 vorzulegen. Sofern Beihilfen mittels eines automatisierten Verfahrens festgesetzt werden, können dem Verfahren angepasste Vordrucke verwendet werden.

13.2.2 Für Beihilfeanträge aus Anlass dauernder Pflegebedürftigkeit (§ 5 BVO) soll das als Anlage 8 beigefügte Formblatt verwendet werden. Die Beihilfen aus Anlass dauernder Pflegebedürftigkeit sind für aktive Beamte unter Titel 441 02 und für Versorgungsempfänger unter Titel 446 02 zu buchen.

13.2.3 Auf die Vorlage der Originalbelege kann verzichtet werden. Bei Auslandsrechnungen ist dem Beihilfeantrag eine Kopie des Erstattungsnachweises der Krankenversicherung (ggf. der Auslandskrankenversicherung, z. B. ADAC) beizufügen.

13.2.4 Bei Halbwaisen ist eine Erklärung der Halbwaise und des Elternteils (bei minderjährigen Halbwaisen ausschließlich des Elternteils) einzuholen, bei welcher Beihilfestelle die Aufwendungen der Halbwaise eingereicht werden; die andere Beihilfestelle ist darüber zu informieren. Diese Erklärung ist bis zu ihrem Widerruf bindend.

13.2.5 Soweit bei sozialhilfeberechtigten Personen die Abwicklung der krankheitsbedingten Kosten nach § 264 SGB V über eine gesetzliche Krankenversicherung erfolgt, kann die von der Krankenkasse erstellte Quartalsabrechnung der Beihilfenberechnung zu Grunde gelegt werden. Die nach § 264 Absatz 7 SGB V zu entrichtenden Verwaltungskosten sind nicht beihilfefähig.

13.3 **Absatz 3** (bleibt frei)

13.4 **Absatz 4**

13.4.1 Die Antragsgrenze von 200 Euro gilt nicht, wenn der Beihilfeberechtigte aus dem beihilfeberechtigten Personenkreis ausgeschieden ist oder den Dienstherrn gewechselt hat.

13.5 **Absatz 5** (bleibt frei)

13.6 **Absatz 6** (bleibt frei)

13.7 **Absatz 7**

13.7.1 Ein Abschlag darf auch dann gewährt werden, wenn eine dem Grunde nach zustehende Beihilfe nicht festgesetzt werden kann, weil zunächst die Klärung eines etwaigen Schadensersatzanspruchs abgewartet werden muss; bei der Bemessung des Abschlages kann ein möglicher Ersatzanspruch außer Betracht bleiben. Der Abschlag ist unverzüglich abzuwickeln, sobald der Ersatzanspruch geklärt ist.

13.7.2 Bei stationärer Krankenhausbehandlung und bei Dialysebehandlung kann auf Antrag des Beihilfeberechtigten ein Abschlag auch unmittelbar an das Krankenhaus oder die Dialyse-Institution überwiesen werden. Das als Anlage 9 beigefügte Formblatt sollte nach Möglichkeit für die Beantragung der Abschlagszahlung verwendet werden.

13.7.3 In den Fällen des § 5 a Absatz 2 und § 5 c BVO können jeweils für die Dauer von bis zu sechs Monaten Abschläge auf die Beihilfe gezahlt werden. Der Beihilfeberechtigte ist darauf hinzuweisen, dass nach Ablauf dieses Zeitraums zur endgültigen Festsetzung der Beihilfe ein Antrag (§ 13 Absatz 1 BVO) erforderlich ist. Weitere Abschläge können nur nach Eingang des Antrags bewilligt werden.

13.8 **Absatz 8** (bleibt frei)

13.9 **Absatz 9** (bleibt frei)

13.10 **Absatz 10** (bleibt frei)

13.11 **Absatz 11**

Soweit die Beihilfestelle elektronische Dokumente zur Abbildung von Schriftstücken herstellt, werden die dem Beihilfeantrag beigefügten Belege (Originalbelege oder/und Duplikate) nicht zurückgesandt. Die Belege werden spätestens drei Monate nach Eingang und Digitalisierung vernichtet. Liegen Anhaltspunkte dafür vor, dass ein vorgelegter Beleg unecht ist oder dass ein vorgelegter echter Beleg verfälscht worden ist, kann die Beihilfestelle mit Einwilligung des Beihilfeberechtigten bei dem Rechnungssteller eine Auskunft über die Echtheit des Beleges einholen. Wird die Einwilligung verweigert, ist die Beihilfe zu den betreffenden Aufwendungen abzulehnen.

13.12 **Absatz 12** (bleibt frei)

Verhaltenstherapie (§ 4 d BVO)

A) Vorschriften

Text des § 4 d BVO und der VVzBVO siehe unter *„Ambulante Psychotherapie"*.

B) Hinweise

Die Bestimmungen des § 4 d BVO enthalten den beihilferechtlich zu berücksichtigenden Umfang einer Verhaltenstherapie. Bei der Anzahl der Sitzungen wird unterschieden zwischen einer Verhaltenstherapie bei Erwachsenen und einer bei Kindern.

Die Anzahl der Sitzungen ist im Übrigen davon abhängig, ob eine Einzelbehandlung oder eine Gruppenbehandlung vorliegt.

Neben einer Verhaltenstherapie sind gleichzeitig Behandlungen nach anderen psychotherapeutischen Behandlungsverfahren nicht zulässig.

Bei einer Verhaltenstherapie ist grundsätzlich eine vorherige Anerkennung der Behandlung durch die Festsetzungsstelle erforderlich.

Verordnung

Siehe unter *„Ärztliche Verordnung"*.

Versetzung

Für die Zuständigkeit der Beihilfegewährung im Falle einer Versetzung werden folgende drei Fälle unterschieden:

a) ein Beamter wird zu einem Dienstherrn, in dessen Dienstbereich die Beihilfenverordnung gilt (z. B. von der Bundesverwaltung zum Land NRW),

b) ein Beamter wird innerhalb des Geltungsbereichs der Beihilfenverordnung versetzt (z. B. von der Landesverwaltung zu einer Gemeindeverwaltung),

c) ein Beamter des Landes oder einer Gemeinde wird zu einem Dienstherrn versetzt, in dessen Dienstbereich die Beihilfenverordnung nicht gilt (z. B. vom Land zur Bundesverwaltung).

In allen drei Fällen gilt der Grundsatz, dass der jeweilige Dienstherr Beihilfen zu den Aufwendungen gewährt, die während der Dienstleistung bei ihm entstehen (vgl. *„Entstehen der Aufwendungen"*). Aufwendungen, die vor einer Versetzung entstanden sind, muss der Bedienstete somit noch bei seinem bisherigen Dienstherrn abwickeln.

Eine Zuweisung, die bei Beamten im Vorbereitungsdienst im Rahmen der Ausbildung erfolgt, ist keine Versetzung (oder Abordnung). Der zuweisende Dienstherr bleibt weiterhin für die Gewährung von Beihilfen zuständig.

Versicherungspflicht

War es in der Vergangenheit dem einzelnen Beihilfeberechtigten überlassen, in welcher Form er den Teil der Krankenbehandlungskosten, der nicht über das System der Beihilfe abgedeckt war, versichert hat (oder auch nicht versichert hat), so hat sich dies ab 1. Januar 2009 geändert.

Ab dem Jahr 2009 besteht für alle Personen, die in der Bundesrepublik ihren Wohnsitz haben, eine Krankenversicherungspflicht (wie bereits in der Pflegeversicherung). Für Personen, die dem Rechtskreis der gesetzlichen Krankenversicherung zuzuordnen sind, weil sie eine abhängige versicherungspflichtige Tätigkeit ausüben, besteht diese Verpflichtung bereits seit dem 1. April 2007.

Die Krankenversicherung muss mindestens die Leistungen für ambulante und stationäre Heilbehandlungen umfassen. Selbstbeteiligungen sind möglich, dürfen aber je Versicherten und Jahr einen Betrag in Höhe von 5.000 Euro nicht überschreiten.

Für Beihilfeberechtigte besteht eine entsprechende Versicherungspflicht für die Differenz zwischen dem persönlichen Beihilfeanspruch des Beihilfeberechtigten/der berücksichtigungsfähigen Person (abhängig vom persönlichen Beihilfebemessungssatz) und den vollen beihilfefähigen Aufwendungen. Für Heilfürsorgeberechtigte besteht grundsätzlich keine Versicherungspflicht (Ausnahme: Pflegeversicherung).

Personen, die die Krankenversicherungspflicht missachten und entgegen der Verpflichtung keinen entsprechenden Vertrag abschließen, haben dadurch keinen finanziellen Vorteil, da sie bei einer verspäteten Versicherung die Beiträge bis zum Beginn der Versicherungspflicht (1. 1. 2009) gemeinsam mit Säumniszuschlägen nachentrichten müssen.

Versiegelung (Begriff)

Prophylaktische Maßnahme, bei der mithilfe von flüssigen Kunststoffen die Zahnfissuren der Seitenzähne zum Schutz vor Karies abgedichtet werden.

Versorgungsbezüge (Ruhen der Versorgungsbezüge)

Beim Ruhen der Versorgungsbezüge werden Beihilfen gezahlt

1. an Witwen von Beamten, wenn die Ehe erst nach dem Eintritt des Beamten in den Ruhestand geschlossen worden ist, der Ruhestandsbeamte zur Zeit der Eheschließung das 65. Lebensjahr bereits vollendet hatte und das Ruhen der Versorgungsbezüge auf Anrechnung von Einkommen der Witwe beruht (§ 22 Abs. 1 Satz 2 BeamtVG); dies gilt für Witwer entsprechend,
2. an Versorgungsberechtigte, wenn ein Einkommen aus einer Verwendung im öffentlichen Dienst oder aus einer ihr gleichstehenden Beschäftigung oder

weitere Versorgungsbezüge aus einer Verwendung im öffentlichen Dienst bezogen werden (§ 53 und 54 BeamtVG),

Verwaltungsrechtsweg/Klageverfahren

1. Entscheidungen der Beihilfestelle können im Verwaltungsrechtsweg angefochten werden.
2. Die erste Stufe des Verwaltungsrechtswegs ist der **Widerspruch,** der bei der zuständigen Beihilfestelle einzulegen ist und zwar
   - innerhalb eines Monats nach Zustellung der anzufechtenden Entscheidung (i. d. R. Beihilfebescheid), wenn der Verwaltungsakt eine Rechtsbehelfs-Belehrung enthalten hat,
   - innerhalb eines Jahres, wenn eine solche nicht erteilt worden ist.

   Nach § 13 Abs. 6 BVO (abgedruckt im Anhang, Nr. 1 a, S. 367 ff.) sind die Beihilfebescheide mit einer Rechtsmittelbelehrung zu versehen.

   Hält die Beihilfestelle den Widerspruch für begründet, hilft sie ihm ab. Hält sie den Widerspruch dagegen für unbegründet, entscheidet die Beihilfestelle, die oberste Dienstbehörde oder die von ihr beauftragte Stelle (vgl. hierzu § 13 Abs. 1 a BVO – s. o.). Hierzu erlässt die zuständige Stelle einen sog. Widerspruchsbescheid.
3. Nach erfolglosem Widerspruch kann der Beihilfeberechtigte innerhalb eines Monats nach Zustellung des Widerspruchsbescheids Klage vor dem zuständigen Verwaltungsgericht (zuständig ist das nächste Verwaltungsgericht zum Dienstort) erheben. Klage ist auch zulässig, wenn ohne erkennbaren Grund über den Widerspruch nicht innerhalb einer angemessenen Frist entschieden wurde. In aller Regel ist eine solche Untätigkeitsklage frühestens nach Ablauf von 3 Monaten zulässig.

   Die Entscheidung des Verwaltungsgerichts kann mit der Berufung beim Oberverwaltungsgericht Münster angefochten werden, sofern eine solche zugelassen ist. Gegen die Entscheidung in der Berufungsinstanz ist die Revision beim Bundesverwaltungsgericht in Leipzig möglich, wenn sie vom OVG zugelassen wurde. Gegen die Nichtzulassung der Revision kann ggf. die sog. „Nichtzulassungsbeschwerde" erhoben werden.
4. Für Tarifbeschäftigte ist – soweit ein Beihilfeanspruch noch besteht – der Rechtsweg zu den Arbeitsgerichten gegeben.

Vestibulum (Begriff)

Zwischenraum zwischen Lippe/Wange und Zahnreihe

Vital (Begriff)

Zahn mit gesunder Pulpa

Vitalitätsprüfung (Begriff)

Test zur Feststellung, ob das Zahnmark eines oder mehrerer Zähne noch gesund ist

Vitamin-D-Fluorid-Kombinationen

Aufwendungen für Vitamin-D-Fluorid-Kombinationen zur Anwendung bei Kindern bis zum vollendeten 12. Lebensjahr und zur Osteoporoseprophylaxe sind grundsätzlich beihilfefähig (vgl. Nr. 4.1.7.5 VVzBVO, abgedruckt im Anhang, Nr. 2, S. 423 ff.).

Vitamin K (als Monopräparate)

Aufwendungen für nicht verschreibungspflichtige Vitamin K Präparate sind bei Personen, die das 18. Lebensjahr vollendet haben (für Personen unter 18 Jahren gelten keine Einschränkungen), nur bei nachgewiesenem, schwerwiegendem Vitaminmangel, der durch eine entsprechende Ernährung nicht behoben werden kann, beihilfefähig (vgl. Anlage I der AMR und Nr. 4.1.7.1 VVzBVO, abgedruckt im Anhang, Nr. 4, S. 549 ff. und Nr. 2, S. 423 ff.).

Vollstationäre Pflege

A) Vorschriften

1. Text § 5 c BVO

Vollstationäre Pflege

(1) Bei der stationären Pflege in einer zugelassenen Pflegeeinrichtung (§ 72 Absatz 1 Satz 1 SGB XI) sind der nach dem Grad der Pflegebedürftigkeit (§ 84 Absatz 2 Satz 2 SGB XI) in Betracht kommende Pflegesatz für die pflegebedingten Aufwendungen, die Aufwendungen der sozialen Betreuung sowie die Aufwendungen für medizinische Behandlungspflege beihilfefähig.

(2) Aufwendungen für Unterkunft und Verpflegung sowie Investitionskosten (§ 82 Absatz 3 SGB XI) sind nicht beihilfefähig, es sei denn, dass sie unter Anrechnung des Pflegewohngeldes (§ 4 Pflegeeinrichtungsförderverordnung – PflFEinrVO) die folgenden monatlichen Eigenanteile übersteigen:

1. bei Beihilfeberechtigten mit
   a) einem Angehörigen 40 vom Hundert,
   b) mehreren Angehörigen 35 vom Hundert

   des um 520 Euro – bei Empfängern von Versorgungsbezügen um 390 Euro – verminderten Einkommens,
2. bei Beihilfeberechtigten ohne Angehörige sowie bei gleichzeitiger stationärer Pflege des Beihilfeberechtigten und aller Angehörigen 70 vom Hundert des Einkommens.

Einkommen sind die monatlichen (Brutto-)Dienstbezüge (ohne sonstige variable Bezügebestandteile) oder Versorgungsbezüge, das Erwerbseinkommen sowie Renten aus der gesetzlichen Rentenversicherung und aus einer Alters- oder Hinterbliebenenversorgung des Beihilfeberechtigten. Angehörige im Sinne des Satzes 1 sind nur der Ehegatte, der eingetragene Lebenspartner sowie die Kinder, die nach § 2 zu berücksichtigen oder nur deshalb nicht zu berücksichtigen sind, weil sie selbst beihilfeberechtigt sind. Wird zu den Aufwendungen für die Pflege eines Angehörigen eine Beihilfe gewährt, sind dem Einkommen des Beihilfeberechtigten das Erwerbseinkommen, die Versorgungsbezüge sowie die Renten aus der gesetzlichen Rentenversicherung und aus einer Alters- oder Hinterbliebenenversorgung des Ehegatten oder eingetragenen Lebenspartners hinzuzurechnen. Die den Eigenanteil übersteigenden Aufwendungen für Unterkunft und Verpflegung einschließlich Investitionskosten werden als Beihilfe gezahlt.

(3) Bei vorübergehender Abwesenheit von Pflegebedürftigen aus der Pflegeeinrichtung sind die Aufwendungen nach Absatz 1 und 2 beihilfefähig, solange die Voraussetzungen des § 87 a Absatz 1 Satz 5 und 6 SGB XI vorliegen. Die Angemessenheit der beihilfefähigen Aufwendungen richtet sich nach § 87 a Absatz 1 Satz 7 SGB XI.

(4) Bei einer Pflege in einer Pflegeeinrichtung, die die Voraussetzungen des § 71 Absatz 2 SGB XI erfüllt, sind höchstens die niedrigsten vergleichbaren Kosten einer zugelassenen Einrichtung am Ort der Unterbringung oder seiner nächsten Umgebung beihilfefähig; Absatz 1 bis 3 gilt entsprechend.

(5) Leistungen entsprechend § 87 a Absatz 4 SGB XI sind beihilfefähig, wenn die pflegebedürftige Person nach der Durchführung aktivierender oder rehabilitativer Maßnahmen in eine niedrigere Pflegestufe oder von erheblicher zu nicht erheblicher Pflegebedürftigkeit zurück gestuft wird.

(6) Aufwendungen, die für die vollstationäre Pflege in Einrichtungen der Behindertenhilfe entstehen, in denen die berufliche oder soziale Eingliederung, die schulische Ausbildung oder die Erziehung behinderter Menschen im Vordergrund stehen (§§ 43 a und 71 Absatz 4 SGB XI), sind bis zur Höhe von monatlich 256 Euro beihilfefähig. Aufwendungen für Unterkunft und Verpflegung sowie Investitionskosten sind nicht beihilfefähig.

2. Text der Verwaltungsvorschriften

5 c. **Zu § 5 c**

5 c.1 **Absatz 1**

5 c.1.1 Werden zu den Kosten einer stationären Pflege Leistungen seitens der Pflegekasse/Pflegeversicherung erbracht, ist davon auszugehen, dass die Pflegeeinrichtung eine nach § 72 Absatz 1 Satz 1 SGB XI zugelassene Einrich-

tung ist. Bei den Pflegesätzen dieser Einrichtungen ist eine Differenzierung nach Kostenträgern nicht zulässig (§ 84 Absatz 3 SGB XI).

5 c.1.2 Zusatzleistungen im Sinne des § 88 Absatz 1 SGB XI sind grundsätzlich nicht beihilfefähig.

5 c.2 **Absatz 2**

5 c.2.1 Dienstbezüge sind die in § 1 Absatz 2 BBesG genannten Bruttobezüge; Versorgungsbezüge sind die laufenden Bezüge nach Anwendung von Ruhens- und Anrechnungsvorschriften. Unfallausgleich nach § 35 BeamtVG bleibt unberücksichtigt. Zu den Renten zählen nicht die Beitragsanteile oder Beitragszuschüsse des Rentenversicherungsträgers zur Krankenversicherung. Krankenkassenbeiträge und Pflegeversicherungsbeiträge bleiben unberücksichtigt, auch wenn die Beiträge von den Versorgungsbezügen oder der Rente einbehalten werden. Zur Rente gehören nicht Leistungen für Kindererziehung nach § 294 SGB VI.

5 c.2.2 Als Erwerbseinkommen i. S. der Sätze 2 und 4 sind Einkünfte aus nicht selbstständiger Arbeit, aus selbstständiger Arbeit, aus Gewerbebetrieb, aus Land- und Forstwirtschaft sowie Lohnersatzleistungen zugrunde zu legen; Einkommen aus geringfügigen Tätigkeiten (§ 8 SGB IV) bleiben außer Ansatz. Dabei ist bei einem monatlich schwankenden Einkommen ein Durchschnitt der letzten 12 Monate für die Ermittlung des Eigenanteils heranzuziehen. Einkommen der Kinder bleiben unberücksichtigt.

5 c.2.3 Werden die Kosten für Unterkunft und Verpflegung von der Pflegeeinrichtung bei der Berechnung des Pflegesatzes nicht besonders nachgewiesen, ist grundsätzlich die von der privaten oder sozialen Pflegeversicherung vorgenommene Aufteilung der Kosten für die Berechnung der Beihilfen maßgebend.

5 c.2.4 Die Zahlungspflicht der Heimbewohner oder ihrer Kostenträger endet mit dem Tag, an dem der Heimbewohner aus dem Heim entlassen wird oder verstirbt. Zieht ein Pflegebedürftiger in ein anderes Heim um, darf nur das aufnehmende Pflegeheim ein Gesamtheimentgelt für den Verlegungstag berechnen.

5 c.2.5 Soweit die Pflegekasse/Pflegeversicherung des Pflegebedürftigen der Pflegeeinrichtung nach § 87 a Absatz 4 SGB XI ein Zusatzentgelt von 1.536 Euro bewilligt, hat sich die Beihilfestelle mit dem jeweiligen Bemessungssatz des Pflegebedürftigen zu beteiligen.

5 c.2.6 Investitionskosten können nur berücksichtigt werden, wenn der Beihilfestelle ein Pflegewohngeldbescheid vorgelegt werden kann. Der Antrag auf Pflegewohngeld ist grundsätzlich für den Pflegebedürftigen über die Pflegeeinrichtung zu stellen. Weigert sich der Pflegebedürftige, dem Pflege-

heim die hierfür notwendigen Unterlagen (Einkommen- und Vermögensverhältnisse) zu überlassen, sind bei der Ermittlung der beihilfefähigen Unterkunfts- und Verpflegungskosten die seitens des Pflegeheims in Rechnung gestellten Investitionskosten zunächst außer Ansatz zu lassen; der Beihilfebescheid ergeht insoweit vorläufig. Für die nachträgliche Beantragung des Pflegewohngeldes ist eine angemessene Frist zu setzen.

5 c.2.7 Auf die Vorlage eines Pflegewohngeldbescheides kann verzichtet werden, wenn aus der Abrechnung des Pflegeheims hervorgeht, dass die Investitionskosten bereits um das erhaltene Pflegewohngeld gemindert wurden, das Pflegeheim bestätigt, dass aufgrund der Einkommens- und Vermögensverhältnisse des Pflegebedürftigen ein Antrag keine Erfolgsaussichten hätte oder die nach § 5 c Absatz 2 BVO zu berücksichtigen Eigenanteile die Aufwendungen für Unterkunft und Verpflegung und Investitionskosten übersteigen.

5 c.3 **Absatz 3**

5 c.3.1 Der Pflegeplatz ist im Fall vorübergehender Abwesenheit von bis zu 42 Tagen im Kalenderjahr für den Pflegebedürftigen freizuhalten. Abweichend hiervon verlängert sich der Abwesenheitszeitraum bei Krankenhausaufenthalten und bei Aufenthalten in Rehabilitationseinrichtungen für die Dauer dieser Aufenthalte. Soweit bei Abwesenheit drei Kalendertage überschritten werden, sind seitens der Pflegeeinrichtung ab dem 4. Tag Abschläge von mindestens 25 v. H. der Pflegevergütung und der Entgelte für Unterkunft und Verpflegung vorzunehmen.

5 c.4 **Absatz 4** (bleibt frei)

5 c.5 **Absatz 5** (bleibt frei)

5 c.6 **Absatz 6**

5 c.6.1 Anspruchsvoraussetzung für eine Beihilfegewährung ist, dass mindestens die Voraussetzungen der Pflegestufe I erfüllt sind. Die Entscheidung der jeweiligen Pflegekasse/Pflegeversicherung und deren Leistungsbewilligung ist abzuwarten; sie ist für die Beihilfestelle bindend.

5 c.6.2 Die Beschäftigung und Betreuung in einer Werkstatt für Behinderte ist keine Pflege im Sinne des § 5 BVO; Werkstattgebühren und Versicherungsbeiträge für den Behinderten sind daher nicht beihilfefähig. Ebenfalls nicht beihilfefähig sind die Aufwendungen, die durch einen zur Erfüllung der Schulpflicht vorgeschriebenen Sonderschulunterricht entstehen (z. B. Fahrkosten).

5 c.6.3 Berechnet die Einrichtung bei vorübergehender Abwesenheit des Pflegebedürftigen eine Platzgebühr, ist grundsätzlich für einen Zeitraum bis zu 28 Tagen die „Pauschale“ weiterzugewähren. Wird dieser Zeitraum auf-

grund einer stationären Krankenhausbehandlung (§ 4 Absatz 1 Nummer 2 BVO) oder einer stationären Rehabilitationsmaßnahme (§ 6 BVO) oder einer stationären Müttergenesungskur bzw. Mutter-/Vater-Kind-Kur (§ 6 a BVO) überschritten, gilt Satz 1 entsprechend, wenn die Pflegekasse/Pflegeversicherung für diesen Zeitraum die „Pauschale" (§ 43 a SGB XI) gewährt.

5 c.6.4 Neben dem Beihilfeanspruch nach § 5 c Absatz 6 BVO kann für die Zeit einer Pflege im häuslichen Bereich (z. B. an Wochenenden oder in Ferienzeiten) eine Beihilfe nach § 5 a Absatz 1 oder 2 BVO gewährt werden. Dabei zählen der An- und Abreisetag (z. B. häusliche Pflege ab Freitagabend) als volle Tage. Für die Berechnung der Pflegepauschale ist der maßgebende Höchstbetrag für die jeweilige Pflegestufe zu berücksichtigen. Der für die Pflegestufe maßgebende Pauschalbetrag wird durch 30 dividiert und mit der Zahl der zu Hause verbrachten Tage (plus An- und Abreisetag) multipliziert. Der sich ergebende anteilige Pauschalbetrag darf jedoch zusammen mit dem Höchstbetrag nach § 5 c Absatz 6 BVO den für die jeweilige Pflegestufe festgelegten Höchstbetrag nach § 5 a Absatz 1 oder 2 BVO nicht übersteigen.

5 c.6.5 Kann z. B. an den Wochenenden oder in Ferienzeiten die häusliche Pflege nicht sichergestellt werden, besteht in diesem Fall die Möglichkeit, Beihilfen nach § 5 a Absatz 3 BVO zu gewähren. Eine Anrechnung auf den beihilfefähigen Betrag nach § 5 c Absatz 6 BVO ist nicht vorzunehmen. Sofern für die pflegebedürftige Person in der Zeit, in der keine Pflege im häuslichen Bereich durchgeführt werden kann, die Unterbringung in derselben vollstationären Einrichtung der Hilfe für Behinderte Menschen sichergestellt wird, können zusätzliche Kosten nicht nach § 5 a Absatz 3 BVO berücksichtigt werden. Diese Kosten sind mit der Anerkennung nach § 5 c Absatz 6 BVO abgegolten.

B) Hinweise

Die vollstationäre Pflege beinhaltet die volle Unterbringung einer pflegebedürftigen Person in einem Pflegeheim, in dem der Pflegebedürftige entsprechend dem allgemeinen Stand medizinisch-pflegerischer Erkenntnisse gepflegt, versorgt und betreut werden kann.

Aufwendungen für eine vollstationäre Pflege sind beihilfefähig, sofern

a) die Pflege in einer zugelassenen Einrichtung (§ 72 Abs. 1 Satz 1 SGB XI) erfolgt oder

b) die Pflege in einer nicht zugelassenen Pflegeeinrichtung, d. h. einer selbstständig wirtschaftenden Einrichtung, erfolgt, in der Pflegebedürftige unter ständiger Verantwortung einer ausgebildeten Pflegefachkraft gepflegt werden und ganztägig (vollstationär) oder nur tagsüber oder nur nachts (teilstationär) untergebracht und verpflegt werden können (§ 71 Abs. 2 SGB XI); das Pflegeheim kann sich auch im Ausland befinden.

Die Pflegesätze in zugelassenen Pflegeeinrichtungen (Buchstabe a) werden für alle Heimbewohner nach einheitlichen Grundsätzen bemessen; eine Differenzierung nach Kostenträgern ist unzulässig (§ 84 Abs. 3 SGB XI). Mit den Pflegesätzen sind alle für die Versorgung des Pflegebedürftigen erforderlichen Pflegeleistungen einschließlich für medizinische Behandlungen und soziale Betreuung abgegolten. Neben den Pflegesätzen werden zwischen den Pflegeparteien und den Trägern der Pflegeheime auch die Entgelte für Unterkunft und Verpflegung vereinbart. Auch diese Sätze sind gegenüber allen Heimbewohnern verbindlich, d. h. auch gegenüber Personen, die die Leistungen „privat" bezahlen müssen.

Die Pflegesätze, die Entgelte für die Unterkunft und für die Verpflegung sowie die gesondert berechenbaren Investitionskosten werden auf Tagesbasis berechnet. Die Zahlungspflicht endet mit dem Tag, an dem der Heimbewohner entlassen wird oder verstirbt.

Die von zugelassenen Pflegeeinrichtungen erhobenen Pflegesätze für die pflegebedingten Aufwendungen, die Aufwendungen für die soziale Betreuung und die medizinische Behandlungspflege sind grundsätzlich beihilfefähig. Zu den neben diesen Pflegesätzen zu zahlenden Entgelten für die Unterkunft und Verpflegung sowie ggf. die Investitionskosten werden keine oder nur in begrenzten Umfang – nach Abzug eines Eigenanteils – Beihilfen gewährt. Nicht beihilfefähig sind Zuschläge für besondere Komfortleistungen bei Unterkunft und Verpflegung (z. B. auch Einbettzimmerzuschlag). Unberührt bleibt die Beihilfefähigkeit der Kosten für ärztliche und zahnärztliche Behandlung, Medikamente, Heilbehandlungen und Hilfsmittel, z. B. Inkontinenzartikel.

Bei einer Unterbringung in einer nicht zugelassenen Pflegeeinrichtung sind höchstens die niedrigsten vergleichbaren Kosten (d. h. der infrage kommende Pflegesatz und Kosten für Unterkunft und Verpflegung und ggf. Investitionskosten unter Berücksichtigung des Eigenanteils) einer zugelassenen Pflegeeinrichtung am Ort der Unterbringung (nicht also am Wohnort des Pflegebedürftigen) oder seiner nächsten Umgebung beihilfefähig. Der Pflegesatz der zugelassenen Einrichtung ist auch dann maßgebend, wenn im Zeitpunkt der Unterbringung diese Pflegeeinrichtung belegt war und daher keine Pflegebedürftigen mehr aufnahm.

Vorbehaltsfestsetzungen

Es besteht keine Notwendigkeit mehr, an der durch Runderlasse des FM vom 24. September 2007 – B 3100 – 12a – IV A 4 – und vom 4. April 2008 – B 3100 – 4.7.A – IV A 4 – angeordneten Verfahrensweise festzuhalten. Deshalb verfahren die Beihilfestellen wie folgt:

Alle bisher hinsichtlich der Kostendämpfungspauschale (§ 12 a BVO) und der Beihilfefähigkeit von Arzneimitteln (§ 4 Abs. 1 Nr. 7 und Anlage 2 BVO) vorgenommenen vorläufigen Festsetzungen werden für endgültig erklärt. Von einem besonderen Einzelhinweis an die Beihilfeberechtigten wird grundsätzlich abgesehen (§ 41 Abs. 3 Satz 2 VwVfG NRW).

Soweit über eingelegte Widersprüche noch nicht entschieden wurde bzw. erneut Widerspruch gegen Beihilfebescheide unter Anwendung des § 4 Abs. 1 Nr. 7 in Verbindung mit Anlage 2 oder § 12 a BVO eingelegt wird, wird der Widerspruchsführer auf die o. g. Rechtsprechung hingewiesen und ihm anheim gestellt, den Widerspruch in angemessener Frist zurückzunehmen. Geschieht dies nicht, muss die Beihilfestelle über den Widerspruch entscheiden.

In anhängigen Klageverfahren wird die Beihilfestelle unter Hinweis auf die o. g. Rechtsprechung die Abweisung der Klage beantragen.

Die Runderlasse des FM vom 24. September 2007 – B 3100 – 12a – IV A 4 – (MBl. NRW. S. 709) und vom 4. April 2008 – B 3100 – 4.7.A – IV A 4 – (MBl. NRW. S. 253) werden aufgehoben.

Neue Verfahrenshinweise

Soweit § 4 Abs. 1 Nr. 7 in Verbindung mit Anlage 2 und § 12 a BVO anzuwenden sind, werden die Festsetzungen ab sofort wieder ohne Vorbehaltsvermerk vorgenommen. Die Abschnitte G, H und M sowie die Anlagen III, IV, VII, VIII bis X der Arzneimittelrichtlinien weden derzeit nicht angewandt. (Vgl. den Runderlass des Finanzministeriums vom 8. November 2010, abgedruckt im Anhang, Nr. 3, S. 547 f. [MBl. NRW S. 843].)

Vorbeugende Untersuchungen

Bei vorbeugenden Untersuchungen handelt es sich um solche, die durchgeführt werden, ohne dass Krankheitssymptome vorliegen. Diese Untersuchungen sind nur beihilfefähig

a) bei Kindern bis zur Vollendung des sechsten Lebensjahres sowie nach Vollendung des zehnten Lebensjahres für eine Untersuchung zur Früherkennung von Krankheiten, die ihre körperliche und geistige Entwicklung in nicht geringfügigem Maße gefährden,

b) bei Frauen vom Beginn des zwanzigsten Lebensjahres an für eine Untersuchung im Jahr zur Früherkennung von Krebserkrankungen,

c) bei Männern vom Beginn des fünfundvierzigsten Lebensjahres an für eine Untersuchung im Jahr zur Früherkennung von Krebserkrankungen,

d) bei Personen von der Vollendung des fünfunddreißigsten Lebensjahres an für eine Untersuchung in jedem zweiten Jahr, insbesondere zur Früherkennung von Hautkrebs, von Herz-, Kreislauf- und Nierenerkrankungen sowie der Zuckerkrankheit nach Maßgabe von Richtlinien, die für die gesetzliche Krankenversicherung gelten. Darüber hinaus sind bestimmte vorbeugende zahnärztliche Leistungen beihilfefähig (vgl. § 3 Abs. 1 Nr. 3 BVO, abgedruckt im Anhang, Nr. 1 a, S. 367 ff.). Die vorbeugenden Untersuchungen werden von den gesetzlichen Krankenkassen als Sachleistung (d. h. auf Versichertenkarte) gewährt. Nicht beihilfefähig sind diese Untersuchungen bei dem nicht selbst beihilfeberechtigten Ehegatten (eingetragenen Lebenspartner) eines Beihilfeberechtigten, wenn die Einkünfte des Ehegatten (eingetragenen Lebenspartners) im Kalenderjahr vor der Antragstellung 18.000 Euro überstiegen haben.

Vorsorgeuntersuchungen (bei Kindern und Jugendlichen)

Aufwendungen aus Anlass von Maßnahmen zur Früherkennung von Krankheiten sind nach Maßgabe der hierzu erlassenen Richtlinien des GBA beihilfefähig.

Nach den Richtlinien über die Früherkennung von Krankheiten bei Kindern bis zur Vollendung des 6. Lebensjahres („Kinder-Richtlinien“) in der Fassung vom 26. April 1976 sowie zur Jugendgesundheitsuntersuchung vom 26. April 1998 sind bislang für Kinder und Jugendliche von der Geburt bis zum 18. Lebensjahr 11 Vorsorgeuntersuchungen allgemein anerkannt:

U1: direkt nach der Entbindung

U2: 3. bis 10. Lebenstag

U3: 4. bis 5. Lebenswoche

U4: 3. bis 4. Lebensmonat

U5: 6. bis 7. Lebensmonat

U6: mit einem Jahr

U7: mit 2 Jahren

U7 a: mit 3 Jahren

U8: mit 4 Jahren

U9: mit 5 Jahren

J1: mit 12 bis 14 Jahren.

Zusätzliche drei Gesundheitsschecks empfiehlt der Berufsverband der Kinder- und Jugendärzte:

U10: mit 7 bis 8 Jahren

U11: mit 9 bis 10 Jahren

J2: mit 16 bis 17 Jahren.

Auch in diesen Fällen dürften die Beihilfestellen gegen eine Beihilfegewährung keine Bedenken erheben.

W

Waage

Aufwendungen für eine Waage gehören zur allgemeinen Lebenshaltung und sind daher nicht beihilfefähig.

Wärmebehandlung

Siehe unter *„Kältebehandlung"*.

Wahlleistungen

A) Vorschriften

1. Auszug aus der BVO: § 4 Absatz 1 Nummer 2 BVO:

Die beihilfefähigen Aufwendungen umfassen die Kosten für:

2. Stationäre Behandlungen in Krankenhäusern, deren Leistungen nach dem Krankenhausentgeltgesetz (KHEntG) vom 23. April 2002 (BGBl. I S. 1412, 1422), zuletzt geändert durch Gesetz vom 17. März 2009 (BGBI. S. 534) oder der Bundespflegesatzverordnung (BPflV) vom 26. September 1994 (BGBl. I S. 2750), zuletzt geändert durch Gesetz vom 17. März 2009 (BGBl. I S. 534) vergütet werden. Beihilfefähig sind

a) allgemeine Krankenhausleistungen (§ 2 Absatz 2 KHEntG, § 2 Absatz 2 BPflV),

b) gesondert berechnete Unterkunft (ohne Einbettzimmer) und/oder Verpflegung abzüglich 15 Euro täglich und gesondert berechnete ärztliche Leistungen (§ 17 KHEntG, § 22 BPflV) abzüglich 10 Euro täglich für insgesamt höchstens 30 Tage im Kalenderjahr,

c) vorstationäre und nachstationäre Krankenhausbehandlungen nach § 115 a Fünftes Buch Sozialgesetzbuch (SGB V),

sofern nicht §§ 5 c, 6 oder 6 a anzuwenden sind.

Aufwendungen für Behandlungen in Krankenhäusern, die nicht nach § 108 SGB V zugelassen sind, sind nur insoweit als angemessen (§ 3 Absatz 1 Satz 1) anzuerkennen, als sie den Kosten (Behandlungs-, Unterkunfts- und Verpflegungskosten) entsprechen, die die dem Behandlungsort nächstgelegene Klinik der Maximalversorgung (Universitätsklinik nach § 108 SGB V) für eine medizinisch gleichwertige Behandlung abzüglich eines Betrages von 25 Euro täglich für höchstens 30 Tage im Kalenderjahr berechnen würde.

3. Unterkunft bei notwendigen auswärtigen ambulanten ärztlichen Behandlungen außerhalb einer Maßnahme nach § 7 bis zum Höchstbetrag von je 30 Euro täglich für den Erkrankten und eine notwendige Begleitperson.

2. Auszug aus den Verwaltungsvorschriften:

4.1.2 **Nummer 2**

4.1.2.1 Zu den allgemeinen Krankenhausleistungen gehört gemäß § 2 Absatz 2 Satz 2 Nummer 3 KHEntgG auch die aus medizinischen Gründen notwendige Mitaufnahme einer Begleitperson des Patienten. Über die medizinische Notwendigkeit entscheidet der Krankenhausarzt. Für den Aufnahmetag und jeden weiteren Tag des vollstationären Krankenhausaufenthalts (Berechnungstage) können seitens des Krankenhauses 45,00 Euro für Unterkunft und Verpflegung berechnet werden. Entlassungs- und Verlegungstage, die nicht zugleich Aufnahmetag sind, können bei vollstationären Behandlungen nicht abgerechnet werden. Der Betrag von 45,00 Euro ist beihilfefähig. Besonders berechnete Kosten für eine medizinisch nicht notwendige Begleitperson sind nicht beihilfefähig.

4.1.2.2 Aufwendungen für eine spezialisierte ambulante Palliativversorgung und eine spezialisierte ambulante pädiatrische Palliativversorgung sind beihilfefähig, wenn wegen einer nicht heilbaren, fortschreitenden und weit fortgeschrittenen Erkrankung bei einer zugleich begrenzten Lebenserwartung eine besonders aufwändige Versorgung notwendig ist. § 37 b Absatz 1 Satz 3 und 4 sowie Absatz 2 und Absatz 3 SGB V gelten entsprechend. Die pflegerischen Aufwendungen sind bis zur Höhe der vereinbarten Vergütung nach § 132 d SGB V (es ist ausreichend, wenn der Leistungserbringer dies bestätigt) beihilfefähig.

4.1.2.3 Aufwendungen für eine stationäre oder teilstationäre Versorgung in einem Hospiz (Kinderhospiz), in dem eine palliativ-medizinische Behandlung erbracht wird, sind für die ersten 9 (Kinderhospiz: 18) Monate der Versorgung grundsätzlich nach § 4 Absatz 1 Nummer 2 Satz 2 Buchstaben a und b BVO beihilfefähig. Die Abzugsbeträge nach § 4 Absatz 1 Nummer 2 Satz 2 Buchstabe b BVO bleiben unberücksichtigt. Nach Ablauf von 9 Monaten (Kinderhospiz 18 Monaten) gelten die §§ 5 bis 5 d BVO. Nummer 4.1.2.2 gilt entsprechend.

4.1.2.4 Von den nach § 4 Absatz 1 Nummer 2 BVO beihilfefähigen Aufwendungen sind die Selbstbehalte für den Aufnahmetag und jeden weiteren Tag des Krankenhausaufenthalts (einschließlich Entlassungstag) abzuziehen.

4.1.2.5 Die Selbstbeteiligungen nach § 4 Absatz 1 Nummer 2 BVO sind innerhalb eines Kalenderjahres für den Beihilfeberechtigten und seine berücksichtigungsfähigen Angehörigen bis zu einem Betrag von jeweils insgesamt 750 Euro in Abzug zu bringen.

4.1.2.6 Zweibettzimmerzuschläge sind nur in der Höhe angemessen, wie sie zwischen dem Verband der privaten Krankenversicherungen (PKV) und der

Deutschen Krankenhausgesellschaft vereinbart wurden. Soweit Zweifel an der Höhe des berechneten Zweibettzimmerzuschlags bestehen, ist der Beihilfestelle vom Beihilfeberechtigten eine Kopie der Zweibettzimmerabrechnung seiner PKV vorzulegen; um Zeitverzögerungen bei der Abrechnung zu vermeiden, ist ggf. die Beihilfe mit dem berechneten Zweibettzimmerzuschlag unter Vorbehalt und mit der Auflage festzusetzen, den Erstattungsbescheid der PKV nachzureichen. Liegt für die berechnende Krankenanstalt keine Vereinbarung mit dem PKV-Verband vor, ist im Rahmen einer Vergleichsberechnung der Zweibettzimmerzuschlag der zum Behandlungsort nächstgelegenen Krankenanstalt heranzuziehen, mit der eine Vereinbarung getroffen wurde.

4.1.2.7 Die beihilferechtliche Vergleichsberechnung nach § 4 Absatz 1 Nummer 2 Satz 3 BVO gilt auch für so genannte „Anschlussheilbehandlungen", soweit eine Abrechnung nicht nach § 6 BVO sondern nach § 4 BVO erfolgt.

4.1.2.8 Bei Kliniken der Maximalversorgung ist davon auszugehen, dass grundsätzlich für jede Erkrankung eine nach neuesten medizinischen Erkenntnissen bestmögliche Behandlung erfolgen kann.

4.1.2.9 Soweit die dem Behandlungsort nächstgelegene Klinik der Maximalversorgung keine medizinisch gleichwertigen Leistungen anbieten kann (vgl. Nummer 4.1.2.8), ist die Vergleichsberechnung an Hand der vergleichbaren Pflegesätze der dem Behandlungsort nächstgelegenen Klinik nach § 108 Nummer 3 SGB V durchzuführen, soweit diese eine medizinisch gleichwertige Behandlung anbieten kann. Ist dies nicht der Fall, sind die Pflegesätze der zur Beihilfestelle nächstgelegenen Klinik der Maximalversorgung zur Vergleichsberechnung heranzuziehen. Betreibt der Träger der „Privatklinik" (ohne Zulassung nach § 108 SGB V) auf dem Grundstück der Klinik oder in unmittelbarer Nähe hierzu eine weitere Klinik mit Zulassung nach § 108 SGB V, kann aus Vereinfachungsgründen die Vergleichsberechnung auch zwischen diesen Kliniken erfolgen.

4.1.2.10 Rechnet die aufgesuchte „Privatklinik" (ohne Zulassung nach § 108 SGB V) eine an den Fallpauschalenkatalog des Krankenhausentgeltgesetzes angelehnte „DRG" ab, ist darauf zu achten, dass der Vergleichsklinik (der Maximalversorgung) sämtliche Diagnosen sowie Prozeduren (OPS) des Behandlungsfalles vorgelegt werden. Für die Vergleichsberechnung ist der am Tag der Aufnahme in die Privatklinik gültige Zahlbasisfallwert (inkl. Zuschläge und Zusatzentgelte etc.) der vergleichbaren Klinik der Maximalversorgung maßgebend. Ggf. anfallende Kosten der Begutachtung trägt die Beihilfestelle.

4.1.2.11 Bei Behandlungen in Kliniken, deren medizinische Leistungen mit den Leistungen der unter § 1 Absatz 1 BPflV fallenden Krankenhäuser vergleichbar sind, gelten die Nummern 4.1.2.5 bis 4.1.2.10 entsprechend.

4.1.2.12 Die nach den §§ 6 und 9 KHEntgG neben einer Fallpauschale zusätzlich berechneten Zusatzentgelte sind beihilfefähig. Dies gilt auch für den DRG-Systemzuschlag nach § 17 b Absatz 5, für den Zuschlag für Ausbildungsstätten und Ausbildungsvergütungen und für sonstige Zuschläge nach § 17 b Absatz 1 Satz 4 und 6 sowie für Qualitätssicherungszuschläge nach § 17 b Absatz 1 Satz 5 des Krankenhausfinanzierungsgesetzes. Aufwendungen für eine gemäß § 22 BPflV oder § 17 KHEntgG in Rechnung gestellte Wahlleistung „gesondert berechenbare Unterkunft/Unterbringung in einem Ein- oder Zweibettzimmer" für den Verlegungstag sind nicht beihilfefähig.

B) Hinweise

Nach dem in § 17 b KHG vorgeschriebenen Vergütungssystem werden die allgemeinen Krankenhausleistungen überwiegend über diagnoseorientierte Fallpauschalen (sog. Diagnosis Related Groups – DRG) abgerechnet. Die Zuweisung zu einer DRG erfolgt über verschiedene Parameter. Die vom Krankenhaus in Rechnung gestellte DRG ist grundsätzlich in vollem Umfang beihilfefähig.

Neben den Entgelten für die allgemeinen Krankenhausleistungen können für Wahlleistungen (z. B. Ein- oder Zweibettzimmer, privatärztliche Behandlung, Zurverfügungstellung eines Telefons am Bett oder eines Fernsehers) besondere Entgelte vereinbart werden (vgl. § 17 KHEntgG, § 22 BPflV). Die Wahlleistungen sind vor der Erbringung schriftlich zu vereinbaren. Eine bereits erbrachte ärztliche Leistung kann daher nicht rückwirkend als ärztliche Wahlleistung vereinbart werden.

Wählt der Patient privatärztliche Behandlung, muss die gesamte ärztliche Leistung durch liquidationsberechtigte Ärzte einschließlich der während der vor- und nachstationären Behandlung erbrachten Leistungen gesondert bezahlt werden. Für die Berechnung wahlärztlicher Leistungen finden die **„GOÄ"** oder die **„GOZ"** entsprechende Anwendung.

Beihilfefähig sind

a) allgemeine Krankenhausleistungen (§ 2 Abs. 2 KHEntG, § 2 Abs. 2 BPflV),

b) gesondert berechnete Unterkunft (ohne Einbettzimmer) und/oder Verpflegung abzüglich 15 Euro täglich und gesondert berechnete ärztliche Leistungen (§ 17 KHEntG, § 22 BPflV) abzüglich 10 Euro täglich für insgesamt höchstens 30 Tage im Kalenderjahr,

c) vorstationäre und nachstationäre Krankenhausbehandlungen nach § 115 a Fünftes Buch Sozialgesetzbuch (SGB V),

sofern nicht §§ 5 c, 6 oder 6 a BVO (abgedruckt im Anhang, Nr. 1 a, S. 367 ff.) anzuwenden sind.

Aufwendungen für Behandlungen in Krankenhäusern, die nicht nach § 108 SGB V zugelassen sind, sind nur insoweit als angemessen (§ 3 Abs. 1 Satz 1) anzuerkennen, als sie den Kosten (Behandlungs-, Unterkunfts- und Verpflegungskosten) entsprechen, die die dem Behandlungsort nächstgelegene Klinik der Maximalversorgung (Universitätsklinik nach § 108 SGB V) für eine medizinisch gleichwertige Behandlung abzüglich eines Betrages von 25 Euro täglich für höchstens 30 Tage im Kalenderjahr berechnen würde.

3. Unterkunft bei notwendigen auswärtigen ambulanten ärztlichen Behandlungen außerhalb einer Maßnahme nach § 7 bis zum Höchstbetrag von je 30 Euro täglich für den Erkrankten und eine notwendige Begleitperson.

Höchstbetrag der Selbstbeteiligungsbeträge für den Beihilfeberechtigten und seine berücksichtigungsfähigen Angehörigen ist 750 Euro je Person im Kalenderjahr.

Die Zuschläge, die für die Inanspruchnahme eines Zweibettzimmers erhoben werden, sind nur insoweit beihilfefähig, als sie sich in einem angemessenen Rahmen bewegen. Nach Nr. 4.1.2.6 VVzBVO (s. o.) werden die Zuschläge nur in der Höhe als angemessen angesehen, wie sie zwischen dem PKV-Verband und der Deutschen Krankenhausgesellschaft vereinbart wurden.

Aufwendungen für die Unterbringung in einem Einbettzimmer sind in Höhe des Zuschlags für ein Zweibettzimmer beihilfefähig; auch hier ist der Selbstbeteiligungsbetrag von 15 Euro täglich abzuziehen.

Nicht beihilfefähig sind gesondert berechnete Mehraufwendungen für eine bessere Verpflegung, für die Bereitstellung eines Telefons (einschließlich Fernsprechgebühren) oder eines Fernsehgerätes sowie die Gestellung einer besonderen Sanitärzelle. Die gesondert berechneten Kosten der Sanitärzelle sind jedoch dann beihilfefähig, wenn mit der Wahl eines Zweibettzimmers automatisch eine Sanitärzelle verbunden ist, weil z. B. in der Anstalt Zweibettzimmer ohne Sanitärzelle nicht vorhanden oder weil diese belegt sind.

Nach der BVO sind die Aufwendungen nur in angemessenem Umfang beihilfefähig. Die Pflegesätze (DRG; Tagespflegesätze) der von den gesetzlichen Krankenkassen nach § 108 SGB V zugelassenen Krankenhäuser werden in aller Regel als angemessen angesehen und der Beihilfeberechnung zugrunde gelegt.

Aufwendungen für Behandlungen in Krankenhäusern, die nicht nach § 108 SGB V zugelassen sind, sind nur insoweit als angemessen (§ 3 Abs. 1 Satz 1) anzuerkennen, als sie den Kosten (Behandlungs-, Unterkunfts- und Verpflegungskosten) entsprechen, die die dem Behandlungsort nächstgelegene Klinik der Maximalversorgung (Universitätsklinik) für eine medizinisch gleichwertige Behandlung abzüglich eines Betrages von 25 Euro täglich für höchstens 30 Tage im Kalenderjahr berechnen würde (siehe auch Nrn. 4.1.2.8 bis 4.1.2.10 VVzBVO – s. o.).

Wahlrecht eines Zahnarztes

Ein Zahnarzt hat kein „Wahlrecht", seine Leistungen entweder nach der GOZ oder nach der GOÄ zu berechnen. Er darf aus den beiden Gebührenordnungen nur diejenige Gebühr berechnen, die in ihrer Leistungsbeschreibung der erbrachten Leistung entspricht. Falls für die erbrachte Leistung sowohl eine Gebühr in der GOZ als auch in der GOÄ enthalten ist, muss der Zahnarzt die Leistungen nach der GOZ berechnen, weil sich nach § 1 GOZ die Vergütungen für die beruflichen Leistungen der Zahnärzte nach der GOZ bestimmen (vgl. auch § 6 Abs. 1 GOÄ). Der Zahnarzt darf neben den Nummern 001 GOZ die Nr. 3 GOÄ berechnen. Berechnungsfähig ist auch die Nr. 5 GOÄ, nicht aber die Nr. 6 GOÄ; für Letztere steht die Nr. 001 GOZ zur Verfügung.

Waisen

Waisen eines Beihilfeberechtigten gehören grundsätzlich zum Kreis der beihilfeberechtigten Personen, sofern sie Waisengeld, Halbwaisengeld oder Unterhaltsbeitrag beziehen.

Bei Waisen, die als solche beihilfeberechtigt sind, beträgt der Beihilfebemessungssatz 80 v. H. Ist die Waise aus einem Dienstverhältnis beihilfeberechtigt, geht der daraus resultierende Beihilfeanspruch der Beihilfeberechtigung als Waise vor. In diesen Fällen beträgt der Bemessungssatz grundsätzlich 50 v. H. Welche Beihilfeberechtigung im Einzelfall zum Zuge kommt, richtet sich nach den Verhältnissen zum Zeitpunkt des Entstehens der Aufwendungen.

Wasserlösliche Vitamine

a) Aufwendungen für wasserlösliche Vitamine (auch in Kombination) sind bei Personen, die das 18. Lebensjahr vollendet haben (für Personen unter 18 Jahren gelten keine Einschränkungen), nur in Zusammenhang mit der Dialyse beihilfefähig.

b) Aufwendungen für wasserlösliche Vitamine, Benfotiamin und Folsäure als Monopräparate sind bei Personen, die das 18. Lebensjahr vollendet haben (für Personen unter 18 Jahren gelten keine Einschränkungen), nur bei nachgewiesenem, schwerwiegendem Vitaminmangel, der durch eine entsprechende Ernährung nicht behoben werden kann (Folsäure: m mg/Dosiseinheit), beihilfefähig (vgl. Anlage I der AMR und Nr. 4.1.7.1 VVzBVO, abgedruckt im Anhang, Nr. 4, S. 549 ff. und Nr. 2, S. 423 ff.).

Wechsel-Druckgerät

Aufwendungen für ein Wechseldruckgerät (z. B. Jobst-Gerät, Hydroven-Gerät, Lympha-press, Lympha-mat 300, Phlebomat) sind grundsätzlich beihilfefähig. Der Patient kann die (häufig nach einer Thrombose auftretenden) ödematösen Schwellungen in den Extremitäten selbst beeinflussen. Die Behandlungsmethode beruht auf dem Beseitigen der Ödem-Flüssigkeit durch vorsichtige, kontrollierte, pneumatische Massage (Staudruckmassage).

Wechselmöglichkeit der privaten Krankenversicherung

Alle Versicherten in der privaten Krankenversicherung konnten ab dem 1. Januar 2009 bis längstens 30. Juni 2009 unter Mitnahme der erworbenen Beitragsrückstellungen in den sogenannten **„Basistarif"** wechseln. Die Altersrückstellungen können aber nur in Höhe der Rückstellungen, die nach den Kalkulationen für einen Basistarif zu bilden wären, mitgenommen werden. Ein Wechsel zu einem anderen privaten Versicherungsunternehmen ist ausschließlich in den Basistarif möglich. Im neuen Unternehmen müssen die Versicherten mindestens 18 Monate im Basistarif verbleiben, bevor sie dort in einen „Vollkostentarif" wechseln können. Dabei ist zu beachten, dass für diesen weiteren Wechsel ggf. eine Gesundheitsprüfung erfolgen muss und die Einstufung nach dem neuen Eintrittsalter erfolgen wird.

Nach der Ausschlussfrist des 30. Juni 2009 können alle Versicherten der privaten Krankenversicherung in den Basistarif wechseln, wenn sie das 55. Lebensjahr erreicht oder überschritten haben. Gleiches gilt für Personen, die bedürftig sind. Dabei richtet sich die Bedürftigkeit nach den Einkommensgrenzen des SGB II (Arbeitslosengeld II) oder SGB XII (Sozialhilfe). Es handelt sich um die gleichen Grenzen, die auch zu Beitragsreduzierungen im Basistarif berechtigen.

Personen, die freiwillig gesetzlich krankenversichert sind, weil sie die Versicherungspflichtgrenze überschritten haben, können ab 1. Januar 2009 neben der bisher bereits üblichen Vollversicherung in der PKV auch in den Basistarif wechseln. Voraussetzung ist allerdings, dass sie mindestens drei Jahre ununterbrochen ein Einkommen über der Beitragsbemessungsgrenze erzielen. Sie können dann ab Beginn des 4. Kalenderjahres wechseln.

Personen, die grundsätzlich nicht versicherungspflichtig sind, z. B. Beamte, müssen diese Einkommensgrenzen allerdings nicht erfüllen und können aufgrund ihrer Versicherungsfreiheit jederzeit ohne Vorbedingungen in die private Krankenversicherung wechseln.

Wehrdienst

Die Gewährung einer Beihilfe ist ausgeschlossen für ein Kind, das den Wehrdienst oder Zivildienst ableistet.

Weine

Es handelt sich um Güter des täglichen Bedarfs; die Aufwendungen sind **nicht** beihilfefähig.

Wiederholung eines Rezeptes

Soll ein Rezept mehrere Male zum Einkauf verwendet werden, so ist es beihilferechtlich erforderlich, dass der Arzt, Zahnarzt oder Heilpraktiker dies besonders vermerkt. Er muss auch die Zahl der Wiederholungen angeben. Hat er also nur geschrieben „Rep“ oder „Wiederholung“, sind nur die Kosten für eine einmalige Wiederholung beihilfefähig.

Wirbelsäulengerechter Stuhl

Aufwendungen für einen wirbelsäulengerechten Stuhle sind dem Bereich der privaten Lebensführung zuzurechnen und daher **nicht** beihilfefähig (siehe auch unter *„Hilfsmittel“*).

Wohnumfeldverbessernde Maßnahmen

Kosten für die Verbesserung des Wohnumfeldes des Pflegebedürftigen (§ 5 Absatz 4 BVO i. V. m. § 40 SGB XI, z. B. Türverbreiterungen) sind bis zu 2.557 Euro je Maßnahme beihilfefähig, soweit hierzu die Pflegeversicherung Leistungen erbringt. Anträge zur „Bezuschussung“ einer solchen Baumaßnahme sind daher immer zunächst an die zuständige Pflegeversicherung zu richten.

Siehe auch unter *„Pflegehilfsmittel“*.

Wurzelfüllung (Begriff)

Abfüllung des Pulpenhohlraumes eines devitalen Zahnes mit unterschiedlichen Materialien, Bestandteil der Wurzelbehandlung oder Endodontie

X

Xenical

Fertigarzneimittel (Abmagerungsmittel)

Gehört zu den sog. Lifestyle-Arzneimitteln, die in der Anlage II der Arzneimittel-Richtlinien aufgeführt sind. Die Aufwendungen sind nach Anlage 2 Nr. 8 b zu § 4 Abs. 1 Nr. 7 BVO (abgedruckt im Anhang, Nr. 1 a, S. 367 ff.) **nicht** beihilfefähig.

Y

Yoga-Übungen

Die Aufwendungen sind **nicht** beihilfefähig.

Z

Zahnärztliche Behandlungen von Beamten auf Widerruf

Beamte auf Widerruf im Vorbereitungsdienst (z. B. Lehramtsanwärter, Studienreferendare) können im Grundsatz für sich und ihre berücksichtigungsfähigen

Angehörigen zu folgenden zahnärztlichen Leistungen – einschließlich Laborkosten – keine Beihilfen erhalten:

- für Zahnersatz Nr. 500 bis 534 des Gebührenverzeichnisses der GOZ
- für Inlays Nr. 214 bis 217 des Gebührenverzeichnisses der GOZ
- für Zahnkronen Nr. 220 bis 224 des Gebührenverzeichnisses der GOZ
- für funktionsanalytische und funktionstherapeutische Leistungen Nr. 800 bis 810 des Gebührenverzeichnisses der GOZ
- für implantologische Leistungen Nr. 900 bis 909 des Gebührenverzeichnisses der GOZ.

Sofern diese Aufwendungen während des Vorbereitungsdienstes entstanden sind, können hierfür auch später keine Beihilfen gezahlt werden.

Ausgenommen von der genannten Einschränkung sind Beamte auf Widerruf im Vorbereitungsdienst, die

- unmittelbar vor ihrer Ernennung (d. h. Übergabe der Ernennungsurkunde) zum Beamten auf Widerruf im Vorbereitungsdienst mindestens 3 Jahre ununterbrochen im öffentlichen Dienst beschäftigt waren,
- unmittelbar vor ihrer Ernennung zum Beamten auf Widerruf im Vorbereitungsdienst berücksichtigungsfähige Person (vgl. § 2 BVO) bei einem Beihilfeberechtigten waren,
- nach Abschluss des Vorbereitungsdienstes unmittelbar in ein Eingangsamt des Besoldungsgruppe A 1 bis A 8 (einfacher und mittlerer Dienst) eintreten,
- während der Zeit des Vorbereitungsdienstes einen Unfall hatten, durch den die zahnärztlichen Leistungen notwendig wurden.

Zahnfissuren (Begriff)

Furchen, Ritzen in der natürlichen Zahnkrone

Zahnfleischtasche (Begriff)

Graben zwischen Zahnfleisch und Zahnkrone/Zahnwurzel, vielfach verursacht durch entzündliche Prozesse (Parodontopathie)

Zahnimplantate

Bei einem Zahnimplantat handelt es sich um eine künstliche Zahnwurzel, die nach Einheilung zur Befestigung einer Krone, Brücke oder Prothese dient.

Beihilferechtlich gelten folgende Regelungen:

Aufwendungen nach Abschnitt K des Gebührenverzeichnisses der Gebührenordnung für Zahnärzte einschließlich aller damit verbundenen weiteren zahnärztlichen Leistungen sowie der Suprakonstruktionen sind bei Vorliegen einer der folgenden Indikationen beihilfefähig:

1. größere Kiefer- oder Gesichtsdefekte, die ihre Ursache in
   - Tumoroperationen,
   - Entzündungen des Kiefers,
   - Operationen infolge von Osteopathien, sofern keine Kontraindikation für eine Implantatversorgung vorliegt,
   - angeborenen Fehlbildungen des Kiefers (Lippen-, Kiefer-, Gaumenspalten, ektodermale Dysplasien) oder in Unfällen

   haben,
2. dauerhaft bestehende Xerostomie (Mundtrockenheit), insbesondere im Rahmen einer Tumorbehandlung,
3. generalisierende genetische Nichtanlage von Zähnen,
4. nicht willentlich beeinflussbare muskuläre Fehlfunktion im Mund- und Gesichtsbereich (z. B. Spastiken),
5. implantatbasierter Zahnersatz im zahnlosen Ober- oder Unterkiefer oder
6. Einzelzahnlücke, soweit nicht beide Nachbarzähne überkront sind.

Im Fall der Nr. 5 sind höchstens die Aufwendungen für zwei Implantate je Kieferhälfte (einschließlich vorhandener Implantate, zu denen eine Beihilfe gewährt wurde) beihilfefähig.

Das Finanzministerium kann bei Beamten des Landes und ihren berücksichtigungsfähigen Angehörigen (in anderen Fällen der jeweilige Dienstherr) in medizinisch besonders begründeten Einzelfällen Ausnahmen zulassen.

Für andere Implantatversorgungen sind bis zur Höchstzahl von acht Implantaten (zwei je Kieferhälfte) – im Hinblick auf die Aufwendungen einer herkömmlichen Zahnversorgung – pauschal je Implantat 450 Euro beihilfefähig. Die Aufwendungen für die Suprakonstruktion (der eigentliche Zahnersatz) einschließlich der zahnärztlichen Leistungen zum Einsetzen der Suprakonstruktion sind neben der Pauschale beihilfefähig. Bei Reparaturen sind neben den Kosten für die Suprakonstruktion einheitlich 250 Euro je Implantat beihilfefähig.

Weitere Voraussetzung für die Zahlung einer Beihilfe ist, dass der Beihilfestelle ein Kostenvoranschlag vorgelegt wird und diese aufgrund eines Gutachtens des zuständigen Amtszahnarztes (dies gilt grundsätzlich nicht für die o. g. Indikationen Nr. 5 und 6 und in den Fällen, in denen nur die Pauschale geltend gemacht wird) vor **Behandlungsbeginn** die Notwendigkeit der beabsichtigten Maßnahme und die Angemessenheit der Kosten anerkannt hat (Voranerkennungsverfahren).

Steht am Wohnort des Beihilfeberechtigten kein Amtszahnarzt zur Verfügung (z. B. Wohnsitz im Ausland), ist das Gesundheitsamt am (letzten) Dienstort zuständig.

Die beihilferechtliche Neuregelung der Implantate (ab 1. April 2009) ist durch das VG Düsseldorf mit Urteil vom 24. 3. 2010 – 26 K 5080/09 – bestätigt worden.

Vgl. auch § 4 Abs. 2 BVO und Nr. 4.2 ff. VVZBVO, abgedruckt im Anhang, Nr. 1 a, S. 367 ff. und Nr. 2, S. 423 ff.

Zahnpasta

Es handelt sich um ein Gut des täglichen Bedarfs; die Aufwendungen sind **nicht** beihilfefähig.

Zahnpflegemittel

Diese Mittel (z. B. Zahnpasta, Zahnseide) gehören zu den Kosten der allgemeinen Lebenshaltung und sind daher **nicht** beihilfefähig.

Zahnschema

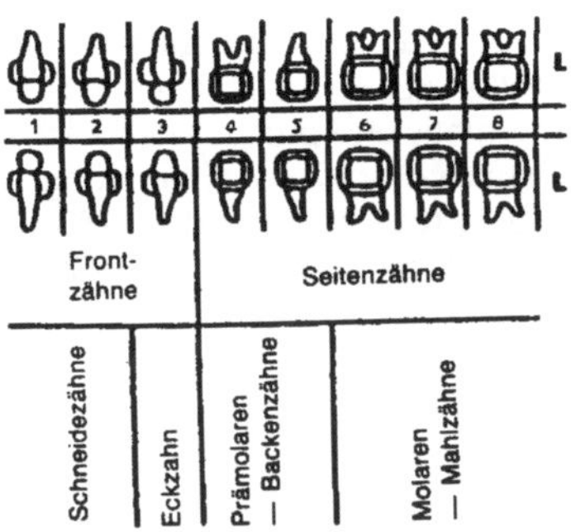

Internationales zweiziffriges Zahnschema

Bleibende Zähne:

(oben rechts)															(oben links)
18	17	16	15	14	13	12	11	21	22	23	24	25	26	27	28
48	47	46	45	44	43	42	41	31	32	33	34	35	36	37	38
(unten rechts)															(unten links)

Milchzähne:

(oben rechts)									(oben links)
55	54	53	52	51	61	62	63	64	65
85	84	83	82	81	71	72	73	74	75
(unten rechts)									(unten links)

Zahnschmelz (Begriff)

Circa 1 bis 1,5 Millimeter dicke Kristallschicht, die das Zahnbein (Dentin) im Bereich der Zahnkrone abdeckt. Härteste Substanz des Zahnes.

Zellmilieutherapie

Die Therapie gilt als wissenschaftlich nicht anerkannt; die Aufwendungen sind **nicht** beihilfefähig.

Die Therapie basiert auf der Hypothese, dass bei einer Reihe von Erkrankungen wie Rheuma, Arteriosklerose, Krebs ein Mangel von Zellbaustoffen wie Mineralstoffe, Spurenelemente, Vitamine, Fett- und Aminosäuren besteht und durch deren Substitution diese Krankheiten behandelt werden sollen. Die Methode geht einher mit unzähligen Laboranalysen und einer sehr umfänglichen medikamentösen Behandlung in Form von Kombinationspräparaten.

Zellstoffunterlagen

Aufwendungen für Zellstoffunterlagen (z. B. bei Harn- und Stuhlinkontinenz) sind beihilfefähig.

Zellulartherapeutika

Aufwendungen für Zellulartherapeutika sind unabhängig vom Alter der erkrankten Person nicht beihilfefähig (vgl. Nr. 4.1.7.5 VVzBVO, abgedruckt im Anhang, Nr. 2, S. 423 ff.).

Zinksarg

Siehe unter *„Sterbefall im Inland"*.

Zinkverbindungen

Aufwendungen für ärztlich verordnete nicht verschreibungspflichtige Zinkverbindungen (als Monopräparate) sind bei Personen, die das 18. Lebensjahr vollendet haben (für Personen unter 18 Jahren gelten keine Einschränkungen), nur zur Behandlung der enteropathischen Akrodermatis und durch Haemodialysebehandlung bedingten nachgewiesenem Zinkmangel sowie zur Hemmung der Kupferaufnahme bei Morbus Wilson beihilfefähig (vgl. Anlage I der AMR und Nr. 4.1.7.1 VVzBVO, abgedruckt im Anhang, Nr. 4, S. 549 ff. und Nr. 2, S. 423 ff.).

Zivildienst

Siehe unter *„Wehrdienst"*.

Zügelung des Appetits

Arzneimittel zur Zügelung des Appetits sind **nicht** beihilfefähig (vgl. Nr. 8 b Anlage 2 BVO, abgedruckt im Anhang, Nr. 1 a, S. 367 ff.).

Zusatzentgelte

Die nach §§ 6 und 9 KHEntgG neben einer Fallpauschale zusätzlich berechneten Zusatzentgelte sind beihilfefähig. Dies gilt auch für den DRG-Systemzuschlag nach § 17 b Abs. 5, für den Zuschlag für Ausbildungsstätten und Ausbildungsvergütungen und für sonstige Zuschläge nach § 17 b Abs. 1 Satz 4 und 6 sowie für Qualitätssicherungszuschläge nach § 17 b Abs. 1 Satz 5 des Krankenhausfinanzierungsgesetzes. Aufwendungen für eine gemäß § 22 BPflV oder § 17 KHEntgG in Rechnung gestellte Wahlleistung „gesondert berechenbare Unterkunft/Unterbringung in einem Ein- oder Zweibettzimmer" für den Verlegungstag sind **nicht** beihilfefähig.

Zusätzliche Betreuungsleistungen (bei häuslicher und vollstationärer Pflege)

A) Vorschriften

1. Text § 5 d BVO

Zusätzliche Betreuungsleistungen (bei häuslicher und vollstationärer Pflege)

(1) Pflegebedürftige Personen in häuslicher Pflege der Pflegestufen I, II oder III sowie Personen mit demenzbedingten Fähigkeitsstörungen, geistigen Behinderungen oder psychischen Erkrankungen, die einen Hilfebedarf im Bereich der Grundpflege und hauswirtschaftlichen Versorgung haben, der nicht das Ausmaß der Pflegestufe I erreicht, und bei denen die Pflegeversicherung im Rahmen der Begutachtung nach § 18 SGB XI als Folge der Krankheit oder Behinderung Auswirkungen auf die Aktivitäten des täglichen Lebens festgestellt hat, die dauerhaft zu einer erheblichen Einschränkung der Alltagskompetenz geführt haben, erhalten Beihilfen zu den Aufwendungen für zusätzliche Betreuungsleistungen nach Maßgabe der Absätze 2 bis 3.

(2) Aufwendungen für zusätzliche Betreuungsleistungen nach Absatz 1 sind bis zu 100 Euro (Grundbetrag) oder 200 Euro (erhöhter Betrag) monatlich beihilfefähig. Die Höhe des jeweiligen Anspruchs wird von der Pflegeversicherung festgelegt und ist für die Berechnung der Beihilfe maßgeblich. Aufwendungen für Beratungsbesuche nach § 5 Absatz 6 sind ohne Anrechnung auf die vorstehenden Höchstbeträge beihilfefähig.

(3) Der monatliche Höchstbetrag nach Absatz 2 kann innerhalb des jeweiligen Kalenderjahres in Anspruch genommen werden. Wird der für das jeweilige Kalenderjahr zustehende Jahreshöchstbetrag vom Pflegebedürftigen nicht ausgeschöpft, kann der nicht verbrauchte Betrag in das folgende Kalenderhalbjahr übertragen werden. Ist der Betrag für zusätzliche Betreuungsleistungen nach dem bis zum 30. Juni 2008 geltenden Recht nicht ausgeschöpft worden, kann der nichtverbrauchte kalenderjährliche Betrag in das zweite Halbjahr 2008 und in das Jahr 2009 übertragen werden.

(4) Die von vollstationären Pflegeeinrichtungen für Pflegebedürftige mit erheblichem allgemeinem Betreuungsbedarf mit der jeweiligen Pflegeversicherung vereinbarten und berechneten Vergütungszuschläge nach § 87 b SGB XI sind neben den Aufwendungen nach § 5 c Absatz 1 beihilfefähig.

2. Text der Verwaltungsvorschriften

5 d **Zu § 5 d Zusätzliche Betreuungsleistungen bei häuslicher und vollstationärer Pflege**

5 d.1 **Absatz 1**

5 d.1.1 Beihilfeberechtigt sind Pflegebedürftige der Pflegestufen I, II oder III mit einem auf Dauer bestehenden erheblichen Bedarf an allgemeiner Beaufsichtigung und Betreuung (= erheblich eingeschränkte Alltagskompetenz) sowie Personen, die zwar in ihrer Alltagskompetenz erheblich eingeschränkt sind, jedoch keinen Hilfebedarf im Bereich der Grundpflege und hauswirtschaftlichen Versorgung haben, der das Ausmaß der Pflegestufe I erreicht. Ob die Anspruchsvoraussetzungen vorliegen, entscheidet die jeweilige Pflegekasse/Pflegeversicherung. Die Entscheidung ist für die Beihilfestelle bindend.

5 d.1.2 Die zusätzlichen Betreuungsleistungen dienen der Erstattung von Aufwendungen, die der pflegebedürftigen Person im Zusammenhang mit

- Tages- und Nachtpflege oder Kurzzeitpflege,
- Inanspruchnahme von zugelassenen Pflegediensten mit besonderen Angeboten der allgemeinen Anleitung und Betreuung,
- Niedrigschwelligen Betreuungsangeboten

entstehen.

Die Bewilligung durch die jeweilige Pflegekasse/Pflegeversicherung ist seitens der Beihilfestelle abzuwarten.

5 d.2 **Absatz 2**

5 d.2.1 Der Anspruch auf bis zu 100 Euro (Grundbetrag) bzw. bis zu 200 Euro (erhöhter Betrag) entsteht monatlich. Ein Vorgriff auf zukünftig entstehende Beihilfeansprüche ist nicht möglich. Nicht in Anspruch genommene Beträge für zurückliegende Monate können in den Folgemonaten berücksichtigt werden. Der Anspruch gilt ab dem Monat der Bewilligung durch die Pflegeversicherung und für den vollen Monat; es erfolgt keine tageweise Berechnung.

5 d.3 **Absatz 3**

5 d.3.1 Die in einem Kalenderjahr von der pflegebedürftigen Person nicht in Anspruch genommenen Beträge sind auf das nächste Kalenderhalbjahr zu übertragen. Ein Antrag ist hierzu nicht erforderlich. Wird der auf das folgende Kalenderhalbjahr übertragene Anspruch (Guthaben) nicht ausgeschöpft, verfällt dieser Anspruch; gleiches gilt in den Fällen des § 5 d Absatz 3 Satz 3 BVO mit Ablauf des Jahres 2009.

B) Hinweise

Für die Frage, ob die Voraussetzungen für zusätzliche Betreuungsleistungen nach § 5 d BVO vorliegen, ist die Entscheidung der Pflegeversicherung maßgebend.

Aufwendungen für zusätzliche Betreuungsleistungen sind bis zu 100 Euro (Grundbetrag bzw. 200 Euro (erhöhter Betrag) monatlich beihilfefähig, wobei die jeweilige Höhe im Einzelfall ebenfalls von der Pflegeversicherung festgelegt wird. Im Rahmen des zustehenden Betrages sind die Aufwendungen beihilfefähig, sofern sie zweckgebunden für die Inanspruchnahme der im SGB XI genannten qualitätsgesicherten Betreuungsangebote verwendet werden, z. B. im Zusammenhang mit Tagespflege, Nachtpflege oder Kurzzeitpflege oder durch Inanspruchnahme der von zugelassenen Pflegediensten angebotenen Betreuungsleistungen.

Der dem Pflegebedürftigen zustehende beihilfefähige Höchstbetrag kann innerhalb des jeweiligen Kalenderjahres in Anspruch genommen werden. Ein nicht in diesem Kalenderjahr ausgeschöpfter Betrag kann in das folgende Kalenderhalbjahr übertragen werden.

Zuschuss des Rentenversicherungsträgers

Steht bei Rentenbezug ein Zuschuss von einem Rentenversicherungsträger zu dem privaten Krankenversicherungsbeitrag in Höhe von mindestens 80 Euro monatlich zu, so ermäßigt sich der persönliche Beihilfenbemessungssatz um 10 v. H. (vgl. § 12 Abs. 3 BVO, abgedruckt im Anhang, Nr. 1 a, S. 367 ff.).

Zuschuss des Arbeitgebers zum Krankenversicherungsbeitrag (§ 257 SGB V)

Beamte (gesetzlich oder privat versichert) können von ihrem Dienstherrn keinen Zuschuss zu ihren Versicherungsbeiträgen erhalten. Sie erhalten stattdessen unter Berücksichtigung ihres Versicherungsverhältnisses Beihilfen in unterschiedlicher Höhe.

Nach § 257 SGB V erhalten freiwillig in der gesetzlichen Krankenversicherung Versicherte, die nur wegen Überschreitens der Jahresarbeitsentgeltgrenze oder die aufgrund von § 6 Abs. 3 a SGB V versicherungsfrei oder die von der Versicherungspflicht befreit sind, von ihrem Arbeitgeber als Beitragszuschuss der Hälfte des Beitrages, der für einen Versicherungspflichtigen bei der Krankenkasse, bei der die Mitgliedschaft besteht, zu zahlen wäre, höchstens jedoch die Hälfte des Beitrags, den sie tatsächlich zu zahlen haben.

§ 1 Abs. 3 BVOAng (abgedruckt im Anhang, Nr. 1 b, S. 419 ff.) gilt für Tarifbeschäftige, die am 31. Dezember 1998 in einer privaten Krankenversicherung versichert waren, und stellt darauf ab, dass der Zuschuss nach § 257 SGB V tatsächlich gezahlt wird; es ist also unbeachtlich, dass ein Anspruch auf einen solchen Zuschuss besteht.

Nach einem Urteil des Bundessozialgerichtes vom 8. November 1998 – B 12 KR 19/97 – kann auf den Zuschuss nicht rechtswirksam verzichtet werden. Diese Regelung gilt für Tarifbeschäftige, die nach dem 31. 12. 1998 in eine private Krankenversicherung übergetreten sind (vgl. Artikel III Abs. 2 Satz 2 der Neunten Verordnung zur Änderung der Verordnung über die Gewährung von Beihilfen in Krankheits-, Geburts- und Todesfällen an Angestellte, Arbeiter und Auszubildende vom 16. Dezember 1999).

Zuweisung

Siehe unter *„Versetzung"*.

Zurverfügungstellung von Hilfsmitteln

Der Dienstherr hat nach der Beihilfenverordnung die Möglichkeit, ein Hilfsmittel unentgeltlich zur Verfügung zu stellen. Von dieser Regelung kann nach ihrem Sinn und Zweck bei sehr teuren Hilfsmitteln Gebrauch gemacht werden, wenn nach Lage der Umstände ohnehin eine hundertprozentige Beihilfe gewährt werden müsste, oder in Fällen, in denen das Hilfsmittel nur vorübergehend benutzt wird. Wird das Gerät später nicht mehr benötigt, muss es zurückgegeben werden (auf Nr. 4.1.10.8 VVzBVO, abgedruckt im Anhang, Nr. 2, S. 423 ff., wird hingewiesen).

Zwangsstörungen

Siehe unter *„Psychotherapeutische Leistungen"*.

Zweibettzimmerzuschläge

Zweibettzimmerzuschläge sind nur in der Höhe angemessen, wie sie zwischen dem Verband der Privaten Krankenversicherungen (PKV) und der Deutschen Krankenhausgesellschaft vereinbart wurden. Soweit Zweifel an der Höhe des berechneten Zweibettzimmerzuschlags bestehen, ist der Beihilfestelle vom Beihilfeberechtigten eine Kopie der Zweibettzimmerabrechnung seiner PKV vorzulegen; um Zeitverzögerungen bei der Abrechnung zu vermeiden, ist ggf. die Beihilfe mit dem berechneten Zweibettzimmerzuschlag unter Vorbehalt und mit der Auflage festzusetzen, den Erstattungsbescheid der PKV nachzureichen. Liegt für die berechnende Krankenanstalt keine Vereinbarung mit dem PKV-Verband vor, ist im Rahmen einer Vergleichsberechnung der Zweibettzimmerzuschlag der zum Behandlungsort nächstgelegenen Krankenanstalt heranzuziehen, mit der eine Vereinbarung getroffen wurde (s. auch *„Wahlleistungen"*).

Zyste (Begriff)

Mit wässeriger Flüssigkeit angefüllter Raum im Knochen oder Weichgewebe, der sehr unterschiedliche Ausmaße haben kann

Zystektomie (Begriff)

Ausschälen einer Zyste durch Absaugen der Flüssigkeit und Entfernen der Zystenauskleidung (Zystenbalg) mit anschließendem Verschluss der Knochenhöhle. Der Hohlraum füllt sich von selbst mit Blut. Durch Gewebezellen wird wieder neuer Knochen gebildet.

Anhang

1. a) Verordnung über Beihilfen in Geburts-, Krankheits-, Pflege- und Todesfällen – (Beihilfenverordnung NRW – BVO NRW)

Verordnung über Beihilfen in Geburts-, Krankheits-, Pflege- und Todesfällen (Beihilfenverordnung NRW – BVO NRW)

Vom 5. November 2009 (GV. NRW. S. 602/SGV. NRW. 20320)

Auf Grund des § 77 Absatz 8 des Landesbeamtengesetzes vom 21. April 2009 (GV. NRW. S. 224) wird verordnet:

§ 1
Beihilfeberechtigte Personen

(1) In Krankheits-, Geburts-, Pflege- und Todesfällen sowie in Fällen eines nicht rechtswidrigen Schwangerschaftsabbruchs und einer durch Krankheit erforderlichen Sterilisation sind beihilfeberechtigt:

1. Beamte und Richter mit Ausnahme der Ehrenbeamten,
2. Ruhestandsbeamte und Richter im Ruhestand sowie frühere Beamte und Richter,
3. Witwer, hinterbliebene eingetragene Lebenspartner sowie Kinder (§ 23 BeamtVG) der unter Nummer 1 und 2 bezeichneten Personen,
4. Verwaltungslehrlinge, Verwaltungspraktikanten und Schulpraktikanten,

solange sie Dienstbezüge, Anwärterbezüge, Ruhegehalt, Witwengeld, Witwergeld, Waisengeld, Unterhaltsbeihilfe, Unterhaltsbeiträge nach den Abschnitten II, III oder V oder Übergangsgeld nach Abschnitt VI des Beamtenversorgungsgesetzes erhalten.

(2) Beihilfen werden abweichend von Absatz 1 auch dann gewährt, wenn die Versorgungsbezüge auf Grund der §§ 53 bis 56 BeamtVG voll ruhen oder auf Grund der §§ 22 Absatz 1 Satz 2 oder 61 Absatz 2 Satz 2 zweiter Halbsatz oder Absatz 3 Satz 1 zweiter Halbsatz BeamtVG nicht gezahlt werden und der Versorgungsberechtigte keine Beihilfeberechtigung in anderer Eigenschaft erworben hat. Ein Zuschuss nach § 9 Absatz 1 Satz 2 oder 3 ist auch bei einer Beurlaubung ohne laufende Bezüge zur Ableistung des Wehrdienstes oder des Zivildienstes zu zahlen.

(3) Beihilfen werden nicht gezahlt

1. an Beamte und Richter,
   a) wenn sie für weniger als ein Jahr beschäftigt werden, es sei denn, dass sie insgesamt mindestens ein Jahr ununterbrochen im öffentlichen Dienst (§ 40 Absatz 6 BBesG) tätig sind, oder
   b) wenn ihre regelmäßige wöchentliche Arbeitszeit durchschnittlich weniger als die Hälfte der regelmäßigen wöchentlichen Arbeitszeit eines Vollbeschäftigten beträgt,
2. an Versorgungsempfänger (Absatz 1 Nummer 2 und 3) für die Dauer einer Beschäftigung, die zum Bezug von Beihilfen berechtigt,
3. sofern Ansprüche nach § 27 des Gesetzes über die Rechtsverhältnisse der Mitglieder des Deutschen Bundestages (Abgeordnetengesetz – AbgG) vom 21. Februar 1996 (BGBl. I S. 326) in der jeweils geltenden Fassung oder nach entsprechenden Regelungen dem Grunde nach bestehen.

(4) Wird ein Beamter zu einem Dienstherrn abgeordnet, in dessen Dienstbereich diese Verordnung gilt, zahlt der jeweilige Dienstherr Beihilfen zu den Aufwendungen, die während des Zeitraums der Dienstleistung bei ihm entstehen. Bei Abordnungen von oder zu Dienstherren außerhalb des Geltungsbereichs dieser Verordnung ist § 14 Absatz 4 Satz 2 und 3 des Beamtenstatusgesetzes (BeamtStG) vom 17. Juni 2008 (BGBl. I S. 1010) zu beachten.

(5) Wird ein Beamter zu einem Dienstherrn versetzt, in dessen Dienstbereich diese Verordnung gilt, werden von dem aufnehmenden Dienstherrn Beihilfen zu Aufwendungen gezahlt, die nach dem Zeitpunkt der Versetzung entstanden sind. Bei einer Versetzung zu einem Dienstherrn, in dessen Dienstbereich diese Verordnung nicht gilt, werden zu den bis zum Zeitpunkt der Versetzung entstandenen Aufwendungen Beihilfen nach dieser Verordnung gezahlt.

(6) Versorgungsempfänger mit mehreren Ansprüchen auf Versorgungsbezüge erhalten Beihilfen von der Stelle, die für die Festsetzung der neuen Versorgungsbezüge (§ 54 BeamtVG) zuständig ist. Dies gilt nicht, soweit es sich bei dem neuen Versorgungsbezug um eine Hinterbliebenenversorgung handelt; in diesem Fall bleibt die bisherige Beihilfestelle zuständig.

§ 2
Beihilfefälle

(1) Beihilfefähig sind Aufwendungen, die erwachsen

1. in Krankheits- und Pflegefällen
   a) für den Beihilfeberechtigten selbst,

b) für den nicht selbst beihilfeberechtigten und wirtschaftlich unselbständigen Ehegatten oder eingetragenen Lebenspartner des Beihilfeberechtigten. Eine wirtschaftliche Unselbständigkeit liegt vor, wenn der Gesamtbetrag der Einkünfte [§ 2 Absätze 3 und 5 a des Einkommensteuergesetzes – EStG – vom 19. Oktober 2002 (BGBl. I S. 4210, 2003 I S. 179), zuletzt geändert durch Gesetz vom 7. März 2009 (BGBl. I S. 451)] – des Ehegatten oder eingetragenen Lebenspartners im Kalenderjahr vor der Antragstellung 18 000 Euro nicht übersteigt. Bei erstmaligem Rentenbezug ab 1. Januar 2004 ist dem Gesamtbetrag der Einkünfte die Differenz zwischen dem steuerlichen Ertragsanteil und dem Bruttorentenbetrag hinzuzurechnen; dies gilt nicht für Renten, die der Besteuerung nach § 22 Nummer 1 Satz 3 Buchstabe bb EStG unterliegen. Bei Überschreitung dieser Einkommensgrenze sind aus Fürsorgegründen Aufwendungen beihilfefähig, wenn der Ehegatte oder der eingetragene Lebenspartner trotz einer ausreichenden Krankenversicherung für bestimmte Erkrankungen von Leistungen ausgeschlossen ist oder die Leistungen auf Dauer eingestellt worden sind; beihilfefähig ist der 1.000 Euro im Kalenderjahr übersteigende Betrag. Für einen getrennt lebenden Ehegatten oder eingetragenen Lebenspartner werden Beihilfen nur gewährt, soweit dieser einen Unterhaltsanspruch gegen den Beihilfeberechtigten hat,

c) für die in Absatz 2 bezeichneten Kinder;

Aufwendungen für Schutzimpfungen, Aufwendungen zur Früherkennung bestimmter Krankheiten (§ 3 Absatz 1 Nummer 2) sowie Aufwendungen für prophylaktische zahnärztliche Leistungen (§ 3 Absatz 1 Nummer 3) werden den Aufwendungen in Krankheitsfällen zur Wiedererlangung der Gesundheit gleichgestellt;

2. in Geburtsfällen

   a) einer Beihilfeberechtigten,

   b) der nicht selbst beihilfeberechtigten Ehefrau oder eingetragenen Lebenspartnerin des oder der Beihilfeberechtigten,

   c) der nicht selbst beihilfeberechtigten Mutter eines nicht ehelichen Kindes des Beihilfeberechtigten,

   d) einer nach Absatz 2 zu berücksichtigenden Tochter des Beihilfeberechtigten;

3. im Todesfall

   a) eines Beihilfeberechtigten,

   b) seines nicht selbst beihilfeberechtigt gewesenen Ehegatten oder eingetragenen Lebenspartners,

c) eines im Absatz 2 bezeichneten Kindes, bei Totgeburten, wenn der Beihilfeberechtigte im Falle der Lebendgeburt zu Krankheitsaufwendungen des Kindes Anspruch auf Beihilfen hätte;

4. in Fällen eines nicht rechtswidrigen Schwangerschaftsabbruchs

   a) einer Beihilfeberechtigten,

   b) der nicht selbst beihilfeberechtigten Ehefrau oder eingetragenen Lebenspartnerin des oder der Beihilfeberechtigten,

   c) einer nach Absatz 2 zu berücksichtigenden Tochter des Beihilfeberechtigten;

5. in Fällen einer durch Krankheit erforderlichen Sterilisation

   a) eines Beihilfeberechtigten,

   b) des nicht selbst beihilfeberechtigten Ehegatten oder eingetragenen Lebenspartners des Beihilfeberechtigten,

   c) eines im Absatz 2 bezeichneten Kindes.

(2) Beihilfen zu Aufwendungen nach Absatz 1 werden nur für nicht selbst beihilfeberechtigte, im Familienzuschlag nach dem Bundesbesoldungsgesetz berücksichtigte oder berücksichtigungsfähige Kinder des Beihilfeberechtigten gewährt; dies gilt auch für Kinder im Sinne des § 32 Absatz 4 Nummer 1 und 2 des Einkommensteuergesetzes, die nur wegen der Höhe ihrer Einkünfte und Bezüge nicht im Familienzuschlag berücksichtigt werden. Ist ein Kind bei mehreren Beihilfeberechtigten im Familienzuschlag berücksichtigungsfähig oder ist bei verheirateten oder in einer eingetragenen Lebenspartnerschaft lebenden Kindern neben dem beihilfeberechtigten Elternteil der Ehegatte oder der eingetragene Lebenspartner des Kindes beihilfeberechtigt, so wird eine Beihilfe zu den Aufwendungen des Kindes nur einem von ihnen zu bestimmenden Berechtigten gewährt; die Bestimmung kann nur in Ausnahmefällen neu getroffen werden.

(3) Aufwendungen für Ehegatten, eingetragene Lebenspartner und Kinder beihilfeberechtigter Waisen sind nicht beihilfefähig.

§ 3
Begriff der beihilfefähigen Aufwendungen

(1) Beihilfefähig sind die notwendigen Aufwendungen in angemessenem Umfange

1. in Krankheitsfällen zur Wiedererlangung der Gesundheit, zur Besserung oder Linderung von Leiden, zur Beseitigung oder zum Ausgleich angeborener oder erworbener Körperschäden sowie bei dauernder Pflegebedürftigkeit und erheblichem allgemeinen Betreuungsbedarf,

2. zur Früherkennung von Krankheiten
   a) bei Kindern bis zur Vollendung des sechsten Lebensjahres für Untersuchungen sowie nach Vollendung des zehnten Lebensjahres für eine Untersuchung zur Früherkennung von Krankheiten, die ihre körperliche und geistige Entwicklung in nicht geringfügigem Maße gefährden,
   b) bei Frauen vom Beginn des 20. Lebensjahres an für eine Untersuchung im Jahr zur Früherkennung von Krebserkrankungen,
   c) bei Männern vom Beginn des 45. Lebensjahres an für eine Untersuchung im Jahr zur Früherkennung von Krebserkrankungen,
   d) bei Personen von der Vollendung des 35. Lebensjahres an für eine Untersuchung in jedem zweiten Jahr, insbesondere zur Früherkennung von Hautkrebs, von Herz-, Kreislauf- und Nierenerkrankungen sowie der Zuckerkrankheit,

nach Maßgabe der Richtlinien des Gemeinsamen Bundesausschusses gem. § 91 SGB V,

3. für prophylaktische Leistungen nach den Nummern 100 bis 102 und 200 des Gebührenverzeichnisses für zahnärztliche Leistungen (Anlage zur Gebührenordnung für Zahnärzte vom 22. Oktober 1987 – BGBl. I S. 2316, zuletzt geändert durch Gesetz vom 4. Dezember 2001 – BGBl. I S. 3320 –),
4. in Geburtsfällen für die Entbindung, das Wochenbett und die Säuglingsausstattung,
5. für Schutzimpfungen, soweit sie nach den jeweils gültigen Empfehlungen der Ständigen Impfkommission am Robert Koch-Institut (STIKO) öffentlich empfohlen werden,
6. in Fällen eines nicht rechtswidrigen Schwangerschaftsabbruchs,
7. in Fällen einer durch Krankheit erforderlichen Sterilisation.

(2) Über die Notwendigkeit und den angemessenen Umfang von Aufwendungen entscheidet die Festsetzungsstelle. Sie kann bei Zweifel über die Notwendigkeit und den angemessenen Umfang, soweit die Verwaltungsvorschriften keine Regelung vorsehen, ein Gutachten eines Amts- oder Vertrauensarztes (-zahnarztes) einholen.

(3) Erhält ein Beihilfeberechtigter oder eine berücksichtigungsfähige Person Sach- oder Dienstleistungen (ärztliche und zahnärztliche Versorgung, ambulante und stationäre Krankenhausbehandlung, Heilmittel usw.), werden keine Beihilfen gewährt. Als Sach- oder Dienstleistungen gelten auch Geldleistungen bei künstlicher Befruchtung (§ 27 a SGB V), bei kieferorthopädischer Behandlung (§ 29 SGB V), bei Arznei- und Verbandmitteln (§ 31 Absatz 1 und 2 SGB V), bei Heilmitteln (§ 32 SGB V), bei Hilfsmitteln (§ 33 SGB V), bei häuslicher Kranken-

pflege (§ 37 Absatz 4 SGB V) und bei Haushaltshilfe (§ 38 Absatz 4 SGB V) sowie Leistungen auf Grund der Bestimmungen über die vollständige oder teilweise Kostenbefreiung (§ 62 Absatz 4 SGB V).

Nicht beihilfefähig sind Aufwendungen, die dadurch entstehen, dass Pflichtversicherte an Stelle von Sach- oder Dienstleistungen Kostenerstattung nach § 13 Absatz 2 SGB V wählen oder nach § 13 Absatz 4 SGB V erhalten, sowie Aufwendungen, bei denen die Krankenkasse die Kosten bis zur Höhe des Festbetrags nach dem Fünften Buch Sozialgesetzbuch übernimmt. Praxisgebühren und Zuzahlungen nach § 23 Absatz 6, § 24 Absatz 3, § 28 Absatz 4, § 31 Absatz 3, § 32 Absatz 2, § 33 Absatz 2, § 37 Absatz 5, § 37 a Absatz 3, § 38 Absatz 5, § 39 Absatz 4, § 40 Absätze 5 und 6, § 41 Absatz 3 und § 60 Absätze 1 und 2 SGB V sowie § 32 SGB VI und § 40 Absatz 3 SGB XI sind nicht beihilfefähig.

(4) Besteht ein Anspruch auf Heilfürsorge, Krankenhilfe oder Kostenerstattung auf Grund von Rechtsvorschriften oder arbeitsvertraglichen Vereinbarungen, sind die auf Grund dieser Vorschriften zustehenden Leistungen in voller Höhe von den beihilfefähigen Aufwendungen abzuziehen. Dies gilt nicht hinsichtlich der Schadensersatzansprüche, die nach § 82 LBG auf den Dienstherrn oder eine Versorgungskasse übergehen, sowie nicht hinsichtlich der Leistungen der gesetzlichen Krankenversicherung, der sozialen Pflegeversicherung bzw. der gesetzlichen Rentenversicherung

1. für Personen, die freiwillig in einer gesetzlichen Krankenkasse versichert sind und denen dem Grunde nach kein Beitragszuschuss nach § 257 SGB V zusteht, sofern nicht nach § 224 SGB V Beitragsfreiheit besteht,

2. für Beihilfeberechtigte und berücksichtigungsfähige Kinder, die von der gesetzlichen Krankenversicherung oder der sozialen Pflegeversicherung einer anderen Person erfasst werden, an deren Beiträgen kein Arbeitgeber beteiligt ist, oder – bei Beteiligung eines Arbeitgebers – wenn Leistungen aus dieser Versicherung nicht in Anspruch genommen werden,

3. für in der gesetzlichen Rentenversicherung Versicherte, die im Zeitpunkt des Entstehens der Aufwendungen nicht pflichtversichert waren und vom Arbeitgeber keinen Zuschuss zu den Prämien einer Lebensversicherung erhalten haben, wenn Leistungen aus dieser Versicherung nicht in Anspruch genommen werden,

4. für Personen, die nach § 28 Absatz 2 SGB XI Leistungen der sozialen Pflegeversicherung zur Hälfte erhalten,

5. für Personen, die ihre Beiträge zur Pflegeversicherung (SGB XI) allein zu tragen haben,

6. für Personen, die am 31. Dezember 1993 als Rentner in einer gesetzlichen Krankenversicherung pflichtversichert waren; § 12 Absatz 3 Satz 2 gilt nicht.

Satz 1 und Satz 2 Nummer 2 gelten entsprechend für Personen, die bei einem privaten Krankenversicherungsunternehmen kranken- und pflegeversichert sind, sofern zu dieser Versicherung ein Zuschuss nach §§ 26 Absatz 2 SGB II, 257 SGB V oder 61 SGB XI gewährt oder der Beitrag auf Grund des § 207 a SGB III übernommen wird; übersteigt die Hälfte des Beitrages für eine Versicherung gegen Krankheit oder Pflegebedürftigkeit den Beitragszuschuss nach §§ 26 Absatz 2 SGB II, 257 SGB V oder 61 SGB XI bzw. den nach § 207 a SGB III übernommenen Beitrag, so gelten die Leistungen der Kranken- oder Pflegeversicherung nur im Verhältnis des Beitragszuschusses bzw. des übernommenen Beitrages zur Hälfte des Kranken- oder Pflegeversicherungsbeitrages als zustehende Leistungen im Sinne des Satzes 1. Maßgebend sind die Beiträge, der Beitragszuschuss und der übernommene Beitrag im Zeitpunkt der Antragstellung. Personen, denen Sachleistungen auf Grund des Bundesversorgungsgesetzes, des Häftlingshilfegesetzes oder des Soldatenversorgungsgesetzes zustehen, sind nicht verpflichtet, diese in Anspruch zu nehmen; Satz 1 ist insoweit nicht anzuwenden.

(5) Nicht beihilfefähig sind die Aufwendungen, die zu einem Zeitpunkt entstanden sind,

1. in dem der Beihilfeberechtigte noch nicht oder nicht mehr zu den in § 1 bezeichneten beihilfeberechtigten Personen gehörte,
2. in dem eine nach § 2 berücksichtigungsfähige Person noch nicht zu diesem Personenkreis gehörte.

Die Aufwendungen gelten als entstanden in dem Zeitpunkt, in dem die sie verursachenden Umstände eingetreten sind, z. B. der Zeitpunkt der Behandlung durch den Arzt, Zahnarzt oder Heilpraktiker, des Einkaufs von Arzneien, der Lieferung eines Hilfsmittels.

(6) Nicht beihilfefähig sind Aufwendungen für die persönliche Tätigkeit von Ehegatten, eingetragenen Lebenspartnern, Kindern und Eltern des Behandelten; Kosten, die dem behandelnden Angehörigen im Einzelfall – z. B. für Materialien, Verbandmittel und Arzneimittel – entstehen und deren Geldwert nachgewiesen ist, sind im Rahmen der Verordnung beihilfefähig. § 5 a Absatz 2 bleibt unberührt.

§ 4

Beihilfefähige Aufwendungen in Krankheitsfällen

(1) Die beihilfefähigen Aufwendungen umfassen die Kosten für:

1. Untersuchung, Beratung und Verrichtung sowie Begutachtung bei Durchführung dieser Vorschriften durch einen Arzt, Zahnarzt, Heilpraktiker, Psychologischen Psychotherapeuten oder Kinder- und Jugendlichenpsychotherapeuten; Satz 5 bleibt unberührt. Aufwendungen für eine wissenschaftlich nicht

anerkannte Heilbehandlung sind von der Beihilfefähigkeit ausgeschlossen. Sind wissenschaftlich anerkannte Heilbehandlungen ohne Erfolg angewendet worden, so können auf Grund des Gutachtens eines Amts- oder Vertrauensarztes (-zahnarztes) auch Aufwendungen für wissenschaftlich noch nicht anerkannte Heilbehandlungen vom Finanzministerium für beihilfefähig erklärt werden. Das Finanzministerium kann allgemein bestimmen, zu welchen und unter welchen Voraussetzungen zu noch nicht wissenschaftlich anerkannten Heilbehandlungen Beihilfen gezahlt werden können; Satz 3 gilt insoweit nicht. Voraussetzung und Umfang der Beihilfefähigkeit von Aufwendungen für ambulant durchgeführte psychotherapeutische Leistungen und Maßnahmen der psychosomatischen Grundversorgung bestimmen sich nach den §§ 4 a bis 4 d sowie der Anlage 1 zu dieser Verordnung. Aufwendungen für eine Soziotherapie sind beihilfefähig, wenn der Beihilfeberechtigte oder ein berücksichtigungsfähiger Angehöriger wegen einer schweren psychischen Erkrankung nicht in der Lage ist, ärztliche oder ärztlich verordnete Leistungen selbständig in Anspruch zu nehmen, und durch die Soziotherapie eine Krankenhausbehandlung vermieden oder verkürzt wird. Zahntechnische Leistungen nach § 9 der Gebührenordnung für Zahnärzte vom 22. Oktober 1987 (BGBl. I S. 2316), zuletzt geändert durch Gesetz vom 4. Dezember 2001 (BGBl. I S. 3320), sind bei der Versorgung mit Zahnersatz, Zahnkronen und Suprakonstruktionen in Höhe von 60 vom Hundert beihilfefähig.

2. Stationäre Behandlungen in Krankenhäusern, deren Leistungen nach dem Krankenhausentgeltgesetz (KHEntgG) vom 23. April 2002 (BGBl. I S. 1412, 1422), zuletzt geändert durch Gesetz vom 17. März 2009 (BGBl. I S. 534) oder der Bundespflegesatzverordnung (BPflV) vom 26. September 1994 (BGBl. I S. 2750), zuletzt geändert durch Gesetz vom 17. März 2009 (BGBl. I S. 534) vergütet werden. Beihilfefähig sind

   a) allgemeine Krankenhausleistungen (§ 2 Absatz 2 KHEntgG, § 2 Absatz 2 BPflV),

   b) gesondert berechnete Unterkunft (ohne Einbettzimmer) und/ oder Verpflegung abzüglich 15 Euro täglich und gesondert berechnete ärztliche Leistungen (§ 17 KHEntgG, § 22 BPflV) abzüglich 10 Euro täglich für insgesamt höchstens 30 Tage im Kalenderjahr,

   c) vorstationäre und nachstationäre Krankenhausbehandlungen nach § 115 a Fünftes Buch Sozialgesetzbuch (SGB V),

   sofern nicht die §§ 5 c, 6 oder 6 a anzuwenden sind.

   Aufwendungen für Behandlungen in Krankenhäusern, die nicht nach § 108 SGB V zugelassen sind, sind nur insoweit als angemessen (§ 3 Absatz 1 Satz 1) anzuerkennen, als sie den Kosten (Behandlungs-, Unterkunfts- und Verpflegungskosten) entsprechen, die die dem Behandlungsort nächstgelegene Klinik der Maximalversorgung (Universitätsklinik nach § 108 SGB V) für eine medizinisch gleichwertige Behandlung abzüglich eines Betrages von 25 Euro täglich für höchstens 30 Tage im Kalenderjahr berechnen würde.

3. Unterkunft bei notwendigen auswärtigen ambulanten ärztlichen Behandlungen außerhalb einer Maßnahme nach § 7 bis zum Höchstbetrag von je 30 Euro täglich für den Erkrankten und eine notwendige Begleitperson.

4. Erste Hilfe.

5. Eine notwendige Berufspflegekraft, solange der Erkrankte nach dem Gutachten eines von der Festsetzungsstelle bezeichneten Arztes vorübergehend der häuslichen Krankenpflege (Grundpflege und hauswirtschaftliche Versorgung) bedarf; die Grundpflege muss überwiegen. Die Kosten einer Ersatzpflegekraft können unter derselben Voraussetzung anerkannt werden. Bei einer Pflege durch den Ehegatten, eingetragenen Lebenspartner, Kinder, Enkelkinder, Eltern, Großeltern, Geschwister, Verschwägerte erstes Grades sowie Schwager sind nur Beförderungskosten (Nummer 11) und Kosten für eine Unterbringung der Pflegekraft außerhalb der Wohnung beihilfefähig. Außerdem kann eine für die Pflege gewährte Vergütung bis zur Höhe eines ausgefallenen Arbeitseinkommens als beihilfefähig berücksichtigt werden, wenn wegen Ausübung der Pflege eine Erwerbstätigkeit aufgegeben worden ist, die mindestens den Umfang einer Halbtagsbeschäftigung hatte; für den Ehegatten, eingetragenen Lebenspartner und die Eltern eines Pflegebedürftigen ist eine für die Pflege gezahlte Vergütung nicht beihilfefähig. In den Fällen des Satzes 2 bis 4 sind höchstens die Kosten für eine Berufspflegekraft beihilfefähig. Aufwendungen für im Haushalt des Beihilfeberechtigten bereits tätige Personen sind nur insoweit beihilfefähig, als sie nachweislich über die bisher gezahlte Vergütung hinaus durch Mehrarbeit infolge Übernahme der Pflege entstanden sind.

6. Eine Familien- und Hauspflegekraft bis zum Betrag von 8 Euro je Stunde, höchstens jedoch 64 Euro täglich, wenn der den Haushalt führende berücksichtigungsfähige Familienangehörige oder der den Haushalt führende Beihilfeberechtigte wegen einer stationären Unterbringung (Nummer 2, §§ 5 c, 6, 6 a und 8) oder ambulanten Rehabilitationsmaßnahme (§ 7 Absatz 4) den Haushalt nicht weiterführen kann. Voraussetzung ist, dass die haushaltsführende Person – ausgenommen sie ist allein erziehend – nicht oder nur geringfügig im Sinne des § 8 SGB IV erwerbstätig ist oder, soweit mehrere teilzeitbeschäftigte Personen den Haushalt führen, die Erwerbstätigkeit dieser Personen insgesamt nicht mehr als 120 vom Hundert der durchschnittlichen wöchentlichen Arbeitszeit einer Vollzeitstelle (40 Stunden/Woche) erreicht, im Haushalt mindestens eine beihilfeberechtigte oder berücksichtigungsfähige Person verbleibt, die pflegebedürftig ist oder das 15. Lebensjahr noch nicht vollendet hat, und keine andere im Haushalt lebende Person den Haus-

halt weiterführen kann. Dies gilt nach begründeter ärztlicher Bescheinigung auch für bis zu 14 Tage nach Ende der stationären Unterbringung, nach einer ambulanten Operation oder darüber hinaus, wenn dadurch ein stationärer Krankenhausaufenthalt (§ 4 Absatz 1 Nummer 2) vermieden wird (z. B. Liegeschwangerschaft) sowie bei Alleinerziehenden, wenn eine Hilfe zur Führung des Haushalts erforderlich ist. Nummer 5 Satz 3 bis 6 gilt entsprechend. Wird an Stelle der Beschäftigung einer Familien- und Hauspflegekraft ein Kind unter 15 Jahren oder eine in Satz 3 aufgeführte pflegebedürftige Person in einem Heim oder in einem fremden Haushalt untergebracht, so sind die Aufwendungen für Unterkunft und Verpflegung sowie notwendige Beförderungskosten – auch für eine Begleitperson – bis zu den sonst berücksichtigungsfähigen Aufwendungen für eine Familien- und Hauspflegekraft beihilfefähig. Die Aufwendungen für Unterkunft und Verpflegung aus Anlass einer Unterbringung bei den in Nummer 5 Satz 3 genannten Personen sind nicht beihilfefähig.

7. Die von Behandlern nach Nummer 1 bei ihren Verrichtungen verbrauchten oder nach Art und Umfang schriftlich verordneten zugelassenen Arzneimittel, Verbandmittel und dergleichen.

   Nicht beihilfefähig sind

   a) Aufwendungen für verschreibungspflichtige Arzneimittel, die nach den Richtlinien des Gemeinsamen Bundesausschusses gem. § 91 SGB V über die Verordnung von Arzneimitteln in der vertragsärztlichen Versorgung (Arzneimittel-Richtlinien – AMR) von der Verordnung ausgeschlossen sind,

   b) Arzneimittel, die nicht verschreibungspflichtig sind.

   Satz 2 gilt nicht für Personen bis zum vollendeten 18. Lebensjahr.

   Das Finanzministerium kann abweichend von Satz 2 in medizinisch begründeten Einzelfällen sowie allgemein in der Anlage 2 und ergänzend in den Verwaltungsvorschriften zu dieser Verordnung bestimmen, zu welchen Arzneimitteln (verschreibungspflichtigen und nicht verschreibungspflichtigen), die bei der Behandlung schwerwiegender Erkrankungen als Therapiestandard gelten oder die sich in der klinischen Erprobung befinden, Beihilfen gewährt werden können. Dies gilt auch für Arzneimittel der besonderen Therapierichtungen.

   Das Finanzministerium kann weiterhin in Anlage 2 und ergänzend in den Verwaltungsvorschriften zu dieser Verordnung Arzneimittel von der Beihilfefähigkeit ausschließen, die ihrer Zweckbestimmung nach üblicherweise bei geringfügigen Gesundheitsstörungen verordnet werden, die für das Therapieziel oder zur Minderung von Risiken nicht erforderliche Bestandteile enthalten, deren Wirkungen wegen der Vielzahl der enthaltenen Wirkstoffe nicht mit ausreichender Sicherheit beurteilt werden können oder deren therapeutischer Nutzen nicht nachgewiesen ist. Nummer 1 Satz 3 und 4 gelten entsprechend.

8. Eine vom Arzt schriftlich angeordnete Entseuchung und die dabei verbrauchten Stoffe.

9. Eine vom Arzt schriftlich angeordnete Heilbehandlung und die dabei verbrauchten Stoffe; das Finanzministerium kann bestimmen, unter welchen Voraussetzungen und in welchem Umfang Heilbehandlungen beihilfefähig sind. Zur Heilbehandlung gehören auch ärztlich verordnete Bäder – ausgenommen Saunabäder und Aufenthalte in Mineral- oder Thermalbädern außerhalb einer Rehabilitations- oder Kurmaßnahme (§§ 6, 6 a und 7) –, Massagen, Bestrahlung, Krankengymnastik, Bewegungs-, Beschäftigungs- und Sprachtherapie. Die Heilbehandlung muss von einem Beschäftigungs- und Arbeitstherapeuten, Ergotherapeuten, Klinischen Linguisten, Krankengymnasten, Logopäden, Masseur, Masseur und medizinischen Bademeister, Physiotherapeuten oder Podologen durchgeführt werden. Ist die Durchführung einer Heilbehandlung in einen Unterricht zur Erfüllung der Schulpflicht eingebunden, sind die Aufwendungen für die Heilbehandlung bis zu 10,50 Euro täglich beihilfefähig; dies gilt entsprechend für Heilbehandlungen, mit denen zugleich berufsbildende oder allgemeinbildende Zwecke verfolgt werden. Bei Behandlungen in einer Einrichtung, die der Betreuung und der Behandlung von Kranken oder Behinderten dient, sind auch notwendige Aufwendungen für Verpflegung bis zu 4,50 Euro, für Unterkunft und Verpflegung insgesamt bis zu 7,50 Euro täglich beihilfefähig, es sei denn, dass § 5 c Abs. 2 oder 6 anzuwenden ist. Nummer 1 Satz 2 bis 4 gilt entsprechend.

10. Vom Arzt schriftlich verordnete Hilfsmittel, zu denen auch Körperersatzstücke, Kontrollgeräte sowie Apparate zur Selbstbehandlung rechnen. Beihilfefähig sind die Aufwendungen für Anschaffung und Reparatur; von den Aufwendungen für den Betrieb der Hilfsmittel ist nur der 100 Euro im Kalenderjahr übersteigende Betrag beihilfefähig. Nicht beihilfefähig sind Aufwendungen zur Beschaffung von Batterien für Hörhilfen einschließlich Ladegeräte für Personen, die das 18. Lebensjahr vollendet haben, sowie von Pflege-und Reinigungsmitteln für Kontaktlinsen. Die Mietgebühren für Hilfsmittel sind beihilfefähig, sofern sie insgesamt nicht höher als die entsprechenden Anschaffungskosten sind. Aufwendungen für Apparate und Geräte zur Selbstbehandlung oder Selbstkontrolle sind nur beihilfefähig, wenn die ersparten Behandlungskosten höher als die Anschaffungskosten sind oder die Anschaffung aus besonderen Gründen dringend geboten ist. Bei orthopädischen Maßschuhen sind die Aufwendungen nur insoweit beihilfefähig, als sie den Betrag für eine normale Fußbekleidung übersteigen. Kosten für ein Brillengestell sind nicht beihilfefähig; Kosten für eine Ersatzbeschaffung von

Sehhilfen (zwei Brillengläser/Kontaktlinsen) sind bei Personen, die das 14. Lebensjahr vollendet haben, bei einer Änderung der Sehschärfe um mindestens 0,5 Dioptrien (sphärischer Wert) beihilfefähig. Für die Ersatzbeschaffung einer Brille – mit Ausnahme von Prismenbrillen – oder von Kontaktlinsen reicht anstelle der ärztlichen Verordnung die Refraktionsbestimmung durch einen Augenoptiker aus; die Aufwendungen für die Refraktionsbestimmung sind bis zu 13 Euro je Sehhilfe beihilfefähig. Zu den Hilfsmitteln gehören nicht Gegenstände, die auch im Rahmen der allgemeinen Lebenshaltung benutzt werden oder die einen Gegenstand der allgemeinen Lebenshaltung ersetzen können (sogenannte Bandscheibenmatratzen, Liegestühle, Gesundheitsschuhe, Fieberthermometer, Heizkissen, Bestrahlungslampen und dgl.). Beihilfefähig sind insbesondere Aufwendungen für folgende Hilfsmittel:

Atemmonitore

Beatmungsgeräte,

Blindenführhunde einschließlich Geschirr, Hundeleine, Halsband und Maulkorb,

Blindenstöcke, Blutdruckmessgeräte, Bruchbänder,

CPAP-Geräte,

Ernährungspumpen,

Fußeinlagen,

Gehstützen,

Gehwagen,

Gipsbetten,

Gummistrümpfe,

Heimdialysegeräte,

Herzschrittmacher einschließlich Kontrollgerät,

Hilfsgeräte (für Schwerstbehinderte, Ohnhänder u. a.),

Hörhilfen (auch Hörbrillen),

Infusionspumpen,

Inhalationsapparate,

Injektionsspritzen und -nadeln,

Insulin-Dosiergeräte,

Katheter,

Kniekappen,

Knöchel- und Gelenkstützen,

Körperersatzstücke,

Kopfschützer,
Korrekturschienen u. ä.,
Krankenfahrstühle,
Krankenheber,
Krankenstöcke (einschließlich Gehbänkchen mit Zubehör),
Leibbinden,
Orthopädische Maßschuhe, die nicht serienmäßig herstellbar sind,
Pflegebett in behindertengerechter Ausstattung,
Polarimeter,
Reflektometer,
Reizstromgeräte zur Behandlung der Skoliose,
Sehhilfen,
Spastikerhilfen (auch Übungsgeräte),
Sprechhilfen (auch elektronische), Sprechkanülen,
Stützapparate,
Stumpfstrümpfe und Narbenschützer,
Suspensorien,
Ultraschallvernebler,
Vibrationstrainer bei Taubheit,
Wasser- und Luftkissen,
Wechseldruckgeräte.

Aufwendungen für vorstehend nicht genannte Hilfsmittel von mehr als 1.000 Euro sind nur beihilfefähig, wenn die Festsetzungsstelle die Beihilfefähigkeit vorher anerkannt hat; bei Aufwendungen von mehr als 2.500 Euro ist darüber hinaus die Zustimmung des Finanzministeriums erforderlich. Die Angemessenheit der Aufwendungen bestimmt sich nach der Anlage 3 zu dieser Verordnung. Der Dienstherr kann ein Hilfsmittel unentgeltlich zur Verfügung stellen; in diesem Fall wird keine Beihilfe gezahlt.

11. Die Beförderung des Erkrankten und, falls erforderlich, einer Begleitperson bis zur Höhe der Kosten der niedrigsten Klasse regelmäßig verkehrender Beförderungsmittel unter Berücksichtigung möglicher Fahrpreisermäßigungen. Gepäckbeförderungskosten sind daneben nicht gesondert beihilfefähig. Höhere Fahr- und Transportkosten dürfen nur berücksichtigt werden, wenn sie unvermeidbar waren; wird in diesen Fällen ein privater Personenkraftwagen benutzt, ist höchstens der in § 6 Absatz 1 Satz 2 LRKG genannte Betrag beihilfefähig. Nicht beihilfefähig sind Aufwendungen für

a) die Mitnahme weiterer Personen bei Benutzung privater Personenkraftwagen,

b) die Benutzung privater Personenkraftwagen sowie regelmäßig verkehrender Beförderungsmittel am Wohn-, Behandlungs- oder Aufenthaltsort und in deren Nahbereich bei einfachen Entfernungen bis zu 30 Kilometern,

c) die Mehrkosten von Hin- und Rückfahrten zu einem anderen als dem nächstgelegenen Ort, an dem eine geeignete Behandlung möglich wäre,

d) den Rücktransport wegen Erkrankung während privater Auslandsaufenthalte.

12. Einen Organspender, soweit der Empfänger zu den in § 2 Absatz 1 Nummer 1 Buchstabe a bis c bezeichneten Personen gehört, für

a) Aufwendungen nach den Nummern 1, 2, 3, 6, 7, 9 und 11, die aus Anlass der für die Transplantation notwendigen Maßnahmen entstehen,

b) den nachgewiesenen Ausfall an Arbeitseinkommen.

Die Aufwendungen sind nur beihilfefähig, soweit sie nicht von anderer Seite erstattet werden oder zu erstatten sind. Die Buchstaben a und b gelten auch für als Organspender vorgesehene Personen, wenn sich herausstellt, dass sie als Organspender nicht in Betracht kommen.

13. Aufwendungen im Zusammenhang mit der Suche eines geeigneten Knochenmarkspenders bis zu einem Betrag von 20.000 Euro.

(2) a) Aufwendungen für kieferorthopädische Leistungen sind beihilfefähig, wenn die behandelte Person bei Behandlungsbeginn das 18. Lebensjahr noch nicht vollendet hat; die Altersbegrenzung gilt nicht bei schweren Kieferanomalien, die eine kombinierte kieferchirurgische und kieferorthopädische Behandlung erfordern.

b) Aufwendungen nach Abschnitt K des Gebührenverzeichnisses der Gebührenordnung für Zahnärzte vom 22. Oktober 1987 (BGBl. I S. 2316, zuletzt geändert durch Gesetz vom 4. Dezember 2001 – BGBl. I S. 3320) einschließlich aller damit verbundenen weiteren zahnärztlichen Leistungen sowie der Suprakonstruktionen sind bei Vorliegen einer der folgenden Indikationen beihilfefähig:

1. größere Kiefer- oder Gesichtsdefekte, die ihre Ursache in

   – Tumoroperationen,

   – Entzündungen des Kiefers,

   – Operationen infolge von Osteopathien, sofern keine Kontraindikation für eine Implantatversorgung vorliegt,

- Angeborenen Fehlbildungen des Kiefers (Lippen-, Kiefer-, Gaumenspalten, ektodermale Dysplasien) oder
- Unfällen haben,

2. dauerhaft bestehende extreme Xerostomie, insbesondere im Rahmen einer Tumorbehandlung,
3. generalisierte genetische Nichtanlage von Zähnen,
4. nicht willentlich beeinflussbare muskuläre Fehlfunktionen im Mund- und Gesichtsbereich (z. B. Spastiken),
5. implantatbasierter Zahnersatz im zahnlosen Ober- oder Unterkiefer oder
6. Einzelzahnlücke, soweit nicht beide Nachbarzähne überkront sind.

Im Fall der Nummer 5 sind höchstens die Aufwendungen für zwei Implantate je Kieferhälfte (einschließlich vorhandener Implantate, zu denen eine Beihilfe gewährt wurde) beihilfefähig.

Das Finanzministerium kann abweichend von Satz 1 und 2 in besonders begründeten medizinischen Einzelfällen Ausnahmen zulassen.

Für andere Implantatversorgungen sind bis zur Höchstzahl von acht Implantaten (zwei je Kieferhälfte) – im Hinblick auf die Aufwendungen einer herkömmlichen Zahnversorgung – pauschal je Implantat 450 Euro beihilfefähig. Die Aufwendungen für die Suprakonstruktion sind neben der Pauschale beihilfefähig. Bei Reparaturen sind neben den Kosten für die Suprakonstruktion einheitlich 250 Euro je Implantat beihilfefähig.

Weitere Voraussetzung für die Zahlung einer Beihilfe ist, dass der Festsetzungsstelle ein Kostenvoranschlag vorgelegt wird und diese auf Grund eines Gutachtens des zuständigen Amtszahnarztes (dies gilt nicht für Satz 1 Nummer 5 und 6 und Satz 4) vor Behandlungsbeginn die Notwendigkeit der beabsichtigten Maßnahme und die Angemessenheit der Kosten anerkannt hat (Voranerkennungsverfahren).

c) Aufwendungen für Zahnersatz (Abschnitt F des Gebührenverzeichnisses der Gebührenordnung für Zahnärzte), Inlays und Zahnkronen (Nummern 214 bis 217, 220 bis 224 des Gebührenverzeichnisses der Gebührenordnung für Zahnärzte), funktionsanalytische und funktionstherapeutische Leistungen (Abschnitt J des Gebührenverzeichnisses der Gebührenordnung für Zahnärzte) sowie implantologische Leistungen (Abschnitt K des Gebührenverzeichnisses der Gebührenordnung für Zahnärzte) sind für Beamte auf Widerruf im Vorbereitungsdienst und ihre berücksichtigungsfähigen Angehörigen nicht beihilfefähig. Dies gilt nicht für Beamte, die unmittelbar vor ihrer Ernennung mindestens drei Jahre ununterbrochen im öffentlichen Dienst beschäftigt oder berücksichtigungsfähige Personen bei einem Beihilfeberechtigten waren, für Anwärter, die nach Abschluss des Vorbereitungsdienstes unmittelbar in ein Eingangsamt der Besoldungsgruppen A 1 bis A 8 eintreten, oder wenn die Leistung nach Satz 1 auf einem Unfall beruhen, der während der Zeit des Vorbereitungsdienstes eingetreten ist.

§ 4 a
Psychotherapeutische Leistungen

(1) Zu den psychotherapeutischen Leistungen gehören Aufwendungen für Leistungen der psychosomatischen Grundversorgung (§ 4 b), tiefenpsychologisch fundierten und analytischen Psychotherapien (§ 4 c) sowie Verhaltenstherapien (§ 4 d). Aufwendungen für tiefenpsychologisch fundierte und analytische Psychotherapien sowie Verhaltenstherapien sind nur beihilfefähig bei

1. affektiven Störungen (depressive Episoden, rezidivierende depressive Störungen, Dysthymie),
2. Angststörungen und Zwangsstörungen,
3. somatoformen Störungen und dissoziativen Störungen (Konversionsstörungen),
4. Reaktionen auf schwere Belastungen und Anpassungsstörungen,
5. Essstörungen,
6. nichtorganischen Schlafstörungen,
7. sexuellen Funktionsstörungen,
8. Persönlichkeits- und Verhaltensstörungen,
9. verhaltens- und emotionalen Störungen mit Beginn in der Kindheit und Jugend.

Psychotherapie kann auch neben oder nach einer somatischen ärztlichen Behandlung von Krankheiten oder deren Auswirkungen angewandt werden, wenn psychische Faktoren einen wesentlichen pathogenetischen Anteil daran haben und sich ein Ansatz für die Anwendung von Psychotherapie bietet; Indikationen hierfür können nur sein:

1. Abhängigkeit von Alkohol, Drogen oder Medikamenten nach vorangegangener Entgiftungsbehandlung im Stadium der Entwöhnung unter Abstinenz,
2. seelische Krankheit aufgrund frühkindlicher emotionaler Mangelzustände oder tiefgreifender Entwicklungsstörungen in Ausnahmefällen auch seelische Krankheiten, die im Zusammenhang mit frühkindlichen körperlichen Schädigungen oder Missbildungen stehen,

3. seelische Krankheit als Folge schwerer chronischer Krankheitsverläufe,
4. psychische Begleit-, Folge- oder Residualsymptomatik psychotischer Erkrankungen.

Die Leistungen müssen von einem Arzt oder einem Therapeuten nach Anlage 1 Nummer 2 bis 4 erbracht werden. Eine Sitzung der tiefenpsychologisch fundierten oder analytischen Psychotherapie oder Verhaltenstherapie umfasst eine Behandlungsdauer von mindestens 50 Minuten bei einer Einzelbehandlung und mindestens 100 Minuten bei einer Gruppenbehandlung.

(2) Aufwendungen für psychotherapeutische Behandlungen, die zu den wissenschaftlich anerkannten Verfahren gehören und nach den Abschnitten B und G des Gebührenverzeichnisses für ärztliche Leistungen der Gebührenordnung für Ärzte abgerechnet werden, sind beihilfefähig, wenn

1. sie der Feststellung, Heilung oder Linderung von seelischen Krankheiten nach Absatz 1 dienen, bei denen Psychotherapie indiziert ist,
2. nach einer biographischen Analyse oder Verhaltensanalyse und gegebenenfalls nach höchstens fünf, bei analytischer Psychotherapie bis zu acht probatorischen Sitzungen die Voraussetzungen für einen Behandlungserfolg gegeben sind und
3. die Festsetzungsstelle vor Beginn der Behandlung die Beihilfefähigkeit der Aufwendungen aufgrund eines ärztlichen Gutachtens der in den Verwaltungsvorschriften benannten Gutachter zur Notwendigkeit und zu Art und Umfang der Behandlung anerkannt hat.

(3) Für die psychosomatische Grundversorgung müssen die Voraussetzungen des Absatzes 2 Satz 1 Nummer 2 und 3 nicht erfüllt sein. Aufwendungen für Maßnahmen nach Absatz 2 Satz 1 Nummer 2 sind auch dann beihilfefähig, wenn sich eine psychotherapeutische Behandlung als nicht notwendig erwiesen hat.

(4) Aufwendungen für ein katathymes Bilderleben sind nur im Rahmen eines übergeordneten tiefenpsychologischen Therapiekonzeptes beihilfefähig.

(5) Aufwendungen für eine Rational Emotive Therapie sind nur im Rahmen eines umfassenden verhaltenstherapeutischen Behandlungskonzeptes beihilfefähig.

(6) Vor Behandlungen durch Psychologische Psychotherapeuten oder Kinder- und Jugendlichenpsychotherapeuten muss spätestens nach den probatorischen Sitzungen und vor Einleitung des Begutachtungsverfahrens eine somatische Abklärung erfolgen. Diese Abklärung muss ein Arzt vornehmen und in einem Konsiliarbericht schriftlich bestätigen.

(7) Aufwendungen für eine bis zu sechs Monate dauernde ambulante psychosomatische Nachsorge nach einer stationären psychosomatischen Behandlung sind in angemessener Höhe beihilfefähig.

(8) Nicht beihilfefähig sind Aufwendungen für

1. gleichzeitige Behandlungen nach den §§ 4 b bis 4 d,
2. die in Anlage 1 Nummer 1 aufgeführten Behandlungsverfahren.

§ 4 b
Psychosomatische Grundversorgung

(1) Die psychosomatische Grundversorgung umfasst

1. verbale Interventionen im Rahmen der Nummer 849 oder
2. übende und suggestive Interventionen (autogenes Training, Jacobsonsche Relaxationstherapie, Hypnose) nach den Nummern 845 bis 847 des Gebührenverzeichnisses für ärztliche Leistungen der Gebührenordnung für Ärzte (GOÄ).

(2) Aufwendungen sind je Krankheitsfall beihilfefähig für

1. verbale Intervention als Einzelbehandlung für bis zu 25 Sitzungen, sowohl über einen kürzeren Zeitraum als auch im Verlauf chronischer Erkrankungen über einen längeren Zeitraum in niederfrequenter Form,
2. autogenes Training und Jacobsonsche Relaxationstherapie als Einzel- oder Gruppenbehandlung für bis zu zwölf Sitzungen; eine Kombination von Einzel- und Gruppenbehandlung ist hierbei möglich, sowie
3. Hypnose als Einzelbehandlung für bis zu zwölf Sitzungen.

Leistungen nach Nummer 1 dürfen in derselben Sitzung nicht mit denen nach den Nummern 2 und 3 kombiniert werden.

Neben den Aufwendungen für eine verbale Intervention nach Nummer 849 GOÄ sind Aufwendungen für körperbezogene Leistungen des Arztes beihilfefähig.

§ 4 c
Tiefenpsychologisch fundierte und analytische Psychotherapie

(1) Aufwendungen für Behandlungen der tiefenpsychologisch fundierten und der analytischen Psychotherapie nach den Nummern 860 bis 865 GOÄ sind je Krankheitsfall nur in folgendem Umfang beihilfefähig:

1. tiefenpsychologisch fundierte Psychotherapie

	Einzelbehandlung	Gruppenbehandlung
Regelfall:	50 Sitzungen	40 Sitzungen
besondere Fälle:	weitere 30 Sitzungen	weitere 20 Sitzungen
wird das Behandlungsziel nicht innerhalb der genannten Sitzungen erreicht:	höchstens weitere 20 Sitzungen	höchstens weitere 20 Sitzungen

2. analytische Psychotherapie

	Einzelbehandlung	Gruppenbehandlung
Regelfall:	80 Sitzungen	40 Sitzungen
bei erneuter eingehender Begründung des Therapeuten:	weitere 80 Sitzungen	weitere 40 Sitzungen
in besonderen Ausnahmefällen:	nochmals weitere 80 Sitzungen	nochmals weitere 40 Sitzungen
wird das Behandlungsziel nicht innerhalb der genannten Sitzungen erreicht:	weitere begrenzte Behandlungsdauer von max. bis zu 60 Sitzungen	weitere begrenzte Behandlungsdauer von max. bis zu 30 Sitzungen

3. tiefenpsychologisch fundierte oder analytische Psychotherapie von Kindern

	Einzelbehandlung	Gruppenbehandlung
Regelfall:	70 Sitzungen	40 Sitzungen
bei erneuter eingehender Begründung des Therapeuten:	weitere 50 Sitzungen	weitere 20 Sitzungen
in besonderen Ausnahmefällen:	nochmals weitere 30 Sitzungen	nochmals weitere 15 Sitzungen

4. tiefenpsychologisch fundierte oder analytische Psychotherapie von Jugendlichen

	Einzelbehandlung	Gruppenbehandlung
Regelfall:	90 Sitzungen	40 Sitzungen
bei erneuter eingehender Begründung des Therapeuten:	weitere 50 Sitzungen	weitere 20 Sitzungen
in besonderen Ausnahmefällen:	nochmals weitere 40 Sitzungen	nochmals weitere 30 Sitzungen.

In medizinisch besonders begründeten Einzelfällen kann die Beihilfefähigkeit von Aufwendungen für die durch Gutachten nach § 4 a belegte notwendige weitere Behandlung auch für eine über die in Nummer 3 und 4 zugelassenen höchste Zahl von Sitzungen hinaus im Einvernehmen mit dem Finanzministerium anerkannt werden.

(2) Der Beihilfefähigkeit steht nicht entgegen, wenn bei tiefenpsychologisch fundierter oder analytischer Psychotherapie von Kindern und Jugendlichen bis zur Vollendung des 18. Lebensjahres Bezugspersonen einbezogen werden.

(3) Im Rahmen psychoanalytisch begründeter Verfahren ist die simultane Kombination von Einzel- und Gruppentherapie grundsätzlich ausgeschlossen. Auf dem Gebiet der tiefenpsychologisch fundierten Psychotherapie kann eine solche Kombination nur bei niederfrequenten Therapien aufgrund eines dazu besonders begründeten Erstantrages durchgeführt werden.

§ 4 d
Verhaltenstherapie

(1) Aufwendungen für Verhaltenstherapie nach den Nummern 870 und 871 GOÄ sind nur in folgendem Umfang beihilfefähig:

1. bei Erwachsenen

	Einzelbehandlung	Gruppenbehandlung
Regelfall:	45 Sitzungen	45 Sitzungen
wird das Behandlungsziel nicht innerhalb der genannten Sitzungen erreicht:	weitere 15 Sitzungen	höchstens weitere 20 Sitzungen
nur in besonders begründeten Ausnahmefällen:	weitere 20 Sitzungen	weitere 20 Sitzungen

2. bei Kindern und Jugendlichen einschließlich notwendiger begleitender Behandlung von Bezugspersonen

	Einzelbehandlung	Gruppenbehandlung
Regelfall:	45 Sitzungen	45 Sitzungen
wird das Behandlungsziel nicht innerhalb der genannten Sitzungen erreicht:	weitere 20 Sitzungen	weitere 20 Sitzungen
nur in besonders begründeten Ausnahmefällen:	weitere 20 Sitzungen	weitere 20 Sitzungen

(2) Von dem Anerkennungsverfahren nach § 4 a Absatz 2 Nummer 3 ist abzusehen, wenn der Festsetzungsstelle nach den probatorischen Sitzungen die Feststellung des Therapeuten nach Anlage 1 Nummer 2 bis 4 vorgelegt wird, dass die Behandlung bei Einzelbehandlung nicht mehr als zehn Sitzungen sowie bei Gruppenbehandlung nicht mehr als 20 Sitzungen erfordert. Muss in besonders begründeten Ausnahmefällen die Behandlung über die festgestellte Zahl dieser Sitzungen hinaus verlängert werden, ist die Festsetzungsstelle hiervon unverzüglich zu unterrichten. Aufwendungen für weitere Sitzungen sind nur nach vorheriger Anerkennung durch die Festsetzungsstelle beihilfefähig. Die Festsetzungsstelle hat hierzu ein Gutachten nach § 4 a Absatz 2 Nummer 3 zu Art und Umfang der notwendigen Behandlung einzuholen.

§ 5
Beihilfefähige Aufwendungen bei dauernder Pflegebedürftigkeit und erheblichem allgemeinen Betreuungsbedarf

(1) Bei dauernder Pflegebedürftigkeit sind die Aufwendungen für die häusliche Pflege nach Maßgabe des § 5 a, für teilstationäre Pflege und Kurzzeitpflege nach Maßgabe des § 5 b und für vollstationäre Pflege nach Maßgabe des § 5 c beihilfefähig. Bei Leistungen für Pflegebedürftige mit erheblichem allgemeinen Betreuungsbedarf richtet sich die Beihilfefähigkeit der Aufwendungen nach § 5 d.

(2) Dauernde Pflegebedürftigkeit liegt vor, wenn Personen wegen einer körperlichen, geistigen oder seelischen Krankheit oder Behinderung für die gewöhnlichen und regelmäßig wiederkehrenden Verrichtungen im Ablauf des täglichen Lebens auf Dauer, voraussichtlich für mindestens sechs Monate, in erheblichem oder höherem Maße der Hilfe bedürfen. Erforderlich ist, dass die pflegebedürftige Person bei der Körperpflege, der Ernährung oder der Mobilität für mindestens zwei dieser Verrichtungen einmal täglich der Hilfe bedarf und zusätzlich mehrfach in der Woche Hilfe bei der hauswirtschaftlichen Versorgung benötigt. Voraussetzung für eine Beihilfengewährung ist, dass die zu pflegende Person einer Pflegestufe nach § 15 SGB XI zuzuordnen ist.

(3) Erheblicher allgemeiner Betreuungsbedarf (§ 45 a SGB XI) liegt vor, wenn bei Pflegebedürftigen in häuslicher Pflege neben dem Hilfebedarf im Bereich der Grundpflege und der hauswirtschaftlichen Versorgung (§§ 14 und 15 SGB XI) zusätzlich ein erheblicher Bedarf an allgemeiner Beaufsichtigung und Betreuung gegeben ist. Dies gilt entsprechend für Pflegebedürftige in vollstationären Einrichtungen (§ 87 b SGB XI).

(4) Aufwendungen für Pflegehilfsmittel und wohnumfeldverbessernde Maßnahmen (§ 40 SGB XI) sind im Rahmen des § 4 Absatz 1 Nr. 10 beihilfefähig. Bei stationärer Pflege gehören hierzu nur Pflegehilfsmittel, die zum Verbrauch bestimmt oder individuell angepasst oder die überwiegend nur dem Pflegebedürftigen allein überlassen werden, sofern sie nicht üblicherweise von der Ein-

richtung vorzuhalten sind. Kosten für die Verbesserung des Wohnumfeldes des Pflegebedürftigen (§ 40 Absatz 4 SGB XI) sind bis zu 2.557 Euro je Maßnahme beihilfefähig, soweit die Pflegeversicherung hierzu Leistungen erbringt.

(5) Die Festsetzungsstelle entscheidet über die Beihilfefähigkeit der Aufwendungen auf Grund eines ärztlichen Gutachtens, das zu dem Vorliegen der dauernden Pflegebedürftigkeit, der Art und dem notwendigen Umfang der Pflege, der Pflegestufe sowie dem erheblichen allgemeinen Betreuungsbedarf Stellung nimmt. Bei Versicherten in der Pflegeversicherung sind deren Feststellungen zugrunde zu legen; dies gilt auch für Befristungen nach § 33 Absatz 1 Sätze 4 bis 8 SGB XI. Die Beihilfe wird ab Beginn des Monats der erstmaligen Antragstellung oder des Antrags auf Feststellung einer höheren Pflegestufe gezahlt, frühestens jedoch ab dem Zeitpunkt, von dem an die jeweiligen Anspruchsvoraussetzungen vorliegen.

(6) Aufwendungen für Beratungsbesuche im Sinne des § 37 Absatz 3 SGB XI sind beihilfefähig, soweit für den jeweiligen Beratungsbesuch Anspruch auf Zahlung eines Zuschusses durch die Pflegeversicherung besteht. § 37 Absatz 4 Satz 1 SGB XI bleibt unberührt. Der Umfang der beihilfefähigen Aufwendungen bestimmt sich entsprechend § 37 Absatz 3 und 6 SGB XI.

(7) Aufwendungen für eine Pflegeberatung (§ 7 a SGB XI) sind für Beihilfeberechtigte und ihre berücksichtigungsfähigen Angehörigen beihilfefähig, wenn Leistungen der Pflegeversicherung bezogen werden oder Leistungen der Pflegeversicherung beantragt worden sind und erkennbar Hilfe- und Beratungsbedarf besteht.

§ 5 a
Häusliche Pflege

(1) Aufwendungen für eine häusliche Pflege durch geeignete Pflegekräfte (§ 36 Absatz 1 Satz 3 und 4 SGB XI) sind je nach Pflegestufe des § 15 SGB XI beihilfefähig bis zu monatlich

1. in Stufe I
   a) 420 Euro ab 1. Juli 2008,
   b) 440 Euro ab 1. Januar 2010,
   c) 450 Euro ab 1. Januar 2012,
2. in Stufe II
   a) 980 Euro ab 1. Juli 2008,
   b) 1.040 Euro ab 1. Januar 2010,
   c) 1.100 Euro ab 1. Januar 2012,
3. in Stufe III
   a) 1.470 Euro ab 1. Juli 2008,

b) 1.510 Euro ab 1. Januar 2010,

c) 1.550 Euro ab 1. Januar 2012.

Entstehen auf Grund besonderen Pflegebedarfs in der Pflegestufe III (§ 36 Absatz 4 Satz 1 SGB XI) höhere Aufwendungen, sind diese ab 1. Juli 2008 bis zu weiteren 1.918 Euro monatlich beihilfefähig.

(2) Bei einer häuslichen Pflege durch selbst beschaffte Pflegehilfen (§ 37 SGB XI) sind entsprechend den Pflegestufen des § 15 SGB XI monatlich höchstens folgende Pauschalen beihilfefähig:

1. in Stufe I
   a) 215 Euro ab 1. Juli 2008,
   b) 225 Euro ab 1. Januar 2010,
   c) 235 Euro ab 1. Januar 2012,
2. in Stufe II
   a) 420 Euro ab 1. Juli 2008,
   b) 430 Euro ab 1. Januar 2010,
   c) 440 Euro ab 1. Januar 2012,
3. in Stufe III
   a) 675 Euro ab 1. Juli 2008,
   b) 685 Euro ab 1. Januar 2010,
   c) 700 Euro ab 1. Januar 2012.

Wird die Pflege nicht für einen vollen Kalendermonat erbracht, ist die Pauschale nach Satz 1 – mit Ausnahme für die ersten vier Wochen einer vollstationären Krankenhausbehandlung (§ 4 Absatz 1 Nummer 2), einer stationären Rehabilitationsmaßnahme (§ 6) oder des Monats, in dem der Pflegebedürftige gestorben ist – entsprechend zu kürzen; dabei ist der Kalendermonat mit 30 Tagen anzusetzen. Daneben sind die Kosten für die Schulung der Pflegeperson (§ 45 SGB XI) beihilfefähig. Aufwendungen für Beratungen nach § 5 Absatz 6 sind ohne Anrechnung auf die vorstehenden Höchstbeträge beihilfefähig. Darüber hinaus sind Aufwendungen für Leistungen zur sozialen Sicherung der Pflegepersonen (§ 170 Absatz 1 Nummer 6 SGB VI) sowie die in § 44 a SGB XI genannten zusätzlichen Leistungen bei Pflegezeit beihilfefähig.

(3) Ist die Pflegeperson nach Absatz 2 wegen Erholungsurlaubs, Krankheit oder aus anderen Gründen verhindert, so sind die Aufwendungen für die Ersatzpflege (§ 39 Satz 3 SGB XI) im Kalenderjahr bis zu weiteren

a) 1.470 Euro ab 1. Juli 2008,

b) 1.510 Euro ab 1. Januar 2010,

c) 1.550 Euro ab 1. Januar 2012

beihilfefähig.

Bei einer Ersatzpflege durch Pflegepersonen, die mit dem Pflegebedürftigen bis zum zweiten Grade verwandt oder verschwägert sind oder mit ihm in häuslicher Gemeinschaft leben, sind neben der Pauschale nach Absatz 2 Satz 1 auf Nachweis die notwendigen Aufwendungen, die der Pflegeperson im Zusammenhang mit der Ersatzpflege entstanden sind (begrenzt auf den Betrag nach Satz 1), beihilfefähig; wird die Ersatzpflege durch diese Person erwerbsmäßig ausgeübt, gilt Satz 1 entsprechend.

(4) Nimmt die pflegebedürftige Person häusliche Pflege nach Absatz 1 nur teilweise in Anspruch, ist daneben eine anteilige Pflegepauschale nach Absatz 2 beihilfefähig, sofern die Pflegeversicherung Kombinationsleistungen (§ 38 SGB XI) erbringt. Die Pflegepauschale nach Absatz 2 wird um den Vomhundertsatz vermindert, in dem die pflegebedürftige Person beihilfefähige Aufwendungen nach Absatz 1 geltend macht. Die hinsichtlich des Verhältnisses der Inanspruchnahme von häuslicher Pflege nach Absatz 1 und 2 gegenüber der Pflegeversicherung getroffene Entscheidung ist für die Beihilfegewährung bindend.

§ 5 b
Teilstationäre Pflege und Kurzzeitpflege

(1) Aufwendungen für eine teilstationäre Pflege (§ 41 SGB XI) in Einrichtungen der Tages- oder Nachtpflege sind beihilfefähig, wenn häusliche Pflege (§ 5 a) nicht in ausreichendem Umfang sichergestellt werden kann oder wenn dies zur Ergänzung oder Stärkung der häuslichen Pflege erforderlich ist. Die teilstationäre Pflege umfasst auch die notwendige Beförderung des Pflegebedürftigen von der Wohnung zur Einrichtung der Tages- oder Nachtpflege und zurück.

(2) Beihilfefähig sind im Rahmen der Höchstbeträge nach Satz 2 die pflegebedingten Aufwendungen der teilstationären Pflege, die Aufwendungen der sozialen Betreuung und die Aufwendungen für die in der Einrichtung notwendigen Leistungen der medizinischen Behandlungspflege. Je nach Pflegestufe sind beihilfefähig bis zu monatlich

1. in Stufe I
   a) 420 Euro ab 1. Juli 2008,
   b) 440 Euro ab 1. Januar 2010,
   c) 450 Euro ab 1. Januar 2012,
2. in Stufe II
   a) 980 Euro ab 1. Juli 2008,

b) 1.040 Euro ab 1. Januar 2010,

c) 1.100 Euro ab 1. Januar 2012,

3. in Stufe III

   a) 1.470 Euro ab 1. Juli 2008,

   b) 1.510 Euro ab 1. Januar 2010,

   c) 1.550 Euro ab 1. Januar 2012.

(3) Wird teilstationäre Pflege in Zusammenhang mit häuslicher Pflege nach § 5 a Absatz 1 in Anspruch genommen, sind die Aufwendungen insgesamt je Kalendermonat bis zu 150 vom Hundert der in § 5 a Absatz 1 für die jeweilige Pflegestufe genannten Beträge beihilfefähig. Dabei mindert sich der Betrag nach § 5 a Absatz 1 um den Vomhundertsatz, mit dem die Leistung nach Absatz 2 über 50 vom Hundert in Anspruch genommen wird.

(4) Wird teilstationäre Pflege in Zusammenhang mit häuslicher Pflege nach § 5 a Absatz 2 in Anspruch genommen, wird die beihilfefähige Pauschale nach § 5 a Absatz 2 nicht gemindert, soweit die Aufwendungen nach Absatz 2 je Kalendermonat 50 vom Hundert des für die jeweilige Pflegestufe vorgesehenen Höchstbetrages nach § 5 a Absatz 1 nicht übersteigen. Ansonsten mindert sich die beihilfefähige Pauschale nach § 5 a Absatz 2 um den Vomhundertsatz, mit dem teilstationäre Pflege nach Absatz 2 über 50 vom Hundert in Anspruch genommen wird.

(5) Wird neben einer teilstationären Pflege nach Absatz 2 eine Kombinationsleistung (§ 38 SGB XI) aus häuslicher Pflege nach § 5 a Absatz 1 und 2 notwendig, ist die Beihilfe nach Absatz 2 ungekürzt zu gewähren, soweit sie je Kalendermonat 50 vom Hundert des in § 5 a Absatz 1 vorgesehenen beihilfefähigen Höchstbetrages nicht übersteigt. Ansonsten findet § 5 a Absatz 4 Satz 2 mit der Maßgabe Anwendung, dass bei der Ermittlung des Vomhundertsatzes, um den die Pflegepauschale nach § 5 a Absatz 2 zu kürzen ist, von einem Gesamtbeihilfeanspruch in Höhe von 150 vom Hundert auszugehen ist und die beihilfefähige Restpauschale auf den Betrag begrenzt ist, der sich ohne Inanspruchnahme der teilstationären Pflege ergeben würde.

(6) Kann die häusliche Pflege zeitweise nicht, noch nicht oder nicht im erforderlichen Umfang erbracht werden und reicht auch eine teilstationäre Pflege nicht aus, sind die Aufwendungen für eine Pflege in einer vollstationären Einrichtung beihilfefähig (Kurzzeitpflege – § 42 SGB XI –). Dies gilt

1. für eine Übergangszeit im Anschluss an eine stationäre Behandlung des Pflegebedürftigen nach § 4 Absatz 1 Nummer 2 oder § 6 oder
2. in sonstigen Krisensituationen, in denen vorübergehend häusliche oder teilstationäre Pflege nicht möglich oder nicht ausreichend ist.

(7) Der Anspruch auf Kurzzeitpflege ist auf vier Wochen pro Kalenderjahr beschränkt. Die pflegebedingten Aufwendungen, die Aufwendungen der sozialen Betreuung sowie die Aufwendungen für Leistungen der medizinischen Behandlungspflege sind beihilfefähig bis zu

a) 1.470 Euro ab 1. Juli 2008,

b) 1.510 Euro ab 1. Januar 2010,

c) 1.550 Euro ab 1. Januar 2012.

(8) Bei pflegebedürftigen Personen bis zur Vollendung des 18. Lebensjahres sind die Aufwendungen für Kurzzeitpflege nach Absatz 6 und 7 auch in geeigneten Einrichtungen der Hilfe für behinderte Menschen und anderen geeigneten Einrichtungen beihilfefähig, wenn die Pflege in einer von den Pflegekassen für Kurzzeitpflege zugelassenen Einrichtung nicht möglich ist oder nicht zumutbar erscheint. § 5 c Absatz 5 Satz 1 gilt insoweit nicht.

§ 5 c
Vollstationäre Pflege

(1) Bei der stationären Pflege in einer zugelassenen Pflegeeinrichtung (§ 72 Absatz 1 Satz 1 SGB XI) sind der nach dem Grad der Pflegebedürftigkeit (§ 84 Absatz 2 Satz 2 SGB XI) in Betracht kommende Pflegesatz für die pflegebedingten Aufwendungen, die Aufwendungen der sozialen Betreuung sowie die Aufwendungen für medizinische Behandlungspflege beihilfefähig.

(2) Aufwendungen für Unterkunft und Verpflegung sowie Investitionskosten (§ 82 Absatz 3 SGB XI) sind nicht beihilfefähig, es sei denn, dass sie unter Anrechnung des zustehenden Pflegewohngeldes (§ 4 Pflegeeinrichtungsförderverordnung – PflFEinrVO) die folgenden monatlichen Eigenanteile übersteigen:

1. bei Beihilfeberechtigten mit
   a) einem Angehörigen 40 vom Hundert,
   b) mehreren Angehörigen 35 vom Hundert

   des um 520 Euro – bei Empfängern von Versorgungsbezügen um 390 Euro – verminderten Einkommens,
2. bei Beihilfeberechtigten ohne Angehörige sowie bei gleichzeitiger stationärer Pflege des Beihilfeberechtigten und aller Angehörigen 70 vom Hundert des Einkommens.

Einkommen sind die monatlichen (Brutto-) Dienstbezüge (ohne sonstige variable Bezügebestandteile) oder Versorgungsbezüge, das Erwerbseinkommen sowie Renten aus der gesetzlichen Rentenversicherung und aus einer Alters- oder Hinterbliebenenversorgung des Beihilfeberechtigten. Angehörige im Sinne des Satzes 1 sind nur der Ehegatte, der eingetragene Lebenspartner sowie die Kinder, die nach § 2 zu berücksichtigen oder nur deshalb nicht zu berücksichtigen sind, weil sie selbst beihilfeberechtigt sind. Wird zu den Aufwendungen für die Pflege eines Angehörigen eine Beihilfe gewährt, sind dem Einkommen des Beihilfeberechtigten das Erwerbseinkommen, die Versorgungsbezüge sowie die Renten aus der gesetzlichen Rentenversicherung und aus einer Alters- oder Hinterbliebenenversorgung des Ehegatten oder eingetragenen Lebenspartners hinzuzurechnen. Die den Eigenanteil übersteigenden Aufwendungen für Unterkunft und Verpflegung einschließlich Investitionskosten werden als Beihilfe gezahlt.

(3) Bei vorübergehender Abwesenheit von Pflegebedürftigen aus der Pflegeeinrichtung sind die Aufwendungen nach Absatz 1 und 2 beihilfefähig, solange die Voraussetzungen des § 87 a Absatz 1 Satz 5 und 6 SGB XI vorliegen. Die Angemessenheit der beihilfefähigen Aufwendungen richtet sich nach § 87 a Absatz 1 Satz 7 SGB XI.

(4) Bei einer Pflege in einer Pflegeeinrichtung, die die Voraussetzungen des § 71 Absatz 2 SGB XI erfüllt, sind höchstens die niedrigsten vergleichbaren Kosten einer zugelassenen Einrichtung am Ort der Unterbringung oder seiner nächsten Umgebung beihilfefähig; Absatz 1 bis 3 gilt entsprechend.

(5) Leistungen entsprechend § 87 a Absatz 4 SGB XI sind beihilfefähig, wenn die pflegebedürftige Person nach der Durchführung aktivierender oder rehabilitativer Maßnahmen in eine niedrigere Pflegestufe oder von erheblicher zu nicht erheblicher Pflegebedürftigkeit zurückgestuft wird.

(6) Aufwendungen, die für die vollstationäre Pflege in Einrichtungen der Behindertenhilfe entstehen, in denen die berufliche oder soziale Eingliederung, die schulische Ausbildung oder die Erziehung behinderter Menschen im Vordergrund stehen (§§ 43 a und 71 Absatz 4 SGB XI), sind bis zur Höhe von monatlich 256 Euro beihilfefähig. Aufwendungen für Unterkunft und Verpflegung sowie Investitionskosten sind nicht beihilfefähig.

§ 5 d
Zusätzliche Betreuungsleistungen bei häuslicher und vollstationärer Pflege

(1) Pflegebedürftige Personen in häuslicher Pflege der Pflegestufen I, II oder III sowie Personen mit demenzbedingten Fähigkeitsstörungen, geistigen Behinderungen oder psychischen Erkrankungen, die einen Hilfebedarf im Bereich der Grundpflege und hauswirtschaftlichen Versorgung haben, der nicht das Ausmaß der Pflegestufe I erreicht, und bei denen die Pflegeversicherung im Rahmen der Begutachtung nach § 18 SGB XI als Folge der Krankheit oder Behinderung Auswirkungen auf die Aktivitäten des täglichen Lebens festgestellt

hat, die dauerhaft zu einer erheblichen Einschränkung der Alltagskompetenz geführt haben, erhalten Beihilfen zu den Aufwendungen für zusätzliche Betreuungsleistungen nach Maßgabe der Absätze 2 bis 3.

(2) Aufwendungen für zusätzliche Betreuungsleistungen nach Absatz 1 sind bis zu 100 Euro (Grundbetrag) oder 200 Euro (erhöhter Betrag) monatlich beihilfefähig. Die Höhe des jeweiligen Anspruchs wird von der Pflegeversicherung festgelegt und ist für die Berechnung der Beihilfe maßgeblich. Aufwendungen für Beratungsbesuche nach § 5 Absatz 6 sind ohne Anrechnung auf die vorstehenden Höchstbeträge beihilfefähig.

(3) Der monatliche Höchstbetrag nach Absatz 2 kann innerhalb des jeweiligen Kalenderjahres in Anspruch genommen werden. Wird der für das jeweilige Kalenderjahr zustehende Jahreshöchstbetrag vom Pflegebedürftigen nicht ausgeschöpft, kann der nicht verbrauchte Betrag in das folgende Kalenderhalbjahr übertragen werden. Ist der Betrag für zusätzliche Betreuungsleistungen nach dem bis zum 30. Juni 2008 geltenden Recht nicht ausgeschöpft worden, kann der nichtverbrauchte kalenderjährliche Betrag in das zweite Halbjahr 2008 und in das Jahr 2009 übertragen werden.

(4) Die von vollstationären Pflegeeinrichtungen für Pflegebedürftige mit erheblichem allgemeinem Betreuungsbedarf mit der jeweiligen Pflegeversicherung vereinbarten und berechneten Vergütungszuschläge nach § 87 b SGB XI sind neben den Aufwendungen nach § 5 c Absatz 1 beihilfefähig.

§ 6
Beihilfefähige Aufwendungen bei stationären Rehabilitationsmaßnahmen

(1) Bei stationären Rehabilitationsmaßnahmen sind neben den Aufwendungen nach § 4 Absatz 1 Nummer 1, 7 und 9 die Kosten für Unterkunft, Verpflegung und Kurtaxe für höchstens 23 Kalendertage (es sei denn, eine Verlängerung ist aus gesundheitlichen Gründen dringend erforderlich) einschließlich der Reisetage sowie den ärztlichen Schlussbericht beihilfefähig. Voraussetzung ist, dass die Festsetzungsstelle auf Grund eines Gutachtens des zuständigen Amtsarztes oder eines Vertrauensarztes vor Behandlungsbeginn die Notwendigkeit der Maßnahme anerkannt hat, die Behandlung nicht durch eine Maßnahme nach § 7 oder durch andere ambulante Maßnahmen ersetzt werden kann und im laufenden oder in den drei vorangegangenen Kalenderjahren keine als beihilfefähig anerkannte stationäre Rehabilitationsmaßnahme oder Maßnahme nach § 6 a oder § 7 durchgeführt worden ist. Von der Einhaltung der Frist darf nur abgesehen werden, wenn der zuständige Amtsarzt oder ein Vertrauensarzt dies aus zwingenden medizinischen Gründen (z. B. schwere Krebserkrankung, HIV-Infektion, schwerer Fall von Morbus Bechterew) für notwendig erachtet. Wird

die Maßnahme nicht innerhalb von sechs Monaten nach Bekanntgabe des Bewilligungsbescheides begonnen, ist ein neues Anerkennungsverfahren durchzuführen. Die Behandlungskosten nach § 4 Absatz 1 Nummer 1, 7 und 9 sind auch dann beihilfefähig, wenn die Beihilfefähigkeit der Rehabilitationsmaßnahme nicht anerkannt wird. Die Kosten der amts- oder vertrauensärztlichen Gutachten sind beihilfefähig. Zu den Kosten der Hin- und Rückfahrt einschließlich der Gepäckbeförderung wird bei notwendigen Behandlungen in einem Ort außerhalb von Nordrhein-Westfalen insgesamt ein Zuschuss von 100 Euro, innerhalb von Nordrhein-Westfalen von 50 Euro gezahlt.

(2) Die Maßnahme muss in einer Einrichtung durchgeführt werden, die die Voraussetzungen nach § 107 Absatz 2 SGB V erfüllt. Soweit eine Einrichtung auch über Abteilungen verfügt, die die Voraussetzungen nach § 107 Absatz 1 SGB V erfüllen, gilt für von diesen Abteilungen erbrachte Leistungen § 4 Absatz 1 Nummer 2.

(3) Die Kosten für Unterkunft und Verpflegung und Behandlung sind in Höhe der Preisvereinbarung (Pauschale) beihilfefähig, die die Einrichtung mit einem Sozialversicherungsträger getroffen hat. Werden neben den Kosten für Unterkunft und Verpflegung Leistungen nach § 4 Absatz 1 Nummer 1, 7 oder 9 in Rechnung gestellt, ist die Pauschale nach Satz 1 um 30 vom Hundert zu kürzen; der Restbetrag ist beihilfefähig. Verfügt die Einrichtung über keine Preisvereinbarung mit einem Sozialversicherungsträger, sind die Aufwendungen für Unterkunft und Verpflegung bis zur Höhe des niedrigsten Tagessatzes der Einrichtung, höchstens 104 Euro täglich beihilfefähig.

(4) Bei Menschen mit Behinderungen, bei denen die Notwendigkeit einer ständigen Begleitperson behördlich festgestellt ist, sowie bei Kindern, die aus medizinischen Gründen einer Begleitperson bedürfen und bei denen der Amtsarzt die Notwendigkeit der Begleitung bestätigt hat, sind die Aufwendungen für Unterkunft und Verpflegung sowie Kurtaxe der Begleitperson bis zu 55 Euro täglich beihilfefähig. Absatz 1 Satz 7 gilt sinngemäß.

§ 6 a

Beihilfefähige Aufwendungen für stationäre Müttergenesungskuren oder Mutter-/Vater-Kind-Kuren

(1) Zu den Kosten einer stationären Rehabilitationsmaßnahme in einer Einrichtung des Müttergenesungswerkes (Müttergenesungskur) oder in einer gleichartigen Einrichtung, die Leistungen in Form einer Mutter-/Vater-Kind-Kur erbringt (§ 41 Absatz 1 SGB V) werden – soweit die Einrichtungen über Versorgungsverträge nach § 111 a SGB V verfügen – Beihilfen bis zu einer Dauer von 23 Kalendertagen (bei chronisch kranken Kindern bis zum vollendeten 14. Lebensjahr bis zu 30 Kalendertagen) einschließlich der Reisetage gewährt. § 7 Absatz 2 gilt entsprechend. Wird die Maßnahme nach Satz 1 ausschließlich auf

Grund der Erkrankung eines Kindes notwendig, ist § 7 Absatz 2 Buchstabe b Satz 1 nicht anzuwenden.

(2) Beihilfefähig sind neben den Aufwendungen nach § 4 Absatz 1 Nummer 1, 7 und 9 die Aufwendungen für Unterkunft und Verpflegung, die Kurtaxe, das amtsärztliche Gutachten, den ärztlichen Schlussbericht sowie die Fahrkosten. § 6 Absatz 1 Satz 7 und Absatz 3 gelten entsprechend; ist die Rehabilitationsmaßnahme nicht anerkannt worden (§ 7 Absatz 2), sind nur die Aufwendungen nach § 4 Absatz 1 Nummer 1, 7 und 9 beihilfefähig.

(3) Bei Menschen mit Behinderungen, bei denen die Notwendigkeit einer ständigen Begleitperson behördlich festgestellt ist, sind die Aufwendungen für Unterkunft und Verpflegung sowie Kurtaxe der Begleitperson bis zu 55 Euro täglich beihilfefähig. § 6 Absatz 4 Satz 2 gilt entsprechend.

§ 7
Beihilfefähige Aufwendungen für ambulante Kur- und Rehabilitationsmaßnahmen

(1) Zu den Kosten einer unter ärztlicher Leitung in einem Ort des vom Finanzministerium aufgestellten Kurorteverzeichnisses durchgeführten ambulanten Kur werden Beihilfen bis zu einer Dauer von 23 Kalendertagen einschließlich der Reisetage, bei einer ambulanten Rehabilitationsmaßnahme (Absatz 4) bis zu 20 Behandlungstagen sowie bei chronisch kranken Kindern bis zum vollendeten 14. Lebensjahr bis zu 30 Kalendertagen (einschließlich der Reisetage) gewährt.

(2) Voraussetzung für die Gewährung einer Beihilfe nach Absatz 1 ist, dass

a) vor der erstmaligen Antragstellung eine Wartezeit von insgesamt drei Jahren Beihilfeberechtigung nach diesen oder entsprechenden Beihilfevorschriften erfüllt ist,

b) im laufenden Kalenderjahr oder in den drei vorangegangenen Kalenderjahren keine anerkannte Maßnahme nach Absatz 1 oder den §§ 6 oder 6 a durchgeführt wurde. Von der Einhaltung der Frist darf nur abgesehen werden, wenn nach dem Gutachten des zuständigen Amtsarztes aus zwingenden medizinischen Gründen (z. B. in schweren Fällen von Morbus Bechterew) eine Kurmaßnahme in einem kürzeren Zeitabstand notwendig ist,

c) ambulante ärztliche Behandlungen und Heilbehandlungen außerhalb von Maßnahmen nach Absatz 1 wegen erheblich beeinträchtigter Gesundheit nicht ausreichend sind,

d) die medizinische Notwendigkeit vor Beginn einer Maßnahme nach Absatz 1 durch begründete ärztliche Bescheinigungen nachgewiesen und durch ein Gutachten des zuständigen Amtsarztes bestätigt ist,

e) die Beihilfestelle die Beihilfefähigkeit vor Beginn der Maßnahme nach Absatz 1 anerkannt hat,

f) die Maßnahme nach Absatz 1 innerhalb von sechs Monaten nach Bekanntgabe des Anerkennungsbescheides oder innerhalb eines im Anerkennungsbescheid unter Beachtung der dienstlichen Belange zu bestimmenden Zeitraums begonnen wird,

g) die ordnungsgemäße Durchführung der Maßnahme nach Absatz 1 durch Vorlage eines Schlussberichtes oder in anderer geeigneter Weise nachgewiesen wird.

(3) Beihilfefähig sind bei ambulanten Kurmaßnahmen die Aufwendungen nach § 4 Absatz 1 Nummer 1, 7 und 9, für das amtsärztliche Gutachten sowie den ärztlichen Schlussbericht. Zu den Fahrkosten, den Aufwendungen für Kurtaxe sowie Unterkunft und Verpflegung wird ein Zuschuss von 30 Euro täglich einschließlich der Reisetage gewährt. Ist die Beihilfefähigkeit der Kurmaßnahme nach Absatz 1 nicht anerkannt worden, sind nur die Aufwendungen nach § 4 Absatz 1 Nummer 1, 7 und 9 beihilfefähig. Bei Menschen mit Behinderungen, bei denen die Voraussetzung für eine ständige Begleitperson behördlich festgestellt ist, und bei Kindern, bei denen der Amtsarzt bestätigt hat, dass für eine Erfolg versprechende Behandlung eine Begleitperson notwendig ist, wird zu den Kosten für Unterkunft und Verpflegung und Kurtaxe sowie Fahrkosten der Begleitperson ein Zuschuss von 20 Euro täglich gewährt.

(4) Aufwendungen für ambulante Rehabilitationsmaßnahmen in Einrichtungen, die mit einem Sozialversicherungsträger einen Versorgungsvertrag geschlossen haben, sind nach § 4 Absatz 1 Nummer 1, 7 und 9 beihilfefähig. Absatz 2 Buchstaben b bis g gelten sinngemäß. Wird die ambulante Rehabilitationsmaßnahme durch die Einrichtung pauschal abgerechnet, sind die Aufwendungen in Höhe der Preisvereinbarung beihilfefähig, die die Einrichtung mit dem Sozialversicherungsträger getroffen hat. Nebenkosten [z. B. Verpflegungs- und Unterbringungskosten (Ruheraum), Kurtaxe] sind – soweit in der Pauschalpreisvereinbarung nicht enthalten – bis zu einem Betrag von insgesamt 20 Euro täglich – beihilfefähig. Soweit die Einrichtung nicht über einen kostenlosen Fahrdienst verfügt, sind notwendige Fahrkosten bis zu einem Betrag von 40 Euro täglich beihilfefähig.

§ 8

Beihilfefähige Aufwendungen bei nicht rechtswidrigem Schwangerschaftsabbruch und einer durch Krankheit erforderlichen Sterilisation sowie bei Empfängnisregelung

(1) Aus Anlass eines nicht rechtswidrigen Schwangerschaftsabbruchs sind die Aufwendungen für die ärztliche Beratung über die Erhaltung oder den Abbruch

der Schwangerschaft und die ärztliche Behandlung nach § 4 Absatz 1 Nummer 1, 2, 3, 6, 7 und 11 beihilfefähig. Satz 1 gilt entsprechend für einen Schwangerschaftsabbruch, der unter den Voraussetzungen des § 218 a Absatz 1 des Strafgesetzbuches vorgenommen wurde, mit der Ausnahme, dass die Aufwendungen für die Vornahme des Abbruchs (bei einer vollstationären Behandlung nur für den Tag des Abbruchs) nicht beihilfefähig sind.

(2) Aus Anlass einer durch Krankheit erforderlichen Sterilisation sind die Aufwendungen nach § 4 Absatz 1 Nummer 1, 2, 3, 6, 7 und 11 beihilfefähig.

(3) Beihilfefähig sind die Aufwendungen für die ärztliche Beratung über Fragen der Empfängnisregelung und künstlichen Befruchtung einschließlich der hierzu erforderlichen ärztlichen Untersuchungen.

(4) Aufwendungen für medizinische Maßnahmen zur Herbeiführung einer Schwangerschaft (künstliche Befruchtung) sind beihilfefähig, wenn

1. nach ärztlicher Feststellung hinreichende Aussicht besteht, dass durch die Maßnahmen eine Schwangerschaft herbeigeführt wird; eine hinreichende Aussicht besteht nicht mehr, wenn die Maßnahme dreimal ohne Erfolg durchgeführt worden ist,

2. die Personen, die diese Maßnahmen in Anspruch nehmen wollen, miteinander verheiratet sind,

3. ausschließlich Ei- und Samenzellen des Beihilfeberechtigten und seines Ehegatten verwendet werden,

4. sich der Beihilfeberechtigte und sein Ehegatte vor Durchführung der Maßnahmen von einem Arzt, der die Behandlung nicht selbst durchführt, über eine solche Behandlung unter Berücksichtigung ihrer medizinischen und psychosozialen Gesichtspunkte haben unterrichten lassen und der Arzt sie an einen der Ärzte oder eine der Einrichtungen überwiesen hat, denen eine Genehmigung nach § 121 a SGB V erteilt worden ist.

Dies gilt auch für Inseminationen, die nach Stimulationsverfahren durchgeführt werden und bei denen dadurch ein erhöhtes Risiko von Schwangerschaften mit drei oder mehr Embryonen besteht. Bei anderen Inseminationen ist Satz 1 Nummer 1 zweiter Halbsatz und Nummer 4 nicht anzuwenden. Weitere Voraussetzung ist, dass die Ehegatten das 25. Lebensjahr, die Ehefrau noch nicht das 40. Lebensjahr und der Ehemann noch nicht das 50. Lebensjahr vollendet haben. Für die Zuordnung der Aufwendungen für die ICSI- und die IVF-Behandlung ist das Kostenteilungsprinzip zu beachten. Die vom Gemeinsamen Bundesausschuss nach § 27 a Absatz 4 SGB V erlassenen Richtlinien zur Künstlichen Befruchtung gelten in der jeweils geltenden Fassung entsprechend.

§ 9

Beihilfefähige Aufwendungen in Geburtsfällen

(1) Die beihilfefähigen Aufwendungen umfassen die Kosten für

1. die Hebamme oder den Entbindungspfleger im Rahmen der Gebührenordnung,
2. die ärztliche Hilfe und Schwangerschaftsüberwachung,
3. die vom Arzt, von der Hebamme oder vom Entbindungspfleger verbrauchten Stoffe und Verbandmittel sowie die auf schriftliche ärztliche Verordnung beschafften Stoffe, wie Heilmittel, Verbandmittel und dergleichen; § 4 Absatz 1 Nummer 7 gilt entsprechend,
4. die Unterkunft und Verpflegung in Entbindungsanstalten; § 4 Absatz 1 Nummer 2 gilt entsprechend,
5. eine Hauspflegerin bei Geburten (auch bei Fehl- und Totgeburten) in der Wohnung oder einer ambulanten Entbindung in einer Entbindungsanstalt, sofern die Wöchnerin nicht bereits von einer Kraft nach § 4 Absatz 1 Nummer 5 gepflegt wird, für einen Zeitraum bis zu 14 Tagen, beginnend mit dem Tage der Geburt; § 4 Absatz 1 Nummer 5 Satz 3 bis 6 gilt entsprechend,
6. die durch die Niederkunft unmittelbar veranlassten Fahrten; § 4 Absatz 1 Nummer 11 gilt entsprechend,
7. Unterkunft und Pflege eines Frühgeborenen in einer dafür geeigneten Einrichtung,
8. eine Familien- und Hauspflegekraft; § 4 Absatz 1 Nummer 6 gilt entsprechend.

Zu den Kosten für die Säuglings- und Kleinkinderausstattung wird bei Lebendgeburten ein Zuschuss von 170 Euro gewährt. Der Zuschuss wird auch gewährt, wenn der Beihilfeberechtigte ein Kind unter zwei Jahren als Kind annimmt oder mit dem Ziel der Annahme in seinen Haushalt aufnimmt und die zur Annahme erforderliche Einwilligung (§§ 1747, 1748 BGB) erteilt ist, es sei denn, dass für die Säuglings- und Kleinkinderausstattung bereits eine Beihilfe gewährt worden ist.

(2) Bedarf die Mutter während der Stillzeit einer stationären Behandlung und wird der Säugling mit ihr zusammen untergebracht, sind auch die Kosten für Unterkunft und Verpflegung des Säuglings beihilfefähig.

§ 10

Beihilfefähige Aufwendungen bei Behandlung im Ausland

(1) Aufwendungen für eine Krankenbehandlung oder Entbindung im Ausland sind bis zur Höhe der Aufwendungen beihilfefähig, die bei einer Behandlung

oder Entbindung am inländischen Wohnort oder letzten früheren inländischen Dienstort des Beihilfeberechtigten oder in dem ihnen am nächsten gelegenen geeigneten inländischen Behandlungsort beihilfefähig wären. Bei in einem Mitgliedstaat der Europäischen Union oder in einem anderen Vertragsstaat des Abkommens über den Europäischen Wirtschaftsraum entstandenen Aufwendungen für ambulante Behandlungen und für stationäre Leistungen in öffentlichen Krankenhäusern ist regelmäßig ein Kostenvergleich nicht erforderlich, es sei denn, dass gebietsfremden Personen regelmäßig höhere Gebühren als ansässigen Personen berechnet werden. Beförderungskosten zum Behandlungsort sind abweichend von § 4 Absatz 1 Nummer 11 nicht beihilfefähig. Ist eine Behandlung nach Absatz 3 Nummer 2 nur außerhalb der Bundesrepublik Deutschland möglich, findet § 4 Absatz 1 Nummer 11 Satz 1 bis 3 Anwendung.

(2) Aufwendungen für stationäre Rehabilitationsmaßnahmen sowie ambulante Kur- und Rehabilitationsmaßnahmen in einem Mitgliedstaat der Europäischen Union oder in einem anderen Vertragsstaat des Abkommens über den Europäischen Wirtschaftsraum sind bis zur Höhe der Aufwendungen beihilfefähig, die bei einer Behandlung am inländischen Wohnort oder in dem ihm am nächsten gelegenen inländischen Behandlungsort beihilfefähig wären. § 6 und § 7 gelten sinngemäß. Bei ambulanten Kurmaßnahmen in den in Satz 1 genannten Staaten sind die Aufwendungen nur dann beihilfefähig, wenn der Nachweis erbracht werden kann, dass der Behandlungsort als Kurort anerkannt ist. Wird die Behandlung außerhalb der in Satz 1 genannten Staaten durchgeführt, sind die Aufwendungen nach Satz 1 nur dann beihilfefähig, wenn im Inland oder in den in Satz 1 genannten Staaten kein vergleichbarer Heilerfolg zu erwarten ist und die Behandlung vor Beginn vom Finanzministerium auf Grund eines amtsärztlichen Gutachtens anerkannt worden ist. Hinsichtlich der Beförderungskosten gilt Absatz 1 Satz 3 und 4.

(3) Aufwendungen für eine Krankenbehandlung im Ausland sind ohne die Einschränkung des Absatzes 1 beihilfefähig,

1. wenn ein Beihilfeberechtigter auf einer Auslandsdienstreise erkrankt und die Krankenbehandlung nicht bis zur Rückkehr ins Inland aufgeschoben werden kann,
2. wenn durch ein amts- oder vertrauensärztliches Gutachten nachgewiesen wird, dass die Behandlung im Ausland dringend notwendig und im Inland kein vergleichbarer Heilerfolg zu erwarten ist; die Beihilfefähigkeit der Aufwendungen muss vor Beginn der Behandlung von der Festsetzungsstelle anerkannt worden sein,
3. wenn sie 1.000 Euro je Krankheitsfall nicht übersteigen.

(4) Bei Aufwendungen von im Ausland wohnenden Beihilfeberechtigten und im Ausland wohnenden berücksichtigungsfähigen Personen gelten die Absätze 1 und 2 entsprechend.

§ 11
Beihilfefähige Aufwendungen in Todesfällen

(1) In Todesfällen sind die Aufwendungen beihilfefähig für die Überführung der Leiche oder Urne

1. bei einem Sterbefall im Inland

   a) vom Sterbeort zur Beisetzungsstelle oder

   b) vom Sterbeort zum nächstgelegenen Krematorium und von dort zur Beisetzungsstelle,

   höchstens jedoch bis zur Höhe der Überführungskosten an den Familienwohnsitz im Zeitpunkt des Todes;

2. bei einem Sterbefall im Ausland

   a) eines im Inland wohnenden Beihilfeberechtigten auf einer Dienstreise in entsprechender Anwendung der Nummer 1,

   b) eines im Inland wohnenden Beihilfeberechtigten oder berücksichtigungsfähigen Angehörigen bei privatem Aufenthalt im Ausland bis zur Höhe der Kosten einer Überführung von der deutschen Grenze zum Familienwohnsitz,

   c) eines im Ausland wohnenden Beihilfeberechtigten oder eines im Ausland wohnenden berücksichtigungsfähigen Angehörigen bis zur Höhe der Kosten einer Überführung an den Familienwohnsitz, höchstens über eine Entfernung von 500 Kilometern.

(2) Kann der Haushalt beim Tode des den Haushalt allein führenden Elternteils nicht durch eine andere im Haushalt lebende Person weitergeführt werden, so sind die Aufwendungen für eine Familien- und Hauspflegekraft bis zur Dauer von sechs Monaten bis zu der in § 4 Absatz 1 Nummer 6 genannten Höhe beihilfefähig, falls im Haushalt mindestens ein Kind unter 15 Jahren oder ein pflegebedürftiges Kind lebt, das nach § 2 Absatz 2 zu berücksichtigen oder nur deshalb nicht zu berücksichtigen ist, weil es selbst beihilfeberechtigt ist. In Ausnahmefällen kann die Frist auf ein Jahr verlängert werden. § 4 Absatz 1 Nummer 5 Satz 3 bis 6 gilt entsprechend. Wird an Stelle der Beschäftigung einer Familien- und Hauspflegekraft ein Kind unter 15 Jahren oder ein pflegebedürftiges Kind (Satz 1) in einem Heim oder in einem fremden Haushalt untergebracht, so sind die Aufwendungen für Unterkunft und Verpflegung sowie notwendige Beförderungskosten – auch für eine Begleitperson – bis zu den sonst berücksichtigungsfähigen Aufwendungen für eine Familien- und Hauspflegekraft beihilfefähig. § 4 Absatz 1 Nummer 6 letzter Satz gilt entsprechend.

§ 12
Bemessung der Beihilfen

(1) Die Beihilfe bemisst sich nach einem Vomhundertsatz der beihilfefähigen Aufwendungen (Bemessungssatz); maßgebend für die Höhe des Bemessungssatzes sind die Verhältnisse im Zeitpunkt des Entstehens der Aufwendungen (§ 3 Absatz 5 Satz 2). Der Bemessungssatz beträgt für Aufwendungen, die entstanden sind für

a) den Beihilfeberechtigten (§ 1 Absatz 1 Nummer 1 und 4) sowie für entpflichtete Hochschullehrer 50 vom Hundert,

b) den Empfänger von Versorgungsbezügen, der als solcher beihilfeberechtigt ist, 70 vom Hundert,

c) den berücksichtigungsfähigen Ehegatten oder eingetragenen Lebenspartner 70 vom Hundert,

d) in berücksichtigungsfähiges Kind sowie eine Waise, die als solche beihilfeberechtigt ist, 80 vom Hundert.

Sind zwei oder mehr Kinder berücksichtigungsfähig oder nur deshalb nicht berücksichtigungsfähig, weil sie selbst beihilfeberechtigt sind, beträgt der Bemessungssatz bei dem Beihilfeberechtigten nach Satz 2 Buchstabe a 70 vom Hundert. Bei mehreren Beihilfeberechtigten beträgt der Bemessungssatz nur bei einem von ihnen zu bestimmenden Berechtigten 70 vom Hundert; die Bestimmung kann nur in Ausnahmefällen neu getroffen werden.

(2) Für die Anwendung von Absatz 1 Satz 2 und 3 gelten die Aufwendungen

a) nach § 4 Absatz 1 Nummer 6 als Aufwendungen der stationär untergebrachten Person,

b) einer Begleitperson als Aufwendungen des Begleiteten,

c) nach § 9 Absatz 1 Satz 1 Nummer 1 bis 6 und 8 als Aufwendungen der Mutter,

d) nach § 11 Absatz 2 als Aufwendungen eines Kindes.

(3) Der Bemessungssatz nach Absatz 1 Satz 2 und 3 ermäßigt sich um 10 vom Hundert bei Personen, an deren Beiträgen zur Krankenversicherung sich ein Rentenversicherungsträger beteiligt, sofern ihnen dem Grunde nach eine Beitragsentlastung von mindestens 80 Euro monatlich zusteht. Dies gilt nicht für Personen, die in der gesetzlichen Krankenversicherung pflichtversichert sind.

(4) Sind Versicherte trotz ausreichender und rechtzeitiger Versicherung für bestimmte Krankheiten von den Leistungen ausgeschlossen oder sind die Leistungen auf Dauer eingestellt worden, so erhöht sich der Bemessungssatz für Aufwendungen in diesen Fällen um 20 vom Hundert, höchstens auf 90 vom Hundert.

(5) Die Bemessungssätze der Absätze 1, 3 und 4 können von der Festsetzungsstelle im Einzelfall erhöht werden,

a) wenn die Aufwendungen infolge einer Dienstbeschädigung entstanden sind und keine Leistungen einer Krankenversicherung erbracht werden,

b) im Falle einer Leichenüberführung, wenn der Tod während einer Dienstreise oder einer Abordnung oder vor der Ausführung eines dienstlich angeordneten Umzuges eingetreten ist und die Leiche an den Familienwohnsitz überführt wird,

c) in besonderen Ausnahmefällen, die nur bei Anlegung des strengsten Maßstabes anzunehmen sind, mit Zustimmung des Finanzministeriums.

Eine Erhöhung der Bemessungssätze nach Satz 1 ist ausgeschlossen, wenn der Beihilfeberechtigte für sich und seine berücksichtigungsfähigen Angehörigen für ambulante- und stationäre Krankheits- und Pflegefälle keinen ausreichenden Versicherungsschutz nachweisen kann.

(6) Das Finanzministerium kann unter den Voraussetzungen des Absatzes 5 Buchstabe c für Ehegatten und eingetragene Lebenspartner, deren Aufwendungen nach § 2 Absatz 1 Nummer 1 Buchstabe b nicht beihilfefähig sind, die Gewährung von Beihilfen zulassen.

(7) Die Beihilfe darf zusammen mit den erbrachten Leistungen einer Versicherung sowie Leistungen auf Grund von Rechtsvorschriften oder arbeitsvertraglichen Vereinbarungen die dem Grunde nach beihilfefähigen Aufwendungen nicht übersteigen. Unberücksichtigt bleiben Leistungen aus Krankenhaustagegeldversicherungen und sonstigen Summenversicherungen, soweit sie 80 Euro täglich nicht überschreiten, sowie Krankentagegeldversicherungen. Der Summe der mit einem Antrag geltend gemachten Aufwendungen ist die Summe der hierauf entfallenden Versicherungsleistungen gegenüberzustellen. Aufwendungen nach den §§ 5, 5 a bis d sind getrennt abzurechnen; dabei sind die Pauschalen nach § 5 Absatz 4 und der beihilfefähige Betrag nach § 5 a Absatz 2 als dem Grunde nach beihilfefähige Aufwendungen zu berücksichtigen. Aufwendungen nach § 9 Absatz 1 Satz 2 bleiben bei Anwendung der Sätze 1 bis 3 unberücksichtigt. Das gleiche gilt in den Fällen, in denen nach § 3 Absatz 3 eine Beihilfengewährung ausgeschlossen ist.

§ 12 a

Kostendämpfungspauschale

(1) Die nach Anwendung des § 12 Absatz 7 verbleibende Beihilfe wird je Kalenderjahr, in dem Aufwendungen entstanden sind (§ 3 Absatz 5 Satz 2), in den Besoldungsgruppen A 7 bis A 16, B 1 bis B 11, C 1 bis C 4, H 1 bis H 5, R 1 bis R 7 und W 1 bis W 3 um eine Kostendämpfungspauschale gekürzt. Sie beträgt für

Stufe	Besoldungsgruppe	Betrag
1	A 7 bis A 11	150 Euro
2	A 12 bis A 15, B 1, C 1, C 2, H 1 bis H 3, R 1,W 1, W 2	300 Euro
3	A 16, B 2, B 3, C 3, H 4, H 5, R 2, R 3, W 3	450 Euro
4	B 4 bis B 7, C 4, R 4 bis R 7	600 Euro
5	Höhere Besoldungsgruppen	750 Euro;

soweit in der Besoldungsgruppe W 1 eine Zulage nach der Vorbemerkung Nummer 1 Absatz 3 zur Bundesbesoldungsordnung W und in den Besoldungsgruppen W 2 und W 3 neben dem Grundgehaltssatz ein monatlicher Leistungsbezug nach den §§ 12 und/oder 14 Landesbesoldungsgesetz bezogen wird, ergibt sich die Höhe der Kostendämpfungspauschale durch einen Vergleich des monatlichen Gesamtbezuges mit den jeweils niedrigsten Grundgehaltsstufen bzw. den Grundgehaltssätzen der Besoldungsgruppen A und B der Stufen 3 bis 5 nach Halbsatz 1.

(2) Die Beträge nach Absatz 1 werden bei Teilzeitbeschäftigung im gleichen Verhältnis wie die Arbeitszeit vermindert.

(3) Die Beträge nach Absatz 1 bemessen sich

1. bei Ruhestandsbeamten, Richtern im Ruhestand sowie früheren Beamten und Richtern (§ 1 Absatz 1 Nummer 2) nach dem Ruhegehaltssatz,
2. bei Witwern sowie Lebenspartnern (§ 1 Absatz 1 Nummer 3) nach 60 vom Hundert des Ruhegehaltssatzes;

dabei darf die Kostendämpfungspauschale in den Fällen der Nummer 1 70 vom Hundert und in den Fällen der Nummer 2 40 vom Hundert der Beträge nach Absatz 1 nicht übersteigen. Für die Zuteilung zu den Stufen nach Absatz 1 ist die Besoldungsgruppe maßgebend, nach der die Versorgungsbezüge berechnet sind; Zwischenbesoldungsgruppen werden der Besoldungsgruppe mit derselben Ordnungsziffer zugeordnet. Sätze 1 und 2 gelten entsprechend für Versorgungsempfänger, deren Versorgungsbezüge ein Grundgehalt (Gehalt) nach einer früheren Besoldungsgruppe, eine Grundvergütung oder ein Lohn zugrunde liegt sowie für Versorgungsempfänger, deren Versorgungsbezüge in festen Beträgen festgesetzt sind.

(4) Bei Waisen (§ 1 Absatz 1 Nummer 3), bei Beamten auf Widerruf im Vorbereitungsdienst sowie bei Beihilfeberechtigten, die in einer gesetzlichen Krankenkasse versichert sind, entfällt die Kostendämpfungspauschale.

(5) Die Kostendämpfungspauschale nach den Absätzen 1 bis 3 vermindert sich um 60 Euro für jedes berücksichtigungsfähige Kind oder jedes Kind, das nur deshalb nicht berücksichtigungsfähig ist, weil es selbst beihilfeberechtigt ist.

(6) Die Höhe der Kostendämpfungspauschale des laufenden Kalenderjahres richtet sich – unabhängig vom Entstehen der mit dem ersten Beihilfeantrag des Jahres geltend gemachten Aufwendungen – nach den zum Zeitpunkt der erstmaligen Antragstellung im laufenden Kalenderjahr maßgebenden Verhältnissen; dies gilt auch für die Kostendämpfungspauschale vergangener Jahre, soweit in diesen kein Beihilfeantrag gestellt wurde.

(7) Für Aufwendungen für Vorsorgeuntersuchungen (§ 3 Absatz 1 Nummer 2 und 3) oder Aufwendungen wegen dauernder Pflegebedürftigkeit (§ 5) entfällt die Kostendämpfungspauschale.

§ 13
Verfahren

(1) Die Beihilfen werden auf Antrag gewährt; eine Antragstellung durch Telefax ist nicht zulässig. Als Festsetzungsstellen entscheiden

1. das Landesamt für Besoldung und Versorgung über Anträge der Beihilfeberechtigten der Obersten Landesbehörden und der dem Finanzministerium nachgeordneten Behörden und Einrichtungen,
2. die Bezirksregierungen über die Anträge der Beihilfeberechtigten ihres Geschäftsbereichs, der Beihilfeberechtigten der Staatlichen Rechnungsprüfungsämter und der Beihilfeberechtigten der übrigen Behörden und Einrichtungen des Landes einschließlich der Landesbetriebe innerhalb ihres Bezirks, soweit nicht in den Nummern 3 bis 7 eine abweichende Regelung getroffen ist,
3. die Oberlandesgerichte über die Anträge der Beihilfeberechtigten ihres Geschäftsbereichs und nach näherer Bestimmung des Justizministeriums über die Anträge der Beihilfeberechtigten der anderen Gerichte sowie der dem Justizministerium nachgeordneten Behörden und Einrichtungen,
4. die Landräte über die Anträge der Beihilfeberechtigten der von ihnen geleiteten Kreispolizeibehörden mit Ausnahme der Anträge der Landräte als Leiter der Kreispolizeibehörden,
5. die Schulämter über die Anträge der Lehrer an den öffentlichen Grundschulen und Hauptschulen und an den ihrer Schulaufsicht unterstehenden öffentlichen Förderschulen,
6. die Kunsthochschulen und Einrichtungen im Hochschulbereich über die Anträge ihrer Beihilfeberechtigten, soweit in einer Vereinbarung nach Artikel 2 § 1 Absatz 5 Hochschulfreiheitsgesetz vom 31. Oktober 2006 (GV. NRW. S. 474) oder nach Artikel 7 § 5 Hochschulfreiheitsgesetz nicht etwas anderes geregelt ist,

7. die Pensionsregelungsbehörden über die Anträge der Versorgungsempfänger; die Pensionsregelungsbehörden des Landes entscheiden auch über die Anträge der Versorgungsempfänger des Landes, wenn diese im Landesdienst wieder beschäftigt werden.

Das Finanzministerium kann im Einvernehmen mit der jeweiligen obersten Dienstbehörde in begründeten Ausnahmefällen eine von Satz 2 abweichende Zuständigkeitsregelung treffen. In den Fällen des Satzes 2 Nummer 4 und 5 können kommunale Versorgungskassen, Kreise oder kreisfreie Städte mit der Festsetzung der Beihilfen beauftragt werden.

(1 a) Die oberste Fachaufsicht über die Festsetzung der Beihilfen obliegt dem Finanzministerium. Über Widersprüche gegen Beihilfefestsetzungen entscheiden die nach Absatz 1 Satz 2 Nummer 1 bis 3, 6 und 7 zuständigen Stellen; über Widersprüche gegen Beihilfefestsetzungen der nach Absatz 1 Satz 2 Nummer 4 und 5 zuständigen Stellen entscheidet die jeweils zuständige Bezirksregierung. Satz 2 gilt entsprechend für die Vertretung des Landes vor den Gerichten der Verwaltungsgerichtsbarkeit.

(2) Die Anträge sind der zuständigen Festsetzungsstelle unter Beifügung der Originalbelege vorzulegen; dies gilt nicht in den in Absatz 3 Satz 1 zweiter Halbsatz genannten Fällen der Zuschussgewährung und in den Fällen, in denen Versicherungsleistungen einzeln nachzuweisen sind. Für den Antrag, die Kassenanweisung und die Mitteilung über die Gewährung der Beihilfe sind die vom Finanzministerium herausgegebenen Formblätter zu verwenden. Andere als Landesbehörden sind hinsichtlich der Kassenanweisung und der Mitteilung über die Gewährung der Beihilfe an diese Formblätter nicht gebunden. Die in den Anträgen enthaltenen Beihilfedaten unterliegen einer besonderen Geheimhaltung. Aufwendungen für Halbwaisen können zusammen mit den Aufwendungen des Elternteils in einem Antrag geltend gemacht werden.

(3) Eine Beihilfe wird nur gewährt, wenn sie innerhalb eines Jahres nach Entstehen der Aufwendungen (§ 3 Absatz 5 Satz 2), spätestens jedoch ein Jahr nach der ersten Ausstellung der Rechnung beantragt wird; die Antragsfrist beginnt für den Fall

1. der Zuschussgewährung nach § 6 Absatz 1 Satz 7, § 6 a Absatz 2 Satz 2, § 7 Absatz 3 Satz 2, Satz 4 sowie Absatz 4 Satz 4 mit dem Tag der Beendigung der Maßnahme,
2. der Beihilfe für die häusliche Pflege (§ 5 a Absatz 2) mit dem ersten Tag nach Ablauf des Monats, in dem die Pflege erbracht wurde,
3. der Zuschussgewährung für die Säuglings- und Kleinkinderausstattung mit dem Tage der Geburt, der Annahme als Kind oder der Aufnahme in den Haushalt.

Zu verspätet geltend gemachten Aufwendungen darf eine Beihilfe nur gewährt werden, wenn das Versäumnis entschuldbar ist. Arztrechnungen und Zahnarztrechnungen sollen die Diagnose sowie Stempel und Unterschrift des Ausstellers enthalten.

(4) Eine Beihilfe wird nur gewährt, wenn die mit dem Antrag geltend gemachten Aufwendungen insgesamt mehr als 200 Euro betragen. Erreichen die Aufwendungen aus zehn Monaten diese Summe nicht, so wird abweichend von Satz1 hierfür eine Beihilfe gewährt, wenn diese Aufwendungen 15 Euro übersteigen.

(5) Die Belege sind vor Rückgabe an den Beihilfeberechtigten von der Festsetzungsstelle durch Stempelaufdruck „Für Beihilfezwecke verwendet" kenntlich zu machen.

(6) Die Beihilfebescheide sind mit einer Rechtsbehelfsbelehrung (§ 58 VwGO) zu versehen.

(7) Auf eine zu erwartende Beihilfe können angemessene Abschlagszahlungen geleistet werden.

(8) Bei Beihilfen von mehr als 500 Euro, bei stationären Behandlungen oder ambulanten Kur- und Rehabilitationsmaßnahmen von mehr als 1.000 Euro, hat der Beihilfeberechtigte die ihm von der Festsetzungsstelle zurückgegebenen Belege für die beihilfefähigen Aufwendungen noch drei Jahre nach dem Empfang der Beihilfe aufzubewahren und auf Anfordern vorzulegen, soweit sie nicht bei einer Versicherung verbleiben. Die Festsetzungsstelle hat ihn bei der Rückgabe der Belege hierauf hinzuweisen.

(9) Ist eine nach dieser Verordnung erforderliche vorherige Anerkennung der Beihilfefähigkeit ohne Verschulden des Antragstellers unterblieben, wird die Beihilfe dennoch gewährt. Dies gilt nicht für Aufwendungen nach den §§ 6, 6 a und 7.

(10) Bei Vorliegen einer wirtschaftlichen Notlage bleibt die Gewährung einer Unterstützung auf Grund der Unterstützungsgrundsätze zu nicht beihilfefähigen Aufwendungen in Krankheits-, Geburts- und Todesfällen unberührt.

(11) Zum Zwecke der Beihilfenfestsetzung dürfen durch die Festsetzungsstelle Belege und Schriftstücke in elektronischer Form abgebildet und gespeichert, die in ihnen enthaltenen Daten elektronisch ausgelesen und weiterverarbeitet werden. In diesem Fall sind abweichend von Absatz 2 Satz 1 erster Halbsatz keine Originalbelege vorzulegen; die vorgelegten Belege werden digitalisiert und anschließend vernichtet. Die Absätze 5 und 8 finden keine Anwendung.

(12) Soweit Maßnahmen nach Absatz 11 in zentralen Einrichtungen vorgenommen werden, sind diese Teil der jeweiligen Festsetzungsstelle.

§ 14
Gewährung von Beihilfen an Hinterbliebene und andere Personen in Todesfällen

(1) Zu den beihilfefähigen Aufwendungen, die einem verstorbenen Beihilfeberechtigten entstanden waren, und zu den in § 11 Absatz 1 genannten Aufwendungen aus Anlass des Todes des Beihilfeberechtigten werden dem hinterbliebenen Ehegatten oder eingetragenen Lebenspartner oder den Kindern des Verstorbenen Beihilfen gewährt. Empfangsberechtigt ist derjenige, der die Rechnungen zuerst vorlegt. Die Beihilfe ist nach dem Hundertsatz zu bemessen, der dem verstorbenen Beihilfeberechtigten zugestanden hat.

(2) Andere als die in Absatz 1 genannten natürlichen Personen sowie juristische Personen erhalten Beihilfen zu den in Absatz 1 genannten Aufwendungen, sofern sie Erbe sind; Absatz 1 Satz 2 und Satz 3 gelten entsprechend.

§ 15
Belastungsgrenze

(1) Ab dem 1. Januar 2010 dürfen Selbstbehalte nach § 4 Absatz 1 Nummer 1 Satz 7 und Nummer 2 Satz 2 und 3 sowie die Kostendämpfungspauschale nach § 12 a im Kalenderjahr insgesamt 2 Prozent der Bruttojahresdienstbezüge oder Bruttojahresversorgungsbezüge nach beamtenrechtlichen Vorschriften oder Grundsätzen des Beihilfeberechtigten (Belastungsgrenze) nicht überschreiten. Maßgebend für die Feststellung der Belastungsgrenze sind die jährlichen Bruttobezüge des vorangegangenen Kalenderjahres. Variable Bezügebestandteile, kinderbezogene Anteile im Familienzuschlag, Renten aus der gesetzlichen Rentenversicherung und einer zusätzlichen Alters- und Hinterbliebenenversorgung des Beihilfeberechtigten sowie Einkünfte berücksichtigungsfähiger Personen bleiben außer Ansatz. Die Beträge nach Satz 1 sind mit Ausnahme der Kostendämpfungspauschale nur in Höhe des Beihilfenbemessungssatzes nach § 12 zu berücksichtigen.

(2) Die Feststellung der Belastungsgrenze erfolgt durch die Beihilfestelle. Maßgeblich für die Zuordnung der Selbstbehalte und Kostendämpfungspauschale zur Belastungsgrenze ist das Entstehen der Aufwendungen (§ 3 Absatz 5 Satz 2). Wird die Belastungsgrenze nach Absatz 1 Satz 1 überschritten, sind für das betreffende Kalenderjahr keine weiteren Selbstbehalte in Abzug zu bringen.

§ 16
Besondere Bestimmungen für die Gemeinden, Gemeindeverbände und die sonstigen der Aufsicht des Landes unterstehenden Körperschaften, Anstalten und Stiftungen des öffentlichen Rechts

(1) Über die Beihilfeanträge der Beihilfeberechtigten der Gemeinden und Gemeindeverbände entscheidet der Dienstvorgesetzte; dieser tritt in den Fällen des § 4 Absatz 1 Nummer 1 Satz 3, Nummer 9 Satz 6 und Nummer 10 Satz 11 Absatz 2 sowie Buchstabe b Satz 3, § 4 c Absatz 1 Satz 2, § 10 Absatz 2 und § 12 Absatz 5 und 6 an die Stelle des Finanzministeriums. Dies gilt entsprechend für begründete Einzelfälle nach § 4 Absatz 1 Nummer 7 Satz 2. Über Beihilfeanträge des Dienstvorgesetzten entscheidet dessen allgemeiner Vertreter.

(2) Absatz 1 gilt entsprechend für die sonstigen der Aufsicht des Landes unterstehenden Körperschaften, Anstalten und Stiftungen des öffentlichen Rechts. Die Hochschulen im Sinne des § 1 Absatz 2 Hochschulgesetz können in einer Vereinbarung nach § 77 Absatz 2 oder 3 Hochschulgesetz abweichende Regelungen erlassen.

§ 17
Personenbezogene Bezeichnungen

Die personenbezogenen Bezeichnungen in dieser Verordnung beziehen sich auf beide Geschlechter.

§ 18
Inkrafttreten, Außerkrafttreten und Übergangs- und Schlussvorschriften

(1) Diese Verordnung tritt mit Wirkung vom 1. April 2009 in Kraft und gilt für Aufwendungen, die nach dem 31. März 2009 entstanden sind. Sie tritt mit Ablauf des 31. Dezember 2015 außer Kraft.

(2) Die Beihilfenverordnung vom 27. März 1975 (GV. NRW. S. 332), zuletzt geändert durch Verordnung vom 27. Juni 2008 (GV. NRW. S. 530) tritt mit Ablauf des 31. März 2009 außer Kraft. Sie gilt weiter für Aufwendungen, die bis zum 31. März 2009 entstanden sind.

Anlage 1
(zu § 4 Absatz 1 Nummer 1 Satz 5)

Ambulant durchgeführte psychotherapeutische Behandlungen und Maßnahmen der psychosomatischen Grundversorgung

1. Psychotherapeutische Maßnahmen

1.1 Aufwendungen für folgende Behandlungsverfahren sind nicht beihilfefähig:

a) Familientherapie,

b) Funktionelle Entspannung nach Dr. Fuchs,

c) Gesprächspsychotherapie (z. B. nach Rogers),

d) Gestaltungstherapie,
e) Körperbezogene Therapie,
f) Konzentrative Bewegungstherapie,
g) Logotherapie,
h) Musiktherapie,
i) Heileurhythmie,
j) Psychodrama,
k) Respiratorisches Biofeedback,
l) Transaktionsanalyse.

1.2 Nicht zu den psychotherapeutischen Leistungen im Sinne der §§ 4 a bis 4 d gehören Behandlungen, die zur schulischen, beruflichen, sozialen Anpassung oder Förderung bestimmt sind. Entsprechendes gilt für Maßnahmen der Erziehungs-, Ehe-, Lebens- oder Sexualberatung, für heilpädagogische und ähnliche Maßnahmen sowie für psychologische Maßnahmen, die der Aufarbeitung und Überwindung sozialer Konflikte dienen.

2. Psychosomatische Grundversorgung

2.1 Aufwendungen für eine verbale Intervention sind nur beihilfefähig, wenn die Behandlung von Fachärzten für

- Allgemeinmedizin,
- Augenheilkunde,
- Frauenheilkunde und Geburtshilfe,
- Haut- und Geschlechtskrankheiten,
- Innere Medizin,
- Kinder- und Jugendmedizin,
- Kinder- und Jugendpsychiatrie und -psychotherapie,
- Neurologie,
- Phoniatrie und Pädaudiologie,
- Psychiatrie und Psychotherapie,
- Psychotherapeutische Medizin bzw. Psychosomatische Medizin und Psychotherapie

durchgeführt wird.

2.2 Aufwendungen für übende und suggestive Interventionen (autogenes Training, Jacobsonsche Relaxationstherapie, Hypnose) sind nur dann beihilfefähig, wenn die Behandlung von

- Ärzten,
- Psychologischen Psychotherapeuten,
- Kinder- und Jugendlichenpsychotherapeuten

durchgeführt wird und diese Personen über entsprechende Kenntnisse und Erfahrungen in der Anwendung solcher Interventionen verfügen.

3. Tiefenpsychologisch fundierte und analytische Psychotherapie

3.1 Wird die Behandlung durch ärztliche Psychotherapeuten durchgeführt, müssen diese Personen Fachärzte für einen der folgenden Fachbereiche sein:

- Psychotherapeutische Medizin bzw. Psychosomatische Medizin und Psychotherapie
- Psychiatrie und Psychotherapie,
- Kinder- und Jugendpsychiatrie und -psychotherapie oder
- Ärzte mit der Bereichs- oder Zusatzbezeichnung „Psychotherapie" oder „Psychoanalyse".

Fachärzte für

- Psychotherapeutische Medizin bzw. Psychosomatische Medizin und Psychotherapie,
- Psychiatrie und Psychotherapie oder
- Kinder- und Jugendpsychiatrie und -psychotherapie

sowie

Ärzte mit der Berufsbezeichnung „Psychotherapie" können nur tiefenpsychologisch fundierte Psychotherapie (Nummern 860 bis 862 des Gebührenverzeichnisses der GOÄ) durchführen. Ärzte mit der Bereichs- oder Zusatzbezeichnung „Psychoanalyse" oder mit der vor dem 1. April 1984 verliehenen Zusatzbezeichnung „Psychoanalyse" können auch analytische Psychotherapie (Nummern 863, 864 des Gebührenverzeichnisses der GOÄ) erbringen.

3.2 Psychologische Psychotherapeuten mit einer Approbation nach § 2 des Psychotherapeutengesetzes (PsychThG) können Leistungen für diejenige anerkannte Psychotherapieform erbringen, für die sie eine vertiefte Ausbildung erfahren haben (tiefenpsychologisch fundierte oder analytische Psychotherapie).

3.3 Wird die Behandlung durch Psychologische Psychotherapeuten mit einer Approbation nach § 12 PsychThG durchgeführt, muss diese Person

- zur vertragsärztlichen Versorgung der gesetzlichen Krankenkassen zugelassen oder
- in das Arztregister eingetragen sein oder
- über eine abgeschlossene Ausbildung in tiefenpsychologisch fundierter und analytischer Psychotherapie an einem bis zum 31. Dezember 1998 von der Kassenärztlichen Bundesvereinigung anerkannten psychotherapeutischen Ausbildungsinstitut verfügen.

Psychologische Psychotherapeuten können nur Leistungen für diejenige Psychotherapie erbringen (tiefenpsychologisch fundierte oder analytische Psychotherapie), für die sie zur vertragsärztlichen Versorgung der gesetzlichen Krankenkassen zugelassen oder in das Arztregister eingetragen sind. Therapeuten, die über eine abgeschlossene Ausbildung an einem anerkannten psychotherapeutischen Ausbildungsinstitut verfügen, können tiefenpsychologisch fundierte und analytische Psychotherapie durchführen (Nummern 860, 861 und 863 GOÄ).

3.4 Kinder- und Jugendlichenpsychotherapeuten mit einer Approbation nach § 2 PsychThG können Leistungen für diejenige Psychotherapieform bei Kindern und Jugendlichen erbringen, für die sie eine vertiefte Ausbildung erfahren haben (tiefenpsychologisch fundierte oder analytische Psychotherapie).

3.5 Wird die Behandlung von Kindern und Jugendlichen von Kinder- und Jugendlichenpsychotherapeuten mit einer Approbation nach § 12 PsychThG durchgeführt, müssen sie

- zur vertragsärztlichen Versorgung der gesetzlichen Krankenkassen zugelassen sein,
- in das Arztregister eingetragen sein oder
- über eine abgeschlossene Ausbildung in tiefenpsychologisch fundierter und analytischer Psychotherapie an einem bis zum 31. Dezember 1998 von der Kassenärztlichen Bundesvereinigung anerkannten psychotherapeutischen Ausbildungsinstitut für Kinder- und Jugendlichenpsychotherapie verfügen.

3.6 Kinder- und Jugendlichenpsychotherapeuten können nur Leistungen für diejenige Psychotherapieform erbringen (tiefenpsychologisch fundierte oder analytische Psychotherapie), für die sie zur vertragsärztlichen Versorgung der gesetzlichen Krankenkassen zugelassen oder in das Arztregister eingetragen sind. Therapeuten, die über eine abgeschlossene Ausbildung an einem anerkannten psychotherapeutischen

Ausbildungsinstitut für Kinder- und Jugendlichenpsychotherapie verfügen, können fundierte und analytische Psychotherapie durchführen (Nummern 860, 861 und 863 GOÄ).

3.7 Die fachliche Befähigung für die Behandlung von Kindern und Jugendlichen ist, sofern die Behandlung nicht durch Fachärzte für Kinder- und Jugendpsychiatrie und -psychotherapie oder Kinder- und Jugendlichenpsychotherapeuten erfolgt, neben der der Berechtigung nach den Nummern 3.1, 3.2 oder 3.3 durch eine entsprechende Berechtigung einer Kassenärztlichen Vereinigung nachzuweisen. Die fachliche Befähigung für Gruppenbehandlungen ist, sofern die Behandlung nicht durch Fachärzte für Psychotherapeutische Medizin erfolgt, neben der Berechtigung nach den Nummern 3.1, 3.2 oder 3.3 durch eine entsprechende Berechtigung einer kassenärztlichen Vereinigung nachzuweisen.

3.8 Voraussetzung für die Beihilfefähigkeit der Aufwendungen in besonderen Ausnahmefällen ist, dass vor Beginn der Behandlung eine erneute eingehende Begründung des Therapeuten vorgelegt und die Behandlung durch die Beihilfestelle im Vorfeld anerkannt wird. Zeigt sich bei der Therapie, dass das Behandlungsziel innerhalb der vorgesehenen Anzahl der Sitzungen nicht erreicht wird, kann in medizinisch besonders begründeten Einzelfällen eine weitere begrenzte Behandlungsdauer anerkannt werden. Voraussetzung für die Anerkennung ist das Vorliegen einer Indikation nach § 4 a Absatz 1, die nach ihrer besonderen Symptomatik und Struktur eine besondere tiefenpsychologisch fundierte oder analytische Bearbeitung erfordert und eine hinreichende Prognose über das Erreichen des Behandlungsziels erlaubt. Die Anerkennung darf erst im letzten Behandlungsabschnitt erfolgen.

4. Verhaltenstherapie

4.1 Wird die Behandlung durch ärztliche Psychotherapeuten durchgeführt, müssen diese Fachärzte für eines der folgenden Fachgebiete sein:

- Psychotherapeutische Medizin,
- Psychiatrie und Psychotherapie,
- Kinder- und Jugendpsychiatrie oder
- Ärzte der Bereichs- oder Zusatzbezeichnung „Psychotherapie". Ärztliche Psychotherapeuten können die Behandlung durchführen,

wenn sie den Nachweis erbringen, dass sie während der Weiterbildung schwerpunktmäßig Kenntnisse und Erfahrungen in Verhaltenstherapie erworben haben.

4.2 Psychologische Psychotherapeuten mit einer Approbation nach § 2 PsychThG können Verhaltenstherapie erbringen, wenn sie dafür eine vertiefte Ausbildung erfahren haben.

4.3 Wird die Behandlung durch Psychologische Psychotherapeuten oder Kinder- und Jugendlichenpsychotherapeuten mit einer Approbation nach § 12 PsychThG durchgeführt, müssen diese

- zur vertragsärztlichen Versorgung der gesetzlichen Krankenkassen zugelassen sein,
- in das Arztregister eingetragen sein oder
- über eine abgeschlossene Ausbildung in Verhaltenstherapie an einem bis zum 31. Dezember 1998 von der Kassenärztlichen Bundesvereinigung anerkannten verhaltenstherapeutischen Ausbildungsinstitut verfügen.

4.4 Die fachliche Befähigung für die Behandlung von Kindern und Jugendlichen ist, sofern die Behandlung nicht durch Fachärzte für Kinder- und Jugendpsychiatrie und –psychotherapie oder Kinder- und Jugendlichenpsychotherapeuten erfolgt, neben der Berechtigung nach den Nummern 4.1, 4.2 oder 4.3 durch eine entsprechende Berechtigung einer Kassenärztlichen Vereinigung nachzuweisen. Die fachliche Befähigung für Gruppenbehandlungen ist, sofern die Behandlung nicht durch Fachärzte für Psychotherapeutische Medizin erfolgt, neben der Berechtigung nach den Nummern 4.1, 4.2 und oder 4.3 durch eine entsprechende Berechtigung einer Kassenärztlichen Vereinigung nachzuweisen.

Anlage 2
(zu § 4 Absatz 1 Nummer 7)

1. Beihilfefähig sind die Aufwendungen für alle nach dem Gesetz über den Verkehr mit Arzneimitteln – Arzneimittelgesetz – in der Fassung der Bekanntmachung vom 12. Dezember 2005 (BGBl. I S. 3394), zuletzt geändert durch Gesetz vom 24. Oktober 2007 (BGBl. I S. 2510), zugelassenen Arzneimittel, sofern sie nicht nach § 4 Absatz 1 Nummer 7 Satz 2 oder im Rahmen dieser Anlage ausgeschlossen sind.

2. Aufwendungen für Arzneimittel, insbesondere für Spezialpräparate mit hohen Jahrestherapiekosten oder mit erheblichem Risikopotenzial, deren Anwendung aufgrund ihrer besonderen Wirkungsweise zur Verbesserung der

Qualität ihrer Anwendung, insbesondere hinsichtlich der Patientensicherheit sowie des Therapieerfolges, besondere Fachkenntnisse erfordert, die über das Übliche hinausgehen (besondere Arzneimittel), sind nur beihilfefähig, wenn die Verordnung in Abstimmung mit einem Arzt für besondere Arzneimitteltherapie im Sinne des § 73 d Absatz 2 SGB V erfolgt. Die Wirkstoffe und Anwendungsgebiete nach Satz 1 bestimmen sich nach § 73 d Absatz 1 SGB V.

3. Beihilfefähig sind Aufwendungen für ärztlich verordnete hormonelle Mittel zur Kontrazeption nur bei Personen bis zur Vollendung des 20. Lebensjahres und bei Personen ab Vollendung des 48. Lebensjahres.

4. Beihilfefähig sind Aufwendungen für zugelassene nicht verschreibungspflichtige apothekenpflichtige Arzneimittel, die begleitend zu einer medikamentösen Haupttherapie mit verschreibungspflichtigen Arzneimitteln eingesetzt werden (Begleitmedikation), wenn das nicht verschreibungspflichtige Arzneimittel in der Fachinformation des Hauptarzneimittels als Begleitmedikation zwingend vorgeschrieben ist oder wenn es zur Behandlung der beim bestimmungsgemäßen Gebrauch eines verschreibungspflichtigen Arzneimittels auftretenden schwerwiegenden, schädlichen, unbeabsichtigten Reaktionen eingesetzt wird (unerwünschte Arzneimittelwirkungen).

5. Beihilfefähig sind Aufwendungen für zugelassene nicht verschreibungspflichtige Arzneimittel, die in Form von Spritzen, Salben und Inhalationen im Rahmen einer ambulanten Behandlung durch den Arzt/Zahnarzt mit einer einmaligen Anwendung verbraucht werden.

6. Aufwendungen für Stoffe und Zubereitungen aus Stoffen, die als Medizinprodukte nach § 3 Nummer 1 oder 2 des Medizinproduktegesetzes (MPG) zur Anwendung am oder im menschlichen Körper bestimmt sind, sind indikationsbezogen beihilfefähig, wenn sie in der Anlage V der jeweils aktuellen Fassung der Arzneimittel-Richtlinie des Gemeinsamen Bundesausschusses aufgeführt sind.

7. Bei Personen, die das 18. Lebensjahr vollendet haben, sind unabhängig von der Verschreibungspflicht – die Aufwendungen für folgende Arzneimittel nicht beihilfefähig:

   a) Arzneimittel zur Anwendung bei Erkältungskrankheiten und grippalen Infekten einschließlich der bei diesen Krankheiten anzuwendenden Schnupfenmittel, Schmerzmittel, hustendämpfenden und hustenlösenden Mittel, sofern es sich nicht um schwerwiegende Gesundheitsstörungen handelt,

   b) Mund- und Rachentherapeutika, ausgenommen bei Pilzinfektionen, geschwürigen Erkrankungen der Mundhöhle und nach chirurgischen Eingriffen im Hals-, Nasen- und Ohrenbereich,

c) Abführmittel außer zur Behandlung von Erkrankungen im Zusammenhang mit Tumorleiden, Megacolon, Divertikulose, Divertikulitis, Mukoviszidose, neurogener Darmlähmung, vor diagnostischen Eingriffen, bei phosphatbindender Medikamentation bei chronischer Niereninsuffizienz, bei der Opiatsowie Opioidtherapie und in der Terminalphase,

d) Arzneimittel gegen Reisekrankheit (unberührt bleibt die Beihilfefähigkeit der Aufwendungen bei Erbrechen bei Tumortherapie und anderen schwerwiegenden Erkrankungen, z. B. Menierescher Symtomkomplex).

8. Nicht beihilfefähig sind (unabhängig vom Alter des Beihilfeberechtigten und der berücksichtigungsfähigen Person sowie der Verschreibungspflicht):

a) Aufwendungen für Mittel, die geeignet sind, Güter des täglichen Bedarfs zu ersetzen. Es sind dies z. B. Lebensmittel, Nahrungsergänzungsmittel, so genannte Krankenkost und diätetische Lebensmittel einschließlich Produkte für Säuglinge oder Kleinkinder. Abweichend von Satz 1 sind beihilfefähig Aufwendungen für Aminosäuremischungen, Eiweißhydrolysate, Elementardiäten und Sondennahrung im Zusammenhang mit Enteraler und Parentaler Ernährung im Rahmen der jeweils aktuellen Fassung des Abschnitts I der Arzneimittel-Richtlinien/AM-RL in der Fassung vom 18. Dezember 2008/22. Januar 2009 – veröffentlicht im BAnz. 2009, Nummer 49 a; zuletzt geändert am 18. Juni 2009 – veröffentlicht im BAnz. 2009, Nummer 119 S. 2786, sowie den Verwaltungsvorschriften zu dieser Verordnung.

b) Aufwendungen für Arzneimittel, bei deren Anwendung eine Erhöhung der Lebensqualität im Vordergrund steht. Dies sind Arzneimittel, deren Einsatz grundsätzlich durch die private Lebensführung bedingt ist oder die aufgrund ihrer Zweckbestimmung insbesondere

– nicht oder nicht ausschließlich zur Behandlung von Krankheiten dienen,
– zur individuellen Bedürfnisbefriedigung oder zur Aufwertung des Selbstwertgefühls dienen,
– zur Behandlung von Befunden angewandt werden, die lediglich Folge natürlicher Alterungsprozesse sind und deren Behandlung medizinisch nicht notwendig ist,
– zur Anwendung bei kosmetischen Befunden angewandt werden, deren Behandlung in der Regel nicht notwendig ist.

Hierzu gehören insbesondere Aufwendungen für Arzneimittel, die überwiegend zur Behandlung der erektilen Dysfunktion, der Anreizung und Steigerung der sexuellen Potenz, zur Raucherentwöhnung, zur Abmagerung oder zur Zügelung des Appetits, zur Regulierung des Körpergewichts oder zur Verbesserung des Haarwuchses dienen.

Das Finanzministerium kann in medizinisch begründeten Einzelfällen oder allgemein (u. a. für Aufwendungen für potenzsteigernde Mittel, wenn diese für andere Erkrankungen als der erektilen Dysfunktion erforderlich sind und es keine anderen zu Behandlung der Krankheit zugelassene Arzneimittel gibt, sie im Einzelfall nicht verträglich sind oder sich als unwirksam erwiesen haben) in den Verwaltungsvorschriften zur dieser Verordnung Ausnahmen zulassen.

Anlage 3
(zu § 4 Absatz 1 Nummer 10 Satz 11)

Beihilfefähigkeit der Aufwendungen für Hilfsmittel

Für die Angemessenheit der Aufwendungen für die Anschaffung von Hilfsmitteln gelten die nachfolgenden Regelungen:

1. Blutdruckmessgerät

   Als beihilfefähiger Höchstbetrag wird ein Betrag von 80 Euro festgesetzt.

2. Hörgerät

   Als beihilfefähiger Höchstbetrag (je Ohr) wird ein Betrag von 1.400 Euro festgesetzt.

   Mit diesem Betrag sind sämtliche Nebenkosten mit Ausnahme der Kosten einer medizinisch notwendigen Fernbedienung abgegolten. Die Mindesttragedauer beträgt fünf Jahre.

3. Perücke

   Aufwendungen für ärztlich verordnete Perücken sind bis zu einem Höchstbetrag von 800 Euro beihilfefähig, wenn ein krankhafter entstellender Haarausfall (z. B. Alopecia areata), eine erhebliche Verunstaltung (z. B. infolge Schädelverletzung), oder ein totaler oder weitgehender Haarausfall (z. B. auf Grund einer Chemotherapie) vorliegt. Aufwendungen für eine Zweitperücke sind nur beihilfefähig, wenn die Tragedauer laut ärztlichem Attest den Zeitraum von zwölf Monaten überschreiten wird. Die Kosten für die Ersatzbeschaffung einer Perücke sind beihilfefähig, wenn seit der vorangegangenen Beschaffung mindestens zwölf Monate, bei der gleichzeitigen Nutzung von zwei Perücken mindestens 24 Monate vergangen sind. Dies gilt nicht bei Kindern, deren Kopfform sich verändert hat.

4. Therapiedreirad, Therapietandem, Handy-Bike und Roll-Fiets

   Bei der Anschaffung der o. g. Hilfsmittel ist der Beihilfenberechung der Grundpreis der jeweils einfachsten Ausführung des Hilfsmittels zu Grunde zu legen. Von dem Grundpreis ist als Selbstbehalt für die häusliche Ersparnis (Anschaffung eines normalen Fahrrades) für einen Erwachsenen ein Betrag von 500 Euro und für ein Kind (bis 16 Jahre) von 250 Euro in Abzug zu bringen. Auf Grund der jeweiligen Körperbehinderung notwendige Zusatzkosten für Sonderausstattungen sind dem Grundpreis hinzuzurechnen.

5. Blutzuckerteststreifen (Glucose-Teststreifen)
Als beihilfefähiger Höchstbetrag je Teststreifen wird ein Betrag von 0,70 Euro festgesetzt.

1 b) Verordnung über die Gewährung von Beihilfen in Krankheits-, Geburts- und Todesfällen an Angestellte, Arbeiter und Auszubildende (BVOAng)

Verordnung über die Gewährung von Beihilfen in Krankheits-, Geburts- und Todesfällen an Angestellte, Arbeiter und Auszubildende (BVOAng)

Vom 9. April 1965 (GV. NRW. S. 108/SGV. NRW. 2031)
geändert durch
Verordnung vom 29. Januar 1969 (GV. NRW. S. 126),
Verordnung vom 5. Juli 1971 (GV. NRW. S. 216),
Verordnung vom 21. Februar 1975 (GV. NRW. S. 219),
Verordnung vom 26. März 1986 (GV. NRW. S. 232),
Verordnung vom 9. Februar 1990 (GV. NRW. S. 118),
Verordnung vom 19. Dezember 1991 (GV. NRW. 1992 S. 10),
Verordnung vom 16. Juni 1995 (GV. NRW. S. 580),
Verordnung vom 3. September 1998 (GV. NRW. S. 550),
Gesetz vom 17. Dezember 1998 (GV. NRW. S. 750),
Verordnung vom 16. Dezember 1999 (GV. NRW. S. 672),
Verordnung vom 12. Dezember 2003 (GV. NRW. S. 756),
Gesetz vom 18. Mai 2004 (GV. NRW. S. 248),
Verordnung vom 8. Dezember 2008 (GV. NRW. S. 877) und
Verordnung vom 10. November 2009 (GV. NRW. S. 584)
Verordnung vom 16. November 2010 (GV. NRW. S. 621)

Auf Grund des Artikels IV Abs. 12 des Gesetzes zur Änderung des Landesbeamtengesetzes und der Disziplinarordnung vom 10. April 1962 (GV. NRW. S. 187) wird im Einvernehmen mit dem Innenminister verordnet:

§ 1

(1) Angestellte und Arbeiter im Dienst des Landes, der Gemeinden, der Gemeindeverbände und der sonstigen der Aufsicht des Landes unterstehenden Körperschaften, Anstalten und Stiftungen des öffentlichen Rechts erhalten in Krankheits-, Geburts- und Todesfällen sowie in Fällen eines nicht rechtswidrigen Schwangerschaftsabbruchs und einer durch Krankheit erforderlichen Sterilisation Beihilfen in entsprechender Anwendung der für Beamte geltenden Bestimmungen. Das gleiche gilt für Auszubildende, die auf Grund eines Ausbildungsvertrages in einem nach dem Berufsbildungsgesetz anerkannten Ausbildungsberuf ausgebildet werden. Satz 1 gilt auch für Beschäftigte, deren arbeitsvertraglich vereinbarte durchschnittliche wöchentliche Arbeitszeit weniger als die Hälfte der durchschnittlichen regelmäßigen wöchentlichen Arbeitszeit eines Vollbeschäftigten beträgt.

(2) Pflichtversicherte und freiwillig in der Gesetzlichen Krankenversicherung versicherte Beschäftigte, denen nach § 257 SGB V ein Zuschuss zu ihrem Krankenversicherungsbeitrag dem Grunde nach zusteht oder die nach § 224 SGB V beitragsfrei versichert sind, sowie ihre berücksichtigungsfähigen Angehörigen sind ausschließlich auf die ihnen aus der gesetzlichen Kranken- oder Unfallversicherung dem Grunde nach zustehenden Sach- oder Dienstleistungen angewiesen. Aufwendungen, die dadurch entstehen, dass sie diese Leistungen nicht in Anspruch nehmen, an Stelle von Sach- oder Dienstleistungen Kostenerstattung nach § 13 Abs. 2 SGB V wählen oder nach § 13 Abs. 4 SGB V erhalten, sowie Aufwendungen, bei denen die Krankenkasse die Kosten bis zur Höhe des Festbetrags nach dem Fünften Buch Sozialgesetzbuch übernimmt, sind nicht beihilfefähig. Als Sach- oder Dienstleistungen gelten auch Geldleistungen bei künstlicher Befruchtung, bei kieferorthopädischer Behandlung, bei Arznei- und Verbandmitteln, bei Heilmitteln, bei häuslicher Krankenpflege, bei Haushaltshilfe und bei Hilfsmitteln. Besteht ein Anspruch auf Gewährung eines Zuschusses gegen die Kranken- oder Unfallversicherung, sind die Aufwendungen mit Ausnahme der Mehrkosten für Zahnfüllungen, Verblendungen, implantologische Leistungen einschließlich der Suprakonstruktion sowie funktionsanalytische und funktionstherapeutische Maßnahmen beihilfefähig; die beihilfefähigen Aufwendungen sind um den dem Grunde nach zustehenden Zuschuss zu kürzen. Gesetzlich vorgesehene Zuzahlungen und Gebühren sowie Aufwendungen für von der Krankenversorgung ausgeschlossene Arznei-, Hilfs- und Heilmittel sind nicht beihilfefähig.

(3) Bei privatversicherten Bediensteten, die nach § 257 SGB V einen Zuschuß zu ihrem Krankenversicherungsbeitrag erhalten oder deren Beitrag nach § 207 a SGB III übernommen wird, sind die Aufwendungen nur insoweit beihilfefähig, als sie über die zustehenden Leistungen der Krankenversicherung hinausgehen; dies gilt nicht für Aufwendungen, die in einer Zeit entstanden sind, in der der Arbeitgeber sich nicht an den Beiträgen zur Krankenversicherung beteiligt hat. Übersteigt die Hälfte des Beitrags zu einer privaten Krankenversicherung den Beitragszuschuß nach § 257 SGB V, so gelten die Leistungen der privaten Krankenversicherung nur im Verhältnis des Beitragszuschusses zur Hälfte des Krankenversicherungsbeitrages als zustehende Leistungen im Sinne des Satzes 1. Maßgebend sind die Beiträge und der Beitragszuschuß im Zeitpunkt der Antragstellung.

(4) Aufwendungen für Sanatoriumsaufenthalte und Heilkuren der in der gesetzlichen Krankenversicherung oder Rentenversicherung Versicherten, an deren Beiträgen der Arbeitgeber beteiligt ist oder denen er einen Zuschuß zu den Prämien einer Lebensversicherung zahlt, werden nur dann als beihilfefähig anerkannt, wenn die Versicherungsträger die Bewilligung eines Heil- und Kurverfahrens abgelehnt oder lediglich einen Zuschuß zu den Kosten zugesagt haben und der Amts- oder Vertrauensarzt – bei Kuren der Amtsarzt – die Durchfüh-

rung eines Sanatoriumsaufenthaltes oder einer Heilkur als dringend notwendig bezeichnet.

(5) Soweit ein Schadensersatzanspruch gegen Dritte besteht, werden Beihilfen nur gewährt, wenn der Anspruch in Höhe der – ohne Berücksichtigung des Schadensersatzanspruchs – zustehenden Beihilfe an den Arbeitgeber abgetreten wird. Der Anspruch darf nicht zum Nachteil des Anspruchsberechtigten geltend gemacht werden.

(6) Bedienstete, die mit weniger als der regelmäßigen wöchentlichen Arbeitszeit beschäftigt sind, erhalten die Beihilfe anteilig entsprechend ihrer arbeitsvertraglich vereinbarten durchschnittlichen regelmäßigen wöchentlichen Arbeitszeit. Dies gilt nicht für Bedienstete, die auf Grund des § 6 Abs. 1 Nr. 2, 4, 5 und 6 und Abs. 2 SGB V versicherungsfrei sind.

(7) Aufwendungen im Sinne des § 5 BVO sind nicht beihilfefähig.

§ 2

Beihilfen werden auch gewährt

1. an Angestellte, Arbeiter und Auszubildende, die über die Bezugszeit der vom Arbeitgeber gewährten Krankenbezüge hinaus arbeitsunfähig sind,
2. an weibliche Angestellte, Arbeiter und Auszubildende für die Bezugszeit von Mutterschaftsgeld nach der Reichsversicherungsordnung oder dem Mutterschutzgesetz,

solange das Arbeitsverhältnis fortbesteht. Satz 1 gilt entsprechend bei der Freistellung von der Arbeitsleistung nach § 45 Abs. 3 Satz 1 SGB V sowie für die Zeit einer Elternzeit und eines Wahlvorbereitungsurlaubs. In den Fällen des Satzes 1 und 2 wird die Beihilfe in dem Umfang gewährt, in dem sie während der Zeit mit Anspruch auf Vergütung oder Lohn zu zahlen gewesen wäre (§ 1 Abs. 6).

§ 3

(1) Waldarbeiter erhalten Beihilfen, sofern sie Stammarbeiter sind und zu erwarten ist, daß sie auch im laufenden Kalenderjahr die erforderliche Zahl an Tariftagen zur Erhaltung der Stammarbeitereigenschaft erreichen werden. Auszubildende werden den Stammarbeitern gleichgestellt.

(2) Waldarbeiter, die Stammarbeiter sind, erhalten auch Beihilfen zu Aufwendungen, die während der witterungsbedingten Unterbrechung des Arbeitsverhältnisses entstanden sind. Der Antrag kann erst nach Wiederaufnahme der Arbeit gestellt werden. Voraussetzung ist, daß die Arbeit nach Aufforderung unverzüglich wieder aufgenommen worden ist. § 2 Satz 3 gilt entsprechend.

(3) Für Waldarbeiter gelten witterungsbedingte Unterbrechungen des Arbeitsverhältnisses nicht als Unterbrechung in Fällen, in denen die Gewährung einer Beihilfe von einer ununterbrochenen Tätigkeit im öffentlichen Dienst abhängig gemacht wird.

§ 4

Beihilfen erhalten auch vollbeschäftigte Arbeiter, die in regelmäßiger Wiederkehr für eine jahreszeitlich begrenzte Tätigkeit als Saisonarbeiter eingestellt werden, wenn sie in den unmittelbar vorangegangenen drei Kalenderjahren im öffentlichen Dienst (§ 40 Abs. 6 BBesG) beschäftigt waren und hierbei insgesamt mindestens achtzehn Monate im Arbeitsverhältnis gestanden haben. Nicht beihilfefähig sind Aufwendungen, wenn der Krankheitsfall überwiegend in einem ursächlichen Zusammenhang mit einer anderen Berufstätigkeit steht. Beihilfen zu den Kosten für zahnärztliche Leistungen werden nur gewährt, wenn der Arbeiter in den unmittelbar vorangegangenen fünf Kalenderjahren im öffentlichen Dienst beschäftigt war und hierbei insgesamt mindestens dreißig Monate im Arbeitsverhältnis gestanden hat.

§ 5

Dauerangestellte, die Versorgungsbezüge nach beamtenrechtlichen Grundsätzen beziehen, und ihre versorgungsberechtigten Hinterbliebenen erhalten Beihilfen wie Versorgungsempfänger (§ 1 Abs. 1 Nr. 2 und 3 BVO).

§ 6

Diese Verordnung gilt für Angestellte, Arbeiter und Auszubildende, deren Arbeitsverhältnis vor dem 1. Januar 1999 begründet wurde, solange es ununterbrochen fortbesteht.

§ 7

Diese Verordnung tritt am 1. Juni 1965 in Kraft. Sie tritt mit Ablauf des 31. Dezember 2011 außer Kraft.

2. Verwaltungsvorschriften zur Ausführung der Verordnung über die Gewährung von Beihilfen in Geburts-, Krankheits-, Pflege- und Todesfällen (VVzBVO)

Verwaltungsvorschriften zur Ausführung der Verordnung über die Gewährung von Beihilfen in Geburts-, Krankheits-, Pflege- und Todesfällen (VVzBVO)

RdErl. des Finanzministeriums vom 22. April 2010
– B 3100-0.7-IVA 4 –
– Auszug –

Artikel I

Zur Ausführung der Verordnung über die Gewährung von Beihilfen in Geburts-, Krankheits-, Pflege- und Todesfällen bestimme ich:

1 **Zu § 1 Beihilfeberechtigte Personen**

1.1 **Absatz 1**

1.1.1 Nach § 74 Absatz 1 Satz 2 LBG werden, sofern eine oder mehrere Beurlaubungen ohne Dienstbezüge 30 Tage insgesamt im Kalenderjahr nicht überschreiten, für die Dauer dieser Beurlaubungen Beihilfen gewährt.

1.1.2 Hinterbliebene eingetragene Lebenspartner von Beihilfeberechtigten haben nach geltendem Beamtenversorgungsrecht noch keinen Anspruch auf Hinterbliebenenbezüge. Bis zu einer Änderung des Beamtenversorgungsrechts bestehen keine Bedenken, dem hinterbliebenen eingetragenen Lebenspartner nach § 1 Absatz 1 Nummer 3 BVO Beihilfen zu gewähren.

1.2 **Absatz 2** (bleibt frei)

1.3 **Absatz 3**

1.3.1 **Nummer 1**

1.3.1.1 Bedienstete, die auf unbestimmte Zeit beschäftigt werden, sind beihilfeberechtigt.

1.3.1.2 Eine Unterbrechung der Tätigkeit im öffentlichen Dienst liegt vor, wenn der Beihilfeberechtigte an einem oder mehreren Werktagen, an denen üblicherweise Dienst getan wurde, nicht im öffentlichen Dienst gestanden hat. Dies gilt nicht für die Zeit, die zwischen zwei Dienstverhältnissen zur Ausführung eines Umzuges benötigt wurde. Als Unterbrechung gilt es nicht, wenn das Beamtenverhältnis auf Widerruf gemäß § 22 Absatz 4 BeamtStG geendet hat und der Antragsteller innerhalb von drei Monaten nach dem Ausscheiden wieder in den öffentlichen Dienst übernommen worden ist.

1.3.1.3 Lehrer erhalten keine Beihilfen, wenn sie regelmäßig wöchentlich weniger als die Hälfte der Pflichtstundenzahl unterrichten.

1.3.1.4 Beamte, denen eine unterhälftige Teilzeitbeschäftigung nach § 65 Absatz 4, § 67 LBG bewilligt worden ist, erhalten weiterhin Leistungen der Krankenfürsorge nach § 71 Absatz 3 bzw. § 76 Absatz 2 Satz 3 LBG.

1.3.2 **Nummer 2**

1.3.2.1 Nach der Rechtsprechung des Bundesverwaltungsgerichts ist die Konkurrenzregelung des § 1 Absatz 3 Nummer 2 BVO nicht auf Versorgungsempfänger anzuwenden, die auf Grund einer krankenversicherungspflichtigen Beschäftigung einen Beihilfeanspruch haben und damit beihilferechtlich auf die Sachleistungen der gesetzlichen Krankenversicherung- oder Unfallversicherung verwiesen werden. Der Versorgungsempfänger kann in diesem Fall bei seiner Pensionsregelungsbehörde die Aufwendungen geltend machen, die über die Sachleistungen bzw. den Wert der Sachleistungen hinausgehen.

1.3.3 **Nummer 3** (bleibt frei)

1.4 **Absatz 4**

1.4.1 Bei laufenden Abordnungen (Beginn vor dem 1. 4. 2009) kann es bei der Regelung nach § 1 Absatz 4 BVO in der bis zum 31. 3. 2009 geltenden Fassung verbleiben, soweit keine anderen Vereinbarungen zwischen den Dienstherren getroffen werden bzw. der Beihilfeberechtigte nicht die Anwendung des § 14 Absatz 4 BeamtStG beantragt. Einzelfallbezogene Vereinbarungen der Dienstherren über die Erstattung der Beihilfekosten sollten im Rahmen der Vereinbarungen über die Erstattung der Besoldung getroffen werden und sind seitens der Beihilfestellen zu beachten.

1.4.2 Eine Abordnung oder Versetzung liegt nicht vor, wenn ein Bediensteter einem anderen Dienstherrn zur Ausbildung zugewiesen wird. In diesem Fall gewährt der zuweisende Dienstherr die Beihilfen.

1.5 **Absatz 5**

1.5.1 § 1 Absatz 5 BVO ist beim Übertritt oder bei der Übernahme eines Beamten in den Dienst eines anderen Dienstherrn entsprechend anzuwenden (vgl. § 3 Absatz 5 BVO).

1.6 **Absatz 6**

1.6.1 Mit der Regelung des § 1 Absatz 6 Satz 2 BVO wird sichergestellt, dass der Beihilfeanspruch aus einem eigenen Ruhegehalt dem nachträglich erworbenen Beihilfeanspruch als Hinterbliebener vorgeht. Die bisherige Regelung, nach der Versorgungsempfänger mit mehreren Versorgungsansprüchen die Beihilfen von der Stelle erhalten, die für die Festsetzung der neuen Versorgungsbezüge zuständig ist, kann in den Fällen, die bereits vor dem 1. April 2009 bestanden, beibehalten werden, wenn der Beihilfeberechtigte dies beantragt.

2 **Zu § 2 Beihilfefälle**

2.1 **Absatz 1**

2.1.1 **Nummer 1**

2.1.1.1 Die steuerrechtlichen Einkünfte umfassen folgende Einkunftsarten:

1. Einkünfte aus Land- und Forstwirtschaft,
2. Einkünfte aus Gewerbebetrieb,
3. Einkünfte aus selbständiger Arbeit (z. B. aus der Tätigkeit als Arzt, Zahnarzt, Rechtsanwalt, Architekt, Steuerberater),
4. Einkünfte aus nichtselbständiger Arbeit (Gehälter, Löhne, Versorgungsbezüge auf Grund früherer Dienstleistung),
5. Einkünfte aus Kapitalvermögen,
6. Einkünfte aus Vermietung und Verpachtung,
7. sonstige Einkünfte.

Die Summe dieser Einkünfte, vermindert um den Altersentlastungsbetrag nach § 24 a EStG und den Abzug für Land- und Forstwirte nach § 13 Absatz 3 EStG ist der Gesamtbetrag der Einkünfte. Kapitaleinkünfte, die nach § 32 d Absatz 1 EStG mit einem besonderen Steuersatz besteuert wurden oder die der Kapitalertragssteuer mit abgeltender Wirkung nach § 43 Absatz 5 EStG unterlegen haben, sind den Einkünften, der Summe der Einkünfte und dem Gesamtbetrag der Einkünfte hinzuzurechnen (vgl. § 2 Absatz 5 a EStG).

2.1.1.2 Als erstmalige Rentenbezieher gelten Rentner mit erstmaligem Anspruch auf Rente aus eigenem oder abgeleitetem Recht (z. B. Bezieher von Hinterbliebenenrenten), nicht aber Bezieher von umgewandelten Renten (z. B. Rente wegen Erwerbsminderung, die nach dem 31. 12. 2003 in Altersrente umgewandelt wird). Soweit die berücksichtigungsfähige Person-Leibrenten und andere Leistungen, die aus den gesetzlichen Rentenversicherungen, den landwirtschaftlichen Alterskassen, den berufsständischen Versorgungseinrichtungen und aus Rentenversicherungen erbracht werden, erstmalig ab 1. 1. 2004 bezieht, die bis 31. 12. 2004 der Besteuerung nach § 22 EStG, ab 1. 1. 2005 nach § 22 Nummer 1 Satz 3 Buchstabe aa EStG, unterliegen, ist ihrem Gesamtbetrag der Einkünfte der Unterschiedsbetrag zwischen dem Jahresbetrag der Rente und dem der Besteuerung unterliegenden Anteil der Rente hinzuzurechnen. Der Differenzbetrag ist dem Steuerbescheid zu entnehmen. Renten, die der Besteuerung nach § 22 Nummer 1 Satz 3 Buchstabe bb EStG (ab 1. 1. 2005) unterliegen, werden ausschließlich mit dem Ertragsanteil erfasst. Bei erstmaligem Rentenbezug vor dem 1. 1. 2004 wird bei der Ermittlung des Gesamtbetrages der Einkünfte ausschließlich der steuerliche Ertragsanteil der Renten nach § 22 EStG (bis 31. 12. 2004), ab 1. 1. 2005 nach § 22 Nummer 1 Satz 3 Buchstabe aa EStG, zu Grunde gelegt. Dies gilt entsprechend für die Rentenbezüge mit erstmaligem Rentenbezug vor dem 1. 1. 2004, die ab 1. 1. 2005 von § 22 Nummer 1 Satz 3 Buchstabe bb EStG erfasst werden.

2.1.1.3 Der Festsetzung der Beihilfe sind die Angaben des Beihilfeberechtigten über die Einkünfte des Ehegatten oder eingetragenen Lebenspartners im Antragsvordruck zu Grunde zu legen. Sofern der Gesamtbetrag der Einkünfte noch nicht festgestellt werden kann, steht die Beihilfefestsetzung unter dem Vorbehalt, dass die Grenze von 18.000 Euro nicht überschritten wird. Sofern nach Lage des Falles ein Überschreiten der Höchstgrenze möglich erscheint, soll die Beihilfestelle einen Nachweis über die Höhe der Einkünfte fordern.

2.1.1.4 Der Ehegatte oder eingetragene Lebenspartner eines Beihilfeberechtigten, der der Krankenversorgung der Bundesbahnbeamten (KVB) angehört, ist als selbst beihilfeberechtigt anzusehen. Dies gilt nicht, wenn der Ehegatte oder eingetragene Lebenspartnereinen Zuschlag zu seinem Krankenversicherungsbeitrag zahlen muss, weil ihm die aus Haushaltsmitteln gewährten Fürsorgeleistungen der Deutschen Bundesbahn nicht zugute kommen. Ist ein Kind, für das der Beihilfeberechtigte Anspruch auf

Beihilfen hat, in der KVB mitversichert, wird eine Beihilfe zu den Aufwendungen für das Kind nur gewährt, sofern nachgewiesen wurde, dass die KVB zu diesen Aufwendungen keine Fürsorgeleistungen erbracht hat bzw. erbringt.

2.1.1.5 Hat der berücksichtigungsfähige Ehegatte oder eingetragene Lebenspartner keine Einkünfte mehr und erklärt der Beihilfeberechtigte, dass im laufenden Kalenderjahr der Gesamtbetrag der Einkünfte des Ehegatten oder eingetragenen Lebenspartners 18.000 Euro nicht überschreiten wird, kann unter dem Vorbehalt des Widerrufs eine Beihilfe gewährt werden. Nach Ablauf des Kalenderjahres ist ein Nachweis über die Höhe der Einkünfte zu erbringen. Satz 1 gilt nicht für Aufwendungen, die in den Kalenderjahren entstanden sind, in denen der Gesamtbetrag der Einkünfte des Ehegatten oder eingetragenen Lebenspartners 18.000 Euro überschritten hat.

2.1.1.6 In den Fällen des § 4 PflegeZG, § 71 Absatz 2 und § 76 Absatz 2 Satz 3 LBG ist eine Beihilfe auch dann zu gewähren, wenn der Ehegatte oder eingetragene Lebenspartner im Kalenderjahr vor der Antragstellung und/oder im laufenden Kalenderjahr ausschließlich Einkünfte aus nichtselbständiger Arbeit (§ 19 EStG) erzielt und diese mehr als 18.000 Euro betragen haben bzw. betragen. Dies gilt bei Ehegatten oder eingetragenen Lebenspartnern, die vor der Beurlaubung einen Beihilfeanspruch gegen einen anderen Dienstherrn hatten, nur dann, wenn der andere Dienstherr bei Beamten des Landes, die auf Grund der Regelung des § 71 Absatz 2 oder § 76 Absatz 2 Satz 3 LBG berücksichtigungsfähige Person werden, entsprechend verfährt.

2.1.1.7 Nicht selbst beihilfeberechtigt im Sinne des § 2 BVO sind nach der Rechtsprechung des Bundesverwaltungsgerichts auch die Angehörigen eines Beihilfeberechtigten, die gesetzlich versichert sind, auf Grund ihrer Beschäftigung einen Beihilfeanspruch haben und damit beihilferechtlich auf die Sach- oder Dienstleistungen der gesetzlichen Kranken- oder Unfallversicherung verwiesen werden. Der Beihilfeberechtigte kann in diesem Fall bei seiner Festsetzungsstelle die Aufwendungen geltend machen, die über die Sach- oder Dienstleistungen bzw. den Wert der Sach- oder Dienstleistungen hinausgehen. Hat der pflichtversicherte Angehörige Kostenerstattung nach § 13 Absatz 2 SGB V gewählt oder nach § 13 Absatz 4 SGB V erhalten, können die nicht gedeckten Aufwendungen nicht geltend gemacht werden. Dies gilt entsprechend für gesetzlich vorgesehene Zuzahlungen und Gebühren.

2.1.1.8 Beantragt der Beihilfeberechtigte erstmals eine Beihilfe für Aufwendungen seines eingetragenen Lebenspartners, ist dem Beihilfeantrag eine beglaubigte Kopie der Lebenspartnerschaftsurkunde beizufügen. Diese Kopie ist zu den Akten zu nehmen.

2.1.1.9 Nach dem Bundesbesoldungsgesetz werden im Familienzuschlag die Kinder berücksichtigt, für die dem Beamten Kindergeld nach dem EStG oder nach BKGG zusteht oder ohne Berücksichtigung der §§ 64 oder 65 EStG oder der §§ 3 oder 4 BKGG zustehen würde. Bei in einer eingetragenen Lebenspartnerschaft lebenden Kindern ist es bis zu einer Änderung der besoldungs- und versorgungsrechtlichen Vorschriften für die Gewährung von Beihilfen ausreichend, wenn einem der eingetragenen Lebenspartner für das Kind Kindergeld zusteht oder zustehen würde. Nummer 2.2.2 gilt entsprechend.

2.1.2 **Nummer 2** (bleibt frei)

2.1.3 **Nummer 3** (bleibt frei)

2.1.4 **Nummer 4** (bleibt frei)

2.1.5 **Nummer 5** (bleibt frei)

2.2 **Absatz 2**

2.2.1 § 2 Absatz 2 BVO gilt auch für nicht selbst beihilfeberechtigte Kinder von Beihilfeberechtigten, die keinen Anspruch auf Familienzuschlag haben (Lohnempfänger), sofern bei Anwendung des Besoldungsgesetzes die Kinder im Familienzuschlag berücksichtigungsfähig wären; Nummer 2.1.1.9 gilt entsprechend.

2.2.2 § 2 Absatz 2 Satz 1 zweiter Halbsatz BVO gilt in den Fällen des § 32 Absatz 5 EStG entsprechend.

2.2.3 Ein nicht selbst beihilfeberechtigtes Kind gilt auch dann als im Familienzuschlag berücksichtigungsfähig, wenn es wegen der Konkurrenzregelung des § 40 Absatz 5 BBesG nicht im Familienzuschlag erfasst ist. Dies gilt nicht, wenn ein Kind, das bei mehreren Beihilfeberechtigten berücksichtigungsfähig ist, nach Bundes- oder Landesbeihilferecht nur bei dem Beihilfeberechtigten berücksichtigt wird, der den Familienzuschlag für das Kind nach § 40 BBesG erhält.

2.2.4 Die schriftliche Erklärung der Beihilfeberechtigten zu den Aufwendungen des Kindes ist von der Beihilfestelle, die die Beihilfe für das Kind zahlen soll, zu den Akten zu nehmen. Eine Kopie der Erklärung ist der Beihilfestelle des anderen Beihilfeberechtigten zu übersenden. In den Fällen der Nummer 2.2.3 Satz 2 gilt die

Beantragung des Familienzuschlags durch einen Beihilfeberechtigten als Bestimmung der Beihilfeberechtigten nach § 2 Absatz 2 Satz 2 BVO.

2.2.5 Weiterhin berücksichtigungsfähig sind studierende Kinder i. S. d. § 2 Absatz 2 BVO, die von der durch das Steueränderungsgesetz 2007 vom 19. Juli 2006 (BGBl. I. S. 1652) vorgenommenen Kürzung des Bezugszeitraumes für Kindergeld und Familienzuschlag betroffen sind (d. h. Anspruchsende grundsätzlich mit Vollendung des 25. Lebensjahres), soweit sie bereits bis zum Wintersemester 2006/2007 ein Studium an einer Hoch- oder Fachhochschule aufgenommen haben.

2.3 **Absatz 3** (bleibt frei)

3. **Zu § 3 Begriff der beihilfefähigen Aufwendungen**

3.1 **Absatz 1**

3.1.1 **Nummer 1** (bleibt frei)

3.1.2 **Nummer 2**

3.1.2.1 Für die Früherkennung von Krankheiten gelten folgende Richtlinien in der jeweils aktuellen Fassung:

a) Richtlinien über die Früherkennung von Krankheiten bei Kindern bis zur Vollendung des sechsten Lebensjahres (Kinder-Richtlinien) in der Fassung vom 26. April 1976 (Beilage Nummer 28 zum BAnz. Nummer 214 vom 11. November 1976),

b) Richtlinien zur Jugendgesundheitsuntersuchung vom 26. Juni 1998 (BAnz. Nummer 159 vom 27. August 1998),

c) Richtlinien über die Früherkennung von Krebserkrankungen (Krebsfrüherkennungs-Richtlinien) in der Fassung vom 18. Juni 2009 (BAnz. Nummer 148 a vom 2. Oktober 2009),

d) Richtlinien über die Gesundheitsuntersuchung zur Früherkennung von Krankheiten (Gesundheitsuntersuchungs-Richtlinien) vom 24. August 1989 (Bundesarbeitsblatt Nummer 10 vom 29. September 1989).

3.1.3 **Nummern 3 bis 7** (bleiben frei)

3.2 **Absatz 2**

3.2.1 Hält ein Facharzt oder – nach Einholung einer fachärztlichen Stellungnahme – ein praktischer Arzt eine Untersuchung in einer Diagnoseklinik wegen der Besonderheit des Krankheitsbildes für erforderlich, sind die durch die Inanspruchnahme der nächstgelegenen Diagnoseklinik entstehenden Kosten nach § 4 Absatz 1 Nummer 1, 2, 3, 7, 9 und 11 BVO beihilfefähig. Die ärztliche Bescheinigung, die ggf. einen Hinweis auf die fachärztliche Stellungnahme enthalten muss, ist zusammen mit dem Beihilfeantrag vorzulegen.

Sind die Voraussetzungen des Absatzes 1 nicht erfüllt, wird zu den Beförderungskosten sowie zu den bei stationärer oder nichtstationärer Unterbringung entstehenden Kosten für Unterkunft und Verpflegung keine Beihilfe gewährt; beihilfefähig sind nur die Aufwendungen nach § 4 Absatz 1 Nummer 1, 7 und 9 BVO. Aufwendungen für eine stationäre Unterbringung (§ 4 Absatz 1 Nummer 2 BVO) können ausnahmsweise dann als beihilfefähig berücksichtigt werden, wenn sich anlässlich der Untersuchung in der Klinik die dringende Notwendigkeit einer solchen Unterbringung ergibt und dies von der Klinik bescheinigt wird.

Aufwendungen für Grunduntersuchungen zur Gesundheitskontrolle in einer Diagnoseklinik sind nicht beihilfefähig; § 3 Absatz 1 Nummer 2 BVO bleibt unberührt.

3.2.2 Aufwendungen für Schutzimpfungen sind beihilfefähig, soweit sie nach den jeweils gültigen Empfehlungen der Ständigen Impfkommission am Robert Koch-Institut (STIKO) öffentlich empfohlen werden (vgl. hierzu auch RdErl. des Ministeriums für Frauen, Jugend, Familie und Gesundheit vom 7. 12. 2000 – SMBl. NRW. 21260).

3.2.3 Den Amtsärzten werden die beamteten Ärzte gleichgestellt. Als Vertrauens-(-zahn-)arzt kann auch ein als Tarifbeschäftigter im öffentlichen Dienst stehender Arzt (Zahnarzt) oder ein frei praktizierender Arzt (Zahnarzt) herangezogen werden. Gutachten sind nur mit Einverständnis der Betroffenen einzuholen, sofern dazu persönliche Daten weitergegeben werden; wird das Einverständnis verweigert, ist die Beihilfe unter Berücksichtigung der Zweifel der Beihilfestelle festzusetzen.

3.2.4 Nach der Gebührenordnung für Psychologische Psychotherapeuten und Kinder- und Jugendlichenpsychotherapeuten(GOP) vom 8. Juni 2000 (BGBl. I S. 818) richten sich die Vergütungen für die beruflichen Leistungen dieser Berufsgruppe nach der GOÄ. Berechenbar sind ausschließlich Leistungen, die in den Abschnitten B und G aufgeführt sind (§ 1 Absatz 2 GOP).

Berechenbar sind aus Abschnitt B grundsätzlich nur die Ziffern 1, 3, 4, 34, 60, 70 (ausgenommen Dienst- bzw. Arbeitsunfähigkeitsbescheinigungen), 75, 80, 85, 95, 96 und aus Abschnitt G nur die Ziffern 808, 835, 845, 846, 847, 855, 856, 857, 860, 861, 862, 863, 864, 865, 870, 871.

Gebühren für Leistungen nach Abschnitt B sowie Gebühren für Leistungen nach den Nummern 808, 835, 845, 846, 847, 855, 856, 857 und 860 des Abschnittes G der GOÄ unterliegen nicht dem Voranerkennungsverfahren durch vertrauensärztliche Gutachter, sie sind unabhängig von den übrigen Behandlungsziffern nach Abschnitt G der GOÄ beihilfefähig.

Der RdErl. v. 10. 12. 1997 (Hinweise zum ärztlichen Gebührenrecht) – SMBl. NRW. 203204 – gilt entsprechend; dabei ist jedoch davon auszugehen, dass die Gebühren den 2,3fachen Satz grundsätzlich nicht überschreiten dürfen.

Nach § 1 Absatz 2 Satz 2 GOP gilt § 6 Absatz 2 GOÄ mit der Maßgabe, dass psychotherapeutische Leistungen, die nicht in der GOÄ enthalten sind, entsprechend einer nach Art, Kosten und Zeitaufwand gleichwertigen Leistung der Abschnitte B und G des Gebührenverzeichnisses der GOÄ berechnet werden können. Derzeit wird die Notwendigkeit einer Analogbewertung allerdings nicht gesehen.

Sofern Psychotherapeuten eine Analogbewertung vornehmen und/oder den o. g. Gebührenansatz überschreiten, ist die Rechnung dem Gutachter/Obergutachter zur Begutachtung vorzulegen. Diese Begutachtung kann zum üblichen Satz (Nummer 4a.2.14) vergütet werden.

3.2.5 Überschreitet eine Gebühr für ärztliche, zahnärztliche oder psychotherapeutische Leistungen den in den §§ 5 Absatz 2 Satz 4, 5 Absatz 3 Satz 2 und 5 Absatz 4 Satz 2 GOÄ sowie 5 Absatz 2 Satz 4 GOZ vorgesehenen Schwellenwert, so kann sie nur dann als angemessen angesehen werden, wenn in der schriftlichen Begründung der Rechnung (§ 12 Absatz 3 Sätze 1 und 2 GOÄ, § 10 Absatz 3 Sätze 1 und 2 GOZ) dargelegt ist, dass erheblich über das gewöhnliche Maß hinausgehende Umstände, die in der Person des Patienten liegen (patientenbezogene Bemessungskriterien) dies rechtfertigen. Derartige Umstände können i. d. R. nur dann gegeben sein, wenn die einzelne Leistung aus bestimmten Gründen

– besonders schwierig war oder
– einen außergewöhnlichen Zeitaufwand beanspruchte oder

– wegen anderer besonderer Umstände bei der Ausführung erheblich über das gewöhnliche Maß hinausging

und diese Umstände nicht bereits in der Leistungsbeschreibung des Gebührenverzeichnisses berücksichtigt sind (§ 5 Absatz 2 Satz 3 GOÄ/GOZ; vgl. z. B. Nummer 2382 des Gebührenverzeichnisses der GOÄ, Nummer 605 des Gebührenverzeichnisses der GOZ).

Nach § 12 Absatz 3 Satz 2 GOÄ, § 10 Absatz 3 Satz 2 GOZ ist die Begründung auf Verlangen näher zu erläutern. Bestehen beider Beihilfestelle Zweifel darüber, ob die in der Begründung dargelegten Umstände die Überschreitung und/oder den Umfang der Überschreitung rechtfertigen, ist ggf. mit Einverständniserklärung des Beihilfeberechtigten eine Stellungnahme des zuständigen Amts(zahn)arztes und ggf. eines sonstigen medizinischen/ zahnmedizinischen Sachverständigen einzuholen. Die Kosten der Begutachtung übernimmt die Beihilfestelle.

Wird das Einverständnis verweigert und kann die Berechtigung des Anspruchs nicht anderweitig festgestellt werden, wird eine Beihilfe nicht gezahlt.

Gebühren, die auf einer Abdingung nach § 2 Absatz 1 GOÄ, § 2 Absatz 1 GOZ beruhen, können grundsätzlich nur bis zum Schwellenwert als angemessen i. S. der BVO angesehen werden, es sei denn, eine Überschreitung des Schwellenwertes bis zum höchsten Gebührensatz (§ 5 GOÄ, § 5 GOZ) ist nach der Begründung (s. o.) gerechtfertigt. Über Ausnahmen in außergewöhnlichen, medizinisch besonders gelagerten Einzelfällen entscheidet für den Landesbereich das Finanzministerium.

3.2.6 Ob die Aufwendungen aus Anlass einer Krankheit entstanden sind und notwendig waren, ergibt sich aus der Diagnose; ohne deren Angabe in der Rechnung können die Aufwendungen daher nicht als beihilfefähig anerkannt werden. Bei zahnärztlicher Behandlung ist die Angabe der Diagnose bei implantologischen, funktionsanalytischen und funktionstherapeutischen Leistungen erforderlich.

3.2.7 Abweichend von der Bestimmung 7.2 in meinem Runderlass vom 19. August 1998 (Hinweise zum zahnärztlichen Gebührenrecht – SMBl. NRW. 203204) können Kompositfüllungen grundsätzlich auch bei einer analogen Bewertung nach den Positionen 215–217 GOZ als beihilfefähig anerkannt werden. Dabei wird ein Steigerungssatz von höchstens 2,3 als angemessen angesehen. Ein Überschreiten des 2,3-fachen Gebührensatzes ist auch bei entsprechender Begründung des behandelnden Zahnarztes beihilferechtlich nicht zu berücksichtigen.

3.2.8 Mehraufwendungen für Verblendungen (einschließlich Vollkeramikkronen bzw. -brücken, z. B. im Cerec-Verfahren) sind grundsätzlich bis einschließlich Zahn 6 notwendig und damit beihilfefähig. Soweit eine Brückenversorgung über Zahn 6 hinaus reicht, sind auch diese Verblendungskosten als beihilfefähig anzuerkennen. Die zahnärztlichen Leistungen sind grundsätzlich auch bei den Zähnen beihilfefähig, bei denen die Aufwendungen nach Satz 1 nicht notwendig sind.

3.2.9 Abrechnungen von Nebenkosten auf der Basis des DKG-NT (Tarif der deutschen Krankenhausgesellschaft) sind in voller Höhe beihilfefähig.

3.2.10 Aufwendungen für ärzt(zahnärzt)liche Bescheinigungen zum Nachweis der Dienstunfähigkeit und Dienstfähigkeit des Beihilfeberechtigten und seiner berücksichtigungsfähigen Angehörigen sind beihilfefähig.

3.2.11 Soweit hinsichtlich der Notwendigkeit- und Angemessenheit der berechneten Leistungen erhebliche Zweifel an Heilpraktikerrechnungen bestehen, können Anfragen anonymisiert und kostenfrei an die in der Anlage 1 zu dieser VV aufgeführten Berufsverbände der Heilpraktiker gestellt werden.

3.3 **Absatz 3** (bleibt frei)

3.4 **Absatz 4**

3.4.0.1 Nach § 2 SGB XII erhält Sozialhilfe nicht, wer sich vor allem durch den Einsatz seiner Arbeitskraft, seines Einkommens und seines Vermögens selbst helfen kann oder wer die erforderliche Leistung von anderen, insbesondere von Angehörigen oder von Trägern anderer Sozialleistungen, erhält. Danach hat eine nach der Beihilfenverordnung zustehende Beihilfe Vorrang vor der Sozialhilfe.

3.4.0.2 Erhält ein Beihilfeberechtigter, ein nicht getrennt lebender Ehegatte, ein nicht getrennt lebender eingetragener Lebenspartner oder ein berücksichtigungsfähiges Kind zunächst Sozialhilfe, kann der Träger der Sozialhilfe durch schriftliche Anzeige gegenüber der Festsetzungsstelle den Übergang des Beihilfeanspruchs auf sich bewirken (§ 93 SGB XII).

3.4.0.3 Bei der Ermittlung der auf die beihilfefähigen Aufwendungen anzurechnenden Krankenversicherungsleistungen nach § 3 Absatz 4 Satz 3 zweiter Halbsatz BVO sind die Berechnungsgrundlagen auf volle Euro nach unten abzurunden.

Beispiel:

Einer außerhalb des öffentlichen Dienstes tätigen Ehefrau eines Beamten sind beihilfefähige Ge samtaufwendungen von 1.000 Euro entstanden. Die private Krankenversicherung hat hierzu 750,50 Euro erstattet. Der Krankenversicherungsbeitrag beträgt monatlich 100,50 Euro, zu dem der Arbeitgeber einen Zuschuss von 40,70 Euro leistet. Von den Leistungen der Krankenversicherung sind auf die beihilfefähigen Gesamtaufwendungen anzurechnen

$$\frac{40 \text{ x } 750}{50} = 600 \text{ Euro}$$

Beihilfefähig sind 400 Euro.

3.4.1 **Nummer 1**

3.4.1.1 § 3 Absatz 4 Satz 2 Nummer 1 und Satz 3 BVO gelten entsprechend für Personen, die einen Zuschuss nach § 44 a Absatz 1 SGB XI erhalten.

3.4.2 **Nummer 2** (bleibt frei)

3.4.3 **Nummer 3** (bleibt frei)

3.4.4 **Nummer 4**

3.4.4.1 Nach § 3 Absatz 4 Satz 2 Nummer 4 und 5 BVO erfolgt bei Pflegeaufwendungen keine Anrechnung von Leistungen der Pflegeversicherung.

3.4.5 **Nummer 5** (bleibt frei)

3.4.6 **Nummer 6** (bleibt frei)

3.5 **Absatz 5**

3.5.1 Eine Beihilfe darf auch noch nach dem Ausscheiden aus dem Kreis der Beihilfeberechtigtengewährt werden, wenn es sich um Aufwendungen handelt, die innerhalb der Zeit entstanden sind, in der der Betreffende noch beihilfeberechtigt war.

3.6 **Absatz 6** (bleibt frei)

4 **Zu § 4 Beihilfefähige Aufwendungen in Krankheitsfällen**

4.1 **Absatz 1**

4.1.1 **Nummer 1**

4.1.1.1 Nummer 3.2.3 gilt entsprechend.

4.1.1.2 Zu Aufwendungen für Akupunkturbehandlungen können Beihilfen gewährt werden, wenn wissenschaftlich anerkannte Behandlungsmethoden ohne Erfolg angewendet worden sind. Ob diese Voraussetzung gegeben ist, entscheidet die Beihilfestelle; sie kann bei Zweifel das Gutachten eines Amts- oder Vertrauensarztes einholen. Die Aufwendungen für eine Akupunktur zur Behandlung von Schmerzen (Nummern 269 und 269 a GOÄ) sind ohne die Einschränkungen der Sätze 1 und 2 beihilfefähig.

4.1.1.3 Aufwendungen für die Extracorporale Stoßwellentherapie (ESWT) im orthopädischen und schmerztherapeutischen Bereich sind nur beihilfefähig für die Behandlung der

- Tendinosis calcarea,
- Pseudarthrose (nicht heilender Knochenbruch),
- Fasziitis plantaris (Fersensporn).

Auf der Grundlage des Beschlusses der Bundesärztekammer zur Analogbewertung der ESWT ist ausschließlich der analoge Ansatz der Ziffer 1800 GOÄ beihilfefähig. Daneben sind keine Zuschläge (da keine Operationsleistung) beihilfefähig.

Aufwendungen für eine Radiale Stoßwellentherapie (RSWT) sind mangels Wirksamkeitsnachweises der Therapie nicht beihilfefähig.

4.1.1.4 Die Verordnung von Soziotherapie dürfen nur Ärzte vornehmen, die berechtigt sind, die Gebietsbezeichnung „Psychiatrie oder Nervenheilkunde" zu führen. Die Dauer und die Frequenz der soziotherapeutischen Betreuung sind abhängig von den individuellen medizinischen Erfordernissen. Es können insgesamt höchstens 120 Therapieeinheiten innerhalb eines Zeitraums von 3 Jahren berücksichtigt werden. Die Soziotherapieeinheit umfasst 60 Minuten.

4.1.1.5 Soziotherapie können nur die seitens der GKV anerkannten Leistungserbringer durchführen. Es sind dies Diplom-Sozialarbeiter, Diplom-Sozialpädagogen und Fachkrankenpfleger für Psychotherapie (§ 4 Absatz 1 Nummer 9 Satz 3 BVO gilt insoweit nicht). Eine aktuelle Liste der anerkannten Leistungserbringer ist bei der jeweiligen Ortskrankenkasse am Wohnort des Beihilfeberechtigten zu erfragen.

4.1.1.6 Die Aufwendungen der Soziotherapie sind bis auf weiteres nur in der Höhe beihilfefähig, in der sie von der Ortskrankenkasse im

Rahmen ihres Vertrages mit dem Leistungserbringer vereinbart sind.

4.1.1.7 Soweit wegen der Komplexität der Kommunikation zwischen Beihilfeberechtigtem- oder berücksichtigungsfähiger Person und dem Leistungserbringer im Einzelfall die Hinzuziehung eines Gebärdensprachdolmetschers erforderlich ist, sind die Aufwendungen hierfür bis zu 55 Euro je Stunde Einsatzzeit zuzüglich erforderlicher Reisezeit beihilfefähig. Die Fahrkosten sind in Höhe von 0,30 Euro je Kilometer bei Benutzung eines Kraftfahrzeuges oder in Höhe der niedrigsten Kosten des regelmäßig verkehrenden Beförderungsmittels beihilfefähig.

4.1.2 **Nummer 2**

4.1.2.1 Zu den allgemeinen Krankenhausleistungen gehört gemäß § 2 Absatz 2 Satz 2 Nummer 3 KHEntgG auch die aus medizinischen Gründen notwendige Mitaufnahme einer Begleitperson des Patienten. Über die medizinische Notwendigkeit entscheidet der Krankenhausarzt. Für den Aufnahmetag und jeden weiteren Tag des vollstationären Krankenhausaufenthalts (Berechnungstage) können seitens des Krankenhauses 45,00 Euro für Unterkunft und Verpflegung berechnet werden. Entlassungs- und Verlegungstage, die nicht zugleich Aufnahmetag sind, können bei vollstationären Behandlungen nicht abgerechnet werden. Der Betrag von 45,00 Euro ist beihilfefähig. Besonders berechnete Kosten für eine medizinisch nicht notwendige Begleitperson sind nicht beihilfefähig.

4.1.2.2 Aufwendungen für eine spezialisierte ambulante Palliativversorgung und eine spezialisierte ambulante pädiatrische Palliativversorgung sind beihilfefähig, wenn wegen einer nicht heilbaren, fortschreitenden und weit fortgeschrittenen Erkrankung bei einer zugleich begrenzten Lebenserwartung eine besonders aufwändige Versorgung notwendig ist. § 37 b Absatz 1 Satz 3 und 4 sowie Absatz 2 und Absatz 3 SGB V gelten entsprechend. Die pflegerischen Aufwendungen sind bis zur Höhe der vereinbarten Vergütung nach § 132 d SGB V (es ist ausreichend, wenn der Leistungserbringer dies bestätigt) beihilfefähig.

4.1.2.3 Aufwendungen für eine stationäre oder teilstationäre Versorgung in einem Hospiz (Kinderhospiz), in dem eine palliativmedizinische Behandlung erbracht wird, sind für die ersten 9 (Kinderhospiz: 18) Monate der Versorgung grundsätzlich nach § 4 Absatz 1 Nummer 2 Satz 2 Buchstaben a und b BVO beihilfefähig. Die Abzugsbeträge nach § 4 Absatz 1 Nummer 2 Satz

2 Buchstabe b BVO bleiben unberücksichtigt. Nach Ablauf von 9 Monaten (Kinderhospiz: 18 Monaten) gelten die §§ 5 bis 5 d BVO. Nummer 4.1.2.2 gilt entsprechend.

4.1.2.4 Von den nach § 4 Absatz 1 Nummer 2 BVO beihilfefähigen Aufwendungen sind die Selbstbehalte für den Aufnahmetag und jeden weiteren Tag des Krankenhausaufenthalts (einschließlich Entlassungstag) abzuziehen.

4.1.2.5 Die Selbstbeteiligungen nach § 4 Absatz 1 Nummer 2 BVO sind innerhalb eines Kalenderjahres für den Beihilfeberechtigten und seine berücksichtigungsfähigen Angehörigen bis zu einem Betrag von jeweils insgesamt 750 Euro in Abzug zu bringen.

4.1.2.6 Zweibettzimmerzuschläge sind nur in der Höhe angemessen, wie sie zwischen dem Verband der privaten Krankenversicherungen (PKV) und der Deutschen Krankenhausgesellschaft vereinbart wurden. Soweit Zweifel an der Höhe des berechneten Zweibettzimmerzuschlags bestehen, ist der Beihilfestelle vom Beihilfeberechtigten eine Kopie der Zweibettzimmerabrechnung seiner PKV vorzulegen; um Zeitverzögerungen bei der Abrechnung zu vermeiden, ist ggf. die Beihilfe mit dem berechneten Zweibettzimmerzuschlag unter Vorbehalt und mit der Auflage festzusetzen, den Erstattungsbescheid der PKV nachzureichen. Liegt für die berechnende Krankenanstalt keine Vereinbarung mit dem PKV-Verband vor, ist im Rahmen einer Vergleichsberechnung der Zweibettzimmerzuschlag der zum Behandlungssort nächstgelegenen Krankenanstalt heranzuziehen, mit der eine Vereinbarung getroffen wurde.

4.1.2.7 Die beihilferechtliche Vergleichsberechnung nach § 4 Absatz 1 Nummer 2 Satz 3 BVO gilt auch für so genannte „Anschlussheilbehandlungen“, soweit eine Abrechnung nicht nach § 6 BVO sondern nach § 4 BVO erfolgt.

4.1.2.8 Bei Kliniken der Maximalversorgung ist davon auszugehen, dass grundsätzlich für jede Erkrankung eine nach neuesten medizinischen Erkenntnissen bestmögliche Behandlung erfolgen kann.

4.1.2.9 Soweit die dem Behandlungsort nächstgelegene Klinik der Maximalversorgung keine medizinisch gleichwertigen Leistungen anbieten kann (vgl. Nummer 4.1.2.8), ist die Vergleichsberechnung an Hand der vergleichbaren Pflegesätze der dem Behandlungsort nächstgelegenen Klinik nach § 108 Nummer 3 SGB V durchzuführen, soweit diese eine medizinisch gleichwertige Behandlung anbieten kann. Ist dies nicht der Fall, sind die Pflegesätze der zur Beihilfestelle nächstgelegenen Klinik der Maximalversorgung zur Vergleichsberechnung heranzuziehen. Betreibt der Träger der „Privatklinik" (ohne Zulassung nach § 108 SGB V) auf dem Grundstück der Klinik oder in unmittelbarer Nähe hierzu eine weitere Klinik mit Zulassung nach § 108 SGB V, kann aus Vereinfachungsgründen die Vergleichsberechnung auch zwischen diesen Kliniken erfolgen.

4.1.2.10 Rechnet die aufgesuchte „Privatklinik" (ohne Zulassung nach § 108 SGB V) eine an den Fallpauschalenkatalog des Krankenhausentgeltgesetzes angelehnte „DRG" ab, ist darauf zu achten, dass der Vergleichsklinik (der Maximalversorgung) sämtliche Diagnosen sowie Prozeduren (OPS) des Behandlungsfalles vorgelegt werden. Für die Vergleichsberechnung ist der am Tag der Aufnahme in die Privatklinik gültige Zahlbasisfallwert (inkl. Zuschläge- und Zusatzentgelte etc.) der vergleichbaren Klinik der Maximalversorgung maßgebend. Ggf. anfallende Kosten der Begutachtung trägt die Beihilfestelle.

4.1.2.11 Bei Behandlungen in Kliniken, deren medizinische Leistungen mit den Leistungen der unter § 1 Absatz 1 BPflV fallenden Krankenhäuser vergleichbar sind, gelten die Nummern 4.1.2.5 bis 4.1.2.10 entsprechend.

4.1.2.12 Die nach den §§ 6 und 9 KHEntgG neben einer Fallpauschale zusätzlich berechneten Zusatzentgelte sind beihilfefähig. Dies gilt auch für den DRG-Systemzuschlag nach § 17 b Absatz 5, für den Zuschlag für Ausbildungsstätten und Ausbildungsvergütungen und für sonstige Zuschläge nach § 17 b Absatz 1 Satz 4 und 6 sowie für Qualitätssicherungszuschläge nach § 17 b Absatz 1 Satz 5 des Krankenhausfinanzierungsgesetzes. Aufwendungen für eine gemäß § 22 BPflV oder § 17 KHEntgG in Rechnung gestellte Wahlleistung „gesondert berechenbare Unterkunft/Unterbringung in einem Ein- oder Zweibettzimmer" für den Verlegungstag sind nicht beihilfefähig.

4.1.3 **Nummer 3** (bleibt frei)

4.1.4 **Nummer 4** (bleibt frei)

4.1.5 **Nummer 5**

4.1.5.1 Bei vorübergehender Erkrankung einer Person, die in einem Altenheim nicht wegen krankheitsbedingter dauernder Pflegebedürftigkeit wohnt, ist ein zu den allgemeinen Heimkosten erhobener Pflegekostenzuschlag nach § 4 Absatz 1 Nummer 5 BVO beihilfefähig.

4.1.6 **Nummer 6** (bleibt frei)

4.1.7 **Nummer 7 und Anlage 2**

4.1.7.1 Nach § 4 Absatz 1 Nummer 7 und der Anlage 2 BVO sind grundsätzlich nur Aufwendungen für verschreibungspflichtige Arzneimittel beihilfefähig, soweit sie nicht nach den Arzneimittelrichtlinien des Gemeinsamen Bundesausschusses gemäß § 92 Absatz 1 Satz 2 Nummer 6 SGB V von der Verordnung in der GKV ausgeschlossen sind, sowie Aufwendungen für apothekenpflichtige, nicht verschreibungspflichtige Arzneimittel, die bei der Behandlung schwerwiegender Erkrankungen als Therapiestandard gelten (für Personen bis zur Vollendung des 18. Lebensjahresgelten diese Einschränkungen nicht). Eine Krankheit ist schwerwiegend, wenn sie lebensbedrohlich ist oder wenn sie auf Grund der Schwere der durch sie verursachten Gesundheitsstörung die Lebensqualität auf Dauer nachhaltig beeinträchtigt. Als Therapiestandard gilt ein Arzneimittel, wenn der therapeutische Nutzen zur Behandlung der schwerwiegenden Erkrankung dem allgemein anerkannten Stand der medizinischen Erkenntnisse entspricht. Voraussetzung für eine Beihilfefähigkeit der Aufwendungen ist, dass die schwerwiegende Erkrankung und das für die Behandlung dieser Erkrankung verordnete Standardtherapeutikum in der Anlage I zum Abschnitt F der AMR in der jeweils aktuellen Fassung (www.g-ba.de/informationen/richtlinien) aufgeführt ist. Das Finanzministerium kann in begründeten Einzelfällen Ausnahmen zulassen (§ 4 Absatz 1 Nummer 7 Satz 4 1. Halbsatz BVO).

4.1.7.2 Bei den in der Anlage I zu den AMR aufgeführten Indikationsgebieten sind auch Aufwendungen für Arzneimittel der Anthroposophie und Homöopathie beihilfefähig, sofern die Anwendung dieser Arzneimittel für diese Indikationsgebiete als wissenschaftlich allgemein anerkannt gilt und der Arzt/Heilpraktiker dies mit der Verordnung bestätigt.

4.1.7.3 Aufwendungen für apothekenpflichtige, nicht verschreibungspflichtige Arzneimittel mit den in der Anlage I der AMR aufgeführten Wirkstoffen sind auch außerhalb der genannten Indikationen beihilfefähig, wenn die zur Behandlung der Erkrankung alternativ zur Verfügung stehenden verschreibungspflichtigen Arzneimittel teurer sind. Der Nachweis ist durch den Beihilfeberechtigten bzw. seinen Arzt zu führen.

4.1.7.4 Aufwendungen für Stoffe und Zubereitungen aus Stoffen, die als Medizinprodukt nach § 3 Nummer 1 oder Nummer 2 des Medizinproduktegesetzes zur Anwendung am oder im menschlichen Körper bestimmt und apothekenpflichtig sind, und die bei Anwendung der am 31. Dezember 1994 geltenden Fassung des § 2 Absatz 1 des Arzneimittelgesetzes Arzneimittel gewesen wären, sind beihilfefähig (vgl. § 31 Absatz 1 SGB V).

4.1.7.5 Aufwendungen für die folgenden Mittel (Anlage 2 Nummern 8 a und b BVO) sind – von den genannten Ausnahmen abgesehen – nicht beihilfefähig:

- Genussmittel, sämtliche Weine (auch medizinische Weine) und der Wirkung nach ähnliche, Ethylalkohol als einen wesentlichen Bestandteil (mind. 5 Volumenprozent) enthaltene Mittel (ausgenommen Tinkturen im Sinne des Deutschen Arzneibuches und tropfenweise einzunehmende ethylalkoholhaltige Arzneimittel) sowie Mittel, bei denen die Gefahr besteht, dass sie wegen ihrer wohlschmeckenden Zubereitung als Ersatz für Süßigkeiten genossen werden,
- Mineral-, Heil- oder andere Wässer,
- Mittel, die auch zur Reinigung- und Pflege oder Färbung der Haut, des Haares, der Nägel, der Zähne, der Mundhöhle usw. dienen einschl. medizinische Haut- und Haarwaschmittel sowie medizinische Haarwässer und kosmetische Mittel. Ausgenommen und somit beihilfefähig sind Aufwendungen für als Arzneimittel zugelassene Basiscremes, Basissalben, Haut- und Kopfhautpflegemittel, auch Rezepturgrundlagen, soweit und solange sie Teil der arzneilichen Therapie (Intervall-Therapie bei Neurodermitis/endogenem Ekzem, Psoriasis, Akne-Schältherapie und Strahlentherapie) sind und nicht der Färbung der Haut und -anhangsgebilde sowie der Vermittlung von Geruchseindrücken dienen,
- Balneotherapeutika, ausgenommen und somit beihilfefähig sind Aufwendungen für als Arzneimittel zugelassene Balneotherapeutika bei Neurodermitis/endogenem Ekzem, Psoriasis und Erkrankungen des rheumatischen Formenkreises,
- Mittel, die der Veränderung der Körperform (z. B. Entfettungscreme, Busencreme) dienen sollen,
- Mittel zur Raucherentwöhnung,
- Saftzubereitungen für Erwachsene, von in der Person des Patienten begründeten Ausnahmen abgesehen,
- Würz- und Süßstoffe, Obstsäfte, Lebensmittel im Sinne des § 1 des Lebensmittel- und Bedarfsgegenständegesetzes, Krankenkost- und Diätpraparate,

- Abmagerungsmittel und Appetitzügler,
- Anabolika, außer bei neoplastischen Erkrankungen,
- Stimulantien (z. B. Psychoanaleptika, Psychoenergetika und Leistungsstimulantien), ausgenommen bei Narkolepsie und schwerer Zerebralsklerose sowie beim hyperkinetischen Syndrom und bei der so genannten minimalen zerebralen Dysfunktion vorpubertärer Schulkinder,
- so genannte Zellulartherapeutika und Organhydrolysate,
- so genannte Geriatrika und so genannte Arteriosklerosemittel,
- Roborantien, Tonika und appetitanregende Mittel,
- Insekten-Abschreckmittel,
- Fixe Kombinationen aus Vitaminen und anderen Stoffen, ausgenommen und somit beihilfefähig sind Vitamin D-Fluorid-Kombinationen zur Anwendung bei Kindern bis zum vollendeten 12. Lebensjahr und zur Osteoporoseprophylaxe,
- Arzneimittel, welche nach § 11 Absatz 3 des Gesetzes über den Verkehr mit Arzneimitteln (Arzneimittelgesetz – AMG) vom 12. Dezember 2005 (BGBl. I S. 3394), zuletzt geändert durch Gesetz vom 14. August 2006 (BGBl. I S. 1869, 1870), nur mit einem oder mehreren der folgenden Hinweise:

  „Traditionell angewendet:

  a) zur Stärkung oder Kräftigung,

  b) zur Besserung des Befindens,

  c) zur Unterstützung der Organfunktion,

  d) zur Vorbeugung,

  e) als mild wirkendes Arzneimittel"

  in den Verkehr gebracht werden.

4.1.7.6 Aufwendungen für ärztlich verordnete Aminosäuremischungen, Eiweißhydrolysate, Elementardiäten und Sondennahrung sind bei fehlender oder eingeschränkter Fähigkeit zur ausreichenden normalen Ernährung ausnahmsweise beihilfefähig, wenn eine Modifizierung der normalen Ernährung oder sonstige ärztliche, pflegerische oder ernährungstherapeutische Maßnahmen zur Verbesserung der Ernährungssituation nicht ausreichen. Solche Ausnahmefälle liegen insbesondere vor bei:

- Ahornsirupkrankheit,
- AIDS-assoziierten Diarrhöen,
- Colitis ulcerosa,
- Epilepsien, wenn trotz optimierter antikonvulsiver Therapie eine ausreichende Anfallskontrolle nicht gelingt,
- Kurzdarmsyndrom,
- Morbus Crohn,
- Mukoviszidose,
- Multipler Nahrungsmittelallergie,
- Niereninsuffienz,
- Phenylketonurie,
- Tumortherapien (auch nach der Behandlung),
- postoperativer Nachsorge,
- angeborenen Defekten im Kohlenhydrat- und Fettstoffwechsel,
- angeborenen Enzymdefekten, die mit speziellen Aminosäuremischungen behandelt werden,
- erheblichen Störungen der Nahrungsaufnahme bei neurologischen Schluckbeschwerden oder Tumoren der oberen Schluckstraße (z. B. Mundboden- und Zungenkarzinom).

4.1.7.7 Aufwendungen für Elementardiäten sind für Säuglinge (bis zur Vollendung des ersten Lebensjahres)und Kleinkinder (Zeit zwischen dem ersten und dritten Lebensjahr) mit Kuhmilcheiweißallergie beihilfefähig; dies gilt ferner für einen Zeitraum von sechs Monaten bei Säuglingen und Kleinkindern mit Neurodermitis, sofern Elementardiäten zu diagnostischen Zwecken eingesetzt werden.

4.1.7.8 Aufwendungen für Arzneimittel, die zur Verwendung in nicht zugelassenen Anwendungsgebieten verordnet werden, sind grundsätzlich nur beihilfefähig, wenn sie in der Anlage VI Teil A der AMR (in der jeweils aktuellen Fassung) aufgeführt sind. Wirkstoffe zur Anwendung in nicht zugelassenen Anwendungsgebieten, die nach Feststellung des Gemeinsamen Bundesausschusses im Bereich der gesetzlichen Krankenversicherung von einer Verordnung ausgeschlossen sind, sind im Teil B der in Satz 1 genannten Anlage aufgeführt; die Aufwendungen sind grundsätzlich nicht beihilfefähig. Anträge auf Zulassung einer beihilferechtlichen Ausnahme sind für den Landesbereich dem Finanzministerium zur Entscheidung vorzulegen.

4.1.7.9 Die Versorgung mit Arzneimitteln, Verbandmittel und dergleichen setzt eine ärzt-/zahnärztliche oder Heilpraktiker-Verordnung voraus. Änderungen und Ergänzungen bedürfen der erneuten Unterschrift des Arztes/Zahnarztes/Heilpraktikers. Werden auf ein Rezept Heilmittel, Verbandmittel- und dergleichen mehrmals beschafft, sind die Kosten für Wiederholungen nur insoweit beihilfefähig, als sie vom Arzt/Zahnarzt/Heilpraktiker besonders vermerkt worden sind. Ist die Zahl der Wiederholungen nicht angegeben, sind nur die Kosten der einmaligen Wiederholung beihilfefähig.

4.1.7.10 **(Anlage 2 BVO)**

4.1.7.10.1 **Nummer 1** (bleibt frei)

4.1.7.10.2 **Nummer 2**

4.1.7.10.2.1 Besondere Arzneimittel, insbesondere Präparate mit hohen Jahrestherapiekosten oder Arzneimittel mit erheblichem Risikopotenzial, sind die in Anlage XI der AMR (in der jeweils aktuellen Fassung) aufgeführten Arzneimittel, bei denen aufgrund ihrer besonderen Wirkungsweise zur Verbesserung der Qualität ihrer Anwendung, insbesondere hinsichtlich der Patientensicherheit und des Therapieerfolges besondere Fachkenntnisse erforderlich sind, die über das Übliche hinausgehen.

4.1.7.10.2.2 Die Aufwendungen für die in Anlage XI der AMR aufgeführten Arzneimittel sind nur beihilfefähig, wenn eine Abstimmung zwischen dem behandelnden Arzt und dem Arzt für besondere Arzneimitteltherapieerfolgt ist. Das Verfahren zur Einholung der Zweitmeinung sollte von dem behandelnden Arzt in Anlehnung der Feststellungen im Abschnitt N der AMR erfolgen; der Nachweis ist der Beihilfestelle vorzulegen.

4.1.7.10.2.3 Im Notfall ist die Beihilfefähigkeit der Aufwendungen ohne vorherige Abstimmung mit dem Arzt für besondere Arzneimitteltherapie möglich. Das Abstimmungsverfahren ist durch den behandelnden Arzt unverzüglich nachzuholen.

4.1.7.10.3 **Nummer 3**

4.1.7.10.3.1 Die Altersgrenzen sind ausnahmsweise unbeachtlich, wenn die Arzneimittel unabhängig von der arzneimittelrechtlichen Zulassung als Arzneimittel zur Behandlung einer Krankheit ärztlich verordnet werden und die Notwendigkeit durch einen Amtsarzt bestätigt wurde.

4.1.7.10.4 **Nummer 4** (bleibt frei)

4.1.7.10.5 **Nummer 5**

4.1.7.10.5.1 Die Regelung gilt nicht für von Heilpraktikern verbrauchte Stoffe und nicht für die Verabreichung von nichtbeihilfefähigen Medizinprodukten. Beihilfefähig sind ausschließlich Fertigarzneimittel, insbesondere die in Anlage I der AMR aufgeführten Wirkstoffe. Selbst hergestellte Mischungen – auch von Fertigarzneimitteln – sind wissenschaftlich nicht geprüft und daher grundsätzlich nicht beihilfefähig.

4.1.7.10.6 **Nummer 6** (bleibt frei)

4.1.7.10.7 **Nummer 7** (bleibt frei)

4.1.7.10.8 **Nummer 8**

4.1.7.10.8.1 Die nach Anlage 2 Nummer 8 Buchstabe b zu § 4 Absatz 1 Nummer 7 BVO ausgeschlossenen Fertigarzneimittel sind aus der Anlage II der AMR (in der jeweils aktuellen Fassung) ersichtlich.

4.1.8 **Nummer 8** (bleibt frei)

4.1.9 **Nummer 9**

4.1.9.1 Aufwendungen für eine Behandlung der Legasthenie oder Akalkulie sind grundsätzlich nicht beihilfefähig, da es sich hierbei im Regelfall nicht um eine Krankheit handelt. Sofern der Behandlung im Ausnahmefall Krankheitswert zugrunde liegt, ist sie im Rahmen der Anlage 1 (zu § 4 Absatz 1 Nummer 1 Satz 5) BVO beihilfefähig.

4.1.9.2 Die in § 4 Absatz 1 Nummer 9 Satz 3 BVO genannten Behandler sind grundsätzlich Angehörige von Gesundheits- oder Medizinalfachberufen, für die eine staatliche Regelung der Berufsausbildung oder des Berufsbildes besteht; bei einer Sprachtherapie können die Aufwendungen für die Behandlung übergangsweise durch „Heilpraktiker/Heilpraktikerinnen (Sprachtherapie)“, denen auf der Grundlage des RdErl. d. Ministeriums für Frauen, Jugend, Familie und Gesundheit v. 11. September 1998 (n. v.) – III B 2 0417.7 – eine eingeschränkte Heilpraktikererlaubnis erteilt wurde, als beihilfefähig anerkannt werden. Beihilfefähig sind nur Aufwendungen für Leistungen, die diese Behandler in ihrem Beruf erbringen. Nicht beihilfefähig sind insbesondere Aufwendungen für Leistungen, die von Beschäftigungs- und Arbeitstherapeuten auf dem Gebiet der Arbeitstherapie, von Diplom-Pädagogen, Eurhythmielehrern, Eutoniepädagogen und

-therapeuten, Gymnastiklehrern, Heilpädagogen, Kunsttherapeuten, Maltherapeuten, Montessoritherapeuten, Musiktherapeuten, Sonderschullehrern und Sportlehrern erbracht werden.

4.1.9.3 Die Angemessenheit der Aufwendungen durch Angehörige der Gesundheits- und Medizinalfachberufe erbrachten Leistungen richtet sich nach Anlage 2 zu dieser VV.

4.1.9.4 Aufwendungen für Leistungen, die in Form von ambulanten, teil- oder vollstationären Komplextherapien erbracht und pauschal abgerechnet werden, sind in der Höhe beihilfefähig, die eine gesetzliche Krankenkasse mit dem Leistungsanbieter vereinbart hat. Voraussetzung für eine Beihilfefähigkeit der Aufwendungen ist, dass die Komplextherapie von einem berufsübergreifenden Team von Therapeuten erbracht wird, dem auch Ärzte, Psychologische Psychotherapeuten oder andere Angehörige von Gesundheits- und Medizinalfachberufen angehören müssen. Zu den Komplextherapien gehören u. a. Asthmatikerschulungen, ambulante Entwöhnungskuren, ambulante Tinnitustherapien (Pauschalabrechnung), ambulante Chemotherapien nach dem Braunschweiger Modell, ambulante kardiologische Therapien, Diabetikerschulungen sowie medizinische Leistungen zur Früherkennung und Frühförderung behinderter und von Behinderung bedrohter Kinder durch interdisziplinäre Frühförderstellen nach § 30 SGB IX. Nicht beihilfefähig sind Aufwendungen für sozialpädagogische und sozialpädiatrische Leistungen außerhalb von Komplextherapien.

4.1.9.5 Aufwendungen, die der traditionellen chinesischen Medizin zuzuordnen sind (ausgenommen Akupunktur), wie Tui-Na, Qi-Gong, Tai Chi, Shiatsu-Therapie, Akupressur u. ä. sowie für eine Orthokin-Therapie einschließlich des verabreichten Serums sind nach § 4 Absatz 1 Nummer 1 Satz 2 BVO nicht beihilfefähig.

4.1.9.6 Hinsichtlich der Angemessenheit der Aufwendungen einer Protonentherapie ist die Entscheidung der jeweiligen privaten Krankenversicherung abzuwarten und der Beihilfefestsetzung grundsätzlich zu Grunde zu legen. In Zweifelsfällen ist bei Beihilfeberechtigten des Landes das Finanzministerium vorab zu beteiligen.

4.1.10 **Nummer 10**

4.1.10.1 Aufwendungen für die Ersatzbeschaffung weicher Kontaktlinsen sind bei gleichbleibender Sehschärfe 2 Jahre, von Brillengläsern 4 Jahre nach der Erstbeschaffung bis zu einem Betrag von

100 Euro (je Kontaktlinse) bzw. 150 Euro (je Brillenglas) beihilfefähig.

4.1.10.2 Eine Änderung der Sehfähigkeit um mindestens 0,5 Dioptrien liegt auch vor, wenn z. B. die Werte für ein Auge um 0,25 Dioptrien zugenommen und für das andere Auge um 0,25 Dioptrien abgenommen haben, nicht jedoch, wenn sowohl die Werte für das linke als auch für das rechte Auge um jeweils 0,25 Dioptrien zu- oder abgenommen haben. Bei Kurzsichtigkeit- oder Achsenverschiebung sind die Aufwendungen für eine Ersatzbeschaffung auch dann beihilfefähig, wenn sich mit der neuen Sehhilfe die Sehschärfe (Visus) um mindestens 20 Prozentpunkte verbessert.

4.1.10.3 Einschleifkosten von Brillengläsern sind bis zu einem Betrag von 11 Euro je Glas beihilfefähig. Mehraufwendungen für die Entspiegelung (ausgenommen sind höher brechende Gläser) und Härtung von Brillengläsern sind nicht beihilfefähig. Aufwendungen für höher brechende Gläser sind ab 6 Dioptrien beihilfefähig. Mehraufwendungen für phototrope Gläser (z. B. Colormaticgläser, Umbramaticgläser) sind nur bei Albinismus, Pupillotonie und totaler Aniridie (Fehlen der Regenbogenhaut) beihilfefähig. Aufwendungen für Sportbrillen sind nur beihilfefähig, wenn sie von Schülern während des Schulsports getragen werden müssen. Aufwendungen für Bildschirmbrillen sind nicht beihilfefähig.

4.1.10.4 Bei orthopädischen Maßschuhen sind die Aufwendungen um den Betrag für eine normale Fußbekleidung zu kürzen. Als Kürzungsbetrag sind bei Erwachsenen 70 Euro (für Hausschuhe 30 Euro) und bei Kindern bis zu 16 Jahren 40 Euro (für Hausschuhe 20 Euro) anzusetzen.

4.1.10.5 Betragen die beihilfefähigen Aufwendungen für ein in § 4 Absatz 1 Nummer 10 BVO nicht aufgeführtes Hilfsmittel mehr als 1.000 Euro und hat der Beihilfeberechtigte die erforderliche vorherige Anerkennung nicht eingeholt, so sind die Aufwendungen bis 1.000 Euro beihilfefähig.

4.1.10.6 Nicht zu den beihilfefähigen Hilfsmitteln zählen Treppenlift und Auffahrrampe. Die Kosten sind ggf. im Rahmen des § 5 Absatz 4 Satz 3 BVO beihilfefähig.

4.1.10.7 Die Unterhaltskosten (Futter, Tierarzt, Versicherungen etc.) für einen Blindenführhund können ohne Nachweis bis zu 100 Euro im Monat als beihilfefähig anerkannt werden, sofern der Beihilfeberechtigte versichert, dass ihm Kosten in dieser Höhe entstanden sind. Werden höhere Kosten geltend gemacht, ist die Vorlage von Belegen erforderlich.

4.1.10.8 Folgende Hilfsmittel können vom Dienstherrn im Zusammenwirken mit der Krankenversicherung der erkrankten Person unentgeltlich zur Verfügung gestellt werden (§ 4 Absatz 1 Nummer 10 letzter Satz BVO):

Atemmonitore (Überwachungsmonitore für Säuglinge),

CPAP-Geräte (Geräte zur Schlafapnoebehandlung),

elektronische Lesehilfen,

Infusionspumpen,

Inhalationsapparate,

Krankenfahrstühle,

Sauerstoffgeräte.

Sofern ein in Satz 1 aufgeführtes Hilfsmittel verordnet wird, hat der Beihilfeberechtigte eine Bescheinigung darüber vorzulegen, ob dieses Hilfsmittel von seiner Krankenversicherung leihweise überlassen wird oder ob es von der erkrankten Person selbst beschafft werden muss.

Bei einer leihweisen Überlassung stellt die Krankenversicherung die ihr entstandenen Kosten der Beihilfenfestsetzungsstelle in Rechnung; eines besonderen Beihilfeantrags bedarf es nicht. Die Aufwendungen sind mit dem nach § 12 BVO zustehenden Bemessungssatz der Krankenversicherung zu erstatten und unter dem Beihilfetitel zu buchen. Die medizinische Notwendigkeit und die Art (Neukauf, Miete [Monatsbetrag- oder Pauschale] oder Wiedereinsatz) der Hilfsmittelversorgung wird von der Krankenversicherung geprüft; die von ihr getroffene Entscheidung ist für die Festsetzungsstelle bindend[1)].

4.1.10.9 Aufwendungen für Batterien für Cochlea-Implantate sind auch bei Personen, die das 18. Lebensjahr vollendet haben, beihilfefähig. § 4 Absatz 1 Nummer 10 Satz 2 BVO gilt entsprechend.

---

1) Nach dem RdErl. des Finanzministeriums vom 1. 12. 1997 – B 3100-0.7-IV A 4 – (MBl. NRW. S. 1509) gilt VV 4.1.10.8 zunächst nur für Beihilfeberechtigte des Landes und ihre berücksichtigungsfähigen Angehörigen, die bei der Deutschen Krankenversicherung AG oder der Victoria Krankenversicherung AG versichert sind.

Die Rechnungsstellung seitens der Krankenversicherungsunternehmen erfolgt über das Finanzministerium.

4.1.10.10 Der Betrieb von Hilfsmitteln, Geräten zur Selbstbehandlung und Selbstkontrolle und Körperersatzstücke schließen die technischen Kontrollen und die Wartung dieser Gegenstände mit ein. Aufwendungen für Reparaturen sind ohne Vorlage einer ärztlichen Verordnung beihilfefähig.

4.1.10.11 Der Vergleich von Miete und Anschaffung sollte auf Grundlage des ärztlich verordneten Zeitrahmens der Behandlung erfolgen. Versorgungspauschalen für gemietete Hilfsmittel sind grundsätzlich als Teil der Miete anzusehen. Soweit einzelne Positionen als nicht beihilfefähig erkennbar sind, sind diese in Abzug zu bringen.

4.1.10.12 (Nummer 10) und Anlage 3

4.1.10.12.1 Die erneute Verordnung von Hörgeräten vor Ablauf von 5 Jahren bedarf der besonderen Begründung und ggf. der Überprüfung durch einen Amtsarzt. Medizinische Gründe können z. B. fortschreitende Hörverschlechterung oder Ohrsekretion sein. Technische Gründe ergeben sich aus dem Gerätezustandsbericht des Hörgeräte-Akustikers.

4.1.10.12.2 Aufwendungen für jährlich zwei Neurodermitis-Overalls sind bei an Neurodermitis erkrankten Kindern bis zum vollendeten 10. Lebensjahr bis zu einem Höchstbetrag von jeweils 80 Euro beihilfefähig.

4.1.10.12.3 Aufwendungen für ein Komplettset Allergiebettbezüge (sog. Encasings), bestehend aus einem Kopfkissen-, Oberbett- und Matratzenbezug sind bis zu einem Höchstbetrag von 120 Euro beihilfefähig.

Die Aufwendungen für eine Ersatzbeschaffung sind erst nach Ablauf einer Mindestnutzungsdauer von

- 2 Jahren, bei Kindern bis zum vollendeten 6. Lebensjahr,
- 5 Jahren, bei Kindern bis zum vollendeten 16. Lebensjahr und
- 8 Jahren, bei Personen ab dem 17. Lebensjahr beihilfefähig.

4.1.11 **Nummer 11**

4.1.11.1 Aufwendungen für Besuchsfahrten sind nicht beihilfefähig. Abweichend hiervon können Aufwendungen für Fahrten eines Elternteils zum Besuch eines im Krankenhaus, Pflegeheim, Hospiz oder in einer stationären Rehabilitationseinrichtung aufgenommenen Kindes als beihilfefähig anerkannt werden, wenn nach der Feststellung eines Amts- oder Vertrauensarztes (bei Hospizunterbringung nicht erforderlich) der Besuch wegen des Alters des Kindes oder seiner eine Langzeittherapie erfordernden schweren Erkrankung aus medizinischen Gründen notwendig ist; § 4 Absatz 1 Nummer 11 Buchstabe c BVO gilt entsprechend.

4.1.11.2 Als niedrigste Beförderungsklasse unter Berücksichtigung möglicher Fahrpreisermäßigungen gilt der Bundesbahntarif Sparpreis 25 mit einem Rabatt von 25 % auf den Normaltarif einschließlich der Kosten der Platzreservierung.

4.1.12 **Nummer 12**

4.1.12.1 Die seitens der Deutschen Stiftung Organtransplantation (DSO) im Rahmen von Organtransplantationen in Rechnung gestellten Organisations- und Flugkostenpauschalen sind beihilfefähig.

4.1.13 **Nummer 13** (bleibt frei)

4.2 **Absatz 2**

4.2.1 Mit den Pauschalbeträgen des § 4 Absatz 2 Buchstabe b Satz 4 BVO sind mit Ausnahme der Suprakonstruktion sämtliche Kosten der zahnärztlichen und kieferchirurgischen Leistungen einschließlich notwendiger Anästhesie- und die Kosten u. a. für die Implantate selbst, die Implantataufbauten, die implantatbedingten Verbindungselemente, Implantatprovisorien, notwendige Instrumente (z. B. Bohrer, Fräsen), Membranen und Membrannägel, Knochen- und Knochenersatzmaterial, Nahtmaterial, Röntgenleistungen, Computertomographie und Anästhetika abgegolten.

4.2.2 Es ist entsprechend der Rechtsprechung des Bundesverwaltungsgerichts (Urteil vom 28. 5. 2008 – 2 C 12/07) davon auszugehen, dass zu bereits vorhandenen Implantaten Beihilfen gewährt wurden, sofern der Beihilfeberechtigte nicht in geeigneter Weise nachweisen kann, dass eine Finanzierung ohne Leistungen aus öffentlichen Kassen erfolgt ist.

4.2.3 Steht am Wohnort des Beihilfeberechtigten kein Amtszahnarzt zur Verfügung (z. B. Wohnsitz im Ausland), ist das Gesundheitsamt am (letzten) Dienstort zuständig.

4.2.4 Liegen die Indikationen des § 4 Absatz 2 Buchstabe b Satz 1 BVO nicht vor, kann die Beihilfestelle auf die Einholung des amtszahnärztlichen Gutachtens verzichten. Wünscht der Beihilfeberechtigte in diesen Fällen eine amtszahnärztliche Begutachtung und Beratung – auch im Hinblick auf alternative Zahnersatzbehandlungen – kann dies durch die Beihilfestelle mit dem Hinweis, dass die Begutachtungskosten nicht beihilfefähig sind, vermittelt werden.

4.2.5 Wird ein notwendiges Gutachten eingeholt, trägt die Beihilfestelle die Kosten.

4 a **Zu § 4 a Psychotherapeutische Leistungen**

4 a.1 **Absatz 1** (bleibt frei)

4 a.2 **Absatz 2**

4 a.2.1 Geeignete Gutachter und Obergutachter für Psychotherapie sind der Anlage 3 zu dieser VV zu entnehmen.

4 a.2.2 Für probatorische Sitzungen gilt die Höchstgrenze je Leistungserbringer.

4 a.2.3 Der Gutachter erstellt im Auftrag der Beihilfestelle ein Gutachten zur Notwendigkeit und zu Art und Umfang der Behandlung und bewertet die Angaben des Arztes, des Psychologischen Psychotherapeuten oder des Kinder- und Jugendlichenpsychotherapeuten (nachstehend Therapeut genannt); dabei sind die Formblätter 1 und 2 der Anlage 4 zu dieser VV zu verwenden. Die Einreichung der Unterlagen an den Gutachter hat in anonymisierter Form zu erfolgen. Die Beihilfestelle vergibt an den Beihilfeberechtigten einen von ihr festgelegten Anonymisierungscode (z. B. Beihilfenummer). Bei Erst- und Folgegutachten ist derselbe Anonymisierungscode zu verwenden.

4 a.2.4 Die Durchführung eines beihilferechtlichen Voranerkennungsverfahrens ist nicht erforderlich, wenn eine gesetzliche oder private Krankenversicherung des Beihilfeberechtigten oder des berücksichtigungsfähigen Angehörigen bereits eine Leistungszusage aufgrund eines durchgeführten Gutachterverfahrens erteilt hat, aus der sich Art und Umfang der Behandlung und Qualifikation des Therapeuten ergibt.

4 a.2.5 Der Beihilfeberechtigte hat der Beihilfestelle das Formblatt1 – s. o. – („Antrag auf Anerkennung der Beihilfefähigkeit der Psychotherapie") ausgefüllt vorzulegen. Außerdem hat der Beihilfeberechtigte oder der berücksichtigungsfähige Patient den behandelnden Therapeuten zu ersuchen, auf dem Formblatt 2 – s. o. – einen Bericht für den Gutachter zu erstellen.

4 a.2.6 Der Therapeut soll das ausgefüllte Formblatt 2 und gegebenenfalls das Formblatt 2 a der Anlage 4 zu dieser VV in einem verschlossenen, als vertrauliche Arztsache gekennzeichneten Umschlag der Beihilfestelle zur Weiterleitung an den Gutachter übermitteln.

4 a.2.7 Nach Erhalt aller Unterlagen beauftragt die Beihilfestelle mit dem Formblatt 3 der Anlage 4 zu dieser VV einen Gutachter aus dem Kreis der in Anlage 1 zu dieser VV aufgeführten Gutachter mit der Erstellung des Gutachtens nach dem Formblatt 4 der Anlage zu dieser VV und leitet ihm zugleich die folgenden Unterlagen zu:

a) den als vertrauliche Arztsache gekennzeichneten Umschlag des Therapeuten (ungeöffnet),
b) das ausgefüllte Formblatt 1 (als Kopie),
c) das Formblatt 4, in dreifacher Ausfertigung,
d) einen an die Beihilfestelle adressierten, als vertrauliche Arztsache gekennzeichneten Freiumschlag.

4 a.2.8 Der Gutachter übermittelt seine Stellungnahme nach dem Formblatt 4 („Psychotherapie-Gutachten") – in zweifacher Ausfertigung – in dem Freiumschlag der Beihilfestelle. Diese leitet eine Ausfertigung des „Psychotherapie-Gutachtens" an den Therapeuten weiter. Auf Grundlage dieser Stellungnahme erteilt die Beihilfestelle dem Beihilfeberechtigten einen rechtsmittelfähigen Bescheid über die Anerkennung der Beihilfefähigkeit der Aufwendungen für Psychotherapie nach dem Formblatt 5 der Anlage 4 zu dieser VV.

4 a.2.9 Legt der Beihilfeberechtigte gegen den Bescheid der Beihilfestelle Widerspruch ein, kann diese im Rahmen des Widerspruchsverfahrens ein Obergutachten einholen. Zu diesem Zweck hat der Beihilfeberechtigte oder der Patient den behandelnden Therapeuten zu ersuchen, den „Erstbericht" an den Gutachter auf dem Formblatt 2 der Anlage 4 zu dieser VV zu ergänzen, wobei insbesondere die Notwendigkeit der Behandlung erneut begründet und auf die Ablehnungsgründe der Beihilfestelle und des Gutachters eingegangen werden sollte. Der Therapeut soll den ergänzten Bericht in einem verschlossenen, als vertrauliche Arztsache gekennzeichneten Umschlag der Beihilfestelle zur Weiterleitung an den Obergutachter übermitteln.

4 a.2.10 Nach Erhalt der Unterlagen beauftragt die Beihilfestelle einen geeigneten Obergutachter mit der Erstellung eines Obergutachtens. In der Anlage 1 zu dieser VV sind geeignete Obergutachter aufgeführt. Die Beihilfestelle leitet dem Obergutachter zugleich folgende Unterlagen zu:

a) den als vertrauliche Arztsache gekennzeichneten Umschlag des Therapeuten (ungeöffnet),

b) Kopie des Psychotherapie-Gutachtens,

c) einen an die Beihilfestelle adressierten, als vertrauliche Arztsache gekennzeichneten Freiumschlag.

Ist der die psychotherapeutische Behandlung ablehnende Gutachter gleichzeitig Obergutachter, ist ein anderer Gutachter einzuschalten. Ein Obergutachtenist grundsätzlich nicht einzuholen, wenn die Psychotherapeutische Behandlung vom Gutachter abgelehnt wurde, weil der Therapeut die in Anlage 1 (zu § 4 Absatz 1 Nummer 1 Satz 5) BVO aufgeführten Voraussetzungen nicht erfüllt.

4 a.2.11 Der Obergutachter übermittelt seine Stellungnahme in dem Freiumschlag der Beihilfestelle. Auf Grundlage dieser Stellungnahme erteilt die Beihilfestelle dem Beihilfeberechtigten ggf. einen Widerspruchsbescheid.

4 a.2.12 Bei einer Verlängerung der Behandlung oder Folgebehandlung leitet die Beihilfestelle den von dem Therapeuten begründeten Verlängerungsbericht (Bericht zum Fortführungsantrag nach Formblatt 2 der Anlage 4 zu dieser VV) mit einem Freiumschlag dem Gutachter zu, der das Erstgutachten erstellt hatte. Dabei ist das Formblatt 4 der Anlage 4 zu dieser VV um die zusätzlichen Angaben bei der Folgebegutachtung zu ergänzen. Im Übrigen gelten die Nummern

4 a.2.6 bis 4 a.2.9 entsprechend.

4 a.2.13 Um eine Konzentration auf einzelne Gutachter zu vermeiden, sind die Anträge zur Stellungnahme von der Beihilfestelle den Gutachtern und Obergutachtern im Rotationsverfahren zuzuleiten.

4 a.2.14 Die Kosten des Gutachtens in Höhe von 41 Euro und des Obergutachtens in Höhe von 82 Euro zuzüglich der Umsatzsteuer (soweit in Rechnung gestellt) trägt die Beihilfestelle.

4 a.3 **Absatz 3** (bleibt frei)

4 a.4 **Absatz 4** (bleibt frei)

4 a.5 **Absatz 5** (bleibt frei)

4 a.6 **Absatz 6**

4 a.6.1 Psychologische Therapeuten und Kinder- und Jugendlichentherapeuten müssen zusätzlich zu dem Bericht an den Gutachter mit dem Formblatt 2 a der Anlage 4 zu dieser VV den erforderlichen Konsiliarbericht eines Arztes zur Abklärung einer somatischen

(organischen) Krankheit (vgl. § 1 Absatz 3 Satz 2 PsychoThG –, BGBl. I S. 1311) einholen.

4 a.7 **Absatz 7**

4 a.7.1 Bei dieser Behandlungsform handelt es sich nicht um eine ambulante psychotherapeutische Behandlung im Sinne der §§ 4 b bis 4 d BVO; die Durchführung des Gutachterverfahrens ist entbehrlich. Die Aufwendungen sind bis zur Höhe der Vergütung, die von den gesetzlichen Krankenkassen oder den Rentenversicherungsträgern zu tragen sind, angemessen.

4 a.8 **Absatz 8** (bleibt frei)

4 b **Zu § 4 b Psychosomatische Grundversorgung**

4 b.1 **Absatz 1** (bleibt frei)

4 b.2 **Absatz 2**

4 b.2.1 Ein „Krankheitsfall" umfasst die auf einer verbindenden Diagnose beruhende und im Wesentlichen einer einheitlichen Zielsetzung dienende Psychotherapie in einer akuten Krankheitsperiode.

4 b.3 **Absatz 3** (bleibt frei)

4 c **Zu § 4 c Tiefenpsychologisch fundierte und analytische Psychotherapie**

4 c.1 **Absatz 1**

4 c.1.1 Der Begriff des „Krankheitsfalles" ist identisch mit dem in Ziffer 4 b.2.1.

4 c.2 **Absatz 2** (bleibt frei)

4 c.3 **Absatz 3** (bleibt frei)

4 d **Zu § 4 d Verhaltenstherapie**

4 d.1 **Absatz 1**

4 d.1.1 Der Begriff des „Krankheitsfalles" ist identisch mit dem in Ziffer 4 b.2.1.

4 d.2 **Absatz 2** (bleibt frei)

5 **Zu § 5 Beihilfefähige Aufwendungen bei dauernder Pflegebedürftigkeit und erheblichem allgemeinem Betreuungsbedarf**

5.1 **Absatz 1** (bleibt frei)

5.2 **Absatz 2**

5.2.1 Krankheiten oder Behinderungen sind

- Verluste, Lähmungen oder andere Funktionsstörungen am Stütz- und Bewegungsapparat,
- Funktionsstörungen der inneren Organe oder der Sinnesorgane,
- Störungen des zentralen Nervensystems wie Antriebs-, Gedächtnis- oder Orientierungsstörungen sowie endogene Psychosen, Neurosen oder geistige Behinderungen.

5.2.2 Hilfe besteht in der Unterstützung, in der teilweisen oder vollständigen Übernahme der Verrichtungen im Ablauf des täglichen Lebens oder in der Beaufsichtigung oder Anleitung mit dem Ziel der eigenständigen Übernahme dieser Verrichtungen. Zu den gewöhnlichen und regelmäßig wiederkehrenden Verrichtungen zählen:

- im Bereich der Körperpflege das Waschen, Duschen, Baden, die Zahnpflege, das Kämmen, Rasieren sowie die Darmoder Blasenentleerung,
- im Bereich der Ernährung das mundgerechte Zubereiten oder die Aufnahme der Nahrung,
- im Bereich der hauswirtschaftlichen Versorgung das Einkaufen, Kochen, Reinigender Wohnung, Spülen, Wechseln- und Waschen der Wäsche und der Kleidung oder das Beheizen der Wohnung.

Ein alleiniger Hilfebedarf bei der hauswirtschaftlichen Versorgung reicht nicht aus.

5.2.3 Aufwendungen für eine berufliche oder soziale Eingliederung oder zur Förderung der Kommunikation sind nicht beihilfefähig.

5.2.4 Aufwendungen für medizinische Behandlungen sind nach § 4 BVO beihilfefähig.

5.2.5 Bei einem pflegebedürftigen Kind ist der zusätzliche Hilfebedarf gegenüber einem gesunden Kind gleichen Alters maßgebend.

5.2.6 Bei der Zuordnung zu den Pflegestufen sind die Richtlinien der Spitzenverbände der Pflegekassen über die Abgrenzung der Merkmale zur Pflegebedürftigkeit und der Pflegestufen sowie zum Verfahren der Feststellung der Pflegebedürftigkeit (Pflegebedürftigkeitsrichtlinien – PflRi –) vom 7. November 1994 in der jeweils geltenden Fassung zu beachten.

5.3 **Absatz 3**

5.3.1 Aufwendungen für Leistungen zur Deckung eines erheblichen allgemeinen Betreuungsbedarfs sind auch ohne Feststellung einer Pflegestufe in dem Umfang beihilfefähig, in dem sie nach den §§ 45 a und 45 b SGB XI zum Leistungsumfang der Pflegeversicherung gehören. Aufwendungen für zusätzliche Betreuungsleistungen bei häuslicher Pflege sind in dem gleichen Umfang beihilfefähig wie die Pflegekasse sie gewährt.

5.4 **Absatz 4**

5.4.1 Die Pflegekassen überlassen technische Pflegehilfsmittel vorrangig leihweise. In Rechnung gestellte Leih- bzw. Leasinggebühren (auch Pauschalbeträge) sowie Aufwendungen für notwendige Änderungen (Anpassungen), Instandsetzungen und Ersatzbeschaffungen sowie für die Ausbildung im Gebrauch der Hilfsmittel sind beihilfefähig. Bei selbst beschafften Pflegehilfsmitteln ist zu beachten, dass diese Hilfsmittel in dem vom Spitzenverband Bund der Kranken-/Pflegekassen erstellten Pflegehilfsmittelverzeichnis aufgeführt sind. Mehrkosten für eine über das Maß des Notwendigen hinausgehende Ausstattung des Pflegehilfsmittels sowie dadurch bedingte Folgekosten sind nicht beihilfefähig. Hinsichtlich der Betriebskosten dieser Hilfsmittel gilt § 4 Absatz 1 Nummer 10 Satz 2 2. Halbsatz BVO entsprechend.

5.4.2 Aufwendungen für zum Verbrauchbestimmte Pflegehilfsmittel sind beihilfefähig.

5.4.3 Eine Maßnahme zur Verbesserung des individuellen Wohnumfeldes des Pflegebedürftigen liegt auch vor, wenn den Besonderheiten des Einzelfalles durch einen Umzug in eine den Anforderungen des Pflegebedürftigen entsprechende Wohnung (z. B. Umzug aus dem Obergeschoss in eine Parterrewohnung) Rechnung getragen werden kann. In diesem Fall können die Umzugskosten bis zum Betrag von 2.557 Euro als beihilfefähig anerkannt werden, wenn die Pflegekasse/Pflegeversicherung einen Zuschuss geleistet hat.

5.4.4 Der Betrag von 2.557 Euro steht je Maßnahme zur Verfügung. Dabei sind alle Maßnahmen, die zum Zeitpunkt der Zuschussgewährung (und damit auf der Grundlage des zu diesem Zeitpunkt bestehenden Hilfebedarfs) zur Wohnumfeldverbesserung erforderlich sind, als eine Verbesserungsmaßnahme zu werten. Dies gilt auch dann, wenn die Verbesserungsmaßnahmen in Einzelschritten verwirklicht werden. Ändert sich die Pflegesituation und werden weitere Maßnahmen zur Wohnumfeldverbesserung erforderlich, kann der Betrag von 2.557 Euro erneut geltend gemacht werden.

5.4.5 Der seitens der jeweiligen Pflegekasse/Pflegeversicherung vom Pflegebedürftigen einbehaltene Eigenanteil ist beihilfenrechtlich unbeachtlich.

5.5 **Absatz 5**

5.5.1 Die von der Pflegekasse oder der Pflegeversicherung festgestellte Pflegestufe ist durch geeignete Unterlagen (z. B. Leistungsmitteilung, Mitteilung nach § 44 Absatz 4 SGB XI bei Zahlung von Rentenversicherungsbeiträgen für Pflegepersonen) nachzuweisen. Bei nicht gegen das Risiko der Pflegebedürftigkeit Versicherten bedarf es eines amts- oder vertrauensärztlichen Gutachtens.

5.5.2 Wird ein Antrag auf Feststellung der Pflegebedürftigkeit oder einer höheren Pflegestufe zunächst bei einer Pflegekasse oder einer privaten Pflegeversicherung gestellt, ist für den Beginn der Beihilfegewährung dieser Antrag maßgebend.

5.5.3 Die Zuordnung zu einer Pflegestufe so wie die Bewilligung von Leistungen können durch die zuständige Pflegekasse oder private Pflegeversicherung befristet werden. Die Befristung erfolgt, wenn eine Verringerung des Hilfebedarfs zu erwarten ist. Die Befristung kann wiederholt werden und darf insgesamt die Dauer von drei Jahren nicht überschreiten. Die Entscheidung der Pflegekasse/Pflegeversicherung ist für die Beihilfestelle bindend. Die entsprechenden Bescheinigungen sind durch den Beihilfeberechtigten beizubringen.

5.5.4 Um eine nahtlose Beihilfegewährung sicherzustellen, soll die Beihilfestelle den Beihilfeberechtigten darauf hinweisen, dass er rechtzeitig vor Ablauf der Befristung die Beihilfestelle über die weitere Entscheidung der Pflegekasse/Pflegeversicherung hinsichtlich einer Befristungsverlängerung (ggf. mit geänderter Pflegestufe) unterrichtet.

5.5.5 Erhebt der Beihilfeberechtigte gegen einen Beihilfebescheid Widerspruch mit der Begründung, die von der Pflegeversicherung anerkannte Pflegestufe sei zu niedrig, ist der Widerspruch zwar zulässig, jedoch ist die Entscheidung bis zur rechtskräftigen Feststellung der Pflegestufe auszusetzen; sodann ist über den Widerspruch zu entscheiden und dieser ggf. als unbegründet zurückzuweisen.

5.6 **Absatz 6**

5.6.1 Aufwendungen für Beratungsbesuche sind grundsätzlich nur im Zusammenhang mit häuslicher Pflege nach § 5 a Absatz 2 BVO beihilfefähig. Beihilfefähig sind je Beratungseinsatz

1. bei Pflegestufe I und II halbjährlich jeweils bis zu 21 Euro und
2. bei Pflegestufe III vierteljährlich jeweils bis zu 31 Euro.

Bei Pflegebedürftigen, bei denen zusätzlich die Voraussetzungen des § 5 Absatz 3 BVO vorliegen, sind die Aufwendungen für Beratungsbesuche innerhalb der in Satz 2 genannten Zeiträume zweimal beihilfefähig.

5.6.2 Pflegebedürftige, bei denen die Voraussetzungen des § 5 Absatz 3 BVO vorliegen, ohne dass sie mindestens die Voraussetzungen der Pflegestufe I erfüllen, können halbjährlich einmal Aufwendungen bis zu 21 Euro pro Beratungseinsatz geltend machen.

5.7 **Absatz 7**

5.7.1 Die Pflegeberatung wird entweder von den Pflegekassen oder, im Rahmender privaten Pflege-Pflichtversicherung, von der COMPASS Private Pflegeberatung GmbH, durchgeführt. Da die Pflegekassen bzw. Compass Private Pflegeberatung GmbH vor Durchführung einer Pflegeberatung prüfen, ob ein Anspruch auf Pflegeberatung besteht, bedarf es seitens der Beihilfestellen – soweit für die Pflegeberatung eine Rechnung erteilt wird – keiner weiteren Notwendigkeitsprüfung.

5 a **Zu § 5 a Häusliche Pflege**

5 a.1 **Absatz 1**

5 a.1.1 Geeignete Pflegekräfte sind Personen, die mittelbar oder unmittelbar in einem Vertragsverhältnis zu einer Pflegeversicherung stehen. In Frage kommen Pflegekräfte,

- die bei der Pflegeversicherung angestellt sind (§ 77 Absatz 2 SGB XI),
- die bei einer ambulanten Pflegeeinrichtung nach den §§ 71 Absatz 1, 72 SGB XI angestellt sind,
- mit denen die Pflegeversicherung einen Vertrag nach § 77 Absatz 1 SGB XI abgeschlossen hat.

5 a.1.2 Beihilfefähig sind die Aufwendungen für Grundpflege und hauswirtschaftliche Versorgung (vgl. Nummer 5.2.2 und § 14 Absatz 4 SGB XI). Aufwendungen für darüber hinausgehende Leistungen sind nicht beihilfefähig. Die Aufwendungen für die häusliche Pflege können nur in Höhe der Beträge als angemessen (§ 3

Absatz 2 BVO) angesehen werden, die auf Grund des § 89 SGB XI zwischen den Trägern der Pflegedienste und den Leistungsträgern vereinbart wurden; dabei ist eine Differenzierung nach Kostenträgern nicht zulässig. In Zweifelsfällen ist daher von dem Pflegedienst eine entsprechende Vergütungsvereinbarung einzuholen und zu den Akten des Beihilfeberechtigten zu nehmen.

5 a.1.3 Soweit bei Pflegebedürftigen der Pflegestufe III ein besonderer Pflegebedarf besteht, sind die Aufwendungen zusätzlich bis zu 1.918 Euro monatlich beihilfefähig. Es bedarf keiner förmlichen Anerkennung des Pflegebedürftigen als Härtefall nach § 36 Absatz 4 Satz 1 SGB XI durch die zuständige Pflegekasse/Pflegeversicherung.

5 a.1.4 Wird die Pflege nicht für einen vollen Monat erbracht, wird der beihilfefähige Pauschalbetrag nach § 5 a Absatz 1 BVO nicht anteilig gekürzt. Auf die Notwendigkeit und Angemessenheit der geltend gemachten Kosten ist in diesem Fall verstärkt zu achten.

5 a.1.5 Neben den Pflegekosten sind die Aufwendungen für medizinische Behandlungen beihilfefähig. Hierzu zählen insbesondere Injektionen, Anlegen und Wechseln von Verbänden, Kathetern etc., Darmspülungen, Dekubitusversorgung (nicht Dekubitusprophylaxe), Blutdruckmessung, Blutzuckermessung, Verabreichung von Sondennahrung.

5 a.1.6 Entstehen in Pflegefällen ohne formale Anerkennung als Härtefall nach § 36 Absatz 4 SGB XI auf Grund besonderen Pflegebedarfs in der Pflegestufe III höhere Aufwendungen, sind die Aufwendungen für häusliche Pflege bis zu einem monatlichen Gesamtbetrag von 3.428 Euro (1.510 Euro plus 1.918 Euro) beihilfefähig; dieser Betrag gilt auch, wenn neben der häuslichen Pflege zusätzlich teilstationäre Pflege in Anspruch genommen wird (Kombinationen nach § 5 b Absatz 3 oder 5 BVO).

In diesen Fällen ist zunächst der Berechnung der Pflegeversicherung zu folgen. Die den Höchstbetrag für häusliche Pflege nach § 5 a Absatz 1 Satz 1 BVO überschreitenden Aufwendungen können zusätzlich als beihilfefähig anerkannt werden, soweit unter Einbeziehung der beihilfefähigen Aufwendungen nach den §§ 5 a Absatz 1 und 5 b Absatz 2 BVO der Gesamtbetrag von 3.428 Euro nicht überschritten wird.

5 a.2 **Absatz 2**

5 a.2.1 Die Pflege für den Pflegebedürftigen muss in einer häuslichen Umgebung erbracht werden. Dies kann der eigene Haushalt,

der Haushalt der Pflegeperson oder ein anderer Haushalt sein, in der der Pflegebedürftige aufgenommen wurde. Unbeachtlich ist, ob die Pflege durch Angehörige, Lebenspartner, sonstige ehrenamtliche Pflegepersonen, erwerbsmäßige Pflegekräfte oder eine vom Pflegebedürftigen angestellte Pflegeperson erbracht wird. Die Prüfung, ob die erforderliche Grundpflege und die hauswirtschaftliche Versorgung sichergestellt sind, obliegt der zuständigen Pflegekasse/Pflegeversicherung.

5 a.2.2 Die häusliche Pflege wird nicht dadurch ausgeschlossen, dass der Pflegebedürftig ein einem Altenwohnheim oder einer Altenwohnung lebt. Eine Beihilfegewährung nach § 5 a Absatz 2 BVO ist grundsätzlich aber ausgeschlossen, wenn es sich bei der Einrichtung, in der sich der Pflegebedürftige aufhält, um ein Pflegeheim nach § 71 Absatz 2 i. V. m. § 72 SGB XI handelt. Hält sich der Pflegebedürftige in einer nicht zugelassenen vollstationären Pflegeeinrichtung (nicht Einrichtungen i. S. des § 71 Absatz 4 SGB XI) auf, besteht aufgrund der insoweit selbst sichergestellten Pflege ein Beihilfeanspruch nach § 5 a Absatz 2 BVO.

5 a.2.3 Ist ein pflegebedürftiger Schüler wochentags in einer Einrichtung (nicht Einrichtung i. S. des § 71 Absatz 4 SGB XI, sondern z. B. Krankenhaus, Rehabilitationseinrichtung, Werkstatt und Wohnheim für Menschen mit Behinderungen, Kindergarten) internatsmäßig untergebracht, besteht für diese Zeit ein Anspruch auf Beihilfe nach § 5 a Absatz 2 BVO. Es wird unterstellt, dass der Schwerpunkt der häuslichen Pflege erhalten bleibt.

Demgegenüber ist von einer dauerhaften Internatsunterbringung auszugehen, wenn der Pflegebedürftige nicht regelmäßig jedes Wochenende in den Haushalt der Familie zurückkehrt, da in diesen Fällen der Lebensmittelpunkt innerhalb des z. B. Internats anzunehmen ist. Dennoch kann eine anteilige Beihilfe nach § 5 a Absatz 2 BVO für die Zeiträume gewährt werden, in denen der Pflegebedürftige im häuslichen Bereich gepflegt wird. Auf Nummer 5 c.6.4 wird hingewiesen.

5 a.2.4 Bei Durchführung einer vollstationären Krankenhausbehandlung/stationären Rehabilitationsmaßnahme erfolgt für die ersten vier Wochen keine Kürzung der Pauschale. Die Vier-Wochen-Frist beginnt mit dem Aufnahmetag. Bei einer Kürzung setzt die Gewährung der Pauschale mit dem Entlassungstag wieder ein.

5 a.3 **Absatz 3**

5 a.3.1 Verhinderungspflege kann nur zum Tragen kommen, wenn die häusliche Pflege durch Angehörige, Lebenspartner, Nachbarn,

Bekannte oder sonstige Personen, die einen Pflegebedürftigen pflegen, durchgeführt wird. Pflegekräfte einer zugelassenen ambulanten Pflegeeinrichtung nach § 72 SGB XI und Pflegekräfte, mit denen die Pflegekasse einen Einzelvertrag nach § 77 SGB XI geschlossen hat, sind keine an der Pflege gehinderte Pflegepersonen i. S. des § 5 a Absatz 3 BVO.

5 a.3.2 Die Ersatzpflege kann durch eine nicht erwerbsmäßig pflegende Person (z. B. Angehörige, Lebenspartner, Nachbarn, Bekannte) oder durch eine zugelassene Pflegeeinrichtung nach § 72 SGB XI (z. B. ambulante Dienste) sowie andere nicht zugelassene Dienste, die im Rahmen einer Erwerbstätigkeit die Ersatzpflege durchführen, erbracht werden.

5 a.3.3 Wird die Ersatzpflege durch eine Pflegeperson, die mit dem Pflegebedürftigen bis zum zweiten Grade verwandt oder verschwägert ist oder mit ihm in häuslicher Gemeinschaft lebt, durchgeführt, ist grundsätzlich nur der bisherige Pauschalbetrag nach § 5 a Absatz 2 Satz 1 BVO beihilfefähig. Soweit dieser Ersatzpflegeperson durch die übernommene Pflege nachweislich Kosten entstehen (z. B. Fahrtkosten, Verdienstausfall etc.), sind diese Kosten zusätzlich bis zu einem Jahresbetrag von 1.510 Euro beihilfefähig.

5 a.3.4 Die Ersatzpflege muss nicht im Haushalt des Pflegebedürftigen durchgeführt werden. Sie kann daher insbesondere in einem Wohnheim für Menschen mit Behinderungen, einem Internat, einer Krankenwohnung, einem Kindergarten, einer Schule, einer Vorsorge oder Rehabilitationseinrichtung, einem Krankenhaus oder einer Pflegeeinrichtung (unabhängig von einer Zulassung nach § 72 SGB XI) durchgeführt werden. Beihilfefähig bis zum Höchstbetrag sind ausschließlich die pflegebedingten Kosten. Kosten für Unterkunft und Verpflegung und Investitionskosten, medizinische Behandlungspflege und soziale Betreuung sind hierbei nicht zu berücksichtigen. Soweit die Einrichtung lediglich eine Gesamtsumme oder einen Tagessatz – ohne weitere Spezifizierung – in Rechnung stellt, ist für die hier nicht beihilfefähigen Aufwendungen aus Vereinfachungsgründen ein pauschaler Abzug vom Rechnungsbetrag in Höhe von 20 v. H. vorzunehmen. Auf Nummer 5 c.6.5 wird hingewiesen.

5 a.3.5 Der Anspruch auf Ersatzpflege entsteht mit jedem Kalenderjahr neu. Wird der Betrag von 1.510 Euro in einem Jahr nicht ausgeschöpft, erfolgt keine Übertragung des Restbetrages in das nächste Jahr.

5 a.4 **Absatz 4**

5 a.4.1 Wird ein Pflegebedürftiger innerhalb eines Monats sowohl durch eine geeignete Pflegekraft wie auch durch eine selbst beschaffte Pflegehilfe gepflegt, ist hinsichtlich der Aufwendungen für die Pflegekraft die anteilige Berechnung zunächst nach dem zustehenden Höchstbetrag nach § 5 a Absatz 1 Satz 1 BVO (Verhältnis zwischen dem jeweiligen Höchstbetrag- und dem Rechnungsbetrag)vorzunehmen. Entsprechend diesem Verhältnis ist die anteilige Pauschale nach § 5 a Absatz 2 Satz 1 BVO (Pflegegeld) beihilfefähig.

5 b **Zu § 5 b Teilstationäre Pflege- und Kurzzeitpflege**

5 b.1 **Absatz 1**

5 b.1.1 Kann die häusliche Pflege eines Pflegebedürftigen nicht in ausreichendem Umfang sichergestellt werden, besteht ein zeitlich nicht begrenzter Anspruch auf teilstationäre Pflege in Einrichtungen der Tages- oder Nachtpflege.

5 b.1.2 Beförderungskosten sind regelmäßig Bestandteil der teilstationären Pflegesätze und nur im Rahmen der Höchstbeträge nach § 5 b Absatz 2 BVO beihilfefähig.

5 b.2 **Absatz 2**

5 b.2.1 Sofern die Tages- und Nachtpflegeeinrichtung eine sog. „Abwesenheitsvergütung" aufgrund der bestehenden vertraglichen Regelungen berechnet, ist diese bis zu den in § 5 b Absatz 2 BVO genannten Höchstbeträgen beihilfefähig.

5 b.3 **Zu Absatz 3**

5 b.3.1 Werden die Aufwendungen für Tages- und Nachtpflege ausschließlich mit Aufwendungen nach § 5 a Absatz 1 BVO geltend gemacht, sind die Aufwendungen insgesamt je Kalendermonat bis zum 1,5fachen Satz des für die jeweilige Pflegestufe benannten Höchstbetrages beihilfefähig. Wird Tages- und Nachtpflege im Umfang von mehr als 50 v. H. des jeweiligen Höchstbetrages nach § 5 a Absatz 1 BVO in Anspruch genommen, ist der Höchstbetrag um den über 50 liegenden Vomhundertsatz zu mindern. Eine Aufstockung der Höchstbeträge nach § 5 a Absatz 1 BVO auf über 100 v. H. erfolgt hingegen bei der Inanspruchnahme der Tages- und Nachtpflege in einem Umfang von weniger als 50 v. H. nicht.

5 b.4 **Absatz 4**

5 b.4.1 Werden die monatlichen Aufwendungen für Tages- und Nachtpflege ausschließlich mit Aufwendungen nach § 5 a Absatz 2 BVO geltend gemacht, ist die Pauschale nach § 5 a Absatz 2 BVO in voller Höhe beihilfefähig, soweit die Aufwendungen für die Tages- und Nachtpflege nicht mehr als 50 v. H. des jeweiligen Höchstbetrages nach § 5 a Absatz 1 BVO betragen. Betragen die Aufwendungen für die Tages- und Nachtpflege mehr als 50 v. H., ist die Pauschale nach § 5 a Absatz 2 um den über 50 liegenden Vomhundertsatz zu mindern. Eine Aufstockung der Pauschale auf über 100 v. H. ist hingegen bei der Inanspruchnahme der Leistungen der Tages- und Nachtpflege im Umfang von weniger als 50 v. H. der Höchstbeträge nach § 5 a Absatz 1 BVO nicht möglich.

5 b.5 **Absatz 5**

5 b.5.1 Sofern in einem Monat Aufwendungen für Tages- und Nachtpflege neben Aufwendungen für eine häusliche Pflege nach § 5 a Absatz 1 und Absatz 2 BVO geltend gemacht werden, erfolgt keine Kürzung der Aufwendungen für Tages- und Nachtpflege soweit sie 50 v. H. des Höchstbetrages nach § 5 a Absatz 1 BVO nicht übersteigen. Betragen die geltend gemachten Aufwendungen für Tages- und Nachtpflege mehr als 50 v. H. des jeweiligen Höchstbetrages nach § 5 a Absatz 1 BVO, ist bei der Berechnung des anteiligen Pflegegeldes nach § 5 a Absatz 2 BVO von einem Gesamtbeihilfeanspruch in Höhe von 150 v. H. des Betrages nach § 5 a Absatz 1 BVO auszugehen. Darüber hinaus ist die anteilige Pauschale auf den Betrag begrenzt, der sich ohne Inanspruchnahme der Tages- und Nachtpflege ergeben würde.

5 b.6 **Absatz 6**

5 b.6.1 Erhält der Pflegebedürftige eine Pauschale nach § 5 a Absatz 2 BVO, wird diese für den Aufnahme- und Entlassungstag der Kurzzeitpflege weitergewährt. Dies gilt auch bei Inanspruchnahme der Kurzzeitpflege in mehreren Teilzeiträumen, da jeweils am ersten und letzten Tag der Kurzzeitpflege die Voraussetzungen für die Pauschale als erfüllt anzusehen sind.

5 b.6.2 Soweit die Kurzzeitpflegeeinrichtung mit der Pflegekasse/Pflegeversicherung eine sog. „Abwesenheitsvergütung" (§§ 75 Absatz 2 Nummer 5, 87 a Absatz 1 Sätze 5 und 6 SGB XI) vertraglich vereinbart hat, sind die in Rechnung gestellten Beträge bis zu der von der Pflegekasse/Pflegeversicherung anerkannten Höhe beihilfefähig.

5 b.7 **Absatz 7** (bleibt frei)

5 b.8 **Absatz 8**

5 b.8.1 Die besonderen Regelungen der Inanspruchnahme von Kurzzeitpflege für pflegebedürftige Personen bis zur Vollendung des 18. Lebensjahres gelten nicht für diejenigen Personen, die bereits in entsprechenden Einrichtungen der Hilfe für behinderte Menschen wohnen und ggf. in den Ferien oder an den Wochenenden für die „Kurzzeitpflege" in der Einrichtung bleiben. Beihilfenrechtlich ist die Entscheidung der Pflegeversicherung abzuwarten.

5 c **Zu § 5 c**

5 c.1 **Absatz 1**

5 c.1.1 Werden zu den Kosten einer stationären Pflege Leistungen seitens der Pflegekasse/Pflegeversicherung erbracht, ist davon auszugehen, dass die Pflegeeinrichtung eine nach § 72 Absatz 1 Satz 1 SGB XI zugelassene Einrichtung ist. Bei den Pflegesätzen dieser Einrichtungen ist eine Differenzierung nach Kostenträgern nicht zulässig (§ 84 Absatz 3 SGB XI).

5 c.1.2 Zusatzleistungen im Sinne des § 88 Absatz 1 SGB XI sind grundsätzlich nicht beihilfefähig.

5 c.2 **Absatz 2**

5 c.2.1 Dienstbezüge sind die in § 1 Absatz 2 BBesG genannten Bruttobezüge; Versorgungsbezüge sind die laufenden Bezüge nach Anwendung von Ruhens- und Anrechnungsvorschriften. Unfallausgleich nach § 35 BeamtVG bleibt unberücksichtigt. Zu den Renten zählen nicht die Beitragsanteile oder Beitragszuschüsse des Rentenversicherungsträgers zur Krankenversicherung. Krankenkassenbeiträge und Pflegeversicherungsbeiträge bleiben unberücksichtigt, auch wenn die Beiträge von den Versorgungsbezügen oder der Rente einbehalten werden. Zur Rente gehören nicht Leistungen für Kindererziehung nach § 294 SGB VI.

5 c.2.2 Als Erwerbseinkommen i. S. der Sätze 2 und 4 sind Einkünfte aus nichtselbständiger Arbeit, aus selbständiger Arbeit, aus Gewerbebetrieb, aus Land- und Forstwirtschaft sowie Lohnersatzleistungen zugrunde zu legen; Einkommen aus geringfügigen Tätigkeiten (§ 8 SGB IV) bleiben außer Ansatz. Dabei ist bei einem monatlich schwankenden Einkommen ein Durchschnitt der letzten 12 Monate für die Ermittlung des Eigenanteils heranzuziehen. Einkommen der Kinder bleiben unberücksichtigt.

5 c.2.3 Werden die Kosten für Unterkunft und Verpflegung von der Pflegeeinrichtung bei der Berechnung des Pflegesatzes nicht

besonders nachgewiesen, ist grundsätzlich die von der privaten oder sozialen Pflegeversicherung vorgenommene Aufteilung der Kosten für die Berechnung der Beihilfen maßgebend.

5 c.2.4 Die Zahlungspflicht der Heimbewohner- oder ihrer Kostenträger endet mit dem Tag, an dem der Heimbewohner aus dem Heim entlassen wird oder verstirbt. Zieht ein Pflegebedürftiger in ein anderes Heim um, darf nur das aufnehmende Pflegeheim ein Gesamtheimentgelt für den Verlegungstag berechnen.

5 c.2.5 Soweit die Pflegekasse/Pflegeversicherung des Pflegebedürftigen der Pflegeeinrichtung nach § 87 a Absatz 4 SGB XI ein Zusatzentgelt von 1.536 Euro bewilligt, hat sich die Beihilfestelle mit dem jeweiligen Bemessungssatz des Pflegebedürftigen zu beteiligen.

5 c.2.6 Investitionskosten können nur berücksichtigt werden, wenn der Beihilfestelle ein Pflegewohngeldbescheid vorgelegt werden kann. Der Antrag auf Pflegewohngeld ist grundsätzlich für den Pflegebedürftigen über die Pflegeeinrichtung zu stellen. Weigert sich der Pflegebedürftige, dem Pflegeheim die hierfür notwendigen Unterlagen (Einkommen- und Vermögensverhältnisse) zu überlassen, sind bei der Ermittlung der beihilfefähigen Unterkunfts- und Verpflegungskosten die seitens des Pflegeheims in Rechnung gestellten Investitionskosten zunächst außer Ansatz zu lassen; der Beihilfebescheid ergeht insoweit vorläufig. Für die nachträgliche Beantragung des Pflegewohngeldes ist eine angemessene Frist zu setzen.

5 c.2.7 Auf die Vorlage eines Pflegewohngeldbescheides kann verzichtet werden, wenn aus der Abrechnung des Pflegeheims hervorgeht, dass die Investitionskosten bereits um das erhaltene Pflegewohngeld gemindert wurden, das Pflegeheim bestätigt, dass auf Grund der Einkommens- und Vermögensverhältnisse des Pflegebedürftigen ein Antrag keine Erfolgsaussichten hätte oder die nach § 5 c Absatz 2 BVO zu berücksichtigen Eigenanteile die Aufwendungen für Unterkunft und Verpflegung und Investitionskosten übersteigen.

5 c.3 **Absatz 3**

5 c.3.1 Der Pflegeplatz ist im Fall vorübergehender Abwesenheit von bis zu 42 Tagen im Kalenderjahr für den Pflegebedürftigen freizuhalten. Abweichend hiervon verlängert sich der Abwesenheitszeitraum bei Krankenhausaufenthalten und bei Aufenthalten in Rehabilitationseinrichtungen für die Dauer dieser Aufenthalte.

Soweit bei Abwesenheit drei Kalendertage überschritten werden, sind seitens der Pflegeeinrichtung ab dem 4. Tag Abschläge von mindestens 25 vom Hundert der Pflegevergütung und der Entgelte für Unterkunft und Verpflegung vorzunehmen.

5 c.4 **Absatz 4** (bleibt frei)

5 c.5 **Absatz 5** (bleibt frei)

5 c.6 **Absatz 6**

5 c.6.1 Anspruchsvoraussetzung für eine Beihilfegewährung ist, dass mindestens die Voraussetzungen der Pflegestufe I erfüllt sind. Die Entscheidung der jeweiligen Pflegekasse/Pflegeversicherung und deren Leistungsbewilligung ist abzuwarten; sie ist für die Beihilfestelle bindend.

5 c.6.2 Die Beschäftigung und Betreuung in einer Werkstatt für Behinderte ist keine Pflege im Sinne des § 5 BVO; Werkstattgebühren und Versicherungsbeiträge für den Behinderten sind daher nicht beihilfefähig. Ebenfalls nicht beihilfefähig sind die Aufwendungen, die durch einen zur Erfüllung der Schulpflicht vorgeschriebenen Sonderschulunterricht entstehen (z. B. Fahrkosten).

5 c.6.3 Berechnet die Einrichtung bei vorübergehender Abwesenheit des Pflegebedürftigen eine Platzgebühr, ist grundsätzlich für einen Zeitraum bis zu 28 Tagen die „Pauschale" weiterzugewähren. Wird dieser Zeitraum aufgrund einer stationären Krankenhausbehandlung (§ 4 Absatz 1 Nummer 2 BVO) oder einer stationären Rehabilitationsmaßnahme (§ 6 BVO) oder einer stationären Müttergenesungskur bzw. Mutter-/Vater-Kind-Kur (§ 6 a BVO) überschritten, gilt Satz 1 entsprechend, wenn die Pflegekasse/Pflegeversicherung für diesen Zeitraum die „Pauschale" (§ 43 a SGB XI) gewährt.

5 c.6.4 Neben dem Beihilfeanspruch nach § 5 c Absatz 6 BVO kann für die Zeit einer Pflege im häuslichen Bereich (z. B. an Wochenenden oder in Ferienzeiten) eine Beihilfe nach § 5 a Absatz 1 oder 2 BVO gewährt werden. Dabei zählen der An- und Abreisetag (z. B. häusliche Pflege ab Freitagabend) als volle Tage. Für die Berechnung der Pflegepauschale ist der maßgebende Höchstbetrag für die jeweilige Pflegestufe zu berücksichtigen. Der für die Pflegestufe maßgebende Pauschalbetrag wird durch 30 dividiert und mit der Zahl der zu Hause verbrachten Tage (plus An- und Abreisetag) multipliziert. Der sich ergebende anteilige Pauschalbetrag darf jedoch zusammen mit dem Höchstbetrag nach § 5 c

Absatz 6 BVO den für die jeweilige Pflegestufe festgelegten Höchstbetrag nach § 5 a Absatz 1 oder 2 BVO nicht übersteigen.

5 c.6.5 Kann z. B. an den Wochenenden oder in Ferienzeiten die häusliche Pflege nicht sichergestellt werden, besteht in diesem Fall die Möglichkeit, Beihilfen nach § 5 a Absatz 3 BVO zu gewähren. Eine Anrechnung auf den beihilfefähigen Betrag nach § 5 c Absatz 6 BVO ist nicht vorzunehmen. Sofern für die pflegebedürftige Person in der Zeit, in der keine Pflege im häuslichen Bereich durchgeführt werden kann, die Unterbringung in derselben vollstationären Einrichtung der Hilfe für Behinderte Menschen sichergestellt wird, können zusätzliche Kosten nicht nach § 5 a Absatz 3 BVO berücksichtigt werden. Diese Kosten sind mit der Anerkennung nach § 5 c Absatz 6 BVO abgegolten.

5 d **Zu § 5 d Zusätzliche Betreuungsleistungen bei häuslicher und vollstationärer Pflege**

5 d.1 **Absatz 1**

5 d.1.1 Beihilfeberechtigt sind Pflegebedürftige der Pflegestufen I, II oder III mit einem auf Dauer bestehenden erheblichen Bedarf an allgemeiner Beaufsichtigung und Betreuung (= erheblich eingeschränkte Alltagskompetenz) sowie Personen, die zwar in ihrer Alltagskompetenz erheblich eingeschränkt sind, jedoch keinen Hilfebedarf im Bereich der Grundpflege und hauswirtschaftlichen Versorgung haben, der das Ausmaß der Pflegestufe I erreicht. Ob die Anspruchsvoraussetzungen vorliegen, entscheidet die jeweilige Pflegekasse/Pflegeversicherung. Die Entscheidung ist für die Beihilfestelle bindend.

5 d.1.2 Die zusätzlichen Betreuungsleistungen dienen der Erstattung von Aufwendungen, die der pflegebedürftigen Person im Zusammenhang mit

- Tages- und Nachtpflege oder Kurzzeitpflege,
- Inanspruchnahme von zugelassenen Pflegediensten mit besonderen Angeboten der allgemeinen Anleitung und Betreuung,
- Niedrigschwelligen Betreuungsangeboten entstehen.

Die Bewilligung durch die jeweilige Pflegekasse/Pflegeversicherung ist seitens der Beihilfestelle abzuwarten.

5 d.2 **Absatz 2**

5 d.2.1 Der Anspruch auf bis zu 100 Euro (Grundbetrag) bzw. bis zu 200 Euro (erhöhter Betrag) entsteht monatlich. Ein Vorgriff auf

zukünftig entstehende Beihilfeansprüche ist nicht möglich. Nicht in Anspruch genommene Beträge für zurückliegende Monate können in den Folgemonaten berücksichtigt werden. Der Anspruch gilt ab dem Monat der Bewilligung durch die Pflegeversicherung und für den vollen Monat; es erfolgt keine tageweise Berechnung.

5 d.3 **Absatz 3**

5 d.3.1 Die in einem Kalenderjahr von der pflegebedürftigen Person nicht in Anspruch genommenen Beträge sind auf das nächste Kalenderhalbjahr zu übertragen. Ein Antrag ist hierzu nicht erforderlich. Wird der auf das folgende Kalenderhalbjahr übertragene Anspruch (Guthaben) nicht ausgeschöpft, verfällt dieser Anspruch; gleiches gilt in den Fällen des § 5 d Absatz 3 Satz 3 BVO mit Ablauf des Jahres 2009.

6 **Zu § 6 Beihilfefähige Aufwendungen bei stationären Rehabilitationsmaßnahmen**

6.1 **Absatz 1**

6.1.1 Nummer 3.2.3 Sätze 1 und 2 gelten entsprechend. Dass die beantragte stationäre Rehabilitationsmaßnahme nicht durch eine Maßnahme nach § 7 BVO mit gleicher Erfolgsaussicht ersetzbar ist, ist im Rahmen der Verordnung des behandelnden Arztes überprüfbar zu begründen und durch den Amtsarzt zu bestätigen (Ausnahme Anschlussheilbehandlungen).

6.1.2 Bei der Anschlussheilbehandlung handelt es sich um eine Maßnahme der medizinischen Rehabilitation, in deren Rahmen die während einer stationären Krankenhausbehandlung (§ 4 Absatz 1 Nummer 2 BVO) begonnenen Leistungen fortgesetzt werden, um einen langfristigen Erfolg zu erreichen. In diesen Fällen kann eine stationäre Rehabilitationsmaßnahme – ggf. auch nachträglich – anerkannt werden, wenn der Krankenhausarzt deren Notwendigkeit bescheinigt und die stationäre Rehabilitationsmaßnahme spätestens einen Monat nach Beendigung der stationären Krankenhausbehandlung beginnt. Bei einer zuvor ambulant durchgeführten Chemo- oder Strahlentherapie gilt eine anschließend notwendige stationäre Rehabilitationsmaßnahme ebenfalls als Anschlussheilbehandlung.

6.1.3 Der Zuschuss nach § 6 Absatz 1 Satz 7 BVO in Höhe von 100 Euro kann gewährt werden, wenn bei Beihilfeberechtigten mit Wohnsitz in Nordrhein-Westfalen durch das amts- oder vertrauensärztliche Gutachten im Rahmen des Voranerkennungsverfahrens bestätigt wird, dass der gewünschte Heilerfolg nur durch eine stationäre Rehabilitationsmaßnahme in einer Einrichtung außerhalb NRW's erreicht werden kann. Ist dies nicht der Fall, wird unabhängig von dem Ort der gewählten Einrichtung ein Zuschuss von 50 Euro gewährt. Beihilfeberechtigten mit Wohnsitz außerhalb von NRW werden pauschal 100 Euro, höchstens aber die tatsächlichen Kosten erstattet.

6.1.4 Treten mehrere Personen (behandlungsbedürftige Person einschließlich Begleitpersonen) die Rehabilitationsmaßnahme gleichzeitig mit einem privaten Personenkraftwagen an, wird der Zuschuss für die erste Person zu 100 v. H. und für den/die Mitfahrer zu jeweils 50 v. H. gewährt. Ist die Hin- und Rückfahrt nur im Krankenwagen möglich, gilt § 4 Absatz 1 Nummer 11 Satz 3 BVO entsprechend.

6.2 **Absatz 2** (bleibt frei)

6.3 **Absatz 3**

6.3.1 Die Kosten für Unterkunft und Verpflegung oder ggf. der Behandlung (soweit nicht einzeln berechnet) sind auch bei Anschlussheilhandlungen in Höhe der Preisvereinbarung beihilfefähig, die die Einrichtung mit einem Sozialversicherungsträgergeschlossen hat. Soweit die Einrichtung mit mehreren Sozialversicherungsträgern unterschiedliche Preisvereinbarungen getroffen hat, bestehen keine Bedenken, die für den Beihilfeberechtigten günstigste Vereinbarung zu berücksichtigen, die für die vergleichbare Indikation abgeschlossen wurde. Aufwendungen für Arzneimittel, die die Einrichtung verordnet bzw. verabreicht, sind neben der Pauschale beihilfefähig.

6.3.2 Wird die Preisvereinbarung der Einrichtung mit einem Sozialversicherungsträger durch den Beihilfeberechtigten nicht beigebracht, sind die Aufwendungen nach § 4 Absatz 1 Nummer 1, 7 und 9 BVO, für das amtsärztliche Gutachten sowie den ärztlichen Schlussbericht beihilfefähig. Daneben wird ein Zuschuss nach § 7 Absatz 3 Satz 2 BVO gewährt.

6.4 **Absatz 4** (bleibt frei)

6 a **Zu § 6 a Beihilfefähige Aufwendungen für stationäre Müttergenesungskuren oder Mutter-/Vater-Kind-Kuren**

6 a.1 **Absatz 1**

6 a.1.1 Die Beihilfefähigkeit der Aufwendungen einer Müttergenesungskur bzw. einer Mutter-/Vater-Kind-Kur setzt voraus, dass

der Amtsarzt vor Behandlungsbeginn die Kurbedürftigkeit der Mutter/des Vaters und/oder eines Kindes bestätigt hat.

6 a.1.2 Für mitgenommene nicht behandlungsbedürftige Kinder bis zum vollendeten 12. Lebensjahr wird jeweils ein Zuschuss nach § 7 Absatz 3 Satz 2 BVO gewährt, soweit die Kosten der Unterbringung und Verpflegung dieser Kinder nicht im Rahmen der mit dem Sozialversicherungsträger getroffenen Vereinbarung für den oder die Behandlungsbedürftigen mit abgegolten ist.

6 a.1.3 Eine Kur nach Satz 1 kann auch bei behandlungsbedürftigen Kindern bis zum vollendeten 14. Lebensjahr bewilligt werden, wenn der Amtsarzt bestätigt, dass zum Behandlungserfolg die Anwesenheit der Mutter/des Vaters zwingend erforderlich ist; für die Kosten der Mutter/des Vaters gilt Nummer 6 a.1.2 sinngemäß.

6 a.2 **Absatz 2** (bleibt frei)

6 a.3 **Absatz 3** (bleibt frei)

7 **Zu § 7 Beihilfefähige Aufwendungen für ambulante Kur- und Rehabilitationsmaßnahmen**

7.1 **Absatz 1**

7.1.1 Das Heilkurorteverzeichnis „Inland" und „EU-Ausland" ist als Anlage 5 zu dieser VV beigefügt. Ambulante Rehabilitationsmaßnahmen (Nummer 7.4) können auch in einem Ort außerhalb des Kurorteverzeichnisses durchgeführt werden.

7.2 **Absatz 2**

7.2.1 Die Aufwendungen für eine Kur sind auch dann beihilfefähig, wenn die Kur nicht ordnungsgemäß durchgeführt worden ist, weil der Beihilfeberechtigte aus Gründen, die er nicht zu vertreten hat, daran gehindert wurde.

7.2.2 Als Wartezeit nach § 7 Absatz 2 Buchstabe a BVO gilt die Zeit ab erstmaligem Eintritt in den öffentlichen Dienst. Kuren von Kindern sowie Kuren, die nach dem Gutachten des zuständigen Amtsarztes aus zwingenden medizinischen Gründen (z. B. in schweren Fällen von Morbus-Bechterew) durchgeführt werden müssen, können auch innerhalb der Wartezeit bewilligt werden.

7.3 **Absatz 3**

7.3.1 Ist die An- und/oder Abreise zum Kurort nur im Krankenwagen möglich, gilt § 4 Absatz 1 Nummer 11 Satz 3 BVO entsprechend.

7.4 **Absatz 4**

7.4.1 Eine Anschlussheilbehandlung kann auch im Rahmen einer ambulanten Rehabilitationsmaßnahme durchgeführt werden.

7.4.2 Die Aufwendungen für seitens der ambulanten Rehabilitationseinrichtung verordneten bzw. während der Rehabilitationsmaßnahme verabreichten Arzneimittel sind grundsätzlich neben der mit einem Sozialversicherungsträger vereinbarten Pauschale (§ 7 Absatz 4 Satz 3 BVO) beihilfefähig. Bei den Nebenkosten nach § 7 Absatz 4 Satz 4 BVO kann grundsätzlich davon ausgegangen werden, dass mindestens Kosten in Höhe von 20 Euro täglich angefallen sind; ein Einzelnachweis ist daher nur in begründeten Ausnahmefällen notwendig.

7.4.3 Die Notwendigkeit weiterer – nicht in der Preisvereinbarung mit einem Sozialversicherungsträger enthaltener – Aufwendungen nach § 4 Absatz 1 Nummer 1, 7 und 9 BVO ist durch einen Amtsarzt zu bestätigen.

7.4.4 Ambulante Rehabilitationsmaßnahmen sind auch beihilfefähig, wenn sie von Einrichtungen durchgeführt werden, die der stationären Rehabilitation dienen.

7.4.5 Die ärztlich verordnete ambulante Rehabilitationsmaßnahmeumfasst auch die mobile Rehabilitation. Die mobile Rehabilitation ist eine Sonderform der ambulanten Rehabilitation, bei der der Erkrankte zu Hause behandelt wird.

7.4.6 Ist zur Durchführung einer ambulanten Rehabilitationsmaßnahme eine Begleitperson aus zwingenden medizinischen Gründen erforderlich, gilt für die Aufwendungen der Begleitperson § 7 Absatz 4 Satz 4 BVO entsprechend.

7.4.7 Nach § 7 Absatz 1 BVO sind bei ambulanten Rehabilitationsmaßnahmen die Aufwendungen für 20 Behandlungstage beihilfefähig. Ist aus dringenden medizinischen Gründen in Zusammenhang mit neuropsychologischen Behandlungen (z. B. Schlaganfallpatient) eine Verlängerung der Behandlung geboten, kann die Beihilfestelle einer Verlängerung bis zu weiteren 20 Behandlungstagen zustimmen. Darüber hinaus sind weitere beihilferechtliche Verlängerungen nur in dem Umfang der Bewilligung der Krankenversicherung des Patienten möglich.

7.4.8 Aufwendungen für ärztlich verordneten Rehabilitationssport und Funktionstraining unter ärztlicher Betreuung und Überwachung sind grundsätzlich beihilfefähig. Beihilfefähig sind ausschließlich die in der Rahmenvereinbarung der Rehabilitationsträger über den Rehabilitationssport und das Funktionstraining vom 1. Oktober 2003 i. d. F. vom 1. Januar 2007 genannten Maßnahmen. Die Rahmenvereinbarung kann von einem gesetzlichen Rehabilitationsträger bezogen werden.

Beihilfefähig sind nur Gebühren, die der Veranstalter für gesetzlich versicherte Teilnehmer mit den Rehabilitationsträgern vereinbart hat. Nicht beihilfefähig sind Mitgliedsbeiträge, Aufwendungen für den Besuch eines Fitness-Studios oder für allgemeine Fitness-Übungen und -Geräte sowie für notwendige Sportbekleidung sowie die Fahrten zum Veranstaltungsort. Dies gilt auch für die Aufwendungen einer ggf. notwendigen Begleitperson.

8 **Zu § 8 Beihilfefähige Aufwendungen bei nicht rechtswidrigem Schwangerschaftsabbruch und einer durch Krankheit erforderlichen Sterilisation sowie bei Empfängnisregelung**

8.1 **Absatz 1**

8.1.1 Zu der ärztlichen Behandlung anlässlich der unmittelbaren Vornahme des Schwangerschaftsabbruchs zählen insbesondere:

1. die Anästhesie,
2. der operative Eingriff,
3. die vaginale Behandlung einschließlich der Einbringung von Arzneimitteln in die Gebärmutter,
4. die Injektion von Medikamenten,
5. die Gabe Wehen auslösender Medikamente,
6. die Assistenz durch einen anderen Arzt,
7. die körperlichen Untersuchungen im Rahmen der unmittelbaren Operationsvorbereitung und die Überwachung im direkten Anschluss an die Operation sowie die im Zusammenhang mit diesen Leistungen entstandenen Sachkosten.

8.2 **Absatz 2**

8.2.1 Über die Notwendigkeit einer durch Krankheit erforderlichen Sterilisation entscheidet die Beihilfestelle auf der Grundlage eines amtsärztlichen Gutachtens. Die Kosten des Gutachtens sind beihilfefähig.

8.3 **Absatz 3** (bleibt frei)

8.4 **Absatz 4**

8.4.1 Die maßgebliche Altersgrenze für die Ehegatten (§ 8 Absatz 4 Satz 4 BVO) muss in jedem Behandlungszyklus (Zyklusfall) zum

Zeitpunkt des ersten Zyklustages im Spontanzyklus, des ersten Stimulationstages im stimulierten Zyklus bzw. des ersten Tages der Down-Regulation erfüllt sein. Liegt nur bei einem Ehegatten die geforderte Altersgrenze vor, ist die gesamte Maßnahme nicht beihilfefähig. Die vom Gemeinsamen Bundesausschuss nach § 27 a Absatz 4 SGB V (Künstliche Befruchtung) erlassenen Richtlinien gelten in der jeweils aktuellen Fassung entsprechend.

8.4.2 Nicht beihilfefähig sind Aufwendungen für die heterologe Insemination und die heterologe Invitro-Fertilisation. Außerdem sind Aufwendungen für die Kryokonservierung von Samenzellen, imprägnierten Eizellen oder noch nicht transferierten Embryonen nicht beihilfefähig. Maßnahmen zur künstlichen Befruchtung nach vorhergehender Sterilisation, die medizinisch nicht notwendig war, sind nicht beihilfefähig.

8.4.3 Für die Beihilfefähigkeit von Aufwendungen zur künstlichen Befruchtung ist – ebenso wie in der Gesetzlichen Krankenversicherung – eine körperbezogene Betrachtungsweise (vgl. § 27 a Absatz 3 Satz 3 SGB V) maßgebend. Das so genannte „Verursacherprinzip" (vgl. Urteil des BGH v. 3. März 2004 – IV ZR 25/03) ist beihilferechtlich unbeachtlich. Für die Zuordnung der Aufwendungen der ICSI- und der IVF-Behandlung ist das Kostenteilungsprinzip (körperbezogene Kostenaufteilung) – § 8 Absatz 4 BVO – wie folgt anzuwenden:

1. Maßnahmen im Zusammenhang mit der Gewinnung, Untersuchung und Aufbereitung des männlichen Samens sind dem Mann zuzuordnen.
2. Die Kosten der IVF einschließlich aller extrakorporalen Maßnahmen im Zusammenhang mit der Zusammenführung von Ei- und Samenzellen, der Hormonbehandlung sowie der Beratung sind der Frau zuzuordnen.

9 Zu § 9 Beihilfefähige Aufwendungen in Geburtsfällen

9.1 Absatz 1

9.1.1 Für die Schwangerschaftsüberwachung werden die Richtlinien des Bundesausschusses der Ärzte und Krankenkassen über die ärztliche Betreuung während der Schwangerschaft und nach der Entbindung (Mutterschafts-Richtlinien) in der jeweils geltenden Fassung zugrunde gelegt. Danach sind bei Schwangeren auch die Aufwendungen für einen HIV-Test beihilfefähig.

9.1.2 Leistungen einer Hebamme oder eines Entbindungspflegers (z. B. Geburtsvorbereitung einschließlich Schwangerschaftsgymnastik) nach der Hebammengebührenordnung bedürfen keiner ärztlichen Verordnung, soweit nicht in der Hebammengebührenordnung etwas anderes bestimmt ist.

9.1.3 Bei Mehrlingsgeburten sowie in Fällen, in denen mehrere Kinder angenommen oder mit dem Ziel der Annahme in den Haushalt aufgenommen werden, wird der Zuschuss nach § 9 Absatz 1 Satz 2 BVO für jedes Kind gewährt.

9.2 **Absatz 2** (bleibt frei)

10 **Zu § 10 Beihilfefähige Aufwendungen bei Behandlungen im Ausland**

10.1 **Absatz 1**

10.1.1 Der Kostenvergleich nach § 10 Absatz 1 Satz 2 BVO kann entfallen, wenn eine Bescheinigung der ausländischen Krankenanstalt oder des ausländischen Arztes vorgelegt wird, nach der die berechneten Gebührensätze denen für Inländer entsprechen.

10.1.2 Rechnungsbeträge in ausländischer Währung (außerhalb des Euroraumes) sind mit dem am Tage der Festsetzung der Beihilfe maßgebenden amtlichen Devisen-Wechselkurs in Euro umzurechnen, sofern der auf die Aufwendungen entfallende Umrechnungskurs nicht nachgewiesen wird (z. B. durch Umtauschbestätigung der Bank). Den Belegen über die Aufwendungen ist eine Übersetzung beizufügen.

10.1.3 Nummer 3.2.3 gilt entsprechend.

10.1.4 Für Pflichtversicherte sowie für freiwillig in der gesetzlichen Krankenversicherung Versicherte, denen zu ihrem Krankenversicherungsbeitrag dem Grunde nach ein Zuschuss nach § 257 SGB V zusteht oder die beitragsfrei nach § 224 SGB V versichert sind, werden Beihilfen für eine Behandlung im Ausland nur gewährt, wenn im Ausland keine Sachleistung oder Kostenerstattung erlangt werden konnte und das Ausland nicht zum Zwecke der Behandlung aufgesucht wurde. § 3 Absatz 4 BVO bleibt unberührt.

10.2 **Absatz 2**

10.2.1 Ausländische Krankenanstalten und Einrichtungen können auch dann als stationäre Einrichtungen i. S. des § 6 BVO anerkannt werden, wenn wegen fehlender Regelungen eine Überwachung durch die zuständige Gesundheitsbehörde oder eine Konzessionierung nicht erfolgt.

10.2.2 Aufwendungen, die im Kleinen Walsertal (Österreich) und in der Hochgebirgsklinik Davos-Wolfgang (Schweiz) entstehen, sind grundsätzlich wie im Inland entstandene Aufwendungen zu behandeln. Bezüglich der Hochgebirgsklinik Davos-Wolfgang gilt Satz 1 ausschließlich für Behandlungen von Krankheiten, die nicht in Deutschland oder einem anderen Mitgliedstaat der Europäischen Union oder einem anderen Vertragsstaat des Abkommens über den Europäischen Wirtschaftsraum durchgeführt werden können (Behandlung unter Einfluss von Hochgebirgsklima ist zwingend medizinisch indiziert); die Beihilfefähigkeit der Aufwendungen richtet sich grundsätzlich nach § 6 BVO, sofern nicht im Einzelfall eine Krankenhausbehandlung nach § 4 Absatz 1 Nummer 2 BVO medizinisch indiziert ist. Da über die Art der Behandlung (Krankenhaus oder stationäre Rehabilitationsbehandlung) regelmäßig erst der leitende Arzt nach der Eingangsuntersuchung entscheidet, ist im Interesse des Beihilfeberechtigten in jedem Fall ein Anerkennungsverfahren nach § 6 Absatz 1 Satz 1 BVO durchzuführen.

10.2.3 Als ausländische Kurorte (§ 10 Absatz 2 Satz 3 BVO) anerkannt sind die in der Anlage 5 Teil 1 b zu dieser VV aufgeführten Orte. Diesen sind Kurorte bzw. Kurbetriebe gleichgestellt, die nach Auskunft des europäischen Heilbäderverbandes (EHV) die für die Durchführung von Heilkuren in der Bundesrepublik Deutschland vorgeschriebenen Qualitätsstandards erfüllen. Es wird gebeten, dem Finanzministerium von Stellungnahmen des EHV zu entsprechenden Anfragen jeweils eine Mehrausfertigung zu übersenden.

10.2.4 Als Nachweis nach § 10 Absatz 2 Satz 3 BVO reicht eine Bescheinigung des Kurortes aus, dass dieser nach jeweiligem Landesrecht als Kurort anerkannt ist. Eventuelle Übersetzungskosten trägt der Beihilfeberechtigte.

10.3 **Absatz 3**

10.3.1 In den Fällen des § 10 Absatz 3 Nummer 3 sind alle anlässlich des Krankheitsfalles entstandenen Aufwendungen (z. B. Arztkosten, Arzneimittel) zusammenzurechnen.

10.4 **Absatz 4** (bleibt frei)

11 **Zu § 11 Beihilfefähige Aufwendungen in Todesfällen** (bleibt frei)

12 **Zu § 12 Bemessung der Beihilfen**

12.1 **Absatz 1**

12.1.1 Die Erhöhung des Bemessungssatzes nach § 12 Absatz 1 Satz 3 BVO bezieht sich auf alle Aufwendungen, die in dem Zeitraum entstanden sind, in dem der Familienzuschlag für zwei oder mehr Kinder zusteht bzw. zustünde.

12.1.2 In den Fällen des § 12 Absatz 1 Satz 3 BVO ist durch gemeinsame schriftliche Erklärung nach Anlage 7 zu dieser VV derjenige zu bestimmen, der den erhöhten Bemessungssatz erhalten soll; in der Erklärung ist anzugeben, welche Festsetzungsstelle für den weiteren Berechtigten zuständig ist. Die Festsetzungsstelle, bei der der erhöhte Bemessungssatz beantragt wird, übersendet eine Kopie der Erklärung der anderen Festsetzungsstelle.

12.1.3 Nach den beihilferechtlichen Regelungen des Bundes und ggf. anderer Länder wird ein Kind, das bei mehreren Beihilfeberechtigten berücksichtigungsfähig ist, bei dem Beihilfeberechtigten berücksichtigt, der den Familienzuschlag nach § 40 BBesG erhält. Die Beihilfeberechtigten bestimmen in diesen Fällen bereits mit der Festlegung, wer von ihnen die familienbezogenen Besoldungsbestandteile erhalten soll, auch die Zuordnung des erhöhten Beihilfebemessungssatzes. Hierüber ergeht seitens der zuständigen Bundesbeihilfestelle (und ggf. Landesbeihilfestelle außerhalb des Geltungsbereichs der BVO) eine gesonderte Bescheinigung, die zu den Akten zu nehmen ist.

12.1.4 § 12 Absatz 1 Satz 4 zweiter Halbsatz BVO ist auch anzuwenden, wenn ein Beihilfeberechtigter Anspruch auf Beihilfe nach personenbezogenen Bemessungssätzen auf Grund von Vorschriften eines anderen Dienstherrn hat.

12.1.5 Nummer 2.2.4 gilt entsprechend.

12.2 **Absatz 2** (bleibt frei)

12.3 **Absatz 3**

12.3.1 § 12 Absatz 3 Satz 1 BVO gilt auch für Personen, die am 31. Dezember 1993 als Rentner in der gesetzlichen Krankenversicherung pflichtversichert waren, und bei denen die Leistungen aus der gesetzlichen Krankenversicherung nicht anzurechnen sind (§ 3 Absatz 4 Satz 2 Nummer 6 BVO).

12.4 **Absatz 4**

12.4.1 Eine ausreichende Versicherung ist anzunehmen, wenn sich aus den Versicherungsbedingungen ergibt oder offenkundig ist, dass die Versicherung in den üblichen Fällen stationärer oder ambulanter Krankenbehandlung wesentlich zur Entlastung des Versicherten beiträgt. Eine rechtzeitige Versicherung liegt z. B. vor, wenn sie im Zusammenhang mit dem Eintritt in das Beamtenverhältnis abgeschlossen wird.

12.5 **Absatz 5**

12.5.1 Wird der Nachweis nach § 12 Absatz 5 Satz 2 BVO nicht erbracht, kann eine Erhöhung des Bemessungssatzes nicht erfolgen. Unabhängig vom Leistungsumfang genügt eine vor dem 1. April 2007 abgeschlossene Versicherung, sofern sie ambulante und stationäre Leistungen vorsieht, sowie eine ab 1. 1. 2009 abgeschlossene Versicherung im sog. Basistarif als ausreichende Versicherung.

12.6 **Absatz 6** (bleibt frei)

12.7 **Absatz 7**

12.7.1 Die sich nach Anwendung des Bemessungssatzes ergebende Beihilfe wird insoweit vermindert, als sie zusammen mit den anrechenbaren Leistungen von dritter Seite zu einer über die tatsächlichen Aufwendungen hinausgehenden Erstattung führen würde. Als tatsächliche Aufwendungen gelten neben den beihilfefähigen Aufwendungen auch die Kosten, zu denen lediglich wegen Überschreitung von Höchstgrenzen keine Beihilfen gewährt werden können, die aber im Übrigen dem Grunde nach beihilfefähig sind (z. B. bei einem Krankenhausaufenthalt die Aufwendungen für ein Einbettzimmer, bei stationären Rehabilitationsmaßnahmen und Müttergenesungskuren sowie ambulanten Kur- und Rehabilitationsmaßnahmen die gesamten Kosten für Unterkunft und Verpflegung und bei der Versorgung mit Zahnersatz, Zahnkronen und Suprakonstruktionen die gesamten Kosten für zahntechnische Leistungen).

12.7.2 Der Nachweis über die Leistungen der Krankenversicherung usw. ist durch entsprechende Bescheinigungen zu erbringen. Bei sog. Quotenversicherungen können die Leistungen durch Vorlage der Versicherungsverträge oder anderer geeigneter Versicherungsunterlagen nachgewiesen werden.

12.7.3 Sind bei der Höchstbetragsberechnung Leistungen der gesetzlichen Krankenversicherung zu berücksichtigen, kann auf Antrag des Beihilfeberechtigten bei stationärer Krankenhausbehandlung die Höchstbetragsberechnung auf den einzelnen Krankheitsfall bezogen werden, sofern dies für den Beihilfeberechtigten günstiger ist.

12.7.4 Bei der Beihilfegewährung zu Aufwendungen in Todesfällen bleiben Leistungen aus Lebensversicherungen und Sterbegeldversicherungen unberücksichtigt.

12 a **Zu § 12 a Kostendämpfungspauschale**

12 a **Absatz 1**

12 a.1.1 Bei der ersten Antragstellung im Kalenderjahr ist bei Angehörigen der Besoldungsgruppen W 1 bis W 3 mit Zulage oder Leistungsbezug das Monatsbrutto (Grundgehalt plus Leistungsbezug bzw. Zulage) des Antragsmonats der Vergleichsberechnung zu Grunde zu legen. Einmalzahlungen nach § 12 LBesG bleiben außer Ansatz.

12 a.1.2 Für die Ermittlung der Kostendämpfungspauschale der Besoldungsgruppen W 1 und W 2 ist in der Besoldungsgruppenstufe 3 das niedrigste Grundgehalt der Besoldungsgruppe A 16, in der Stufe 4 das der Besoldungsgruppe B 4 sowie in der Stufe 5 das Grundgehalt der Besoldungsgruppe B 8 maßgebend; dies gilt entsprechend für die Besoldungsgruppe W 3 für die Stufen 4 und 5.

12 a.1.3 Bei privat krankenversicherten Arbeitnehmern ist die jeweilige Vergütungsgruppe des Arbeitnehmers der entsprechenden Besoldungsgruppe eines Beamten nach dem Bundesbesoldungsgesetz zuzuordnen.

12 a.2 **Absatz 2** (bleibt frei)

12 a.3 **Absatz 3**

12 a.3.1 Bei Witwern, hinterbliebenen eingetragenen Lebenspartnern und in den Fällen der Gewährung von Beihilfen an Hinterbliebene und sonstige Personen in Todesfällen (§ 14 BVO) entfällt im Jahr des Todes des Beihilfeberechtigten – und soweit es sich um Aufwendungen des Verstorbenen handelt, auch in dem Folgejahr – die Kostendämpfungspauschale.

12 a.4 **Absatz 4**

12 a.4.1 Bei Personen mit Ansprüchen auf Leistungen der Krankheitsfürsorge nach § 71 Absatz 3 und § 76 Absatz 2 Satz 3 LBG sowie nach § 6 a Absatz 6 LRiG entfällt die Kostendämpfungspauschale; dies gilt nicht bei einer Teilzeitbeschäftigung.

12 a.5 **Absatz 5** (bleibt frei)

12 a.6 **Absatz 6**

12 a.6.1 Die Kostendämpfungspauschale ist auf volle 5 Euro abzurunden.

12 a.7 **Absatz 7** (bleibt frei)

13 **Zu § 13 Verfahren**

13.1 **Absatz 1**

13.1.1 Pensionsregelungsbehörde ist im kommunalen Bereich der letzte Dienstherr.

13.2 **Absatz 2**

13.2.1 Für den Beihilfeantrag, die Kassenanordnung und die Mitteilung über die Gewährung der Beihilfe sollen die als Anlagen 6 und 6 a zu dieser VV beigefügten Formblätter verwendet werden. Es können auch Kassenanordnungen, die für die gleichzeitige Fertigung der Auszahlungsanordnung und des Überweisungsträgers eingerichtet sind, sowie Sammelanordnungen verwendet werden. Bei Unfällen (einschl. häuslicher Unfälle, Sport-, Spiel- und Schulunfälle) ist ein Unfallbericht nach Anlage 10 zu dieser VV vorzulegen. Sofern Beihilfen mittels eines automatisierten Verfahrens festgesetzt werden, können dem Verfahren angepasste Vordrucke verwendet werden.

13.2.2 Für Beihilfeanträge aus Anlass dauernder Pflegebedürftigkeit (§ 5 BVO) soll das als Anlage 8 zu dieser VV beigefügte Formblatt verwendet werden. Die Beihilfen aus Anlass dauernder Pflegebedürftigkeit sind für aktive Beamte unter Titel 441 02 und für Versorgungsempfänger unter Titel 446 02 zu buchen.

13.2.3 Auf die Vorlage der Originalbelege kann verzichtet werden. Bei Auslandsrechnungen ist dem Beihilfeantrag eine Kopie des Erstattungsnachweises der Krankenversicherung (ggf. der Auslandskrankenversicherung, z. B. ADAC) beizufügen.

13.2.4 Bei Halbwaisen ist eine Erklärung der Halbwaise und des Elternteils (bei minderjährigen Halbwaisen ausschließlich des Elternteils) einzuholen, bei welcher Beihilfestelle die Aufwendungen der Halbwaise eingereicht werden; die andere Beihilfestelle ist darüber zu informieren. Diese Erklärung ist bis zu ihrem Widerruf bindend.

13.2.5 Soweit bei sozialhilfeberechtigten Personen die Abwicklung der krankheitsbedingten Kosten nach § 264 SGB V über eine gesetzliche Krankenversicherung erfolgt, kann die von der Krankenkasse erstellte Quartalsabrechnung der Beihilfeberechnung zu Grunde gelegt werden. Die nach § 264 Absatz 7 SGB V zu entrichtenden Verwaltungskosten sind nicht beihilfefähig.

13.3 **Absatz 3** (bleibt frei)

13.4 **Absatz 4**

13.4.1 Die Antragsgrenze von 200 Euro gilt nicht, wenn der Beihilfeberechtigte aus dem beihilfeberechtigten Personenkreis ausgeschieden ist oder den Dienstherrn gewechselt hat.

13.5 **Absatz 5** (bleibt frei)

13.6 **Absatz 6** (bleibt frei)

13.7 **Absatz 7**

13.7.1 Ein Abschlag darf auch dann gewährt werden, wenn eine dem Grunde nach zustehende Beihilfe nicht festgesetzt werden kann, weil zunächst die Klärung eines etwaigen Schadensersatzanspruchs abgewartet werden muss; bei der Bemessung des Abschlages kann ein möglicher Ersatzanspruch außer Betracht bleiben. Der Abschlag ist unverzüglich abzuwickeln, sobald der Ersatzanspruch geklärt ist.

13.7.2 Bei stationärer Krankenhausbehandlung und bei Dialysebehandlung kann auf Antrag des Beihilfeberechtigten ein Abschlag auch unmittelbar an das Krankenhaus oder die Dialyse-Institution überwiesen werden. Das als Anlage 9 zu dieser VV beigefügte Formblatt sollte nach Möglichkeit für die Beantragung der Abschlagszahlung verwendet werden.

13.7.3 In den Fällen des § 5 a Absatz 2 und § 5 c BVO können jeweils für die Dauer von bis zu sechs Monaten Abschläge auf die Beihilfe gezahlt werden. Der Beihilfeberechtigte ist darauf hinzuweisen, dass nach Ablauf dieses Zeitraums zur endgültigen Festsetzung der Beihilfe ein Antrag (§ 13 Absatz 1 BVO) erforderlich ist. Weitere Abschläge können nur nach Eingang des Antrags bewilligt werden.

13.8 **Absatz 8** (bleibt frei)

13.9 **Absatz 9** (bleibt frei)

13.10 **Absatz 10** (bleibt frei)

13.11 **Absatz 11**

13.11.1 Soweit die Beihilfestelle elektronische Dokumente zur Abbildung von Schriftstücken herstellt, werden die dem Beihilfeantrag beigefügten Belege (Originalbelege oder/und Duplikate) nicht zurückgesandt. Die Belege werden spätestens drei Monate nach Eingang und Digitalisierung vernichtet. Liegen Anhaltspunkte dafür vor, dass ein vorgelegter Beleg unecht ist oder dass ein vorgelegter echter Beleg verfälscht worden ist, kann die Beihilfestelle mit Einwilligung des Beihilfeberechtigten bei dem

Rechnungssteller eine Auskunft über die Echtheit des Beleges einholen. Wird die Einwilligung verweigert, ist die Beihilfe zu den betreffenden Aufwendungen abzulehnen.

13.12 **Absatz 12** (bleibt frei)

14 **Zu § 14 Gewährung von Beihilfen an Hinterbliebene und andere Personen in Todesfällen**

14.1 **Absatz 1**

14.1.1 Kinder im Sinne von § 14 Absatz 1 BVO sind die leiblichen sowie die als Kind angenommenen Kinder. Bis zum Zeitpunkt des Todes des Beihilfeberechtigten sowie in Unkenntnis seines Todes danach noch erlassene Beihilfebescheide sind aus Anlass des Todes nicht zurückzunehmen.

14.2 **Absatz 2**

14.2.1 Der Beihilfeantrag kann durch einen Testamentsvollstrecker oder Nachlassverwalter gestellt werden.

15 **Zu § 15 Belastungsgrenze**

15.1 **Absatz 1**

15.1.1 Zu berücksichtigen sind die jährlichen (Brutto-) Dienst- oder Versorgungsbezüge (Grundgehalt, Allgemeine Stellenzulagen, Familienzuschlag ohne kinderbezogene Anteile, vermögenswirksame Leistungen, Sonderzahlungen, Leistungsbezüge der W-Besoldung). Außer Ansatz bleiben variable Bezügebestandteile wie z. B. Erschwerniszulagen, Mehrarbeitsvergütungen, Vergütung für Beamte im Vollstreckungsdienst. Bei den Versorgungsbezügen handelt es sich insbesondere um Ruhegehalt, Witwergeld, Waisengeld, Unterhaltsbeitrag. Soweit Anrechnungs-, Ruhens- und Regelungsvorschriften Anwendung finden, ist beihilfenrechtlich von dem ungekürzten Versorgungsbezug auszugehen.

15.1.2 Bei erstmaligem Anspruch auf Besoldung (auch nach Beendigung einer Beurlaubung, s. Nummer 15.1.3) oder auf Witwergeld im laufenden Kalenderjahr ist der erste volle Monatsbezug auf den Rest des laufenden Jahres hochzurechnen. Der so ermittelte Bruttojahresdienst-(-versorgungs-)bezug dient als Bemessungsgrundlage zur Ermittlung der Belastungsgrenze des laufenden Kalenderjahres. Einkommen aus anderen Beschäftigungsverhältnissen (außerhalb des Beamtenstatus) sowie Rentenbezüge bleiben außer Ansatz. Für das Folgejahr ist an Hand des Januarbezuges ein fiktiver Vorjahresbruttobetrag (12/12) zu ermitteln.

15.1.3 Bei Personen mit Ansprüchen auf Leistungen der Krankheitsfürsorge nach § 71 Absatz 3 und § 76 Absatz 2 Satz 3 LBG sowie nach § 6 a Absatz 6 LRiG gilt Nummer 15.1.2 entsprechend. Soweit dieser Personenkreis im Vorjahr und im laufenden Jahr keine Bezüge erhalten hat bzw. erhält, wird die Belastungsgrenze auf 0,– Euro festgesetzt.

15.1.4 Ein Versorgungsabschlag (-ausgleich) bleibt unberücksichtigt. Auszugehen ist von der ungekürzten Brutto-Versorgung.

15.2 **Absatz 2**

15.2.1 Für Tarifbeschäftigte ist im Hinblick auf die ausschließlich beamtenrechtliche Regelung keine Belastungsgrenze zu ermitteln.

16 **Zu § 16 Besondere Bestimmungen für die Gemeinden, Gemeindeverbände und die sonstigen der Aufsicht des Landes unterstehenden Körperschaften, Anstalten und Stiftungen des öffentlichen Rechts** (bleibt frei)

Artikel I

Meine Runderlasse B 3100 — 0.7 vom 9. April 1965 und B 3100 — 3.1.6.1 vom 1. April 2009 — (SMBl. NRW. 203204) werden hiermit aufgehoben.

Anlage 2

Angemessenheit der von Gesundheits- und Medizinalfachberufen in Rechnung gestellten Beträge

Die Angemessenheit der von Gesundheits- und Medizinalfachberufen in Rechnung gestellten Beträge richtet sich nach dem folgenden Leistungsverzeichnis:

Leistungsverzeichnis für ärztlich verordnete Heilbehandlungen nach § 4 Abs. 1 Nr. 9 BVO

1.

lfd. Nr.	Leistungen	beihilfefähiger Höchstbetrag Euro
	1. Inhalationen [1]	
1	Inhalationstherapie – auch mittels Ultraschallvernebelung – als Einzelinhalation	6,70
2	a) Inhalationstherapie – auch mittels Ultraschallvernebelung – als Rauminhalation in einer Gruppe, je Teilnehmer	3,60
	b) Inhalationstherapie – auch mittels Ultraschallvernebelung – als Rauminhalation in einer Gruppe, jedoch bei Anwendung ortsgebundener Heilwässer, je Teilnehmer	5,70
3	a) Radon-Inhalation im Stollen	11,30
	b) Radon-Inhalation mittels Hauben	13,80
	II. Krankengymnastik, Bewegungsübungen	
4	Krankengymnastische Behandlung [2] (auch auf neurophysiologischer Grundlage, Atemtherapie) als Einzelbehandlung	19,50
5	Krankengymnastische Behandlung [2][3] auf neurophysiologischer Grundlage bei nach Abschluss der Hirnreife erworbenen zentralen Bewegungsstörungen als Einzelbehandlung, Mindestbehandlungsdauer 30 Minuten	23,10

lfd. Nr.	Leistungen	beihilfefähiger Höchstbetrag Euro
6	Krankengymnastische Behandlung [2)5)] auf neurophysiologischer Grundlage bei angeborenen oder bis zur Vollendung des 14. Lebensjahres erworbenen zentralen Bewegungsstörungen als Einzelbehandlung, Mindestbehandlungsdauer 45 Minuten	34,30
7	Krankengymnastik in einer Gruppe (2-8 Pers.) – auch orthopädisches Turnen –, je Teilnehmer	6,20
8	Krankengymnastik in einer Gruppe4) bei zerebralen Dysfunktionen (2–4 Pers.), Mindestbehandlungsdauer 45 Minuten, je Teilnehmer	10,80
9	a) Krankengymnastik (Atemtherapie) bei Behandlung von Mukoviscidose als Einzelbehandlung, Mindestbehandlungsdauer 45 Minuten	34,30
	b) Krankengymnastik (Atemtherapie) in einer Gruppe (2–5 Pers.) bei Behandlung schwerer Bronchialerkrankungen, Mindestbehandlungsdauer 45 Minuten, je Teilnehmer	10,80
10	Bewegungsübungen [2)]	7,70
11	a) Krankengymnastische Behandlung/Bewegungsübungen im Bewegungsbad als Einzelbehandlung – einschließlich der erforderlichen Nachruhe –	23,60
	b) Krankengymnastik/Bewegungsübungen in einer Gruppe im Bewegungsbad (bis 5 Pers.), je Teilnehmer – einschließlich der erforderlichen Nachruhe –	11,80
12	Manuelle Therapie zur Behandlung von Gelenkblockierungen [6)], Mindestbehandlungsdauer 30 Minuten	22,50
13	Chirogymnastik [7)] – einschließlich der erforderlichen Nachruhe –	14,40
14	Erweiterte ambulante Physiotherapie [10)11)], Mindestbehandlungsdauer 120 Minuten, je Behandlungstag soweit die Voraussetzungen des Abschnitts 2 vorliegen	81,90

lfd. Nr.	Leistungen	beihilfefähiger Höchstbetrag Euro
15	Gerätegestützte Krankengymnastik (einschließlich MAT oder MTT)[12)] Je Sitzung für eine parallele Einzelbehandlung (bis zu 3 Personen, Mindestbehandlungsdauer 60 Minuten)	35,00
16	Extensionsbehandlung (z. B. Glissonschlinge)	5,20
17	Extensionsbehandlung mit größeren Apparaten (z. B. Schrägbrett, Extensionstisch, Perl'sches Gerät, Schlingentisch)	6,70
	III. Massagen	
18	Massagen einzelner oder mehrerer Körperteile, auch Spezialmassagen (Bindegewebs-, Reflexzonen-, Segment-, Periost-, Bürsten- und Colonmassagen)[2)]	13,80
19	Manuelle Lymphdrainage nach Dr. Vodder[7)]	
	a) Teilbehandlung, 30 Minuten	19,50
	b) Großbehandlung, 45 Minuten	29,20
	c) Ganzbehandlung, 60 Minuten	39,00
	d) Kompressionsbandagierung einer Extremität[8)]	8,70
20	Unterwasserdruckstrahlmassage bei einem Wanneninhalt von mindestens 600 Litern und einer Aggregatleistung von mindestens 200 l/min sowie mit Druck- und Temperaturmesseinrichtung – einschließlich der erforderlichen Nachruhe –	23,10
	IV. Packungen, Hydrotherapie, Bäder	
21	Heiße Rolle – einschließlich der erforderlichen Nachruhe –	10,30
22	a) Warmpackung eines oder mehrerer Körperteile – einschließlich der erforderlichen Nachruhe –	11,80
	– bei Anwendung wieder verwendbarer Packungsmaterialien (z. B. Paraffin, Fango-Paraffin, Moor-Paraffin, Pelose, Turbatherm)	

lfd. Nr.		Leistungen	beihilfefähiger Höchstbetrag Euro
	–	bei Anwendung einmal verwendbarer natürlicher Peloide (Heilerde, Moor, Naturfango, Pelose, Schlamm, Schlick) ohne Verwendung von Folie oder Vlies zwischen Haut und Peloid	
		– Teilpackung	20,50
		– Großpackung	28,20
	b)	Schwitzpackung (z. B. spanischer Mantel, Salzhemd, Dreiviertelpackung nach Kneipp) – einschließlich der erforderlichen Nachruhe –	14,90
	c)	Kaltpackung (Teilpackung)	
	–	Anwendung von Lehm, Quark o. ä.	7,70
	–	Anwendung einmal verwendbarer Peloide (Heilerde, Moor, Naturfango, Pelose, Schlamm, Schlick) ohne Verwendung von Folie oder Vlies zwischen Haut und Peloid	15,40
	d)	Heublumensack, Peloidkompresse	9,20
	e)	Wickel, Auflagen, Kompressen u. a., auch mit Zusatz	4,60
	f)	Trockenpackung	3,10
23	a)	Teilguss, Teilblitzguss, Wechselteilguss	3,10
	b)	Vollguss, Vollblitzguss, Wechselvollguss	4,60
	c)	Abklatschung, Abreibung, Abwaschung	4,10
24	a)	An- oder absteigendes Teilbad (z. B. Hauffe) – einschließlich der erforderlichen Nachruhe –	12,30
	b)	An- oder absteigendes Vollbad (Überwärmungsbad) – einschließlich der erforderlichen Nachruhe –	20,00
25	a)	Wechsel-Teilbad – einschließlich der erforderlichen Nachruhe –	9,20
	b)	Wechsel-Vollbad – einschließlich der erforderlichen Nachruhe –	13,30

lfd. Nr.	Leistungen	beihilfefähiger Höchstbetrag Euro
26	Bürstenmassagebad – einschließlich der erforderlichen Nachruhe –	19,00
27	a) Naturmoor-Halbbad – einschließlich der erforderlichen Nachruhe –	32,80
	b) Naturmoor-Vollbad – einschließlich der erforderlichen Nachruhe –	39,90
28	Sandbäder – einschließlich der erforderlichen Nachruhe –	
	a) Teilbad	28,70
	b) Vollbad	32,80
29	Sole-Photo-Therapie – Behandlung großflächiger Hauterkrankungen mit Balneo-Phototherapie (Einzelbad in Sole kombiniert mit UV-A/UV-B-Bestrahlung – einschließlich Nachfetten –) und Licht-Öl-Bad – einschließlich der erforderlichen Nachruhe –	32,80
30	Medizinische Bäder mit Zusätzen	
	a) Teilbad (Hand-, Fußbad) mit Zusatz, z. B. vegetabilische Extrakte, ätherische Öle, spezielle Emulsionen, mineralische huminsäurehaltige und salizylsäurehaltige Zusätze	6,70
	b) Sitzbad mit Zusatz – einschließlich der erforderlichen Nachruhe –	13,30
	c) Vollbad, Halbbad mit Zusatz – einschließlich der erforderlichen Nachruhe –	18,50
	d) Weitere Zusätze, je Zusatz	3,10
31	Gashaltige Bäder	
	a) Gashaltiges Bad (z. B. Kohlensäurebad, Sauerstoffbad) – einschließlich der erforderlichen Nachruhe –	19,50
	b) Gashaltiges Bad mit Zusatz – einschließlich der erforderlichen Nachruhe –	22,50

lfd. Nr.	Leistungen	beihilfefähiger Höchstbetrag Euro
	c) Kohlendioxidgasbad (Kohlensäuregasbad) — einschließlich der erforderlichen Nachruhe —	21,00
	d) Radon-Bad — einschließlich der erforderlichen Nachruhe —	18,50
	e) Radon-Zusatz, je 500 000 Millistat	3,10

Aufwendungen für andere als die in diesem Abschnitt bezeichneten Bäder sind nicht beihilfefähig. Bei Teil-, Sitz- und Vollbädern mit ortsgebundenen natürlichen Heilwässern erhöhen sich die unter Nummern 30 Buchstabe a bis c und 31 Buchstabe b jeweils angegebenen beihilfefähigen Höchstbeträge um bis zu 3,10 Euro. Zusätze hierzu sind nach Maßgabe der Nummer 30 Buchstabe d beihilfefähig.

V. Kälte- und Wärmebehandlung

32	a) Eisanwendung, Kältebehandlung (z. B. Kompresse, Eisbeutel, direkte Abreibung)	9,80
	b) Eisanwendung, Kältebehandlung (z. B. Kaltgas, Kaltluft) großer Gelenke	6,70
33	Eisteilbad	9,80
34	Heißluftbehandlung[9)] oderWärmeanwendung (Glühlicht, Strahler — auch Infrarot —) eines oder mehrerer Körperteile	5,70

VI. Elektrotherapie

35	Ultraschallbehandlung — auch Phonophorese —	6,20
36	Behandlung eines oder mehrerer Körperabschnitte mit hochfrequenten Strömen (Kurz-, Dezimeter- oder Mikrowellen)	6,20
37	Behandlung eines oder mehrerer Körperabschnitte mit niederfrequenten Strömen (z. B. Reizstrom, diadynamischer Strom, Interferenzstrom, Galvanisation)	6,20
38	Gezielte Niederfrequenzbehandlung, Elektrogymnastik; bei spastischen oder schlaffen Lähmungen	11,80
39	Iontophorese	6,20

lfd. Nr.	Leistungen	beihilfefähiger Höchstbetrag Euro
40	Zwei- oder Vierzellenbad	11,30
41	Hydroelektrisches Vollbad (z. B. Stangerbad), auch mit Zusatz – einschließlich der erforderlichen Nachruhe –	22,00
	VII. Lichttherapie	
42	Behandlung mit Ultraviolettlicht[9)]	
	a) als Einzelbehandlung	3,10
	b) in einer Gruppe, je Teilnehmer	2,60
43	a) Reizbehandlung[9)] eines umschriebenen Hautbezirkes mit Ultraviolettlicht	3,10
	b) Reizbehandlung[9)] mehrerer umschriebener Hautbezirke mit Ultraviolettlicht	5,20
44	Quarzlampendruckbestrahlung eines Feldes	6,20
45	Quarzlampendruckbestrahlung mehrerer Felder	8,70
	VIII. Logopädie	
46	a) Erstgespräch mit Behandlungsplanung und -besprechungen, einmal je Behandlungsfall	31,70
	b) Standardisierte Verfahren zur Behandlungsplanung einschließlich Auswertung, nur auf spezielle ärztliche Verordnung bei Verdacht auf zentrale Sprachstörungen, einmal je Behandlungsfall	49,60
	c) Ausführlicher Bericht	11,80
47	Einzelbehandlung bei Sprech-, Sprach- und Stimmstörungen	
	a) Mindestbehandlungsdauer 30 Minuten	31,70
	b) Mindestbehandlungsdauer 45 Minuten	41,50
	c) Mindestbehandlungsdauer 60 Minuten	52,20
48	Gruppenbehandlung bei Sprech-, Sprach- und Stimmstörungen mit Beratung des Patienten und ggf. der Eltern, je Teilnehmer	

lfd. Nr.	Leistungen	beihilfefähiger Höchstbetrag Euro
	a) Kindergruppe, Mindestbehandlungsdauer 30 Minuten	14,90
	b) Erwachsenengruppe, Mindestbehandlungsdauer 45 Minuten	17,40
	IX. Beschäftigungstherapie (Ergotherapie)	
49	Funktionsanalyse und Erstgespräch einschließlich Beratung und Behandlungsplanung, einmal je Behandlungsfall	31,70
50	Einzelbehandlung	
	a) bei motorischen Störungen, Mindestbehandlungsdauer 30 Minuten	31,70
	b) bei sensomotorischen/perzeptiven Störungen, Mindestbehandlungsdauer 45 Minuten	41,50
	c) bei psychischen Störungen, Mindestbehandlungsdauer 60 Minuten	54,80
51	Hirnleistungstraining als Einzelbehandlung, Mindestbehandlungsdauer 30 Minuten	31,70
52	Gruppenbehandlung	
	a) Mindestbehandlungsdauer 45 Minuten, je Teilnehmer	14,40
	b) bei psychischen Störungen, Mindestbehandlungsdauer 90 Minuten, je Teilnehmer	28,70
	X. Podologische Therapie [13)]	
53	Hornhautabtragung an beiden Füßen	14,50
54	Hornhautabtragung an einem Fuß	8,70
55	Nagelbearbeitung an beiden Füßen	13,05
56	Nagelbearbeitung an einem Fuß	7,25
57	Podologische Komplexbehandlung an beiden Füßen (Hornhautabtragung und Nagelbearbeitung)	26,10

lfd. Nr.	Leistungen	beihilfefähiger Höchstbetrag Euro
58	Podologische Komplexbehandlung an einem Fuß (Hornhautabtragung und Nagelbearbeitung)	14,50
59	Zuschlag bei ärztlich verordnetem Hausbesuch	7,00
60	Besuch mehrerer Patienten derselben sozialen Gemeinschaft (z. B. Altenheim) in unmittelbarem zeitlichen Zusammenhang (nicht zusammen mit der lfd. Nummer 59 beihilfefähig), je Person	3,50
	XI. Sonstiges	
61	Ärztlich verordneter Hausbesuch	9,20
62	Fahrkosten (nur bei ärztlich verordnetem Hausbesuch) bei Benutzung eines Kraftfahrzeuges in Höhe von 0,30 Euro je Kilometer oder ansonsten die niedrigsten Kosten des regelmäßig verkehrenden Beförderungsmittels. Bei Besuchen mehrerer Patienten auf demselben Weg sind die Nummern 61 und 62 nur anteilig je Person beihilfefähig.	

2. Erweiterte ambulante Physiotherapie (EAP)

Aufwendungen für eine erweiterte ambulante Physiotherapie (EAP) – Nummer 14 des Leistungsverzeichnisses – sind nur beihilfefähig, wenn

2.1 die EAP von Krankenhausärzten, von Ärzten mit den Gebietsbezeichnungen Orthopädie, Neurologie, Chirurgie oder Physikalische und Rehabilitative Medizin oder eines Allgemeinarztes mit der Zusatzbezeichnung Physikalische und Rehabilitative Medizin und nur bei Vorliegen der folgenden Indikationen verordnet wird:

1) Die für Inhalationen erforderlichen Stoffe (Arzneimittel) sind daneben gesondert beihilfefähig.

2) Neben den Leistungen nach den Nummern 4 bis 6 sind Leistungen nach den Nummern 10 und 18 nur dann beihilfefähig, wenn sie aufgrund gesonderter Diagnosestellung und einer eigenständigen ärztlichen Verordnung erbracht werden.

3) Darf nur nach besonderer Weiterbildung (z. B. Bobath, Vojta, PNF) von mindestens 120 Stunden anerkannt werden.

4) Darf nur nach einem abgeschlossenen Weiterbildungslehrgang (Psychomotorik) oder bei Nachweis gleichartiger Fortbildungskurse, Arbeitskreise u. ä. sowie Erfahrungen in der Kinderbehandlung und Gruppentherapie anerkannt werden.

5) Darf nur nach abgeschlossener besonderer Weiterbildung (Bobath, Vojta) von mindestens 300 Stunden anerkannt werden.

6) Darf nur nach besonderer Weiterbildung für Manuelle Therapie von mindestens 260 Stunden anerkannt werden.

7) Darf nur nach einer anerkannten speziellen Weiterbildung von mindestens 160 Stunden anerkannt werden.

8) Das notwendige Bindenmaterial (z. B. Mullbinden, Kurzzugbinden, Fließpolsterbinden) ist daneben beihilfefähig, wenn es besonders in Rechnung gestellt wird.

9) Die Leistungen der Nummern 34, 42, 43 sind nicht nebeneinander beihilfefähig.

10) Darf nur bei Durchführung von solchen Therapieeinrichtungen als beihilfefähig anerkannt werden, die durch die gesetzlichen Krankenkassen oder Berufsgenossenschaften zur ambulanten Rehabilitation/Erweiterten Ambulanten Physiotherapie zugelassenen sind.

11) Die Leistungen der Nummern 4 bis 45 sind daneben nicht beihilfefähig.

12) Die Leistungen der Nummern 4 bis 6, 10, 12 und 18 des Verzeichnisses sind daneben nur beihilfefähig, wenn sie auf Grund gesonderter Diagnosestellung und einer eigenständigen ärztlichen Verordnung erbracht werden.

13) Aufwendungen der medizinischen Fußpflege durch Podologinnen und Podologen sind grundsätzlich nur bei der Diagnose „Diabetisches Fußsyndrom" beihilfefähig.

Aufwendungen für ärztlich verordnete Orthonoxyspangen sind auch außerhalb der Diagnose „Diabetisches Fußsyndrom" bis zu folgenden Höchstbeträgen beihilfefähig:

1. Nagelkorrekturspange mit Endschlaufen (Feder- bzw. Schienungsprinzip)
   a) Erste Behandlungseinheiten bis zur Fixierung (Verklebung) der angefertigten Spange (einschließlich Nageluntersuchung, -bearbeitung, Abdruck, Passiv-Spange, Aufsetzen, Abnehmen, Fixierung, Materialkosten): 100 Euro.
   b) Folgebehandlung (Nachregulierungen) je Behandlungseinheit (einschließlich Nagelbearbeitung, Anpassen, Aufsetzen, Fixierung, Materialkosten): 24,50 Euro.
   c) Kontrolluntersuchung: 7,00 Euro.
2. Nagelkorrekturspange ohne Endschlaufen (Klebespange)
   a) Behandlung (einschließlich Nageluntersuchung, -bearbeitung, Fixierung, Materialkosten): 44,50 Euro.
   b) Kontrolluntersuchung: 7,00 Euro.

2.1.1 Wirbelsäulensyndrome mit erheblicher Symptomatik bei

- frischem nachgewiesenen Bandscheibenvorfall (auch postoperativ) oder Protrusionen mit radikulärer, muskulärer und statischer Symptomatik,
- nachgewiesenen Spondylolysen und Spondylolisthesen mit radikulärer, muskulärer und statischer Symptomatik,
- instabile Wirbelsäulenverletzungen im Rahmen der konservativen oder postoperativen Behandlung mit muskulärem Defizit und Fehlstatik,
- lockere korrigierbare thorakale Scheuermann-Kyphose > 50° nach Copp.

2.1.2 Operation am Skelettsystem

- posttraumatische Osteosynthesen,
- Osteotomien der großen Röhrenknochen.

2.1.3 Prothetischer Gelenkersatz bei Bewegungseinschränkungen oder muskulärem Defizit

- Schulterprothesen,

– Knieendoprothesen,

– Hüftendoprothesen.

2.1.4 Operativ oder konservativ behandelte Gelenkerkrankungen (einschließlich Instabilitäten)

– Kniebandrupturen (Ausnahme isoliertes Innenband),

– Schultergelenkläsionen, insbesondere nach operativ versorgter Bankard-Läsion, Rotatorenmanschettenruptur, schwere Schultersteife (frozen sholder), Impingement-Syndrom, Schultergelenkluxation, tendinosis calcarea, periarthritis humero-scapularis (PHS),

– Achillessehnenrupturen und Achillessehnenabriss.

2.1.5 Amputationen

2.2 Eine Verlängerung der EAP erfordert eine erneute ärztliche Verordnung. Eine Bescheinigung der Therapieeinrichtung oder der bei dieser beschäftigten Ärzten reicht nicht aus. Nach Abschluss der erweiterten ambulanten Physiotherapie ist der Beihilfestelle die Therapiedokumentation zusammen mit der Rechnung vorzulegen.

2.3 Die erweiterte ambulante Physiotherapie umfasst je Behandlungstag mindestens folgende Leistungen:

– Krankengymnastische Einzeltherapie,

– physikalische Therapie nach Bedarf,

– medizinisches Aufbautraining,

und bei Bedarf folgende zusätzliche Leistungen:

– Lymphdrainage oder Massage oder Bindegewebsmassage,

– Isokinetik,

– Unterwassermassage.

2.4 Die durchgeführten Leistungen sind durch den Patienten auf der Tagesdokumentation unter Angabe des Datums zu bestätigen.

2.5 Die in Nummer 2.3 genannten zusätzlichen Leistungen sind mit dem Höchstbetrag nach der Nummer 14 des Leistungsverzeichnisses abgegolten.

3. Medizinisches Aufbautraining (MAT)

Aufwendungen für ein ärztlich verordnetes Medizinisches Aufbautraining (MAT) mit Sequenztrainingsgeräten zur Behandlung von Erkrankungen der Wirbelsäule sind beihilfefähig, wenn

- das medizinische Aufbautraining von Krankenhausärzten, von Ärzten der Physikalischen und Rehabilitativen Medizin, von einem Allgemeinarzt mit der Zusatzbezeichnung Physikalische und Rehabilitative Medizin verordnet wird,
- Therapieplanung und Ergebniskontrolle von einem Arzt der Therapieeinrichtung erfolgen und
- jede einzelne therapeutische Sitzung unter ärztlicher Aufsicht durchgeführt wird. Die Durchführung therapeutischer und diagnostischer Leistungsbestandteile ist teilweise an speziell geschultes medizinisches Personal delegationsfähig.

Die Beihilfefähigkeit ist auf maximal 18 Sitzungen je Krankheitsfall begrenzt.

Die Angemessenheit der Aufwendungen richtet sich bei von einem Arzt erbrachten Leistungen nach dem Beschluss der Bundesärztekammer zur Analogbewertung der Medizinischen Trainingstherapie. Danach sind folgende Leistungen bis zum 2,3fachen der Einfachsätze der GOÄ beihilfefähig:

- Eingangsuntersuchung zur Medizinischen Trainingstherapie einschließlich biomechanischer Funktionsanalyse der Wirbelsäule, spezieller Schmerzanamnese und ggf. anderer funktionsbezogener Messverfahren sowie Dokumentation analog Nummer 842 GOÄ. Die Berechnung einer Kontrolluntersuchung analog Nummer 842 GOÄ ist nicht vor Abschluss der Behandlungsserie möglich.
- Medizinische Trainingstherapie mit Sequenztraining einschließlich progressiv-dynamischen Muskeltraining mit speziellen Therapiemaschinen analog Nummer 846 GOÄ, zuzüglich zusätzlichem Geräte-Sequenztraining analog Nummer 558 GOÄ (je Sitzung) und begleitende krankengymnastische Übungen nach Nummer 506 GOÄ. Die Nummern 846 analog, 558 analog und 506 sind pro Sitzung jeweils nur einmal berechnungsfähig.

Werden die Leistungen von zugelassenen Leistungserbringern nach § 4 Absatz 1 Nummer 9 Satz 3 BVO erbracht, richtet sich die Angemessenheit der Aufwendungen nach Abschnitt I Nummer 15 des Verzeichnisses.

Fitness- und Kräftigungsmethoden, die nicht den Anforderungen des ärztlich geleiteten medizinischen Aufbautrainings entsprechen, sind auch dann nicht beihilfefähig, wenn sie an identischen Trainingsgeräten mit gesundheitsfördernder Zielsetzung durchgeführt werden.

Anlage 4

Formblätter zum Verfahren bei ambulanter Psychotherapie

Formblatt 1

Antrag auf Anerkennung der Beihilfefähigkeit für Psychotherapie

I. Anonymisierungscode der oder des Beihilfeberechtigten
(erfolgt durch die Beihilfestelle)

Ich bitte um Anerkennung der Beihilfefähigkeit der Aufwendungen für Psychotherapie.

Ort, Datum ....

(Unterschrift der oder des Beihilfeberechtigten)

II. Auskunft der Patientin / des Patienten

A) Wer wird behandelt?
(Beihilfeberechtigter/Ehegatte/Eingetragener Lebenspartner/Kind)

	Alter

B) Schweigepflichtentbindung

Ich ermächtige Frau/Herrn

....

der Fachgutachterin/dem Fachgutachter der Beihilfestelle Auskunft zu geben und entbinde sie/ihn von der Schweigepflicht der Ärztin/des Arztes oder Psychotherapeutin/Psychotherapeuten (nachfolgend Therapeutinnen oder Therapeuten genannt) und bin damit einverstanden, dass die Fachgutachterin/der Fachgutachter der Beihilfestelle mitteilt, ob und in welchem Umfang die Behandlung medizinisch notwendig ist.

Ort, Datum

....
(Unterschrift der Patientin / des Patienten oder der gesetzlichen Vertreterin oder des gesetzlichen Vertreters)

III. Bescheinigung der Therapeutin oder des Therapeuten

1. Welche Krankheit wird durch die Psychotherapie behandelt?

Diagnose

2. Welcher Art ist die Psychotherapie?

☐ Erstbehandlung ☐ Verlängerung/Folgebehandlung

☐ tiefenpsychologisch fundierte Psychotherapie
☐ analytische Psychotherapie
☐ Verhaltenstherapie

3. Wurde bereits früher eine psychotherapeutische Behandlung durchgeführt?

Von ______________ bis______________ Anzahl der Sitzungen ____

4. Mit wie vielen Sitzungen ist zu rechnen?

_____ Anzahl der Einzelsitzungen _____Anzahl der Gruppensitzungen

5. Wird bei Kindern und Jugendlichen auch eine Bezugsperson begleitend behandelt?

☐ ja ☐ nein _____ Anzahl der Sitzungen

6. Gebührenziffern:

Gebührenhöhe je Sitzung _______________________

IV. Fachkundenachweis für die beantragte Psychotherapie

1. Ärztinnen und Ärzte (Zutreffendes bitte ankreuzen)
☐ Fachärztin/Facharzt für Psychosomatische Medizin und Psychotherapie
☐ Fachärztin/Facharzt für Psychotherapeutische Medizin
☐ Fachärztin/Facharzt für Psychiatrie und Psychotherapie
☐ Fachärztin/Facharzt für Kinder- und Jugendpsychiatrie und –psychotherapie
verliehen: ☐ vor dem 1. April 1984
☐ nach dem 1. April 1984
☐ Schwerpunkt tiefenpsychologisch fundierte Psychotherapie
☐ Schwerpunkt Verhaltenstherapie
☐ Bereichsbezeichnung Psychoanalyse

Eine Berechtigung zur Behandlung
☐ in Gruppen
☐ von Kindern und Jugendlichen
liegt vor.

2. Psychologische Psychotherapeutinnen oder -therapeuten/Kinder- und Jugendlichenpsychotherapeutinnen oder -therapeuten
(Zutreffendes bitte ankreuzen)

2.1 Psychologische Psychotherapeutin/Psychologischer Psychotherapeut, Kinder- und Jugendlichenpsychotherapeutin/ Kinder- und Jugendlichenpsychotherapeut mit Approbation nach § 2 des Psychotherapeutengesetzes (PsychThG)

Datum der Approbation _________ als

□ Psychologische Psychotherapeutin/Psychologischer Psychotherapeut
□ Kinder- und Jugendlichenpsychotherapeutin/Kinder- und Jugendlichenpsychotherapeut
□ Psychologische Psychotherapeutin und Kinder- und Jugendlichenpsychotherapeutin/ Psychologischer Psychotherapeut und Kinder- und Jugendlichenpsychotherapeut

Für welche durch den gemeinsamen Bundesausschuss nach § 92 Abs. 6a SGB V anerkannten Behandlungsverfahren liegt eine durch staatliche Prüfung abgeschlossene „vertiefte Ausbildung" nach § 8 Absatz 1 PsychThG und entsprechend 3.2, 3.3 sowie 4.2 der Anlage 1 der BVO NRW vor?

□ tiefenpsychologisch fundierte Psychotherapie
□ analytische Psychotherapie
□ Verhaltenstherapie
bei □ Erwachsenen, bei □ Kindern und Jugendlichen, in □ Gruppen.

Name der staatlich anerkannten Ausbildungsstätte (nach § 6 PsychThG)

____

Liegt
a) ggf. eine entsprechende KV-Zulassung vor? ja □ nein □

KV-Zulassungsnummer: ____________ , bei welcher KV? ____________

b) ein Eintrag in das Ärzteregister vor?
ja □ nein □, bei welcher KV? ______________

Wenn a) und b) verneint, Begründung:

____

2.2 Psychologische Psychotherapeutin/Psychologischer Psychotherapeut, Kinder- und Jugendlichenpsychotherapeutin/ Kinder- und Jugendlichenpsychotherapeut mit Approbation nach § 12 PsychThG (Übergangsregelung)

Datum der Approbation _________ als

- ☐ Psychologische Psychotherapeutin/ Psychologischer Psychotherapeut
- ☐ Kinder- und Jugendlichenpsychotherapeutin/ Kinder- und Jugendlichenpsychotherapeut
- ☐ Psychologische Psychotherapeutin und Kinder- und Jugendlichenpsychotherapeutin/ Psychologischer Psychotherapeut und Kinder- und Jugendlichenpsychotherapeut

KV-Zulassungsnummer: __________ , bei welcher KV? _____________

Gegebenenfalls Eintragung in das Arztregister bei KV _______________

Bezogen auf KV-Zulassung oder Eintrag ins Arztregister geben Sie bitte im Sinne von § 12 PsychThG in Verbindung mit 3.3, 3.5 sowie 4.3 der Anlage 1 der BVO NRW und § 95 c 2.3 SGB V an, für welches durch den Gemeinsamen Bundesausschuss nach § 92 Abs. 6a SGB V anerkannte Behandlungsverfahren Sie eine vertiefte Ausbildung nachgewiesen haben.

- ☐ tiefenpsychologisch fundierte Psychotherapie
- ☐ analytische Psychotherapie
- ☐ Verhaltenstherapie

bei ☐ Erwachsenen, bei ☐ Kindern und Jugendlichen, in ☐ Gruppen.

Verfügen Sie ggf. über eine abgeschlossene Zusatzausbildung an einem (bis 31.12.98 von der KBV) anerkannten psychotherapeutischen Ausbildungsinstitut:
ja ☐ nein ☐

für ☐ tiefenpsychologisch fundierte Psychotherapie und (!) analytische Psychotherapie,
☐ Verhaltenstherapie

Name und Ort des Institutes: ________________________

Datum des Abschlusses: _______________

Ort, Datum____________________ ____________________________
(Unterschrift und Stempel der Therapeutin/des Therapeuten)

Formblatt 2

Absender:..
(Name und Anschrift der Therapeutin oder des Therapeuten)

Bericht

Der Bericht ist in einem verschlossenen, deutlich als vertrauliche Arztsache gekennzeichneten orangefarbenen Umschlag an die Beihilfestelle zur Weiterleitung an die Gutachterin oder den Gutachter zu übersenden.

an die Gutachterin / den Gutachter zum Antrag
auf Anerkennung der Beihilfefähigkeit für Psychotherapie

I. Angaben über die Patientin / den Patienten

Anonymisierungscode (von der Festsetzungsstelle vorgegeben)		Familienstand

Alter	Geschlecht	Beruf

II. Angaben über die Behandlung

1. Art der vorgesehenen Therapie: ....

2. Datum des Therapiebeginns: ....

3. Anzahl und Frequenz der seit Therapiebeginn
durchgeführten Einzel- oder Gruppensitzungen: ....

4. Anzahl und Frequenz der voraussichtlich noch erforderlichen
Einzel- oder Gruppensitzungen (insgesamt und wöchentlich): ....

III. Bericht der Therapeutin / des Therapeuten zum Antrag auf tiefenpsychologisch fundierte oder analytische Psychotherapie. Ergänzende Hinweise bei Anträgen für Kinder- und Jugendlichenpsychotherapie. Fallbezogene Auswahl zu den folgenden Gesichtspunkten:

1. Spontanangaben der Patientin / des Patienten zu seinem Beschwerdebild, dessen bisherigem Verlauf, ggf. bisherige Therapieversuche. Grund des Kommens zum jetzigen Zeitpunkt, ggf. von wem veranlasst? Therapieziele der Patientin / des Patienten (bei K+J auch der Eltern). Bei stationärer psychotherapeutischer/psychosomatischer Vorbehandlung bitte Abschlussbericht beifügen.

2. Psychischer Befund: Emotionaler Kontakt, therapeutische Beziehung (Übertragung/Gegenübertragung), Intelligenz, Differenziertheit der Persönlichkeit, Einsichtsfähigkeit in die psychische Bedingtheit des Beschwerdebildes, Motivation zur Psychotherapie, Stimmungslage, bevorzugte Abwehrmechanismen, Art und Ausmaß infantiler Fixierungen, Strukturniveau, Persönlichkeitsstruktur. Bei K+J. auch Ergebnisse der neurosenpsychologischen Untersuchungen und Testuntersuchungen, Spielbeobachtung, Inszenierung des neurotischen Konflikts.

   Psychopathologischer Befund (z. B. Motorik, Affekt, Antrieb, Bewusstsein, Wahrnehmung, Denken, Gedächtnis).

3. Somatischer Befund: Bei Behandlung durch Psychologische Psychotherapeuten und Kinder- und Jugendlichenpsychotherapeuten bitte „Ärztlichen Konsiliarbericht“ beifügen (sonst keine Bearbeitung möglich!). Gibt es Bemerkenswertes zur Familienanamnese, oder Auffälligkeiten der körperlichen Entwicklung?

4. Biographische Anamnese unter Berücksichtigung der Entwicklung neurotischer und persönlichkeitsstruktureller Merkmale, Angaben zur Stellung der Patientin oder des Patienten in ihrer oder seiner Familie, ungewöhnliche, individuelle oder familiäre Belastungen, Traumatisierungen, emotionales Klima der Primärgruppe, Beziehungsanalyse innerhalb der Familie früher und heute, schulische Entwicklung und Berufswahl, Art der Bewältigung von phasentypischen Schwellensituationen, Erfahrungen mit Partnerbeziehungen, Umgang mit Sexualität, jetzige soziale Situation, Arbeitsfähigkeit, einschneidende somatische Erkrankungen, bisherige psychische Krisen und Erkrankungen. Bei K.+J. auch Geburtsanamnese, frühe Entwicklungsbedingungen, emotionale, kognitive und psychosoziale Entwicklung, Entwicklung der Familie, soweit sie die Psychodynamik plausibel macht.

5. Psychodynamik der neurotischen Erkrankung: Wie haben sich Biographie, Persönlichkeitsstruktur, Entwicklung intrapsychischer unbewusster Verarbeitungsweisen und spezifische Belastungscharakteristik einer auslösenden Situation so zu einer pathogenen Psychodynamik verdichtet, dass die zur Behandlung kommende psychische oder psychisch bedingte Störung hieraus resultiert? Auch wenn die zur Behandlung anstehenden Störungen chronischer Ausdruck einer neurotischen Entwicklung sind, ist darzulegen, welche Faktoren jetzt psychodynamisch relevant zur Dysfunktionalität oder Dekompensation geführt haben.

   Bei K.+J.: Die aktuelle, neurotische Konfliktsituation muss dargestellt werden unter psychogenetischem, intrapsychischem und interpersonellem Aspekt. Bei strukturellen Ichdefekten auch deren aktuelle und abgrenzbare Auswirkung auf die o. g. Konflikte. Ggf. Schilderung krankheitsrelevanter, familiärer dynamischer Faktoren.

6. Neurosenpsychologische Diagnose zum Zeitpunkt der Antragstellung: Ableitung der Diagnose auf symptomatischer und/oder struktureller Ebene aus der Psychodynamik, inklusive differentialdiagnostischer Erwägungen.

7. Behandlungsplan, indikative Begründung für die beantragte Behandlungsform unter Berücksichtigung der Definitionen von tiefenpsychologisch fundierter oder analytischer Psychotherapie und der Darlegung realisierbar erscheinender Behandlungszielsetzung. Die Sonderformen tiefenpsychologisch fundierter Psychotherapie wie niederfrequente Therapie sind, bezogen auf die Therapiezielsetzungen, besonders zu begründen. Spezielle Indikation für Gruppentherapie. Es muss in jedem Fall ein Zusammenhang nachvollziehbar dargestellt werden zwischen der Art der zur Behandlung kommenden Erkrankung, der Sitzungsfrequenz, dem Therapievolumen und dem Therapieziel, das unter Berücksichtigung der jeweils begrenzten Behandlungsvolumina als erreichbar angesehen wird.

8. Prognostische Einschätzung, bezogen auf die Therapiezielsetzungen mit Begründung durch Beurteilung des Problembewusstseins der Patientin oder des Patienten und seiner Verlässlichkeit, seiner partiellen Lebensbewältigung, sowie seiner Fähigkeit oder Tendenz zur Regression, seiner Flexibilität und seinen Entwicklungsmöglichkeiten in der Therapie. Bei K.+J. auch Vorstellungen über altersentsprechende Entwicklungsmöglichkeiten des Patienten, Veränderungen der realen Rolle in der Familie, Umstellungsfähigkeit der Eltern.

Bericht zum Fortführungsantrag

1. Evtl. Ergänzungen zum Erstbericht, zur Diagnose und Differential-Diagnostik.

2. Darstellung des bisherigen Behandlungsverlaufs, insbesondere der Bearbeitung der individuellen, unbewussten pathogenen Psychodynamik, Entwicklung der Übertragungs- und Gegenübertragungsbeziehung und des Arbeitsbündnisses. Bei K.+J. auch beispielhafte Spielsequenzen und Art der Einbeziehung der Therapeutin oder des Therapeuten. Erreichte Besserungen, kritische Einschätzung der Therapiezielsetzung des Erstantrags. Angaben zur Mitarbeit der Patientin oder des Patienten, seine Regressionsfähigkeit oder -tendenz, evtl. Fixierungen versus Flexibilität. Bei K.+J. Mitarbeit und Flexibilität der Eltern und Themen der Elterngespräche.

3. Bei Gruppentherapie: Entwicklung der Gruppendynamik, Teilnahme der Patientin oder des Patienten am interaktionellen Prozess in der Gruppe, Möglichkeiten des Patienten, seine Störungen in der Gruppe zu bearbeiten.

4. Änderungen des Therapieplanes mit Begründung.

5. Prognose nach dem bisherigen Behandlungsverlauf mit Begründung des wahrscheinlich noch notwendigen Behandlungsvolumens und der Behandlungsfrequenz unter Bezug auf die weiteren Entwicklungsmöglichkeiten der Patientin oder des Patienten und Berücksichtigung evtl. krankheitsfixierender Umstände.

IV. Bericht der Therapeutin oder des Therapeuten zum Antrag auf Verhaltenstherapie

1. Angaben zur spontan berichteten und erfragten Symptomatik: Schilderung der Klagen der Patientin oder des Patienten und der Symptomatik zu Beginn der Behandlung, möglichst mit wörtlichen Zitaten gegebenenfalls auch Bericht der Angehörigen/Bezugspersonen der Patientin oder des Patienten. (Warum kommt die Patientin oder der Patient zu eben diesem Zeitpunkt?)

2. Lebensgeschichtliche Entwicklung der Patientin oder des Patienten und Krankheitsanamnese:

a) Darstellung der lerngeschichtlichen Entwicklung, die zur Symptomatik geführt hat und für die Verhaltenstherapie relevant ist.

b) Angaben zur psychischen und körperlichen Entwicklung unter Berücksichtigung der familiären Situation, des Bildungsgangs und der beruflichen Situation.

c) Darstellung der besonderen Belastungen und Auffälligkeiten in der individuellen Entwicklung und der familiären Situation (Schwellensituation), besondere Auslösebedingungen.

d) Beschreibung der aktuellen sozialen Situation (familiäre, ökonomische, Arbeits- und Lebensverhältnisse), die für die Aufrechterhaltung und Veränderung des Krankheitsverhaltens bedeutsam ist. Bereits früher durchgeführte psychotherapeutische Behandlungen (ambulant/stationär) und möglichst alle wesentlichen Erkrankungen, die ärztlicher Behandlung bedürfen, sollen erwähnt werden.

   Bei Verhaltenstherapie von Kindern und Jugendlichen sind möglichst auch für die Verhaltensanalyse relevante Angaben zur lerngeschichtlichen Entwicklung der Bezugspersonen zu machen.

3. Psychischer Befund: (Testbefunde, sofern sie für die Entwicklung des Behandlungsplans und für die Therapieverlaufskontrolle relevant sind)

a) Aktuelles Interaktionsverhalten in der Untersuchungssituation, emotionaler Kontakt.

b) Intellektuelle Leistungsfähigkeit und Differenziertheit der Persönlichkeit.

c) Psychopathologischer Befund (z. B. Bewusstseinsstörungen, Störungen der Stimmungslage, der Affektivität und der amnestischen Funktion, Wahnsymptomatik, suizidale Tendenzen).

4. Somatischer Befund: Bei Behandlung durch Psychologische Psychotherapeuten und Kinder- und Jugendlichenpsychotherapeuten bitte „Ärztlichen Konsiliarbericht" beifügen (sonst keine Bearbeitung möglich!). Gibt es Bemerkenswertes zur Familienanamnese oder Auffälligkeiten der körperlichen Entwicklung?

5. Verhaltensanalyse: Beschreibung der Krankheitsphänomene, möglichst in den vier Verhaltenskategorien Motorik, Kognitionen, Emotionen und Physiologie. Unterscheidung zwischen Verhaltensexessen, Verhaltensdefiziten und qualitativ neuer spezifischer Symptomatik in der Beschreibung von Verhaltensstörungen.

   Funktions- und Bedingungsanalyse der für die geplante Verhaltenstherapie relevanten Verhaltensstörungen in Anlehnung an das S-O-R-K-C-Modell mit Berücksichtigung der zeitlichen Entwicklung der Symptomatik.

   Beschreibung von Verhaltensaktiva und bereits entwickelten Selbsthilfemöglichkeiten und Bewältigungsfähigkeiten. Wird die Symptomatik des Patienten durch pathogene Interaktionsprozesse aufrechterhalten, ist die Verhaltensanalyse auch der Bezugspersonen zu berücksichtigen.

6. Diagnose: Darstellung der Diagnose aufgrund der Symptomatik und der Verhaltensanalyse. Differentialdiagnostische Abgrenzung unter Berücksichtigung auch anderer Befunde, ggf. unter Beifügung der Befundberichte.

7. Therapieziele und Prognose: Darstellung der konkreten Therapieziele mit ggf. gestufter prognostischer Einschätzung (dabei ist zu begründen, warum eine gegebene Symptomatik direkt oder indirekt verändert werden soll); Motivierbarkeit, Krankheitseinsicht und Umstellungsfähigkeit; ggf. Einschätzung der Mitarbeit der Bezugspersonen, deren Umstellungsfähigkeit und Belastbarkeit.

8. Behandlungsplan: Darstellung der Behandlungsstrategie in der Kombination oder Reihenfolge verschiedener Interventionsverfahren, mit denen die definierten Therapieziele erreicht werden sollen. Angaben zur geplanten Behandlungsfrequenz und zur Sitzungsdauer (50 Minuten, 100 Minuten). Begründung der Kombination von Einzel- und Gruppenbehandlungen auch ihres zahlenmäßigen Verhältnisses zueinander mit Angabe der Gruppenzusammensetzung und Darstellung der therapeutischen Ziele, die mit der Gruppenbehandlung erreicht werden sollen. Begründung der begleitenden Behandlung der Bezugspersonen in Einzel- oder Gruppensitzungen sowie zur Gruppengröße und Zusammensetzung.

Bericht zum Fortführungsantrag

1. Wichtige Ergänzungen zu den Angaben in den Abschnitten 1.-3. und 5. des Erstberichtes: Lebensgeschichtliche Entwicklung und Krankheitsanamnese, psychischer Befund und Bericht der Angehörigen des Patienten, Befundberichte aus ambulanten oder stationären Behandlungen, ggf. testpsychologische Befunde. Ergänzungen zur Diagnose oder Differentialdiagnose.

2. Zusammenfassung des bisherigen Therapieverlaufs: Ergänzungen oder Veränderungen der Verhaltensanalyse, angewandte Methoden, Angaben über die bislang erreichte Veränderung der Symptomatik, ggf. neu hinzugetretene Symptomatik, Mitarbeit des Patienten und ggf. der Bezugspersonen.

3. Beschreibung der Therapieziele für den jetzt beantragten Behandlungsabschnitt und ggf. Änderung des Therapieplans: Prognose nach dem bisherigen Behandlungsverlauf und Begründung der noch wahrscheinlich notwendigen Therapiedauer mit Bezug auf die Veränderungsmöglichkeiten der Verhaltensstörungen des Patienten.

.................................., den ....

(Stempel und Unterschrift der Therapeutin oder des Therapeuten)

Formblatt 2a

Anonymisierungscode

Konsiliarbericht*)

vor Aufnahme

einer Psychotherapie

Auf Veranlassung von:

____

Name der Therapeutin / des Therapeuten

☐ Ärztliche Mitbehandlung ist erforderlich:

Art der Maßnahme

Aktuelle Beschwerden, psychischer und somatischer Befund (bei Kindern und Jugendlichen insbesondere unter Berücksichtigung des Entwicklungsstandes):

Stichwortartige Zusammenfassung der im Zusammenhang mit den aktuellen Beschwerden relevanten anamnestischen Daten:

Medizinische Diagnose(n), Differential-, Verdachtsdiagnosen:

☐ Relevante Vor- und Parallelbehandlungen stat./amb. (z. B. laufende Medikation):

☐ Befunde, die eine ärztliche/ärztlich-veranlasste Begleitbehandlung erforderlich machen, liegen vor:

☐ Befunde, die eine psychiatrische oder Kinder- und jugendpsychiatrische Untersuchung erforderlich machen, liegen vor:

☐ Psychiatrische oder kinder- und jugendpsychiatrische Abklärung ist ☐ erfolgt ☐ veranlasst
Welche ärztlichen/ärztlich -veranlassten Maßnahmen oder Untersuchungen sind notwendig?

Welche ärztlichen Maßnahmen oder Untersuchungen sind veranlasst?

☐ Bestehen aufgrund ärztlicher Befunde derzeit Kontraindikationen für eine psychotherapeutische Behandlung?

☐ ja ☐ nein

__________________ ____________________________

Ausstellungsdatum Stempel/Unterschrift der Ärztin / des Arztes

Ausfertigung für die Therapeutin oder den Therapeuten

*) Den Bericht bitte in einem als vertrauliche Arztsache gekennzeichneten Umschlag übersenden.

Formblatt 3

(Beihilfestelle)

Ort, Datum

-----------------------,---------------------

(Anschrift der Gutachterin / des Gutachters)

Betr.: Beihilfevorschriften (BVO NRW)
hier: Psychotherapie-Gutachten

Anlg.: 1 Antrag (Formblatt 1)
1 Bericht der Therapeutin / des Therapeuten (Formblatt 2) in verschlossenem Umschlag
1 Psychotherapie-Gutachten (Formblatt 4 - dreifach)
1 Freiumschlag

Sehr geehrte(r) Frau/Herr

ich bitte um gutachtliche Stellungnahme zu der psychotherapeutischen Behandlung

Anonymisierungscode ______________________________

Neben dem Antrag auf Anerkennung der Beihilfefähigkeit und Entbindung von der Schweigepflicht ist der Bericht der Therapeutin / des Therapeuten ist in einem verschlossenen Umschlag beigefügt

Es wurde bereits eine psychotherapeutische Behandlung durchgeführt

(Gutachten vom .... Anzahl der Sitzungen ....

Name der Gutachterin oder des Gutachters
....)*)

Ihr Gutachten (Obergutachten) bitte ich mir in zweifacher Ausfertigung unter Verwendung des anliegenden Formblattes 4 nebst einer Rechnung über die Kosten des Gutachtens in Höhe von 41,00 (82,00) Euro zuzuleiten.

Mit freundlichen Grüßen
Im Auftrag

____

*) Nur bei Folge- oder Verlängerungsgutachten

Formblatt 4

Psychotherapie-Gutachten

für ....
(Anonymisierungscode)

Bezug: Auftragsschreiben vom

Stellungnahme:

Wie viele Sitzungen sind notwendig ?	Einzelsitzungen	Gruppensitzungen
1. für die Patientin / den Patienten		
2. für die begleitende Psychotherapie der Bezugsperson		

....
(Stempel u. Unterschrift der Gutachterin / des Gutachters)

Formblatt 5

(Beihilfestelle)

Ort, Datum

------------------------,-----------------------

(Anschrift des Beihilfeberechtigten oder des Bevollmächtigten)

Anerkennung der Beihilfefähigkeit der Aufwendungen für Psychotherapie

Ihr Antrag vom

Sehr geehrte(r) Frau / Herr

aufgrund des Psychotherapie-Gutachtens werden die Kosten einer

☐ tiefenpsychologisch fundierten Psychotherapie
☐ analytischen Psychotherapie
☐ Verhaltenstherapie

für..durch...
(Name der Patientin/des Patienten) (Name der Therapeutin/des Therapeuten)

für eine ☐ Einzelbehandlung ☐ Gruppenbehandlung bis zu - weiteren -

.... Sitzungen

☐ für eine begleitende Behandlung der Bezugsperson bis zu - weiteren -

.... Sitzungen

nach Maßgabe der Beihilfevorschriften als beihilfefähig anerkannt.

Rechtsbehelfsbelehrung:

Gegen diesen Bescheid kann innerhalb eines Monats nach Bekanntgabe Widerspruch erhoben werden. Der Widerspruch ist bei der oben genannten Beihilfestelle schriftlich oder zur Niederschrift einzulegen.

Mit freundlichen Grüßen
Im Auftrag

Anlage 5

Heilkurorteverzeichnis (Inland/Ausland/Register Ortsteile)

Name ohne „Bad“	PLZ	Gemeinde	Anerkenntnis als Heilkurort ist erteilt für: (Ortsteile, sofern nicht B, G, K*)	Artbezeichnung
A				
Aachen	52066	Aachen	Burtscheid	Heilbad
	52062	Aachen	Monheimsallee	Heilbad
Aalen	73433	Aalen	Röthardt	Ort mit Heilkurbetrieb
Abbach	93077	Bad Abbach	Bad Abbach, Abbach-Schloßberg, Au, Kalkofen, Weichs	Heilbad
Ahlbeck	17419	Ahlbeck	G	Seeheilbad
Aibling	83043	Bad Aibling	Bad Aibling, Harthausen, Thürham, Zell	Heilbad
Alexandersbad	95680	Bad Alexandersbad	G	Heilbad
Altenau	38707	Altenau	G	Heilklimatischer Kurort
Andernach	56626	Andernach	Bad Tönisstein	Heilbad
Arolsen	34454	Bad Arolsen	K	Heilbad
Aulendorf	88326	Aulendorf	Aulendorf	Kneippkurort
B				
Baden-Baden	76530	Baden-Baden	Baden-Baden, Balg, Lichtental, Oos	Heilbad
Badenweiler	79410	Badenweiler	Badenweiler	Heilbad
Baiersbronn	72270	Baiersbronn	Schwarzenberg-Schönmünzach, Obertal	Kneippkurort Heilklimatischer Kurort
Balge	31609	Balge	B/Blenhorst	Ort mit Moor-Kurbetrieb
Baltrum	26579	Baltrum	G	Nordseeheilbad

Name ohne „Bad"	PLZ	Gemeinde	Anerkenntnis als Heilkurort ist erteilt für: (Ortsteile, sofern nicht B, G, K*)	Artbezeichnung
Bansin	17429	Bansin	G	Seeheilbad
Bayersoien	82435	Bad Bayersoien	Bad Bayersoien	Heilbad
Bayrischzell	83735	Bayrischzell	G	Heilklimatischer Kurort
Bederkesa	27624	Bederkesa	G	Moorheilbad
Bellingen	79415	Bad Bellingen	Bad Bellingen	Heilbad
Belzig	14806	Belzig	Belzig	Ort mit Heilquellen-Kurbetrieb
Bentheim	48455	Bad Bentheim	Bad Bentheim	Heilbad
Berchtesgaden	83471	Berchtesgaden	G	Heilklimatischer Kurort
Berggießhübel	01819	Berggießhübel	G	Kneippkurort
Bergzabern	76887	Bad Bergzabern	Bad Bergzabern	Kneippheilbad und Heilklimatischer Kurort
Berka	99438	Bad Berka	Bad Berka	Ort mit Heilquellen-Kurbetrieb
Berleburg	57319	Bad Berleburg	Bad Berleburg	Kneippheilbad
Berneck	95460	Bad Berneck i. Fichtelgebirge	Bad Berneck i. Fichtelgebirge, Frankenhammer, Kutschenrangen, Rödlasberg, Warmeleithen	Kneippheilbad
Bernkastel-Kues	54470	Bernkastel-Kues	G	Heilklimatischer Kurort
Bertrich	56864	Bad Bertrich	Bad Bertrich	Heilbad
Beuren	72660	Beuren	G	Ort mit Heilquellen-Kurbetrieb
Bevensen	29549	Bad Bevensen	Bad Bevensen	Heilbad und Kneippkurort
Biberach	88400	Biberach	Jordanbad	Kneippkurort

Name ohne „Bad“	PLZ	Gemeinde	Anerkenntnis als Heilkurort ist erteilt für: (Ortsteile, sofern nicht B, G, K*)	Artbezeichnung
Birnbach	84364	Birnbach	Birnbach, Aunham	Heilbad
Bischofsgrün	95493	Bischofsgrün	G	Heilklimatischer Kurort
Bischofswiesen	83483	Bischofswiesen	G	Heilklimatischer Kurort
Blankenburg, Harz	38889	Blankenburg, Harz	G	Heilbad
Blieskastel	66440	Blieskastel	Blieskastel-Mitte (Alschbach, Blieskastel, Lautzkirchen)	Kneippkurort
Bocklet	97708	Bad Bocklet	G	Heilbad
Bodenmais	94249	Bodenmais	G	Heilklimatischer Kurort
Bodenteich	29389	Bodenteich	G	Kneippkurort
Boll	73087	Bad Boll	Bad Boll	Ort mit Heilquellen-Kurbetrieb
Boltenhagen	23944	Ostseebad Boltenhagen	G	Seeheilbad
Boppard	56154	Boppard	a) Boppard	Kneippheilbad
			b) Bad Salzig	Heilbad
Borkum	26757	Borkum	G	Nordseeheilbad
Brambach	08648	Bad Brambach	Bad Brambach	Mineralheilbad
Bramstedt	24576	Bad Bramstedt	Bad Bramstedt	Heilbad
Braunlage	38700	Braunlage	G mit Hohegeiß	Heilklimatischer Kurort
Breisig	53498	Bad Breisig	Bad Breisig	Heilbad
Brilon	59929	Brilon	Brilon	Kneippkurort
Brückenau	97769	Bad Brückenau	G sowie Gemeindeteil Heilbad Eckarts des Marktes Zeitlofs	Heilbad
Buchau	88422	Bad Buchau	Bad Buchau	(Moor-)Heilbad

Name ohne „Bad“	PLZ	Gemeinde	Anerkenntnis als Heilkurort ist erteilt für: (Ortsteile, sofern nicht B, G, K*)	Artbezeichnung
Buckow	15377	Buckow	G – ausgenommen der Ortsteil Hasenholz	Kneippkurort
Bünde	32257	Bünde	Randringhausen	Kurmittelgebiet (Heilquelle und Moor)
Büsum	25761	Büsum	Büsum	Seeheilbad
Burg	03096	Burg	G	Ort mit Heilquellen-Kurbetrieb
Burgbrohl	56659	Burgbrohl	Bad Tönisstein	Heilbad
C				
Camberg	65520	Bad Camberg	K	Kneippheilbad
Clausthal-Zellerfeld	38678	Clausthal-Zellerfeld	Clausthal-Zellerfeld	Heilklimatischer Kurort
Colberg	98663	Bad Colberg	Bad Colberg	Ort mit Heilquellen-Kurbetrieb
Cuxhaven	27478	Cuxhaven	G	Nordseeheilbad
D				
Dahme	23747	Dahme	Dahme	Seeheilbad
Damp	24351	Damp	Damp 2000	Seeheilbad
Daun	54550	Daun	Daun	Kneippkurort und Heilklimatischer Kurort
Detmold	32760	Detmold	Hiddesen	Kneippkurort
Diez	65582	Diez	Diez	Felke-Kurort
Ditzenbach	73342	Bad Ditzenbach	Bad Ditzenbach	Heilbad
Dobel	75335	Dobel	G	Heilklimatischer Kurort
Doberan	18209	Bad Doberan	Bad Doberan Heiligendamm	(Moor-)Heilbad Seeheilbad
Driburg	33014	Bad Driburg	Bad Driburg, Hermannsborn	Heilbad
Düben	04849	Bad Düben	Bad Düben	Moorheilbad

Name ohne „Bad“	PLZ	Gemeinde	Anerkenntnis als Heilkurort ist erteilt für: (Ortsteile, sofern nicht B, G, K*)	Artbezeichnung
Dürkheim	67098	Bad Dürkheim	Bad Dürkheim	Heilbad
Dürrheim	78073	Bad Dürrheim	Bad Dürrheim	(Sole-)Heilbad und Heilklimatischer Kurort
E				
Ehlscheid	56581	Ehlscheid	G	Heilklimatischer Kurort
Eilsen	31707	Bad Eilsen	G	Heilbad
Elster	04645	Bad Elster	Bad Elster, Sohl	Mineral- und Moorheilbad
Ems	56130	Bad Ems	Bad Ems	Heilbad
Emstal	34308	Bad Emstal	Sand	Heilbad
Endbach	35080	Bad Endbach	K	Kneippheilbad
Endorf	83093	Bad Endorf	Bad Endorf, Eisenbartling, Hofham, Kurf, Rachental, Ströbing	Heilbad
Erwitte	59597	Erwitte	Bad Westernkotten	Heilbad
Esens	26422	Esens	Bensersiel	Nordseeheilbad
Essen	49152	Bad Essen	Bad Essen	Heilbad
Eutin	23701	Eutin	G	Heilklimatischer Kurort
F				
Fallingbostel	29683	Fallingbostel	Fallingbostel	Kneippheilbad
Feilnbach	83075	Bad Feilnbach	G – ausgenommen die Gemeindeteile der ehemaligen Gemeinde Dettendorf	Heilbad
Fischen	87538	Fischen/ Allgäu	G	Heilklimatischer Kurort
Frankenhausen	06567	Bad Frankenhausen	K	Sole-Heilbad
Freiburg	79098	Freiburg	Ortsbereich An den Heilquellen	Ort mit Heilquellen-Kurbetrieb

Name ohne „Bad“	PLZ	Gemeinde	Anerkenntnis als Heilkurort ist erteilt für: (Ortsteile, sofern nicht B, G, K*)	Artbezeichnung
Freienwalde	16259	Bad Freienwalde	Freienwalde	Moorheilbad
Freudenstadt	72250	Freudenstadt	Freudenstadt	Kneippkurort und Heilklimatischer Kurort
Friedrichskoog	25718	Friedrichskoog	Friedrichskoog	Nordseeheilbad
Füssen	87629	Füssen	a) Bad Faulenbach	Heilbad
			b) Gebiet der ehemaligen Stadt Füssen und der ehemaligen Gemeinde Hopfen am See	Kneippkurort
Füssing	94072	Bad Füssing	Bad Füssing, Aichmühle, Ainsen, Angering, Brandschachen, Dürnöd, Egglfing a. Inn, Eitlöd, Flickenöd, Gögging, Holzhäuser, Holzhaus, Hub, Irching, Mitterreuthen, Oberreuthen, Pichl, Pimsöd, Poinzaun, Riedenburg, Safferstetten, Schieferöd, Schöchlöd, Steinreuth, Thalau, Thalham, Thierham, Unterreuthen, Voglöd, Weidach, Wies, Würding, Zieglöd, Zwicklarn	Heilbad
G				
Gaggenau	76571	Gaggenau	Bad Rotenfels	Ort mit Heilquellen-Kurbetrieb
Gandersheim	37581	Bad Gandersheim	Bad Gandersheim	Heilbad
Garmisch-Partenkirchen	82467	Garmisch-Partenkirchen	G – ohne das eingegliederte Gebiet der ehemaligen Gemeinde Wamberg	Heilklimatischer Kurort
Gelting	24395	Gelting	G	Kneippkurort

Name ohne „Bad“	PLZ	Gemeinde	Anerkenntnis als Heilkurort ist erteilt für: (Ortsteile, sofern nicht B, G, K*)	Artbezeichnung
Gersfeld	36129	Gersfeld (Rhön)	K	Kneippheilbad
Gladenbach	35075	Gladenbach	K	Kneippheilbad
Glücksburg	24960	Glücksburg	Glücksburg	Seeheilbad
Goslar	38644	Goslar	Hahnenklee, Bockswiese	Heilklimatischer Kurort
Gottleuba	01816	Bad Gottleuba	Bad Gottleuba	Moorheilbad
Graal-Müritz	18181	Graal-Müritz	G	Seeheilbad
Grasellenbach	64689	Grasellenbach	K	Kneippkurort und Kneippheilbad
Griesbach i. Rottal	94086	Bad Griesbach i. Rottal	Bad Griesbach i. Rottal Weghof	Heilbad
Grömitz	23743	Grömitz	Grömitz	Seeheilbad
Grönenbach	87728	Grönenbach	Grönenbach, Au, Brandholz, in der Tarrast, Egg, Gmeinschwenden, Greit, Herbisried, Hueb, Klevers, Kornhofen, Kreuzbühl, Manneberg, Niederholz, Ölmühle, Raupolz, Rechberg, Rothenstein, Schwenden, Seefeld, Waldegg b. Grönenbach, Ziegelberg, Ziegelstadel	Kneippheilbad
Großenbrode	23775	Großenbrode	G	Seeheilbad
Grund	37539	Bad Grund	Bad Grund	Heilbad
H				
Haffkrug-Scharbeutz	23683	Haffkrug-Scharbeutz	Haffkrug	Seeheilbad
Haigerloch	72401	Haigerloch	Bad Imnau	Ort mit Heilquellen-Kurbetrieb
Harzburg	38667	Bad Harzburg	K	Heilbad und Heilklimatischer Kurort

Name ohne „Bad"	PLZ	Gemeinde	Anerkenntnis als Heilkurort ist erteilt für: (Ortsteile, sofern nicht B, G, K*)	Artbezeichnung
Heilbrunn	83670	Bad Heilbrunn	Bad Heilbrunn, Achmühl, Baumberg, Bernwies, Graben, Hinterstallau, Hub, Kiensee, Langau, Linden, Mürnsee, Oberbuchen, Oberenzenau, Obermühl, Obersteinbach, Ostfeld, Ramsau, Reindlschmiede, Schönau, Unterbuchen, Unterenzenau, Untersteinbach, Voglherd, Weiherweber, Wiesweber, Wörnern	Heilbad
Heiligenhafen	23774	Heiligenhafen	Heiligenhafen	Seeheilbad
Heiligenstadt	37308	Heilbad Heiligenstadt	K	Heilbad
Helgoland	27498	Helgoland	G	Seeheilbad
Herbstein	36358	Herbstein	B	Heilquellen-Kurbetrieb
Heringsdorf	17442	Heringsdorf	G	Ostseeheilbad und (Sole-)Heilbad
Herrenalb	76332	Bad Herrenalb	Bad Herrenalb	Heilbad und Heilklimatischer Kurort
Hersfeld	36251	Bad Hersfeld	K	(Mineral-)Heilbad
Hille	32479	Hille	Rothenuffeln	Kurmittelgebiet (Heilquelle und Moor)
Hindelang	87541	Hindelang	Hindelang, Bad Oberdorf, Bruck, Gailenberg, Groß, Hinterstein, Liebenstein, Oberjoch, Reckenberg, Riedle, Unterjoch, Vorderhindelang	Kneippkurort und Heilklimatischer Kurort
Hinterzarten	79856	Hinterzarten	G	Heilklimatischer Kurort
Höchenschwand	79862	Höchenschwand	Höchenschwand	Heilklimatischer Kurort

Name ohne „Bad"	PLZ	Gemeinde	Anerkenntnis als Heilkurort ist erteilt für: (Ortsteile, sofern nicht B, G, K*)	Artbezeichnung
Hönningen	53557	Bad Hönningen	Bad Hönningen	Heilbad
Höxter	37671	Höxter	Bruchhausen	Heilquellen-Kurbetrieb
Hohwacht	24321	Hohwacht	G	Seeheilbad
Holzminden	37603	Holzminden	Neuhaus	Heilklimatischer Kurort
Homburg	61348	Bad Homburg v. d. Höhe	K	Heilbad
Horn	32805	Horn-Bad Meinberg	Bad Meinberg	Heilbad
I, J				
Iburg	49186	Bad Iburg	Bad Iburg	Kneippheilbad
Isny	88316	Isny	Isny, Neutrauchburg	Heilklimatischer Kurort
Juist	26571	Juist	G	Nordseeheilbad
K				
Karlshafen	34385	Bad Karlshafen	K	Heilbad
Kassel	34117	Kassel	Wilhelmshöhe	Kneippheilbad und Thermal-Sole-Heilbad
Kellenhusen	23746	Kellenhusen	Kellenhusen	Seeheilbad
Kissingen	97688	Bad Kissingen	G	Heilbad
Klosterlausnitz	07639	Bad Klosterlausnitz	K	Heilbad
König	64732	Bad König	K	Heilbad
Königsfeld	78126	Königsfeld	Königsfeld, Bregnitz, Grenier	Kneippkurort und Heilklimatischer Kurort
Königshofen	97631	Bad Königshofen i. Grabfeld	G – ohne die eingegliederten Gebiete der ehemaligen	Heilbad

Name ohne „Bad"	PLZ	Gemeinde	Anerkenntnis als Heilkurort ist erteilt für: (Ortsteile, sofern nicht B, G, K*)	Artbezeichnung
Königstein	61462	Königstein im Taunus	K	Heilklimatischer Kurort
Kösen	06628	Bad Kösen	G	Heilbad
Kötzting	91444	Kötzting	Stadtteil Kötzting	Kneippheilbad
Kohlgrub	82433	Bad Kohlgrub	G	Heilbad
Kreuth	83708	Kreuth	G	Heilklimatischer Kurort
Kreuznach	55543	Bad Kreuznach	Bad Kreuznach	Heilbad
Krozingen	79189	Bad Krozingen	Bad Krozingen	Heilbad
Krumbach	86381	Krumbach (Schwaben)	B/Sanatorium Krumbach	Peloidkurbetrieb
Kyllburg	54655	Kyllburg	Kyllburg	Kneippkurort
L				
Laasphe	57334	Bad Laasphe	Bad Laasphe	Kneippheilbad
Laer	49196	Bad Laer	G	Soleheilbad
Lahnstein	56112	Lahnstein	B/Kurtherme Rhein-Lahn der Viktoria Thermalbad Lahnstein GmbH	Heilquellen-Kurbetrieb
Langensalza	99947	Bad Langensalza	K	Schwefel-Sole-Heilbad
Langeoog	26465	Langeoog	G	Nordseeheilbad
Lausick	04651	Bad Lausick	Bad Lausick	Mineralheilbad
Lauterberg	37431	Bad Lauterberg	Bad Lauterberg	Kneippheilbad
Lenzkirch	79853	Lenzkirch	Lenzkirch, Saig	Heilklimatischer Kurort
Liebenstein	36448	Bad Liebenstein	K	Heilbad
Liebenwerda	04924	Bad Liebenwerda	Dobra, Kosilenzien, Maasdorf, Zeischa	Ort mit Peloidkurbetrieb

Name ohne „Bad"	PLZ	Gemeinde	Anerkenntnis als Heilkurort ist erteilt für: (Ortsteile, sofern nicht B, G, K*)	Artbezeichnung
Liebenzell	75378	Bad Liebenzell	Bad Liebenzell	Heilbad
Lindenfels	64678	Lindenfels	K	Heilklimatischer Kurort
Lippspringe	33175	Bad Lippspringe	Bad Lippspringe	Heilbad und Heilklimatischer Kurort
Lippstadt	59556	Lippstadt	Bad Waldliesborn	Heilbad
Lobenstein	07356	Moorbad Lobenstein	K	Heilbad
Ludwigsburg	71638	Ludwigsburg	Hoheneck	Ort mit Heilquellen-Kurbetrieb
Lüneburg	21335	Lüneburg	Kurpark mit Kurzentrum	Sole-Moor-Heilbad
M				
Malente	23714	Malente	Malente-Gremsmühlen, Krummsee, Timmdorf	Heilklimatischer Kurort
Manderscheid	54531	Manderscheid	Manderscheid	Heilklimatischer Kurort und Kneippkurort
Marienberg	56470	Bad Marienberg	Bad Marienberg (nur Stadtteile Bad Marienberg, Zinnheim und der Gebietsteil der Gemarkung Langenbach, begrenzt durch die Gemarkungsgrenze Hardt, Zinnheim, Marienberg sowie die Bahntrasse Eberbach-Bad Marienberg)	Kneippheilbad
Marktschellenberg	83487	Marktschellenberg	G	Heilklimatischer Kurort
Masserberg	98666	Masserberg	Masserberg	Heilklimatischer Kurort
Mettlach	66693	Mettlach	Orscholz	Heilklimatischer Kurort

Name ohne „Bad"	PLZ	Gemeinde	Anerkenntnis als Heilkurort ist erteilt für: (Ortsteile, sofern nicht B, G, K*)	Artbezeichnung
Mölln	23879	Mölln	Mölln	Kneippkurort
Mössingen	72116	Mössingen	Bad Sebastiansweiler	Ort mit Heilquellen-Kurbetrieb
Münder	31848	Bad Münder	Bad Münder	Ort mit Heilquellen-Kurbetrieb
Münster/Stein	55583	Bad Münster am Stein Ebernburg	Bad Münster am Stein	Heilbad und Heilklimatischer Kurort
Münstereifel	53902	Bad Münstereifel	Bad Münstereifel	Kneippheilbad
Murnau	82418	Murnau a. Staffelsee	B/Ludwigsbad Murnau	Moorkurbetrieb
Muskau	02953	Bad Muskau	G	Ort mit Moorkurbetrieb
N				
Nauheim	61231	Bad Nauheim	K	Heilbad
Naumburg	34309	Naumburg	K	Kneippkurort
Nenndorf	31542	Bad Nenndorf	Bad Nenndorf	Heilbad
Neualbenreuth	95698	Neualbenreuth	B/Badehaus Meiersreuth Sybillenbad	Ort mit Heilquellen-Kurbetrieb
Neubulach	75386	Neubulach	Neubulach	Heilstollen-Kurbetrieb und Heilklimatischer Kurort
Neuenahr	53474	Bad Neuenahr	Bad Neuenahr	Heilbad
Neuharlingersiel	26427	Neuharlingersiel	Neuharlingersiel	Nordseeheilbad
Neukirchen	34626	Neukirchen	K	Kneippkurort
Neustadt/D	93333	Neustadt a. d. Donau	Bad Gögging	Heilbad
Neustadt/S	97616	Bad Neustadt a. d. Saale	Bad Neustadt a. d. Saale, Salzburg	Heilbad

Name ohne „Bad“	PLZ	Gemeinde	Anerkenntnis als Heilkurort ist erteilt für: (Ortsteile, sofern nicht B, G, K*)	Artbezeichnung
Nidda	63667	Nidda	Bad Salzhausen	Heilbad
Nonnweiler	66620	Nonnweiler	Nonnweiler	Heilklimatischer Kurort
Norddorf	25946	Norddorf/ Amrum	Norddorf	Seeheilbad
Norderney	26548	Norderney	G	Nordseeheilbad
Nordstrand	25845	Nordstrand	G	Seeheilbad
Nümbrecht	51588	Nümbrecht	G	Heilklimatischer Kurort
O				
Oberstaufen	87534	Oberstaufen	G – ausgenommen die Gemeindeteile Aach i. Allgäu, Hänse, Hagspiel, Hütten, Krebs, Nägeleshalde	Schrothheilbad und Heilklimatischer Kurort
Oberstdorf	87561	Oberstdorf	Oberstdorf, Anatswald, Birgsau, Dietersberg, Ebene, Einödsbach, Faistenoy, Gerstruben, Gottenried, Gruben, Gundsbach, Jauchen, Kornau, Reute, Ringang, Schwand, Spielmannsau	Kneippkurort und Heilklimatischer Kurort
Oeynhausen	32545	Bad Oeynhausen	Bad Oeynhausen	Heilbad
Olsberg	59939	Olsberg	Olsberg	Kneippkurort
Orb	63619	Bad Orb	G	Heilbad
Ottobeuren	87724	Ottobeuren	Ottobeuren, Eldern	Kneippkurort
Oy-Mittelberg	87466	Oy-Mittelberg	Oy	Kneippkurort
P				
Pellworm	25847	Pellworm	Pellworm	Seeheilbad
Petershagen	32469	Petershagen	Hopfenberg	Kurmittelgebiet

Name ohne „Bad“	PLZ	Gemeinde	Anerkenntnis als Heilkurort ist erteilt für: (Ortsteile, sofern nicht B, G, K*)	Artbezeichnung
Peterstal-Griesbach	77740	Bad Peterstal-Griesbach	G	Heilbad und Kneippkurort
Porta Westfalica	32457	Porta Westfalica	Hausberge	Kneippkurort
Preußisch Oldendorf	32361	Preußisch Oldendorf	Holzhausen	Kurmittelgebiet
Prien	83209	Prien a. Chiemsee	G – ohne den eingegliederten Gemeindeteil Vachendorf der ehemaligen Gemeinde Hittenkirchen und den Gemeindeteil Wildenwart	Kneippkurort
Pyrmont	31812	Bad Pyrmont	K	Heilbad
R				
Radolfzell	78315	Radolfzell	Mettnau	Kneippkurort
Ramsau	83486	Ramsau	bei Berchtesgaden	Heilklimatischer Kurort
Rappenau	74906	Bad Rappenau	Bad Rappenau	(Sole-)Heilbad
Reichenhall	83435	Bad Reichenhall	Bad Reichenhall, Bayerisch Gmain und Kibling	Heilbad
Reichshof	51580	Reichshof	Eckenhagen	Heilklimatischer Kurort
Rengsdorf	56579	Rengsdorf	Rengsdorf	Heilklimatischer Kurort
Rippoldsau-Schapbach	77776	Bad Rippoldsau-Schapbach	Bad Rippoldsau	Heilbad
Rodach	96476	Bad Rodach b. Coburg	Bad Rodach	Heilbad
Rothenfelde	49214	Bad Rothenfelde	G	Heilbad
Rottach-Egern	83700	Rottach-Egern	G	Heilklimatischer Kurort

Name ohne „Bad“	PLZ	Gemeinde	Anerkenntnis als Heilkurort ist erteilt für: (Ortsteile, sofern nicht B, G, K*)	Artbezeichnung
S				
Saarow	15526	Bad Saarow	Bad Saarow	Thermalsole- und Moorheilbad
Sachsa	37441	Bad Sachsa	Bad Sachsa	Heilklimatischer Kurort
Säckingen	79713	Bad Säckingen	Bad Säckingen	Heilbad
Salzdetfurth	31162	Bad Salzdetfurth	Bad Salzdetfurth, Detfurth	Heilbad
Salzgitter	38259	Salzgitter	Salzgitter-Bad	Ort mit Sole-Kurbetrieb
Salzschlirf	36364	Bad Salzschlirf	G	Mineralheilbad und Moorbad
Salzuflen	32105	Bad Salzuflen	Bad Salzuflen	Heilbad
Salzungen	36433	Bad Salzungen	K	Heilbad
Sasbachwalden	77887	Sasbachwalden	G	Kneippkurort
Sassendorf	59505	Bad Sassendorf	Bad Sassendorf	Heilbad
Saulgau	88348	Saulgau	Saulgau	Heilbad
Schandau	01814	Bad Schandau	Bad Schandau	Kneippkurort
Scharbeutz	23683	Scharbeutz	Scharbeutz	Seeheilbad
Scheidegg	88175	Scheidegg	G	Kneippkurort und Heilklimatischer Kurort
Schieder	32816	Schieder, Schwalenberg	Schieder, Glashütte	Kneippkurort
Schlangenbad	65388	Schlangenbad	K	Heilbad
Schleiden	53937	Schleiden	Gemünd	Kneippkurort

Name ohne „Bad"	PLZ	Gemeinde	Anerkenntnis als Heilkurort ist erteilt für: (Ortsteile, sofern nicht B, G, K*)	Artbezeichnung
Schlema	08301	Schlema	Ortsteil Schlema	Ort mit Heilquellen-Kurbetrieb
Schluchsee	79859	Schluchsee	Schluchsee, Faulenfürst, Fischbach	Heilklimatischer Kurort
Schmallenberg	57392	Schmallenberg	a) Fredeburg	Kneippkurort
			b) Grafschaft	Heilklimatischer Kurort
Schmiedeberg	06905	Bad Schmiedeberg	G	Heilbad
Schömberg	75328	Schömberg	Schömberg	Heilklimatischer Kurort und Kneippkurort
Schönau	83471	Schönau a. Königssee	G	Heilklimatischer Kurort
Schönberg	24217	Schönberg	Holm	Heilbad und Kneippkurort
Schönborn	76669	Bad Schönborn	a) Bad Mingolsheim	Heilbad
			b) Langenbrücken	Ort mt Heilquellen-Kurbetrieb
Schönebeck-Salzelmen	39624	Schönebeck-Salzelmen	G	Heilbad
Schönwald	78141	Schönwald	G	Heilklimatischer Kurort
Schussenried	88427	Bad Schussenried	Bad Schussenried	(Moor-)Heilbad
Schwalbach	65307	Bad Schwalbach	K	Heilbad
Schwangau	87645	Schwangau	G	Heilklimatischer Kurort
Schwartau	23611	Bad Schwartau	Bad Schwartau	Heilbad
Segeberg	23795	Bad Segeberg	G	Heilbad
Siegsdorf	83313	Siegsdorf	B/Kurheim Bad Adelholzen	Heilquellen-Kurbetrieb

Name ohne „Bad"	PLZ	Gemeinde	Anerkenntnis als Heilkurort ist erteilt für: (Ortsteile, sofern nicht B, G, K*)	Artbezeichnung
Sinzig	53489	Sinzig	Bad Bodendorf	Heilkurort
Sobernheim	55566	Bad Sobernheim	Bad Sobernheim	Felke-Heilbad
Soden am Taunus	65812	Bad Soden am Taunus	K	Heilbad
Soden-Salmünster	63628	Bad Soden-Salmünster	Bad Soden	Mineralheilbad
Soltau	29614	Soltau	B	(Sole-)Heilbad
Sooden-Allendorf	37242	Bad Sooden-Allendorf	K	Heilbad
Spiekeroog	26474	Spiekeroog	G	Nordseeheilbad
St. Andreasberg	37444	St. Andreasberg	G	Heilklimatischer Kurort
St. Blasien	79837	St. Blasien	St. Blasien	Kneippkurort und Heilklimatischer Kurort
St. Peter-Ording	25826	St. Peter-Ording	St. Peter-Ording	Seeheilbad und Mineralheilbad
Staffelstein	96231	Staffelstein	B/Thermal-Solebad Staffelstein (Obermain-Therme)	Heilquellen-Kurbetrieb
Steben	95138	Bad Steben	G	Heilbad
Stützerbach	98714	Stützerbach	K	Kneippkurort
Stuttgart	70173	Stuttgart	Berg, Bad Cannstatt	Ort mit Heilquellen-Kurbetrieb
Suderode	06507	Bad Suderode	G	Heilbad
Sülze	18334	Bad Sülze	G	(Moor- und Sole-)Heilbad
Sulza	99518	Bad Sulza	K	Heilbad
T				
Tabarz	99891	Tabarz	Tabarz	Kneipp-Kurort
Tegernsee	83684	Tegernsee	G	Heilklimatischer Kurort

Name ohne „Bad“	PLZ	Gemeinde	Anerkenntnis als Heilkurort ist erteilt für: (Ortsteile, sofern nicht B, G, K*)	Artbezeichnung
Teinach-Zavelstein	75385	Bad Teinach-Zavelstein	Bad Teinach	Heilbad
Templin	17268	Templin	Templin	Thermalsoleheilbad
Tennquellstedt	99955	Bad Tennstedt	G	Ort mit Heilquellen-Kurbetrieb
Thyrnau	94136	Thyrnau	B/Sanatorium Kellberg	Mineralquellen-Kurbetrieb
Timmendorfer Strand	23669	Timmendorfer Strand	Timmendorfer Strand, Niendorf	Seeheilbad
Titisee-Neustadt	79822	Titisee-Neustadt	Titisee	Kneippkurort
Todtmoos	79682	Todtmoos	G	Heilklimatischer Kurort
Tölz	83646	Bad Tölz	a) Gebiet der ehemaligen Stadt Bad Tölz	Moorheilbad und Heilklimatischer Kurort
			b) Gebiet der ehemaligen Gemeinde Oberfischbach	Heilklimatischer Kurort
Traben-Trarbach	56841	Traben-Trarbach	Bad Wildstein	Heilbad
Travemünde	23570	Travemünde	Travemünde	Seeheilbad
Treuchtlingen	91757	Treuchtlingen	B Altmühltherme/Lambertusbad	Ort mit Heilquellen-Kurbetrieb
Triberg	78098	Triberg	Triberg	Heilklimatischer Kurort
Überkingen	73337	Bad Überkingen	Bad Überkingen	Heilbad
Überlingen	88662	Überlingen	Überlingen	Kneippheilbad
Urach	72574	Bad Urach	Bad Urach	Heilbad
V				
Vallendar	56179	Vallendar	Vallendar	Kneippkurort

Name ohne „Bad“	PLZ	Gemeinde	Anerkenntnis als Heilkurort ist erteilt für: (Ortsteile, sofern nicht B, G, K*)	Artbezeichnung
Varel	26316	Varel	B – Dangast	Ort mit Heilquellen-Kurbetrieb
Vilbel	61118	Bad Vilbel	K	Heilbad
Villingen-Schwenningen	78050	Villingen-Schwenningen	Villingen	Kneippkurort
Vlotho	32602	Vlotho	Seebruch, Senkelteich, Valdorf-West	Kurmittelgebiet (Heilquelle und Moor)
W				
Waldbronn	76337	Waldbronn	Gemeindeteile Busenbach, Reichenbach	Ort mit Heilquellen-Kurbetrieb
Waldsee	88399	Bad Waldsee	Bad Waldsee, Steinach	(Moor-)Heilbad und Kneippkurort
Wangerland	26434	Wangerland	Horumersiel, Schillig	Nordseeheilbad
Wangerooge	26486	Wangerooge	G	Nordseeheilbad
Warburg	34414	Warburg	Germete	Kurmittelgebiet (Heilquelle)
Weiskirchen	66709	Weiskirchen	Weiskirchen	Heilklimatischer Kurort
Wenningstedt	25996	Wenningstedt/Sylt	Wenningstedt	Seeheilbad
Westerland	25980	Westerland	Westerland	Seeheilbad
Wieda	37447	Wieda	Wieda	Heilklimatischer Kurort
Wiesa	09488	Wiesa	Ortsteile Thermalbad, Wiesenbad	Ort mit Heilquellen-Kurbetrieb
Wiesbaden	65189	Wiesbaden	K	Heilbad
Wiessee	83707	Bad Wiessee	G	Heilbad
Wildbad	75323	Bad Wildbad	Bad Wildbad	Heilbad
Wildemann	38709	Wildemann	G	Kneippkurort

Name ohne „Bad"	PLZ	Gemeinde	Anerkenntnis als Heilkurort ist erteilt für: (Ortsteile, sofern nicht B, G, K*)	Artbezeichnung
Wildungen	34537	Bad Wildungen	K	Heilbad
Willingen	34508	Willingen (Upland)	a) K	Heilklimatischer Kurort, Kneippkurort und Heilbad
			b) Usseln	Heilklimatischer-Kurort
Wilsnack	19336	Bad Wilsnack	K	Thermal- und Moorheilbad
Wimpfen	74206	Bad Wimpfen	Bad Wimpfen, Erbach, Fleckinger Mühle, Höhenhöfe	(Sole-)Heilbad
Windsheim	91438	Bad Windsheim	Bad Windsheim, Kleinwindsheimermühle, Walkmühle	Heilbad
Winterberg	59955	Winterberg	Winterberg, Altastenberg, Elkeringhausen	Heilklimatischer Kurort
Wittdün/Amrum	25946	Wittdün/Amrum	Wittdün	Seeheilbad
Wörishofen	86825	Bad Wörishofen	Bad Wörishofen, Hartenthal, Oberes Hart, Obergammenried, Schöneschach, Untergammenried, Unteres Hart	Kneippheilbad
Wolfegg	88364	Wolfegg	G	Heilklimatischer Kurort
Wolkenstein	09429	Wolkenstein	Ortsteil Warmbad	Ort mit Heilquellen-Kurbetrieb
Wünnenberg	33181	Wünnenberg	Wünnenberg	Kneippheilbad
Wurzach	88410	Bad Wurzach	Bad Wurzach	(Moor-)Heilbad
Wyk a. F.	25938	Wyk a. F.	Wyk	Seeheilbad
Z				
Zingst	18374	Ostseebad Zingst	G	Seeheilbad

Name ohne „Bad“	PLZ	Gemeinde	Anerkenntnis als Heilkurort ist erteilt für: (Ortsteile, sofern nicht B, G, K*)	Artbezeichnung
Zwesten	34596	Zwesten	K	Heilbad und Ort mit Heilquellen-Kurbetrieb
Zwischenahn	26160	Bad Zwischenahn	Bad Zwischenahn	Heilbad

* B = Einzelkurbetrieb
G = gesamtes Gemeindegebiet
K = nur Kerngemeinde, Kernstadt

1 b. Heilkurorteverzeichnis EU-Ausland

I. EU-Ausland

Frankreich

Aix-les-Bains

Amelie-les-Bains

Cambo-les-Bains

La Roche-Posay

Italien

Abano Terme

Galzignano

Ischia

Montegrotto

Österreich

Badgastein

Bad-Hall in Tirol

Bad Hofgastein

Bad Schönau

Oberlaa

Polen

Bad Flinsberg/Swieradow-Zdroj

Slowakei

Piestany

Tschechien

Bad Belorad/Lazne Belohrad

Bad Joachimsthal/Jachymov

Bad Teplitz/Lazne Teplice v Cechach

Franzensbad/Frantiskovy Lazne

Johannisbad/Janske Lazne

Karlsbad/Karlovy Vary

Konstantinsbad/Konstantinovy Lazne

Luhacovice

Marienbad/Marianske Lazne

Ungarn

Bad Heviz

Bad Zalakaros

Bük

Hajduszoboszlo

Komarom

I. EU-Ausland

Rumänien

Bad Felix/Baile Felix

Sarvar

II. Sonstiges Ausland

Ortsnamen am Toten Meer (Israel/Jordanien)

Ein Boqeq

Sweimeh

2. Register der inländischen Heilkurorte (Ortsteile),
die wegen Zugehörigkeit zu einer größeren Einheit an anderer Stelle aufgeführt sind

Heilkurorte ohne Zusatz „Bad"	aufgeführt bei
A	
Abbach-Schloßberg	Abbach
Achmühl	Heilbrunn
Adelholzen	Siegsdorf
Aichmühle	Füssing
Ainsen	Füssing
Alschbach	Blieskastel
Altastenberg	Winterberg
Anatswald	Oberstdorf
An den Heilquellen	Freiburg
Agering	Füssing
Au	Abbach
Au	Grönenbach
Aunham	Birnbach
B	
Balg	Baden-Baden
Baumberg	Heilbrunn
Bayerisch Gmain	Reichenhall
Bensersiel	Esens

Heilkurorte ohne Zusatz „Bad"	aufgeführt bei
Berg	Stuttgart
Birgsau	Oberstdorf
Blenhorst	Balge
Bockswiese	Goslar
Bodendorf	Sinzig
Brandholz	Grönenbach
Brandschachen	Füssing
Bregnitz	Königsfeld
Bruchhausen	Höxter
Bruck	Hindelang
Burtscheid	Aachen
Busenbach	Waldbronn
C	
Cannstatt	Stuttgart
D	
Dangast	Varel
Detfurth	Salzdetfurth
Dietersberg	Oberstdorf
Dürnöd	Füssing
E	
Ebene	Oberstdorf
Eckarts	Brückenau
Eckenhagen	Reichshof
Egg	Grönenbach
Egglfing a. Inn	Füssing
Einödsbach	Oberstdorf
Eisenbartling	Endorf
Eitlöd	Füssing
Eldern	Ottobeuren
Elkeringhausen	Winterberg
Erbach	Wimpfen

Heilkurorte ohne Zusatz „Bad“	aufgeführt bei
F	
Faistenoy	Oberstdorf
Faulenbach	Füssen
Faulenfürst	Schluchsee
Fischbach	Schluchsee
Fleckinger Mühle	Wimpfen
Flickenöd	Füssing
Frankenhammer	Berneck
Fredeburg	Schmallenberg
G	
Gailenberg	Hindelang
Gemünd	Schleiden
Germete	Warburg
Gerstruben	Oberstdorf
Glashütte	Schieder
Gmeinschwenden	Grönenbach
Gögging	Füssing
Gögging	Neustadt a. d. Donau
Gottenried	Oberstdorf
Greit	Grönenbach
Gremsmühlen	Malente
Grenier	Königsfeld
Griesbach	Peterstal-Griesbach
Groß	Hindelang
Gruben	Oberstdorf
Gundsbach	Oberstdorf
H	
Haffkurg	Scharbeutz
Hahnenklee	Goslar
Hartenthal	Wörishofen
Harthausen	Aibling

Heilkurorte ohne Zusatz „Bad“	aufgeführt bei
Hausberge	Porta Westfalica
Heiligendamm	Doberan
Herbisried	Grönenbach
Hermannsborn	Driburg
Hiddesen	Detmold
Hinterstallau	Heilbrunn
Hinterstein	Hindelang
Höhenhöfe	Wimpfen
Hofham	Endorf
Hohegeiß	Braunlage
Hoheneck	Ludwigsburg
Holm	Schönberg
Holzhäuser	Füssing
Holzhaus	Füssing
Holzhausen	Preußisch Oldendorf
Hopfen am See	Füssen
Hopfenberg	Petershagen
Horumersiel	Wangerland
Hub	Füssing
Hub	Heilbronn
Hueb	Grönenbach
I	
Imnau	Haigerloch
In der Tarrast	Grönenbach
Irching	Füssing
J	
Jauchen	Oberstdorf
Jordanbad	Biberach
K	
Kalkofen	Abbach
Kellberg	Thyrnau

Heilkurorte ohne Zusatz „Bad"	aufgeführt bei
Kibling	Reichenhall
Kiensee	Heilbrunn
Kirnitzschtal	Schandau
Kleinwindsheimermühle	Windsheim
Klevers	Grönenbach
Kornofen	Grönenbach
Kornau	Oberstdorf
Kreuzbühl	Grönenbach
Krummsee	Malente
Kurf	Endorf
Kutschenrangen	Berneck
L	
Langau	Heilbrunn
Langenbach	Marienberg
Langenbrücken	Schönborn
Lautzkirchen	Blieskastel
Lichtental	Baden-Baden
Liebenstein	Hindelang
M	
Manneberg	Grönenbach
Meinberg	Horn
Mettnau	Radolfzell
Mingolsheim	Schönborn
Mitterreuthen	Füssing
Monheimsallee	Aachen
N	
Neuhaus	Holzminden
Neutrauchburg	Isny
Niederholz	Grönenbach
Niedernau	Rottenburg
Niendorf	Timmendorfer Strand

Heilkurorte ohne Zusatz „Bad“	aufgeführt bei
O	
Oberbuchen	Heilbrunn
Oberdorf	Hindelang
Oberenzenau	Heilbrunn
Oberes Hart	Wörishofen
Oberfischbach	Tölz
Obergammenried	Wörishofen
Oberjoch	Hindelang
Obermühl	Heilbrunn
Oberreuthen	Füssing
Obersteinbach	Heilbrunn
Ölmühle	Grönenbach
Oos	Baden-Baden
Ostfeld	Heilbrunn
Ostrau	Schandau
P	
Pichl	Füssing
Pimsöd	Füssing
Poinzaun	Füssing
R	
Rachental	Endorf
Ramsau	Heilbrunn
Randringhausen	Bünde
Raupolz	Grönenbach
Rechberg	Grönenbach
Reckenberg	Hindelang
Reichenbach	Waldbronn
Reute	Oberstdorf
Riedenburg	Füssing
Riedle	Hindelang
Ringang	Oberstdorf

Heilkurorte ohne Zusatz „Bad“	aufgeführt bei
Rödlasberg	Berneck
Rotenfels	Gaggenau
Rothenstein	Grönenbach
Rothenuffeln	Hille
S	
Safferstetten	Füssing
Saig	Lenzkirch
Salzburg	Neustadt a. d. Saale
Salzhausen	Nidda
Salzig	Boppard
Sand	Emstal
Schieferöd	Füssing
Schillig	Wangerland
Schöchlöd	Füssing
Schönau	Heilbrunn
Schöneschach	Wörishofen
Schwand	Oberstdorf
Schwarzenberg-Schönmünzach	Baiersbronn
Schwenden	Grönenbach
Sebastiansweiler	Mössingen
Seebruch	Vlotho
Seefeld	Grönenbach
Senkelteich	Vlotho
Spielmannsau	Oberstdorf
Steinach	Waldsee
Steinreuth	Füssing
Ströbing	Endorf
T	
Thalau	Füssing
Thalham	Füssing
Thierham	Füssing

Heilkurorte ohne Zusatz „Bad"	aufgeführt bei
Thürham	Aibling
Timmdorf	Malente
Tönisstein	Andernach
Tönisstein	Burgbrohl
U	
Unterenzenau	Heilbrunn
Unteres Hart	Wörishofen
Untergammenried	Wörishofen
Unterjoch	Hindelang
Untersteinbach	Heilbrunn
Unterreuthen	Füssing
Usseln	Willingen
V	
Valdorf-West	Vlotho
Voglherd	Heilbrunn
Voglöd	Füssing
Vorderhindelang	Hindelang
W	
Waldegg b. Grönenbach	Grönenbach
Waldliesborn	Lippstadt
Walkmühle	Windsheim
Warmbad	Wolkenstein
Warmeleithen	Berneck
Weichs	Abbach
Weidach	Füssing
Westernkotten	Erwitte
Wies	Füssing
Wildstein	Traben-Trarbach
Wilhelmshöhe	Kassel
Würding	Füssing

Heilkurorte ohne Zusatz „Bad"	aufgeführt bei
Z	
Zeitlofs	Brückenau
Zell	Aibling
Ziegelberg	Grönenbach
Ziegelstadel	Grönenbach
Ziegenhagen	Witzenhausen
Zieglöd	Füssing
Zinnheim	Marienberg
Zwicklarn	Füssing

Anlage 6

Antrag auf Zahlung einer Beihilfe

Antragsteller/in Name, Vorname

Beihilfenummer | Geburtsdatum

Dienststelle oder Schule

Dienststellen-Nr. oder | Schul-Nr.

E-Mailadresse dienstlich

E-Mailadresse privat

Telefonnummer dienstlich

Telefonnummer privat

Zentrale Scanstelle
Beihilfe
32746 Detmold

Bitte keine Originalbelege beifügen und die Kopien nicht klammern oder heften

(Bitte Anmerkung 2 beachten.)

Zutreffendes bitte [X] ankreuzen oder ausfüllen (PC oder Schreibmaschine, möglichst nicht handschriftlich)

Ich versichere nach bestem Wissen die Vollständigkeit und Richtigkeit meiner Angaben. Mir ist bekannt, dass ich nachträgliche Preisermäßigungen oder Preisnachlässe auf die Aufwendungen sowie den nachträglichen Wegfall der Berücksichtigungsfähigkeit von Kindern im Familienzuschlag sofort der Festsetzungsstelle anzuzeigen habe.

Für die geltend gemachten Aufwendungen wurde eine Beihilfe bisher nicht beantragt.

Die Daten werden nur für Zwecke der Beihilfefestsetzung erhoben (§§ 3 und 12 BVO); mit der Übermittlung und Speicherung meiner Besoldungsdaten zur Ermittlung der Belastungsgrenze (§ 15 BVO) bin ich einverstanden.

Datum, Unterschrift	Gesamtbetrag der Aufwendungen ca.	Anzahl der Belege (s. Anmerkung 8)
	, – €	

Es werden **Pflegeaufwendungen** nach § 5 ff BVO geltend gemacht ☐ Ja
(Bitte zusätzlich Anlage "Pflege" ausfüllen)

Erstantrag oder hat sich Ihre Bankverbindung geändert? ☐ Nein

☐ Ja **Bitte ausfüllen**:

Bankleitzahl	Kontonummer	Geldinstitut

Erstantrag oder hat sich die Adresse, an welche der Bescheid gesandt wird, geändert? ☐ Nein

☐ Ja **Bitte ausfüllen**:

Straße, Hausnummer	Postleitzahl, Ort

Bei wiederholter Antragstellung:

Haben sich Änderungen zu Nr. 1 bis 6 gegenüber den Angaben im letzten Beihilfeantrag ergeben?

☐ **Ja** **Bitte Nr. 1 bis 9 vollständig ausfüllen**

☐ **Nein** **Bitte weiter bei Nr. 7**

1 Angaben zum Beschäftigungsumfang

Vollbeschäftigung:

☐ Ja

☐ Nein Zahl der Wochenstunden:

Beurlaubung ohne Bezüge in den letzten 12 Monaten:

☐ Nein

☐ Ja Grund: vom bis

2 Angaben zu berücksichtigungsfähigen Angehörigen

Name, Vorname	Geburtsdatum TT.MM.JJJJ	Kinderbezogener Anteil im Familienzuschlag steht mir zu (s. Anmerkung 3 und 4)	Anderem Elternteil steht der kinderbezogene Anteil im Familienzuschlag zu	Angaben zu Berufstätigkeit usw. (zum Ausfüllen s. Anmerkung 7)	von TT.MM. JJJJ	bis TT.MM. JJJJ
Ehegatte / eingetragener Lebenspartner						
Kind 1 (K 1)		☐	☐			
Kind 2 (K 2)		☐	☐			
Kind 3 (K 3)		☐	☐			
Kind 4 (K 4)		☐	☐			
Kind 5 (K 5)		☐	☐			

3 Krankenversicherungsschutz

Bei Erstantrag bitte vollständig ausfüllen, auch wenn für einzelne der nachstehenden Personen keine Beihilfe beantragt wird, und Versicherungsschein oder –bescheinigung beifügen.

Versicherte Person	Private Krankenvers.		Gesetzliche Krankenversicherung						
	Normaltarif	Basistarif	Kostenerst.	freiwillig	pflicht-	familienversichert über		als Rentner	seit
Antragsteller/in (A)	☐	☐	☐ ja	☐	☐			☐	
Ehegatte / eingetragener Lebenspartner (E)	☐	☐	☐ ja	☐	☐	☐ A		☐	
K 1	☐	☐	☐ ja	☐	☐	☐ A	☐ E	☐	
K 2	☐	☐	☐ ja	☐	☐	☐ A	☐ E	☐	
K 3	☐	☐	☐ ja	☐	☐	☐ A	☐ E	☐	
K 4	☐	☐	☐ ja	☐	☐	☐ A	☐ E	☐	
K 5	☐	☐	☐ ja	☐	☐	☐ A	☐ E	☐	

Bei einem Wechsel der Krankenversicherung: Bei welcher Person und wann hat dieser stattgefunden? (Bitte neue Bescheinigung beifügen.)

Name, Vorname	Zeitpunkt TT.MM.JJJJ

4 Zuschuss zum Krankenversicherungsbeitrag

Steht Ihnen oder einem berücksichtigungsfähigen Angehörigen ein Zuschuss zum Krankenversicherungsbeitrag (z.B. aus Arbeitsvertrag, vom Rentenversicherungsträger) zu?

☐ Nein ☐ Ja Bitte ausfüllen

Name, Vorname	KV-beitrag im Antragsmonat	Zuschuss im Antragsmonat	Nachweis liegt bei	Nachweis liegt vor
	€	€	☐	☐
	€	€	☐	☐

5 Nur ausfüllen für Personen mit Rentenanspruch

Haben Sie oder berücksichtigungsfähige Angehörige eine Rente aus der gesetzlichen Rentenversicherung beantragt?

☐ Nein ☐ Ja Bitte ausfüllen

Name, Vorname		TT.MM.JJJJ
	am:	
	am:	

6 Angaben zu dem Gesamtbetrag der Einkünfte des Ehegatten / eingetragenen Lebenspartners

Hat der Gesamtbetrag der Einkünfte (§ 2 Abs. 3 des Einkommensteuergesetzes) des **Ehegatten / Lebenspartners** im Kalenderjahr vor der Antragstellung 18.000 Euro überstiegen? *(Bei erstmaligem Rentenbezug ab 1.1.2004 zuzüglich der Differenz zwischen dem steuerlichen Ertragsanteil und dem Bruttorentenbetrag)* s. auch Anmerkung 6

☐ Ja ☐ Nein

noch nicht absehbar ☐

Wird diese Einkunftsgrenze im laufenden Kalenderjahr überschritten?

☐ Ja ☐ Nein

noch nicht absehbar ☐

7 Vorrangige Ansprüche auf Leistungen im Krankheitsfall nach anderen Rechtsvorschriften

Bestehen zu den geltend gemachten Aufwendungen Ansprüche aufgrund von sonstigen Rechtsvorschriften (z.B. gesetzliche Unfallversicherung, Unfallfürsorgebestimmungen, Bundesentschädigungsgesetz, Bundesversorgungsgesetz) oder arbeitsvertraglichen Vereinbarungen?

☐ Nein ☐ Ja Bitte ausfüllen

Name, Vorname	Art des Anspruchs	Nachweis liegt bei	Nachweis liegt vor
		☐	☐
		☐	☐

8 Werden Aufwendungen aufgrund von Unfällen geltend gemacht? ☐ Nein

☐ Ja Bitte Belege mit **U** kennzeichnen

Es handelt sich um einen
☐ Dienstunfall
☐ Arbeitsunfall
☐ Unfall im privaten Bereich
☐ Unfall im Kindergarten
☐ Unfall in der Schule
☐ Unfall beim Studium

Die Unfallschilderung
liegt bei ☐ liegt vor ☐

Es kommt ein Schadensersatzanspruch in Betracht?

☐ Nein ☐ Ja Bitte besonderen Vordruck **Unfallbericht** ausfüllen.

9 Werden Aufwendungen aus den nachfolgend genannten Bereichen geltend gemacht?

☐ Nein ☐ Ja Bitte ausfüllen

Die **Behandlung** erfolgte **durch einen nahen Angehörigen**, hierzu zählen: Ehegatten / eingetragene Lebenspartner, Eltern oder Kindern der behandelten Person oder bei Familien- und Hauspflegekräften auch Enkelkinder, Geschwister, Großeltern, Verschwägerte ersten Grades sowie Schwager oder Schwägerin der behandelten Person.	☐ Ja	Bitte Belege oben rechts mit **A** kennzeichnen
Es wurden oder werden **Leistungen nach dem Bundesversorgungsgesetz** (BVG) in Anspruch genommen	☐ Ja	Bitte Belege oben rechts mit **G** kennzeichnen

10 In Geburtsfällen und bei Adoptionen

Zuschuss für die Säuglings- und Kleinkinderausstattung nach § 9 Abs. 1 BVO wird beantragt ☐ Ja

Anmerkungen

1. Eine Beihilfe kann nur gewährt werden, wenn sie innerhalb eines Jahres nach Rechnungs- bzw. Kaufdatum beantragt wurde. Für den Fristablauf ist der Tag des Antragseingangs bei der Beihilfestelle maßgeblich. Der Bemessungssatz richtet sich nach den Verhältnissen im Zeitpunkt des Entstehens der Aufwendungen.

2. **Bitte legen Sie keine Originalbelege vor**, da alle eingesandten Belege nach der elektronischen Erfassung vernichtet werden. Bitte fertigen Sie pro Beleg eine separate Kopie und beachten Sie, dass Kopien und Zweitschriften deutlich lesbar sein müssen.

3. Als berücksichtigungsfähig gelten auch Kinder, die sich in Berufsausbildung befinden (bis 25. Lebensjahr ggf. zuzügl. Zeit des Wehr- oder Zivildienstes) oder arbeitslos sind (bis 21. Lebensjahr) und der Arbeitsvermittlung zur Verfügung stehen und bei denen nur wegen der Höhe ihrer eigenen Einkünfte der Anspruch auf das Kindergeld und der Familienzuschlag für das Kind entfallen ist.

4. Sind beide Elternteile beihilfeberechtigt und ist mindestens ein Kind berücksichtigungsfähig, bitte ggf. Anlage „Kinder" ausfüllen.

5. Bei Heilbehandlungen und Hilfsmitteln sowie bei Arznei- und Verbandmitteln legen Sie bitte neben der Rechnung die Verordnung einer Ärztin/eines Arztes bzw. einer Heilpraktikerin/eines Heilpraktikers vor.

6. Einkünfte nach § 2 Abs. 3 EStG sind neben dem um die Werbungskosten bzw. den Arbeitnehmer-Pauschalbetrag verminderten Arbeitslohn insbesondere der zu versteuernde Anteil von Renten *(bei erstmaligem Rentenbezug ab 1.1.2004 zuzüglich der Differenz zwischen dem steuerlichen Ertragsanteil und dem Bruttorentenbetrag)*, Einkünfte aus Vermietung und Verpachtung, sowie Einkünfte aus freiberuflicher und gewerblicher Tätigkeit. Kapitaleinkünfte, die nach § 32d Abs. 1 EStG mit einem besonderen Steuersatz besteuert wurden oder die der Kapitalertragssteuer mit abgeltender Wirkung nach § 43 Abs. 5 EStG unterlegen haben, sind den Einkünften, der Summe der Einkünfte und dem Gesamtbetrag der Einkünfte hinzuzurechnen (vgl. § 2 Abs. 5a EStG).

7. Bitte tragen Sie folgende Abkürzungen ein:

- Nicht erwerbstätig =	**NE**	- Eigene Beihilfeberechtigung z.B. im öffentlichen Dienst =	**ÖD**
- Schulausbildung =	**SB**	- Hochschulausbildung =	**HS**
- Elternzeit =	**EZ**	- Versorgungsempfänger/in =	**VE**
- Familienpolitischer Urlaub	**FU**	- arbeitslos mit Bezug von Arbeitslosengeld I oder II =	**AL**
- Rentenbezieher/in =	**RE**	- Wehrdienst / Zivildienst =	**WD / ZD**
- Berufstätig =	**BT**		

8. Als jeweils ein Beleg gelten z. B. mehrseitige Rechnungen, Rechnungen mit zugehöriger Verordnung (s. Anmerkung 5) oder Rechnungen über das Zahnarzthonorar und Material- und Laborkosten.

Anlage 6 a

Kurzantrag auf Zahlung einer Beihilfe

Antragsteller/in Name, Vorname

Beihilfenummer | Geburtsdatum

Dienststelle

Dienststellen-Nr. oder | Schul-Nr.

E-Mailadresse dienstlich

E-Mailadresse privat

Telefonnummer dienstlich

Telefonnummer privat

Hinweis: **Bitte keine Originalbelege beifügen und die Kopien nicht klammern oder heften**

Bitte verwenden Sie den Kurzantrag nur dann, wenn sich bei Ihnen oder bei Ihren berücksichtigungsfähigen Angehörigen gegenüber dem letzten Antrag keinerlei Änderungen ergeben haben. Sofern Sie Pflegeaufwendungen nach § 5 ff. BVO geltend machen wollen, bitte zusätzlich Anlage „Pflege" ausfüllen und beifügen.

Bei Änderungen der nachstehenden Sachverhalte

- Ausbildungs-, Beschäftigungs- und Versicherungsverhältnis
- Beurlaubungen
- Familienstand, Familienzuschlag
- Bankverbindung
- Anschrift
- Beitragszuschüsse – Rentenbezug (auch [Halb-]Waisenrente)
- Einkünfte des Ehegatten
- Pflegeverhältnisse, wie z.B. Pflegestufe, Pflegeart sowie bei
- Unfällen oder Verletzungen

verwenden Sie bitte das ausführliche Antragsformular („Antrag auf Zahlung einer Beihilfe").

Erklärung:

Ich versichere nach bestem Wissen die Vollständigkeit und Richtigkeit meiner Angaben. Mir ist bekannt, dass ich nachträgliche Preisermäßigungen oder Preisnachlässe auf die Aufwendungen sowie den nachträglichen Wegfall der Berücksichtigungsfähigkeit von Kindern im Familienzuschlag sofort der Beihilfestelle anzuzeigen habe.

Mit diesem Beihilfeantrag werden keine Aufwendungen für Untersuchungen, Beratungen und Verrichtungen sowie Begutachtungen geltend gemacht, die von Ehegatten / eingetragenen Lebenspartnern, Eltern oder Kindern der behandelten Person oder bei Familien- und Hauspflegekräften auch von Enkelkindern, Geschwistern, Großeltern, Verschwägerten ersten Grades sowie Schwager oder Schwägerin der behandelten Person durchgeführt worden sind.

Für die geltend gemachten Aufwendungen wurde eine Beihilfe bisher nicht beantragt.

Die Daten werden nur für Zwecke der Beihilfefestsetzung erhoben (§§ 3 und 12 BVO); mit der Übermittlung und Speicherung meiner Besoldungsdaten zur Ermittlung der Belastungsgrenze (§ 15 BVO) bin ich einverstanden.

Datum, Unterschrift	Gesamtbetrag der Aufwendungen ca.	Anzahl der Belege
____________	______ , – €	______

Anlage 7

Anlage Kinder

Antragsteller/in Name, Vorname	Beihilfenummer	Geburtsdatum
	Dienststelle	
	Dienststellen-Nr. oder	Schul-Nr.

Erklärung zur Berücksichtigung von Kindern und zum Beihilfebemessungssatz (nur auszufüllen bei Beihilfeberechtigung beider Elternteile)

1 Anderer Elternteil

Name, Vorname	Beihilfenummer	Geburtsdatum
Straße, Hausnummer	Dienststelle	
Postleitzahl, Ort	Dienststellen-Nr. oder	Schul-Nr.

2 Beihilfen für die Kinder

Name, Vorname	Geburtsdatum	soll erhalten: Antragsteller	soll erhalten: Anderer Elternteil [1]
Kind 1 (K 1)		☐	☐
Kind 2 (K 2)		☐	☐
Kind 3 (K 3)		☐	☐
Kind 4 (K 4)		☐	☐
Kind 5 (K 5)		☐	☐

[1] Soweit der andere Elternteil Anspruch nach Bundes- oder vergleichbarem Landesbeihilfenrecht hat und den Familienzuschlag für ein Kind erhält, ist nach in Nordrhein-Westfalen die Beihilfengewährung für dieses Kind und ggf. die Zahlung des erhöhten Bemessungssatzes ausgeschlossen.

3 Erhöhter Bemessungssatz (bei zwei oder mehr berücksichtigungsfähigen Kindern)

Den erhöhten Bemessungssatz von 70 v. H. soll erhalten ☐ Antragsteller ☐ anderer Elternteil

Uns ist bekannt, dass die Bestimmung nur in Ausnahmefällen neu getroffen werden kann.

Datum, Unterschrift des Antragstellers	Datum, Unterschrift des anderen Elternteils

Anlage 8

Anlage "Pflege"

Belege bitte mit **P** kennzeichnen

Aufwendungen für dauernde Pflege zum Beihilfeantrag der/des

Name, Vorname

Anlage 8 vom TT.MM.JJJJ

1 Angaben zur Pflegeversicherung

Versicherte Person	In der privaten Pflegeversicherung	In der sozialen Pflegeversicherung Mitglied	Familienversichert über	
Antragsteller (A)	☐	☐		
Ehegatte/eingetragener Lebenspartner (E)	☐	☐	☐ (A)	
Kind 1	☐	☐	☐ (A)	☐ (E)
Kind 2	☐	☐	☐ (A)	☐ (E)
Kind 3	☐	☐	☐ (A)	☐ (E)
Kind 4	☐	☐	☐ (A)	☐ (E)
Kind 5	☐	☐	☐ (A)	☐ (E)

2 Angaben zu Pflegeleistungen (Bitte für jede pflegebedürftige Person jeweils eine Anlage ausfüllen.)

Pflegebedürftige Person

Name, Vorname	Pflegestufe			
	☐ I	☐ II	☐ III	☐ **Härtefall**

Einstufungsbescheid der Pflegeversicherung (nur bei erstmaliger Beantragung von Beihilfe zu Pflegeleistungen oder bei Änderungen erforderlich)	☐ liegt bei ☐ liegt vor	☐ wird nachgereicht

Häusliche Pflege	Stationäre Pflege	Sonstige Leistungen
☐ Pflegedienst	☐ Vollstationäre Pflege	☐ zusätzl. Betreuungsleistungen
☐ Pflegeperson	☐ Kurzzeitpflege	☐ Ersatzpflege
☐ Kombination	☐ Tages-/Nachtpflege	

Mitteilung der Pflegeversicherung über die Meldung zur Rentenversicherung der Pflegeperson (nur bei erstmaliger Beantragung von Beihilfe zu Pflegeleistungen oder bei Änderungen erforderlich)	☐ liegt bei ☐ liegt vor	☐ wird nachgereicht

bei **häuslicher Pflege** durch nicht erwerbsmäßig tätige **Pflegepersonen**	Name, Vorname, Geburtsdatum, Anschrift der Pflegeperson(en):	Dauer der Pflege (ggf. je Pflegeperson): Stunden/Woche	
		Stunden/Woche	
	Dauer der Pflege (Antragszeitraum)	vom	bis
	Unterbrechung der Pflege wegen		
	☐ Krankenhausaufenthalt	vom	bis
	☐ Stat. Rehabilitationsmaßnahme	vom	bis
	☐ Urlaub der pflegebedürftigen Person	vom	bis
	☐ Urlaub oder Erkrankung der Pflegeperson	vom	bis

<table>
<tr><td rowspan="5">bei vollstationärer Pflege

(nur auszufüllen bei erstmaliger Antragstellung oder bei Änderungen)</td><td colspan="3">Bei Beantragung von Aufwendungen für Unterkunft und Verpflegung bitte angeben und Nachweise über die Bezüge, Renten usw. beifügen (Angaben über die Bezüge des Ehegatten/eingetragenen Lebenspartners sind nur erforderlich, wenn er stationär gepflegt wird.)</td></tr>
<tr><td></td><td>Antragsteller</td><td>Ehegatte/eingetragener Lebenspartner</td></tr>
<tr><td>Dienst- und Versorgungsbezüge
(brutto, ohne kinderbezogene Teile im Familienzuschlag)</td><td>€</td><td>€</td></tr>
<tr><td>Renten aus der gesetzlichen Rentenversicherung und aus einer Alters- und Hinterbliebenenversorgung</td><td>€</td><td>€</td></tr>
<tr><td>Arbeitsentgelt und Lohnersatzleistungen</td><td>€</td><td>€</td></tr>
<tr><td>Pflegewohngeld</td><td>Wurde Pflegewohngeld beantragt?
☐ ja ☐ nein
Wurde das bezogene Wohngeld bereits unmittelbar bei den Investitionskosten berücksichtigt?
☐ ja ☐ nein
Bitte Bestätigung des Pflegeheims beifügen!</td><td colspan="2">Bewilligung ab:

Monatl. Betrag: €</td></tr>
</table>

Anlage 9

Antrag auf Abschlagszahlung
bei stationären Krankenhausbehandlungen und bei Dialysebehandlungen

Antragsteller/in Name, Vorname	Beihilfenummer	Geburtsdatum
	Dienststelle	
	Dienststellen-Nr. oder	Schul-Nr.

1 Erkrankte Person

Beihilfeberechtigter ☐ Ehegatte / eingetragener Lebenspartner ☐ Kind (Vorname)

2 Voraussichtlich entstehende Kosten

Krankenhausbehandlung ☐	Dialysebehandlung ☐
Name des Krankenhauses: Anschrift:	Name der Dialysestation: Anschrift:
IK-Nummer:	IK-Nummer:
Allgem. Krankenhausleistungen €	Kosten für 1 Dialyse: €
Wahlleistung Zweibettzimmer €	Monatliche Kosten €
Zu leistende Vorauszahlung €	
Ist die Krankenhausbehandlung Folge eines Unfalls? ☐ Nein ☐ Ja	

3 Zahlung

Ich bitte um Zahlung eines Abschlags in Höhe von € ☐ an Antragsteller

☐ an das Krankenhaus bzw. die Dialysestation unter Angabe des Verwendungszwecks: ____________________

Kontonummer , BLZ , Kreditinstitut

4 Erklärung

Mir ist bekannt,

- dass dieser Antrag kein Antrag auf Zahlung einer Beihilfe ist und die Kosten mit einem Beihilfeantrag geltend gemacht werden müssen. Er muss innerhalb eines Jahres nach Rechnungsdatum gestellt werden. Für den Fristablauf ist der Tag des Antragseingangs bei der Beihilfefestsetzungsstelle maßgeblich,
- dass der Abschlag zurückzuzahlen ist, sofern er die festgesetzte Beihilfe übersteigt oder kein Beihilfeantrag gestellt wird.

Datum Unterschrift des Beihilfeberechtigten oder einer von ihm bevollmächtigten Person

Anlage 10

Unfallbericht

Antragsteller/in Name, Vorname	Beihilfenummer	Geburtsdatum

Dienststelle	
Dienststellen-Nr. oder	Schul-Nr.

Unfallbericht zu den mit **U** gekennzeichneten Belegen im Beihilfeantrag vom

1	Name der verletzten Person:	
2	ggf. abweichende Anschrift: (Straße, Postleitzahl, Wohnort)	
3	Wann ereignete sich der Unfall?	Datum: Uhrzeit:
4	Wo ereignete sich der Unfall? (Ort, Straße, Hausnummer usw.)	
5	Name und Anschrift des Unfallgegners	
6	Bei welcher Tätigkeit ereignete sich der Unfall?	
7	Wurde ein polizeiliches Ermittlungsprotokoll aufgenommen?	☐ nein ☐ ja Dienststelle: Tgb.-Nr.:
8	Wurde ein Ordnungswidrigkeits-/ Ermittlungs- oder Strafverfahren eingeleitet?	☐ nein ☐ ja gegen bei Behörde/Staatsanwaltschaft Az.:
9	Name und Anschrift von Zeugen (ggf. auf besonderem Blatt ergänzen)	
10	Welche Verletzungen sind durch den Unfall eingetreten?	
11	Unfallschilderung (ggf. mit Skizze) - Aus der Schilderung muß sich ein deutliches Bild des Unfallablaufes ergeben (ggf. auf besonderem Blatt ergänzen)	

Weiter auf der Rückseite

12	Bei **Verkehrsunfällen:**	

a	Fahrer des Fahrzeugs: (Name, Anschrift, Alter, Führerscheindaten)	
b	Polizeiliches Kennzeichen, Fabrikat und Art des Fahrzeugs	
c	Fahrzeug des **Unfallgegners** Polizeiliches Kennzeichen, Fabrikat und Art des Fahrzeugs, ggf. Halter	
d	Haftpflichtversicherung des Halters des Fahrzeuges zu c	Vers.-Gesellschaft (Name, Anschrift): Vers.-Nr. Schaden-Nr.

Ich erkläre hiermit mein Einverständnis, dass die den Unfall betreffenden Rechnungsbelege zur Geltendmachung von Schadenersatzansprüchen gegenüber dem Schädiger bzw. seiner Versicherung verwendet werden.

Datum, Unterschrift des Antragstellers	Datum, Unterschrift der verletzten Person

Nur auszufüllen von Tarifbeschäftigten:

Abtretungserklärung

Gemäß § 1 Abs. 5 BVOAng trete ich hiermit die Ansprüche auf Schadenersatz wegen der Kosten, die durch den o.a. Unfall verursacht worden sind, in Höhe der zustehenden Beihilfe an das Land Nordrhein-Westfalen, vertreten durch ...., ab, soweit das Land zur Gewährung einer Beihilfe verpflichtet ist.

Gleichzeitig erkläre ich, dass ich über diese Ansprüche nicht verfügt habe und mich jeder Verfügung darüber enthalten werde.

Datum, Unterschrift des Antragstellers	Datum, Unterschrift der verletzten Person

– MBl. NRW. 2010 S. 334

3. **Arzneimittel (§ 4 Absatz 1 Nr. 7 BVO) und Kostendämpfungspauschale (§ 12 a BVO) RdErl. des Finanzministeriums vom 8. November 2010 – B 2100 – 4.7.A – IV A 4 / B 3100 – 12.a – IV A 4 –**

Gewährung von Beihilfen in Geburts-, Krankheits- Pflege- und Todesfällen

Arzneimittel (§ 4 Absatz 1 Nummer 7 BVO) und Kostendämpfungspauschale (§ 12 a BVO)

RdErl. d. Finanzministeriums vom 8. November 2010
B 3100 – 4.7.A – IV A 4
B 3100 – 12.a – IV A 4
(MBl. NRW. S. 843)

Arzneimittel

Mit Gesetz vom 17. Februar 2009 wurden die Regelungen des § 4 Absatz 1 Nummer 7 und Anlage 2 der Verordnung über die Gewährung von Beihilfen in Krankheits-, Geburts- und Todesfällen vom 27. März 1975 (GV. NRW. S. 332) in der Fassung des Artikels I Nummer 3 Buchstabe a Doppelbuchstabe bb und Nummer 14 der Einundzwanzigsten Verordnung zur Änderung der Beihilfenverordnung vom 22. November 2006 (GV. NRW. S. 596) mit Wirkung vom 1. Januar 2007 in Gesetzesrang erhoben. Durch Artikel 23 des Gesetzes zur Änderung dienstrechtlicher Vorschriften vom 21. April 2009 (GV. NRW. S. 224) ist die Rangerhöhung mit Wirkung zum 1. April 2009 wieder außer Kraft getreten.

Ebenfalls mit Wirkung zum 1. April 2009 ist eine neue Ermächtigungsgrundlage zum Erlass von Beihilfevorschriften (§ 77 LBG) in Kraft getreten; die auf § 77 Absatz 8 LBG basierende Verordnung über Beihilfen in Geburts-, Krankheits-, Pflege- und Todesfällen (Beihilfenverordnung NRW – BVO) vom 5. November 2009 (GV. NRW. S. 602) ist ebenfalls mit Wirkung zum 1. April 2009 in Kraft gesetzt worden.

Das OVG Münster hat mehrfach, u. a. mit Urteilen vom 24. Juni 2009 – 3 A 1795/08 – und vom 8. Juni 2010 – 1 A 1328/08 –, entschieden, dass die Regelungen über den Ausschluss nicht verschreibungspflichtiger Arzneimittel von der Beihilfefähigkeit nicht gegen höherrangiges Recht verstoßen. Die Urteile sind rechtskräftig; das Bundesverwaltungsgericht hat mit Beschlüssen vom 19. August 2010 – 2 B 14.10 – und vom 20. August 2010 – 2 B 47.10 – Beschwerden gegen die Nichtzulassung der Revision zurückgewiesen. Das Bundesverwaltungsgericht hat zudem mit Urteil vom 5. Mai 2010 – BVerwG 2 C 12.10 – die vergleichbaren Regelungen des Bundesbeihilferechts im Grundsatz als zulässig bestätigt.

Kostendämpfungspauschale

Das Bundesverwaltungsgericht hat in mehreren Entscheidungen, zuletzt durch die Urteile vom 25. März 2010 – BVerwG 2 C 47.08 (u. a.) und vom 27. Mai 2010 – BVerwG 2 C 50.08 – festgestellt, dass die Regelungen des § 12 a BVO wirksam zustande gekommen sind und nicht gegen höherrangiges Recht verstoßen. Das Bundesverfassungsgericht hat mit Beschluss vom 8. Juni 2009 – 2 BvR 1141/08 – eine Verfassungsbeschwerde nicht zur Entscheidung angenommen und damit seine bisherige Rechtsprechung bestätigt.

Vorbehaltsfestsetzungen

Es besteht keine Notwendigkeit mehr, an der durch meine Runderlasse vom 24. September 2007 – B 3100 – 12a – IV A 4 – und vom 4. April 2008 – B 3100 – 4.7.A – IV A 4 – angeordneten Verfahrensweise festzuhalten. Deshalb wird folgende Allgemeinverfügung öffentlich bekannt gegeben:

Alle bisher hinsichtlich der Kostendämpfungspauschale (§ 12 a BVO) und der Beihilfefähigkeit von Arzneimitteln (§ 4 Absatz 1 Nummer 7 und Anlage 2 BVO) vorgenommenen vorläufigen Festsetzungen werden hiermit für endgültig erklärt. Von einem besonderen Einzelhinweis an die Beihilfeberechtigten kann grundsätzlich abgesehen werden (§ 41 Absatz 3 Satz 2 VwVfG NRW).

Die Beihilfeberechtigten sind im nächsten Beihilfebescheid auf diesen Runderlass hinzuweisen.

Soweit über eingelegte Widersprüche noch nicht entschieden wurde bzw. erneut Widerspruch gegen Beihilfebescheide unter Anwendung der § 4 Absatz 1 Nummer 7 in Verbindung mit Anlage 2 oder § 12 a BVO eingelegt wird, ist der Widerspruchsführer auf die o. g. Rechtsprechung hinzuweisen und ihm anheim zu stellen, den Widerspruch in angemessener Frist zurückzunehmen. Geschieht dies nicht, muss über den Widerspruch entschieden werden.

In anhängigen Klageverfahren ist unter Hinweis auf die o. g. Rechtsprechung die Abweisung der Klage zu beantragen.

Meine Runderlasse vom 24. September 2007 – B 3100 – 12a – IV A 4 – (MBl. NRW. S. 709) und vom 4. April 2008 – B 3100 – 4.7.A – IV A 4 – (MBl. NRW. S. 253) werden aufgehoben.

Neue Verfahrenshinweise

Soweit § 4 Absatz 1 Nummer 7 in Verbindung mit Anlage 2 und § 12 a BVO anzuwenden sind, sind die Festsetzungen ab sofort wieder ohne Vorbehaltsvermerk vorzunehmen. Die Abschnitte G, H und M sowie die Anlagen III, IV, VII, VIII bis X der Arzneimittelrichtlinien sind derzeit nicht anzuwenden.

4. Anlage I der Arzneimittel-Richtlinie (Stand: 30. 7. 2009)

Anlage I zum Abschnitt F der Arzneimittel-Richtlinie

Gesetzliche Verordnungsausschlüsse in der Arzneimittelversorgung und zugelassene Ausnahmen Zugelassene Ausnahmen zum gesetzlichen Verordnungsausschluss nach § 34 Abs. 1 Satz 2 SGB V (OTC-Übersicht)

Die Vorschriften in § 12 Abs. 1 bis 10 der Richtlinie in Verbindung mit dieser Anlage regeln abschließend, unter welchen Voraussetzungen nicht verschreibungspflichtige Arzneimittel zu Lasten der gesetzlichen Krankenversicherung verordnungsfähig sind. Insoweit finden die Vorschriften anderer Abschnitte der Arzneimittel-Richtlinie keine Anwendung. Schwerwiegende Erkrankungen und Standardtherapeutika zu deren Behandlung sind:

1. Abführmittel nur zur Behandlung von Erkrankungen im Zusammenhang mit Tumorleiden, Megacolon, Divertikulose, Divertikulitis, Mukoviszidose, neurogener Darmlähmung, vor diagnostischen Eingriffen, bei phosphatbindender Medikation bei chronischer Niereninsuffizienz, Opiat- sowie Opioidtherapie und in der Terminalphase.

2. Acetylsalicylsäure (bis 300 mg/Dosiseinheit) als Thrombozyten-Aggregationshemmer in der Nachsorge von Herzinfarkt und Schlaganfall sowie nach arteriellen Eingriffen.

3. Acetylsalicylsäure und Paracetamol nur zur Behandlung schwerer und schwerster Schmerzen in Co-Medikation mit Opioiden.

4. Acidosetherapeutika nur zur Behandlung von dialysepflichtiger Nephropathie und chronischer Niereninsuffizienz sowie bei Neoblase.

5. Topische Anästhetika und/oder Antiseptika, nur zur Selbstbehandlung schwerwiegender generalisierter blasenbildender Hauterkrankungen (z. B. Epidermolysis bullosa, hereditaria; Pemphigus).

6. Antihistaminika
   - nur in Notfallsets zur Behandlung bei Bienen-, Wespen-, Hornissengift-Allergien,
   - nur zur Behandlung schwerer, rezidivierender Urticarien,
   - nur bei schwerwiegendem, anhaltendem Pruritus,
   - nur zur Behandlung bei schwerwiegender allergischer Rhinitis, bei der eine topische nasale Behandlung mit Glukokortikoiden nicht ausreichend ist.

7. Antimykotika nur zur Behandlung von Pilzinfektionen im Mund- und Rachenraum.

8. Antiseptika und Gleitmittel nur für Patienten mit Katheterisierung.

9. Arzneistofffreie Injektions-/Infusions-, Träger- und Elektrolytlösungen sowie parenterale Osmodiuretika bei Hirnödem (Mannitol, Sorbitol).

10. unbesetzt

11. Calciumverbindungen (mind. 300 mg Calcium-Ion/Dosiereinheit) und Vitamin D (freie oder fixe Kombination)
    - nur zur Behandlung der manifesten Osteoporose,
    - nur zeitgleich zur Steroidtherapie bei Erkrankungen, die voraussichtlich einer mindestens sechsmonatigen Steroidtherapie in einer Dosis von wenigstens 7,5 mg Prednisolonäquivalent bedürfen,
    - bei Bisphosphonat-Behandlung gemäß Angabe in der jeweiligen Fachinformation bei zwingender Notwendigkeit.

12. Calciumverbindungen als Monopräparate nur
    - bei Pseudohypo- und Hypoparathyreodismus,
    - bei Bisphosphonat-Behandlung gemäß Angabe in der jeweiligen Fachinformation bei zwingender Notwendigkeit.

13. Levocarnitin nur zur Behandlung bei endogenem Carnitinmangel.

14. Citrate nur zur Behandlung von Harnkonkrementen.

15. Dinatriumcromoglycat (DNCG)-haltige Arzneimittel (oral) nur zur symptomatischen Behandlung der systemischen Mastozytose.

16. E. coli Stamm Nissle 1917 nur zur Behandlung der Colitis ulcerosa in der Remissionsphase bei Unverträglichkeit von Mesalazin.

17. Eisen-(II)-Verbindungen nur zur Behandlung von gesicherter Eisenmangelanaemie.

18. Flohsamen und Flohsamenschalen nur zur unterstützenden Quellmittel-Behandlung bei Morbus Crohn, Kurzdarmsyndrom und HIV assoziierter Diarrhoen.

19. Folsäure und Folinate nur bei Therapie mit Folsäureantagonisten sowie zur Behandlung des kolorektalen Karzinoms.

20. Ginkgo-biloba-Blätter-Extrakt (Aceton-Wasser-Auszug, standardisiert) nur zur Behandlung der Demenz.

21. Harnstoffhaltige Dermatika mit einem Harnstoffgehalt von mindestens 5 % nur bei gesicherter Diagnose bei Ichthyosen, wenn keine therapeutischen Alternativen für den jeweiligen Patienten indiziert sind.
22. unbesetzt
23. Iodid nur zur Behandlung von Schilddrüsenerkrankungen.
24. Iod-Verbindungen nur zur Behandlung von Ulcera und Dekubitalgeschwüren.
25. Kaliumverbindungen als Monopräparate nur zur Behandlung der Hypokaliaemie.
26. Lactulose und Lactitol nur zur Senkung der enteralen Ammoniakresorption bei Leberversagen im Zusammenhang mit der hepatischen Enzephalopathie.
27. Lösungen und Emulsionen zur parenteralen Ernährung einschließlich der notwendigen Vitamine und Spurenelemente.
28. Magnesiumverbindungen, oral, nur bei angeborenen Magnesiumverlusterkrankungen.
29. Magnesiumverbindungen, parenteral, nur zur Behandlung bei nachgewiesenem Magnesiummangel und zur Behandlung bei erhöhtem Eklampsierisiko.
30. L-Methionin nur zur Vermeidung der Steinneubildung bei Phosphatsteinen bei neurogener Blasenlähmung, wenn Ernährungsempfehlungen und Blasenentleerungstraining erfolglos geblieben sind.
31. Metixenhydrochlorid nur zur Behandlung des Parkinson-Syndroms.
32. Mistel-Präparate, parenteral, auf Mistellektin normiert, nur in der palliativen Therapie von malignen Tumoren zur Verbesserung der Lebensqualität.
33. Niclosamid nur zur Behandlung von Bandwurmbefall.
34. Nystatin nur zur Behandlung von Mykosen bei immunsupprimierten Patienten.
35. Ornithinaspartat nur zur Behandlung des hepatischen (Prae-)Coma und der episodischen, hepatischen Enzephalopathie.
36. Pankreasenzyme nur zur Behandlung chronischer, exokriner Pankreasinsuffizienz oder Mukoviszidose.
37. Phosphatbinder nur zur Behandlung der Hyperphosphataemie bei chronischer Niereninsuffizienz und Dialyse.
38. Phosphatverbindungen bei Hypophosphataemie, die durch eine entsprechende Ernährung nicht behoben werden kann.

39. Salicylsäurehaltige Zubereitungen (mind. 2 % Salicylsäure) in der Dermatotherapie als Teil der Behandlung der Psoriasis und hyperkeratotischer Ekzeme.

40. Synthetischer Speichel nur zur Behandlung krankheitsbedingter Mundtrockenheit bei rheumatischen oder onkologischen Erkrankungen.

41. Synthetische Tränenflüssigkeit bei Sjögren-Syndrom mit deutlichen Funktionsstörungen (trockenes Auge Grad 2), Epidermolysis bullosa, occulärem Pemphigoid, Fehlen oder Schädigung der Tränendrüse, Fazialisparese oder bei Lagophthalmus.

42. Vitamin K als Monopräparate nur bei nachgewiesenem, schwerwiegendem Vitaminmangel, der durch eine entsprechende Ernährung nicht behoben werden kann.

43. Wasserlösliche Vitamine auch in Kombinationen nur bei der Dialyse.

44. Wasserlösliche Vitamine, Benfotiamin und Folsäure als Monopräparate nur bei nachgewiesenem, schwerwiegendem Vitaminmangel, der durch eine entsprechende Ernährung nicht behoben werden kann (Folsäure: 5 mg/Dosiseinheit).

45. Zinkverbindungen als Monopräparate nur zur Behandlung der enteropathischen Akrodermatitis und durch Haemodialysebehandlung bedingten nachgewiesenem Zinkmangel sowie zur Hemmung der Kupferaufnahme bei Morbus Wilson.

46. Arzneimittel zur sofortigen Anwendung

- Antidote bei akuten Vergiftungen,
- Lokalanaesthetika zur Injektion,
- apothekenpflichtige, nicht verschreibungspflichtige Arzneimittel, die im Rahmen der ärztlichen Behandlung zur sofortigen Anwendung in der Praxis verfügbar sein müssen, können verordnet werden, wenn entsprechende Vereinbarungen zwischen den Verbänden der Krankenkassen und den Kassenärztlichen Vereinigungen getroffen werden.

5. Anlage II der Arzneimittel-Richtlinie (Stand: 15. 4. 2010)

Anlage II zum Abschnitt F der Arzneimittel-Richtlinie

Gesetzliche Verordnungsausschlüsse in der Arzneimittelversorgung und zugelassene Ausnahmen

Verordnungsausschluss von Arzneimitteln zur Erhöhung der Lebensqualität gemäß § 34 Abs. 1 Satz 7 SGB V (Lifestyle Arzneimittel)

Abmagerungsmittel (zentral wirkend)

Wirkstoff	Fertigarzneimittel, alle Wirkstärken
A 08 AA 01 Phentermin	
A 08 AA 02 Fenfluramin	
A 08 AA 03 Amferamon	REGENON TENUATE Retard
A 08 AA 04 Dexfenfluramin	
A 08 AA 05 Mazindol	
A 08 AA 06 Etilamfetamin	
A 08 AA 07 Cathin	ANTIADIPOSITUM X-112 T
A 08 AA 08 Clobenzorex	
A 08 AA 09 Mefenorex	
A 08 AA 10 Sibutramin	REDUCTIL
Phenylpropanolamin	BOXOGETTEN S RECATOL mono
Rimonabant	ACOMPLIA

Abmagerungsmittel (peripher wirkend)

Wirkstoff	Fertigarzneimittel, alle Wirkstärken
A 08 AB 01 Orlistat	XENICAL

Sexuelle Dysfunktion

Wirkstoff	Fertigarzneimittel, alle Wirkstärken
G 04 BE 01 Alprostadil (Ausnahme als Diagnostikum)	CAVERJECT CAVERJECT Impuls MUSE VIRIDAL
G 04 BE 02 Papaverin	
G 04 BE 03 Sildenafil	VIAGRA
G 04 BE 04 Yohimbin	YOCON GLENWOOD YOHIMBIN SPIEGEL
G 04 BE 05 Phentolamin	
G 04 BE 06 Moxisylyt	
G 04 BE 07 Apomorphin	IXENSE UPRIMA
G 04 BE 08 Tadalafil	CIALIS
G 04 BE 09 Vardenafil	LEVITRA
G 04 BE 30 Kombinationen	
G 04 BE 52 Papaverin Kombinationen	
G 04 BX 14 Dapoxetinhydrochlorid	Priligy

Nikotinabhängigkeit

Wirkstoff	Fertigarzneimittel, alle Wirkstärken
N 07 BA 01 Nicotin (nicht verschreibungspflichtig)	NIQUITIN
N 07 BA 02 Bupropion	ZYBAN
N 07 BA 03 Varenicline	Champix

Steigerung des sexuellen Verlangens

Wirkstoff	Fertigarzneimittel, alle Wirkstärken
G 03 BA 03 Testosteron	Intrinsa

Verbesserung des Haarwuchses

Wirkstoff	Fertigarzneimittel, alle Wirkstärken
D 11 AX 01 Minoxidil	REGAINE
D 11 AX 10 Finasterid	PROPECIA
Estradiolbenzoat; Prednisolon, Salicylsäure	ALPICORT F
Alfatradiol (nicht verschreibungspflichtig)	ELL CRANELL alpha
Alfatradiol (nicht verschreibungspflichtig)	PANTOSTIN
Dexamethason; Alfatradiol	ELL CRANELL dexa
Thiamin; Calcium pantothenat; Hefe, medizinisch; L-Cystin; Keratin (nicht verschreibungspflichtig)	PANTOVIGAR N

Verbesserung des Aussehens

Wirkstoff	Fertigarzneimittel, alle Wirkstärken
M 03 AX 01 Clostridium botulinum Toxin Typ A	Vistabel Dysport (ausgenommen bei idiopathischem Blepharospasmus, bei einfachem idiopathischen rotierenden Torticollis spasmodicus und bei Armspastik)

6. Anlage V der Arzneimittel-Richtlinie (Stand: 11. 11. 2010)

Anlage V zum Abschnitt J der Arzneimittel-Richtlinie

Übersicht der verordnungsfähigen Medizinprodukte

Produkt-bezeichnung	Medizinisch notwendige Fälle	Befristung der Verordnungs-fähigkeit
1xklysma salinisch	Zur raschen und nachhaltigen Entleerung des Enddarms vor Operationen und diagnostischen Eingriffen; nicht zur Anwendung bei Säuglingen und Kleinkindern.	keine
AMO™ ENDO-SOL™	Für intraokulare und topische Spülungen des Auges bei chirurgischen Prozeduren und für diagnostische und therapeutische Maßnahmen.	1. Oktober 2012
Ampuwa® für Spülzwecke	– Zur Anfeuchtung von Tamponaden und Verbänden, – Zur Atemluftbefeuchtung nur zur Anwendung in geschlossenen Systemen in medizinisch notwendigen Fällen; jeweils in einer Menge, die ausschließlich für die einmalige Anwendung geeignet ist.	7. Juni 2012
Amvisc™	Zur Anwendung als Operationshilfe bei ophthalmischen Eingriffen am vorderen Augenabschnitt.	5. November 2010
Amvisc™ Plus	Zur Anwendung als Operationshilfe bei ophthalmischen Eingriffen am vorderen Augenabschnitt.	5. November 2010
Aqua B. Braun	– zur Spülung und Reinigung bei operativen Eingriffen – zur Spülung von Wunden und Verbrennungen – zum Anfeuchten von Wundtamponaden, Tüchern und Verbänden – zur Überprüfung der Durchlässigkeit von Blasenkathetern – zur mechanischen Augenspülung	7. Mai 2013

Produktbezeichnung	Medizinisch notwendige Fälle	Befristung der Verordnungsfähigkeit
Bausch & Lomb Balanced Salt Solution	Zur Irrigation im Rahmen extraokulärer und intraokulärer Eingriffe.	5. November 2010
BSS DISTRA-SOL	Zur Spülung der Vorderkammer während Kataraktoperationen und anderen intraokularen Eingriffen.	5. Januar 2015
BSS NL250/NL500	Zur Spülung des chirurgischen intra- oder extraokularen Operationsbereiches.	11. März 2015
BSS PLUS® (Alcon Pharma GmbH)	Als intraokulare Spüllösung bei chirurgischen Eingriffen im Auge, bei denen eine intraokulare Perfusion erforderlich ist.	21. April 2012
BSS® STERILE SPÜLLÖSUNG (Alcon Pharma GmbH)	Zur Irrigation im Rahmen extraokulärer und intraokulärer Eingriffe.	21. April 2012
COATEL™	Zur Anwendung als Operationshilfe in der Ophthalmochirurgie des vorderen Augenabschnittes.	5. November 2010
Darmspülung HEXAL®	Darmreinigung zur Vorbereitung einer Darmspiegelung bei Patienten ab dem vollendeten 12. Lebensjahr.	30. November 2010
Dimet®20	Für Kinder bis zum vollendeten 12. Lebensjahr und Jugendliche bis zum vollendeten 18. Lebensjahr mit Entwicklungsstörungen zur physikalischen Behandlung des Kopfhaares bei Kopflausbefall.	keine
Dk-line®	Zur Anwendung als Operationshilfe in der Ophthalmochirurgie zur mechanischen Netzhautentfaltung nach Netzhautablösungen/PVR/PDR, Riesenrissen, okularen Traumata sowie zur vereinfachten Entfernung subluxierter Linsen und Fremdkörper aus dem Glaskörperraum.	5. November 2010
Dr. Deppe EndoStar®-Lavage	Darmreinigung zur Vorbereitung einer Darmspiegelung bei Patienten ab dem vollendeten 12. Lebensjahr.	10. Juni 2012

Produktbezeichnung	Medizinisch notwendige Fälle	Befristung der Verordnungsfähigkeit
EtoPril®	Für Kinder bis zum vollendeten 12. Lebensjahr und Jugendliche bis zum vollendeten 18. Lebensjahr mit Entwicklungsstörungen zur physikalischen Behandlung des Kopfhaares bei Kopflausbefall.	keine
Freka-Clyss®	Für Patienten ab dem vollendeten 12. Lebensjahr zur Behandlung der Obstipation nur in Zusammenhang mit Tumorleiden, Megacolon (mit Ausnahme des kongenitalen Megacolons), Divertikulose, Mukoviszidose, neurogener Darmlähmung, vor diagnostischen Eingriffen, bei Opiat- sowie Opioidtherapie und in der Terminalphase. Für Kinder bis zum vollendeten 12. Lebensjahr (mit Ausnahme von Säuglingen und Kleinkindern) und Jugendliche mit Entwicklungsstörungen bis zum vollendeten 18. Lebensjahr zur Behandlung der Obstipation, zur raschen und nachhaltigen Entleerung des Enddarms vor Operationen, zur Vorbereitung von urologischen, röntgenologischen und gynäkologischen Untersuchungen sowie vor Rektoskopien.	7. Juni 2012
Freka Drainjet® NaCl 0,9 %	Zur internen und externen Anwendung wie Perfusion des extracorporalen Systems bei der Hämodialyse, postoperative Blasenspülung bei allen urologischen Eingriffen, Spülungen im Magen-Darmtrakt und von Fisteln und Drainagen. Auch zur Wundbehandlung und zum Befeuchten von Tüchern und Verbänden.	3. Juni 2013
Freka Drainjet® Purisole SM verdünnt	Intra- und postoperative Blasenspülung bei urologischen Eingriffen.	3. Juni 2013
Globance® Lavage	Zur Behandlung vor diagnostischen Eingriffen bei Patienten ab dem vollendeten 18. Lebensjahr.	7. Juni 2012

Produktbezeichnung	Medizinisch notwendige Fälle	Befristung der Verordnungsfähigkeit
Globance® Lavage Apfel	Zur Behandlung vor diagnostischen Eingriffen bei Patienten ab dem vollendeten 18. Lebensjahr.	7. Juni 2012
Healon®	Für die intraokulare Verwendung bei Augenoperationen.	15. Oktober 2013
HEALON GV™	Viscoelastische Lösung für die intraokulare Verwendung bei Augenoperationen am vorderen Augenabschnitt.	15. Oktober 2013
HSO®	Zur Anwendung als Operationshilfe bei ophthalmischen Eingriffen am vorderen Augenabschnitt.	31. Oktober 2011
HSO® PLUS	Zur Anwendung als Operationshilfe bei ophthalmischen Eingriffen am vorderen Augenabschnitt.	31. Oktober 2011
HYLO®-GEL	Synthetische Tränenflüssigkeit bei Autoimmun-Erkrankungen (Sjögren-Syndrom mit deutlichen Funktionsstörungen (trockenes Auge Grad 2), Epidermolysis bullosa, okuläres Pemphigoid), Fehlen oder Schädigung der Tränendrüse, Fazialisparese oder bei Lagophthalmus.	5. März 2014
Isotonische Kochsalzlösung zur Inhalation (Eifelfango)	Als Trägerlösung bei der Verwendung von Inhalaten in Verneblern oder Aerosolgeräten. Dies gilt nur für die Fälle, in denen der Zusatz einer Trägerlösung in der Fachinformation des arzneistoffhaltigen Inhalats zwingend vorgesehen ist.	12. September 2013
Jacutin® Pedicul Fluid	Für Kinder bis zum vollendeten 12. Lebensjahr und Jugendliche bis zum vollendeten 18. Lebensjahr mit Entwicklungsstörungen zur physikalischen Behandlung des Kopfhaares bei Kopflausbefall.	keine
Klistier Fresenius	Für Patienten ab dem vollendeten 12. Lebensjahr zur Behandlung der Obstipation nur in Zusammenhang mit Tumorleiden, Megacolon (mit Ausnahme des kongenitalen Megacolons), Divertikulose, Mukoviszidose, neurogener Darmlähmung, vor	7. Juni 2012

Produkt-bezeichnung	Medizinisch notwendige Fälle	Befristung der Verordnungs-fähigkeit
	diagnostischen Eingriffen, bei Opiat- sowie Opioidtherapie und in der Terminalphase. Für Kinder bis zum vollendeten 12. Lebensjahr (mit Ausnahme von Säuglingen und Kleinkindern) und Jugendliche mit Entwicklungsstörungen bis zum vollendeten 18. Lebensjahr zur Behandlung der Obstipation, zur raschen und nachhaltigen Entleerung des Enddarms vor Operationen, zur Vorbereitung von urologischen, röntgenologischen und gynäkologischen Untersuchungen sowie vor Rektoskopien.	
Laxatan® M	Für Patienten ab dem vollendeten 16. Lebensjahr zur Behandlung der Obstipation nur in Zusammenhang mit Tumorleiden, Megacolon (mit Ausnahme des toxischen Megacolons), Divertikulose, Divertikulitis, Mukoviszidose, neurogener Darmlähmung, bei phosphatbindender Medikation bei chronischer Niereninsuffizienz, Opiat- sowie Opioidtherapie und in der Terminalphase. Für Jugendliche mit Entwicklungsstörungen im Alter von 16 Jahren bis zum vollendeten 18. Lebensjahr zur Behandlung der Obstipation.	30. November 2011
Lubricano® Steriles Gel	Zur Anwendung bei Patienten mit Katheterisierung.	13. Januar 2013
Macrogol AbZ	Für Patienten ab dem vollendeten 12. Lebensjahr zur Behandlung der Obstipation nur in Zusammenhang mit Tumorleiden, Megacolon (mit Ausnahme des toxischen Megacolons), Divertikulose, Divertikulitis, Mukoviszidose, neurogener Darmlähmung, bei phosphatbindender Medikation bei chronischer Niereninsuffizienz, Opiat- sowie Opioidtherapie und in der Terminalphase. Für Jugendliche mit Entwicklungsstörungen im Alter von 12 Jahren bis zum vollende-	13. Juni 2012

Produktbezeichnung	Medizinisch notwendige Fälle	Befristung der Verordnungsfähigkeit
	ten 18. Lebensjahr zur Behandlung der Obstipation.	
Macrogol AL	Für Patienten ab dem vollendeten 12. Lebensjahr zur Behandlung der Obstipation nur in Zusammenhang mit Tumorleiden, Megacolon (mit Ausnahme des toxischen Megacolons), Divertikulose, Divertikulitis, Mukoviszidose, neurogener Darmlähmung, bei phosphatbindender Medikation bei chronischer Niereninsuffizienz, Opiat- sowie Opioidtherapie und in der Terminalphase. Für Jugendliche mit Entwicklungsstörungen im Alter von 12 Jahren bis zum vollendeten 18. Lebensjahr zur Behandlung der Obstipation.	27. März 2012
Macrogol-CT Abführpulver	Für Patienten ab dem vollendeten 12. Lebensjahr zur Behandlung der Obstipation nur in Zusammenhang mit Tumorleiden, Megacolon (mit Ausnahme des toxischen Megacolons), Divertikulose, Divertikulitis, Mukoviszidose, neurogener Darmlähmung, bei phosphatbindender Medikation bei chronischer Niereninsuffizienz, Opiat- sowie Opioidtherapie und in der Terminalphase. Für Jugendliche mit Entwicklungsstörungen im Alter von 12 Jahren bis zum vollendeten 18. Lebensjahr zur Behandlung der Obstipation.	13. Juni 2012
Macrogol dura®	Für Patienten ab dem vollendeten 12. Lebensjahr zur Behandlung der Obstipation nur in Zusammenhang mit Tumorleiden, Megacolon (mit Ausnahme des toxischen Megacolons), Divertikulose, Divertikulitis, Mukoviszidose, neurogener Darmlähmung, bei phosphatbindender Medikation bei chronischer Niereninsuffizienz, Opiat- sowie Opioidtherapie und in der Terminalphase;	12. Mai 2011

Produktbezeichnung	Medizinisch notwendige Fälle	Befristung der Verordnungsfähigkeit
	Für Jugendliche mit Entwicklungsstörungen im Alter von 12 Jahren bis zum vollendeten 18. Lebensjahr zur Behandlung der Obstipation.	
Macrogol HEXAL®	Für Patienten ab dem vollendeten 12. Lebensjahr zur Behandlung der Obstipation nur in Zusammenhang mit Tumorleiden, Megacolon (mit Ausnahme des toxischen Megacolons), Divertikulose, Divertikulitis, Mukoviszidose, neurogener Darmlähmung, bei phosphatbindender Medikation bei chronischer Niereninsuffizienz, Opiat- sowie Opioidtherapie und in der Terminalphase. Für Jugendliche mit Entwicklungsstörungen im Alter von 12 Jahren bis zum vollendeten 18. Lebensjahr zur Behandlung der Obstipation.	30. November 2010
Macrogol-ratiopharm®	Für Patienten ab dem vollendeten 12. Lebensjahr zur Behandlung der Obstipation nur in Zusammenhang mit Tumorleiden, Megacolon (mit Ausnahme des toxischen Megacolons), Divertikulose, Divertikulitis, Mukoviszidose, neurogener Darmlähmung, bei phosphatbindender Medikation bei chronischer Niereninsuffizienz, Opiat- sowie Opioidtherapie und in der Terminalphase. Für Jugendliche mit Entwicklungsstörungen im Alter von 12 Jahren bis zum vollendeten 18. Lebensjahr zur Behandlung der Obstipation.	13. Juni 2012
Macrogol Sandoz®	Für Patienten ab dem vollendeten 12. Lebensjahr zur Behandlung der Obstipation nur in Zusammenhang mit Tumorleiden, Megacolon (mit Ausnahme des toxischen Megacolons), Divertikulose, Divertikulitis, Mukoviszidose, neurogener Darmlähmung, bei phosphatbindender Medikation bei chronischer Niereninsuffizienz, Opiat- sowie Opioidtherapie und in der Terminalphase.	30. November 2010

Produkt-bezeichnung	Medizinisch notwendige Fälle	Befristung der Verordnungs-fähigkeit
	Für Jugendliche mit Entwicklungsstörungen im Alter von 12 Jahren bis zum vollendeten 18. Lebensjahr zur Behandlung der Obstipation.	
Macrogol STADA®	Für Patienten ab dem vollendeten 12. Lebensjahr zur Behandlung der Obstipation nur in Zusammenhang mit Tumorleiden, Megacolon (mit Ausnahme des toxischen Megacolons), Divertikulose, Divertikulitis, Mukoviszidose, neurogener Darmlähmung, bei phosphatbindender Medikation bei chronischer Niereninsuffizienz, Opiat- sowie Opioidtherapie und in der Terminalphase. Für Jugendliche mit Entwicklungsstörungen im Alter von 12 Jahren bis zum vollendeten 18. Lebensjahr zur Behandlung der Obstipation.	27. März 2012
Macrogol TAD®	Für Patienten ab dem vollendeten 12. Lebensjahr zur Behandlung der Obstipation nur in Zusammenhang mit Tumorleiden, Megacolon (mit Ausnahme des toxischen Megacolons), Divertikulose, Divertikulitis, Mukoviszidose, neurogener Darmlähmung, bei phosphatbindender Medikation bei chronischer Niereninsuffizienz, Opiat- sowie Opioidtherapie und in der Terminalphase. Für Jugendliche mit Entwicklungsstörungen im Alter von 12 Jahren bis zum vollendeten 18. Lebensjahr zur Behandlung der Obstipation.	25. November 2012
Medicoforum Laxativ	Für Patienten ab dem vollendeten 12. Lebensjahr zur Behandlung der Obstipation nur in Zusammenhang mit Tumorleiden, Megacolon (mit Ausnahme des toxischen Megacolons), Divertikulose, Divertikulitis, Mukoviszidose, neurogener Darmlähmung, bei phosphatbindender Medikation bei chronischer Niereninsuffizienz, Opiat- sowie Opioidtherapie und in der Terminalphase;	12. Mai 2011

Produktbezeichnung	Medizinisch notwendige Fälle	Befristung der Verordnungsfähigkeit
	Für Jugendliche mit Entwicklungsstörungen im Alter von 12 Jahren bis zum vollendeten 18. Lebensjahr zur Behandlung der Obstipation.	
MucoClear® 6 %	Zur symptomatischen Inhalationsbehandlung der Mukoviszidose für Patienten ab dem 6. Lebensjahr.	15. August 2012
NaCl 0,9 % B. Braun	– zur Spülung und Reinigung bei operativen Eingriffen – zur Spülung von Wunden und Verbrennungen – zum Anfeuchten von Wundtamponaden, Tüchern und Verbänden – zur Überprüfung der Durchlässigkeit von Kathetern – zur intra- und postoperativen Spülung bei endoskopischen Eingriffen – zur mechanischen Augenspülung	7. Mai 2013
NaCl 0,9 % Fresenius Kabi	Zur internen und externen Anwendung wie Perfusion des extracorporalen Systems bei der Hämodialyse, postoperative Blasenspülung bei allen urologischen Eingriffen, Spülungen im Magen-Darmtrakt und von Fisteln und Drainagen. Auch zur Wundbehandlung und zum Befeuchten von Tüchern und Verbänden; jeweils in einer Menge, die ausschließlich für die einmalige Anwendung geeignet ist.	7. Juni 2012
NYDA®	Für Kinder bis zum vollendeten 12. Lebensjahr und Jugendliche bis zum vollendeten 18. Lebensjahr mit Entwicklungsstörungen zur physikalischen Behandlung des Kopfhaares bei Kopflausbefall.	7. Dezember 2012
OcuCoat®	Zur Anwendung als Operationshilfe in der Ophthalmochirurgie des vorderen Augenabschnittes.	5. November 2010
Oculentis BSS	Zur Irrigation im Rahmen extraokulärer und intraokulärer Eingriffe.	29. August 2015

Produktbezeichnung	Medizinisch notwendige Fälle	Befristung der Verordnungsfähigkeit
Okta-line™	Zur Anwendung als Operationshilfe in der Ophthalmochirurgie zur mechanischen Netzhautentfaltung nach Netzhautablösungen/PVR/PDR, Riesenrissen, okularen Traumata sowie zur vereinfachten Entfernung subluxierter Linsen und Fremdkörper aus dem Glaskörperraum.	5. November 2010
Oxane® 1300	Zur intraokularen Tamponade bei schweren Formen der Netzhautablösung sowie allen Netzhautablösungen, die mit anderen Therapieformen nicht behandelt werden können. Ausgenommen ist die Anwendung bei zentralen Foramina mit Ablösung und bei schweren diabetischen Retinopathien.	5. November 2010
Oxane® 5700	Zur intraokularen Tamponade bei schweren Formen der Netzhautablösung sowie allen Netzhautablösungen, die mit anderen Therapieformen nicht behandelt werden können. Ausgenommen ist die Anwendung bei zentralen Foramina mit Ablösung und bei schweren diabetischen Retinopathien.	5. November 2010
Pädiasalin® Inhalationslösung	Als Trägerlösung bei der Verwendung von Inhalaten in Verneblern oder Aerosolgeräten. Dies gilt nur für die Fälle, in denen der Zusatz einer Trägerlösung in der Fachinformation des arzneistoffhaltigen Inhalats zwingend vorgesehen ist.	17. März 2013
Paranix® ohne Nissenkamm	Für Kinder bis zum vollendeten 12. Lebensjahr und Jugendliche bis zum vollendeten 18. Lebensjahr mit Entwicklungsstörungen zur physikalischen Behandlung bei Kopflausbefall.	Keine
PARI NaCl Inhalationslösung	Als Trägerlösung bei der Verwendung von Inhalaten in Verneblern oder Aerosolgeräten. Dies gilt nur für die Fälle, in denen der Zusatz einer Trägerlösung in der Fachinformation des arzneistoffhaltigen Inhalats zwingend vorgesehen ist.	12. November 2013

Produkt-bezeichnung	Medizinisch notwendige Fälle	Befristung der Verordnungs-fähigkeit
Pe-Ha-Luron® 1.0 %	Zur Anwendung als Operationshilfe in der Ophthalmochirurgie des vorderen Augen-abschnittes.	30. April 2014
Pe-Ha-Visco (2,0 %)	Zur Anwendung als Operationshilfe in der Ophthalmochirurgie des vorderen Augen-abschnittes.	4. Mai 2014
polyvisc® 2,0 %	Zur Anwendung als Operationshilfe in der Ophthalmochirurgie des vorderen Augen-abschnittes.	27. Januar 2011
polysol®	Zur Irrigation im Rahmen extraokulärer und intraokulärer Eingriffe.	27. Januar 2011
ProVisc®	Zur Anwendung als Operationshilfe in der Ophthalmochirurgie des vorderen Augen-abschnittes bei Kataraktextraktion und Implantation einer Intraolularlinse (IOL).	21. April 2012
PURI SOL	Zur Irrigation im Rahmen extraokulärer und intraokulärer Eingriffe.	20. Mai 2011
Purisole® SM verdünnt	Intra- und postoperative Blasenspülung bei urologischen Eingriffen; jeweils in einer Menge, die ausschließlich für die einmalige Anwendung geeignet ist.	7. Juni 2012
Ringer B. Braun	– zur Spülung und Reinigung bei operativen Eingriffen – zur Spülung von Wunden und Verbrennungen – zur intra- und postoperativen Spülung bei endoskopischen Eingriffen	7. Mai 2013
Ringer Fresenius Spüllösung	Zum Freispülen des Operationsgebietes und zum Feuchthalten des Gewebes, – zur Wundspülung bei äußeren Traumen und Verbrennungen, – zur Spülung bei diagnostischen Untersuchungen; – zum befeuchten von Wunden und Verbänden jeweils in einer Menge, die ausschließlich für die einmalige Anwendung geeignet ist.	7. Juni 2012

Produktbezeichnung	Medizinisch notwendige Fälle	Befristung der Verordnungsfähigkeit
Saliva natura	Zur Behandlung krankheitsbedingter Mundtrockenheit bei onkologischen oder Autoimmun-Erkrankungen.	keine
Serag BSS	Zur Irrigation im Rahmen extraokulärer und intraokulärer Eingriffe.	9. Juni 2015
Serumwerk-Augenspüllösung BSS	Zur Irrigation im Rahmen extraokulärer und intraokulärer Eingriffe.	20. Dezember 2012
VISCOAT®	Zur Anwendung bei ophthalmologischen Eingriffen am vorderen Augenabschnitt, insbesondere bei Kataraktextraktion und Intraokularlinsen-Implantation.	21. April 2012
Visco HYAL 1.0	Zur Anwendung als Operationshilfe in der Ophthalmochirurgie des vorderen Augenabschnittes.	29. August 2015
Visco HYAL 1.4+	Zur Anwendung als Operationshilfe in der Ophthalmochirurgie des vorderen Augenabschnittes.	29. August 2015

7. Gebührenordnung für Ärzte (GOÄ) in der Fassung der Bekanntmachung vom 9. Februar 1996 (ohne Gebührenverzeichnis)

Nr. 2
Gebührenordnung für Ärzte (GOÄ)

in der Fassung der Bekanntmachung vom 9. Februar 1996 (BGBl. I S. 210), zuletzt geändert durch Gesetz vom 4. Dezember 2001 (BGBl. I S. 3320)

Inhaltsübersicht

§ 1
Anwendungsbereich

(1) Die Vergütungen für die beruflichen Leistungen der Ärzte bestimmen sich nach dieser Verordnung, soweit nicht durch Bundesgesetz etwas anderes bestimmt ist.

(2) Vergütungen darf der Arzt nur für Leistungen berechnen, die nach den Regeln der ärztlichen Kunst für eine medizinisch notwendige ärztliche Versorgung erforderlich sind. Leistungen, die über das Maß einer medizinisch notwendigen ärztlichen Versorgung hinausgehen, darf er nur berechnen, wenn sie auf Verlangen des Zahlungspflichtigen erbracht worden sind.

§ 2
Abweichende Vereinbarung

(1) Durch Vereinbarung kann eine von dieser Verordnung abweichende Gebührenhöhe festgelegt werden. Für Leistungen nach § 5 a ist eine Vereinbarung nach Satz 1 ausgeschlossen. Die Vereinbarung einer abweichenden Punktzahl (§ 5 Abs. 1 Satz 2) oder eines abweichenden Punktwerts (§ 5 Abs. 1 Satz 3) ist nicht zulässig. Notfall- und akute Schmerzbehandlungen dürfen nicht von einer Vereinbarung nach Satz 1 abhängig gemacht werden.

(2) Eine Vereinbarung nach Absatz 1 Satz 1 ist nach persönlicher Absprache im Einzelfall zwischen Arzt und Zahlungspflichtigem vor Erbringung der Leistung des Arztes in einem Schriftstück zu treffen. Dieses muß neben der Nummer und der Bezeichnung der Leistung, dem Steigerungssatz und dem vereinbarten Betrag auch die Feststellung enthalten, daß eine Erstattung der Vergütung durch Erstattungsstellen möglicherweise nicht in vollem Umfang gewährleistet ist. Weitere Erklärungen darf die Vereinbarung nicht enthalten. Der Arzt hat dem Zahlungspflichtigen einen Abdruck der Vereinbarung auszuhändigen.

(3) Für Leistungen nach den Abschnitten A, E, M und O ist eine Vereinbarung nach Absatz 1 Satz 1 unzulässig. Im übrigen ist bei vollstationären, teilstationären sowie vor- und nachstationären wahlärztlichen Leistungen eine Vereinbarung nach Absatz 1 Satz 1 nur für vom Wahlarzt höchstpersönlich erbrachte Leistungen zulässig.

§ 3
Vergütungen

Als Vergütungen stehen dem Arzt Gebühren, Entschädigungen und Ersatz von Auslagen zu.

§ 4
Gebühren

(1) Gebühren sind Vergütungen für die im Gebührenverzeichnis (Anlage) genannten ärztlichen Leistungen.

(2) Der Arzt kann Gebühren nur für selbständige ärztliche Leistungen berechnen, die er selbst erbracht hat oder die unter seiner Aufsicht nach fachlicher

Weisung erbracht wurden (eigene Leistungen). Als eigene Leistungen gelten auch von ihm berechnete Laborleistungen des Abschnitts M II des Gebührenverzeichnisses (Basislabor), die nach fachlicher Weisung unter der Aufsicht eines anderen Arztes in Laborgemeinschaften oder in von Ärzten ohne eigene Liquidationsberechtigung geleiteten Krankenhauslabors erbracht werden. Als eigene Leistungen im Rahmen einer wahlärztlichen stationären, teilstationären oder vor- und nachstationären Krankenhausbehandlung gelten nicht

1. Leistungen nach den Nummern 1 bis 62 des Gebührenverzeichnisses innerhalb von 24 Stunden nach der Aufnahme und innerhalb von 24 Stunden vor der Entlassung,
2. Visiten nach den Nummern 45 und 46 des Gebührenverzeichnisses während der gesamten Dauer der stationären Behandlung sowie
3. Leistungen nach den Nummern 56, 200, 250, 250 a, 252, 271 und 272 des Gebührenverzeichnisses während der gesamten Dauer der stationären Behandlung,

wenn diese nicht durch den Wahlarzt oder dessen vor Abschluß des Wahlarztvertrages dem Patienten benannten ständigen ärztlichen Vertreter persönlich erbracht werden; der ständige ärztliche Vertreter muß Facharzt desselben Gebiets sein. Nicht persönlich durch den Wahlarzt oder dessen ständigen ärztlichen Vertreter erbrachte Leistungen nach Abschnitt E des Gebührenverzeichnisses gelten nur dann als eigene wahlärztliche Leistungen, wenn der Wahlarzt oder dessen ständiger ärztlicher Vertreter durch die Zusatzbezeichnung „Physikalische Therapie“ oder durch die Gebietsbezeichnung „Facharzt für Physikalische und Rehabilitative Medizin“ qualifiziert ist und die Leistungen nach fachlicher Weisung unter deren Aufsicht erbracht werden.

(2 a) Für eine Leistung, die Bestandteil oder eine besondere Ausführung einer anderen Leistung nach dem Gebührenverzeichnis ist, kann der Arzt eine Gebühr nicht berechnen, wenn er für die andere Leistung eine Gebühr berechnet. Dies gilt auch für die zur Erbringung der im Gebührenverzeichnis aufgeführten operativen Leistungen methodisch notwendigen operativen Einzelschritte. Die Rufbereitschaft sowie das Bereitstehen eines Arztes oder Arztteams sind nicht berechnungsfähig.

(3) Mit den Gebühren sind die Praxiskosten einschließlich der Kosten für den Sprechstundenbedarf sowie die Kosten für die Anwendung von Instrumenten und Apparaten abgegolten, soweit nicht in dieser Verordnung etwas anderes bestimmt ist. Hat der Arzt ärztliche Leistungen unter Inanspruchnahme Dritter, die nach dieser Verordnung selbst nicht liquidationsberechtigt sind, erbracht, so sind die hierdurch entstandenen Kosten ebenfalls mit der Gebühr abgegolten.

(4) Kosten, die nach Absatz 3 mit den Gebühren abgegolten sind, dürfen nicht gesondert berechnet werden. Eine Abtretung des Vergütungsanspruchs in Höhe solcher Kosten ist gegenüber dem Zahlungspflichtigen unwirksam.

(5) Sollen Leistungen durch Dritte erbracht werden, die diese dem Zahlungspflichtigen unmittelbar berechnen, so hat der Arzt ihn darüber zu unterrichten.

§ 5

Bemessung der Gebühren für Leistungen des Gebührenverzeichnisses

(1) Die Höhe der einzelnen Gebühr bemißt sich, soweit in den Absätzen 3 bis 5 nichts anderes bestimmt ist, nach dem Einfachen bis Dreieinhalbfachen des Gebührensatzes. Gebührensatz ist der Betrag, der sich ergibt, wenn die Punktzahl der einzelnen Leistung des Gebührenverzeichnisses mit dem Punktwert vervielfacht wird. Der Punktwert beträgt 5,82873 Cent. Bei der Bemessung von Gebühren sind sich ergebende Bruchteile eines Cent unter 0,5 abzurunden und Bruchteile von 0,5 und mehr aufzurunden.

(2) Innerhalb des Gebührenrahmens sind die Gebühren unter Berücksichtigung der Schwierigkeit und des Zeitaufwandes der einzelnen Leistung sowie der Umstände bei der Ausführung nach billigem Ermessen zu bestimmen. Die Schwierigkeit der einzelnen Leistung kann auch durch die Schwierigkeit des Krankheitsfalles begründet sein; dies gilt nicht für die in Absatz 3 genannten Leistungen. Bemessungskriterien, die bereits in der Leistungsbeschreibung berücksichtigt worden sind, haben hierbei außer Betracht zu bleiben. In der Regel darf eine Gebühr nur zwischen dem Einfachen und dem 2,3fachen des Gebührensatzes bemessen werden; ein Überschreiten des 2,3fachen des Gebührensatzes ist nur zulässig, wenn Besonderheiten der in Satz 1 genannten Bemessungskriterien dies rechtfertigen.

(3) Gebühren für die in den Abschnitten A, E und O des Gebührenverzeichnisses genannten Leistungen bemessen sich nach dem Einfachen bis Zweieinhalbfachen des Gebührensatzes. Absatz 2 Satz 4 gilt mit der Maßgabe, daß an die Stelle des 2,3fachen des Gebührensatzes das 1,8fache des Gebührensatzes tritt.

(4) Gebühren für die Leistung nach Nummer 437 des Gebührenverzeichnisses sowie für die in Abschnitt M des Gebührenverzeichnisses genannten Leistungen bemessen sich nach dem Einfachen bis 1,3fachen des Gebührensatzes. Absatz 2 Satz 4 gilt mit der Maßgabe, daß an die Stelle des 2,3fachen des Gebührensatzes das 1,15fache des Gebührensatzes tritt.

(5) Bei wahlärztlichen Leistungen, die weder von dem Wahlarzt noch von dessen vor Abschluß des Wahlarztvertrages dem Patienten benannten ständigen ärztlichen Vertreter persönlich erbracht werden, tritt an die Stelle des Dreieinhalbfachen des Gebührensatzes nach § 5 Abs. 1 Satz 1 das 2,3fache des Gebührensatzes und an die Stelle des Zweieinhalbfachen des Gebührensatzes nach § 5 Abs. 3 Satz 1 das 1,8fache des Gebührensatzes.

§ 5 a

Bemessung der Gebühren in besonderen Fällen

Im Fall eines unter den Voraussetzungen des § 218 a Abs. 1 des Strafgesetzbuches vorgenommenen Abbruchs einer Schwangerschaft dürfen Gebühren für die in § 24 b Abs. 4 des Fünften Buches Sozialgesetzbuch genannten Leistungen nur bis zum 1,8fachen des Gebührensatzes nach § 5 Abs. 1 Satz 2 berechnet werden.

§ 5 b

Bemessung der Gebühren bei Versicherten

des Standardtarifes der privaten Krankenversicherung Für Leistungen, die in einem brancheneinheitlichen Standardtarif nach § 257 Abs. 2 a des Fünften Buches Sozialgesetzbuch versichert sind, dürfen Gebühren nur bis zum 1,7fachen des Gebührensatzes nach § 5 Abs. 1 Satz 2 berechnet werden. Bei Gebühren für die in den Abschnitten A, E und O des Gebührenverzeichnisses genannten Leistungen gilt Satz 1 mit der Maßgabe, dass an die Stelle des 1,7fachen des Gebührensatzes das 1,3fache des Gebührensatzes tritt. Bei Gebühren für die in Abschnitt M des Gebührenverzeichnisses genannten Leistungen gilt Satz 1 mit der Maßgabe, dass an die Stelle des 1,7fachen des Gebührensatzes das 1,1fache des Gebührensatzes tritt.

§ 6

Gebühren für andere Leistungen

(1) Erbringen Mund-Kiefer-Gesichtschirurgen, Hals-Nasen-Ohrenärzte oder Chirurgen Leistungen, die im Gebührenverzeichnis für zahnärztliche Leistungen– Anlage zur Gebührenordnung für Zahnärzte vom 22. Oktober 1987 (BGBl. I S. 2316) – aufgeführt sind, sind die Vergütungen für diese Leistungen nach den Vorschriften der Gebührenordnung für Zahnärzte in der jeweils geltenden Fassung zu berechnen.

(2) Selbständige ärztliche Leistungen, die in das Gebührenverzeichnis nicht aufgenommen sind, können entsprechend einer nach Art, Kosten- und Zeitaufwand gleichwertigen Leistung des Gebührenverzeichnisses berechnet werden.

§ 6 a

Gebühren bei stationärer Behandlung

(1) Bei vollstationären, teilstationären sowie vor- und nachstationären privatärztlichen Leistungen sind die nach dieser Verordnung berechneten Gebühren einschließlich der darauf entfallenden Zuschläge um 25 vom Hundert zu mindern. Abweichend davon beträgt die Minderung für Leistungen und Zuschläge nach

Satz 1 von Belegärzten und niedergelassenen anderen Ärzten 15 vom Hundert. Ausgenommen von der Minderungspflicht ist der Zuschlag nach Buchstabe J in Abschnitt B V des Gebührenverzeichnisses.

(2) Neben den nach Absatz 1 Satz 1 geminderten Gebühren darf der Arzt Kosten nicht berechnen; die §§ 7 bis 10 bleiben unberührt.

§ 7
Entschädigungen

Als Entschädigungen für Besuche erhält der Arzt Wegegeld und Reiseentschädigung; hierdurch sind Zeitversäumnisse und die durch den Besuch bedingten Mehrkosten abgegolten.

§ 8
Wegegeld

(1) Der Arzt kann für jeden Besuch ein Wegegeld berechnen. Das Wegegeld beträgt für einen Besuch innerhalb eines Radius um die Praxisstelle des Arztes von

1. bis zu zwei Kilometern 3,58 Euro*), bei Nacht (zwischen 20 und 8 Uhr) 7,16 Euro*),
2. mehr als zwei Kilometern bis zu fünf Kilometern 6,64 Euro*), bei Nacht 10,23 Euro*),
3. mehr als fünf Kilometern bis zu zehn Kilometern 10,23 Euro*), bei Nacht 15,34 Euro*),
4. mehr als zehn Kilometern bis zu 25 Kilometern 15,34 Euro*), bei Nacht 25,56 Euro*).

(2) Erfolgt der Besuch von der Wohnung des Arztes aus, so tritt bei der Berechnung des Radius die Wohnung des Arztes an die Stelle der Praxisstelle.

(3) Werden mehrere Patienten in derselben häuslichen Gemeinschaft oder in einem Heim, insbesondere in einem Alten- oder Pflegeheim besucht, darf der Arzt das Wegegeld unabhängig von der Anzahl der besuchten Patienten und deren Versichertenstatus insgesamt nur einmal und nur anteilig berechnen.

§ 9
Reiseentschädigung

(1) Bei Besuchen über eine Entfernung von mehr als 25 Kilometern zwischen Praxisstelle des Arztes und Besuchsstelle tritt an die Stelle des Wegegeldes eine Reiseentschädigung.

*) Einfügung im Hinblick auf die Euro-Einführung am 1. 1. 2002.

(2) Als Reiseentschädigung erhält der Arzt

1. 26 Cent *) für jeden zurückgelegten Kilometer, wenn er einen eigenen Kraftwagen benutzt, bei Benutzung anderer Verkehrsmittel die tatsächlichen Aufwendungen,
2. bei Abwesenheit bis zu 8 Stunden 51,13 Euro *), bei Abwesenheit von mehr als 8 Stunden 102,26 Euro *) je Tag,
3. Ersatz der Kosten für notwendige Übernachtungen.

(3) § 8 Abs. 2 und 3 gilt entsprechend.

§ 10
Ersatz von Auslagen

(1) Neben den für die einzelnen ärztlichen Leistungen vorgesehenen Gebühren können als Auslagen nur berechnet werden

1. die Kosten für diejenigen Arzneimittel, Verbandmittel und sonstigen Materialien, die der Patient zur weiteren Verwendung behält oder die mit einer einmaligen Anwendung verbraucht sind, soweit in Absatz 2 nichts anderes bestimmt ist,
2. Versand- und Portokosten, soweit deren Berechnung nach Absatz 3 nicht ausgeschlossen ist,
3. die im Zusammenhang mit Leistungen nach Abschnitt O bei der Anwendung radioaktiver Stoffe durch deren Verbrauch entstandenen Kosten sowie
4. die nach den Vorschriften des Gebührenverzeichnisses als gesondert berechnungsfähig ausgewiesenen Kosten.

Die Berechnung von Pauschalen ist nicht zulässig.

(2) Nicht berechnet werden können die Kosten für

1. Kleinmaterialien wie Zellstoff, Mulltupfer, Schnellverbandmaterial, Verbandspray, Gewebeklebstoff auf Histoacrylbasis, Mullkompressen, Holzspatel, Holzstäbchen, Wattestäbchen, Gummifingerlinge,
2. Reagenzien und Narkosemittel zur Oberflächenanästhesie,
3. Desinfektions- und Reinigungsmittel,
4. Augen-, Ohren-, Nasentropfen, Puder, Salben und geringwertige Arzneimittel zur sofortigen Anwendung sowie für
5. folgende Einmalartikel: Einmalspritzen, Einmalkanülen, Einmalhandschuhe, Einmalharnblasenkatheter, Einmalskalpelle, Einmalproktoskope, Einmaldarmrohre, Einmalspekula.

(3) Versand- und Portokosten können nur von dem Arzt berechnet werden, dem die gesamten Kosten für Versandmaterial, Versandgefäße sowie für den Versand oder Transport entstanden sind. Kosten für Versandmaterial, für den Versand des Untersuchungsmaterials und die Übermittlung des Untersuchungsergebnisses innerhalb einer Laborgemeinschaft oder innerhalb eines Krankenhausgeländes sind nicht berechnungsfähig; dies gilt auch, wenn Material oder ein Teil davon unter Nutzung der Transportmittel oder des Versandweges oder der Versandgefäße einer Laborgemeinschaft zur Untersuchung einem zur Erbringung von Leistungen beauftragten Arzt zugeleitet wird. Werden aus demselben Körpermaterial sowohl in einer Laborgemeinschaft als auch von einem Laborarzt Leistungen aus den Abschnitten M oder N ausgeführt, so kann der Laborarzt bei Benutzung desselben Transportweges Versandkosten nicht berechnen; dies gilt auch dann, wenn ein Arzt eines anderen Gebiets Auftragsleistungen aus den Abschnitten M oder N erbringt. Für die Versendung der Arztrechnung dürfen Versand- und Portokosten nicht berechnet werden.

§ 11
Zahlung durch öffentliche Leistungsträger

(1) Wenn ein Leistungsträger im Sinne des § 12 des Ersten Buches des Sozialgesetzbuches oder ein sonstiger öffentlich-rechtlicher Kostenträger die Zahlung leistet, sind die ärztlichen Leistungen nach den Gebührensätzen des Gebührenverzeichnisses (§ 5 Abs. 1 Satz 2) zu berechnen.

(2) Absatz 1 findet nur Anwendung, wenn dem Arzt vor der Inanspruchnahme eine von dem die Zahlung Leistenden ausgestellte Bescheinigung vorgelegt wird. In dringenden Fällen kann die Bescheinigung auch nachgereicht werden.

§ 12
Fälligkeit und Abrechnung der Vergütung; Rechnung

(1) Die Vergütung wird fällig, wenn dem Zahlungspflichtigen eine dieser Verordnung entsprechende Rechnung erteilt worden ist.

(2) Die Rechnung muß insbesondere enthalten:

1. das Datum der Erbringung der Leistung,
2. bei Gebühren die Nummer und die Bezeichnung der einzelnen berechneten Leistung einschließlich einer in der Leistungsbeschreibung gegebenenfalls genannten Mindestdauer sowie den jeweiligen Betrag und den Steigerungssatz,
3. bei Gebühren für stationäre, teilstationäre sowie vor- und nachstationäre privatärztliche Leistungen zusätzlich den Minderungsbetrag nach § 6 a,

4. bei Entschädigungen nach den §§ 7 bis 9 den Betrag, die Art der Entschädigung und die Berechnung,
5. bei Ersatz von Auslagen nach § 10 den Betrag und die Art der Auslage; übersteigt der Betrag der einzelnen Auslage 50,– Deutsche Mark, ist der Beleg oder ein sonstiger Nachweis beizufügen.

(3) Überschreitet eine berechnete Gebühr nach Absatz 2 Nr. 2 das 2,3fache des Gebührensatzes, ist dies auf die einzelne Leistung bezogen für den Zahlungspflichtigen verständlich und nachvollziehbar schriftlich zu begründen; das gleiche gilt bei den in § 5 Abs. 3 genannten Leistungen, wenn das 1,8fache des Gebührensatzes überschritten wird, sowie bei den in § 5 Abs. 4 genannten Leistungen, wenn das 1,15fache des Gebührensatzes überschritten wird. Auf Verlangen ist die Begründung näher zu erläutern. Soweit im Falle einer abweichenden Vereinbarung nach § 2 auch ohne die getroffene Vereinbarung ein Überschreiten der in Satz 1 genannten Steigerungssätze gerechtfertigt gewesen wäre, ist das Überschreiten auf Verlangen des Zahlungspflichtigen zu begründen; die Sätze 1 und 2 gelten entsprechend. Die Bezeichnung der Leistung nach Absatz 2 Nr. 2 kann entfallen, wenn der Rechnung eine Zusammenstellung beigefügt wird, der die Bezeichnung für die abgerechnete Leistungsnummer entnommen werden kann. Leistungen, die auf Verlangen erbracht worden sind (§ 1 Abs. 2 Satz 2), sind als solche zu bezeichnen.

(4) Wird eine Leistung nach § 6 Abs. 2 berechnet, ist die entsprechend bewertete Leistung für den Zahlungspflichtigen verständlich zu beschreiben und mit dem Hinweis „entsprechend" sowie der Nummer und der Bezeichnung der als gleichwertig erachteten Leistung zu versehen.

(5) Durch Vereinbarung mit den in § 11 Abs. 1 genannten Leistungs- und Kostenträgern kann eine von den Vorschriften der Absätze 1 bis 4 abweichende Regelung getroffen werden.

§ 13

(weggefallen)

§ 14

(Inkrafttreten und Übergangsvorschrift)

8. Gebührenordnung für Zahnärzte (GOZ) vom 22. Oktober 1987 (ohne Gebührenverzeichnis)

Gebührenordnung für Zahnärzte (GOZ)

Vom 22. Oktober 1987 (BGBl. I S. 2316)
zuletzt geändert durch Artikel 18 des Gesetzes vom 4. Dezember 2001 (BGBl. I S. 3320)

Inhaltsübersicht

Auf Grund des § 15 des Gesetzes über die Ausübung der Zahnheilkunde in der durch Artikel 5 des Gesetzes vom 22. Dezember 1981 (BGBl. I S. 1568) geänderten Fassung verordnet die Bundesregierung mit Zustimmung des Bundesrates:

§ 1
Anwendungsbereich

(1) Die Vergütungen für die beruflichen Leistungen der Zahnärzte bestimmen sich nach dieser Verordnung, soweit nicht durch Bundesgesetz etwas anderes bestimmt ist.

(2) Vergütungen darf der Zahnarzt nur für Leistungen berechnen, die nach den Regeln der zahnärztlichen Kunst für eine zahnmedizinisch notwendige zahn-

ärztliche Versorgung erforderlich sind. Leistungen, die über das Maß einer zahnmedizinisch notwendigen zahnärztlichen Versorgung hinausgehen, darf er nur berechnen, wenn sie auf Verlangen des Zahlungspflichtigen erbracht worden sind.

§ 2
Abweichende Vereinbarung

(1) Durch Vereinbarung kann eine von dieser Verordnung abweichende Höhe der Vergütung festgelegt werden.

(2) Eine Vereinbarung nach Absatz 1 zwischen Zahnarzt und Zahlungspflichtigem ist vor Erbringung der Leistung des Zahnarztes in einem Schriftstück zu treffen. Dieses muß die Feststellung enthalten, daß eine Erstattung der Vergütung durch Erstattungsstellen möglicherweise nicht in vollem Umfang gewährleistet ist. Weitere Erklärungen darf die Vereinbarung nicht enthalten. Der Zahnarzt hat dem Zahlungspflichtigen einen Abdruck der Vereinbarung auszuhändigen.

(3) Auf Verlangen des Zahlungspflichtigen können Leistungen im Sinne des § 1 Abs. 2 Satz 2, die weder im Gebührenverzeichnis (Anlage) noch im Gebührenverzeichnis der Gebührenordnung für Ärzte enthalten sind, und ihre Vergütung abweichend von dieser Verordnung in einem Heil- und Kostenplan schriftlich vereinbart werden. Der Heil- und Kostenplan muss vor Erbringung der Leistung erstellt werden; er muss die einzelnen Leistungen und Vergütungen sowie die Feststellung enthalten, daß es sich um Leistungen auf Verlangen handelt und eine Erstattung möglicherweise nicht gewährleistet ist. § 6 Abs. 2 bleibt unberührt.

§ 3
Vergütung

Als Vergütungen stehen dem Zahnarzt Gebühren, Wegegeld und Ersatz von Auslagen zu.

§ 4
Gebühren

(1) Gebühren sind Vergütungen für die im Gebührenverzeichnis (Anlage) genannten zahnärztlichen Leistungen.

(2) Der Zahnarzt kann Gebühren nur für selbständige zahnärztliche Leistungen berechnen, die er selbst erbracht hat oder die unter seiner Aufsicht nach fachlicher Weisung erbracht wurden (eigene Leistungen). Für eine Leistung, die Bestandteil oder eine besondere Ausführung einer anderen Leistung nach dem Gebührenverzeichnis ist, kann der Zahnarzt eine Gebühr nicht berechnen, wenn er für die andere Leistung eine Gebühr berechnet.

(3) Mit den Gebühren sind die Praxiskosten einschließlich der Kosten für Füllungsmaterial, für den Sprechstundenbedarf sowie für die Anwendung von Instrumenten und Apparaten abgegolten, soweit nicht im Gebührenverzeichnis etwas anderes bestimmt ist. Hat der Zahnarzt zahnärztliche Leistungen unter Inanspruchnahme Dritter, die nach dieser Verordnung selbst nicht liquidationsberechtigt sind, erbracht, so sind die hierdurch entstandenen Kosten ebenfalls mit der Gebühr abgegolten.

(4) Kosten, die nach Absatz 3 mit den Gebühren abgegolten sind, dürfen nicht gesondert berechnet werden. Eine Abtretung des Vergütungsanspruchs in Höhe solcher Kosten ist gegenüber dem Zahlungspflichtigen unwirksam.

(5) Sollen Leistungen durch Dritte erbracht werden, die diese dem Zahlungspflichtigen unmittelbar berechnen, so hat der Zahnarzt ihn darüber zu unterrichten.

§ 5
Bemessung der Gebühren für Leistungen des Gebührenverzeichnisses

(1) Die Höhe der einzelnen Gebühren bemisst sich nach dem Einfachen bis Dreieinhalbfachen des Gebührensatzes. Gebührensatz ist der Betrag, der sich ergibt, wenn die Punktzahl der einzelnen Leistung des Gebührenverzeichnisses mit dem Punktwert vervielfacht wird. Der Punktwert beträgt 5,62421 Cent. Bei der Bemessung von Gebühren sind Bruchteile von Cents auf volle Centbeträge abzurunden.

(2) Innerhalb des Gebührenrahmens sind die Gebühren unter Berücksichtigung der Schwierigkeit und des Zeitaufwandes der einzelnen Leistung sowie der Umstände bei der Ausführung nach billigem Ermessen zu bestimmen. Die Schwierigkeit der einzelnen Leistung kann auch durch die Schwierigkeit des Krankheitsfalles begründet sein. Bemessungskriterien, die bereits in der Leistungsbeschreibung berücksichtigt worden sind, haben hierbei außer Betracht zu bleiben. In der Regel darf eine Gebühr nur zwischen dem Einfachen und dem 2,3fachen des Gebührensatzes bemessen werden; ein Überschreiten des 2,3fachen des Gebührensatzes ist nur zulässig, wenn Besonderheiten der in Satz 1 genannten Bemessungskriterien dies rechtfertigen.

§ 5 a
Bemessung der Gebühren bei Versicherten des Standardtarifes der privaten Krankenversicherung

Für Leistungen, die in einem brancheneinheitlichen Standardtarif nach § 257 Abs. 2 a des Fünften Buches Sozialgesetzbuch versichert sind, dürfen Gebühren nur bis zum 1,7fachen des Gebührensatzes nach § 5 Abs. 1 Satz 2 berechnet werden.

§ 6
Gebühren für andere Leistungen

(1) Erbringt der Zahnarzt Leistungen, die in den Abschnitten B I und II, C, D, E V und VI, J, L, M unter den Nummern 4113 und 4700, N sowie O des Gebührenverzeichnisses für ärztliche Leistungen – Anlage zur Gebührenordnung für Ärzte vom 12. November 1982 (BGBl. I S. 1522) – aufgeführt sind, sind die Vergütungen für diese Leistungen nach den Vorschriften der Gebührenordnung für Ärzte in der jeweils geltenden Fassung zu berechnen *).

(2) Selbständige zahnärztliche Leistungen, die erst nach Inkrafttreten dieser Gebührenordnung auf Grund wissenschaftlicher Erkenntnisse entwickelt werden, können entsprechend einer nach Art, Kosten- und Zeitaufwand gleichwertigen Leistung des Gebührenverzeichnisses für zahnärztliche Leistungen berechnet werden.

---

*) Auf Grund der weitgehenden Neufassung des Leistungsverzeichnisses der GOÄ durch die 4. Änderungsverordnung vom 18. Dezember 1995 (BGBl. I S. 1861) ist die in § 6 Abs. 1 GOZ getroffene Zuordnung der Abschnitte aus dem Leistungsverzeichnis der GOÄ nicht mehr in vollem Umfang zutreffend. Das Bundesministerium für Gesundheit hat daher mit Schreiben vom 7. Mai 1997 – 211 – 43 225 – 8 – folgende Vergleichstabelle erstellt, aus der sich ergibt, daß Zahnärzte nunmehr die Abschnitte B I (jedoch ohne Untersuchungsleistungen) B II, IV bis VI, C, D, E V und VI, J, L, aus M die Positionen 3511, 4504, 4530, 4538 und 4715, N und O (jedoch ohne die Magnetresonanztomographie) des Leistungsverzeichnisses der GOÄ für die Berechnung heranziehen können:

GOÄ 1982			GOÄ 1996	
Abschnitt	Leistungsinhalt		Abschnitt	Leistungsinhalt
B I	Beratungen Visiten Besuche	**entspricht**	B I B II B IV	ohne Untersuchung
B II	Verweilgebühr Konsilium Assistenz Bescheinigungen Befundberichte Gutachten Schreibgebühren	**entspricht**	B IV B V B VI	
C		**entspricht**	C	
D		**entspricht**	D	
E V E VI	Wärmebehandlung Elektrotherapie	**entspricht**	E V E VI	
J		**entspricht**	J	
L		**entspricht**	L	
M	Nr. 4113 Spriochaeten-nachweis Nr. 4700 Orientierender Pilz-nachweis (z. B. Candida)	**entspricht**	M	Nr. 3522 Nr. 4504 Nr. 4530 Nr. 4538 Nr. 4715
N		**entspricht**	N	
O	ohne MRT (Abschn. Q)	**entspricht**	O	ohne O III

§ 7
Gebühren bei stationärer Behandlung

Bei vollstationären, teilstationären sowie vor- und nachstationären privatzahnärztlichen Leistungen sind die nach dieser Verordnung berechneten Gebühren um 25 vom Hundert zu mindern. Abweichend davon beträgt die Minderung für Leistungen nach Satz 1 von Belegzahnärzten oder niedergelassenen Zahnärzten 15 vom Hundert.

§ 8
Wegegeld

(1) Als Entschädigung für Besuche erhält der Zahnarzt-Wegegeld; hierdurch sind Zeitversäumnisse und die durch den Besuch bedingten Mehrkosten abgegolten. Das Wegegeld umfasst Wegstreckenentschädigung und Aufwandsentschädigung.

(2) Die Wegstreckenentschädigung beträgt

1. bei Benutzung eines eigenen Kraftfahrzeuges 26 Cent *) für jeden zurückgelegten Kilometer,
2. bei Benutzung anderer Verkehrsmittel die unter Berücksichtigung der Umstände angemessenen Fahrtkosten.

(3) Die Aufwandsentschädigung beträgt für jeden zurückgelegten Kilometer 1,02 Euro *), bei Nacht (zwischen 20 und 8 Uhr) 1,53 Euro *).

(4) Besucht der Zahnarzt auf einem Wege mehrere Patienten, darf er das Wegegeld insgesamt nur einmal und nur anteilig berechnen.

§ 9
Ersatz von Auslagen für zahntechnische Leistungen

Neben den für die einzelnen zahnärztlichen Leistungen vorgesehenen Gebühren können als Auslagen die dem Zahnarzt tatsächlich entstandenen angemessenen Kosten für zahntechnische Leistungen berechnet werden, soweit diese Kosten nicht nach den Bestimmungen des Gebührenverzeichnisses mit den Gebühren abgegolten sind.

§ 10
Fälligkeit und Abrechnung der Vergütung; Rechnung

(1) Die Vergütung wird fällig, wenn dem Zahlungspflichtigen eine dieser Verordnung entsprechende Rechnung erteilt worden ist.

---

*) Einfügung im Hinblick auf die Euro-Einführung zum 1. 1. 2002.

(2) Die Rechnung muss insbesondere enthalten:

1. das Datum der Erbringung der Leistung,
2. bei Gebühren die Nummer und die Bezeichnung der einzelnen berechneten Leistung einschließlich einer verständlichen Bezeichnung des behandelten Zahnes sowie den jeweiligen Betrag und den Steigerungssatz,
3. bei Gebühren für stationäre privatzahnärztliche Leistungen zusätzlich den Minderungsbetrag nach § 7,
4. bei Wegegeld nach § 8 den Betrag und die Berechnung,
5. bei Ersatz von Auslagen nach § 9 den Betrag und die Art der einzelnen Auslage sowie Bezeichnung, Gewicht und Tagespreis verwendeter Legierungen,
6. bei nach dem Gebührenverzeichnis gesondert berechnungsfähigen Kosten Art, Menge und Preis verwendeter Materialien.

(3) Überschreitet die berechnete Gebühr nach Absatz 2 Nr. 2 das 2,3fache des Gebührensatzes, ist dies schriftlich zu begründen. Auf Verlangen ist die Begründung näher zu erläutern. Die Bezeichnung der Leistung nach Absatz 2 Nr. 2 kann entfallen, wenn der Rechnung eine Zusammenstellung beigefügt ist, der die Bezeichnung für die abgerechnete Leistungsnummer entnommen werden kann. Bei Auslagen nach Absatz 2 Nr. 5 ist der Beleg oder ein sonstiger Nachweis beizufügen. Wurden zahntechnische Leistungen in Auftrag gegeben, ist eine den Erfordernissen des Absatzes 2 Nr. 5 entsprechende Rechnung des Dentallabors beizufügen; insoweit genügt es, in der Rechnung des Zahnarztes den Gesamtbetrag für diese Leistungen anzugeben. Leistungen, die auf Verlangen erbracht worden sind (§ 1 Abs. 2 Satz 2 und § 2 Abs. 3), sind als solche zu bezeichnen.

(4) Wird eine Leistung nach § 6 Abs. 2 berechnet, ist die entsprechend bewertete Leistung für den Zahlungspflichtigen verständlich zu beschreiben und mit dem Hinweis „entsprechend" sowie der Nummer und der Bezeichnung der als gleichwertig erachteten Leistung zu versehen.

(5) Durch Vereinbarung mit öffentlich-rechtlichen Kostenträgern kann eine von den Vorschriften der Absätze 1 bis 4 abweichende Regelung getroffen werden.

§ 11

(weggefallen)

§ 12

Inkrafttreten und Übergangsvorschrift

(1) Diese Verordnung tritt am 1. Januar 1988 in Kraft*).

*) Bezieht sich auf die Ursprungsfassung.

(2) Die Gebührenordnung für Zahnärzte vom 18.März 1965 (BGBl. I S. 123) gilt weiter

1. für Leistungen, die vor Inkrafttreten dieser Verordnung erbracht worden sind,
2. für vor Inkrafttreten dieser Verordnung begonnene Leistungen nach den Nummern 15, 18, 20, 91 bis 93, 96 bis 98, 101 bis 104, 119 und 120 des Gebührenverzeichnisses – Anlage zur Gebührenordnung für Zahnärzte vom 18. März 1965 –, die erst nach Inkrafttreten dieser Verordnung beendet werden.

9. Gebührenverzeichnis für Heilpraktiker (GebüH) (mit Gebührenverzeichnis)

Gebührenverzeichnis für Heilpraktiker (GebüH)

Einführung

Der Heilpraktiker übt seinen Beruf eigenverantwortlich aus und zählt zu den freien Berufen im Sinne des § 18 EStG.

Die Tätigkeit des Heilpraktikers beruht auf einem zum bürgerlichen Recht gehörenden Dienstvertrag mit dem Patienten. Der Vertrag ist laut § 145 BGB nicht an eine Form gebunden und kann auch ohne ausdrückliche Vereinbarung durch schlüssige Handlungen zustande kommen.

Der Heilpraktiker schließt mit dem Patienten einen Dienstvertrag (§§ 611-630 BGB), der ihn zur Leistung der versprochenen Dienste, wie Bemühen um Heilung oder Linderung der Krankheit im gegenseitigen Einverständnis, den Patienten zur Gewährung einer Vergütung verpflichtet.

Nach § 611 BGB ist die Höhe der Vergütung der freien Vereinbarung zwischen Heilpraktiker und Patient überlassen. Wenn beim Zustandekommen des Behandlungsvertrages über eine Vergütung nicht gesprochen wurde, so gilt sie doch nach § 612 BGB als vereinbart.

Ist in Ermangelung einer Taxe die Höhe der Vergütung nicht bestimmt, so ist die übliche Vergütung als vereinbart anzusehen (§ 612 Abs. 2).

Die Höhe der üblichen Vergütung resultiert aus der Bestimmung der Leistung nach billigem Ermessen (§ 315 BGB).

Die Gewährung der Vergütung ist nicht von einem Heilerfolg abhängig, es besteht jedoch für den Heilpraktiker die Verpflichtung zu einer gewissenhaften Behandlung unter Beachtung der Aufklärungs- und Sorgfaltspflicht.

In einer unter den in der Bundesrepublik Deutschland niedergelassenen Heilpraktikern durchgeführten Umfrage wurde die Höhe des durchschnittlich festgestellten Honorarrahmens ermittelt.

Die Auswertung der ermittelten Honorare fand ihren Niederschlag im Gebührenverzeichnis für Heilpraktiker (GebüH).

Das GebüH ist also keine Gebührentaxe, sondern ein Verzeichnis der durchschnittlich üblichen Vergütungen, welches als Berechnungshilfe bei der Rechnungserstellung dient.

Sofern die Höhe des Honorares vor der Behandlung nicht ausdrücklich vereinbart wurde, kann der Patient davon ausgehen, daß sie sich im Rahmen der im GebüH enthaltenen Beträge bewegt.

Allgemeine Grundsätze

Eine Rechnungserstellung hat korrekt im Sinne der Nebenpflichten aus dem Behandlungsvertrag zu erfolgen. Die Rechnung muss in ihrer Form sowohl für den Zahlungspflichtigen, als auch für den möglichen Kostenträger übersichtlich und nachvollziehbar sein. Hierbei sind insbesondere anzugeben:

a) Vor- und Zuname sowie die vollständige Adresse des Patienten

b) die vollständige Diagnose

   Hierbei sind für alle im entsprechenden zeitlichen Zusammenhang durch den Heilpraktiker festgestellten und/oder behandelten Krankheiten, Beschwerden oder Unfallfolgen die entsprechenden Diagnosen in nachvollziehbarer Form anzugeben, so dass sich ein erkennbarer Zusammenhang zu allen Behandlungsmaßnahmen sowie den verordneten oder verwendeten Arzneimitteln ergibt.

c) jede Einzelleistung mit der entsprechenden GebüH-Ziffer

d) jeder Einzelbetrag der entsprechenden Leistung

e) jeder Leistungskomplex mit dem entsprechenden Datum.

Im Rahmen seines ganzheitlichen Behandlungszieles wendet der Heilpraktiker die notwendigen Verfahren an, die zu einer diagnostischen Abklärung und einer entsprechenden therapeutischen Beeinflussung des jeweiligen Krankheitsgeschehens notwendig sind.

Für die Anwendung von Injektions- und Infusionspräparaten bei erstattungsberechtigten Patienten ist die folgende Anmerkung zu beachten:

Nach § 4 Abs. 3 der Musterversicherungsbedingungen der privaten Krankenversicherungen werden Arzneimittel grundsätzlich nur dann erstattet, wenn sie vom Behandler verordnet und vom Patienten aus der Apotheke bezogen werden. Ohne Rechtspflicht erstatten einige Kostenträger Arzneimittelkosten auch dann, wenn nicht der Patient das Arzneimittel (ggf. Ampullen) aus der Apotheke bezieht, sondern lediglich einzelne Ampullen aus Praxisvorräten verwendet werden und diese mit Namen und Preis auf der Rechnung erscheinen. Die Arzneimittel sollten aus rechtlichen Gründen auf der Rechnung von den persönlichen Leistungen gesondert als AUSLAGEN ausgewiesen werden. Ampullen, die ohne gesonderte Berechnung zur Anwendung kommen, sind ebenfalls namentlich zu benennen.

Fremdleistungen, wie Kosten eines Fremdlabors, soweit der Heilpraktiker Laboruntersuchungen nicht im eigenen Labor oder als Gesellschafter einer Laborgemeinschaft erbringt, sind nur mit dem Gestehungspreis berechenbar. Verauslagte Arzneimittel, wie Ampullen, Infusionsflaschen oder sonstige Materialien, können ebenso nur mit dem Gestehungspreis zur Berechnung kommen. Alle Fremdleistungen sind auf der Rechnung grundsätzlich vom übrigen Honorar getrennt als AUSLAGEN auszuweisen.

Aufgrund gesetzlicher Bestimmungen sind nicht gesondert berechnungsfähig:

- Porto- und Versandkosten innerhalb einer Laborgemeinschaft, Kleinmaterialien wie Zellstoff- und Mulltupfer, Schnellverbandmittel, Verbandspray, Einmalspatel und -stäbchen, Wattestäbchen, Gummifingerlinge, kleine Mull- und Zellstoffkompressen. (Werden wegen der Besonderheit des Falles größere Mengen Mull oder Zellstoff benötigt, können diese mit dem Gestehungspreis zur Berechnung kommen).
- Mittel zur Oberflächenanaesthesie, Desinfektions- und Reinigungsmittel, Augen-, Ohren- und Nasentropfen, Puder und Salben sowie geringwertige Arzneimittel zur sofortigen Anwendung.
- Einmalartikel, wie: Einmalspritzen, Einmalkanülen, Einmalhandschuhe, Einmalkatheter, Einmaldarmrohre.

Leistungen, die nicht im GebüH enthalten sind, können entsprechend einer ähnlichen Leistung im GebüH berechnet werden. Eine verständliche Beschreibung dieser Leistung kann erforderlich sein. Die Kennzeichnung der analogen Leistung mit einem „A" zur entsprechenden Ziffer ist möglich.

Sofern keine analoge Leistungsziffer gegeben ist, kann die Leistung ohne GebüH-Ziffer mit einer Leistungsbeschreibung dargelegt werden. Das zitieren aus anderen Leistungsverzeichnissen ist möglich.

Inhaltsverzeichnis

Leistungsübersicht

GebüH

Nr.	Leistungsübersicht	Euro
1–10	**Allgemeine Leistungen**	
1	Für die eingehende, das gewöhnliche Maß übersteigende **Untersuchung**	12,30 bis 20,50
2	Durchführung des vollständigen **Krankenexamens mit Repertorisation** nach den Regeln der klassischen Homöopathie	15,40 bis 41,00
	Anmerkung: Die angegebenen Beträge stellen statistische Durchschnittswerte für einen 30-minütigen Zeitauwand dar.	
3	**Kurze Information,** auch mittels Fernsprecher, oder **Ausstellung einer Wiederholungsverordnung,** als einzige Leistung pro Inanspruchnahme des Heilpraktikers	bis 4,50
4	**Eingehende Beratung,** die das gewöhnliche Maß übersteigt, von mindestens 15 Minuten Dauer, gegebenenfalls einschließlich einer Untersuchung	16,40 bis 22,00
	Anmerkung: Eine Leistung nach Nr. 4 wird in der Regel als alleinige Leistung erstattet oder im Zusammenhang mit einer Leistung nach Nr. 1 oder 17.1	
5	**Beratung,** auch mittels Fernsprecher, gegebenenfalls einschließlich einer kurzen Untersuchung	8,20 bis 20,50
	Anmerkung: *Eine Leistung nach Ziffer 5 wird nur einmal pro Behandlungsfall neben einer anderen Leistung von der privaten Krankenversicherung oder der Beihilfe erstattet.*	
6	Für die gleichen Leistungen wie unter 5, jedoch außerhalb der normalen Sprechstundenzeit	17,00 bis 24,50

7	Für die gleichen Leistungen wie unter 5, jedoch bei Nacht, zwischen 20 und 7 Uhr	19,50 bis 28,50
8	Für die gleichen Leistungen wie unter 5, jedoch sonn- und feiertags *Anmerkung:* *Als allgemeine Sprechstunde gilt die durch Aushang festgesetzte Zeit, selbst wenn sie nach 20 Uhr festgesetzt ist. Eine Berechnung des Honorars nach Ziff. 6 bis 8 kann also nur dann erfolgen, wenn die Beratung außerhalb der festgesetzten Zeit stattfand und der Patient nicht schon vor Ablauf derselben im Wartezimmer anwesend war. Ebenso können für Sonn- und Feiertage nicht die dafür vorgesehenen erhöhten Honorare zur Berechnung kommen, wenn der Heilpraktiker gewohnheitsmäßig an Sonn- und Feiertagen Sprechstunden hält.*	15,40 bis 27,00
9	**Hausbesuch einschließlich Beratung**	
9.1	bei Tag	21,50 bis 29,50
9.2	in dringenden Fällen (Eilbesuch, sofort ausgeführt)	24,00 bis 32,00
9.3	bei Nacht und an Sonn- und Feiertagen	27,50 bis 36,50
10	**Nebengebühren für Hausbesuche** Wenn der Heilpraktiker außerhalb seiner Praxis tätig sein muß, so hat er Anspruch auf Entschädigung für den Zeitaufwand während seiner Abwesenheit oder für den zurückgelegten Weg. Liegt der Ort der Behandlung bis **zu 2 Kilometer** von der Praxis entfernt, dann beträgt das Wegegeld:	siehe § 8 GOÄ
10.1	für jede angefangene Stunde bei Tag	siehe § 8 GOÄ
10.2	für jede angefangene Stunde bei Nacht Das **Wegegeld** wird ersetzt bei einer Entfernung von **2 bis 25 Kilometern:**	siehe § 8 GOÄ
10.3	durch Erstattung der Auslagen für öffentliche Verkehrsmittel	siehe § 8 GOÄ

10.4	durch besondere Vereinbarung mit dem Patienten, wie Gestellung eines Transportmittels. Hierbei besteht nur Anspruch auf Vergütung der Zeitversäumnis.	siehe § 8 GOÄ
	Bei **Benutzung des eigenen Fahrzeuges** für den zurückgelegten **Kilometer:**	
10.5	bei Tag	siehe § 8 GOÄ
10.6	bei Nacht	siehe § 8 GOÄ
10.7	Handelt es sich um einen Fernbesuch von über 25 km Entfernung zwischen Praxis und Besuchsort, so können pro Kilometer an Reisekosten in Anrechnung gebracht werden	bis 0,25
	Anmerkung: *Die Wegekilometer werden nach dem jeweils günstigsten benutzbaren Fahrtweg berechnet.* *Besucht der Heilpraktiker mehrere Patienten bei einer Besuchsfahrt, werden die Fahrtkosten entsprechend aufgeteilt.*	
10.8	Handelt es sich bei einem Krankenbesuch um eine **Reise, welche länger als 6 Stunden dauert,** so kann der Heilpraktiker anstelle des Wegegeldes die tatsächlich entstandenen Reisekosten in Anrechnung bringen und außerdem für den Zeitaufwand pro Stunde Reisezeit berechnen. Der Patient ist hiervon vorher in Kenntnis zu setzen.	10,50 bis 20,50
11	**Schriftliche Auslassungen und Krankheitsbescheinigungen**	
11.1	Kurze Krankheitsbescheinigung oder Brief im Interesse des Patienten	3,60 bis 15,50
11.2	Ausführlicher Krankheitsbericht oder Gut- achten (DIN A 4 engzeilig maschinengeschrieben)	10,30 bis 20,50
11.3	Individuell angefertigter schriftlicher Diätplan bei Ernährungs- und Stoffwechselstörungen	10,50 bis 26,00
	Anmerkung: *Die Vervollständigung vorgefertigter Diätpläne ist nicht berechnungsfähig.*	
12	**Chemisch-physikalische Untersuchungen**	

12.1	Harnuntersuchungen qualitativ mittels Verwendung eines Mehrfachreagenzträgers (Test- streifen) durch visuellen Farbvergleich *Anmerkung:* *Die einfache qualitative Untersuchung auf Zucker und Eiweiß sowie die Bestimmung des pH-Wertes und des spezifischen Gewichtes ist nicht berechnungsfähig.*	bis 3,10
12.2	Harnuntersuchung quantitativ (es ist anzugeben, auf welchen Stoff untersucht wurde, z. B. Zucker usw.)	bis 4,60
12.4	Harnuntersuchung, nur Sediment	bis 4,60
12.5	Carzinochrom-Reaktion (CCR)	bis 17,90
12.7	Blutstatus (nicht neben Ziff. 12.9, 12.10, 12.11)	bis 18,00
12.8	Blutzuckerbestimmung	bis 8,00
12.9	Hämoglobinbestimmung	bis 5,50
12.10	Differenzierung des gefärbten Blutausstriches	bis 7,70
12.11	Zählung der Leuko- und Erythrozyten	bis 5,50
12.12	Blutkörperchen-Senkungsgeschwindigkeit (BKS) einschließlich Blutentnahme	bis 6,00
12.13 *)	Einfache mikroskopische und/oder chemische Untersuchungen von Körperflüssigkeiten und Ausscheidungen auch mit einfachen oder schwierigen Färbeverfahren sowie Dunkelfeld, pro Untersuchung	bis 9,50
12.14 *)	Aufwendige Chemogramme von Körperflüssigkeiten und Ausscheidungen je nach Umfang (z. B. Enzymdiagnostik, Nierenchemie, Blutserumchemie, Stuhlchemie, Elektrolyse, Elektrophorese, Fermentchemie, pro Einzeluntersuchung)	bis 10,50
12.15 *)	Kristallographie, Photometrie, pro Einzeluntersuchung **) Anmerkung: Die Art der Untersuchung bei Ziff. 12.13, 12.14 oder 12.15 ist anzugeben.*	bis 10,50

13 Sonstige Untersuchungen

13.1	Sonstige Untersuchungen unter Zuhilfenahme spezieller Apparaturen oder Färbeverfahren besonders schwieriger Art, z. B. pH-Messungen im strömenden Blut oder Untersuchungen nach v. Bremer, Enderlein usw. *Anmerkung:* *Die Art der Untersuchung ist anzugeben.*	10,50 bis 31,00
14	**Spezielle Untersuchungen**	
14.1	Binokulare mikroskopische Untersuchung des Augenvordergrundes (keine Irisdiagnostik)	5,20 bis 10,50
14.2	Binokulare Spiegelung des Augenhintergrundes *Anmerkung:* *Eine Leistung nach Ziffer 14.1 kann nicht neben einer Leistung nach Ziffer 1 oder Ziffer 4 berechnet werden. Leistungen nach Ziffer 14.1 und 14.2 können nicht nebeneinander berechnet werden.*	5,20 bis 10,50
14.3	Grundumsatzbestimmung nach Read	5,20 bis 8,00
14.4	Grundumsatzbestimmung mit Hilfe der Atemgasuntersuchung	10,30 bis 26,00
14.5	Prüfung der Lungenkapazität (Spirometrische Untersuchung)	10,50 bis 20,50
14.6	Elektrokardiogramm mit mindestens 9 Ableitungen	26,00 bis 51,50
14.7	Elektrokardiogramm mit Standardableitungen, Goldbergerableitungen, Nehbsche Ableitungen, Brustwandableitungen	20,50 bis 31,00
14.8	Oszillogramm-Methoden	5,20 bis 25,50
14.9	Spezielle Herz-Kreislauf-Untersuchungen *Anmerkung:* *Nicht neben Ziffer 1 oder Ziffer 4 berechenbar.*	10,50 bis 25,50
14.10	Ultraschall-Gefäßdoppler-Untersuchung zur peripheren Venendruck- und/oder Strömungsmessung	bis 11,30
15	**Photoaufnahmen**	
15.1	Photoaufnahmen zu diagnostischen Zwecken Aufnahmen schwarz/weiß (pro Augenpaar)	5,50 bis 15,50

15.2	Vergrößerungen sowie Farbaufnahmen werden zum handelsüblichen Preis berechnet. *Anmerkung:* *Photographische Aufnahmen der Iris oder andere photographische Aufnahmen, die zu diagnostischen Zwecken notwendig sind, sind zuvor mit dem Patienten zu vereinbaren. Photoaufnahmen, die Studienzwecken des Heilpraktikers dienen, kommen nicht zur Berechnung.*	
16	**Bioenergetische Verfahren**	
16.1	Elektro-Neural-Diagnostik	10,50 bis 26,00
16.2	Segmentdiagnostik, Maximaldiagnostik u. a.	5,20 bis 20,50
16.3	Bioelektrische Funktionsdiagnostik	15,50 bis 41,00
16.4	Hautwiderstandsmessungen *Anmerkung:* *Art und Ziel der Untersuchung sind anzugeben.*	5,20 bis 26,00
17	**Neurologische Untersuchungen**	
17.1	Neurologische Untersuchung *Anmerkung:* *Die neurologische Untersuchung wird grundsätzlich nur durchgeführt, wenn sie für den Heilzweck oder für die Sicherung der Diagnose oder die Beobachtung des Heilungsverlaufes erforderlich erscheint.*	5,20 bis 26,00
18–23	**Spezielle Behandlungen**	
18	**Heilmagnetische Behandlungen**	
18.1	Einfache heilmagnetische Spezialbehandlungen, soweit sie nicht das gewöhnliche Maß einer Behandlung in zeitlicher Hinsicht überschreiten	5,50 bis 10,50
18.2	Heilmagnetische Spezialbehandlungen, soweit sie in zeitlicher Hinsicht das gewöhnliche Maß überschreiten	8,00 bis 26,00
19	**Psychotherapie**	
19.1	Psychotherapie von halbstündiger Dauer	15,50 bis 26,00
19.2	Psychotherapie von 50–90 Minuten Dauer	26,00 bis 46,00

19.3	Ausstellung eines psychodiagnostischen Befundes	15,50 bis 38,50
19.4	Psychotherapeutisches Gutachten je zweizeiliger Schreibmaschinenseite	bis 15,50
19.5	Psychologische Exploration mit eingehender Beratung	15,50 bis 46,00
19.6	Anwendung und Auswertung von Testverfahren (TAT, TUA, Rorschach usw.)	15,50 bis 38,50
19.7	Behandlung von Störungen der Sprechorgane je Sitzung	0,50 bis 31,00
	Anmerkung: *Die Honorare für eine ausgedehnte Spezialbehandlung von Sprechangst-Neurosen (Stottern), Honorare für spezielle ausgedehnte Sprechlehrkurse, Kurse der Entwöhnungsbehandlung usw. sind besonders zu vereinbaren.*	
19.8	Behandlung einer Einzelperson durch Hypnose	15,50 bis 26,00
20	**Atemtherapie, Massagen**	
20.1	Atemtherapeutische Behandlungsverfahren	13,00 bis 31,00
20.2	Nervenpunktmassage nach Cornelius, Aurelius u. a., Spezialnervenmassage	8,00 bis 15,50
20.3	Bindegewebsmassage	8,00 bis 20,50
20.4	Teilmassage (Massage einzelner Körperteile)	5,50 bis 10,50
20.5	Großmassage	10,50 bis 18,00
20.6	Sondermassagen (Unterwasserdruckstrahlmassage, Lymphdrainage, Schrägbettbehandlung u. a.)	10,50 bis 20,50
20.7	Behandlung mit physikalischen oder medico-mechanischen Apparaten	10,50 bis 26,00
20.8	Einreibungen zu therapeutischen Zwecken in die Haut	5,50 bis 8,00
21	**Akupunktur**	
21.1	Akupunktur einschließlich Pulsdiagnose	10,30 bis 26,00
21.2	Moxibustionen, Elektroakupunktur, Injektionen und Quaddelungen in Akupunkturpunkte	5,20 bis 15,50
22	**Inhalationen**	

22.1	Inhalationen, soweit sie vom Heilpraktiker mit den verschiedenen Apparaturen in der Sprechstunde ausgeführt werden	5,50 bis 13,00
23	**Aerosole**	
23.1	Anwendung von Aerosolen mit Kompressor, Preßluft- bzw. Sauerstoffapparat	5,20 bis 15,50
24–30	**Blutentnahmen – Injektionen – Infusionen – Hautableitungsverfahren**	
24	**Eigenblut**	
24.1	Eigenblutinjektion	10,30 bis 13,00
24.2	Eigenharninjektion	5,20 bis 13,00
25	**Injektionen, Infusionen**	
25.1	Injektion, subkutan	bis 5,20
25.2	Injektion, intramuskulär	bis 5,20
25.3	Injektion, intravenös, intraarteriell	bis 7,70
25.4	intrakutane Reiztherapie (Quaddelbehandlung) pro Sitzung	7,20 bis 13,00
25.5	Injektion, intraartikulär	5,20 bis 15,50
25.6	Neural- oder segmentgezielte Injektionen nach Hunecke	7,70 bis 26,00
25.7	Infusion	bis 8,70
25.8	Dauertropfinfusion	bis 12,80
	Anmerkung: *Für die bei Infusionen gegebenenfalls eingebrachten Medikamente werden nur die nachweisbaren Eigenkosten, unter Angabe von Art und Menge der verbrauchten Präparate, von den Leistungsträgern erstattet.*	
25.9	Gasgemischinjektionen (z. B. Ozon oder Sauerstoff), intramuskulär	7,70 bis 13,00
25.10	Gasgemischinjektionen, intraarteriell	13,00 bis 26,00
25.11	HOT-Behandlung (Hämatogene Oxydationstherapie)	26,00 bis 51,50
26	**Blutentnahmen**	

26.1	Blutentnahme	bis 3,60
26.2	Aderlass	bis 12,80
27	**Hautableitungsverfahren, Hautreizverfahren**	
27.1	Setzen von Blutegeln, ggf. einschl. Verband	10,50 bis 31,00
27.2	Skarifikation der Haut	5,50 bis 10,50
27.3	Setzen von Schröpfköpfen, unblutig	5,20 bis 8,00
27.4	Setzen von Schröpfköpfen, blutig	10,50 bis 20,50
27.5	Schröpfkopfmassage einschl. Gleitmittel	5,20 bis 10,50
27.6	Anwendung großer Saugapparate für ganze Extremitäten	10,50 bis 26,00
27.7	Setzen von Fontanellen	5,20 bis 15,50
27.8.	Setzen von Cantharidenblasen	5,20 bis 10,50
27.9	Reinjektion des Blaseninhaltes (aus Ziffer 27.8)	5,20 bis 10,50
27.10	Anwendung von Pustulantien	5,20 bis 10,50
27.11	Baunscheidtieren	10,30 bis 20,50
27.12	Biersche Stauung	5,20 bis 8,00
28	**Infiltrationen**	
28.1	Behandlung mittels paravertebraler Infiltration, einmalig	7,70 bi 15,50
28.2	Behandlung mittels paravertebraler Infiltration, mehrmalig	10,30 bis 20,50
29	**Roedersches Verfahren**	
29.1	Roedersches Behandlungs- und Mandelabsaugverfahren	8,00 bis 15,50
30	**Sonstiges**	
30.1	Spülung des Ohres	8,00 bis 15,50
30.2	Anwendung der Beutelbegasung für ganze Extremitäten mit Ozon oder Sauerstoff	10,30 bis 36,00
31	**Wundversorgung, Verbände und Verwandtes**	
31	**Abszesse u. a**	
31.1	Eröffnung eines oberflächlichen Abszesses	5,20 bis 13,00
31.2	Entfernung von Aknepusteln pro Sitzung	5,20 bis 10,50

32	**Versorgung einer frischen Wunde**	
32.1	bei einer kleinen Wunde	5,20 bis 10,50
32.2	bei einer größeren und verunreinigten Wunde	10,30 bis 15,50
33	**Verbände (außer zur Wundbehandlung)**	
33.1	Verbände, jedesmal	5,20 bis 15,50
33.2	elastische Stütz- oder Pflasterverbände	5,20 bis 15,50
33.3	Kompressions- oder Zinkleimverband Anmerkung: Materialien kommen zum Gestehungspreis zur Berechnung.	5,20 bis 13,00
34	Gelenk- und Wirbelsäulenbehandlung	
34.1	Chiropraktische Behandlung	10,50 bis 18,00
34.2	Gezielter chiropraktischer Eingriff an der Wirbelsäule	15,40 bis 19,00
	Anmerkung: *Bei einem mehr als dreimaligen gezielten Eingriff an der Wirbelsäule kann der Leistungsträger eine Begründung verlangen.*	
35	**Osteopathische Behandlung**	
35.1	des Unterkiefers	7,70 bis 15,50
35.2	des Schultergelenkes	15,40 bis 26,00
35.3	der Handgelenke, des Oberschenkels, des Unterschenkels, des Vorderarmes und der Fußgelenke	15,40 bis 26,00
35.4	des Schlüsselbeins und der Kniegelenke	5,20 bis 15,50
35.5	der Daumen	5,20 bis 13,00
35.6	der Finger und Zehen	5,20 bis 13,00
36	**Hydro- und Elektrotherapie Medizinische Bäder und sonstige hydrotherapeutische Anwendungen**	
36.1	Leitung eines ansteigenden Vollbades	5,20 bis 15,50
36.2	Leitung eines ansteigenden Teilbades	5,50 bis 8,00
36.3	Spezialdarmbad (subaquales Darmbad)	7,70 bis 23,00
36.4	Kneippsche Güsse	5,50 bis 8,00
37	**Elektrische Bäder- und Heißluftbäder**	

37.1	Teilheißluftbad, z. B. Kopf oder Arm	5,50 bis 8,00
37.2	Ganzheißluftbad, z. B. Rumpf oder Beine	8,00 bis 10,50
37.3	Heißluftbad im geschlossenen Kasten	5,20 bis 10,50
37.4	Elektrisches Vierzellenbad	8,00 bis 13,00
37.5	Elektrisches Vollbad (Stangerbad)	7,70 bis 13,00
38	**Spezialpackungen**	
38.1	Fangopackungen	8,00 bis 15,50
38.2	Paraffinpackungen, örtliche	8,00 bis 15,50
38.3	Paraffinganzpackungen	10,50 bis 23,00
38.4	Kneippsche Wickel- und Ganzpackungen, Prießnitz- und Schlenzpackungen	10,50 bis 31,00
	Anmerkung: *Alle nicht aufgeführten Bäder und Packungen evtl. unter Verwendung verschiedener Apparate werden nach vergleichbaren Positionen berechnet.*	
39	**Elektro-physikalische Heilmethoden**	
39.1	einfache oder örtliche Lichtbestrahlungen	5,50 bis 8,00
39.2	Ganzbestrahlungen	7,70 bis 10,50
39.4	Faradisation, Galvanisation und verwandte Verfahren (Schwellstromgeräte)	5,50 bis 15,50
39.5	Anwendung der Influenzmaschine	5,50 bis 10,50
39.6	Anwendung von Heizsonnen (Infrarot)	5,50 bis 8,00
39.7	Verschorfung mit heißer Luft und heißen Dämpfen	5,20 bis 10,50
39.8	Behandlung mit hochgespannten Strömen, Hochfrequenzströmen in Verbindung mit verschiedenen Apparaten	5,50 bis 15,50
39.9	Langwellenbehandlung (Diathermie), Kurz- wellen- und Mikrowellenbehandlung	8,00 bis 18,00
39.10	Magnetfeldtherapie mit besonderen Spezialapparaten	10,50 bis 20,50

39.11	Elektromechanische und elektrothermische Behandlung (je nach Aufwand und Dauer)	5,50 bis 31,00
39.12	Niederfrequente Reizstromtherapie, z. B. Jono-Modulator	5,50 bis 26,00
39.13	Ultraschall-Behandlung	5,50 bis 15,50

10. Verordnung über die freie Heilfürsorge der Polizei (Polizei-Heilfürsorgeverordnung – FHVOPol vom 9. Dezember 2009)

Verordnung über die freie Heilfürsorge der Polizei (Polizei-Heilfürsorgeverordnung – FHVOPol)

Vom 9. Dezember 2009 – SGV. NRW. 20303 –

Aufgrund des § 113 Absatz 2 des Landesbeamtengesetzes vom 21. April 2009 (GV. NRW. S. 224), geändert durch Artikel 3 des Gesetzes vom 10. November 2009 (GV. NRW. S. 570), wird im Einvernehmen mit dem Finanzministerium verordnet:

Inhaltsübersicht

§ 1
Anspruchsberechtigung

Es besteht ein Anspruch auf freie Heilfürsorge gemäß § 113 Absatz 2 Landesbeamtengesetz in der jeweils gültigen Fassung.

§ 2
Umfang der freien Heilfürsorge

(1) Die freie Heilfürsorge hat die Aufgabe, die Gesundheit der Polizeivollzugsbeamten zu erhalten oder wiederherzustellen. Die Polizeivollzugsbeamten sind für ihre Gesundheit mitverantwortlich; sie sollen durch eine gesundheitsbewusste Lebensführung, durch frühzeitige Beteiligung an gesundheitlichen Vorsorgemaßnahmen sowie durch aktive Mitwirkung an Krankenbehandlung und Rehabilitation dazu beitragen, den Eintritt von Krankheit und Behinderung zu vermeiden oder ihre Folgen zu überwinden.

Der Anspruch auf freie Heilfürsorge umfasst die zur Erhaltung oder Wiederherstellung der Polizeidienstfähigkeit notwendige und angemessene

1. vorbeugende Gesundheitsfürsorge,
2. ärztliche Behandlung einschließlich Psychotherapie im Krankheitsfall,
3. zahnärztliche Behandlung einschließlich Zahnersatz,
4. Behandlung im Krankenhaus,
5. Behandlung in medizinischen Rehabilitationseinrichtungen,
6. Versorgung mit Arznei- und Verbandmitteln,
7. Versorgung mit Heilmitteln,
8. Versorgung mit Hilfsmitteln,
9. Behandlung im Ausland,
10. Vergütung der Fahrkosten.

Die Leistungen diesbezüglich müssen ausreichend, zweckmäßig und wirtschaftlich sein; sie dürfen das Maß des Notwendigen nicht überschreiten.

(2) Soweit diese Verordnung nichts anderes bestimmt, richtet sich der Umfang der in Absatz 1 genannten Leistungen nach den Vorschriften des Fünften Buches Sozialgesetzbuch (SGB V). Die dortigen Regelungen über Kostenbeteiligungen und Zuzahlungen finden keine Anwendung.

§ 3
Ärztliche Behandlung durch Polizeiärzte

Der Polizeivollzugsbeamte kann sich durch einen Polizeiarzt untersuchen, beraten und behandeln lassen, um Krankheiten zu heilen, zu lindern, vorzubeugen und die körperliche Leistungsfähigkeit zu erhalten und zu fördern. Hierzu gehören auch prophylaktische Impfleistungen.

lich ist, durch andere Einrichtungen. Die ambulanten Rehabilitationsleistungen sind in der Regel am Dienst- oder Wohnort oder in deren Nähe durchzuführen.

(2) Reicht die Leistung nach Absatz 1 nicht aus, werden stationäre Rehabilitationen mit Unterkunft und Verpflegung in einer Rehabilitationseinrichtung mit einem Vertrag nach § 111 SGB V nach vorheriger Zustimmung des nächsthöheren Dienstvorgesetzten gewährt.

(3) Ergänzend zu den Leistungen nach den Absätzen 1 und 2 können stationäre Leistungen zur medizinischen Rehabilitation auch in Einrichtungen, mit denen eine Absprache über die Versorgung der Polizei besteht, auf Vorschlag des behandelnden Arztes mit vorheriger Zustimmung des Dienstvorgesetzten durchgeführt werden, wenn nach polizeiärztlicher Feststellung die Leistungen wesentlich dazu beitragen können, die Polizeidienstfähigkeit zu erhalten oder wiederherzustellen.

(4) Medizinische Leistungen zur Rehabilitation, deren unmittelbarer Anschluss an eine Krankenhausbehandlung nach polizeiärztlicher Feststellung medizinisch notwendig ist (Anschlussrehabilitation), werden mit vorheriger Zustimmung des Dienstvorgesetzten in den in den Absätzen 1 bis 3 genannten Einrichtungen gewährt.

(5) Leistungen zur medizinischen Rehabilitation nach den Absätzen 1 bis 4 werden in der Regeldauer des § 40 Absatz 3 SGB V gewährt, es sei denn, eine Verlängerung der Leistungen ist aus medizinischen Gründen dringend erforderlich. Eine Wiederholungsmaßnahme der Leistungen nach den Absätzen 1 bis 4 wegen desselben Leidens kann in der Regelfrequenz des § 40 Absatz 3 SGB V gewährt werden, wenn durch sie eine endgültige oder langdauernde Wiederherstellung der Dienstfähigkeit zu erwarten ist. Vorzeitige Leistungen können nur erbracht werden, wenn sie aus medizinischen Gründen erforderlich sind.

(6) Verstößt der Polizeivollzugsbeamte nach Feststellung des leitenden Arztes der Rehabilitationseinrichtung gegen die Ziele der Behandlung oder gegen die Hausordnung, kann die Bewilligung der Maßnahme bis zu ihrem Abschluss von dem Dienstvorgesetzten widerrufen werden.

(7) Leistungen zur medizinischen Rehabilitation nach den Absätzen 1 bis 3 werden nicht bewilligt, wenn der Polizeivollzugsbeamte die Entlassung beantragt hat, ein Verfahren auf Rücknahme der Ernennung, ein Disziplinarverfahren mit dem Ziel der Entfernung aus dem Dienst bei gleichzeitiger Dienstenthebung oder ein Verfahren mit der Folge des Verlustes der Beamtenrechte schwebt.

(8) Vorsorgeleistungen für Mütter/Väter in Einrichtungen des Müttergenesungswerkes oder ähnlichen Einrichtungen und Mutter-/Vater-Kind-Maßnahmen sind keine Leistungen der freien Heilfürsorge nach dieser Verordnung.

§ 8
Arznei- und Verbandmittel

Der Polizeivollzugsbeamte hat Anspruch auf Versorgung mit Arzneimitteln, soweit diese in der vertragsärztlichen Versorgung verordnungsfähig sind, und auf Versorgung mit Verbandmitteln, Harn- und Blutteststreifen.

Darüber hinaus besteht der Anspruch auf folgende verschreibungspflichtige Arznei- mittel bei Verordnung in den genannten Anwendungsgebieten:

1. Arzneimittel zur Anwendung bei Erkältungskrankheiten und grippalen Infekten einschließlich der bei diesen Krankheiten anzuwendenden Schnupfenmittel, Schmerzmittel, hustendämpfenden und hustenlösenden Mittel,
2. Mund- und Rachentherapeutika,
3. Abführmittel,
4. Arzneimittel gegen Reisekrankheit.

§ 9
Heilmittel

Heilmittel sind persönliche medizinische Leistungen. Zu ihnen gehören Maßnahmen der physikalischen Therapie, der podologischen Therapie, der Stimm-, Sprech- und Sprachtherapie und der Ergotherapie. Für Heilmittel ist die vorherige Anerkennung durch den Dienstvorgesetzten einzuholen.

In dringenden Fällen hat der Polizeivollzugsbeamte darauf hinzuweisen, dass Anspruch auf freie Heilfürsorge nach dieser Verordnung besteht. Die Kostenübernahmeerklärung ist unverzüglich nachzureichen. Es sind die zugelassenen Leistungserbringer im Sinne des § 124 SGB V in der Regel am Dienst- oder Wohnort oder in deren Nähe in Anspruch zu nehmen.

§ 10
Hilfsmittel

(1) Hilfsmittel sind sächliche medizinische Leistungen. Der Polizeivollzugsbeamte hat Anspruch auf die Versorgung mit ärztlich verordneten Hilfsmitteln, die im Einzelfall erforderlich sind, den Erfolg der Krankenbehandlung zu sichern oder eine Behinderung auszugleichen, soweit die Hilfsmittel nicht als allgemeine Gebrauchsgegenstände des täglichen Lebens anzusehen sind. Der Anspruch umfasst zudem die notwendige Änderung, Instandsetzung und Ersatzbeschaffung von Hilfsmitteln.

Für ein erforderliches Hilfsmittel, für das ein Festbetrag nach § 36 SGB V festgesetzt ist, werden die Kosten bis zur Höhe dieses Betrages übernommen.

Pflegehilfsmittel im Sinne des Elften Buches Sozialgesetzbuch sind keine Hilfsmittel nach dieser Verordnung.

(2) Der Polizeivollzugsbeamte hat Anspruch auf Versorgung mit Sehhilfen. Für die Beschaffung und Instandsetzung von Sehhilfen gilt die Festbetragsregelung nach § 36 SGB V. Der Anspruch auf Versorgung mit Sehhilfen umfasst nicht die Kosten des Brillengestells. Ein erneuter Anspruch auf Versorgung mit Sehhilfen nach Satz 1 und 2 besteht nur bei Änderung der Sehfähigkeit um mindestens 0,5 Dioptrien oder in anderen medizinisch zwingend erforderlichen Fällen, die in den Richtlinien des Gemeinsamen Bundesausschusses der Ärzte und Krankenkassen bestimmt sind. Kosten für Reservebrillen werden nicht übernommen, es sei denn, das Mitführen einer Ersatzbrille ist für die Ausübung des Dienstes nach anderen Vorschriften verpflichtend.

(3) Für die Versorgung mit Kontaktlinsen wird auf § 33 Absatz 3 SGB V verwiesen. (4) Die Beschaffung, Änderung, Instandsetzung und Ersatzbeschaffung ärztlich verordneter Hilfsmittel bedarf der vorherigen Anerkennung durch den Dienstvorgesetzten. Bis zu einem Betrag von 100 Euro entfällt die vorherige Anerkennung, wenn der Krankheitsfall eine unverzügliche Versorgung erfordert. Ist eine erforderliche vorherige Anerkennung ohne Verschulden des Heilfürsorgeberechtigten unterblieben, wird Heilfürsorge dennoch gewährt.

(5) Bei orthopädischem Schuhwerk für Selbsteinkleider wird der Mehrbetrag gegenüber dem Preis für handelsübliches Schuhwerk ersetzt.

§ 11
Kostenübernahme bei Behandlung im Ausland

(1) Wird während eines vorübergehenden Auslandsaufenthaltes eine unaufschiebbare Krankenbehandlung notwendig, werden die Aufwendungen bis zu der Höhe erstattet, in der sie bei Inanspruchnahme eines niedergelassenen Arztes oder eines Krankenhauses im Inland ohne Berücksichtigung der für die Polizei geltenden Gebührensätze entstanden wären. Dies gilt auch für eine unaufschiebbare Krankenbehandlung während einer dienstlichen Verwendung im Ausland, soweit die Versorgung im Krankheitsfall nicht auf andere Weise sichergestellt ist. In allen anderen Krankheitsfällen werden bei dienstlich bedingtem Auslandsaufenthalt die Kosten bis zu der Höhe erstattet, in der sie im Inland nach den Vorschriften der freien Heilfürsorge entstanden wären. Maßnahmen zur medizinischen Rehabilitation gemäß § 7 dieser Verordnung sind im Inland durchzuführen.

(2) Polizeivollzugsbeamten mit ständigem Wohnsitz im Ausland können bei unverzüglich erforderlichen Krankenbehandlungen die im Ausland entstandenen Kosten bis zu der Höhe erstattet werden, in der sie im Inland nach den Vorschriften der freien Heilfürsorge entstanden wären.

(3) In den Fällen der Absätze 1 und 2 sind die Aufwendungen durch detaillierte Rechnungen nachzuweisen. Den Belegen ist eine Übersetzung beizufügen. Die Kosten für die Übersetzung sind nicht erstattungsfähig.

§ 12
Fahrkosten

(1) Die freie Heilfürsorge übernimmt nach den Absätzen 2 und 3 die Kosten für Fahrten einschließlich der Krankentransporte, wenn sie im Zusammenhang mit einer Leistung der freien Heilfürsorge aus zwingenden medizinischen Gründen notwendig sind. Die freie Heilfürsorge übernimmt Fahrkosten zu einer ambulanten Behandlung nur nach vorheriger Genehmigung durch den Dienstvorgesetzten in besonderen Ausnahmefällen, die der gemeinsame Bundesausschuss in den Richtlinien nach § 92 Absatz 1 Satz 2 Nummer 12 SGB V festgelegt hat.

(2) Die freie Heilfürsorge übernimmt die Kosten für Fahrten

1. bei Leistungen, die stationär erbracht werden; dies gilt bei einer Verlegung in ein anderes Krankenhaus nur, wenn die Verlegung aus zwingenden medizinischen Gründen erforderlich ist, oder bei einer mit Einwilligung des Dienstvorgesetzten erfolgten Verlegung in ein wohnortnahes Krankenhaus,
2. bei Rettungsfahrten zum Krankenhaus auch dann, wenn eine stationäre Behandlung nicht erforderlich ist,
3. bei anderen Fahrten, die während der Fahrt einer fachlichen Betreuung oder der besonderen Einrichtungen eines Krankenwagens bedürfen oder bei denen dies auf Grund ihres Zustandes zu erwarten ist (Krankentransport),
4. bei Fahrten zu einer ambulanten Krankenhausbehandlung sowie zu einer Behandlung nach § 115 a oder § 115 b SGB V, wenn dadurch eine an sich gebotene vollstationäre oder teilstationäre Krankenhausbehandlung vermieden oder verkürzt wird.

(3) Darüber hinaus werden Fahrkosten übernommen

1. bei Begutachtungen in Verbindung mit Leistungen der freien Heilfürsorge auf Veranlassung des Polizeiarztes,
2. bei Inanspruchnahme von Impfleistungen nach § 3 und Leistungen nach § 7 dieser Verordnung.

(4) In den Fällen des Absatzes 2 Nummern 1 und 4 und des Absatzes 3 Nummern 1 und 2 sind in der Regel die nachgewiesenen Kosten der niedrigsten Beförderungsklasse regelmäßig verkehrender Beförderungsmittel und für die Beförderung von Gepäck in entsprechender Anwendung des Landesreisekostengesetzes erstattungsfähig. Dies gilt auch für Fahrkosten einer Begleitperson, wenn die Begleitung aus medizinischen Gründen notwendig ist. Bei Benutzung eines privaten Kraftfahrzeugs werden die Kosten des Fahrpreises für Beförde-

rungsmittel im Sinne des Satzes 1 übernommen. Den Nachweis über die Höhe der Kosten führt der Polizeivollzugsbeamte.

(5) Die Übernahme von nachgewiesenen Kosten für andere Beförderungsmittel (z. B. Taxi, Mietwagen, Krankentransportwagen, Rettungswagen, Rettungshubschrauber) setzt – mit Ausnahme von Notfällen – eine vor dem Transport ausgestellte ärztliche Verordnung über die Notwendigkeit ihrer Benutzung voraus. Beim Vorliegen einer ärztlichen Verordnung für eine Beförderung mit einem Taxi oder einem Mietwagen können die Kosten für die Benutzung eines privaten Kraftfahrzeugs in entsprechender Anwendung des § 6 Absatz 1 des Landesreisekostengesetzes übernommen werden.

(6) Fahrkosten, die bei Erkrankung während eines privaten Auslandaufenthaltes entstehen, sowie die Kosten des Rücktransports an den Wohnort werden nicht übernommen.

§ 13

Verfahren

(1) Der Polizeivollzugsbeamte erhält die Leistungen der freien Heilfürsorge als Sachleistung.

(2) Die nach dieser Verordnung vorgesehenen Genehmigungen, Anerkennungen bzw. Zustimmungen durch den Dienstvorgesetzten bedürfen der Beteilung des zuständigen polizeiärztlichen Dienstes. Der Dienstvorgesetzte kann diese Aufgaben auch vollständig dem jeweils zuständigen Polizeiarzt übertragen, falls dieser Angehöriger seiner Behörde ist.

(3) Soweit diese Verordnung Erstattungen zulässt, ist die Erstattung der Aufwendungen innerhalb eines Jahres nach ihrem Entstehen, spätestens jedoch ein Jahr nach der Ausstellung der Rechnung zu beantragen. Verspätet geltend gemachte Aufwendungen werden nur erstattet, wenn das Versäumnis entschuldbar ist.

§ 14

Gleichstellungsklausel

Soweit in dieser Verordnung personenbezogene Bezeichnungen im Maskulinum stehen, wird diese Form verallgemeinernd verwendet und bezieht sich auf beide Geschlechter.

§ 15

Inkrafttreten, Außerkrafttreten

(1) Diese Verordnung tritt am 1. Januar 2010 in Kraft. Die Polizei-Heilfürsorgeverordnung vom 13. Juli 2001 (GV. NRW. S. 536) tritt mit Ablauf des 31. Dezember 2009 außer Kraft.

(2) Diese Verordnung tritt mit Ablauf des 31. Dezember 2014 außer Kraft.

11. Soziale Sicherung von nicht erwerbstätigen Pflegepersonen; RdErl. des Finanzministeriums vom 12. Dezember 2005

Gewährung von Beihilfen in Krankheits-, Geburts- und Todesfällen

Soziale Sicherung von nicht erwerbsmäßig tätigen Pflegepersonen

hier: Anteilige Zahlung von Beiträgen zur sozialen Sicherung durch die Beihilfefestsetzungsstellen

RdErl. des Finanzministeriums vom 12. 12. 2005 – B 3170 – 12.1 – IV A 4 –

I.

1 **Allgemeines**

1.1 Personen, die **nicht erwerbsmäßig** einen Pflegebedürftigen im Sinne des § 14 SGB XI wenigstens 14 Stunden wöchentlich in seiner häuslichen Umgebung pflegen (Pflegepersonen – § 19 SGB XI –), sind in den Schutz der gesetzlichen Renten- und Unfallversicherung einbezogen (§ 44 Abs. 1 SGB XI), sofern der Pflegebedürftige Anspruch auf Leistungen aus der privaten oder der sozialen Pflegeversicherung hat. Pflegepersonen, die nach Aufgabe der Pflegetätigkeit ins Erwerbsleben zurückkehren wollen, können unter den im Dritten Buch Sozialgesetzbuch genannten Voraussetzungen gefördert werden.

1.2 Die Pflegekassen und die privaten Versicherungsunternehmen sind nach § 44 Abs. 3 SGB XI verpflichtet, die in der gesetzlichen Renten- und Unfallversicherung zu versichernden Pflegepersonen den zuständigen Renten- und Unfallversicherungsträgern zu melden. Seitens der beihilfegewährenden Dienstherren besteht keine Meldepflicht.

2 **Gesetzliche Rentenversicherung**

2.1 **Feststellung der Versicherungspflicht**

2.1.1 Nach § 3 Satz 1 Nr. 1 a SGB VI unterliegen ab 1. 4. 1995 Pflegepersonen (§ 19 SGB XI) der Rentenversicherungspflicht, sofern sie einen Pflegebedürftigen für wenigstens 14 Stunden in der Woche in seiner häuslichen Umgebung pflegen und der Pflegebedürftige **Anspruch auf Leistungen aus der privaten oder sozialen Pflegeversicherung** hat. Rentenversicherungspflicht besteht auch in den Fällen, in denen neben der Pflege durch private und soziale Pflegedienste eine Pflege durch

Pflegepersonen im Sinne des Satzes 1 erbracht wird, unabhängig davon, ob eine Pauschalbeihilfe gezahlt wird. Keine Versicherungspflicht besteht, wenn die Pflegeperson neben der Pflege regelmäßig mehr als 30 Stunden wöchentlich beschäftigt oder selbständig ist (§ 3 Satz 3 SGB VI). Unter gewissen Voraussetzungen tritt keine Versicherungspflicht ein (z. B. bei Bezug von Vollrente wegen Alters oder von Versorgungsbezügen wegen Erreichens einer Altersgrenze sowie bei geringfügig ausgeübter Pflegetätigkeit).

2.1.2 Da die privaten Pflegeversicherungsunternehmen zur Meldung an den Rentenversicherungsträger verpflichtet sind, obliegt ihnen die Feststellung der Versicherungspflicht oder der Versicherungsfreiheit von Pflegepersonen. Nach § 44 Abs. 4 SGB XI ist der Inhalt der Meldung, die u. a. auch Beginn und Ende der Pflegetätigkeit sowie die Pflegestufe des Pflegebedürftigen enthält, der **Pflegeperson bzw. hinsichtlich der Pflegestufe dem Pflegebedürftigen** schriftlich mitzuteilen.

Kopien dieser Mitteilungen und eventueller Änderungsmitteilungen sowie die Jahresmeldungen sind von dem Beihilfeberechtigten der Beihilfefestsetzungsstelle vorzulegen. Die von dem privaten Versicherungsunternehmen getroffenen Feststellungen sind der Beitragszahlung zugrunde zu legen.

Nach § 44 Abs. 5 SGB XI sind die Pflegekassen und privaten Pflegeversicherungen ab **1. Juni 2005** in Pflegefällen verpflichtet, im Antragsverfahren auf Leistungen der Pflegeversicherung von dem Pflegebedürftigen die zuständige Beihilfefestsetzungsstelle zu erfragen, sie haben sodann dieser Stelle unmittelbar den Beginn der Beitragspflicht und die Angaben nach § 44 Abs. 3 Satz 2 Nr. 1 bis 5 und 8 SGB XI mitzuteilen. Einer Meldung des Beihilfeberechtigten bedarf es insoweit nicht mehr.

Mit der Schaffung des § 44 Abs. 5 SGB XI werden die Beihilfefestsetzungsstellen und die Dienstherrn in die Lage versetzt, ihre Beitragspflicht zeitnah erfüllen zu können. Ist dieser Stelle die Beitragspflicht der maßgebenden Pflegeperson erst einmal bekannt, hat sie Änderungen in den Verhältnissen, die für die Beitragspflicht erheblich sind, eigenständig zu ermitteln. Ein ständiges Mitteilungsverfahren zwischen den Pflegekassen und privaten Pflegeversicherungsunternehmen einerseits und den Beihilfefestsetzungsstellen oder dem Dienstherrn andererseits ist nicht vorgesehen.

Das auf der Grundlage des § 44 Abs. 3 SGB XI praktizierte Verfahren, wo- nach dem Rentenversicherungsträger von den Pflegekassen oder den privaten Pflegeversicherungsunternehmen die „vollen" beitragspflichtigen Einnahmen als Entgelt gemeldet wird, bleibt unverändert, da für die Beihilfefestsetzungsstellen und Dienstherren eine Meldepflicht gegenüber dem Rentenversicherungsträger nach wie vor nicht besteht.

Die Spitzenverbände der Kranken- bzw. Pflegekassen, der Verband Deutscher Rentenversicherungsträger und der Verband der privaten Krankenversicherung e. V. haben nachfolgend Näheres zur Ausgestaltung des Mitteilungsverfahrens nach § 44 Abs. 5 SGB XI festgelegt:

„Anwendungsbereich

Die Mitteilungspflicht der Pflegekassen und der privaten Versicherungsunternehmen erfasst die nach § 3 Satz 1 Nr. la SGB VI versicherungspflichtigen nicht erwerbsmäßig tätigen Pflegepersonen, die einen Pflegebedürftigen pflegen, der Anspruch auf Beihilfeleistungen oder Leistungen der Heilfürsorge hat, und für die die Beiträge zur Rentenversicherung nach § 170 Abs. 1 Nr. 6 Buchst. c SGB VI für die Beihilfe oder den Dienstherrn anteilig getragen und an den jeweiligen Rentenversicherungsträger gezahlt werden.

Betroffen sind ausschließlich Antragsverfahren, die nach dem 31. 5. 2005 beginnen. Frühere Antragsverfahren, die am 1. 6. 2005 noch nicht abgeschlossen sind, oder Fälle, in denen über den 31. 5. 2005 hinaus laufend Beiträge gezahlt werden („Bestandsfälle"), werden nicht erfasst.

Meldepflichtiger Tatbestand

Das Mitteilungsverfahren setzt nach § 44 Abs. 5 Satz 2 SGB XI bei Feststellung der Beitragspflicht einer vom Anwendungsbereich der Regelung erfassten nicht erwerbsmäßig tätigen Pflegeperson ein. Mit der Feststellung der Beitragspflicht in diesem Sinne ist das erstmalige Tätigwerden der Pflegekasse oder des privaten Versicherungsunternehmens gemeint, das nach positiver Prüfung aller für die Versicherungs- und Beitragspflicht erforderlichen Tatbestandsvoraussetzungen in der Regel in einer Mitteilung an die Pflegeperson über die Aufnahme der Beitragszahlung zum Ausdruck kommt. Wird die Versicherungs- und Beitragspflicht nach einer längeren Zeit der Unterbrechung (z. B. wegen längerer stationärer Behandlung der Pflegeperson) erneut oder bei einem Wechsel der Pflegeperson festgestellt, besteht die Mitteilungspflicht ebenfalls. Gleiches gilt auch in den Fällen, in denen die Pflegekasse oder das private Versicherungsunternehmen im Rahmen einer erneuten Begutachtung (z. B. nach einem Höherstufungsantrag) feststellt, dass die Voraussetzungen der Versicherungspflicht einer nicht erwerbsmäßig tätigen Pflegeperson erstmalig vorliegen und die Beiträge zu zahlen sind.

Die im Rahmen einer erneuten Begutachtung festgestellte Änderung der Pflegestufe oder des berücksichtigungsfähigen Pflegeumfangs löst dagegen keine Mitteilungspflicht aus, wenn dadurch bedingt lediglich die Beitragsbemessungsgrundlage anzupassen ist. Insofern gilt der der

Neuregelung des § 44 Abs. 5 SGB XI innewohnende Grundsatz, dass dann, wenn der Festsetzungsstelle für die Beihilfe oder dem Dienstherrn die Beitragspflicht erst einmal bekannt ist, Änderungen in den Verhältnissen, die für die Höhe der Beitragsbemessung erheblich sind, eigenständig festzustellen sind. Dementsprechend ist das Mitteilungsverfahren zwischen den Pflegekassen und den privaten Versicherungsunternehmen einerseits und den Beihilfefestsetzungsstellen andererseits auf den Beginn der Beitragspflicht beschränkt. Ein ständiges Mitteilungsverfahren über alle für die Beitragspflicht relevanten Angaben (z. B. über das Ende der Versicherungs- und Beitragspflicht bei Unterbrechungen oder Wegfall der Pflegetätigkeit) ist nicht vorgesehen.

Inhalt und Form der Meldung

Die Mitteilung der Pflegekasse und des privaten Versicherungsunternehmens hat nach § 44 Abs. 5 Satz 2 in Verb. mit Abs. 3 Satz 2 Nrn. 1 bis 5 und 8 SGB XI folgende Angaben für die Pflegeperson zu enthalten:

- die Rentenversicherungsnummer, soweit bekannt,
- den Familien- und Vornamen,
- das Geburtsdatum,
- die Anschrift,
- die beitragspflichtigen Einnahmen und
- den Beginn der Beitragspflicht.

Darüber hinaus ist als Ordnungskriterium der Familien- und Vorname des Pflegebedürftigen, sein Geburtsdatum und seine Anschrift anzugeben.

Die Mitteilung an die Festsetzungsstelle für die Beihilfe oder den Dienstherrn ist unverzüglich nach Feststellung der Beitragspflicht auf einem Vordruck gemäß dem beiliegenden Muster (Hinweis FM: hier nicht veröffentlicht) zu erstatten. Eine Mitteilung durch Datenübermittlung ist zunächst nicht vorgesehen."

2.2 **Beitragszahlung**

2.2.1 Die Rentenversicherungsbeiträge für Pflegepersonen sind nach § 170 Abs. 1 Nr. 6 Buchst. c SGB VI von der Pflegekasse oder der privaten Pflegeversicherung und den Beihilfe gewährenden Dienstherren anteilig zu tragen. Die Höhe der Rentenversicherungsbeiträge richtet sich nach den in § 166 Abs. 2 SGB VI festgelegten beitragspflichtigen Einnahmen und dem Beitragssatz (§ 158 Abs. 1 SGB VI)

2.2.2 Die Beiträge sind auf Grund der Mitteilungen (Nr. 2.1.2) unabhängig von der Stellung eines Beihilfeantrages bis zum 15. des Monats zu entrichten, der auf den Monat der Pflegetätigkeit folgt. Dabei sind eventuelle Überzahlungen oder Minderzahlungen in den Folgemonaten auszugleichen. Die Beiträge sind im Jahre 2006 zu zahlen

- zu 37,506 v. H. an den für den Sitz der Beihilfefestsetzungsstelle zuständigen Regionalträger,
- zu 62,494 v. H. an die Deutsche Rentenversicherung Bund. Im Jahre 2007 sind die Beiträge wie folgt zu entrichten:
- zu 36,183 v. H. an den für den Sitz der Beihilfefestsetzungsstelle zuständigen Regionalträger und
- zu 63,817 v. H. an die Deutsche Rentenversicherung Bund[1].

Die Beiträge sind also nicht mehr fallbezogen an die jeweiligen Rentenversicherungsträger zu entrichten. Lediglich in den Fällen, in denen einzelfallbezogen (also nur für eine Person) abgerechnet wird, kann der Beitrag auch an den Rentenversicherungsträger gezahlt werden, der sich aus der Bereichsnummer der Versicherungsnummer ergibt.

2.2.3 Die Höhe der Beiträge ist aufgrund einer Beitragsabrechnung zu ermitteln, die mindestens folgende Angaben enthalten muss:

1 **Grunddaten**

1.1 Personalnummer der beihilfeberechtigten Person

1.2 Name, Vorname der pflegebedürftigen Person

1.3 Ort der Pflege

1.4 Beihilfebemessungssatz

2 **Pflegeperson**

2.1 Familien- und Vorname

2.2 Anschrift

2.3 Rentenversicherungsnummer und Geburtsdatum

2.4 zuständiger Rentenversicherungsträger

3 **Pflegetätigkeit**

3.1 Pflegekasse

3.2 Pflegestufe der Pflegebedürftigen

3.3 Beginn der Pflege

3.4 Unterbrechungen

3.5 Ende der Pflege

4 **Zahlung der Beiträge**

---

1) In 2011 entfallen auf die Deutsche Rentenversicherung Bund 55,686 % und auf den zuständigen Regionalträger 44,314 % (www.deutsche-rentenversicherung.de)-

4.1 Beitragspflichtige Einnahmen nach § 166 SGB VI

4.2 Rentenversicherungsbeitrag

4.3 anteilige Zahlung an den Rentenversicherungsträger entsprechend dem Beihilfebemessungssatz.

2.2.4 Die Beitragsermittlungen und -zahlungen unterliegen der Prüfung durch den Rentenversicherungsträger gemäß § 212 SGB VI.

2.3 **Verfahrensregelungen**

2.3.1 Die Errechnung und Abführung der Rentenversicherungsbeiträge erfolgt bis zum 30. 6. 2007 für alle Beihilfestellen durch das Landesamt für Versorgung (LBV), 40192 Düsseldorf und ab 1. 7. 2007 durch die jeweils zuständige Beihilfefestsetzungsstelle. Hierzu haben die Beihilfestellen bei der örtlichen Agentur für Arbeit, in deren Bezirk die Beihilfestelle liegt, eine Betriebsnummer zu beantragen. Nähere Informationen sind unter der Internetadresse www.arbeitsagentur.de einzusehen.

2.3.2 Die Rentenversicherungsbeiträge sind aus den Pflegetiteln zu buchen.

2.3.3 Die Unterlagen über die Zahlung von Rentenversicherungsbeiträgen sind fünf Jahre aufzubewahren.

2.3.4 Die Zahlungen an die Rentenversicherungsträger sind anhand der Jahresmeldungen (vgl. Nr. 2.1.2) stichprobeweise zu überprüfen.

2.4 **Informationen des Verbandes Deutscher Rentenversicherungsträger**

Auf die als Anlage beigefügte „Information des Verbandes Deutscher Rentenversicherungsträger zur Durchführung der Rentenversicherung der Pflegepersonen durch die Festsetzungsstellen für die Beihilfen" wird hingewiesen.

3 **Gesetzliche Unfallversicherung, Leistungen nach dem Dritten Buch Sozialgesetzbuch (SGB III)**

Die Pflegepersonen sind in der gesetzlichen Unfallversicherung beitragsfrei versichert. Leistungen nach dem SGB III sind bei den Agenturen für Arbeit zu beantragen. Von den Beihilfefestsetzungsstellen ist daher nichts zu veranlassen.

II.

Mein RdErl. vom 17. 5. 1995 – B 3170 – 12.1 – IV A 4 (MBl. NRW. S. 804) wird hiermit aufgehoben.

Im Einvernehmen mit dem Innenministerium.

12. Soziale Sicherung von Personen während der Pflegezeit; Rundschreiben des Finanzministeriums vom 30. Juli 2008

hier: Anteilige Zahlung von Beiträgen zur Arbeitslosenversicherung und von Zuschüssen zur Krankenversicherung während der Pflegezeit (Rundschreiben des Finanzministeriums vom 30. Juli 2008)

Gewährung von Beihilfen in Krankheits-, Geburts- und Todesfällen

Soziale Sicherung von Personen während der Pflegezeit

hier: Anteilige Zahlung von Beiträgen zur Arbeitslosenversicherung und von Zuschüssen zur Krankenversicherung während der Pflegezeit

Rundschreiben des Finanzministeriums vom 30. Juli 2008
B 3170 – 13.1 – IV A 4

1. **Allgemeines**

1.1 Pflegezeit

Mit Artikel 3 des Gesetzes zur strukturellen Weiterentwicklung der Pflegeversicherung (Pflege-Weiterentwicklungsgesetz) vom 28. 5. 2008 (BGBl. I S. 874/896) ist durch das Gesetz über die Pflegezeit (Pflegezeitgesetz – PflegeZG) die Möglichkeit geschaffen worden, dass ab 1. 7. 2008 Beschäftigte, die nahe Angehörige (§ 7 Abs. 3 PflegeZG) im häuslichen Umfeld pflegen, mit ihrem Arbeitgeber eine unbezahlte Freistellung von der Arbeit bis zu einer Dauer von insgesamt 6 Monaten (ggf. aufgeteilt auf mehrere Zeiträume) mit einer Rückkehrmöglichkeit vereinbaren können („Pflegezeit"). Soweit bei dem Arbeitgeber mehr als 15 Personen beschäftigt sind, besteht ein Rechtsanspruch auf Pflegezeit. Weitere Einzelheiten ergeben sich aus dem unter www.beihilfe.nrw.de veröffentlichten „Gemeinsamen Rundschreiben der Spitzenverbände der Pflegekassen, des Verbandes der privaten Krankenversicherung und der Bundesagentur für Arbeit vom 1. 7. 2008".

1.2 Arbeitslosenversicherung, Kranken- und Pflegeversicherung

Während der Pflegezeit sind die freigestellten Arbeitnehmerinnen oder Arbeitnehmer in der unter den in Abschn. II Nr. 7 des Gemeinsamen Rundschreibens genannten Voraussetzungen in der Arbeitslosenversicherung pflichtversichert und haben einen Anspruch auf einen Zuschuss zur Kranken- und Pflegeversicherung (§ 44 a Abs. 1 SGB XI). Soweit Pflegebedürftige Anspruch auf Beihilfe haben oder berücksichtigungsfähige

Angehörige (§ 2 Abs. 1 Nr. 1 und Abs. 2 BVO) sind, werden die Beiträge zur Arbeitslosenversicherung und der Zuschuss zum Kranken- und Pflegeversicherungsbeitrag von der Pflegeversicherung und den Beihilfefestsetzungsstellen anteilig gezahlt.

2. Abführung der Beiträge zur Arbeitslosenversicherung

2.1 Mitteilungsverfahren

Zur Ermittlung der Beiträge werden den Beihilfefestsetzungsstellen von den Pflegekassen bzw. den privaten Pflegeversicherungsunternehmen spätestens am Ende der Pflegezeit folgende Informationen übermittelt (vgl. Abschnitt V Nr. 2 und Anlage 4 des Gemeinsamen Rundschreibens; eine Verpflichtung zur Zahlung der Beiträge durch die Beihilfefestsetzungsstelle ergibt sich erst nach Erhalt dieser Mitteilung):

1. Familien- und Vorname, Geburtsdatum und Anschrift des Pflegebedürftigen,
2. Familienname, Vorname, Geburtsdatum und Anschrift der Person, die Pflegezeit in Anspruch nimmt (arbeitslosenversicherungspflichtige Pflegeperson),
3. die Rentenversicherungsnummer der Person, die Pflegezeit in Anspruch nimmt (soweit bekannt),
4. Beginn und Ende der Beitragspflicht sowie Rechtskreiskennzeichnung („Ost" oder „West"),
5. Angaben zum Beihilfeberechtigten, falls der Pflegebedürftige keinen eigenen Beihilfeanspruch hat.

2.2 Beiträge

2.2.1 Fälligkeit

Die Zahlung der Beiträge zur Arbeitslosenversicherung erfolgt als Gesamtbeitrag für das Kalenderjahr (Beitragsjahr), in dem eine Person Pflegezeit in Anspruch genommen hat (§ 349 Abs. 5 Satz 2 SGB III).

Die Beiträge sind auf Grund der Mitteilungen (Nr. 2.1) unabhängig von der Stellung eines Beihilfeantrages im März des Jahres fällig, das dem Beitragsjahr folgt (erste Fälligkeit somit zum 31. März 2009). Dabei sind eventuelle Überzahlungen oder Minderzahlungen aus vorherigen Beitragsjahren auszugleichen.

Geht für das abzurechnende Beitragsjahr die Mitteilung bei der Beihilfefestsetzungsstelle bis zum 28. bzw. 29. Februar des Folgejahres ein, sind die Beiträge für die darin genannten Personen mit dem auf das abzurechnende Beitragsjahr entfallenden Beitrag zum 31. März desselben

Jahres fällig. Geht die Mitteilung dagegen nach dem 28. bzw. 29. Februar ein, können die Beiträge mit dem Gesamtbeitrag des Folgejahres gezahlt werden.

Beispiel:

Eingang der Mitteilung 15. 2. 2009

Beitragspflicht vom 1. 8. 2008 bis 31. 1. 2009

Die Beiträge für die Zeit vom 1. 8. bis 31. 12. 2008 sind in die spätestens am 31. 3. 2009 fällige Beitragszahlung einzubeziehen; der Beitrag für Januar 2009 ist bei der bis Ende März 2010 fälligen Beitragszahlung zu berücksichtigten.

2.2.2 Beitragshöhe

Nach § 345 Nr. 8 SGB III betragen die beitragspflichtigen „Einnahmen" bei Personen in der Pflegezeit 10 v. H. der monatlichen Bezugsgröße in der Sozialversicherung (§ 18 Abs. 1 SGB IV). Wird die Pflegetätigkeit im Beitrittsgebiet ausgeübt, ist die dort geltende Bezugsgröße (Bezugsgröße [Ost], § 18 Abs. 2 SGB IV) maßgebend. Der Wohnsitz oder gewöhnliche Aufenthalt der Pflegeperson ist in diesem Zusammenhang unbeachtlich. Ausgehend von der geltenden Bezugsgröße im Kalenderjahr 2008 in Höhe von 2.485,– Euro (West) bzw. 2.100,– Euro (Ost), beträgt die beitragspflichtige Einnahme 248,50 Euro (West) bzw. 210,– Euro (Ost) monatlich.

Die Beiträge werden nach einem Prozentsatz (Beitragssatz) von der Beitragsbemessungsgrundlage erhoben. Maßgebend ist der Beitragssatz in der Arbeitslosenversicherung, der in dem Zeitraum gilt, für den die Freistellung von der Arbeitsleistung nach dem Pflegezeitgesetz wirksam ist. Im Kalenderjahr 2008 beträgt der Beitragssatz in der Arbeitslosenversicherung 3,3 v. H. Daraus errechnet sich für das Jahr 2008 ein monatlicher Gesamtbeitrag in Höhe von 8,20 Euro (West) bzw. 6,93 Euro (Ost).

2.2.3 Zahlung der Beiträge

Der Gesamtbeitrag ist auf das Konto der Bundesagentur für Arbeit Nr. 760 016 00 bei der Deutschen Bundesbank, Filiale Nürnberg, BLZ 760 000 00 zu überweisen; eine Trennung nach Rechtskreisen („Ost" und „West") ist nicht erforderlich. Die in den Überweisungsbeleg zu übernehmenden Angaben ergeben sich aus Abschnitt III Nr. 4.1 des Gemeinsamen Rundschreibens.

Zur „Betriebsnummer" der zahlenden Stelle weise ich darauf hin, dass sie auch für die Zahlung von Rentenversicherungsbeiträgen für Pflegepersonen erforderlich ist. Sofern die Betriebsnummer nicht bereits vorhanden ist, muss sie bei der örtlichen Agentur für Arbeit, in deren Bezirk die Beihilfestelle liegt, beantragt werden. Nähere Informationen sind unter der Internetadresse www.arbeitsagentur.de einzusehen.

3. Zuschuss zum Kranken- und Pflegeversicherungsbeitrag

3.1 Anspruchsgrundlagen

Nach § 44 a Abs. 1 SGB XI haben Personen während der Pflegezeit einen Anspruch auf Zuschuss zu ihren Kranken- und Pflegeversicherungsbeiträgen. Er wird gewährt für eine freiwillige Versicherung in der gesetzlichen Krankenversicherung, eine Pflichtversicherung nach § 5 Abs. 1 Nr. 13 SGB V oder nach § 2 Abs. 1 Nr. 7 des Zweiten Gesetzes über die Krankenversicherung der Landwirte, für eine Versicherung bei einem privaten Krankenversicherungsunternehmen, für eine Versicherung bei der Postbeamtenkrankenkasse oder der Krankenversorgung der Bundesbahnbeamten sowie für eine damit in Zusammenhang stehende Pflege-Pflichtversicherung, soweit im Einzelfall keine beitragsfreie Familienversicherung möglich ist.

3.2 Höhe des Zuschusses

Die Höhe des Zuschusses ergibt sich aus § 44 a Abs. 1 Satz 3 und 4 SGB XI. Als kalendertägliche Berechnungsgrundlage ist der neunzigste Teil der monatlichen Bezugsgröße (in 2008 = 2.485 Euro : 90 = 27,61 €) zugrunde zu legen.

Für die Berechnung des Zuschusses ist die kalendertägliche Berechnungsgrundlage wie folgt zu multiplizieren:

a) Krankenversicherung in der Zeit vom 1. 7. bis 31. 12. 2008:

- für gesetzlich Krankenversicherte mit dem allgemeinen Beitragssatz der Krankenkasse, bei der die Mitgliedschaft besteht, zuzüglich 0,9 % Punkte; bei Zweifeln kann der Beitragssatz durch Rückfrage bei der Krankenkasse oder im Internet (z. B. unter www.krankenkassentarife.de) ermittelt werden;
- für nicht gesetzlich Krankenversicherte und für Versicherte der landwirtschaftlichen Krankenkassen mit dem durchschnittlichen allgemeinen Beitragssatz (derzeit 14,0 %), zuzüglich 0,9 %-Punkte, derzeit 123,42 Euro monatlich.

b) Krankenversicherung ab 1. 1. 2009:

mit dem bundeseinheitlichen Beitragssatz.

c) Pflegeversicherung ab 1. 7. 2008:

mit dem Beitragssatz von 1,95 %, zuzüglich gegebenenfalls des Zuschlags für Kinderlose von 0,25 % (nur bei Versicherten in der sozialen Pflegeversicherung), derzeit 16,15 bzw. 18,22 Euro monatlich.

Der Zuschuss darf nicht höher als der gezahlte Beitrag sein.

Die Beiträge zur Kranken- und Pflegeversicherung sind durch entsprechende Bescheinigungen der Kranken- bzw. Pflegekassen und der Unternehmen der privaten Krankenversicherung nachzuweisen.

3.3 Antragstellung

Die Zuschüsse zur Kranken- und Pflegeversicherung werden der Person, die Pflegezeit in Anspruch nimmt, auf Antrag gewährt. Für den Antrag ist das als Anlage 1 beigefügte Formblatt zu verwenden; Anträge, die unter Verwendung des als Anlage 3 des Gemeinsamen Rundschreibens veröffentlichten Formblatts gestellt werden, sind nicht zurückzuweisen. Änderungen in den Verhältnissen, die sich auf die Zuschussgewährung auswirken können, sind unverzüglich der für den Pflegebedürftigen zuständigen Beihilfefestsetzungsstelle mitzuteilen.

4. **Verfahrensregelungen**

4.1 Zuständigkeit

Die Abführung der Arbeitslosenversicherungsbeiträge sowie die Auszahlung der Zuschüsse zur Kranken- und Pflegeversicherung erfolgt durch die für den Pflegebedürftigen zuständige Beihilfefestsetzungsstelle.

4.2 Verbuchung

Die Arbeitslosenversicherungsbeiträge und die Zuschüsse zu den Kranken- und Pflegeversicherungsbeiträgen sind im Jahr 2008 aus den Pflegetiteln und ab 2009 aus den Titeln 441 04 und 446 04 (Beiträge zur Arbeitslosenversicherung), 441 05 bzw. 446 05 (Zuschüsse zum Kranken- und Pflegeversicherungsbeitrag) zu zahlen.

4.3 Aufbewahrung

Die Unterlagen über die Zahlung von Arbeitslosenversicherungsbeiträgen und Zuschüssen zur Kranken- und Pflegeversicherung sind fünf Jahre aufzubewahren.

Im Einvernehmen mit dem Innenministerium.

Anlage 1

Antrag auf Zahlung eines Zuschusses zu den Beiträgen zur Kranken- und Pflegeversicherung währen der Pflegezeit

An

Zutreffendes bitte ankreuzen ☐ oder ausfüllen

____

____

1. Person in Pflegezeit

Name	Vorname	Geburtsdatum
Anschrift (Straße, Haus-Nr., PLZ, Wohnort)		Telefon
Dauer der Pflegezeit:	vom	bis

2. Beihilfeberechtigte / Beihilfeberechtigter

Name	Vorname	Geburtsdatum
Anschrift (Straße, Haus-Nr., PLZ, Wohnort)		Telefon

3. Pflegebedürftige Person

☐ Beihilfeberechtigter	☐ Ehegatte/eingetragene Lebenspartnerin / einge tragener Lebenspartner	☐ Kind Vorname:

4. Beitrag während der Pflegezeit

Name der Krankenkasse oder des Versicherungsunternehmens		
Monatsbeitrag Krankenversicherung in €	Monatsbeitrag Pflegeversicherung in €	Familienversicherung möglich ☐ ja ☐ nein
Bestätigung der Kranken- und Pflegeversicherung bzw. der Kranken- und Pflegekasse		

5. Bankverbindung

Kreditinstitut:	Kontonummer	Bankleitzahl

6. Erklärung

Mir ist bekannt, dass ich Änderungen unverzüglich anzuzeigen habe und die Zuschüsse ganz oder anteilig zurückzuzahlen sind, falls sie die Höhe der gezahlten Beiträge übersteigen.

____________________________ ____________________________

Ort, Datum Unterschrift des Antragstellers

AOK-BUNDESVERBAND, BONN

BUNDESVERBAND DER BETRIEBSKRANKENKASSEN, ESSEN

IKK-BUNDESVERBAND, BERGISCH GLADBACH

BUNDESVERBAND DER LANDWIRTSCHAFTLICHEN KRANKENKASSEN, KASSEL

KNAPPSCHAFT, BOCHUM

VERBAND DER ANGESTELLTEN-KRANKENKASSEN E.V., SIEGBURG

AEV-ARBEITER-ERSATZKASSEN-VERBAND E.V., SIEGBURG

GKV-SPITZENVERBAND, BERLIN

VERBAND DER PRIVATEN KRANKENVERSICHERUNG E.V., KÖLN

BUNDESAGENTUR FÜR ARBEIT, NÜRNBERG

1. Juli 2008

Soziale Sicherung von Pflegepersonen während der Pflegezeit in der Arbeitslosenversicherung

Mit dem Gesetz zur strukturellen Weiterentwicklung der Pflegeversicherung (Pflege-Weiterentwicklungsgesetz) vom 28. Mai 2008 (BGBl. I S. 874) soll die Pflegeversicherung noch besser auf die Bedürfnisse und Wünsche der Pflegebedürftigen sowie ihrer Angehörigen ausgerichtet werden. Zu diesem Zweck werden die Rahmenbedingungen für die Vereinbarkeit von Beruf und familiärer Pflege verbessert. Mit der Einführung einer Pflegezeit für Beschäftigte wird ein neues sozialpolitisches Instrument gesetzlich verankert. Es wird durch Regelungen zur sozialen Sicherung der die Pflegezeit in Anspruch nehmenden Pflegepersonen, u. a. durch Einbeziehung in die Versicherungspflicht zur Arbeitslosenversicherung, flankiert.

Die neue Pflegezeit räumt bei der Pflege eines nahen Angehörigen einen Rechtsanspruch auf unbezahlte Freistellung von der Arbeitsleistung für längstens sechs Monate mit Rückkehrmöglichkeit an den Arbeitsplatz ein. Beschäftigte können hierbei zwischen der vollständigen und der teilweisen Freistellung wählen. Ein Anspruch besteht nicht gegenüber Arbeitgebern mit in der Regel 15 oder weniger Beschäftigten. Die arbeitsrechtlichen Regelungen zur Pflegezeit sind im Pflegezeitgesetz verankert. Es tritt am 1. Juli 2008 in Kraft.

Während der Pflegezeit von bis zu sechs Monaten besteht für die Pflegepersonen unter weiteren Voraussetzungen Versicherungspflicht in der Arbeitslosenversicherung. Die Pflegeversicherung zahlt hierfür Beiträge an die Bundesagentur für Arbeit. Der Spitzenverband Bund der Pflegekassen, der Verband der privaten Krankenversicherung e. V. und die Bundesagentur für Arbeit sind ermächtigt, das Nähere über das Verfahren der Beitragszahlung und über die Abrechnung der Beiträge für Pflegepersonen durch Vereinbarung zu regeln.

Pflegepersonen, die nach Ablauf der Pflegezeit das Beschäftigungsverhältnis nicht wieder aufnehmen, haben die Möglichkeit, die Arbeitslosenversicherung gegen eine entsprechende Beitragszahlung auf Antrag fortzusetzen.

Die Spitzenverbände der Krankenkassen – handelnd als Spitzenverbände der Pflegekassen –, der GKV-Spitzenverband – handelnd als Spitzenverband Bund der Pflegekassen –, der Verband der privaten Krankenversicherung e. V. und die Bundesagentur für Arbeit haben im Interesse einer einheitlichen Rechtsanwendung über die Auswirkungen der Regelungen zur Sozialen Sicherung von Pflegepersonen während der Pflegezeit in der Arbeitslosenversicherung beraten und die Ergebnisse in dem vorliegenden gemeinsamen Rundschreiben zusammengefasst. Dabei wurden auch die Besonderheiten im Falle einer anteiligen Beitragstragung durch die Festsetzungsstellen für die Beihilfe oder den Dienstherrn berücksichtigt. Der Abschnitt III Nr. 4 und 5 dieses gemeinsamen Rundschreibens gilt gleichzeitig als Vereinbarung nach § 349 Abs. 4 a SGB III über das Verfahren der Beitragszahlung und Abrechnung.

Inhaltsverzeichnis

III. Beitragsrecht

1. Beitragspflichtige Einnahme
1.1 Allgemeines
1.2 Bezugsgröße als Ausgangswert für die Bestimmung der Bemessungsgrundlage
2. Beitragssatz/Beitragshöhe
3. Beitragstragung
4. Beitragszahlung und -abrechnung
4.1 Allgemeines
4.2 Pflegekassen als Beitragszahler
4.3 Private Versicherungsunternehmen als Beitragszahler
4.4 Festsetzungsstellen für die Beihilfe oder Dienstherrn als Beitragszahler
5. Fälligkeit
6. Beitragsüberwachung

IV. Verfahren zur Feststellung der Versicherungspflicht in der Arbeitslosenversicherung

1. Aufklärung und Beratung über die Leistungen zur sozialen Sicherung der Pflegepersonen während der Pflegezeit nach dem Pflegezeitgesetz
2. Zuständigkeit für die Feststellung der Versicherungs- und Beitragspflicht
3. Bescheidverfahren und Fälligkeit der Beiträge bei Feststellung der Versicherungs- und Beitragspflicht durch die Bundesagentur für Arbeit

V. Melde- und Mitteilungsverfahren

1. Allgemeines
2. Mitteilungsverfahren zwischen den Pflegekassen/privaten Versicherungs- unternehmen und den Festsetzungsstellen für die Beihilfe/Dienstherrn

Anlage 1 Bescheinigung der Pflegekasse über die Pflegebedürftigkeit des nahen Angehörigen nach § 3 Abs. 2 PflegeZG

Anlage 2 Beitragsnachweis für Beiträge zur Arbeitslosenversicherung für Pflegepersonen (gilt nur für private Versicherungsunternehmen)

Anlage 3 Fragebogen zur Versicherungs- und Beitragspflicht in der Arbeitslosenversicherung und Antrag auf Beitragszuschuss nach § 44 a SGB XI für Pflegepersonen während einer Pflegezeit nach dem Pflegezeitgesetz

Anlage 4 Mitteilung der Pflegekasse oder des privaten Versicherungsunternehmens an die Festsetzungsstelle für die Beihilfe oder den Dienstherrn zur Durchführung der Beitragszahlung zur Bundesagentur für Arbeit für Personen, die als Pflegeperson während der Pflegezeit arbeitslosenversicherungspflichtig sind

I. Rechtsgrundlagen

1. Auszug aus dem Pflegezeitgesetz (PflegeZG)

§ 1
Ziel des Gesetzes

Ziel des Gesetzes ist, Beschäftigten die Möglichkeit zu eröffnen, pflegebedürftige nahe Angehörige in häuslicher Umgebung zu pflegen und damit die Vereinbarkeit von Beruf und familiärer Pflege zu verbessern.

§ 2
Kurzzeitige Arbeitsverhinderung

(1) Beschäftigte haben das Recht, bis zu zehn Arbeitstage der Arbeit fernzubleiben, wenn dies erforderlich ist, um für einen pflegebedürftigen nahen Angehörigen in einer akut aufgetretenen Pflegesituation eine bedarfsgerechte Pflege zu organisieren oder eine pflegerische Versorgung in dieser Zeit sicherzustellen.

(2) Beschäftigte sind verpflichtet, dem Arbeitgeber ihre Verhinderung an der Arbeitsleistung und deren voraussichtliche Dauer unverzüglich mitzuteilen. Dem Arbeitgeber ist auf Verlangen eine ärztliche Bescheinigung über die Pflegebedürftigkeit des nahen Angehörigen und die Erforderlichkeit der in Absatz 1 genannten Maßnahmen vorzulegen.

(3) Der Arbeitgeber ist zur Fortzahlung der Vergütung nur verpflichtet, soweit sich eine solche Verpflichtung aus anderen gesetzlichen Vorschriften oder aufgrund einer Vereinbarung ergibt.

§ 3
Pflegezeit

(1) Beschäftigte sind von der Arbeitsleistung vollständig oder teilweise freizustellen, wenn sie einen pflegebedürftigen nahen Angehörigen in häuslicher Umgebung pflegen (Pflegezeit). Der Anspruch nach Satz 1 besteht nicht gegenüber Arbeitgebern mit in der Regel 15 oder weniger Beschäftigten.

(2) Die Beschäftigten haben die Pflegebedürftigkeit des nahen Angehörigen durch Vorlage einer Bescheinigung der Pflegekasse oder des Medizinischen Dienstes der Krankenversicherung nachzuweisen. Bei in der privaten Pflege-

Pflichtversicherung versicherten Pflegebedürftigen ist ein entsprechender Nachweis zu erbringen.

(3) Wer Pflegezeit beanspruchen will, muss dies dem Arbeitgeber spätestens zehn Arbeitstage vor Beginn schriftlich ankündigen und gleichzeitig erklären, für welchen Zeitraum und in welchem Umfang die Freistellung von der Arbeitsleistung in Anspruch genommen werden soll. Wenn nur teilweise Freistellung in Anspruch genommen wird, ist auch die gewünschte Verteilung der Arbeitszeit anzugeben.

(4) Wenn nur teilweise Freistellung in Anspruch genommen wird, haben Arbeitgeber und Beschäftigte über die Verringerung und die Verteilung der Arbeitszeit eine schriftliche Vereinbarung zu treffen. Hierbei hat der Arbeitgeber den Wünschen der Beschäftigten zu entsprechen, es sei denn, dass dringende betriebliche Gründe entgegenstehen.

§ 4
Dauer der Pflegezeit

(1) Die Pflegezeit nach § 3 beträgt für jeden pflegebedürftigen nahen Angehörigen längstens sechs Monate (Höchstdauer). Für einen kürzeren Zeitraum in Anspruch genommene Pflegezeit kann bis zur Höchstdauer verlängert werden, wenn der Arbeitgeber zustimmt. Eine Verlängerung bis zu Höchstdauer kann verlangt werden, wenn ein vorgesehener Wechsel in der Person des Pflegenden aus einem wichtigen Grund nicht erfolgen kann. Die Pflegezeit wird auf Berufsbildungszeiten nicht angerechnet.

(2) Ist der nahe Angehörige nicht mehr pflegebedürftig oder die häusliche Pflege des nahen Angehörigen unmöglich oder unzumutbar, endet die Pflegezeit vier Wochen nach Eintritt der veränderten Umstände. Der Arbeitgeber ist über die veränderten Umstände unverzüglich zu unterrichten. Im Übrigen kann die Pflegezeit nur vorzeitig beendet werden, wenn der Arbeitgeber zustimmt.

§ 5
Kündigungsschutz

(hier nicht abgedruckt)

§ 6
Befristete Verträge

(hier nicht abgedruckt)

§ 7
Begriffsbestimmungen

(1) Beschäftigte im Sinne dieses Gesetzes sind

1. Arbeitnehmerinnen und Arbeitnehmer,
2. die zu ihrer Berufsbildung Beschäftigten,
3. Personen, die wegen ihrer wirtschaftlichen Unselbständigkeit als arbeitnehmerähnliche Personen anzusehen sind; zu diesen gehören auch die in Heimarbeit Beschäftigten und die ihnen Gleichgestellten.

(2) Arbeitgeber im Sinne dieses Gesetzes sind natürliche und juristische Personen sowie rechtsfähige Personengesellschaften, die Personen nach Absatz 1 beschäftigen. Für die arbeitnehmerähnlichen Personen, insbesondere für die in Heimarbeit Beschäftigten und die ihnen Gleichgestellten, tritt an die Stelle des Arbeitgebers der Auftraggeber oder Zwischenmeister.

(3) Nahe Angehörige im Sinne dieses Gesetzes sind

1. Großeltern, Eltern, Schwiegereltern,
2. Ehegatten, Lebenspartner, Partner einer eheähnlichen Gemeinschaft, Geschwister,
3. Kinder, Adoptiv- oder Pflegekinder, die Kinder, Adoptiv- oder Pflegekinder des Ehegatten oder Lebenspartners, Schwiegerkinder und Enkelkinder.

(4) Pflegebedürftig im Sinne dieses Gesetzes sind Personen, die die Voraussetzungen nach den §§ 14 und 15 des Elften Buches Sozialgesetzbuch erfüllen. Pflegebedürftig im Sinne von § 2 sind auch Personen, die die Voraussetzungen nach den §§ 14 und 15 des Elften Buches Sozialgesetzbuch voraussichtlich erfüllen.

§ 8
Unabdingbarkeit

(hier nicht abgedruckt)

2. Auszug aus dem Dritten Buch Sozialgesetzbuch (SGB III)

§ 26
Sonstige Versicherungspflichtige

(1) bis (2 a)

(2 b) Versicherungspflichtig sind Personen in der Zeit, in der sie eine Pflegezeit nach § 3 Abs. 1 Satz 1 des Pflegegesetzes in Anspruch nehmen und eine pflegebedürftige Person pflegen, wenn sie unmittelbar vor der Pflegezeit versicherungspflichtig waren oder eine als Arbeitsbeschaffungsmaßnahme geförderte Beschäftigung ausgeübt haben, die ein Versicherungspflichtverhältnis oder den Bezug einer laufenden Entgeltersatzleistung nach diesem Buch unterbrochen hat.

(3) Nach Absatz 1 Nr. 1 ist nicht versicherungspflichtig, wer nach § 25 Abs. 1 versicherungspflichtig ist. Nach Absatz 1 Nr. 4 ist nicht versicherungspflichtig, wer nach anderen Vorschriften dieses Buches versicherungspflichtig ist. Versicherungspflichtig wegen des Bezuges von Mutterschaftsgeld nach Absatz 2 Nr. 1 ist nicht, wer nach Absatz 2 a versicherungspflichtig ist. Nach Absatz 2 Nr. 2 ist nicht versicherungspflichtig, wer nach Absatz 2 Nr. 1 versicherungspflichtig ist. Nach Absatz 2 a und 2 b ist nicht versicherungspflichtig, wer nach anderen Vorschriften dieses Buches versicherungspflichtig ist oder während der Zeit der Erziehung oder Pflege Anspruch auf Entgeltersatzleistungen nach diesem Buch hat; Satz 3 bleibt unberührt. Trifft eine Versicherungspflicht nach Absatz 2 a mit einer Versicherungspflicht nach Absatz 2 b zusammen, geht die Versicherungspflicht nach Absatz 2 a vor.

(4) (aufgehoben)

§ 28 a
Versicherungspflichtverhältnis auf Antrag

(1) Ein Versicherungspflichtverhältnis auf Antrag können Personen begründen, die

1. als Pflegeperson einen der Pflegestufe I bis III im Sinne des Elften Buches zuge- ordneten Angehörigen, der Leistungen aus der sozialen Pflegeversicherung nach dem Elften Buch oder Hilfe zur Pflege nach dem Zwölften Buch oder gleichartige Leistungen nach anderen Vorschriften bezieht, wenigstens 14 Stunden wöchentlich pflegen,
2. eine selbständige Tätigkeit mit einem Umfang von mindestens 15 Stunden wöchentlich aufnehmen und ausüben oder
3. eine Beschäftigung in einem Staat, in dem die Verordnung (EWG) Nr. 1408/712 nicht an zuwenden ist, aufnehmen und ausüben.

Voraussetzung für die Versicherungspflicht ist, dass

1. der Antragsteller innerhalb der letzten 24 Monate vor Aufnahme der Tätigkeit oder Beschäftigung mindestens 12 Monate in einem Versicherungspflichtverhältnis nach den Vorschriften des Ersten Abschnitts gestanden, eine Entgeltersatzleistung nach diesem Buch bezogen oder eine als Arbeitsbeschaffungsmaßnahme geförderte Beschäftigung ausgeübt hat, die ein Versicherungspflichtverhältnis oder den Bezug einer laufenden Entgeltersatzleistung nach diesem Buch unterbrochen hat,
2. der Antragsteller unmittelbar vor Aufnahme der Tätigkeit oder Beschäftigung, die zur freiwilligen Weiterversicherung berechtigt, in einem Versicherungspflichtverhältnis nach den Vorschriften des Ersten Abschnitts gestanden, eine Entgeltersatzleistung nach diesem Buch bezogen oder eine

als Arbeitsbeschaffungsmaßnahme geförderte Beschäftigung ausgeübt hat, die ein Versicherungspflichtverhältnis oder den Bezug einer laufenden Entgeltersatzleistung nach diesem Buch unterbrochen hat und

3. Versicherungspflicht (§§ 26, 27) anderweitig nicht besteht.

Der Antrag muss spätestens innerhalb von einem Monat nach Aufnahme der Tätigkeit oder Beschäftigung, die zur freiwilligen Weiterversicherung berechtigt, gestellt werden. Nach einer Pflegezeit im Sinne des § 3 Abs. 1 Satz 1 des Pflegezeitgesetzes muss der Antrag abweichend von Satz 3 innerhalb von einem Monat nach Beendigung der Pflegezeit gestellt werden.

(2) Das Versicherungspflichtverhältnis beginnt mit dem Tag des Eingangs des Antrags bei der Agentur für Arbeit, frühestens jedoch mit dem Tag, an dem erstmals die nach Absatz 1 Satz 1 geforderten Voraussetzungen erfüllt sind. Das Versicherungspflichtverhältnis endet,

1. wenn der Versicherungsberechtigte eine Entgeltersatzleistung nach diesem Buch bezieht,
2. mit Ablauf des Tages, an dem die Voraussetzungen nach Absatz 1 Satz 1 letztmals erfüllt waren,
3. wenn der Versicherungsberechtigte mit der Beitragszahlung länger als drei Monate in Verzug ist,
4. in Fällen des Absatzes 1 Satz 1 Nr. 2 und 3 spätestens jedoch mit Ablauf des 31. Dezember 2010.

Die Vorschriften des Ersten Abschnitts über die Versicherungsfreiheit gelten entsprechend.

§ 345

Beitragspflichtige Einnahmen sonstiger Versicherungspflichtiger

Als beitragspflichtige Einnahme gilt bei Personen,

1. bis 7 ...,

8. die als Pflegende während einer Pflegezeit versicherungspflichtig sind (§ 26 Abs. 2 b), ein Arbeitsentgelt in Höhe von 10 Prozent der monatlichen Bezugsgröße; dabei ist die Bezugsgröße für das Beitrittsgebiet maßgebend, wenn der Tätigkeitsort im Beitrittsgebiet liegt.

§ 347

Beitragstragung bei sonstigen Versicherten

Die Beiträge werden getragen

1. bis 9 ...,

10. für Personen, die als Pflegende während einer Pflegezeit versicherungspflichtig sind (§ 26 Abs. 2 b) und einen
    a) in der sozialen Pflegeversicherung versicherten Pflegebedürftigen pflegen, von der Pflegekasse,
    b) in der privaten Pflege-Pflichtversicherung versicherten Pflegebedürftigen pflegen, von dem privaten Versicherungsunternehmen,
    c) Pflegebedürftigen pflegen, der wegen Pflegebedürftigkeit Beihilfeleistungen oder Leistungen der Heilfürsorge und Leistungen einer Pflegekasse oder eines privaten Versicherungsunternehmens erhält, von der Festsetzungsstelle für die Beihilfe oder vom Dienstherrn und der Pflegekasse oder dem privaten Versicherungsunternehmen anteilig.

§ 349
Beitragszahlung für sonstige Versicherungspflichtige

(1) bis (4) ...

(4 a) Die Beiträge für Personen, die als Pflegende während einer Pflegezeit versicherungspflichtig sind (§ 26 Abs. 2 b), sind von den Stellen, die die Beiträge zu tragen haben, an die Bundesagentur zu zahlen. Das Nähere über das Verfahren der Beitragszahlung und Abrechnung der Beiträge können der Spitzenverband Bund der Pflegekassen, der Verband der privaten Krankenversicherung e. V., die Festsetzungs- stellen für die Beihilfe, das Bundesversicherungsamt und die Bundesagentur durch Vereinbarung regeln.

(5) Für die Zahlung der Beiträge nach den Absätzen 3 bis 4 a sowie für die Zahlung der Beiträge für Gefangene gelten die Vorschriften für den Einzug der Beiträge, die an die Einzugsstelle zu zahlen sind, entsprechend, soweit die Besonderheiten der Beiträge nicht entgegenstehen; die Bundesagentur ist zur Prüfung der Beitragszahlung berechtigt. Die Zahlung der Beiträge nach Absatz 4a erfolgt in Form eines Gesamtbeitrags für das Kalenderjahr, in dem die Pflegezeit in Anspruch genommen wurde (Beitragsjahr). Abweichend von § 23 Abs. 1 Satz 4 des Vierten Buches ist der Gesamtbeitrag spätestens im März des Jahres fällig, das dem Beitragsjahr folgt.

3. Auszug aus dem Vierten Buch Sozialgesetzbuch (SGB IV)

§ 7
Beschäftigung

(1) und (2) ...

(3) Eine Beschäftigung gegen Arbeitsentgelt gilt als fortbestehend, solange das Beschäftigungsverhältnis ohne Anspruch auf Arbeitsentgelt fortdauert, jedoch

nicht länger als einen Monat. Satz 1 gilt nicht, wenn Krankengeld, Krankentagegeld, Verletztengeld, Versorgungskrankengeld, Übergangsgeld oder Mutterschaftsgeld oder nach gesetzlichen Vorschriften Erziehungsgeld oder Elterngeld bezogen oder Elternzeit in Anspruch genommen oder Wehrdienst oder Zivildienst geleistet wird. Satz 1 gilt auch nicht für die Inanspruchnahme von Pflegezeit im Sinne des § 3 des Pflegezeitgesetzes.

(4) ...

4. Auszug aus dem Elften Buch Sozialgesetzbuch (SGB XI)

§ 18
Verfahren zur Feststellung der Pflegebedürftigkeit

(1) und (2) ...

(3) Die Pflegekasse leitet die Anträge zur Feststellung von Pflegebedürftigkeit unverzüglich an den Medizinischen Dienst der Krankenversicherung weiter. Dem Antragsteller soll spätestens fünf Wochen nach Eingang des Antrags bei der zuständigen Pflegekasse die Entscheidung der Pflegekasse schriftlich mitgeteilt werden. Befindet sich der Antragsteller im Krankenhaus oder in einer stationären Rehabilitationseinrichtung und

1. liegen Hinweise vor, dass zur Sicherstellung der ambulanten oder stationären Weiterversorgung und Betreuung eine Begutachtung in der Einrichtung erforderlich ist, oder
2. wurde die Inanspruchnahme von Pflegezeit nach dem Pflegezeitgesetz gegenüber dem Arbeitgeber der pflegenden Person angekündigt,

ist die Begutachtung dort unverzüglich, spätestens innerhalb einer Woche nach Eingang des Antrags bei der zuständigen Pflegekasse durchzuführen; die Frist kann durch regionale Vereinbarungen verkürzt werden. Die verkürzte Begutachtungsfrist gilt auch dann, wenn der Antragsteller sich in einem Hospiz befindet oder ambulant palliativ versorgt wird. Befindet sich der Antragsteller in häuslicher Umgebung, ohne palliativ versorgt zu werden, und wurde die Inanspruchnahme von Pflegezeit nach dem Pflegezeitgesetz gegenüber dem Arbeitgeber der pflegenden Person angekündigt, ist eine Begutachtung durch den Medizinischen Dienst der Krankenversicherung spätestens innerhalb von zwei Wochen nach Eingang des Antrags bei der zuständigen Pflegekasse durchzuführen und der Antragsteller seitens des Medizinischen Dienstes unverzüglich schriftlich darüber zu informieren, welche Empfehlung der Medizinische Dienst an die Pflegekasse weiterleitet. In den Fällen der Sätze 3 bis 5 muss die Empfehlung nur die Feststellung beinhalten, ob Pflegebedürftigkeit im Sinne der §§ 14 und 15 vorliegt. Die Entscheidung der Pflegekasse ist dem Antragsteller unverzüglich nach Eingang der Empfehlung des Medizinischen Dienstes bei der Pflegekasse schriftlich mitzuteilen.

(4) bis (7) ...

§ 44 a
Zusätzliche Leistungen bei Pflegezeit

(1) ...

(2) Pflegende Personen sind während der Inanspruchnahme einer Pflegezeit im Sinne des Pflegezeitgesetzes nach Maßgabe des Dritten Buches nach dem Recht der Arbeitsförderung versichert.

II Versicherungsrecht

1. Allgemeines

Mit dem Gesetz über die Pflegezeit (Pflegezeitgesetz – PflegeZG), das Bestandteil der strukturellen Reform der Pflegeversicherung ist (vgl. Artikel 3 des Pflege-Weiterentwicklungsgesetzes), soll Beschäftigten die Möglichkeit eröffnet werden, pflegebedürftige nahe Angehörige in häuslicher Umgebung zu pflegen um damit die Vereinbarkeit von Beruf und familiärer Pflege zu verbessern. Die Pflegezeitregelungen basieren auf zwei Säulen: Beschäftigte haben im Rahmen der „kurzzeitigen Arbeitsverhinderung" nach § 2 PflegeZG die Möglichkeit, bis zu zehn Arbeitstage der Arbeit fernzubleiben, um für einen pflegebedürftigen nahen Angehörigen in einer akut aufgetretenen Pflegesituation eine bedarfsgerechte Pflege zu organisieren. Für eine längere Pflege in häuslicher Umgebung kann eine Freistellung von der Arbeitsleistung für längstens sechs Monate als sogenannte Pflegezeit nach § 3 PflegeZG beantragt werden. Die Pflegezeit nach § 3 PflegeZG kann in der Form der vollständigen oder teilweisen Freistellung von der Arbeitsleistung durchgeführt werden.

Der Arbeitgeber ist während der kurzzeitigen Arbeitsverhinderung des Beschäftigten nur dann zur Fortzahlung der Vergütung verpflichtet, wenn sich eine solche Verpflichtung aus anderen arbeitsrechtlichen Vorschriften (vgl. § 616 des Bürgerlichen Gesetzbuchs) oder aufgrund individualvertraglicher Absprachen, Betriebsvereinbarungen oder Tarifverträgen ergibt. Dauert das Beschäftigungsverhältnis ohne Anspruch auf Arbeitsentgelt während der kurzzeitigen Arbeitsverhinderung nach § 2 PflegeZG bis zu zehn Arbeitstage fort, gilt eine Beschäftigung gegen Arbeitsentgelt nach § 7 Abs. 3 Satz 1 SGB IV als fortbestehend.

Dagegen bewirkt die Neuregelung des § 7 Abs. 3 Satz 3 SGB IV, dass die Versicherungspflicht von Arbeitnehmern, deren Beschäftigung durch die Inanspruchnahme von Pflegezeit nach § 3 PflegeZG unterbrochen wird, mit Beginn der Pflegezeit endet und nicht noch einen Monat fortbesteht. Beschäftigte, die sich nur teilweise von der Arbeitsleistung befreien lassen, unterliegen weiterhin der

Versicherungspflicht als Arbeitnehmer, es sei denn, aufgrund der Reduzierung der Arbeitszeit werden die Voraussetzungen einer geringfügig entlohnten Beschäftigung im Sinne des § 8 Abs. 1 Nr. 1 SGB IV erfüllt.

Die teilweise Freistellung von der Arbeit nach § 3 PflegeZG kann dazu führen, dass der Beschäftigte nur noch ein Arbeitsentgelt erzielt, das dann innerhalb der sog. Gleitzone nach § 20 Abs. 2 SGB IV (zwischen 400,01 und 800,00 Euro monatlich) liegt. In solchen Fällen sind ab Beginn der Pflegezeit die besonderen Regelungen für die Ermittlung der Beitragsbemessungsgrundlage und für die Beitragstragung anzuwenden.

Während der Pflegezeit nach § 3 PflegeZG von bis zu sechs Monaten besteht für die Pflegepersonen unter den näheren Voraussetzungen des § 26 Abs. 2 b SGB III Versicherungspflicht in der Arbeitslosenversicherung.

Im Falle der Arbeitslosigkeit wird die Pflegezeit als versicherungspflichtige Zeit anwartschaftsbegründend beim Anspruch auf Arbeitslosengeld nach dem SGB III berücksichtigt.

Das Pflegezeitgesetz sowie die Regelungen zur Versicherungspflicht der Pflegepersonen in der Arbeitslosenversicherung bei der Inanspruchnahme der Pflegezeit treten zum 1. Juli 2008 in Kraft.

2. Begriffsbestimmungen nach dem Pflegezeitgesetz

Nach § 3 Abs. 1 PflegeZG sind Beschäftigte vollständig oder teilweise von der Arbeitsleistung freizustellen, wenn sie einen pflegebedürftigen nahen Angehörigen in häuslicher Umgebung pflegen.

Beschäftigte im Sinne des Pflegezeitgesetzes sind Arbeitnehmer, die zur Berufsausbildung Beschäftigte sowie Personen, die wegen ihrer wirtschaftlichen Unselbständigkeit als arbeitnehmerähnliche Personen anzusehen sind; zu diesen gehören auch die in Heimarbeit Beschäftigten und die ihnen Gleichgestellten (§ 7 Abs. 1 PflegeZG). Für Beamte gelten die arbeitsrechtlichen Regelungen des Pflegezeitgesetzes nicht.

Der Personenkreis der „nahen Angehörigen" ist in § 7 Abs. 3 PflegeZG abschließend aufgezählt. Dazu gehören

- Großeltern, Eltern, Schwiegereltern (§ 7 Abs. 3 Nr. 1 PflegeZG),
- Ehegatten, Lebenspartner, Partner einer eheähnlichen Gemeinschaft, Geschwister (§ 7 Abs. 3 Nr. 2 PflegeZG) und
- Kinder, Adoptiv- oder Pflegekinder, die Kinder, Adoptiv- oder Pflegekinder des Ehegatten oder Lebenspartners, Schwiegerkinder und Enkelkinder (§ 7 Abs. 3 Nr. 3 PflegeZG).

Der Begriff „Pflege in häuslicher Umgebung" wird im Pflegezeitgesetz nicht definiert. Wegen der sachlichen Nähe der Regelungen über die Versicherungspflicht der nicht erwerbsmäßig tätigen Pflegepersonen in der Rentenversicherung und der Versicherungspflicht in der Arbeitslosenversicherung während der Pflegezeit empfiehlt es sich, auf die Grundsätze zurückzugreifen, die bei der Rechtsauslegung dieses Begriffes im Sinne des § 3 Satz 1 Nr. 1 a SGB VI herangezogen werden (vgl. hierzu Gemeinsames Rundschreiben der Spitzenverbände der Krankenkassen, der (jetzt) Deutschen Rentenversicherung Bund und des Verbandes der privaten Krankenversicherung vom 11. Februar 2004 zur Rentenversicherung der nicht erwerbsmäßig tätigen Pflegepersonen, Abschnitt II Nr. 1.1.7).

Häusliche Umgebung ist danach anzunehmen, wenn die Pflege im Haushalt des Pflegebedürftigen, der Pflegeperson oder einer dritten Person (z. B. eines Verwandten oder Verschwägerten), in einer Altenwohnung oder einem Altenwohnheim, in denen ein Mindestmaß an eigenständiger Lebensführung und selbständiger Wahl der Pflegeform möglich ist, erfolgt. Wird der Pflegebedürftige in einer stationären Pflegeeinrichtung oder einer der in § 71 Abs. 4 SGB XI aufgeführten stationären Einrichtungen gepflegt, ist häusliche Umgebung auszuschließen.

Pflegebedürftig im Sinne der Regelungen über die Pflegezeit nach § 3 Abs. 1 PflegeZG sind Personen, die die Voraussetzungen der §§ 14 und 15 SGB XI erfüllen (vgl. § 7 Abs. 4 PflegeZG). Danach sind alle Personen pflegebedürftig, die wegen einer körperlichen, geistigen oder seelischen Krankheit oder Behinderung für die gewöhnlichen und regelmäßig wiederkehrenden Verrichtungen im Ablauf des täglichen Lebens auf Dauer, voraussichtlich für mindestens sechs Monate, in erheblichem oder höherem Maße der Hilfe bedürfen. Diese Voraussetzungen erfüllen Personen, bei denen mindestens Pflegestufe I festgestellt ist.

Eine bestimmte Stundenzahl der Pflege oder Betreuung, die die Pflegeperson täglich oder wöchentlich zu erbringen hätte, wird nicht vorausgesetzt, und zwar weder im Rahmen des Pflegezeitgesetzes noch bei der Versicherungspflicht in der Arbeitslosenversicherung nach § 26 Abs. 2 b SGB III.

3. Anzeige und Nachweis beim Arbeitgeber

Pflegepersonen haben die Pflegebedürftigkeit des nahen Angehörigen gegenüber ihrem Arbeitgeber vor Inanspruchnahme der Pflegezeit und spätestens 10 Arbeitstage vor Beginn schriftlich anzukündigen. Die Pflegebedürftigkeit des nahen Angehörigen ist gegenüber dem Arbeitgeber mit der Bescheinigung der Pflegekasse (vgl. Anlage 1) oder des Medizinischen Dienstes der Krankenversicherung nachzuweisen. Bei in der privaten Pflege-Pflichtversicherung versicherten Pflegebedürftigen ist ein entsprechender Nachweis zu erbringen.

4. Feststellen der Pflegebedürftigkeit

Der Medizinische Dienst der Krankenversicherung prüft auf Veranlassung der Pflegekasse, ob die Voraussetzungen der Pflegebedürftigkeit erfüllt sind und welche Stufe der Pflegebedürftigkeit vorliegt (§ 18 Abs. 1 Satz 1 SGB XI). Wurde die Inanspruchnahme von Pflegezeit nach § 3 PflegeZG gegenüber dem Arbeitgeber angekündigt, ist eine Begutachtung durch den Medizinischen Dienst der Krankenversicherung spätestens innerhalb von zwei Wochen nach Eingang des Antrags (auf Leistungen der Pflegeversicherung bzw. auf Feststellung der Pflegebedürftigkeit) bei der zuständigen Pflegekasse (des Pflegebedürftigen) durchzuführen; der Antragsteller ist seitens des Medizinischen Dienstes unverzüglich schriftlich darüber zu informieren, welche Empfehlungen an die Pflegekasse weitergeleitet werden (§ 18 Abs. 3 Satz 5 SGB XI). Die Empfehlung muss nur die Feststellung beinhalten, ob Pflegebedürftigkeit im Sinne der §§ 14 und 15 SGB XI vorliegt. Die Entscheidung der Pflegekasse wird dem Antragsteller unverzüglich nach Eingang der Empfehlung des Medizinischen Dienstes schriftlich mitgeteilt. Dieses Verfahren soll bei Versicherten der privaten Pflege-Pflichtversicherungsunternehmen entsprechend angewendet werden.

5. Beginn und Dauer der Pflegezeit

Die Pflegeperson hat gegenüber dem Arbeitgeber zu erklären, für welchen Zeitraum und in welchem Umfang die Freistellung von der Arbeitsleistung erfolgen soll. Soll eine teilweise Freistellung durchgeführt werden, ist die Schriftform der Vereinbarung über die Verringerung und die Verteilung der Arbeitszeit zwingend vorgeschrieben.

Die Pflegezeit beträgt für jeden nahen Angehörigen längstens sechs Monate (§ 4 Abs. 1 PflegeZG). Die Pflegezeit kann verlängert werden, wenn die Höchstdauer noch nicht ausgeschöpft ist und der Arbeitgeber zustimmt. Eine Verlängerung bis zur Höchstdauer kann verlangt werden, wenn ein vorgesehener Wechsel der Pflegeperson aus einem wichtigen Grund nicht möglich ist, zum Beispiel weil die Person, die die Pflege des pflegebedürftigen Angehörigen übernehmen sollte, selbst schwer erkrankt.

6. Vorzeitige Beendigung der Pflegezeit

Die Pflegezeit kann grundsätzlich nicht einseitig beendet werden; der Arbeitgeber soll damit organisatorische Disposition treffen können. Nur in den in § 4 Abs. 2 Satz 1 PflegeZG geregelten Ausnahmefällen endet die Pflegezeit ohne Zustimmung des Arbeitgebers kraft Gesetzes vorzeitig. Danach endet die Pflegezeit, wenn der nahe Angehörige nicht mehr pflegedürftig oder dem Beschäftigten die häusliche Pflege des nahen Angehörigen unmöglich oder unzumutbar ist, vier Wochen nach Eintritt der veränderten Umstände. Dem Beschäftigten wird die Pflege beispielsweise unmöglich, wenn der nahe Angehörige vor Ablauf der Pflegezeit verstirbt oder in eine stationäre Pflegeeinrichtung aufgenommen werden muss. Eine Unzumutbarkeit kann beispielsweise angenommen werden, wenn aufgrund unvorhergesehener persönlicher Umstände die

Finanzierung der Pflegezeit nicht mehr gesichert und der Beschäftigte auf die regelmäßige Arbeitsvergütung angewiesen ist (vgl. BT-Drs. 16/7439, Seite 93). In allen anderen Fällen kann die Pflegezeit nur mit der Zustimmung des Arbeitgebers vorzeitig beendet werden, ansonsten ist die Pflegeperson an die Dauer der vereinbarten Pflegezeit gebunden.

7. Versicherungspflicht in der Arbeitslosenversicherung

Pflegepersonen sind in der Zeit, in der sie eine Pflegezeit nach § 3 Abs. 1 Satz 1 PflegeZG in Anspruch nehmen und eine pflegebedürftige Person pflegen, nach § 26 Abs. 2 b SGB III in die Versicherungspflicht zur Arbeitslosenversicherung einbezogen. Die Versicherungspflicht erfordert, dass die Pflegeperson unmittelbar vor der Pflegezeit nach dem Recht der Arbeitsförderung versicherungspflichtig war oder eine als Arbeitsbeschaffungsmaßnahme geförderte Beschäftigung ausgeübt hat, die ein Versicherungspflichtverhältnis oder den Bezug einer laufenden Entgeltersatzleistung nach dem SGB III unterbrochen hat. Dabei liegt „Unmittelbarkeit" im Sinne des § 26 Abs. 2 b SGB III immer dann vor, wenn der Zeitraum zwischen dem Ende der arbeitslosenversicherungspflichtigen Beschäftigung oder der Arbeitsbeschaffungsmaßnahme und dem Beginn der Pflegezeit nicht mehr als einen Monat beträgt.

Die Versicherungspflicht nach § 26 Abs. 2 b SGB III unterscheidet grundsätzlich nicht danach, ob der Arbeitnehmer im Rahmen der Inanspruchnahme der Pflegezeit vollständig oder teilweise von der Arbeitsleistung freigestellt wird. Bei nur teilweiser Freistellung von der Arbeitsleistung ist allerdings davon auszugehen, dass die aufgrund des Beschäftigungsverhältnisses fortbestehende Versicherungspflicht in der Arbeitslosenversicherung (setzt eine mehr als geringfügige Beschäftigung voraus) wegen der Konkurrenzregelung des § 26 Abs. 3 Satz 5 SGB III (vgl. Nr. 8) die Versicherungspflicht als Pflegeperson verdrängt; eine Mehrfachversicherung ist nicht möglich.

Die Versicherungspflicht von Pflegepersonen in der Arbeitslosenversicherung erfordert – anders als die Rentenversicherungspflicht nicht erwerbsmäßig tätiger Pflegepersonen – keinen wöchentlichen Mindestumfang an Pflegetätigkeiten. Deshalb sind Fälle denkbar, in denen bei Inanspruchnahme einer Pflegezeit nach § 3 PflegeZG wegen der Pflege Versicherungspflicht in der Arbeitslosenversicherung vorliegt, ohne dass zugleich Rentenversicherungspflicht nach § 3 Satz 1 Nr. 3 a SGB VI besteht.

Von der Versicherungspflicht nach § 26 Abs. 2 b SGB III werden Personen nicht er- fasst, die sich unabhängig von dem Pflegezeitgesetz bzw. auf der Grundlage einer sonstigen Regelung (etwa aufgrund tarifvertraglicher oder beamtenrechtlicher Regelungen, siehe dazu insbesondere § 44 b Abs. 3 des Beamtenrechtsrahmengesetzes) vorübergehend von der Arbeitsleistung befreien lassen. Sie gilt insbesondere nicht für Beschäftigte, die ihre Beschäftigung von vornherein auf Dauer aufgeben oder für einen längeren Zeitraum als sechs Monate unterbrechen (vgl. BT-Drs. 16/7439, Seite 59).

Bei Arbeitgebern mit in der Regel 15 oder weniger Beschäftigten besteht kein auf der Grundlage des Pflegezeitgesetzes durchsetzbarer (Rechts-)Anspruch auf die Freistellung von der Arbeitsleistung. Räumt der Arbeitgeber in solchen Fällen gleichwohl die Pflegezeit ein, kommt unter den Voraussetzungen des § 26 Abs. 2 b SGB III Versicherungspflicht in der Arbeitslosenversicherung zustande. Denn die das Pflegezeitgesetz flankierenden Regelungen über die soziale Sicherung rechtfertigen keine unterschiedliche Behandlung von Arbeitnehmer in Abhängigkeit von der Größe des Betriebes. Die Versicherungspflicht in der Arbeitslosenversicherung nach § 26 Abs. 2 b SGB III kann daher in solchen Fällen nicht versagt werden.

Der Beginn und das Ende der Versicherungspflicht in der Arbeitslosenversicherung sind an den Tatbestand der Inanspruchnahme der Pflegezeit zeitlich geknüpft. Eine Verlängerung der Pflegezeit nach § 4 Abs. 1 Satz 2 PflegeZG bis zu Höchstdauer von sechs Monate bzw. eine vorzeitige Beendigung der Pflegezeit nach § 4 Abs. 2 PflegeZG wirken sich unmittelbar auf die Versicherungspflicht aus.

Unterbrechungen der Pflegetätigkeit – unabhängig davon, ob sie durch die Pflegeperson oder den Pflegebedürftigen begründet sind – sind in Anlehnung an die Regelung des § 4 Abs. 2 PflegeZG für das Fortbestehen der Versicherungspflicht bis zu 4 Wochen unschädlich.

Sofern aus dem § 4 Abs. 1 Satz 1 PflegeZG ein arbeitsrechtlicher Rechtsanspruch für mehrere Pflegepersonen für die (entweder nebeneinander durchgeführte oder aufeinander folgende) Pflege eines Pflegebedürftigen abgeleitet wird, kann die Versicherungspflicht in der Arbeitslosenversicherung für mehrere Pflegepersonen – bezogen auf einen Pflegebedürftigen – begründet werden. Daraus folgt eine mehrfache Beitragspflicht durch die Versicherung des Pflegebedürftigen als zur Beitragstragung und -zahlung verpflichtete Stelle. Eine Quotierung der Beitragsbemessungsgrundlage – vergleichbar mit der Regelung des § 166 Abs. 2 Satz 2 SGB VI im Bereich der Rentenversicherung – ist nicht vorgesehen.

Die gleichzeitige Ausübung von Pflegetätigkeiten für mehrere pflegebedürftige nahe Angehörige führt – anders als bei der Rentenversicherungspflicht nicht erwerbsmäßig tätiger Pflegepersonen – zu keiner Mehrfachversicherung. Diese Rechtsauslegung ergibt sich einerseits aus dem Wortlaut des § 26 Abs. 2 b SGB III, weil die die Versicherungspflicht begründende Voraussetzung der Inanspruchnahme der Pflegezeit nach § 3 Abs. 1 Satz 1 PflegeZG bei dieser Fallkonstellation nicht mehrfach erfüllt ist. Andererseits steht sie auch im Einklang mit der Zielsetzung der Regelung, durch die Arbeitslosenversicherungspflicht während der Pflegezeit ausschließlich eine anwartschaftsbegründende Wirkung zu erzielen. Dem Versicherten entstehen dadurch keine Nachteile, weil die Höhe der gezahlten Beiträge keinerlei Auswirkung auf den künftigen Arbeitslosengeldanspruch hat.

8. Ausschluss der Versicherungspflicht

Die Versicherungspflicht aufgrund des Pflegezeitgesetzes tritt nicht ein, wenn die Pflegeperson nach anderen Vorschriften des SGB III versicherungspflichtig ist, z. B. bei teilweiser Freistellung von der Arbeitsleistung und weiterer Ausübung der Beschäftigung in mehr als geringfügigem Umfang, oder einen Anspruch auf eine Entgeltersatzleistung nach dem SGB III, z. B. Arbeitslosengeld I, hat (§ 26 Abs. 3 Satz 5 SGB III). Trifft eine versicherungspflichtige Erziehungszeit mit einer versicherungspflichtigen Pflegezeit nach dem Pflegezeitgesetz zusammen, geht die Versicherungspflicht der Erziehungszeit vor (§ 26 Abs. 3 Satz 6 SGB III).

9. Freiwillige Weiterversicherung

Wird eine Pflegezeit nach § 3 Abs. 1 Satz 1 PflegeZG in Anspruch genommen und kann wegen der weiter bestehenden Pflege des Angehörigen nach Ablauf von sechs Monaten die Beschäftigung nicht aufgenommen werden, besteht die Möglichkeit der freiwilligen Weiterversicherung nach § 28 a Abs. 1 Nr. 1 SGB III. Das Recht zur freiwilligen Weiterversicherung wird – abweichend zur Versicherungspflicht nach § 26 Abs. 2 b SGB III – nur den Pflegepersonen eingeräumt, die ihre Pflegetätigkeit mindestens 14 Stunden wöchentlich ausüben. Weitere Informationen zur freiwilligen Weiterversicherung können dem Hinweisblatt der Bundesagentur für Arbeit („Hinweise zur freiwilligen Weiterversicherung in der Arbeitslosenversicherung") entnommen werden. Die Hinweise sind im Internet unter www.arbeitsagentur.de (Bürgerinnen & Bürger > Arbeitslosigkeit > Arbeitslosengeld > Alle Broschüren) abrufbar.

10. Zuschuss zur Kranken- und Pflegeversicherung

Beschäftigte, die nach § 3 PflegeZG von der Arbeitsleistung ganz freigestellt werden, können zur sozialen Absicherung auf Antrag einen Zuschuss zur Kranken- und Pflegeversicherung nach § 44 a Abs. 1 SGB XI erhalten. Das gilt auch, wenn aufgrund der teilweisen Freistellung ein Arbeitsentgelt erzielt wird, das die Geringfügigkeitsgrenze von 400 Euro monatlich nicht übersteigt.

Weitere Informationen darüber werden die Spitzenverbände der Kranken- bzw. Pflegekassen sowie der Verband der Privaten Krankenversicherung herausgeben.

11. Inkrafttreten

Das Pflegezeitgesetz tritt zum 1. Juli 2008 in Kraft. Ab diesem Zeitpunkt können Beschäftigte die Pflegezeit nach dem Pflegezeitgesetz in Anspruch nehmen.

Das Pflegezeitgesetz sieht keine Übergangsregelung für die Fälle vor, in denen mit der Pflege vor dem 1. Juli 2008 begonnen wurde und darüber hinaus weiter gepflegt wird. Solche Pflegepersonen können versicherungspflichtig in der Arbeitslosenversicherung werden, wenn am 1. Juli 2008 die Voraussetzungen nach dem Pflegezeitgesetz erfüllt sind. Sie können ab dem 1. Juli 2008 die Pflegezeit bis zu einer Dauer von sechs Monaten in Anspruch nehmen; davor liegende Zeiten der Pflege bleiben außer Betracht.

III. Beitragsrecht

1. Beitragspflichtige Einnahmen

1.1 Allgemeines

Die Beiträge zur Arbeitslosenversicherung werden gemäß dem Grundsatz des § 341 SGB III nach einem Vomhundertsatz (Beitragssatz) von der Beitragsbemessungsgrundlage (beitragspflichtige Einnahme) erhoben, die bis zur jeweiligen Beitragsbemessungsgrenze berücksichtigt wird. Für das Verfahren zur Beitragsberechnung wird eine analoge Anwendung der §§ 1 und 2 der Beitragsverfahrensverordnung (BVV) empfohlen. Danach sind die Beiträge durch Anwendung des halben Beitragssatzes auf die Beitragsbemessungsgrundlage und anschließender Verdopplung des gerundeten Ergebnisses zu berechnen. Alternativ können die Beiträge auch unter Ansatz des vollen Beitragssatzes berechnet werden.

Die Beiträge für versicherungspflichtige Pflegepersonen nach § 26 Abs. 2 b SGB III werden grundsätzlich für den Kalendertag berechnet und als Gesamtbeitrag gezahlt. Zur Ermittlung des Gesamtbeitrags ist der kalendertägliche Beitrag mit der Anzahl der Tage eines jeden Kalendermonats, für die Versicherungs- und Beitragspflicht während der Pflegezeit besteht, zu multiplizieren. Volle Kalendermonate sind mit 30 Tagen anzusetzen. Alternativ kann die Beitragsberechnung für volle Kalendermonate auf der Grundlage der monatlichen beitragspflichtigen Einnahme aufsetzen.

1.2 Bezugsgröße als Ausgangswert für die Bestimmung der Bemessungsgrundlage

Die beitragspflichtige Einnahme bei Pflegepersonen richtet sich nach § 345 Nr. 8 SGB III. Danach beträgt die Höhe der beitragspflichtigen Einnahme zehn v. H. der monatlichen Bezugsgröße in der Sozialversicherung (§ 18 Abs. 1 SGB IV). Wird die Pflegetätigkeit im Beitrittsgebiet ausgeübt, ist die dort geltende Bezugsgröße (Bezugsgröße [Ost], § 18 Abs. 2 SGB IV) maßgebend. Der Wohnsitz oder gewöhnliche Aufenthalt der Pflegeperson ist in diesem Zusammenhang unbeachtlich.

Ausgehend von der geltenden Bezugsgröße in Höhe von 2.485,– Euro (West) bzw. 2.100,– Euro (Ost), beträgt im Kalenderjahr 2008 die beitragspflichtige Einnahme 248,50 Euro (West) bzw. 210,– Euro (Ost) monatlich.

2. Beitragssatz/Beitragshöhe

Die Beiträge werden nach einem Prozentsatz (Beitragssatz) von der Beitragsbemessungsgrundlage erhoben. Maßgebend ist der Beitragssatz in der Arbeitslosenversicherung, der in dem Zeitraum gilt, für den die Freistellung von der Arbeitsleistung nach dem Pflegezeitgesetz wirksam ist.

Im Kalenderjahr 2008 beträgt der Beitragssatz in der Arbeitslosenversicherung 3,3 v. H. Daraus errechnet sich für das Jahr 2008 ein monatlicher Beitrag in Höhe von 8,20 Euro (West) bzw. 6,93 Euro oder 6,94 EUR (Ost) bei Anwendung des § 2 Abs. 1 Satz 1 BVV.

3. Beitragstragung

Die Beiträge werden getragen von

- der Pflegekasse des Pflegebedürftigen, wenn dieser in der sozialen Pflegeversicherung versichert ist (§ 347 Nr. 10 Buchstabe a SGB III),
- dem privaten Versicherungsunternehmen des Pflegebedürftigen, wenn dieser in der privaten Pflege-Pflichtversicherung versichert ist (§ 347 Nr. 10 Buchstabe b SGB III),
- der Festsetzungsstelle für die Beihilfe oder vom Dienstherrn und der Pflegekasse oder dem privaten Versicherungsunternehmen des Pflegebedürftigen anteilig, wenn dieser wegen Pflegebedürftigkeit Beihilfeleistungen oder Leistungen der Heilfürsorge und Leistungen einer Pflegekasse oder eines privaten Versicherungsunternehmens erhält (§ 347 Nr. 10 Buchstabe c SGB III).

Sofern eine Pflegeperson gleichzeitig mehrere pflegebedürftige Angehörige pflegt, sind die Beiträge zur Bundesagentur für Arbeit für die Dauer der Pflegezeit nur einmal zu zahlen. Falls für die Leistungen zur sozialen Sicherung der Pflegepersonen unterschiedliche Pflegekassen oder private Versicherungsunternehmen zuständig sind, bestimmt die Pflegeperson durch ihren Antrag die für die Tragung und Zahlung der Beiträge zuständige Pflegekasse bzw. das zuständige private Versicherungsunternehmen.

Sind von der Bundesagentur für Arbeit Beiträge für Pflegepersonen nach § 26 Abs. 2 b SGB III zu tragen, gilt in Anlehnung an § 28 e Abs. 1 Satz 3 SGB IV der Beitragsanteil im Sinne des § 347 Nr. 10 Buchstabe c SGB III als gezahlt. Mit der Fiktion der Beitragszahlung wird erreicht, dass die Bundesagentur für Arbeit in ihrer Funktion als Festsetzungsstelle für die Beihilfe keine Beiträge an sich als Einzugsstelle zahlen muss.

4. Beitragszahlung und -abrechnung

4.1 Allgemeines

Dem Grundsatz des § 349 Abs. 4 a SGB III entsprechend, wonach die Beiträge von denjenigen zu zahlen sind, die sie zu tragen haben, obliegt den Pflegekassen, den privaten Versicherungsunternehmen und anteilig den Festsetzungsstellen für die Beihilfe oder den Dienstherren die Zahlung der Beiträge an die Bundesagentur für Arbeit. Das Nähere über das Verfahren der Beitragszahlung und Abrechnung können der Spitzenverband Bund der Pflegekassen, der Verband der privaten Krankenversicherung e. V. und die Bundesagentur für Arbeit durch Vereinbarung regeln. Die Vereinbarung ermöglicht den an der Beitragszahlung Beteiligten, Regelungen für eine vereinfachte Abführung der Beiträge zu treffen. Die Ausführungen in Abschnitt III Nr. 4 und 5 dieses gemeinsamen Rundschreibens gelten als Vereinbarung im Sinne des § 349 Abs. 4 a SGB III.

Die Zahlung der Beiträge für die im Beitragsjahr (Kalenderjahr) nach § 26 Abs. 2 b SGB III versicherungspflichtigen Pflegepersonen erfolgt in Form eines Gesamtbeitrags des Zahlungspflichtigen (Pflegekasse, privates Versicherungsunternehmen, Festsetzungsstelle für die Beihilfe oder Dienstherr) für das Kalenderjahr, in dem die Pflegezeit in Anspruch genommen wurde (§ 349 Abs. 5 Satz 2 SGB III) unter Beachtung der Fälligkeit (vgl. Nr. 5). Der Gesamtbeitrag ist durch Überweisung auf ein von der Bundesagentur für Arbeit bestimmtes Konto zu zahlen.

Der Überweisungsbeleg soll im Feld „Verwendungszweck" folgende Angaben enthalten:

1. Zeile:

– Von den Pflegekassen bzw. den privaten Versicherungsunternehmen: Institutionskennzeichen der zahlenden Stelle (9 Stellen)

  Von den Festsetzungsstellen für die Beihilfe oder den Dienstherrn: Betriebsnummer der zahlenden Stelle (9 Stellen mit vorangestellter 0)

– Buchungsstelle:

  „1/09901/19" für Beiträge der Pflegekassen

  „1/09901/20" für Beiträge der privaten Versicherungsunternehmen

  „1/09901/21" für Beiträge der Festsetzungsstellen für die Beihilfe oder der Dienstherrn

– Dienststellennummer der Bundesagentur für Arbeit: „019"

– Verwendungszweck: „PV"

Datenfeldbeschreibung:

IK oder Betr.-Nr.										Buchungsstelle										DST-Nr.				Verw-zweck	
n	n	n	n	n	n	n	n	n		n	/	n	n	n	n	n	/	n	n		0	1	9		P	V

2. Zeile:

– Die Worte: „Gesamtbeitrag Jahr (vierstellig)"

– Von den Pflegekassen zusätzlich: Rechtskreiskennzeichen „West" oder „Ost"

Datenfeldbeschreibung:

Bezeichnung														Jahr					Rechtskreis*)							
G	e	s	a	m	t	b	e	i	t	r	a	g		j	j	j	j		x	x	x	x				

* nur Pflegekassen

Für den Tag der Zahlung ist § 3 Abs. 1 BVV entsprechend anzuwenden. Das bedeutet, dass bei Überweisung oder Einzahlung des Gesamtbeitrags auf ein Konto der Bundesagentur für Arbeit der Tag der Wertstellung zugunsten der Bundesagentur für Arbeit als Tag der Zahlung gilt.

4.2 Pflegekassen als Beitragszahler

Die Zahlung der Beiträge ist in der Monatsabrechnung (§ 6 BVV) in Teil B1 unter Ziffer 6.4 (Beiträge für Pflegepersonen) und im Einzelnachweis unter Ziffer 4.2 der Monatsabrechnung unter Angabe des Zahlgrundes „P" (Arbeitslosenversicherungsbeiträge für Pflegepersonen) zu dokumentieren.

4.3 Private Pflegeversicherungsunternehmen als Beitragszahler

Die Zahlung der Beiträge ist der Bundesagentur für Arbeit mit dem als Anlage 2 beigefügten Beitragsnachweis nachzuweisen.

Die Beitragsnachweise sind an die Regionaldirektion zu senden, in deren Bezirk die zahlende Stelle ihren Sitz hat.

Zuständig ist die Regionaldirektion

– Niedersachsen-Bremen

  für die Länder Mecklenburg-Vorpommern, Schleswig-Holstein, Niedersachsen sowie Hamburg und Bremen

– Berlin-Brandenburg

  für die Länder Berlin, Brandenburg, Sachsen-Anhalt und Thüringen

– Nordrhein-Westfalen

  für das Land Nordrhein-Westfalen

– Hessen

  für die Länder Hessen, Rheinland-Pfalz, Baden-Württemberg und Saarland

– Bayern

  für die Länder Bayern und Sachsen

4.4 Festsetzungsstellen für die Beihilfe oder Dienstherren als Beitragszahler

Die Pflegekassen und die privaten Versicherungsunternehmen beurteilen die Versicherungs- und Beitragspflicht der Pflegepersonen unter Berücksichtigung der Gutachten des Medizinischen Dienstes der Krankenversicherung bzw. der MEDICPROOF Gesellschaft für medizinische Gutachten mbH. Die Festsetzungsstellen für die Beihilfe bzw. Dienstherren sind an deren Entscheidung gebunden. Die von der Pflegekasse bzw. dem privaten Versicherungsunternehmen getroffenen Feststellungen sind der Beitragszahlung zugrunde zu legen.

Die Beitragszahlung durch die Festsetzungsstelle für die Beihilfe bzw. den Dienstherrn stellt keine Leistung im Sinne der Beihilfevorschriften dar. Sie ergibt sich unabhängig von der Stellung eines Beihilfeantrages allein aus den Regelungen des SGB III.

Zahlende Stellen sind

– im Bereich der Bundesverwaltung die Festsetzungsstellen für die Beihilfe oder die von den Bundesministerien für ihren Zuständigkeitsbereich bestimmten Stellen,

– im Bereich der Landesverwaltungen die von den Ländern bestimmten Stellen und

– im Übrigen die jeweiligen Dienstherren.

5. Fälligkeit

Abweichend von § 23 Abs. 1 Satz 4 SGB IV ist der Gesamtbeitrag spätestens im März des Jahres fällig, das dem Beitragsjahr folgt (vgl. § 349 Abs. 5 Satz 3 SGB III).

Der Gesamtbeitrag ist rechtzeitig gezahlt, wenn er spätestens am 31. März des Folgejahres auf einem Konto der Bundesagentur für Arbeit gutgeschrieben ist. Fällt dieser Tag auf ein Wochenende oder einen Feiertag, ist die Zahlung so rechtzeitig zu leisten, dass die Gutschrift spätestens am letzten davor liegenden banküblichen Arbeitstag des Monats März erfolgt.

Die Fälligkeit des Gesamtbeitrags im März des Folgejahres knüpft grundsätzlich an den Zeitpunkt an, zu dem die Pflegekasse oder das private Versicherungsunternehmen die Beitragspflicht während einer Pflegezeit festgestellt hat oder ohne Verschulden hätte feststellen können. Das heißt, dass die Pflegekasse oder das private Versicherungsunternehmen durch ein bewusstes Unterlassen der Feststellung die Zahlung des Gesamtbeitrages nicht hinausschieben kann. Mit der Feststellung im o. g. Sinne ist das Tätigwerden der Pflegekasse oder des privaten Versicherungsunternehmens gemeint, das nach positiver Prüfung aller für die Versicherungs- und Beitragspflicht erforderlichen Tatbestandsvoraussetzungen in der Regel in einer Mitteilung an die Pflegeperson über die Beitragszahlung zum Ausdruck kommt.

Wird für das abzurechnende Beitragsjahr die Beitragspflicht einer Pflegeperson bis zum 28. Februar des Folgejahres (Schaltjahr 29. Februar) festgestellt, werden die Beiträge für diese Pflegeperson mit dem Gesamtbeitrag zum 31. März desselben Jahres fällig. Erfolgt die Feststellung der Versicherungs- und Beitragspflicht dagegen nach dem 28. Februar (Schaltjahr 29. Februar), können die Beiträge mit dem Gesamtbeitrag des auf die Feststellung folgenden Jahres gezahlt werden.

Korrekturen für ein bereits abgerechnetes Beitragsjahr können, unabhängig davon, ob es sich um Über- oder Unterzahlungen handelt, bei der Zahlung der Beiträge für das folgende Beitragsjahr berücksichtigt werden.

Die Ausführungen zur Fälligkeit gelten für die Festsetzungsstellen für die Beihilfe bzw. die Dienstherren entsprechend, mit dem Unterschied, dass die Fälligkeit des Gesamtbeitrages an den Zeitpunkt des Eingangs der Mitteilung über die Beitragspflicht durch die Pflegekasse bzw. durch das private Versicherungsunternehmen anknüpft (vgl. Abschnitt V, Nr. 2).

6. Beitragsüberwachung

Nach § 349 Abs. 5 Satz 1 Halbsatz 2 SGB III prüft die Bundesagentur für Arbeit die rechtzeitige und vollständige Zahlung der Beiträge zur Arbeitslosenversicherung für Pflegepersonen. Im Rahmen dieser turnusmäßig stattfindenden Prüfungen sind den Prüfern der Bundesagentur für Arbeit alle Unterlagen vorzulegen, die für die Prüfung der Beitragszahlung erforderlich sind. Zu den prüffähigen Unterlagen gehören insbesondere:

- Übersicht über die für die Beurteilung der Versicherungs- und Beitragspflicht zuständigen pflegekasseninternen bzw. unternehmensinternen Stellen,
- Unterlagen, die die Pflegebedürftigkeit des nahen Angehörigen erkennen lassen (die vollständigen medizinischen Gutachten gehören nicht zu den prüffähigen Unterlagen),
- Fragebogen zur Versicherungs- und Beitragspflicht in der Arbeitslosenversicherung und Antrag auf Beitragszuschuss nach § 44 a SGB XI für Pflegepersonen in einer Pflegezeit nach dem Pflegezeitgesetz,
- Auszüge aus den Fallunterlagen, die Änderungen in den Verhältnissen (die sich auf die Versicherungs- oder Beitragspflicht auswirken) dokumentieren,
- Schreiben an/von Pflegeperson(en) soweit sie für die Beurteilung der Versicherungs- und Beitragspflicht von Bedeutung sind,
- Mitteilungen der Pflegekassen und privaten Versicherungsunternehmen an die Festsetzungsstellen für die Beihilfe bzw. Dienstherren zur Durchführung der Beitragszahlung zur Bundesagentur für Arbeit für Personen, die als Pflegende während der Pflegezeit arbeitslosenversicherungspflichtig sind,
- Beihilfebemessungssatz des Pflegebedürftigen.

IV. Verfahren zur Feststellung der Versicherungspflicht in der Arbeitslosenversicherung

1. Aufklärung und Beratung über die Leistungen zur sozialen Sicherung der Pflegepersonen während der Pflegezeit nach dem Pflegezeitgesetz

Die Pflegekassen haben nach § 7 Abs. 2 SGB XI die Versicherten und ihre Angehörigen über die Leistungen der Pflegekasse zu unterrichten und zu beraten. Zu diesen Aufgaben gehört auch die Unterrichtung/Beratung über die Leistungen zur sozialen Sicherung der Pflegepersonen, insbesondere über die Beitragszahlung für Pflegepersonen. Die Pflegekassen erfüllen diese Verpflichtung unter anderem durch Versendung des Vordrucks „Fragebogen zur Versicherungs- und Beitragspflicht in der Arbeitslosenversicherung und Antrag auf Beitragszuschuss nach § 44 a des Elften Buches Sozialgesetzbuch (SGB XI) für Pflegepersonen während einer Pflegezeit nach dem Pflegezeitgesetz". Entsprechendes gilt für die privaten Versicherungsunternehmen. Das Muster eines solchen Vordrucks ist diesem Rundschreiben als Anlage 3 beigefügt. Die sich aus § 7 Abs. 2 SGB XI ergebende Verpflichtung schließt die Überwachung des Rücklaufs versandter Fragebögen einschließlich eines Erinnerungsschreibens bei fehlender Rückmeldung mit ein. Das Erinnerungsschreiben soll mit dem Hinweis verbunden werden, dass die Pflegekasse oder das private Versicherungsunternehmen davon ausgeht, dass die Voraussetzungen für die Versicherungspflicht in der Arbeitslosenversicherung nicht erfüllt sind und demzufolge keine Beiträge geleistet werden können, wenn die entsprechenden Angaben bis zu einem bestimmten Zeitpunkt nicht gemacht werden.

Geht aus den der Pflegekasse oder dem privaten Versicherungsunternehmen vorliegenden Angaben oder Unterlagen hervor, dass für eine Pflegeperson Versicherungspflicht nach § 26 Abs. 2 b SGB III nicht in Betracht kommen kann (z. B. weil der Pflegebedürftige kein naher Angehöriger im Sinne von § 7 Abs. 3 PflegeZG ist), kann auf den Versand des Vordrucks „Fragebogen zur Versicherungs- und Beitragspflicht in der Arbeitslosenversicherung und Antrag auf Beitragszuschuss nach § 44 a des Elften Buches Sozialgesetzbuch (SGB XI) für Pflegepersonen während einer Pflegezeit nach dem Pflegezeitgesetz" verzichtet werden.

2. Zuständigkeit für die Feststellung der Versicherungs- und Beitragspflicht

Das Pflege-Weiterentwicklungsgesetz enthält keine Regelung, welcher Versicherungsträger über die Versicherungspflicht und Beitragshöhe in der Arbeitslosenversicherung während einer Pflegezeit nach § 3 Abs. 1 PflegeZG entscheidet. Eine § 28 h SGB IV vergleichbare Regelung oder dessen analoge Anwendung ist nicht vorgesehen.

Für solche Fälle hat das Bundessozialgericht (BSG-Urteil vom 22. März 2001 – B 12 P 3/00 R – USK 2001-2) entschieden, dass über die Versicherungs- und Beitragspflicht in einem Versicherungszweig der Versicherungsträger zu entscheiden hat, bei dem die behauptete Versicherungspflicht bestehen würde, es sei denn, es gibt eine abweichende Zuständigkeitsregelung. Eine entsprechende Zuständigkeitsverlagerung auf die Pflegekassen ist ohne ausdrückliche gesetzliche Anordnung nicht zulässig.

Darüber hinaus hat das Bundessozialgericht ausgeführt, dass die Pflegekassen – trotz ihrer Unzuständigkeit für die Entscheidung über die Versicherungs- und Beitragspflicht der Pflegepersonen – verpflichtet sein können, ohne vorherige Entscheidung des zuständigen Versicherungsträgers Beiträge für Pflegepersonen als Leistungen der sozialen Sicherung zu zahlen. Halten sie ihre Leistungspflicht für gegeben, so haben sie diese ebenso zu erfüllen wie Arbeitgeber, die bei unstreitigem Sachverhalt den Gesamtsozialversicherungsbeitrag ohne vorherige Entscheidung der Einzugsstelle zu zahlen haben. Da die Versicherungspflicht bei Vorliegen der Voraussetzungen kraft Gesetzes eintritt, bedarf es grundsätzlich keiner Entscheidung durch Verwaltungsakt. Die an die Versicherungspflicht knüpfende Beitragszahlung der Pflegekassen erfolgt regelmäßig im Rahmen einfacher Verwaltungstätigkeit. Die Pflegekasse unterrichtet die Pflegeperson über die Beitragszahlung aus Anlass der Pflegezeit durch einfache Mitteilung (kein rechtsbehelfsfähiger Bescheid). Soweit die Pflegekasse ihre Leistungspflicht nicht für gegeben hält, hat sie dies der Pflegeperson ebenfalls mitzuteilen. In der Mitteilung (kein rechtsbehelfsfähiger Bescheid) sollte ferner ein Hinweis darauf enthalten sein, dass Einwände durch konkrete Angaben bzw. Nachweise belegt sein müssen. Außerdem sollte darauf hingewiesen werden, dass bei Einwänden, die am Ermittlungsergebnis der Pflegekasse nichts ändern, der Fall zur Bescheiderteilung an die Bundesagentur für Arbeit abgegeben wird.

Bei Freistellungen nach dem Pflegezeitgesetz führt das dazu, dass die Bundesagentur für Arbeit in streitigen Sachverhalten die Entscheidung über die Versicherungspflicht einer Pflegeperson in der Arbeitslosenversicherung und über die Höhe der zu entrichtenden Beiträge zu treffen hat; die Pflegekassen sind hierzu nicht berechtigt. Regelungen, die abweichend von diesem Grundsatz an Stelle der Bundesagentur für Arbeit insoweit eine Zuständigkeit der Pflegekasse vorsehen, bestehen nicht.

Die Grundsätze gelten auch für das Verfahren zur Feststellung der Versicherungspflicht in der Arbeitslosenversicherung in Fällen, in denen der Pflegebedürftige bei einem privaten Versicherungsunternehmen versichert ist und die Verpflichtung zur Zahlung der Arbeitslosenversicherungsbeiträge für die Pflegeperson auf Seiten des privaten Versicherungsunternehmens liegt (vgl. BSG-Urteil vom 23. September 2003 – B 12 P 2/02 R – USK 2003-26).

3. Bescheidverfahren und Fälligkeit der Beiträge bei Feststellung der Versicherungs- und Beitragspflicht durch die Bundesagentur für Arbeit

In Fällen, in denen die Bundesagentur für Arbeit Versicherungs- und Beitragspflicht feststellt, erhält die Pflegekasse oder das private Versicherungsunternehmen und ggf. die Festsetzungsstelle für die Beihilfe oder der Dienstherr eine Durchschrift des Bescheides der Bundesagentur für Arbeit.

Die Fälligkeit der Beiträge richtet sich nach dem Zugang der Durchschrift des Bescheides der Bundesagentur für Arbeit bei der Pflegekasse oder dem privaten Versicherungsunternehmen bzw. der Festsetzungsstelle für die Beihilfe oder dem Dienstherrn. Geht die Durchschrift bis zum 28. Februar (Schaltjahr 29. Februar) zu, werden die Beiträge mit dem Gesamtbeitrag zum 31. März desselben Jahres fällig. Geht die Durchschrift dagegen nach dem 28. Februar (Schaltjahr 29. Februar) ein, können die Beiträge mit dem Gesamtbeitrag des folgenden Jahres gezahlt werden.

Bei Ablehnung der Versicherungs- und Beitragspflicht erfolgt keine Beitragszahlung durch die Pflegekasse. Dies gilt auch für die Dauer eines etwaigen Widerspruchs- und Klageverfahrens. Die Pflegekasse oder das private Versicherungsunternehmen erhält in diesen Fällen ebenfalls eine Durchschrift des Bescheides der Bundesagentur für Arbeit.

V. Melde- und Mitteilungsverfahren

1. Allgemeines

Ein Meldeverfahren für die Personen, die aufgrund der Inanspruchnahme der Pflegezeit nach § 26 Abs. 2 b SGB III der Versicherungspflicht in der Arbeitslosenversicherung unterliegen, ist zwischen den Pflegekassen bzw. privaten Versicherungsunternehmen und der Bundesagentur für Arbeit gesetzlich nicht vorgesehen.

Ebenso enthält das Pflege-Weiterentwicklungsgesetz keine dem § 44 Abs. 5 SGB XI vergleichbare Regelung zum Mitteilungsverfahren zwischen den Pflegekassen bzw. den privaten Versicherungsunternehmen und den Festsetzungsstellen für die Beihilfe oder den Dienstherren. Damit diese Stellen ihre Beitragspflicht zeitnah erfüllen können, wurden in Anlehnung an § 44 Abs. 5 SGB XI entsprechende Verfahrenshinweise in das gemeinsame Rundschreiben aufgenommen (vgl. Nr. 2).

Im Falle der Arbeitslosigkeit ist die nach dem SGB III versicherungspflichtige Pflegezeit nachzuweisen. Dazu ist der von der Bundesagentur für Arbeit vorgesehene Vordruck zu verwenden. Die Bescheinigung (BA – II 2 k – Bescheinigung gem. § 312 Abs. 3 SGB III) ist bei der örtlichen Agentur für Arbeit erhältlich oder im Internet unter www.arbeitsagentur.de (Startseite > Formulare > Formulare für Bürgerinnen und Bürger > Arbeitslosengeld) abrufbar.

2. Mitteilungsverfahren zwischen den Pflegekassen/privaten Versicherungsunternehmen und den Festsetzungsstellen für die Beihilfe/Dienstherren

Die anteilige Zahlung des Gesamtbeitrages durch die Festsetzungsstellen für die Beihilfe oder die Dienstherren erfordert zunächst auf Seiten der Pflegekassen und der privaten Versicherungsunternehmen die Kenntnis darüber, ob der Pflegebedürftige Anspruch auf Beihilfe oder Heilfürsorge hat und wem, d. h. welcher Stelle, gegenüber dieser Anspruch geltend gemacht werden kann. Diese Angabe ist im Zusammenhang mit dem Antrag auf Leistungen der Pflegeversicherung zu erfragen.

Zudem obliegt den Pflegekassen und den privaten Versicherungsunternehmen das Abfragen und Weiterleiten der zusätzlichen Informationen die für eine anteilige Beitragszahlung durch die Festsetzungsstellen für die Beihilfe oder die Dienstherren erforderlich sind. Sie sind darüber hinaus nicht für die Erfüllung der Mitwirkungspflicht durch den Versicherten sowie die Vollständigkeit und Richtigkeit der von ihm gemachten Angaben verantwortlich.

Der angegebenen Festsetzungsstelle für die Beihilfe oder dem Dienstherrn sind für die anteilige Beitragszahlung folgende Angaben mitzuteilen:

1. Familienname, Vorname, Geburtsdatum und Anschrift der Person, die Pflegzeit in Anspruch nimmt,
2. Rentenversicherungsnummer der Person, die Pflegezeit in Anspruch nimmt (soweit bekannt),
3. Beginn und Ende der Beitragspflicht während der Pflegezeit,
4. Rechtskreis „West" oder „Ost",
5. Familienname, Vorname, Geburtsdatum und Anschrift des Pflegebedürftigen,
6. Beihilfeberechtigter, falls der Pflegebedürftige keinen eigenen Beihilfeanspruch hat.

Die Mitteilung hat spätestens am Ende der von einer Pflegeperson in Anspruch genommenen Pflegezeit nach § 3 Abs. 1 PflegeZG zu erfolgen. Für die Mitteilung ist der Vordruck gemäß dem beiliegenden Muster (vgl. Anlage 4) zu verwenden.

Absender (Name der Pflegekasse)

Anlage 1

Pflegekasse

Ihre Nachricht: ____________

Versicherungsnummer / Geburtsdatum ____________

Datum: ____________

Bescheinigung über die Pflegebedürftigkeit eines nahen Angehörigen nach § 3 Abs. 2 Pflegezeitgesetz (PflegeZG)

Sehr geehrte(r) Frau/Herr ____________,

zwecks Inanspruchnahme der Pflegezeit nach § 3 PflegeZG bestätigen wir Ihnen das vorliegen der Pflegebedürftigkeit eines nahen Angehörigen (§ 7 Abs. 3 PflegeZG).

Diese Bescheinigung dient zur Vorlage beim Arbeitgeber.

Mit freundlichen Grüßen

Anlage 2

Zahlstelle

Leistungsträger

IK | | | | | | | | |

Überweisungsanschrift:

BA-Service-Haus
Zahlgrund: PV (BA-Beitrag Pflege)

Dtsch. Bundesbank, Filiale Nürnberg
Kto.-Nr. 760 016 00
BLZ 760 000 00

An die
Bundesagentur für Arbeit

Abrechnungszeitraum
Kalenderjahr 20..

BEITRAGSNACHWEIS

für Beiträge zur Arbeitsförderung nach § 26 Abs. 2b Nr. 1 i. V. m. § 349 Abs. 4a SGB III für Pflegepersonen

Gesamtsumme der im Abrechnungszeitraum vom ____________ bis ____________

gezahlten Beiträge zur Arbeitsförderung: EUR Betrag

Es wird bestätigt, dass die Angaben mit den Leistungsunterlagen übereinstimmen und die Beiträge aus allen versicherungspflichtigen Zahlfällen abgerechnet wurden. Stempel, Datum und Unterschrift	Von Regionaldirektion auszufüllen: Saldo alt: EUR Betrag Soll (+): EUR Betrag BuTg ________ Ist (-): EUR Betrag Saldo neu: EUR Betrag Datum, Hdz.

Anlage zum Beitragsnachweis

Einzelabrechnung für das Beitragsjahr jjjj

Identifikations-kennziffer	Pflegeperson		Versicherungsnr./ Geburtsdatum	Zeitraum		Beitragsbemes-sungsgrundlage	Beitrag
	Name	Vorname		von	bis		

Anlage 3

Name und Anschrift der Pflegekasse:

☐ **Fragebogen zur Versicherungs- und Beitragspflicht in der Arbeitslosenversicherung**
☐ **Antrag auf Beitragszuschuss nach § 44a des Elften Buches Sozialgesetzbuch (SGB XI) für Pflegepersonen während einer Pflegezeit nach dem Pflegezeitgesetz**

I. Angaben zur/zum Pflegebedürftigen

1. Persönliche Daten des/der Pflegebedürftigen

Name, Vorname: Geburtsdatum:

Anschrift: Krankenversicherungsnummer:

2. Ergänzende Angaben zum Pflegeversicherungsschutz

Es besteht Anspruch auf Beihilfe oder Heilfürsorge ☐ Ja ☐ Nein

Wenn ja, Name und Anschrift der Beihilfestelle bzw. des Dienstherrn:

Name des Beihilfeberechtigten falls abweichen von Nr. 1:

II. Angaben zur Pflegeperson

Persönliche Daten der Pflegeperson

Name, Vorname: Geburtsdatum:

Anschrift: Rentenversicherungsnummer:

Ich nehme Pflegezeit in Anspruch ☐ Ja ☐ Nein

III. Feststellung der Versicherungs- und Beitragspflicht in der Arbeitslosenversicherung

Unmittelbar vor der Pflegezeit war ich
- in einer versicherungspflichtigen Beschäftigung ☐ Ja ☐ Nein
- in einer als Arbeitsbeschaffungsmaßnahme (ABM) geförderten Beschäftigung ☐ Ja ☐ Nein

Wenn ja, Name und Anschrift des Arbeitgebers:

Während der Pflegezeit bin ich von der Arbeitsleistung
- teilweise freigestellt, das erzielte Arbeitsentgelt liegt unter 400 Euro ☐ Ja ☐ Nein
- ganz freigestellt ☐ Ja ☐ Nein

Wenn ja, Beginn der Freistellung: ____________ Ende der Freistellung: ____________

Während der Pflegezeit besteht Anspruch auf eine Entgeltersatzleistung nach dem Dritten Buch Sozialgesetzbuch (z.B. Arbeitslosengeld I) ☐ Ja ☐ Nein

IV. Antrag auf Beitragszuschuss nach § 44a SGB XI

Name der Krankenkasse oder des Versicherungsunternehmens:

Während der Pflegezeit bin ich ☐ gesetzlich versichert ☐ privat versichert

Höhe der Beiträge zur Krankenversicherung (monatlich): ____________ Euro

zur Pflegeversicherung (monatlich): ____________ Euro

Bitte Nachweis über die Beitragshöhe beifügen

Kontoinhaber: ____________

Bankverbindung: ____________

Konto Nr.: ____________ Bankleitzahl: ____________

____________ ____________

Ort, Datum Unterschrift

Die Angaben erfolgen auf der Grundlage des § 44a SGB XI. Änderungen der Verhältnisse, die für die Versicherungs-/ Beitragspflicht oder die Beitragshöhe erheblich sind (z. B. Unterbrechung oder Aufgabe der Pflegetätigkeit), hat die Pflegeperson der Pflegekasse mitzuteilen. Die Pflegeperson ist zur Mitwirkung verpflichtet.

Fragebogen – 7.2008

Anlage 4

Absender:
Pflegekasse ...

Festsetzungsstelle
für die Beihilfe
oder
Dienstherr

Datum

Mitteilung zur Durchführung der Beitragszahlung zur Bundesagentur für Arbeit für Personen, die als Pflegeperson während der Pflegezeit arbeitslosenversicherungspflichtig sind

pflegebedürftige Person
Name, Vorname

Geburtsdatum

Anschrift

Beihilfeberechtigter, falls der Pflegebedürftige keine eigenen Beihilfeansprüche hat

arbeitslosenversicherungspflichtige Pflegeperson
Name, Vorname

Geburtsdatum

Anschrift

Rentenversicherungsnummer

Beginn der Beitragspflicht

Ende der Beitragspflicht

West ( ) Ost ( )
Rechtskreiskennzeichnung

Mit freundlichen Grüßen

Die Mitteilung erfolgt in Umsetzung der gesetzlichen Regelung in § 44a Abs. 2 SGB XI, §§ 26 Abs. 2b, 349 Abs. 4a SGB III.

Mitteilung Pflege – 7.2008

13. Rahmenvereinbarung über Rehabilitationssport und das Funktionstraining der gesetzlichen Rehabilitationsträger vom 1. Oktober 2009 i. d. F. vom 1. Januar 2007

Rahmenvereinbarung über den Rehabilitationssport und das Funktionstraining der gesetzlichen Rehabilitationsträger

In der Fassung vom 1. Januar 2007
– Auszug –

Um sicherzustellen, dass Rehabilitationssport und Funktionstraining als ergänzende Leistungen nach § 44 Abs. 1 Nr. 3 und 4 SGB IX im Rahmen der für die einzelnen Rehabilitationsträger geltenden Vorschriften nach einheitlichen Grundsätzen erbracht bzw. gefördert werden, treffen die Rehabilitationsträger

- die gesetzlichen Krankenkassen
- die gesetzlichen Unfallversicherungsträger
- die Träger der gesetzlichen Rentenversicherung und der Alterssicherung der Landwirte
- die Träger der Kriegsopferversorgung

und

- der Bundesselbsthilfeverband für Osteoporose e. V.
- der Deutsche Behindertensportverband e. V.
- die Deutsche Gesellschaft für Prävention und Rehabilitation von Herz-Kreislauferkrankungen e. V.
- die Deutsche Rheuma-Liga Bundesverband e. V.

unter Beteiligung und Beratung

- der Kassenärztlichen Bundesvereinigung und
- des Weibernetzes e. V.

nach Beratungen auf der Ebene der Bundesarbeitsgemeinschaft für Rehabilitation (BAR) die folgende Rahmenvereinbarung.

Ihren Beitritt zur Rahmenvereinbarung haben außerdem erklärt:

- Deutscher Verband für Gesundheitssport und Sporttherapie e. V.
- Deutsche Vereinigung Morbus Bechterew e. V.
- Deutsche Fibromyalgie Vereinigung e. V.
- Deutsche Parkinson Vereinigung e. V.

- Deutsche Multiple Sklerose Gesellschaft e. V.
- Osteoporose Selbsthilfegruppen Dachverband e. V.

1 Zuständigkeit der Rehabilitationsträger

1.1 Die Rehabilitationsträger erbringen Rehabilitationssport und Funktionstraining als ergänzende Leistungen nach § 44 Abs. 1 Nr. 3 und 4 SGB IX in Verbindung mit § 43 SGB V, § 28 SGB VI, § 39 SGB VII, § 10 Abs. 1 ALG sowie Leistungen nach § 11 Abs. 5 und § 12 Abs. 1 BVG [1)], um das Ziel der Rehabilitation zu erreichen oder zu sichern [2)].

Diese Rehabilitationsziele orientieren sich im Sinne der ICF an dem gesamten Lebenshintergrund der betroffenen Menschen.

1.2 Die Träger der gesetzlichen Rentenversicherung und der Alterssicherung der Landwirte übernehmen Rehabilitationssport und Funktionstraining im Anschluss an eine von ihnen erbrachte Leistung zur medizinischen Rehabilitation, wenn bereits während dieser Leistung die Notwendigkeit der Durchführung von Rehabilitationssport und Funktionstraining vom Arzt/von der Ärztin der Rehabilitationseinrichtung festgestellt worden ist und der behinderte oder von Behinderung bedrohte Mensch den Rehabilitationssport/das Funktionstraining innerhalb von drei Monaten nach Beendigung der Leistung zur medizinischen Rehabilitation beginnt.

1.3 Die Träger der gesetzlichen Unfallversicherung übernehmen Rehabilitationssport und Funktionstraining ergänzend zu medizinischen Maßnahmen und im Anschluss an diese, im Rahmen der Leistungen zur Teilhabe am Arbeitsleben sowie auch im Rahmen der Leistungen zur Teilhabe am Leben in der Gemeinschaft.

1.4 Rehabilitationssport und Funktionstraining sind nicht als Ersatz für unzureichende Angebote an Spiel- und Sportmöglichkeiten in Einrichtungen der Behindertenhilfe, im Kindergarten, im allgemeinen Sportunterricht, in Sondergruppen außerhalb des Schulbetriebs und an der Hochschule zu verordnen.

1.5 Durch diese Rahmenvereinbarung unberührt bleiben die Durchführung von Breiten-, Freizeit- und Leistungssport behinderter oder von Behinderung bedrohter Menschen sowie die Zuständigkeit für die Ausbildung des bei der Durchführung des Rehabilitationssports und Funktionstrainings notwendigen Personals.

---

1) BVG – Bundesversorgungsgesetz, SGB – Sozialgesetzbuch, ALG – Gesetz über die Alterssicherung der Landwirte.

2) Versehrtenleibesübungen sind nicht Gegenstand dieser Rahmenvereinbarung; für die Versehrtenleibesübungen gilt § 10 Abs. 3 BVG.

2 Ziel, Zweck und Inhalt des Rehabilitationssports

2.1 Rehabilitationssport kommt für behinderte und von Behinderung bedrohte Menschen [3] in Betracht, um sie unter Beachtung der spezifischen Aufgaben des jeweiligen Rehabilitationsträgers möglichst auf Dauer in die Gesellschaft und das Arbeitsleben einzugliedern. Ziffer 15.1 ist zu beachten.

2.2 Rehabilitationssport wirkt mit den Mitteln des Sports und sportlich ausgerichteter Spiele ganzheitlich auf die behinderten und von Behinderung bedrohten Menschen, die über die notwendige Mobilität sowie physische und psychische Belastbarkeit für Übungen in der Gruppe verfügen, ein.

2.3 Ziel ist, ihre Ausdauer und Kraft zu stärken, Koordination und Flexibilität zu verbessern, das Selbstbewusstsein insbesondere auch von behinderten oder von Behinderung bedrohten Frauen und Mädchen zu stärken und Hilfe zur Selbsthilfe zu bieten. Hilfe zur Selbsthilfe hat das Ziel, die eigene Verantwortlichkeit des behinderten oder von Behinderung bedrohten Menschen für seine Gesundheit zu stärken und ihn zum langfristigen, selbstständigen und eigenverantwortlichen Bewegungstraining – z. B. durch weiteres Sporttreiben in der bisherigen Gruppe bzw. im Verein auf eigene Kosten – zu motivieren.

2.4 Rehabilitationssport umfasst Übungen, die in der Gruppe im Rahmen regelmäßig abgehaltener Übungsveranstaltungen durchgeführt werden. Auch Maßnahmen, die einem krankheits-/behinderungsgerechten Verhalten und der Bewältigung psychosozialer Krankheitsfolgen dienen (z. B. Entspannungsübungen), sowie die Einübung im Gebrauch technischer Hilfen können Bestandteil des Rehabilitationssports sein. Die einzelnen Maßnahmen sind dabei auf die Erfordernisse der Teilnehmer/-innen abzustellen.

2.5 Maßnahmen des Rehabilitationssports beinhalten bei Bedarf auch spezielle Übungen für behinderte und von Behinderung bedrohte Frauen und Mädchen, deren Selbstbewusstsein als Folge der Behinderung oder drohenden Behinderung eingeschränkt ist und bei denen die Stärkung des Selbstbewusstseins im Rahmen des Rehabilitationssports erreicht werden kann [4].

---

3) Zu diesen Personenkreisen gehören i. S. d. Rahmenvereinbarung auch chronisch kranke Menschen, bei denen eine Beeinträchtigung am Leben in der Gesellschaft noch nicht eingetreten, aber zu erwarten ist.

4) Die Vereinbarungspartner werden über entsprechende Konzeptionen beraten, so bald geeignete Vorschläge vorliegen.

3 Ziel, Zweck und Inhalt des Funktionstrainings

3.1 Funktionstraining kommt für behinderte und von Behinderung bedrohte Menschen[5)] in Betracht, um sie unter Beachtung der spezifischen Aufgaben des jeweiligen Rehabilitationsträgers möglichst auf Dauer in die Gesellschaft und das Arbeitsleben einzugliedern. Insbesondere kann Funktionstraining bei Erkrankungen oder Funktionseinschränkungen der Stütz- und Bewegungsorgane angezeigt sein. Ziffer 15.1 ist zu beachten.

3.2 Funktionstraining wirkt besonders mit den Mitteln der Krankengymnastik und/oder der Ergotherapie gezielt auf spezielle körperliche Strukturen (Muskeln, Gelenke usw.) der behinderten oder von Behinderung bedrohten Menschen, die über die notwendige Mobilität sowie physische und psychische Belastbarkeit für bewegungstherapeutische Übungen in der Gruppe verfügen, ein. Funktionstraining ist organorientiert.

3.3 Ziel des Funktionstrainings ist der Erhalt und die Verbesserung von Funktionen sowie das Hinauszögern von Funktionsverlusten einzelner Organsysteme/Körperteile, die Schmerzlinderung, die Bewegungsverbesserung und die Hilfe zur Selbsthilfe. Hilfe zur Selbsthilfe hat zum Ziel, die eigene Verantwortlichkeit des behinderten oder von Behinderung bedrohten Menschen für seine Gesundheit zu stärken und ihn zum langfristigen, selbstständigen und eigenverantwortlichen Bewegungstraining im Sinne eines angemessenen Übungsprogramms auf eigene Kosten, z. B. durch die weitere Teilnahme an Bewegungsangeboten, zu motivieren.

3.4 Funktionstraining umfasst bewegungstherapeutische Übungen, die in der Gruppe unter fachkundiger Leitung vor allem durch Physiotherapeuten/-innen/Krankengymnasten/-innen im Rahmen regelmäßig abgehaltener Übungsveranstaltungen durchgeführt werden. Daneben können Gelenkschutzmaßnahmen und die Einübung im Gebrauch technischer Hilfen und von Gebrauchsgegenständen des täglichen Lebens Bestandteil des Funktionstrainings sein.

4 Leistungsumfang/Dauer/Leistungsausschlüsse

4.1 Die Erforderlichkeit für Rehabilitationssport und Funktionstraining im Sinne dieser Vereinbarung ist grundsätzlich so lange gegeben, wie der behinderte oder von Behinderung bedrohte Mensch während der Übungsveranstaltungen auf die fachkundige Leitung des/der Übungsleiter/-in/Therapeuten/-in angewiesen ist, um die in Ziffer 2.3 und Ziffer 3.3 genannten Ziele zu erreichen.

---

5) Zu diesen Personenkreisen gehören i. S. d. Rahmenvereinbarung auch chronisch kranke Menschen, bei denen eine Beeinträchtigung am Leben in der Gesellschaft noch nicht eingetreten, aber zu erwarten ist.

Die Notwendigkeit für Rehabilitationssport bzw. Funktionstraining kann erneut nach ambulanten oder stationären Leistungen zur medizinischen Rehabilitation bestehen.

4.2 In der gesetzlichen Rentenversicherung einschließlich der Alterssicherung der Landwirte werden Rehabilitationssport und Funktionstraining in der Regel bis zu 6 Monaten, längstens bis zu 12 Monaten, übernommen.

Eine längere Leistungsdauer als 6 Monate ist möglich, wenn dieses aus medizinischer Sicht erforderlich ist. Dies kann der Fall sein, wenn:

- bei einer schweren chronischen Herzkrankheit weiterhin ärztliche Aufsicht erforderlich ist oder
- eine eigenverantwortliche Durchführung des Rehabilitationssports bzw. des Funktionstrainings krankheits-/behinderungsbedingt nicht oder noch nicht möglich ist, weil z. B. wegen der Veränderungen des Krankheitsbildes eine ständige Anpassung der Übungen erforderlich ist.

4.3 Im Bereich der gesetzlichen Unfallversicherung ist die Dauer des Anspruchs auf Rehabilitationssport/Funktionstraining grundsätzlich nicht begrenzt. Auch eine wiederholte Gewährung von Rehabilitationssport/Funktionstraining ist daher möglich. Dies kommt insbesondere in Betracht bei:

- schweren Mobilitätsbehinderungen (Cerebralparese, Querschnittlähmung, Amputation, schwere Schädel-Hirnverletzung oder Lähmung von Gliedmaßen, u. a. Bein oder Arm),
- Erblindung.

4.4 In der gesetzlichen Krankenversicherung werden Rehabilitationssport und Funktionstraining längstens für die in den Ziffern 4.4.1 bis 4.4.3 genannten Zeiträume erbracht. Ausnahmen gelten lediglich für die in Ziffer 4.4.4 aufgeführten Fälle.

Leistungen anderer Rehabilitationsträger, die im zeitlichen und ursächlichen Zusammenhang mit der beantragten Leistung stehen, werden auf den Leistungsumfang nach Ziffern 4.4.1 bis 4.4.4 angerechnet.

4.4.1 Rehabilitationssport:

In der gesetzlichen Krankenversicherung beträgt der Leistungsumfang des Rehabilitationssports 50 Übungseinheiten, die in einem Zeitraum von 18 Monaten in Anspruch genommen werden können.

Bei folgenden Krankheiten kann wegen der häufig schweren Beeinträchtigungen der Mobilität oder Selbstversorgung im Sinn der ICF sowie der erforderlichen komplexen Übungen ein erweiterter Leistungsumfang von insgesamt 120 Übungseinheiten in einem Zeitraum von 36 Monaten notwendig sein und bewilligt werden:

1. Infantile Zerebralparese
2. Querschnittlähmung, schwere Lähmungen (Paraparese, Paraplegie, Tetraparese, Tetraplegie)
3. Doppelamputation von Gliedmaßen (Arm/Arm, Bein/Bein, Arm/Bein)
4. Organische Hirnschädigungen durch:
   - Schädel-Hirn-Trauma
   - Tumore
   - Infektion (Folgen entzündlicher Krankheiten des ZNS)
   - vaskulären Insult (Folgen einer zerebrovaskulären Krankheit)
5. Multiple Sklerose
6. Morbus Parkinson
7. Morbus Bechterew (Spondylitis ankylosans)
8. Glasknochen (Osteogenesis imperfecta)
9. Muskeldystrophie
10. Marfan-Syndrom
11. Asthma bronchiale
12. Chronisch obstruktive Lungenkrankheit (COPD)
13. Mukoviszidose (zystische Fibrose)
14. Polyneuropathie
15. Dialysepflichtiges Nierenversagen (terminale Niereninsuffizienz). Auch bei therapieresistenter Epilepsie kann wegen der besonderen Anforderungen an die individuelle Betreuung der erweiterte Leistungsumfang von 120 Übungseinheiten in einem Zeitraum von 36 Monaten notwendig sein. Ebenso kann bei einer in den letzten 12 Monaten vor Antragsstellung erworbenen Blindheit beider Augen wegen der schwierigen und zu erlernenden Orientierung im Raum dieser erweiterte Leistungsumfang in Betracht kommen.

4.4.2 Rehabilitationssport in Herzgruppen:

In der gesetzlichen Krankenversicherung beträgt der Leistungsumfang des Rehabilitationssports in Herzgruppen bei chronischen Herzkrankheiten 90 Übungseinheiten, die in einem Zeitraum von 30 Monaten in Anspruch genommen werden können. Bei herzkranken Kindern und Jugendlichen beträgt der Leistungsumfang 120 Übungseinheiten innerhalb von 24 Monaten.

Folgeverordnungen sind möglich bei

- reduzierter links ventrikulärer Funktion (EF[6] < 40 %) und eingeschränkter Dauerbelastbarkeit (= maximale ergometrische Belastbarkeit abzüglich 30 %) ≤ 0,75 W/kg Körpergewicht (Nachweise nicht älter als 6 Monate) als Folge einer Herzkrankheit oder
- symptomlimitierter Dauerbelastbarkeit auf Werte ≤ 0,75 W/kg Körpergewicht (Nachweise nicht älter als 6 Monate) aufgrund von Ischämiekriterien (belastungsabhängige Angina pectoris oder ST-Streckensenkungen bei nicht revaskularisierbaren Patienten).

Der Leistungsumfang beträgt je Folgeverordnung 90 Übungseinheiten, die in einem Zeitraum von 30 Monaten in Anspruch genommen werden können.

Rehabilitationssport im Leistungsumfang nach Satz 1 kann nach wiederholter abgeschlossener Akutbehandlung erneut in Betracht kommen:

- nach akutem Herz-Kreislaufstillstand,
- nach transmuralem Herzinfarkt,
- nach instabiler Angina pectoris (Non-Stemi-Infarkt),
- nach Bypassoperation,
- nach Herztransplantation und
- bei Zustand nach ICD (Implantierbarer Kardioverterdefibrillator).

Näheres ist in den Empfehlungen der Spitzenverbände der gesetzlichen Krankenkassen und der Deutschen Gesellschaft für Prävention und Rehabilitation von Herz-Kreislauferkrankungen (DGPR) vom 24. Juli 2003 geregelt. Hinsichtlich der Besonderheiten des Rehabilitationssports mit herzkranken Kindern ist das DGPR-Positionspapier „Die Kinderherzgruppe (KHG)“ vom Oktober 2005 zu beachten.

4.4.3 Funktionstraining:

In der gesetzlichen Krankenversicherung beträgt der Leistungsumfang des Funktionstrainings 12 Monate. Bei schwerer Beeinträchtigung der Beweglichkeit/Mobilität durch chronisch bzw. chronisch progredient verlaufende entzündlich rheumatische Erkrankungen (rheumatoide Ar-

6) Ejektionsfraktion (Herzauswurfsleistung).

thritis, Morbus Bechterew, Psoriasis-Arthritis), schwere Polyarthrosen, Kollagenosen, Fibromyalgie-Syndrome und Osteoporose beträgt der Leistungsumfang 24 Monate.

4.4.4 Eine längere Leistungsdauer ist nur möglich, wenn die langfristige Durchführung des Übungsprogramms in Eigenverantwortung wegen geistiger oder psychischer Krankheiten/Behinderungen, die selbstgesteuerte Aktivitäten zur Durchführung des Übungsprogramms nicht ermöglichen, nicht oder noch nicht gegeben ist. In diesen Fällen erfolgen die Erst- bzw. ggf. weitere notwendige Folgeverordnung(en) bei Rehabilitationssport für 120 Übungseinheiten in 36 Monaten, in Herzgruppen für 90 Übungseinheiten in 30 Monaten, bei Funktionstraining für 24 Monate.

4.5 Rehabilitationssport und Funktionstraining im Sinne dieser Vereinbarung sind nicht Übungen ohne medizinische Notwendigkeit, die lediglich der Erzielung oder Verbesserung des allgemeinen Wohlbefindens des behinderten oder von Behinderung bedrohten Menschen dienen (z. B. freies Schwimmen an so genannten Warmbadetagen).

4.6 Rehabilitationssport ist kein Leistungssport. Das schließt Leistungsvergleiche unter Teilnehmern/-innen an einer Übungsveranstaltung nicht aus.

4.7 Vom Rehabilitationssport und Funktionstraining ausgeschlossen sind Maßnahmen, die vorrangig oder ausschließlich:

- auf Beratung und Einübung von Hilfsmitteln abzielen (z. B. Rollstuhlkurse),
- Übungen an technischen Geräten, z. B. Sequenztrainingsgeräten, beinhalten,
- Selbstverteidigungsübungen und Übungen aus dem Kampfsportbereich umfassen.

5 Rehabilitationssportarten

5.1 Rehabilitationssportarten sind:

- Gymnastik,
- Leichtathletik,
- Schwimmen,
- Bewegungsspiele in Gruppen,

soweit es sich um Übungen handelt, mit denen das Ziel des Rehabilitationssports erreicht werden kann.

Geeignete Übungsinhalte anderer Sportarten können in die Übungsveranstaltungen eingebunden werden (z. B. Elemente aus Judo, Karate, Taekwan-Do, Jiu-Jitsu, Entspannungsübungen). Dies gilt auch für eigenständige Übungsveranstaltungen, z. B. zur Stärkung des Selbstbewusstseins behinderter oder von Behinderung bedrohter Frauen und Mädchen.

5.2 Die Rehabilitationsträger können weitere Rehabilitationssportarten anerkennen, wenn das Ziel des Rehabilitationssports durch die in Ziffer 5.1 genannten Rehabilitationssportarten nicht erreicht werden kann (z. B. Bogenschießen für Menschen im Rollstuhl, Sportkegeln für blinde Menschen).

5.3 Für eine Anerkennung als Rehabilitationssport kommen nicht in Betracht:

- Kampfsportarten und Sportarten der Selbstverteidigung (z. B. Boxen, Kickboxen, Ringen, Judo, Karate, Taekwan-Do, Jiu-Jitsu),
- Sportarten, bei denen eine erhöhte Verletzungsgefahr oder ein anderes gesundheitliches Risiko besteht,
- Sportarten, die gemessen an den Kosten für den Rehabilitationssport im Sinne der Ziffer 5.1 einen unverhältnismäßig hohen finanziellen Aufwand erfordern.

6 Funktionstrainingsarten

Funktionstrainingsarten sind insbesondere:

- Trockengymnastik,
- Wassergymnastik.

Stichwortverzeichnis

Das Beihilferecht von A bis Z (ergänzt u. a. um Arzneimittel, Medizinprodukte, Regelungen der Gesetzlichen Kranken- und Pflegeversicherung sowie medizinischen Begriffen).

C

G

N

O

P

W